ACADÉMIE DES SCIENCES MORALES ET POLITIQUES

COLLECTION DES ORDONNANCES DES ROIS DE FRANCE

CATALOGUE

DES

ACTES DE FRANÇOIS IER

TOME SIXIÈME

SUPPLÉMENT

1527-1547

PARIS

IMPRIMERIE NATIONALE

MARS 1894

CATALOGUE

DES

ACTES DE FRANÇOIS IER

ACADÉMIE DES SCIENCES MORALES ET POLITIQUES

COLLECTION DES ORDONNANCES DES ROIS DE FRANCE

CATALOGUE

DES

ACTES DE FRANÇOIS Ier

TOME SIXIÈME

SUPPLÉMENT

1527-1547

PARIS
IMPRIMERIE NATIONALE

MARS 1894

CATALOGUE

DES

ACTES DE FRANÇOIS Ier.

1515-1547.

SUPPLÉMENT.

1527. — Pâques, le 21 avril.

1527.

18915. Lettres de mainlevée de la terre de Gié, au profit d'Anne de Rohan, veuve de Pierre de Rohan, baron de Frontenay et de Gié. 1er janvier 1526. — 1er janvier.

Enreg. à la Chambre des Comptes de Paris, anc. mém. 2 D, fol. 249. *Arch. nat.*, PP. 119, p. 42. (*Mention.*)

Bibl. nat., ms. fr. 21405, p. 299. (*Mention.*)

18916. Mandement de payer à Raymond Sabatier, procureur général au Parlement de Toulouse, 1,390 livres 12 sous 9 deniers tournois, pour la pension de 400 livres tournois à lui donnée par la régente, et qui ne lui a pas été payée depuis le 9 juillet 1523, jour de son institution. Saint-Germain-en-Laye, 3 janvier 1526. — 3 janvier.

Original. Bibl. nat., Pièces orig., Sabatier, vol. 2599, doss 57,828, p. 4.

18917. Don viager à Jean Breton d'une maison sise à — 3 janvier.

Bracieux, au comté de Blois, de terres sises à Tours-[en-Sologne] et à Neuvy, lieux dits la prairie de Bourbon, « l'Ambraye » et la Bataille, et de droits d'usage dans la forêt de Boulogne pour l'entretien de sa maison de Villesavin. Saint-Germain-en-Laye, 3 janvier 1526. 1527.

Présenté à la Chambre des Comptes de Blois, le 7 mars 1527 n. s., et y vérifié le 14. Arch. nat., KK. 902, fol. 102 v° et 103. (*Mentions.*)

18918. Lettres de retenue de Charles de Marconnay, gouverneur de Châtellerault, en l'office de maître d'hôtel du roi. Saint-Germain-en-Laye, 5 janvier 1526. 5 janvier.

Bibl. nat., ms. fr. 5502, fol. 38 v°. (*Mention.*)

18919. Don à Charles de Marconnay du revenu du greffe de la sénéchaussée de Châtellerault, sa vie durant, avec pouvoir de commettre qui bon lui semblera à l'exercice dudit greffe. Saint-Germain-en-Laye, 5 janvier 1526. 5 janvier.

Bibl. nat., ms. fr. 5502, fol. 38 v°. (*Mention.*)

18920. Mandement au changeur du trésor de payer au trésorier de l'épargne, Guillaume Prudhomme, général des finances, 45 livres 12 sous parisis dont le roi lui a fait don sur les deniers provenant des restes. Saint-Germain-en-Laye, 5 janvier 1526. 5 janvier.

Bibl. nat., ms. fr. 5502, fol. 38. (*Mention.*)

18921. Lettres accordant à Jean de Langeac, évêque élu d'Avranches, délai jusqu'au prochain jour de Pâques pour rendre au roi l'hommage dû à cause du temporel dudit évêché. Saint-Germain-en-Laye, 6 janvier 1526. 6 janvier.

Enreg. à la Chambre des Comptes de Paris. Arch. nat., P. 2304, p. 1262.

18922. Mandement au trésorier de l'épargne de payer à Claude de Lorraine, comte de Guise, gouverneur de Champagne, 18,000 livres tournois, soit 12,000 livres pour sa pension et 6,000 livres pour son état de gouverneur. 7 janvier.

pendant l'année dernière. Saint-Germain-en-Laye, 7 janvier 1526. 1527.

Bibl. nat., ms. fr. 5502, fol. 39 v°. (*Mention.*)

18923. Mandement au trésorier de l'épargne de payer à Odet comte de Foix, s[r] de Lautrec, gouverneur de Guyenne, 20,000 livres tournois, soit 14,000 livres pour sa pension et 6,000 livres pour son état de gouverneur pendant l'année dernière. Saint-Germain-en-Laye, 7 janvier 1526. 7 janvier.

Bibl. nat., ms. fr. 5502, fol. 39 v°. (*Mention.*)

18924. Mandement au trésorier de l'épargne de payer à Anne de Montmorency, chevalier de l'ordre, grand maître et maréchal de France, gouverneur de Languedoc, 18,000 livres tournois, soit 12,000 livres pour sa pension et 6,000 livres pour son état de gouverneur pendant l'année dernière. Saint-Germain-en-Laye, 7 janvier 1526. 7 janvier.

Bibl. nat., ms. fr. 5502, fol. 39 v°. (*Mention.*)

18925. Mandement au trésorier de l'épargne de payer à Philippe Chabot, chevalier de l'ordre, amiral de France et gouverneur de Bourgogne, 18,000 livres tournois, soit 12,000 livres pour sa pension et 6,000 livres pour son état de gouverneur pendant l'année dernière. Saint-Germain-en-Laye, 7 janvier 1526. 7 janvier.

Bibl. nat., ms. fr. 5502, fol. 40. (*Mention.*)

18926. Mandement au trésorier de l'épargne de payer à Philippe Chabot, amiral de France et de Bretagne, 1,200 livres tournois pour son état d'amiral de Bretagne, pendant l'année dernière. Saint-Germain-en-Laye, 7 janvier 1526. 7 janvier.

Bibl. nat., ms. fr. 5502, fol. 40. (*Mention.*)

18927. Mandement au trésorier de l'épargne de payer à Odet comte de Foix, amiral de Guyenne, 3,000 livres tournois pour sondit état d'amiral, 7 janvier.

pendant l'année dernière. Saint-Germain-en-Laye, 7 janvier 1526. 1527.

Bibl. nat., ms. fr. 5502, fol. 40. (*Mention.*)

18928. Mandement au trésorier de l'épargne de payer à Nicolas de Bossut, chevalier, s[r] de Longueval, 400 livres tournois complétant la somme de 800 livres tournois, montant de sa pension pendant la dernière année. Saint-Germain-en-Laye, 7 janvier 1526. 7 janvier.

Bibl. nat., ms. fr. 5502, fol. 41. (*Mention.*)

18929. Mandement au trésorier de l'épargne de payer 1,000 livres tournois au s[r] d'Olhain et 400 livres à chacun des suivants : François de La Hargerie, François de La Vieuville, s[r] du Fretoy, le s[r] de Hecquelebec, capitaine du Crotoy, et le s[r] d'Heilly, pour leurs pensions de l'année dernière. Saint-Germain-en-Laye, 7 janvier 1526. 7 janvier.

Bibl. nat., ms. fr. 5502, fol. 41 v°. (*Mention.*)

18930. Mandement au trésorier de l'épargne de payer à Jean de Sarcus, chevalier, capitaine de Hesdin, 1,000 livres tournois; et à Robert de Mailly, s[r] de Romesnil, capitaine de Doullens, 400 livres tournois, pour leurs pensions de l'année dernière. Saint-Germain-en-Laye, 7 janvier 1526. 7 janvier.

Bibl. nat., ms. fr. 5502, fol. 41 v°. (*Mention.*)

18931. Provisions de l'office de maître particulier des Eaux et forêts du comté de Poitou, à la place de feu son beau-père, pour Antoine des Prez, seigneur de Montpezat et du Fou, capitaine de cinquante hommes des ordonnances et gentilhomme ordinaire de la chambre, en considération de ses services et spécialement de son zèle pour la délivrance du roi. Saint-Germain-en-Laye, 8 janvier 1526. 8 janvier.

Copie collationnée. Bibl. nat., *Pièces orig.*, vol. 2037, Montpezat, p. 89.

18932. Échange entre le roi et Charles de Rohan, s[r] de Gié, du comté de Guise et de ses apparte- 8 janvier.

nances. Saint-Germain-en-Laye, 8 janvier 1526. 1527.

Bibl. nat., ms. Clairambault 782, p. 283. (*Mention.*)

18933. Mandement au trésorier de l'épargne de payer au receveur et payeur des gages des officiers du Parlement de Bourgogne 3,230 livres 10 sous tournois pour leurs gages de l'année dernière. Saint-Germain-en-Laye, 8 janvier 1526. 8 janvier.

Bibl. nat., ms. fr. 5502, fol. 38 v°. (*Mention.*)

18934. Mandement au trésorier de l'épargne de payer à Bénigne Serre, receveur général de Bourgogne, 2,370 livres tournois sur la somme de 2,395 livres tournois due pour les gages des officiers de la Chambre des Comptes de Dijon, pendant le deuxième semestre de l'année dernière, le reste demeurant bon par suite de la vacance d'un office d'auditeur. Saint-Germain-en-Laye, 8 janvier 1526. 8 janvier.

Bibl. nat., ms. fr. 5502, fol. 39. (*Mention.*)

18935. Provisions en faveur d'Adam Pinceverre de l'office de receveur des tailles à Senlis, vacant par la résignation de Pierre Crochet. Saint-Germain-en-Laye, 8 janvier 1526. 8 janvier.

Bibl. nat., ms. fr. 5502, fol. 38 v°. (*Mention.*)

18936. Lettres nommant Antoine Chauderon administrateur de l'hôpital et Hôtel-Dieu de Gonesse. 8 janvier 1526. 8 janvier.

Mention dans un arrêt du Grand conseil, en date du 18 décembre 1532. Arch. nat., V[5] 1049.

18937. Mandement à Guillaume Prudhomme, trésorier de l'épargne, de faire payer par Jean Grolier, trésorier des guerres, 45 livres tournois à Jacques de La Brosse, homme d'armes de la compagnie du s[r] de La Trémoïlle, pour sa solde du dernier quartier de l'année 1525, bien qu'il ait été absent lors de la montre dudit quartier. Saint-Germain-en-Laye, 9 janvier 1526. 9 janvier.

Original. Bibl. nat., ms. fr. 25720, n° 262.

18938. Mandement aux gens des comptes et aux généraux des finances, leur ordonnant d'approuver les comptes de Jean Testu, trésorier et receveur général de Languedoc, s'élevant pour l'année 1523 à la somme de 708,629 livres 16 sous 4 deniers tournois, plus 1,800 livres que le roi lui a assignées pour ses gages et chevauchées durant ladite année. Saint-Germain-en-Laye, 9 janvier 1526. — 1527. 9 janvier.

Expéd. authentique. Bibl. nat., ms. fr. 23269, fol. 25 et 33.

18939. Lettres autorisant la levée en France d'une décime pour la croisade contre les Turcs, ordonnée par bulle pontificale. Saint-Germain-en-Laye, 10 janvier 1526. — 10 janvier.

Original. Bibl. nat., ms. fr. 3021, fol. 127.

18940. Confirmation des lettres de Louis XII (Étampes, novembre 1508) portant don, au chapitre cathédrale de Lisieux, d'une rente annuelle de deux muids de sel sans payer le droit de gabelle, à la charge pour ledit chapitre de célébrer deux offices, le 12 août et le 12 décembre de chaque année. Saint-Germain-en-Laye, 10 janvier 1526. — 10 janvier.

Enreg. à la Chambre des Comptes de Paris, le même jour, et à la Cour des Aides de Normandie, le 22 novembre 1578. Arch. de la Seine-Inférieure, Mémoriaux, 7ᵉ vol., fol. 48. 2 pages 1/2.

18941. Mandement au trésorier de l'épargne de payer à Robert Baratte, receveur et payeur des gages des officiers de la Cour des Aides de Rouen, 1,414 livres 13 sous 9 deniers tournois pour employer au fait de son office. Saint-Germain-en-Laye, 10 janvier 1526. — 10 janvier.

Bibl. nat., ms. fr. 5502, fol. 44. (*Mention.*)

18942. Don à Jean Desbreulle, chevalier, sʳ de Poifonds, de l'office qu'occupait à la Chambre des Comptes de Moulins feu Antoine de Mortillon, avec 500 livres tournois de pen- — 10 janvier.

sion annuelle. Saint-Germain-en-Laye, 10 janvier 1526. 1527.

Bibl. nat., ms. fr. 5502, fol. 43 v°. (*Mention.*)

18943. Mandement au trésorier de l'épargne de payer au capitaine Antoine Raincon, espagnol, 1,200 livres tournois en quatre termes pour sa pension de la présente année. Saint-Germain-en-Laye, 10 janvier 1526. 10 janvier.

Bibl. nat., ms. fr. 5502, fol. 43 v°. (*Mention.*)

18944. Mandement au trésorier de l'épargne de payer à Jean Poussin, dit Vendôme, huissier du Conseil, 154 livres 10 sous tournois, soit 120 livres pour ses gages de l'année dernière et 34 livres tournois pour le remboursement de plusieurs fournitures qu'il a faites au Conseil. Saint-Germain-en-Laye, 10 janvier 1526. 10 janvier.

Bibl. nat., ms. fr. 5502, fol. 43 v°. (*Mention.*)

18945. Lettres portant commission à Charles de La Mothe, conseiller au Grand conseil, et à Eustache d'Argences, pour instruire le procès criminel intenté à Perceval Danyon par Jacques de Rohan, comte de Porhoët, vicomte de Rohan. 10 janvier 1526. 10 janvier.

Mention dans un arrêt du Grand conseil, en date du 23 septembre 1529. Arch. nat., V^5 1047.

18946. Lettres d'évocation d'un procès pendant entre François du Périer, fermier du tirage du sel qui se fait en remontant les rivières du Rhône et de la Saône, d'une part, et les syndics du pays de Vivarais et les conseillers de la ville de Lyon, d'autre part. 10 janvier 1526. 10 janvier.

Présentées au Grand conseil, le 29 août 1531. Arch. nat., V^5 1048.

18947. Don à Jacques Boisville, clerc de Chartres, d'une prébende en l'église dudit lieu, vacante en régale par la résignation de François de Thibivillier. Saint-Germain-en-Laye, 11 janvier 1526. 11 janvier.

Bibl. nat., ms. fr. 5502, fol. 45. (*Mention.*)

18948. Mandement au trésorier de l'épargne de faire payer, par le receveur général de Provence, 1,020 livres tournois à Pierre de Montdragon, capitaine de la tour de Toulon, et aux douze mortes-payes qui la gardent, pour leurs gages de la présente année. Saint-Germain-en-Laye, 11 janvier 1526. — 1527. 11 janvier.

Bibl. nat., ms. fr. 5502, fol. 44. (*Mention.*)

18949. Mandement au trésorier de l'épargne de payer à Parcello de Mercuriano, jardinier du roi à Blois, 100 livres tournois complétant la somme de 300 livres tournois pour sa pension de l'année passée. Saint-Germain-en-Laye, 11 janvier 1526. — 11 janvier.

Bibl. nat., ms. fr. 5502, fol. 44 v°. (*Mention.*)

18950. Mandement à Jacques Charmoluc, changeur du trésor, de payer à Jean Brinon, chevalier, premier président du Parlement de Rouen, et à Guillaume Prudhomme, général de Normandie, à chacun 300 livres tournois au lieu de deux arpents de bois que le roi leur assignait chaque année pour le chauffage de leurs maisons à Rouen. Saint-Germain-en-Laye, 11 janvier 1526. — 11 janvier.

Bibl. nat., ms. fr. 5502, fol. 44. (*Mention.*)

18951. Lettres de retenue de l'office de fourrier ordinaire de l'écurie du roi pour René de Brocq. Saint-Germain-en-Laye, 11 janvier 1526. — 11 janvier.

Bibl. nat., ms. fr. 5502, fol. 43. (*Mention.*)

18952. Mandement au trésorier de l'épargne de payer à Jean Prévost, général de Guyenne, receveur et payeur des gages des officiers du Grand conseil, 100 livres tournois montant des gages de Jean Rivière, notaire et secrétaire du roi et greffier du Grand conseil, pendant les deuxième et troisième quartiers de l'année dernière. Saint-Germain-en-Laye, 11 janvier 1526. — 11 janvier.

Bibl. nat., ms. fr. 5502, fol. 43. (*Mention.*)

18953. Don à Robert de La Marthonnye, chevalier, seigneur de Bonnes, conseiller et maître d'hôtel ordinaire du roi, de 6,000 livres tournois à prendre en dix ans, soit 600 livres par an sur le revenu du grenier à sel de Libourne. Saint-Germain-en-Laye, 11 janvier 1526. — 1527. 11 janvier.

Bibl. nat., ms. fr. 5502, fol. 64. (*Mention.*)

18954. Mandement au trésorier de l'épargne de payer à François de Montmorency, s[r] de La Rochepot, 1,200 livres tournois pour sa pension de l'année dernière. Saint-Germain-en-Laye, 11 janvier 1526. — 11 janvier.

Bibl. nat., ms. fr. 5502, fol. 42 v°. (*Mention.*)

18955. Mandement au trésorier de l'épargne de payer à Jean Carré, commis au payement des officiers domestiques de l'hôtel du roi, 1,260 livres tournois pour remettre à Jean des Granges, Simonnet Hennequin, dit Saint-Aubin, Jean de Berne, Pierre Prévost, Claude de Berne et Guyot Du Metz, portiers de la maison du roi, pour les arrérages de leurs gages en 1521, 1522, 1524 et 1525. Saint-Germain-en-Laye, 11 janvier 1526. — 11 janvier.

Bibl. nat., ms. fr. 5502, fol. 42 v°. (*Mention.*)

18956. Mandement au trésorier de l'épargne de payer à Guillaume de Montmorency, s[r] dudit lieu, de Chantilly et d'Écouen, chevalier de l'ordre, 3,000 livres tournois pour sa pension de l'année dernière. Saint-Germain-en-Laye, 13 janvier 1526. — 13 janvier.

Bibl. nat., ms. fr. 5502, fol. 50. (*Mention.*)

18957. Lettres accordant à Baptiste de Villequier, comme héritier de feu André de Villequier, la jouissance de 2,000 livres de rente assise sur les îles de Marennes, Oléron et Brou, que possédait feu Jacques de Pons, avant l'arrêt de confiscation prononcé contre lui par Charles VII. Saint-Germain-en-Laye, 15 janvier 1526. — 15 janvier.

Bibl. nat., ms. fr. 5502, fol. 44 v°. (*Mention.*)

IMPRIMERIE NATIONALE.

18958. Don à Antoine de La Rochefoucauld, chevalier, s[r] de Barbezieux, gentilhomme de la chambre du roi et capitaine de cinquante lances, des droits seigneuriaux dus au roi pour la terre de Vendeuvre et autres de la succession de Georges d'Amboise, s[r] de Chaumont. 15 janvier 1526. — 1527. 15 janvier.

Enreg. à la Chambre des Comptes de Paris, anc. mém. 2 D, fol. 179 v°. *Arch. nat.*, PP. 119, p. 32. (*Mention.*)

Bibl. nat., ms. fr. 21405, p. 296. (*Mention.*)

Bibl. nat., ms. Clairambault 782, p. 281. (*Mention.*)

18959. Don à Louise de Montmorency, veuve de Gaspard de Coligny, chevalier de l'ordre, s[r] de Châtillon, maréchal de France, du droit de gabelle du grenier à sel de Sens, pour dix ans. 15 janvier 1526. — 15 janvier.

Enreg. à la Chambre des Comptes de Paris, anc. mém. 2 D, fol. 180 v°. *Arch. nat.*, PP. 119, p. 32. (*Mention.*)

Bibl. nat., ms. fr. 21405, p. 296. (*Mention.*)

Bibl. nat., ms. Clairambault 782, p. 281. (*Mention.*)

18960. Don viager d'un usage en la forêt de Rets à Philippe de Thésat, écuyer, maître de la voirie de Pisseleu, fils de Gérard de Thésat. 16 janvier 1526. — 16 janvier.

Enreg. à la Chambre des Comptes de Paris, anc. mém. 2 D, fol. 219 v°. *Arch. nat.*, PP. 119, p. 37. (*Mention.*)

Bibl. nat., ms. fr. 21405, p. 297. (*Mention.*)

Bibl. nat., ms. Clairambault 782, p. 282. (*Mention.*)

18961. Déclaration portant que les châtelains du Dauphiné ne pourront être dépossédés de leurs charges, même par ceux à qui le roi aurait concédé le revenu des châtellenies du domaine. Saint-Germain-en-Laye, 17 janvier 1526. — 17 janvier.

Copie du XVIe siècle. Arch. de l'Isère, B. 3187.

18962. Provisions, en faveur de Gilbert Desucques, de l'office de procureur du roi au bailliage de — 21 janvier.

Berry, siège de Dun-le-Roi, avec la garde des sceaux aux contrats de la seigneurie de Dun, vacant par la mort d'Étienne Regnier. Saint-Germain-en-Laye, 21 janvier 1526. | 1527.

Bibl. nat., ms. fr. 5502, fol. 63 v°. (*Mention.*)

18963. Confirmation de lettres patentes de novembre 1521 réintégrant Jean-Clément Stanga dans tous les biens qui lui avaient été confisqués par suite de sa rébellion. Saint-Germain-en-Laye, 25 janvier 1526. | 25 janvier.

Copie du XVIe siècle. Milan, Arch. di Stato, Diplomi et dispacci sovrani, carton 35.

18964. Mandement au receveur et payeur du Grand conseil de payer, sur le produit des amendes prononcées par le Grand conseil, 830 livres tournois à MM. de La Loue et de Châteaumorant, que le roi leur a données. Saint-Germain-en-Laye, 25 janvier 1526. | 25 janvier.

Bibl. nat., ms. fr. 5502, fol. 45 v°. (*Mention.*)

18965. Mandement au trésorier de Languedoc de rembourser, sur les deniers du tirage qui se fait en remontant le Rhône du côté du royaume, 18,187 écus d'or soleil, intérêts compris, à Jean Cleberger, sujet allemand. Saint-Germain-en-Laye, 25 janvier 1526. | 25 janvier.

Bibl. nat., ms. fr. 5502, fol. 45. (*Mention.*)

18966. Lettres de retenue de conseiller et aumônier ordinaire du roi pour Charles Émard, protonotaire du Saint-Siège apostolique. Saint-Germain-en-Laye, 26 janvier 1526. | 26 janvier.

Bibl. nat., ms. fr. 5502, fol. 45 v°. (*Mention.*)

18967. Mandement au trésorier de l'épargne d'allouer aux comptes de Jean Robineau, commis par la régente à la recette générale de Picardie, 151 livres tournois qu'il a payées, pendant l'exercice de sa commission, à différentes personnes chargées du recouvrement des deniers de sa charge. Saint-Germain-en-Laye, 27 janvier 1526. | 27 janvier.

Original. Bibl. nat., ms. fr. 25720, n° 263.

18968. Mandement au trésorier de l'épargne de payer à Jean Carré, commis au payement des officiers domestiques de la maison du roi, 1,200 livres tournois pour les gages de Jean de Tournon, maître d'hôtel, et d'Antoine de Tournon, échanson du roi, pendant l'année 1525. Saint-Germain-en-Laye, 27 janvier 1526. — 1527. 27 janvier.

Bibl. nat., ms. fr. 5502, fol. 46 v°. (*Mention.*)

18969. Mandement au trésorier de l'épargne de faire payer par Jean Prévost, payeur des gages des officiers du Grand conseil, 500 livres tournois à François de Cambray, conseiller audit conseil, pour ses gages de l'année finie le 30 septembre dernier. Saint-Germain-en-Laye, 27 janvier 1526. — 27 janvier.

Bibl. nat., ms. fr. 5502, fol. 46. (*Mention.*)

18970. Mandement au trésorier de l'épargne de faire payer par Jean Parajan, trésorier de Bretagne, à Jean de Saint-Amadour, vicomte de Guignen, 1,200 livres tournois pour ce qui lui est dû d'arriéré de sa pension de maître des Eaux et forêts et de grand veneur de Bretagne. Saint-Germain-en-Laye, 27 janvier 1526. — 27 janvier.

Bibl. nat., ms. fr. 5502, fol. 45 v°. (*Mention.*)

18971. Mandement au trésorier de l'épargne de payer au comte de Carpi 6,150 livres tournois sur sa pension, et à Richard d'Elbène, banquier, 615 livres tournois pour faire parvenir cette somme à Rome. Saint-Germain-en-Laye, 28 janvier 1526. — 28 janvier.

Bibl. nat., ms. fr. 5502, fol. 46 v°. (*Mention.*)

18972. Mandement au receveur général d'Outre-Seine de payer au s[r] d'Esparros 11,800 livres tournois, 10,000 pour sa pension et 1,800 en dédommagement de soixante lances qui lui ont été retirées, ladite somme à répartir pendant quinze ans. Saint-Germain-en-Laye, 29 janvier 1526. — 29 janvier.

Bibl. nat., ms. fr. 5502, fol. 48. (*Mention.*)

18973. Mandement au trésorier de l'épargne de payer à Pierre Mangot, orfèvre, 734 livres 3 sous 3 deniers tournois pour plusieurs objets d'orfèvrerie livrés au roi avant son dernier voyage en Italie, et 605 livres 8 sous 3 deniers tournois, prix d'une aiguière couverte et d'une coupe avec son couvercle, le tout en argent vermeil doré et livré pour le service du dauphin. Saint-Germain-en-Laye, 29 janvier 1526. — 1527. 29 janvier.

Bibl. nat., ms. fr. 5502, fol. 47. (*Mention.*)

18974. Don à Antoine de Raincon, sa vie durant, de la seigneurie de Pierrelatte et de 400 livres tournois de rente sur le péage de Montélimart, avec droit de nommer aux offices de ladite seigneurie quand des vacances se produiront. Saint-Germain-en-Laye, 30 janvier 1526. — 30 janvier.

Bibl. nat., ms. fr. 5502, fol. 49 v°. (*Mention.*)

18975. Mandement aux trésoriers de France de payer à M. de Montpezat les gages et droits appartenant à l'office de sénéchal de Périgord, depuis la mort du dernier titulaire, François de Saint-Marsault. Saint-Germain-en-Laye, 31 janvier 1526. — 31 janvier.

Bibl. nat., ms. fr. 5502, fol. 47 v°. (*Mention.*)

18976. Lettres de don à Imbert de Beaumont, s[r] d'Autichamp en Dauphiné, des biens échus au roi par droit d'aubaine de feu Pierre Lateru, bâtard non légitimé de Claude Lateru, prêtre. Saint-Germain-en-Laye, janvier 1526. — Janvier.

Enreg. à la Chancellerie de France. Arch. nat., Trésor des Chartes, JJ. 243, n° 363, fol. 170 v°. 1 page.

18977. Lettres de don à Nicolas, marquis de Ceve (Ceva, dans le Piémont), de tous les biens de feu Nicolas Bussan, de Gordes, condamné à mort et à la confiscation par arrêt du Parlement de Provence. Saint-Germain-en-Laye, janvier 1526. — Janvier.

Enreg. à la Chancellerie de France. Arch. nat., Trésor des Chartes, JJ. 243, n° 360, fol. 106.

18978. Lettres de don à Louis André, valet de fourrière de la feue reine Claude, des biens meubles et immeubles de feu Lubin Picard, qui demeurait en la paroisse Saint-Nicolas, près Blois, échus au roi par droit d'aubaine. Saint-Germain-en-Laye, janvier 1526. — 1527. Janvier.

Enreg. à la Chancellerie de France. Arch. nat., Trésor des Chartes, JJ. 243, n° 209, fol. 49 v°.

18979. Lettres de légitimation accordées à Nicolas Des Roches, sommelier ordinaire du roi, fils naturel de Louis Des Roches, écuyer, s[r] de La Moulinière, et de Jacquette Morin. Saint-Germain-en-Laye, janvier 1526. — Janvier.

Enreg. à la Chancellerie de France. Arch. nat., Trésor des Chartes, JJ. 243, n° 200, fol. 47.
Bibl. nat., ms. fr. 5502, fol. 49 v°. (*Mention.*)

18980. Lettres de légitimation accordées à Guillaume Dupin, fils naturel de Vincent Dupin et de Marguerite Delavigne. Saint-Germain-en-Laye, janvier 1526. — Janvier.

Enreg. à la Chancellerie de France. Arch. nat., Trésor des Chartes, JJ. 243, n° 212, fol. 50 v°.

18981. Lettres de légitimation accordées à François de Gimel, homme d'armes des ordonnances, fils naturel de Pierre de Gimel, de la sénéchaussée de Périgord. Saint-Germain-en-Laye, janvier 1526. — Janvier.

Enreg. à la Chancellerie de France. Arch. nat., Trésor des Chartes, JJ. 243, n° 201, fol. 47.

18982. Lettres de légitimation accordées à Mathurin Marsilien, du diocèse de Tours, fils naturel de feu Charles Marsilien, écuyer, et de Louise Fauveau. Saint-Germain-en-Laye, janvier 1526. — Janvier.

Enreg. à la Chancellerie de France. Arch. nat., Trésor des Chartes, JJ. 243, n° 225, fol. 55.

18983. Lettres de légitimation accordées à Nicolas Périchot, fils naturel de messire Pierre Périchot, prêtre, et d'Antonie Bordoin, du bail- — Janvier.

liage de Saint-Pierre-le-Moutier. Saint-Germain-en-Laye, janvier 1526. 1527.

Enreg. à la Chancellerie de France. Arch. nat., *Trésor des Chartes*, JJ. 243, n° 213, fol. 50 v°.

18984. Lettres de légitimation accordées à Jean de Semur, fils naturel de feu Maurigon de Semur et d'A. Delsolliers, du bailliage des Montagnes d'Auvergne. Saint-Germain-en-Laye, janvier 1526. Janvier.

Enreg. à la Chancellerie de France. Arch. nat., *Trésor des Chartes*, JJ. 243, n° 207, fol. 48 v°.

18985. Lettres de naturalité accordées à Christophe de Lubiano, natif d'Espagne, homme d'armes des ordonnances de la compagnie du maréchal de Montmorency, en récompense des services rendus au roi depuis vingt-cinq ans. Saint-Germain-en-Laye, janvier 1526. Janvier.

Enreg. à la Chancellerie de France. Arch. nat., *Trésor des Chartes*, JJ. 243, n° 210, fol. 50.

18986. Lettres de naturalité en faveur de Corneille de Starn, natif d'Utrecht, marchand établi à Poissy. Saint-Germain-en-Laye, janvier 1526. Janvier.

Enreg. à la Chancellerie de France. Arch. nat., *Trésor des Chartes*, JJ. 243, n° 189, fol. 43 v°.
Bibl. nat., ms. fr. 5502, fol. 45 v°. (*Mention*, sous la date du 24 janvier.)

18987. Lettres de naturalité en faveur de Jean de Tournay (Tornaco), natif dudit lieu au diocèse de Côme, naguère archer des ordonnances du roi. Saint-Germain-en-Laye, janvier 1526. Janvier.

Enreg. à la Chancellerie de France. Arch. nat., *Trésor des Chartes*, JJ. 243, n° 195, fol. 45.

18988. Lettres de naturalité portant permission de tester accordées à Antoine Le Baveux, natif de Valfin, paroisse de Saint-Claude, au comté de Bourgogne. Saint-Germain-en-Laye, janvier 1526. Janvier.

Bibl. nat., ms. fr. 5502, fol. 43. (*Mention.*)

18989. Mandement à Guillaume Prudhomme, trésorier de l'épargne, de payer à Morelet du Museau, 1er février.

notaire et secrétaire du roi, commis à tenir le compte et faire le payement des pensions générales et particulières des cantons des anciennes ligues des Hautes Allemagnes, 100,000 livres tournois pour les années passées et la présente, pour employer au fait de sa commission, outre les sommes portées dans les deux mandements suivants. Saint-Germain-en-Laye, 1er février 1526. 1527.

Bibl. nat., ms. fr. 5502, fol. 50 v°. (*Mention.*)

18990. Mandement au trésorier de l'épargne de payer à Morelet du Museau 200,000 livres tournois pour les pensions des anciennes ligues des Hautes Allemagnes. Saint-Germain-en-Laye, 1er février 1526. 1er février.

Autre mandement de même date pour une somme de 100,000 livres tournois, au même effet.

Bibl. nat., ms. fr. 5502, fol. 51. (*Mention.*)

18991. Mandement au trésorier de l'épargne de payer à Morelet du Museau, le jeune, trésorier des Ligues suisses, 200,000 livres tournois sur le troisième quartier de l'année courante. Saint-Germain-en-Laye, 1er février 1526. 1er février.

Autre mandement de même date pour une somme de 100,000 livres tournois sur le dernier quartier.

Bibl. nat., ms. fr. 5502, fol. 65 v°. (*Mention.*)

18992. Provisions, en faveur du s[r] de Boisy, de l'office de gouverneur, capitaine et bailli d'Auxerrois, vacant par suite du décès du feu bâtard de la Clayette. Saint-Germain-en-Laye, 2 février 1526. 2 février.

Reçu au Parl. de Paris, le 7 juin 1527. Arch. nat., X[1a] 4881, fol. 113. (*Mention.*)

18993. Commission pour Pierre d'Anlézy, s[r] de Boisbuart, de l'office de capitaine et châtelain de Nonette, qu'il tenait avant la confiscation des terres de Charles de Bourbon, jusqu'à ce 2 février.

que le roi en ait ordonné autrement. Saint-Germain-en-Laye, 2 février 1526. — 1527.

Bibl. nat., ms. fr. 5502, fol. 48 v°. (*Mention.*)

18994. Déclaration portant que ledit de Boisbuart jouira sa vie durant, selon le don que lui en a fait la feue duchesse de Bourbon, de l'étang de Saint-Bonnet et de 30 livres tournois de rente sur le greffe de la châtellenie d'Ainay-le-Château. Saint-Germain-en-Laye, 2 février 1526. — 2 février.

Bibl. nat., ms. fr. 5502, fol. 49. (*Mention.*)

18995. Mandement au trésorier de l'épargne de payer à Potier, notaire et secrétaire du roi, receveur et payeur des gages des officiers du Parlement de Toulouse, 9,661 livres 11 sous tournois pour employer au fait de son office pendant le second semestre de l'année dernière. Saint-Germain-en-Laye, 3 février 1526. — 3 février.

Bibl. nat., ms. fr. 5502, fol. 48 v°. (*Mention.*)

18996. Mandement au trésorier de l'épargne de payer à Jean Lombard, receveur et payeur des gages des officiers du Parlement de Bordeaux, 9,053 livres 2 sous 6 deniers tournois pour le second semestre de l'année dernière. Saint-Germain-en-Laye, 3 février 1526. — 3 février.

Bibl. nat., ms. fr. 5502, fol. 49. (*Mention.*)

18997. Déclaration en forme de mandement à la Chambre des Comptes de Moulins, lui ordonnant de payer à Jean des Aages, homme d'armes des ordonnances du roi, les gages de capitaine de Billy et de Vichy, en Bourbonnais, à partir du jour de sa commission (20 décembre 1523) jusqu'à celui de son institution (25 novembre 1526) qui, par suite de ses occupations au service du roi, n'a pu être faite plus tôt. Saint-Germain-en-Laye, 3 février 1526. — 3 février.

Bibl. nat., ms. fr. 5502, fol. 60 v°. (*Mention.*)

18998. Provisions en faveur de Jean de Dinteville, bailli de Troyes, de l'office de capitaine et — 6 février.

gouverneur de Bar-sur-Seine, vacant par la résignation de Gaucher de Dinteville, son père. Saint-Germain-en-Laye, 6 février 1526. 1527.

Bibl. nat., ms. fr. 5502, fol. 50. (*Mention.*)

18999. Lettres commettant les visiteurs des gabelles de Languedoc et Lyonnais, chacun en sa juridiction, à réprimer les abus et les vols qui se commettent au fait de la traite du sel en remontant le Rhône, la Saône et l'Isère, avec pouvoir d'infliger les amendes et punitions corporelles que les différents cas requerront, et leur attribuant 25 livres tournois de gages et chevauchées par mois. Saint-Germain-en-Laye, 6 février 1526. 6 février.

Bibl. nat., ms. fr. 5502, fol. 56. (*Mention.*)

19000. Provisions pour Louis Aoust de l'office de procureur général du roi à l'effet de poursuivre par-devant les visiteurs des gabelles les infracteurs des règlements de la traite du sel, aux gages de 36 livres tournois par an. Saint-Germain-en-Laye, 6 février 1526. 6 février.

Bibl. nat., ms. fr. 5502, fol. 56 v°. (*Mention.*)

19001. Lettres attribuant aux fermiers de la traite du sel la moitié des amendes et confiscations qui seront prononcées par les visiteurs des gabelles. Saint-Germain-en-Laye, 6 février 1526. 6 février.

Bibl. nat., ms. fr. 5502, fol. 56 v°. (*Mention.*)

19002. Déclaration de foi et hommage de Charlotte d'Argouges, veuve de Philippe Du Moulin, pour la seigneurie de Loy en la paroisse de Sigloy et certains droits de péage sur la Loire, mouvant de Châteauneuf-sur-Loire. Saint-Germain-en-Laye, 7 février 1526. 7 février.

Original. Arch. nat., Chambre des Comptes de Paris, P. 10, n° 3455.

19003. Déclaration portant que le don de la seigneurie de Pont-Sainte-Maxence, fait au vicomte d'Étoges (F. d'Anglure) par la régente, aura son plein et entier effet nonobstant le refus 7 février.

de l'entériner opposé par la Chambre des Comptes, et jussion à ladite Chambre de l'enregistrer. Saint-Germain-en-Laye, 7 février 1526. 1527.

Bibl. nat., ms. fr. 5502, fol. 50. (*Mention.*)

19004. Lettres portant souffrance et délai de faire foi et hommage, accordées à Hélène Gouffier, veuve de Louis de Vendôme, vidame de Chartres, comme tutrice de François de Vendôme, son fils mineur, pour la seigneurie de Montceaux, mouvant de Moret, jusqu'à la majorité de son fils. Saint-Germain-en-Laye, 10 février 1526. 10 février.

Trois autres lettres de même date, pour la seigneurie de Milly, mouvant de Melun, pour les port et péage de Maisons-sur-Seine, mouvant de Poissy, et pour vingt-cinq arpents de bois en la forêt de Halatte, mouvant de Senlis.

Originaux. Arch. nat., Chambre des Comptes de Paris, P. 716, n°s 246 à 249.

19005. Mandement au trésorier de l'épargne de payer aux chanoines de la chapelle royale du bois de Vincennes 480 livres tournois pour le payement de la fondation faite par Charles V, pendant les années 1524, 1525 et 1526, à raison de 160 livres par an. Saint-Germain-en-Laye, 10 février 1526. 10 février.

Bibl. nat., ms. fr. 5502, fol. 51. (*Mention.*)

19006. Mandement au trésorier de l'épargne de payer à Jean Brinon, premier président du Parlement de Rouen, 500 livres tournois pour sa pension de l'année dernière. Saint-Germain-en-Laye, 10 février 1526. 10 février.

Bibl. nat., ms. fr. 5502, fol. 51. (*Mention.*)

19007. Mandement aux élus de Chartres, leur faisant savoir que la part de leur élection est de 6,975 livres 8 sous dans la crue de taille mise sur tout le royaume. Saint-Germain-en-Laye, [11] février 1526. 11 février.

Analysé sur la couverture d'un manuscrit du

XVIe siècle. Bibl. de la ville de Chartres, ms. 400 (412). 1527.

19008. Lettres fixant à 1,619 livres 3 sous 6 deniers tournois, avec 23 livres 6 sous tournois pour les frais, la quote-part de l'élection de Mantes dans la crue de taille de 600,000 livres mise sur le royaume. Saint-Germain-en-Laye, 11 février 1526. 11 février.

Original. Bibl. nat., ms. fr. 25720, n° 264.

19009. Mandement aux élus du Lyonnais leur faisant savoir que la part de l'élection est de 5,731 livres 1 sou 1 denier tournois dans la crue de taille de 600,000 livres mise sur tout le royaume. Saint-Germain-en-Laye, 11 février 1526. 11 février.

Copie du XVIe siècle. Bibl. nat., ms. fr. 2702, fol. 128 v°.

19010. Pouvoirs des commissaires du roi aux États de Languedoc, convoqués au Pont-Saint-Esprit pour le 26 mars. Saint-Germain-en-Laye, 11 février 1526. 11 février.

Copie. Arch. départ. de l'Hérault, C. États de Languedoc, Recueils des lettres et actes des commissaires du roi aux États, 1526. 7 pages.

19011. Lettres de relèvement de montre accordées à Jean de Foix, sr de Samadet, et à François de Caupène, sr de Gaujac, hommes d'armes de la compagnie de M. de Lautrec, pour être payés de leur solde, pendant le dernier quartier de 1525 et le premier de 1526. Saint-Germain-en-Laye, 11 février 1526. 11 février.

Bibl. nat., ms. fr. 5502, fol. 51 v°. (*Mention.*)

19012. Lettres de réception par Louise de Savoie des foi et hommage d'Antoine Bohier, bailli de Cotentin, seigneur de Chenonceaux, pour ladite seigneurie, mouvant d'Amboise. Saint-Germain-en-Laye, 11 février 1526. 11 février.

Original. Arch. nat., Chambre des Comptes de Paris, P. 12, n° 3949.

19013. Lettres de réception par Louise de Savoie des 11 février.

foi et hommage d'Antoine Bohier, chevalier, bailli de Cotentin, pour la seigneurie de Thoré et le Moulin de la Rochette, mouvant d'Amboise. Saint-Germain-en-Laye, 11 février 1526. 1527.

Original. Arch. nat., Chambre des Comptes de Paris, P. 12, n° 3950.

19014. Lettres de réception par Louise de Savoie des foi et hommage d'Antoine Bohier, bailli de Cotentin, pour le fief de Mesvres, situé aux faubourgs de Saint-Denis d'Amboise, mouvant d'Amboise. Saint-Germain-en-Laye, 11 février 1526. 11 février.

Original. Arch. nat., Chambre des Comptes de Paris, P. 12, n° 3951.

19015. Mandement au trésorier de l'épargne de payer à Jean Carré, commis à tenir le compte et faire le payement des officiers domestiques de l'hôtel du roi, 480 livres tournois pour remettre à François Jousseaume, Étienne Le Brun, Gabriel Bonnault et Henri de Mauville, fourriers ordinaires du roi, pour le second semestre de leurs gages en l'année 1524. Saint-Germain-en-Laye, 13 février 1526. 13 février.

Bibl. nat., ms. fr. 5502, fol. 51 v°. (*Mention.*)

19016. Mandement à la Chambre des Comptes de Moulins de faire payer par le trésorier de Forez à Jacques, bâtard de Bourbon, 300 livres tournois par an montant de la pension qu'il recevait de la maison de Bourbon et que le roi lui continue. Saint-Germain-en-Laye, 13 février 1526. 13 février.

Bibl. nat., ms. fr. 5502, fol. 52. (*Mention.*)

19017. Mandement au trésorier de l'épargne de payer à Imbert de Chantemerle, chevalier, seigneur dudit lieu et de la Clayette, maître d'hôtel ordinaire du roi, 500 livres tournois de pension annuelle en sus de ses gages. Saint-Germain-en-Laye, 15 février 1526. 15 février.

Bibl. nat., ms. fr. 5502, fol. 52. (*Mention.*)

19018. Mandement au trésorier de l'épargne de faire payer par le receveur des exploits et amendes du Parlement de Paris à la comtesse de Nevers et à François de Clèves, son fils, 240 livres tournois que le roi leur a données en raison des liens de parenté qu'il a avec eux. Saint-Germain-en-Laye, 18 février 1526. — 1527. 18 février.

Bibl. nat., ms. fr. 5502, fol. 52 v°. (*Mention.*)

19019. Mandement au trésorier de l'épargne de payer à Guillaume Tertereau, commis à tenir le compte et faire le payement des officiers de l'hôtel du roi et des gentilshommes de sa chambre, 37,561 livres 5 sous tournois pour le dernier quartier de l'année passée. Saint-Germain-en-Laye, 18 février 1526. — 18 février.

Bibl. nat., ms. fr. 5502, fol. 53. (*Mention.*)

19020. Mandement à René Thizart, trésorier des guerres, de payer 1,860 livres tournois à Gaillard Spifame, commis à tenir le compte et faire le payement des frais extraordinaires de la guerre, pour employer au fait de sa commission. Saint-Germain-en-Laye, 19 février 1526. — 19 février.

Bibl. nat., ms. fr. 5502, fol. 53 v°. (*Mention.*)

19021. Provisions en faveur de Claude Boileau de l'office de grènetier du grenier à sel de Beauvais, vacant par la résignation faite à son profit par Nicolas Boileau, son père. Saint-Germain-en-Laye, 19 février 1526. — 19 février.

Bibl. nat., ms. fr. 5502, fol. 52 v°. (*Mention.*)

19022. Mandement à Gaillard Spifame, commis à tenir le compte de l'extraordinaire des guerres, de payer au marquis de Saluces, lieutenant général du roi en Italie, 2,000 livres tournois pour sondit état pendant le mois de janvier et le présent mois. Saint-Germain-en-Laye, 19 février 1526. — 19 février.

Bibl. nat., ms. fr. 5502, fol. 54. (*Mention.*)

19023. Mandement au trésorier de l'épargne de faire payer, par le receveur des fouages du diocèse — 19 février.

de Saint-Brieuc, 120 livres tournois à Méry d'Orgemont, échanson ordinaire du roi, pour la moitié de sa pension de l'année 1522. Saint-Germain-en-Laye, 19 février 1526. 1527.

Bibl. nat., ms. fr. 5502, fol. 55. (*Mention.*)

19024. Mandement au trésorier de l'épargne de payer à Jacques Ninart, notaire et secrétaire du roi, 149 livres 7 sous 6 deniers tournois pour ses gages de 1526. Saint-Germain-en-Laye, 20 février 1526. 20 février.

Bibl. nat., ms. fr. 5502, fol. 53 v°. (*Mention.*)

19025. Lettres permettant, en faveur d'André Rosso, secrétaire de la seigneurie de Venise, à Urbain Parenzy et à Bonaventure Michael, marchands lucquois demeurant à Lyon, de tirer de Languedoc 2,000 charges de froment pour les transporter à Lucques, à la condition qu'ils donneront caution aux officiers de Marseille et certificat que ledit blé a été conduit à Lucques et non ailleurs. Saint-Germain-en-Laye, 20 février 1526. 20 février.

Bibl. nat., ms. fr. 5502, fol. 53. (*Mention.*)

19026. Mandement au trésorier de l'épargne de payer par quartier à Anne de Montmorency, chevalier de l'ordre, grand-maître et maréchal de France, 25,000 livres tournois sur les 50,000 que le roi lui a promises à l'occasion de son mariage avec Madeleine de Savoie. Saint-Germain-en-Laye, 20 février 1526. 20 février.

Autre mandement pour les 25,000 livres tournois restant. Même date.

Bibl. nat., ms. fr. 5502, fol. 55 et 55 v°. (*Mentions.*)

19027. Mandement au trésorier de l'épargne de faire payer par Jean Parajau, conseiller du roi, trésorier et receveur général des finances en Bretagne, 300 livres tournois à Alain de Tours, dit Jaquemin, armurier, et 60 livres à André Perronnet, fourbisseur, pour la garde et l'entretien des armes du château 20 février.

de Nantes pendant la présente année. Saint-Germain-en-Laye, 20 février 1526. 1527.

Bibl. nat., ms. fr. 5502, fol. 55 v°. (*Mention.*)

19028. Mandement à la Chambre des Comptes de Moulins de faire payer les fruits, profits et émoluments de la baronnie de Mercœur échus depuis le 24 juin passé, au duc d'Albany à qui le roi en a fait don. Saint-Germain-en-Laye, 20 février 1526. 20 février.

Bibl. nat., ms. fr. 5502, fol. 57. (*Mention.*)

19029. Don au duc d'Albany de tout ce qui sera dû par Jean Reboul, commis à la recette de la baronnie de Mercœur, depuis le décès du maréchal de Chabannes. Saint-Germain-en-Laye, 20 février 1526. 20 février.

Bibl. nat., ms. fr. 5502, fol. 57. (*Mention.*)

19030. Déclaration portant que le roi entend que la seigneurie de Vieille-Brioude soit comprise dans le don du gouvernement de la baronnie de Mercœur fait au duc d'Albany. Saint-Germain-en-Laye, 20 février 1526. 20 février.

Bibl. nat., ms. fr. 5502, fol. 57. (*Mention.*)

19031. Lettres de réception par Louise de Savoie des foi et hommage de Henri Bohier, chevalier, seigneur de la Chapelle, maître d'hôtel ordinaire du roi, pour les seigneuries du Plessis-Limousine, de la Monnerie et de la Pommeraye, mouvant d'Amboise. Saint-Germain-en-Laye, 21 février 1526. 21 février.

Original. Arch. nat., Chambre des Comptes de Paris, P. 12, n° 3953.

19032. Mandement au trésorier de l'épargne de faire payer par Jean Parajan, trésorier et receveur général de Bretagne, 800 livres tournois à Raoul de Tournemine, chevalier, seigneur de Jasson, et 400 livres à Marguerite Caillon, dame de la Guerche, sa femme, pour leurs pensions de la présente année. Saint-Germain-en-Laye, 21 février 1526. 21 février.

Bibl. nat., ms. fr. 5502, fol. 54. (*Mention.*)

19033. Mandement à Guillaume Tertereau, conseiller du roi et auditeur en sa Chambre des Comptes, commis à tenir le compte de la dépense de l'écurie, argenterie, chambre aux deniers et menus de la chambre du roi, de payer à Morelet du Museau, secrétaire de la chambre du roi, 600 livres tournois pour le complément de ses gages des années 1524 et 1525, et 400 livres pour ses gages de 1526. Saint-Germain-en-Laye, 22 février 1526. — 1527. 22 février.

Bibl. nat., ms. fr. 5502, fol. 54 v°. (*Mention.*)

19034. Mandement au trésorier de l'épargne de payer à Jacques Ninart, notaire et secrétaire du roi, trésorier et receveur général des finances de Madame Renée de France, 6,000 livres tournois pour employer au fait de son office pendant le dernier quartier de l'année passée. Saint-Germain-en-Laye, 22 février 1526. — 22 février.

Bibl. nat., ms. fr. 5502, fol. 56. (*Mention.*)

19035. Mandement au trésorier de l'épargne de faire payer par Jean Ruzé, conseiller du roi et receveur général des finances en la généralité d'Outre-Seine, à Morelet du Museau, conseiller du roi et général de ses finances, ce qui lui est dû pour ses gages et chevauchées depuis le 1er janvier 1524 jusqu'à la fin de la présente année. Saint-Germain-en-Laye, 22 février 1526. — 22 février.

Bibl. nat., ms. fr. 5502, fol. 54 v°. (*Mention.*)

19036. Provisions pour Jean Frémyot, licencié ès lois, d'un office de conseiller lai au Parlement de Dijon, vacant par la promotion de Pierre Belriant à l'office de conseiller lai ancien, occupé précédemment par Guy Moreau, seigneur de Souhey, nommé second président. Saint-Germain-en-Laye, 25 février 1526. — 25 février.

Enreg. au Parl. de Dijon. Arch. de la Côte-d'Or, Parl., reg. II, fol. 49 v°.

Bibl. nat., ms. fr. 5502, fol. 59 v°. (*Mention.*)

19037. Déclaration portant que le roi entend qu'à la — 25 février.

IMPRIMERIE NATIONALE.

prochaine vacance d'un office de conseiller lai ancien au Parlement de Dijon, Jean Frémyot en sera pourvu sans avoir besoin d'autres lettres que de la présente déclaration. Saint-Germain-en-Laye, 25 février 1526. 1527.

Bibl. nat., ms. fr. 5502, fol. 59 v°. (*Mention.*)

19038. Mandement à la Chambre des Comptes de Dijon et au général de Bourgogne de faire payer, par le receveur et payeur des gages des officiers du Parlement de Dijon, à Jean Frémyot les gages de conseiller lai ancien, échus depuis la promotion du précédent titulaire de l'office, Guy Moreau. Saint-Germain-en-Laye, 25 février 1526. 25 février.

Bibl. nat., ms. fr. 5502, fol. 60. (*Mention.*)

19039. Confirmation pour dix années, commencées le 1er janvier dernier, à Geneviève Boulanger, veuve de François de Loynes, président des enquêtes, du don de quatre amendes ordinaires du Parlement de Paris, s'élevant à 60 livres tournois annuellement chacune, fait par Charles VIII et confirmé par Louis XII à feu Marie Chevalier, sa mère. Saint-Germain-en-Laye, 25 février 1526. 25 février.

Bibl. nat., ms. fr. 5502, fol. 60. (*Mention.*)

19040. Lettres de grâce octroyées à Jean de Lyvenne, homme d'armes des ordonnances du roi sous la charge du comte de Tende et de Villars, et pour François de Lyvenne, chevalier, l'un des cent gentilshommes de l'hôtel. Paris, 26 février 1526. 26 février.

Présentées au Parl. de Paris, le 7 mars 1527 n. s. Arch. nat., X[1a] 4880, fol. 143 v°. (*Mention.*)

19041. Lettres accordant à Hélène Gouffier, veuve de Louis de Vendôme, vidame de Chartres, comme tutrice de François de Vendôme, son fils mineur, délai et souffrance de faire foi et hommage pour les seigneuries de Groussay et de Pontchartrain, mouvant de Pontchar- 26 février.

train, jusqu'à la majorité de son fils. Saint-Germain-en-Laye, 26 février 1526. | 1527.

Original. Arch. nat., Chambre des Comptes de Paris, P. 716, n° 245.

19042. Mandement au trésorier receveur général de Picardie de payer, des deniers de la recette de Péronne, Montdidier et Roye, à Isabeau de Bourbon, dame de Carency, 400 livres tournois dont le roi lui a fait don. Saint-Germain-en-Laye, 26 février 1526. | 26 février.

Bibl. nat., ms. fr. 5502, fol. 59. (*Mention.*)

19043. Don à François de La Chaussière, chevalier, seigneur de la Cour-des-Bois, de l'office de capitaine et des revenus d'Yèvre-le-Châtel, vacant par le décès de Jean d'Arbouville, seigneur de Buno, 26 février 1526. | 26 février.

Enreg. à la Chambre des Comptes de Paris, anc. mém. 2 E, fol. 129. *Arch. nat.*, PP. 119, p. 15. (*Mention.*)

Bibl. nat., ms. fr. 21405, p. 306. (*Mention.*)

Bibl. nat., ms. Clairambault, 782, p. 287. (*Mention.*)

19044. Mandement au trésorier de l'épargne de payer au trésorier Spifame 307 livres 10 sous tournois, pour remettre à l'ambassadeur des Suisses. Saint-Germain-en-Laye, 27 février 1526. | 27 février.

Bibl. nat., ms. fr. 5502, fol. 59 v°. (*Mention.*)

19045. Mandement à la Chambre des Comptes d'allouer aux comptes du trésorier Spifame les 307 livres 10 sous tournois qu'il doit remettre à l'ambassadeur des Suisses. Saint-Germain-en-Laye, 27 février 1526. | 27 février.

Bibl. nat., ms. fr. 5502, fol. 59 v°. (*Mention.*)

19046. Mandement au trésorier de l'épargne de payer au roi de Navarre 24,000 livres tournois, pour sa pension de la présente année. Saint-Germain-en-Laye, 28 février 1526. | 28 février.

Bibl. nat., ms. fr. 5502, fol. 58 v°. (*Mention.*)

19047. Mandement au trésorier de l'épargne de payer au roi de Navarre 10,000 livres tournois, pour | 28 février.

sa pension de l'année passée. Saint-Germain-en-Laye, 28 février 1526. 1527.

Bibl. nat., ms. fr. 5502, fol. 58 v°. (*Mention.*)

19048. Mandement au trésorier de l'épargne de payer à Galobre de Rogy, commis au payement de la maison de M. d'Angoulême et de Mesdames Madelaine et Marguerite de France, 300 livres tournois pour l'achat d'une litière et de deux chevaux destinés à leur service. Saint-Germain-en-Laye, 28 février 1526. 28 février.

Bibl. nat., ms. fr. 5502, fol. 59. (*Mention.*)

19049. Lettres de relèvement de montre pour les deuxième et troisième quartiers de l'année précédente en faveur de Jean de Gauville, homme d'armes, et de Jean de Boullay, archer de la compagnie du comte de Dammartin. Saint-Germain-en-Laye, 28 février 1526. 28 février.

Bibl. nat., ms. fr. 5502, fol. 59. (*Mention.*)

19050. Déclaration de foi et hommage d'Antoine de La Rochefoucauld, chevalier de l'ordre, seigneur de Barbezieux, pour le fief de Fougères (commune de Neuilly-le-Brignon) dans la châtellenie des Bordes-Guenant, mouvant de Loches. Saint-Germain-en-Laye, 28 février 1526. 28 février.

Original. Arch. nat., Chambre des Comptes de Paris, P. 13, n° 4400.

19051. Concession à la duchesse de Vendôme, en dédommagement des biens saisis sur elle par l'Empereur, de seigneuries appartenant à la duchesse de Savoie et à divers autres partisans de Charles-Quint. Février 1526. Février.

Arch. nat., *Invent. des titres de La Fère*, KK. 909, fol. 157. (*Mention.*)

19052. Lettres d'anoblissement avec droit de porter des armoiries accordées à Pierre Trémolet, conseiller et médecin ordinaire du roi. Saint-Germain-en-Laye, février 1526. Février.

Bibl. nat., ms. fr. 5502, fol. 64. (*Mention.*)

19053. Lettres de légitimation en faveur de Jean et Antoine Blanc, fils naturels de Jean Blanc et d'Antonie Fulminette. Saint-Germain-en-Laye, février 1526. — 1527. Février.

Enreg. à la Chancellerie de France. Arch. nat., Trésor des Chartes, JJ. 243, n° 256, fol. 64.

19054. Lettres de légitimation en faveur de maître Guillaume Duchièvre, fils naturel d'Olivier Duchièvre, prêtre, religieux de l'ordre de Saint-Benoît, et de Jeanne Delaterie, du duché d'Angoulême. Saint-Germain-en-Laye, février 1526. — Février.

Enreg. à la Chancellerie de France. Arch. nat., Trésor des Chartes, JJ. 243, n° 257, fol. 64.

19055. Lettres de légitimation en faveur de François Lalouette, fils naturel de Thomas Lalouette et de Guillemine Terrier, de Paris. Saint-Germain-en-Laye, février 1526. — Février.

Enreg. à la Chancellerie de France. Arch. nat., Trésor des Chartes, JJ. 243, n° 259, fol. 64 v°.

19056. Lettres de naturalité accordées à André Perra, natif du pays de Bresse à Replonge et résidant à Mâcon. Saint-Germain-en-Laye, février 1526. — Février.

Enreg. à la Chambre des Comptes de Dijon, le 2 septembre 1527. Arch. de la Côte-d'Or, B. 72, fol. 111 v°.

19057. Lettres de naturalité accordées à Jean de Pons, canonnier ordinaire de l'artillerie, natif de Bollène au Comtat-Venaissin, états du pape. Saint-Germain-en-Laye, février 1526. — Février.

Enreg. à la Chancellerie de France. Arch. nat., Trésor des Chartes, JJ. 243, n° 234, fol. 57.

19058. Mandement à Gaillard Spifame, commis à tenir le compte de l'extraordinaire des guerres, de payer 9,000 livres tournois comme suit : 1,000 livres tournois à Maurice de Nogent, commis à la garde du château de Dunbar (Écosse), pour sa pension de l'année passée et de la présente; 800 livres tournois à — 1er mars.

... [1] Stuart, chevalier écossais, pour sa pension de l'année courante; 120 livres tournois à Guillaume d'Allemetz, dit Valois, roi d'armes, que le roi dépêche en Écosse avec ledit Stuart, pour sa pension de l'année courante; 1,080 livres audit chevalier Stuart, pour se rendre en Écosse avec sa suite; et 6,000 livres pour la solde durant la présente année des cent hommes d'armes chargés de la garde du château de Dunbar. Saint-Germain-en-Laye, 1er mars 1526. 1527.

Bibl. nat., ms. fr. 5502, fol. 62. (*Mention.*)

19059. Mandement à l'administration des finances du comté de Blois de rabattre au profit de Robert Rondel, fermier du greffe de la prévôté de Coucy, 85 livres 10 sous parisis sur le principal de ladite ferme des trois dernières années. Saint-Germain-en-Laye, 2 mars 1526. 2 mars.

Original. Bibl. nat., ms. fr. 25720, n° 265.

19060. Lettres accordant à François de Tournon, archevêque de Bourges, l'autorisation de se servir des bulles apostoliques qu'il a obtenues, avec la réserve de ne mettre en interdit aucune ville ou cité du royaume. Saint-Germain-en-Laye, 2 mars 1526. 2 mars.

Bibl. nat., ms. fr. 5502, fol. 60 v°. (*Mention.*)

19061. Commission à Antoine Du Prat, chancelier de France, à Anne de Montmorency, grand maître et maréchal de France, à François de Tournon, archevêque de Bourges, à Jean Brinon, premier président du Parlement de Rouen, et à Florimond Robertet, pour traiter le mariage du prince de Piémont, fils aîné du duc de Savoie, avec Marguerite de France. Saint-Germain-en-Laye, 3 mars 1526. 3 mars.

(Avec le contrat de mariage, daté du 7 avril 1526).

Original. Turin, Archivio di Stato, Matrimonio, mazzo 19, n° 1.

[1] Le prénom en blanc.

19062. Commission pour Jean Carré de l'office de payeur des officiers domestiques du roi. Saint-Germain-en-Laye, 3 mars 1526. — 1527. 3 mars.

Bibl. nat., ms. fr. 5502, fol. 64 v°. (*Mention.*)

19063. Mandement au trésorier de l'épargne de payer à M. d'Esquerdes 1,320 livres pour ses gages de capitaine de quarante lances, pendant les trois derniers quartiers de 1524 et les années 1525 et 1526. Saint-Germain-en-Laye, 4 mars 1526. — 4 mars.

Bibl. nat., ms. fr. 5502, fol. 61. (*Mention.*)

19064. Lettres en faveur des habitants de Loches. 4 mars 1527 (1). — 4 mars.

Imp. *Mémoires de la Société archéologique de Touraine*, année 1865, p. 86. (*Mention.*)

19065. Mandement à la Chambre des Comptes d'allouer aux comptes de Jean Ruzé, receveur général, 565 livres tournois pour Jean de Harlus, maître des comptes à Paris, pour avoir vaqué à la réformation des eaux et forêts de Château-du-Loir et de Rigny, et 113 livres à André Perredoux qui l'a accompagné comme greffier. Saint-Germain-en-Laye, 5 mars 1526. — 5 mars.

Bibl. nat., ms. fr. 5502, fol. 61. (*Mention.*)

19066. Mandement à Étienne La Pitte, receveur des exploits et amendes du Parlement de Paris, de payer à Louise Poussart, veuve du sieur d'Aigreville, une somme de 1,575 livres tournois dont il lui est fait don en considération des services rendus par son mari. 6 mars 1526. — 6 mars.

Bibl. nat., ms. fr. 25722, n° 537. (*Mention.*)

19067. Mandement de payer à Jacques Hurault, conseiller du roi et à présent audiencier de France, 2,000 livres parisis sur les produits — 6 mars.

(1) Cet acte est sans doute une prorogation de l'octroi fait aux mêmes habitants le 9 décembre 1519 (voir à cette date). La date du 4 mars 1527 doit être donnée selon le nouveau style, car elle coïncide ainsi avec celle de l'expiration de cet octroi, concédé pour sept ans.

de la chancellerie. Saint-Germain-en-Laye, 6 mars 1526. 1527.

Bibl. nat., ms. lat. 5981, fol. 141 v°. (*Mention.*)

19068. Don au duc de Vendôme du revenu du grenier à sel de Château-Gontier, pendant le dernier quartier de 1525, y compris les amendes et confiscations. Saint-Germain-en-Laye, 7 mars 1526. 7 mars.

Bibl. nat., ms. fr. 5502, fol. 61 v°. (*Mention.*)

19069. Mandement justificatif servant au receveur général Sapin, pour 8,000 écus dont il a versé 6,000 en l'année commencée le 1er octobre 1524 et 2,000 en octobre, novembre et décembre 1525 et janvier 1526, pour les menus plaisirs du roi. Saint-Germain-en-Laye, 7 mars 1526. 7 mars.

Bibl. nat., ms. fr. 5502, fol. 61 v°. (*Mention.*)

19070. Mandement au trésorier et receveur général de Dauphiné de payer, sur les droits de lods et ventes des seigneuries de Faramans et d'Ornacieux, 3,975 écus d'or soleil à M. de Sérignan, à qui le roi en a fait don. Saint-Germain-en-Laye, 8 mars 1526. 8 mars.

Bibl. nat., ms. fr. 5502, fol. 63. (*Mention.*)

19071. Mandement au trésorier de l'épargne de payer, des deniers de la crue de 100 sous sur chaque muid de sel vendu au grenier de Montfort-l'Amaury, 2,229 livres tournois à M. d'Esparros, à qui le roi en a fait don. Saint-Germain-en-Laye, 9 mars 1526. 9 mars.

Bibl. nat., ms. fr. 5502, fol. 62 v°. (*Mention.*)

19072. Don à Madame de Nevers, comme ayant la garde-noble de son fils, François de Clèves, comte d'Eu, des revenus des greniers à sel du Tréport, de Mers-en-Vimeu et de Saint-Valery-sur-Mer. Saint-Germain-en-Laye, 10 mars 1526. 10 mars.

Bibl. nat., ms. fr. 5502, fol. 63. (*Mention.*)

19073. Mandement au trésorier de l'épargne de payer 10 mars.

par quartier à Galéas Visconti, chevalier de l'ordre, 2,500 livres tournois, soit 10,000 livres tournois en tout pour sa pension de la présente année. Saint-Germain-en-Laye, 10 mars 1526. 1527.

Bibl. nat., ms. fr. 5502, fol. 62 v°. (*Mention.*)

19074. Mandement au receveur ordinaire du Maine de remettre à Léonore de Ferrières 1,200 livres tournois provenant des droits de lods et ventes advenus au roi, à cause de l'acquisition qu'elle a faite de la seigneurie de Montfort. Saint-Germain-en-Laye, 12 mars 1526. 12 mars.

Bibl. nat., ms. fr. 5502, fol. 63 v°. (*Mention.*)

19075. Provisions de l'office de viguier de Narbonne, en faveur d'Henri Estienne. 12 mars 1526. 12 mars.

Mention dans un arrêt du Grand conseil, en date du 9 août 1536. Arch. nat., V[5] 1051.

19076. Déclaration de foi et hommage de Jean de Bueil, écuyer, s[r] de Fontaines, pour les seigneuries de la Thomassière, Thoriau, Cangé et le Fief-au-Chat, mouvant de Tours. Saint-Germain-en-Laye, 14 mars 1526. 14 mars.

Original. Arch. nat., Chambre des Comptes de Paris, P. 13, n° 4401.

19077. Déclaration de foi et hommage de Jean de Bueil, écuyer, s[r] de Fontaines, pour le fief du Bois, mouvant d'Amboise. Saint-Germain-en-Laye, 14 mars 1526. 14 mars.

Original. Arch. nat., Chambre des Comptes de Paris, P. 12, n° 3954.

19078. Lettres portant prorogation jusqu'à nouvel ordre de la validité des lettres accordées, le 19 mars 1518 n. s., aux religieuses de Poissy. Saint-Germain-en-Laye, 15 mars 1526. 15 mars.

Arch. de Seine-et-Oise, série H, fonds de Poissy, *Inventaire des titres de rentes sur le domaine*, chapitre intitulé : *Titres d'Andely et Vernon*, cote 28, pièce 24. (*Mention.*)

19079. Mandement au trésorier de l'épargne de faire 15 mars.

IMPRIMERIE NATIONALE.

payer par Hervé de Kerquifinen, receveur des exploits et amendes du Parlement de Paris, 120 livres tournois à Louis Burgensis, conseiller et premier médecin du roi. Saint-Germain-en-Laye, 15 mars 1526. 1527.

Bibl. nat., ms. fr. 5502, fol. 64. (*Mention.*)

19080. Mandement aux commissaires nommés le 24 novembre 1526 (n° 18,845) de poursuivre Nicolas Lalemant, trouvé coupable de malversations touchant le fait des fleurs de lis et pavillons d'Ardres, en même temps que les marchands et banquiers ses complices. Saint-Germain-en-Laye, 15 mars 1526. 15 mars.

Bibl. nat., ms. fr. 5502, fol. 74 v°. (*Mention.*)

19081. Déclaration de foi et hommage de Louis de Fleury, comme procureur de Marie de Fleury, veuve de Charles de Billy, l'un des cent gentilshommes de l'hôtel du roi, tant pour elle que pour Louis de Billy, son fils, des seigneuries de Mello et Offémont, mouvant de Senlis. Saint-Germain-en-Laye, 16 mars 1526. 16 mars.

Original. Arch. nat., Chambre des Comptes de Paris, P. 5, n° 1594.

19082. Lettres de réception du serment de fidélité d'Oudart Hennequin, évêque de Senlis, pour le temporel dudit évêché. Saint-Germain-en-Laye, 17 mars 1526. 17 mars.

Expéd. orig. Arch. nat., P. 725[1], cote 249.

19083. Lettres de surséance pour rendre ses comptes de l'ordinaire et de l'extraordinaire des guerres et des officiers de la maison du roi accordées, pendant qu'il sera en Suisse, à Morelet de Museau, chevalier, conseiller et général des finances du roi, ancien et principal ambassadeur auprès des Ligues suisses. Saint-Germain-en-Laye, 20 mars 1526. 20 mars.

Enreg. à la Chambre des Comptes de Paris, anc. mém. 2 D, fol. 230 v°. *Arch. nat.*, PP. 119, p. 38. (*Mention.*)

Bibl. nat., ms. fr. 21405, p. 298. (*Mention.*) 1527.

Bibl. nat., ms. Clairambault 782, p. 282. (*Mention.*)

19084. Présentation faite par le roi comme garde-noble du duc de Longueville, encore mineur, à l'archevêque de Rouen, de Jean Hébert, prêtre du diocèse de Chartres, pour occuper la cure d'Équimbosc au diocèse de Rouen, occupée auparavant par Florentin d'Allouville. Saint-Germain-en-Laye, 21 mars 1526. 21 mars.

Bibl. nat., ms. fr. 5502, fol. 64 v°. (*Mention.*)

19085. Déclaration de foi et hommage du chancelier Du Prat, archevêque de Sens, etc., pour le château de Maucreux, les fiefs de Faverolles et Vouty, mouvant de Pierrefonds, et la haute justice d'Ancienville, mouvant de la Ferté-Milon. Saint-Germain-en-Laye, 21 mars 1526. 21 mars.

Original. Arch. nat., Chambre des Comptes de Paris, P. 7, n° 2209.

Bibl. nat., ms. fr. 5502, fol. 64 v°. (*Mention.*)

19086. Lettres de subrogation à [Antoinette] de Clermont, veuve de Charles de Vesc, s^r de Grimaud, des droits que le roi a sur la terre de « Bourbon » en Provence, en vertu du droit de prélation qu'il peut exercer comme suzerain et comte de Provence, par suite de la vente faite il y a quatre mois par son fils, Jean de Vesc, baron de Grimaud, de ladite seigneurie de « Bourbon ». Saint-Germain-en-Laye, 24 mars 1526. 24 mars.

Bibl. nat., ms. fr. 5502, fol. 66. (*Mention.*)

19087. Don à [Antoinette] de Clermont, dame de Grimaud, des droits de lods et ventes qui pourraient être dus au roi par suite de la vente de la terre de « Bourbon », faite par son fils, Jean de Vesc. Saint-Germain-en-Laye, 24 mars 1526. 24 mars.

Bibl. nat., ms. fr. 5502, fol. 66. (*Mention.*)

19088. Lettres de sauf-conduit et autorisation de faire en France le trafic des marchandises non 26 mars.

prohibées et de les exporter en Espagne, en Flandre, en Angleterre, et ailleurs, accordée pour trois ans à Michel et Jean Dannes, frères, à Louis Corisat, Martin Dannes, et Antoine Daguerre, originaires de Navarre, à Antoine et Martin de Ollacarizqueta, de Pampelune, Charles de Barassoan, Jean de Ouguillen, Pedro Arros, Jean Daguerre, Jean Martinez, de Vernet, Michel Crazat, Jean de Arricoto et Pedro Ybanez, Navarrais. Saint-Germain-en-Laye, 26 mars 1526. 1527.

Bibl. nat., ms. fr. 5502, fol. 65. (*Mention.*)

19089. Mandement au trésorier de l'épargne de faire payer par Jean Parajan, trésorier et receveur général de Bretagne, 1,200 livres tournois par an au couvent des religieuses de Notre-Dame des Couëts, jusqu'au complet payement des cinq mille saluts que leur ont promis Louis XII et Anne de Bretagne, pour la construction d'un couvent près de la ville de Vannes, appelé Nazareth. Saint-Germain-en-Laye, 29 mars 1526. 29 mars.

Bibl. nat., ms. fr. 5502, fol. 65. (*Mention.*)

19090. Lettres portant qu'il sera prélevé, pour la défense du royaume et pour un an seulement, la moitié des octrois et aides accordés à la ville de Bergerac par le roi et ses prédécesseurs. Saint-Germain-en-Laye, 31 mars 1526. 31 mars.

Copie dans le compte rendu de la jurade, le 15 juillet 1527. Arch. de la ville de Bergerac, boîte E, n° 38.

19091. Mandement aux échevins et habitants de Châlons de remettre, entre les mains du receveur général des finances extraordinaires et parties casuelles, la moitié de leurs aides et octrois, pendant un an seulement, pour faire face aux dépenses nécessitées par la défense et conservation du royaume. Saint-Germain-en-Laye, 31 mars 1526. 31 mars.

Arch. de la ville de Châlons (Marne), CC. Octrois.

19092. Lettres touchant l'appointement fait entre le roi et Jeanne de Gruffy, veuve de [René de Brosse, dit de Bretagne], comte de Penthièvre, touchant le douaire de celle-ci. Saint-Germain-en-Laye, 31 mars 1526. 1527. 31 mars.

Entérinées au Parl. de Paris, le 29 avril 1527. Arch. nat., X[1a] 4881, fol. 5 v°. (*Mention.*)

19093. Lettres de réception de l'hommage rendu par Louis de Sallé, écuyer, archer de la garde, au nom de Pierre Le Gruyer, écuyer, pour les deux tiers de la seigneurie de Fontaines et pour partie de la rivière dudit lieu, depuis les écluses du moulin de Fontaines jusqu'au moulin de Gravières (bailliage de Chaumont, châtellenie de Bar-sur-Aube). Saint-Germain-en-Laye, 31 mars 1526. 31 mars.

Expéd. orig. Arch. nat., P. 163[2], cote 1046.

19094. Lettres de légitimation en faveur de Jean Garie, fils naturel de feu frère Antoine Garie, religieux de l'ordre du Carmel, du bailliage des Montagnes d'Auvergne. Saint-Germain-en-Laye, mars 1526. Mars.

Enreg. à la Chancellerie de France. Arch. nat., Trésor des Chartes, JJ. 243, n° 263, fol. 66.

19095. Lettres de légitimation en faveur de Jean de Saint-Romain, dit Panchon, curé de la paroisse de Saint-Victor au diocèse de Mâcon, fils naturel de noble Jean de Saint-Romain, dit Panchon, seigneur de la Forêt, et de feu Catherine Gouard. Saint-Germain-en-Laye, mars 1526. Mars.

Enreg. à la Chancellerie de France. Arch. nat., Trésor des Chartes, JJ. 243, n° 284, fol. 73 v°.

19096. Mandement au trésorier de l'épargne de payer au trésorier Spifame 100,000 livres tournois destinées aux Suisses. Saint-Germain-en-Laye, 1er avril 1526. 1er avril.

Bibl. nat., ms. fr. 5502, fol. 65 v°. (*Mention.*)

19097. Lettres de relèvement de montre pour les deuxième et troisième quartiers de l'année der- 1er avril.

nière, accordées à Gilles Carbonnel, s[r] de Chassigny, homme d'armes de la compagnie du grand sénéchal de Normandie. Saint-Germain-en-Laye, 1er avril 1526. 1527.

Bibl. nat., ms. fr. 5502, fol. 65. (*Mention.*)

19098. Lettres de renouvellement, pour huit années après leur expiration, des lettres d'exemption des aides, tailles et autres impositions, octroyées aux habitants de Rennes. Saint-Germain-en-Laye, 2 avril 1526. 2 avril.

Bibl. nat., ms. fr. 5502, fol. 65 v°. (*Mention.*)

19099. Provisions en faveur de Jean Odoard, docteur en droit, de l'office de conseiller lai au Parlement de Rouen, vacant par la mort de Jacques Morise. Saint-Germain-en-Laye, 2 avril 1526. 2 avril.

Bibl. nat., ms. fr. 6602, fol. 66. (*Mention.*)

19100. Confirmation pour dix ans du don fait à Robert de Malbert, s[r] d'Aude, conseiller et chambellan du roi, de la somme de 500 livres tournois dues annuellement au roi par les habitants de Verdun, pour le droit de garde de leur ville. Saint-Germain-en-Laye, 2 avril 1526. 2 avril.

Bibl. nat., ms. fr. 5502, fol. 66 v°. (*Mention.*)

19101. Mandement au trésorier de l'épargne de faire payer par Jacques Charmolue, changeur du trésor, et des deniers provenant du droit de garde dus au roi par les habitants de Verdun, perçus ordinairement par le receveur de Vitry, 1,500 livres tournois à Robert de Malbert, s[r] d'Aude, pour ses gages en raison de ladite garde pendant les années 1524, 1525 et 1526. Saint-Germain-en-Laye, 2 avril 1526. 2 avril.

Bibl. nat., ms. fr. 5502, fol. 66 v°. (*Mention.*)

19102. Lettres de retenue, en faveur de Raymond Forget, de l'office de contrôleur de la dépense de la maison du dauphin et des enfants du roi, vacant par la mort de Mathurin de Ville- 4 avril.

mor, son beau-père. Saint-Germain-en-Laye, 4 avril 1526. 1527.

Bibl. nat., ms. fr. 5502, fol. 66 v°. (*Mention.*)

19103. Mandement au trésorier de l'épargne de payer à Jean de Bouvans, chevalier, s[r] dudit lieu, 410 livres tournois pour sa pension de la présente année. Saint-Germain-en-Laye, 4 avril 1526. 4 avril.

Bibl. nat., ms. fr. 5502, fol. 71. (*Mention.*)

19104. Déclaration de foi et hommage de Nicolas de La Mothe, comme procureur de Pierre de Myolat, pour la seigneurie de la Mothe près Villeneuve-l'Archevêque, mouvant de Sens. Saint-Germain-en-Laye, 5 avril 1526. 5 avril.

Original. Arch. nat., *Chambre des Comptes de Paris*, P. 14, n° 5127.

19105. Lettres de relèvement de montre pour les deuxième et troisième quartiers de l'année dernière, accordées à Charles de Colonat, homme d'armes des ordonnances de la compagnie du s[r] des Roches-d'Étampes. Saint-Germain-en-Laye, 7 avril 1526. 7 avril.

Bibl. nat., ms. fr. 5502, fol. 71 v°. (*Mention.*)

19106. Mandement au trésorier de l'épargne d'appointer, jusqu'à concurrence de 10,158 livres tournois, Raymond Forget, commis à tenir le compte et faire le payement des dépenses des bâtiments de Chambord, sur Jacques Vyart, receveur ordinaire du comté de Blois et commis à recevoir les revenus du patrimoine de la feue reine. Saint-Germain-en-Laye, 7 avril 1526. 7 avril.

Bibl. nat., ms. fr. 5502, fol. 71. (*Mention.*)

19107. Provisions, en faveur du prince de Piémont, de la charge de capitaine d'une compagnie de cent lances. Saint-Germain-en-Laye, 8 avril 1526. 8 avril.

Original. Turin, Archivio di Stato, Cariche e comandi conferti da principi stranieri a quelli della casa di Savoia, mazzo 1, n° 4.

19108. Provisions, en faveur d'Ambroise Le Moine, de l'office de contrôleur général de l'artillerie au duché de Milan, vacant par la résignation d'Amable de Seriez, faite à son profit. Saint-Germain-en-Laye, 8 avril 1526. — 1527. 8 avril.

Bibl. nat., ms. fr. 5502, fol. 83. (*Mention.*)

19109. Provisions pour Robert Talon de l'office de contrôleur des aides et tailles en l'élection de Melun. Saint-Germain-en-Laye, 8 avril 1526. — 8 avril.

Reçu le 4 mai suivant à la Chambre des Comptes, anc. mém. 2 D, fol. 238. *Arch. nat.*, PP. 119, p. 40. (*Mention.*)
Bibl. nat., ms. fr. 21405, p. 298. (*Mention.*)

19110. Mandement au trésorier de l'épargne de payer ou d'appointer, sur le changeur du Trésor, les mineurs de Saint-François-de-Paule du couvent de Tours à raison de 700 livres tournois, et ceux d'Amboise à raison de 300 livres tournois. Saint-Germain-en-Laye, 8 avril 1526. — 8 avril.

Bibl. nat., ms. fr. 5502, fol. 71. (*Mention.*)

19111. Mandement au trésorier de l'épargne de payer 6,000 livres tournois à Louis d'Ars, chevalier, s[r] dudit lieu, pour sa pension de la présente année, par quartiers et six semaines après chaque quartier. Saint-Germain-en-Laye, 8 avril 1526. — 8 avril.

Bibl. nat., ms. fr. 5502, fol. 71 v°. (*Mention.*)

19112. Mandement au trésorier de l'épargne de payer au duc de Savoie, oncle du roi, 20,000 livres tournois pour sa pension de cette année, par quartiers et six semaines après chaque quartier. Saint-Germain-en-Laye, 8 avril 1526. — 8 avril.

Bibl. nat., ms. fr. 5502, fol. 71 v°. (*Mention.*)

19113. Mandement au trésorier de l'épargne de payer au duc de Savoie 2,000 livres tournois pour l'indemniser des frais auxquels l'oblige l'entretien d'un certain nombre de gens de pied qu'il tient en garnison à Verceil, pour le ser- — 8 avril.

vice du roi. Saint-Germain-en-Laye, 8 avril 1526. 1527.

Bibl. nat., ms. fr. 5502, fol. 72. (*Mention.*)

19114. Mandement à Pierre d'Apestigny de payer à Guillaume Prudhomme, trésorier de l'épargne, 2,000 livres tournois pour les remettre au duc de Savoie. Saint-Germain-en-Laye, 8 avril 1526. 8 avril.

Bibl. nat., ms. fr. 5502, fol. 89. (*Mention.*)

19115. Mandement au trésorier de l'épargne de faire payer par le s[r] de la Colombière, trésorier et receveur général du Dauphiné et des deniers provenant de la seigneurie de Montbonnot, à Gaspard Sormano 470 livres tournois que le roi lui a données en récompense de ses services, en plus de ses gages, pension, etc. Saint-Germain-en-Laye, 8 avril 1526. 8 avril.

Bibl. nat., ms. fr. 5502, fol. 72. (*Mention.*)

19116. Mandement au trésorier de l'épargne de rembourser à Anne Geoffroy, dame de Ferrières, la somme de 6,100 livres tournois qu'elle avait consignée entre les mains d'Huguet Pernet, marchand fournissant le grenier à sel du Mans, à l'occasion d'un procès pendant en la cour du sénéchal du Maine, laquelle somme en septembre 1519 fut saisie, en vertu des lettres patentes du roi, par Jean Sapin, receveur général des finances, et employée au fait de son office. Saint-Germain-en-Laye, 8 avril 1526. 8 avril.

Bibl. nat., ms. fr. 5502, fol. 72 v°. (*Mention.*)

19117. Provisions pour Jacques Valton, licencié en droit, avocat au Parlement, de l'office de lieutenant du bailli de Senlis au siège de Compiègne, vacant par la résignation qu'en a faite à son profit Laurent Le Caron. Saint-Germain-en-Laye, 11 avril 1526. 11 avril.

Bibl. nat., ms. fr. 5502, fol. 73. (*Mention.*)

19118. Lettres portant pouvoirs à Charles, duc de Ven- 12 avril.

dôme, à Antoine [Du Prat], archevêque de Sens, à Odet de Foix et à Florimond Robertet, pour conclure avec Venise de nouveaux arrangements, le Pape, leur allié, ayant conclu sans leur autorisation des trèves de huit mois avec l'Empereur. Saint-Germain-en-Laye, 12 avril 1526. 1527.

Original. Arch. de Venise, Patti, série 1, n° 815.
Copie du XVIe siècle. Arch. de Venise, Commemoriali 21, fol. 36.

19119. Don à Georges Le Vasseur de la prébende de Saint-Quentin, vacante par la mort d'Adrien Mauguyer. Saint-Germain-en-Laye, 14 avril 1526. 14 avril.

Bibl. nat., ms. fr. 5502, fol. 67. (*Mention.*)

19120. Lettres de réception du serment de fidélité de François Bohier, abbé commendataire de Notre-Dame de Bernay, pour le temporel de ladite abbaye. Paris, 14 avril 1526. 14 avril.

Expéd. orig. Arch. nat., P. 270[1], cote 5139.

19121. Mandement au trésorier de l'épargne de faire payer par Jean Charmolue, changeur du trésor, et sur les deniers provenant des reliefs et treizièmes échus au roi en la seigneurie de Saint-Lô, durant la régale de l'évêché de Coutances, 80 livres tournois à Jean de Phélines, sommelier de la paneterie de bouche de Madame mère du roi. Saint-Germain-en-Laye, 15 avril 1526. 15 avril.

Mandement semblable et de même date, adressé au changeur du trésor.

Bibl. nat., ms. fr. 5502, fol. 69 v° et 70 v°. (*Mentions.*)

19122. Mandement aux élus du Lyonnais de faire payer par anticipation, au 15 mai, 15 août et 15 novembre, les quartiers de la taille payables seulement au 1er juillet, 1er octobre et 1er janvier. Paris, 16 avril 1526. 16 avril.

Copie du XVIe siècle. Bibl. nat., ms. fr. 2702, fol. 129 v°.

19123. Provisions en faveur de Guillaume Boucher de l'office de lieutenant général de Sens, vacant par la résignation de son oncle, François Boucher, avec réserve de survivance et de telle façon que l'un en jouisse en l'absence de l'autre. Saint-Germain-en-Laye, 16 avril 1526. — 1527. 16 avril.

Bibl. nat., ms. fr. 5502, fol. 67. (*Mention.*)

19124. Provisions, en faveur de Louis Boucher, de l'office d'élu en l'élection de Sens, vacant par la résignation de Guillaume Boucher, son cousin, pour en jouir par lesdits Louis et Guillaume en l'absence l'un de l'autre. Saint-Germain-en-Laye, 16 avril 1526. — 16 avril.

Bibl. nat., ms. fr. 5502, fol. 67. (*Mention.*)

19125. Provisions pour Octavien de Grimaldi de l'office de vice-président de la Chambre des Comptes de Paris. 16 avril 1526. — 16 avril.

Enreg. à la Chambre des Comptes de Paris, anc. mém. 2 D, fol. 229. *Arch. nat.*, PP. 119, p. 38. (*Mention.*)

Bibl. nat., ms. fr. 21405, p. 298. (*Mention.*)

19126. Lettres de retenue en la charge de l'un des cent gentilshommes de la maison du roi commandés par feu le vidame de Chartres, en faveur de Jacques de Prunelay, s^r d'Ouarville, en remplacement de Gilles Potin, portant que sa solde courra à partir du 1er mars dernier. Bois-de-Vincennes, 19 avril 1526. — 19 avril.

Bibl. nat., ms. fr. 5502, fol. 67. (*Mention.*)

19127. Mandement à Antoine Du Prat, chancelier de France, archevêque de Sens, de verser à Pierre d'Apestigny, trésorier de l'extraordinaire des guerres et parties casuelles, toutes les sommes qu'il aura touchées provenant de la décime établie sur les gens d'église du Milanais par le pape, en vue de repousser le Turc et de recouvrer la Hongrie, et que le — 20 avril.

Saint-Siège l'avait chargé de percevoir. Bois-de-Vincennes, 20 avril 1527[1]. 1527.

Original. Bibl. nat., ms. fr. 4658 (anc. fonds de Béthune 9492), n° 14.

Copie moderne. Bibl. de la ville de Versailles, ms. 412 F, fol. 55. 2 pages.

IMP. E. Charrière, *Négociations de la France dans le Levant*. Paris, 1848, in-4°, t. I, p. 156.

19128. Lettres de compulsoire en faveur de Charles de Crussol, seigneur de Lévis, pour le procès par lui soutenu contre l'abbaye des Vaux-de-Cernay. Paris, 20 avril 1526. 20 avril.

Copie du temps. Arch. de Seine-et-Oise, série H, fonds des Vaux-de-Cernay, 39e carton.

19129. Lettres portant rétablissement de Louis Duhamel en l'office d'auditeur en la Chambre des Comptes de Paris. 20 avril 1526. 20 avril.

Enreg. à la Chambre des Comptes de Paris, anc. mém. 2 D, fol. 289 v°. *Arch. nat.*, P. 1,19, p. 45. (*Mention.*)

Bibl. nat., ms. fr. 21405, p. 300. (*Mention.*)

19130. Lettres portant concession perpétuelle à Jean de La Grange, apothicaire à Blois, d'un étal où l'on vendait le pain et autres vivres, situé au-dessous de sa maison, devant la boucherie, moyennant une redevance annuelle de 6 livres tournois payable à la recette de Blois. Saint-Germain-en-Laye, avril 1526. Avril.

Enreg. à la Chambre des Comptes de Blois, le 8 août 1555. Arch. nat., KK. 898, fol. 67, et P. 2881², fol. 229. 1 page.

19131. Lettres d'anoblissement avec don d'armoiries et remise de tous droits, octroyées à Guillaume Prudhomme, conseiller du roi et général des finances en Normandie. Saint-Germain-en-Laye, avril 1526. Avril.

Enreg. à la Chambre des Comptes de Paris (anc. reg. 12, fol. 144).

Bibl. nat., ms. fr. 5502, fol. 71. (*Mention.*)

Bibl. de l'Arsenal, ms. 4903, p. 123. (*Mention.*)

[1] *Sic* à l'original. Pâques ne tombant que le 21 avril, le millésime devrait être encore 1526. Dans cet acte, on peut d'ailleurs remarquer que le quantième « XXme avril » avait été laissé en blanc et a été ajouté postérieurement.

19132. Traité entre le roi de France et la seigneurie de Venise, admettant le duc de Milan dans leur alliance et modifiant la répartition des charges pécuniaires que leur impose la Sainte-Ligue, après la conclusion par le Pape d'une trêve de huit mois avec l'Empereur. Bois-de-Vincennes, 27 avril 1527. 1527. 27 avril.

Original. Arch. de Venise, Patti, série 1, n° 824.

19133. Nouvelles lettres de terrier accordées à l'abbaye de Saint-Michel de Tonnerre. Paris, 27 avril 1527. 27 avril.

Copies collat. du XVIe siècle. Bibl. comm. de Tonnerre, ms. C. 5 H, C. 5 I, C. 5 L (à la suite des lettres de terrier du 13 septembre 1520). 3 pages.

19134. Ligue entre François Ier, la seigneurie de Venise et la seigneurie de Florence, avec faculté d'y adhérer laissée au duc de Milan. Florence, 28 avril 1527. 28 avril.

Original. Arch. de Venise, Patti, série 1, n° 825.

19135. Lettres portant souffrance de faire foi et hommage accordée à Hélène Gouffier, veuve de Louis de Vendôme, pour son fils mineur, à cause d'un fief situé à Houdan et qui se compose de la moitié du four banal de Houdan et de trois arpents de pré cinquante journaux, mouvant dudit Houdan. Bois-de-Vincennes, 28 avril 1527. 28 avril.

Original. Arch. nat., Chambre des Comptes de Paris, P. 716, n° 250.

19136. Lettres de don, en forme de mandement adressé au trésorier de l'épargne, d'une pension annuelle de 400 livres tournois commençant le 1er janvier passé, en faveur de Jérôme Fondulle. Bois-de-Vincennes, 29 avril 1527. 29 avril.

Bibl. nat., ms. fr. 5502, fol. 67 v°. (*Mention.*)

19137. Mandement au trésorier de l'épargne de payer à Jérôme Fondulle 100 livres tournois pour le premier quartier de sa pension correspondant au premier quartier de la présente année. Bois-de-Vincennes, 29 avril 1527. 29 avril.

Bibl. nat., ms. fr. 5502, fol. 67 v°. (*Mention.*)

19138. Lettres de retenue en faveur de Guillaume, bâtard de Savoie, de l'office d'écuyer de l'écurie du roi, vacant par la mort du s^r de Gramont. Bois-de-Vincennes, 29 avril 1527. — 1527. 29 avril.

Bibl. nat., ms. fr. 5502, fol. 68. (*Mention.*)

19139. Mandement au trésorier de l'épargne de payer, des deniers des aides et équivalents, à Jean-Joachim de Passano, commis à tenir le compte et faire le payement des sommes payées et à payer au roi d'Angleterre, et des pensions particulières dues par le roi dans ce pays, 141,000 livres tournois pour le terme de mai prochain. Bois-de-Vincennes, 30 avril 1527. — 30 avril.

Bibl. nat., ms. fr. 5502, fol. 68. (*Mention.*)

19140. Déclaration de l'hommage de Nicolas de Grosparmy, écuyer, pour la baronnie de Flers (bailliage de Caen, vicomté de Vire), à lui échue par suite du décès de Guillaume, son frère. Paris, 30 avril 1527. — 30 avril.

Exp. orig. Arch. nat., P. 273^1, cote 5588.

19141. Lettres de légitimation en faveur de Michelle Louau, née du commerce de Michel Louau, seigneur de Meuve, alors marié, avec une femme du nom de Catherine, célibataire. Saint-Germain-en-Laye, avril 1527. — Avril.

Copie, dans le cartulaire de la Chambre des Comptes de Blois. Arch. nat., KK. 896, fol. 464 v°. 1 page.

19142. Lettres portant imposition sur la ville de Bourges de 4,000 livres pour sa part de la rançon du roi et de ses enfants. Bois-de-Vincennes, 1er mai 1527. — 1er mai.

Original. Arch. municipales de Bourges, AA. 87.

19143. Provisions en faveur du s^r Thomassin, chevalier, seigneur de Montmartin, de l'office de capitaine de Varennes, vacant par la mort d'Antoine d'Appinac. Bois-de-Vincennes, 1er mai 1527. — 1er mai.

Bibl. nat., ms. fr. 5502, fol. 69. (*Mention.*)

19144. Déclaration de foi et hommage du s[r] d'Esparros, chevalier de l'ordre, pour la foire qui se tient chaque année la veille et le lendemain de la Saint-Laurent, à Bernezay, mouvant de Loudun. Vanves, 1er mai 1527. — 1527. 1er mai.

Original. Arch. nat., Chambre des Comptes de Paris, P. 348[2], n° 1409[7].

19145. Mandement au trésorier de l'épargne de faire rembourser par Jean Testu, receveur et trésorier général de Languedoc, à Pierre Renouard, fermier du tirage du sel sur le Rhône et la Saône, 5,470 écus d'or soleil qu'il a payés pour le compte du roi à Alphonse Strozzi et Charles Guerri, marchands florentins, facteurs de Léonard Theobaldi, florentin, en le tenant quitte de 5,543 livres 7 sous 6 deniers tournois sur les produits de sa ferme, pendant les deux premiers quartiers de la présente année. Bois-de-Vincennes, 2 mai 1527. — 2 mai.

Bibl. nat., ms. fr. 5502, fol. 70. (*Mention.*)

19146. Mandement au changeur du trésor de payer à Antoine de Kerquifinen, clerc et payeur des œuvres, 400 livres tournois pour les réparations faites au château du Bois-de-Vincennes, à l'occasion de la venue du roi. Bois-de-Vincennes, 3 mai 1527. — 3 mai.

Bibl. nat., ms. fr. 5502, fol. 68. (*Mention.*)

19147. Mandement au trésorier de l'épargne de payer au duc de Lunebourg, en deux termes, 8,000 livres tournois que le roi a promis de lui donner comme solde de tout ce qu'il peut lui devoir en raison de ses états et pension, montant l'une à 8,000 livres tournois par an et les autres à 2,000 écus par an, pendant qu'il séjournerait en France, ainsi qu'en font foi les lettres patentes que lui délivra François Ier, le 19 février 1521 n. s. à Romorantin. Bois-de-Vincennes, 4 mai 1527. — 4 mai.

Bibl. nat., ms. fr. 5502, fol. 69 v°. (*Mention.*)

19148. Mandement aux trésoriers de France et au tré- — 5 mai.

sorier de l'épargne de faire payer, par le vicomte et receveur ordinaire de Coutances, à Jacques de Matignon, chevalier, les revenus de la terre et seigneurie de la Rochetesson, sise au bailliage de Cotentin, échus pendant le premier quartier de la présente année, dont le roi lui a fait don, le 19 juin 1524 (n° 2017). Bois-de-Vincennes, 5 mai 1527. — 1527.

Bibl. nat., ms. fr. 5502, fol. 68 v°. (*Mention.*)

19149. Mandement aux trésoriers de France et au trésorier de l'épargne de faire payer, par le vicomte et receveur ordinaire de Coutances, à Jacques d'Argouges, chevalier, les revenus de la terre et seigneurie de Gavray, sise au bailliage de Cotentin, échus pendant le premier quartier de la présente année, dont le roi lui a fait don. Bois-de-Vincennes, 5 mai 1527. — 5 mai.

Bibl. nat., ms. fr. 5502, fol. 68 v°. (*Mention.*)

19150. Mandement au trésorier de l'épargne de payer à Jean Lasset, commis au payement des gages des officiers de la Chambre des Comptes de Montpellier, 700 livres tournois pour employer au fait de son office durant le second semestre de l'année 1526. Bois-de-Vincennes, 6 mai 1527. — 6 mai.

Bibl. nat., ms. fr. 5502, fol. 69. (*Mention.*)

19151. Provisions en faveur de Pierre Cozural de l'office de sénéchal de Hennebont, vacant par la mort de Pierre de Quenevilic. Bois-de-Vincennes, 6 mai 1527. — 6 mai.

Bibl. nat., ms. fr. 5502, fol. 70. (*Mention.*)

19152. Provisions en faveur de Pierre Cozural de l'office de sénéchal d'Auray, vacant par la mort de Pierre de Quenevilic. Bois-de-Vincennes, 6 mai 1527. — 6 mai.

Bibl. nat., ms. fr. 5502, fol. 70. (*Mention.*)

19153. Mandement à la Chambre des Comptes de Paris et aux trésoriers de France d'allouer aux comptes du receveur de Vitry les sommes — 7 mai.

couchées en ses états, par commandement de la Régente, sous le nom du maréchal de La Marck, en raison de la terre et seigneurie de Château-Thierry dont le roi lui a fait don. Bois-de-Vincennes, 7 mai 1527. 1527.

Bibl. nat., ms. fr. 5502, fol. 69. (*Mention.*)

19154. Mandement au trésorier de l'épargne de payer à Pierre Mangot, orfèvre du roi, 603 livres 19 sous tournois pour un grand collier de l'ordre pesant 3 marcs 4 onces 1 gros 2 deniers 16 grains d'or, que le roi a donné avec son écrin au comte de Saint-Pol, en remplacement de celui qu'il dut faire fondre en Italie pour les affaires de la guerre. Bois-de-Vincennes, 7 mai 1527. 7 mai.

Bibl. nat., ms. fr. 5502, fol. 70 v°. (*Mention.*)

19155. Mandement au trésorier de l'épargne de payer à Pierre Mangot 612 livres 18 sous 6 deniers tournois pour un grand collier de l'ordre pesant 3 marcs 4 onces 5 gros 2 deniers et 10 grains d'or, avec son écrin, que le roi a donné à M. de Lautrec à la place de celui qu'il a fait remettre, par ordre du roi, au comte de Navarre (Pedro Navarro). Bois-de-Vincennes, 7 mai 1527. 7 mai.

Bibl. nat., ms. fr. 5502, fol. 73. (*Mention.*)

19156. Mandement au trésorier de l'épargne de payer à Pierre Mangot 612 livres 18 sous 6 deniers tournois pour un collier de l'ordre pesant 3 marcs 4 onces 5 gros 2 deniers 12 grains d'or, avec son écrin, que le roi a donné à M. de La Trémoille, qu'il vient de créer chevalier de Saint-Michel. Bois-de-Vincennes, 7 mai 1527. 7 mai.

Bibl. nat., ms. fr. 5502, fol. 73. (*Mention.*)

19157. Mandement au trésorier de l'épargne de payer à Pierre Mangot 588 livres 1 sou tournois pour un collier de l'ordre pesant 3 marcs 3 onces 3 gros d'or, que le roi a donné, avec 7 mai.

IMPRIMERIE NATIONALE.

son écrin, au duc d'Albany. Bois-de-Vincennes, 7 mai 1527. 1527.

Bibl. nat., ms. fr. 5502, fol. 73 v°. (*Mention.*)

19158. Mandement au trésorier de l'épargne de payer à Pierre Mangot 588 livres 1 sou tournois pour un collier de l'ordre pesant 3 marcs 3 onces 2 gros et demi d'or, que le roi a donné, avec son écrin, à Louis de Clèves, en le créant chevalier dudit ordre. Bois-de-Vincennes, 7 mai 1527. 7 mai.

Bibl. nat., ms. fr. 5502, fol. 73 v°. (*Mention.*)

19159. Mandement de payer 205 livres tournois à Jean de La Grant, capitaine, qui est venu en diligence de Savone auprès du roi, et pour son retour. Bois-de-Vincennes, 9 mai 1527. 9 mai.

Bibl. nat., ms. fr. 5502, fol. 73 v°. (*Mention.*)

19160. Provisions de l'office de bailli d'Autun pour Hugues de Loges, s[r] de la Boulaye, lieutenant général en Bourgogne, en remplacement de Jean Rolin, seigneur de Beauchamp, décédé. Bois-de-Vincennes, 10 mai 1527. 10 mai.

Reçu le 22 juin 1527. Enreg. au Parl. de Dijon, Arch. de la Côte-d'Or, Parl., reg. II, fol. 22.

19161. Don à Hélène Gouffier, veuve de Louis de Vendôme, vidame de Chartres, du revenu pour vingt ans des droits de tiers et danger sur les ventes de la forêt de Halatte. 11 mai 1527. 11 mai.

Enreg. à la Chambre des Comptes de Paris, anc. mém. 2 D, fol. 232 v°. *Arch. nat.*, PP. 119, p. 39. (*Mention.*)

Bibl. nat., ms. fr. 21405, p. 298. (*Mention.*)

Bibl. nat., ms. Clairambault 782, p. 282. (*Mention.*)

19162. Commission à Jean de La Loue, gentilhomme de la chambre du roi, de se transporter à Moulins et de faire dresser l'inventaire des titres et papiers relatifs à la maison de Bourbon, qui se trouvent au château de Moulins. Bois-de-Vincennes, 12 mai 1527. 12 mai.

Copie coll. en tête de l'inventaire original dressé en conséquence. Arch. nat., J. 954, n° 16.

19163. Mandement au trésorier de l'épargne de payer à Étienne Martineau, commis à tenir le compte et faire le payement des frais extraordinaires de l'artillerie, 6,112 livres 10 sous tournois pour les réparations des pièces d'artillerie de Picardie. Bois-de-Vincennes, 15 mai 1527. — 1527. 15 mai.

Bibl. nat., ms. fr. 5502, fol. 76 v°. (*Mention.*)

19164. Mandement au trésorier de l'épargne de payer à Étienne Martineau 300 livres tournois pour avoir fait transporter à Marseille 3,000 boulets de couleuvrine moyenne et 200 de batardeau, pris aux forges de la Charité, vingt milliers de poudre à canon amenés de Lyon et 800 boulets à canon de Beaucaire. Bois-de-Vincennes, 15 mai 1527. — 15 mai.

Bibl. nat., ms. fr. 5502, fol. 77. (*Mention.*)

19165. Mandement au trésorier de l'épargne de payer à Étienne Martineau 5,987 livres 10 sous tournois pour le parfait payement de 400 milliers de poudre à canon. Bois-de-Vincennes, 15 mai 1527. — 15 mai.

Bibl. nat., ms. fr. 5502, fol. 77. (*Mention.*)

19166. Confirmation de Léonard Tholozan en l'office de trésorier et receveur ordinaire de Castres, vacant par la résignation de Pierre Nauthonier, dont il avait été pourvu par la marquise de Saluces, en vertu du pouvoir qu'elle tenait du roi. Bois-de-Vincennes, 15 mai 1527. — 15 mai.

Bibl. nat., ms. fr. 5502, fol. 76 v°. (*Mention.*)

19167. Mandement au trésorier de l'épargne de payer à Adrien Tiercelin, chevalier, seigneur de Brosses, gentilhomme de la chambre du roi et capitaine du château de Loches, 2,600 livres tournois pour sondit état de capitaine, depuis le 31 octobre 1524 qu'il prêta serment jusqu'au 31 décembre 1526. Bois-de-Vincennes, 15 mai 1527. — 15 mai.

Bibl. nat., ms. fr. 5502, fol. 76 v°. (*Mention.*)

19168. Provisions, en faveur de Léonard Damelin, de l'office de conseiller au Parlement de Bordeaux, vacant par la résignation d'Annet de Plains. Bois-de-Vincennes, 16 mai 1527. — 1527. 16 mai.

Enreg. par les trésoriers de France, le 9 juillet 1527.

Copie coll. à Paris, le 16 décembre 1528. Était en vente à la librairie Alex. More, le 1er février 1891. (Catalogue de cette date.)

Bibl. nat., ms. fr. 5502, fol. 76. (*Mention.*)

19169. Mandement au premier huissier du Parlement de Paris de se transporter, sur la requête du procureur général du roi, dans les lieux et villes où se trouveront les marchands et banquiers qui lui seront désignés et de saisir avec les formalités d'usage leurs papiers, journaux et registres. Bois-de-Vincennes, 16 mai 1527. — 16 mai.

Bibl. nat., ms. fr. 5502, fol. 75 v°. (*Mention.*)

19170. Déclaration de l'hommage rendu par Nicolas d'Arses, fils aîné de Françoise de Ferrières, au nom de sa mère, pour la baronnie de Ferrières, Chambrais (auj. Broglie) et Saint-Aubin (bailliage d'Évreux), mouvant du duché de Normandie. Vincennes, 16 mai 1527. — 16 mai.

Exp. orig. Arch. nat., P. 270¹, cote 4114.

19171. Déclaration de foi et hommage de Jean de La Loue, seigneur de Foussey, comme procureur de Guillemine Ragueneau, veuve Étienne de La Loue, seigneur de Champgrand, pour la seigneurie de l'Arpentis (l'Herpenty, commune de Bléré), mouvant d'Amboise. Paris, 16 mai 1527. — 16 mai.

Original. Arch. nat., Chambre des Comptes de Paris, P. 12, n° 3968.

19172. Présentation de Jean de Havron à la cure de Saint-Denis d'Ecaquelon, au diocèse de Rouen, vacante par la mort de Guillaume Ridet, faite par le roi comme garde-noble de M. de Longueville. Bois-de-Vincennes, 17 mai 1527. — 17 mai.

Bibl. nat., ms. fr. 5502, fol. 76. (*Mention.*)

19173. Présentation de Jacques Du Grex à la chapelle du château de Tancarville, vacante par la mort de Guillaume Ridet, faite par le roi comme garde-noble de M. de Longueville. Bois-de-Vincennes, 17 mai 1527. — 1527. 17 mai.

Bibl. nat., ms. fr. 5502, fol. 76. (*Mention.*)

19174. Lettres déclarant francs et exempts de taille ceux qui viendront s'établir au Hâvre-de-Grâce et y bâtiront. Vincennes, 17 mai 1527. — 17 mai.

Mention dans un arrêt de la Cour des Aides de Normandie, du 6 novembre 1528, nommant des commissaires pour s'assurer que les obligations de bâtir, séjourner, etc., sont exécutées. Copie. Arch. de la ville du Hâvre (Seine-Inférieure.)

Arch. de la Seine-Inférieure, Mémoriaux de la Cour des Aides de Normandie[1], 2e vol., fol. 15. (*Mention.*)

19175. Provisions d'un office de conseiller à la Cour des Aides de Normandie en faveur de Thomas Maignart, licencié ès lois, seigneur de Bernières, sur la résignation faite à son profit par Jean de La Perreuse. Vincennes, 17 mai 1527. — 17 mai.

Enreg. à la Cour des Aides de Normandie, le 24 mai 1527. Arch. de la Seine-Inférieure, Mémoriaux, vol. 1, fol. 271. 2 pages 1/2.

19176. Lettres de jussion adressées à la Chambre des Comptes pour l'enregistrement des provisions d'Octavien Grimaldi. Vincennes, 18 mai 1527. — 18 mai.

Mentionnées dans un acte semblable du 25 juillet suivant (n° 2714 du Catalogue).

19177. Commission à Nicolas de La Primaudaye, notaire et secrétaire du roi, seigneur de la Varrée, à Humbert Veillet, docteur en droit, avocat au Parlement, à Jean de La Rochebouet, licencié en lois, conseiller du roi au bailliage de Touraine, à François de Campobas, seigneur de la Pensarde, et à Jean de — 19 mai.

[1] La collection des Mémoriaux présente une lacune du 18 juin 1528 au 9 mai 1529.

La Saunerie, pour faire une enquête sur les biens de Jacques de Beaune, dissimulés et cachés en Touraine, et rechercher ses complices sur le fait de malversation, avec pouvoir de les faire arrêter et juger. Bois-de-Vincennes, 19 mai 1527. 1527.

Bibl. nat., ms. fr. 5502, fol. 77 v°. (*Mention.*)

19178. Lettres de don du droit de dace ou dacement pour dix ans aux habitants de la ville d'Asti. Bois-de-Vincennes, 20 mai 1527. 20 mai.

Original. Asti, Archives, Re di Francia, n° 7. (Communiqué par M. de Saint-Pierre).

19179. Lettres accordant pour vingt ans aux habitants du comté d'Asti et du marquisat de Ceva, l'exemption de l'hébergement des troupes. Bois-de-Vincennes, 20 mai 1527. 20 mai.

Original. Asti, Archives, Re di Francia, n° 8. (Communiqué par M. de Saint-Pierre).

19180. Commission à Jean Goyon, maître des requêtes au conseil et chancellerie de Bretagne, à Christophle Bresset, sénéchal de Nantes, à Pierre d'Argentré, sénéchal de Rennes, et à Olivier de Lescouet, prévôt de Nantes, pour revoir les procédures et le procès engagé entre Guillaume Lambert, capitaine de Redon, et Jean Condebout, soi-disant alloué de Redon, et faire élargir ledit Lambert, s'il y a lieu. Bois-de-Vincennes, 20 mai 1527. 20 mai.

Bibl. nat., ms. fr. 5502, fol. 78 v°. (*Mention.*)

19181. Mandement à Pierre d'Apestigny, receveur général des finances extraordinaires et parties casuelles, de payer à Amyet de Montperoux, huissier au Grand conseil, 67 livres 2 sous 6 deniers tournois pour le rembourser des frais d'un voyage qu'il a fait de Saint-Germain à Angoulême, où il est allé arrêter frère Bernard du Mortier, religieux de l'ordre Saint-Dominique, qu'il a conduit en prison à Orléans. Bois-de-Vincennes, 20 mai 1527. 20 mai.

Bibl. nat., ms. fr. 5502, fol. 78. (*Mention.*)

19182. Mandement au trésorier de l'épargne de faire payer par Jean Testu, receveur général de Languedoc, à Gilbert Fillot (*aliàs* Filhol), contrôleur général des finances audit pays, ses gages, chevauchées et pension dudit office, au taux antérieur à la dernière ordonnance sur ces matières, pour les années 1525 et 1526. Bois-de-Vincennes, 20 mai 1527. — 1527. 20 mai.

Bibl. nat., ms. fr. 5502, fol. 78. (*Mention.*)

19183. Provisions, en faveur de Pierre d'Apestigny, de l'office de trésorier de France, vacant par la résignation de Nicolas de Neufville, seigneur de Villeroy. Bois-de-Vincennes, 21 mai 1527. — 21 mai.

Bibl. nat., ms. fr. 5502, fol. 79 v°. (*Mention.*)

19184. Provisions, en faveur de Philippe Le Tirant, de l'office de receveur général des deniers extraordinaires et parties casuelles, vacant par la promotion de Pierre d'Apestigny à l'office de trésorier de France. Bois-de-Vincennes, 21 mai 1527. — 21 mai.

Bibl. nat., ms. fr. 5502, fol. 79 v°. (*Mention.*)

19185. Mandement au receveur ordinaire de Valois de payer chaque année 450 livres tournois à François de Billy, maître général des Eaux et forêts du duché de Valois. 21 mai 1527. — 21 mai.

Enreg. à la Chambre des Comptes de Paris, anc. mém. 2 D, fol. 233. *Arch. nat.*, PP. 119, p. 39. (*Mention.*)

Bibl. nat., ms. fr. 21405, p. 298. (*Mention.*)

19186. Commission donnée à [Philippe Chabot], s^r de Brion, amiral de France et gouverneur de Bourgogne, à l'évêque de Mâcon, à Claude Patarin, premier président du Parlement de Dijon, à Raoul Hurault, seigneur de Cheverny, général des finances, à Thierry Dorne, président de la Chambre des Comptes, et à Bénigne Serre, receveur général des finances de Bourgogne, d'assister à l'assemblée des trois États du comté d'Auxonne, pour leur — 23 mai.

demander un octroi de 6,000 livres. Bois-de-Vincennes, 23 mai 1527. 1527.

Original. Arch. de la Côte-d'Or, États, C. 7484.

19187. Déclaration de foi et hommage de Louis de Tonnerre, évêque de Poitiers, comte de Tonnerre, pour la seigneurie de la Salle, mouvant d'Orléans, pour la seigneurie de Saint-Mars-de-la-Pile (auj. Cinq-Mars), mouvant de Tours, et pour la seigneurie de Creuzy, mouvant de Châtillon-sur-Loire. Bois-de-Vincennes, 23 mai 1527. 23 mai.

Original. Arch. nat., Chambre des Comptes de Paris, P. 16, n° 6019.

19188. Lettres portant pouvoirs à Louis de Canossa, évêque de Bayeux, pour traiter avec le doge et la seigneurie de Venise de la levée de vingt-mille fantassins, Suisses, Italiens et Français et du payement de leur solde, en exécution d'un précédent traité conclu avec Venise. Château de Vincennes, 24 mai 1527. 24 mai.

Original. Arch. de Venise, Patti, série 1, n° 826.
Copie du XVIe siècle. Arch. de Venise, Commemoriali 21, fol. 38 v°.

19189. Don et quittance à [Philippe Chabot], s^{r} de Brion, amiral de France, des deniers qu'il a touchés provenant des seigneuries de Riez, Aizenay, Palluau, les Essarts, la Belonnière, Pezou, Saint-Denis, Châteaumur, les Deffens, la Guierche, Champtoceaux et Fouras, confisquées sur feu René de Brosse, dit de Bretagne, [comte de Penthièvre], coupable de rébellion et crime de lèse-majesté. Bois-de-Vincennes, 24 mai 1527. 24 mai.

Bibl. nat., ms. fr. 5502, fol. 79 v°. (*Mention.*)

19190. Déclaration portant que le roi entend que Jean Frémyot, naguère pourvu de l'office de conseiller au Parlement de Dijon, occupé auparavant par Pierre Belriant, y soit reçu et institué, attendu qu'examiné par le chance- 24 mai.

lier, il a été trouvé capable de l'exercer. Bois-de-Vincennes, 24 mai 1527. — 1527.

Bibl. nat., ms. fr. 5502, fol. 79. (*Mention.*)

19191. Mandement au changeur du trésor de payer, sur les deniers des parties casuelles, à M. de Brion, amiral de France, 50,000 livres tournois dont le roi lui a fait don. Bois-de-Vincennes, 24 mai 1527. — 24 mai.

Bibl. nat., ms. fr. 5502, fol. 79. (*Mention.*)

19192. Déclaration de foi et hommage de Nicolas d'Arses, écuyer, seigneur de la Bâtie, pour les seigneuries de Préaux et de la Rivière-Thibouville, mouvant du duché de Normandie. Bois-de-Vincennes, 24 mai 1527. — 24 mai.

Original. Arch. nat., Chambre des Comptes de Paris, P. 264^2, n° 1097.

19193. Lettres d'abolition en faveur de Nicolas de Vercle, clerc des offices de Madame mère du roi, condamné par contumace à être décapité, comme complice du connétable de Bourbon. Vincennes, 25 mai 1527. — 25 mai.

Transcription du temps. Bibl. nat., ms. fr. 5109, fol. 436 v°. 2 pages.

19194. Ordonnance réglant la forme que le roi veut et entend être gardée et observée de point en point en faisant les prochaines montres des compagnies de gendarmes de ses ordonnances. Bois-de-Vincennes, 26 mai 1527. — 26 mai.

Original. Arch. du château de Chantilly, ms. 750, n° 7.

19195. Don à Aimée de La Fayette, veuve de François de Silly, gentilhomme de la chambre, bailli et capitaine de Caen, des deniers provenant des revenus de la seigneurie de Laigle, dont la jouissance avait été donnée à son mari. Bois-de-Vincennes, 26 mai 1527. — 26 mai.

Enreg. à la Chambre des Comptes de Paris, anc. mém. 2 E, fol. 30. *Arch. nat.*, invent. PP. 119, p. 5 (*Mention.*)

Bibl. nat., ms. fr. 5502, fol. 80. (*Mention.*) 1527.
Bibl. nat., ms. fr. 21405, p. 305. (*Mention.*)
Bibl. nat., ms. Clairambault 782, p. 286. (*Mention.*)

19196. Mandement au trésorier de l'épargne de payer à Aimée de La Fayette 25,000 livres tournois dont le roi lui a fait don, en récompense de ses services et de ceux de feu son mari. Bois-de-Vincennes, 26 mai 1527. 26 mai.

Bibl. nat., ms. fr. 5502, fol. 80. (*Mention.*)

19197. Déclaration du roi portant que l'office de lieutenant criminel du bailliage de Vermandois ne doit pas être séparé de celui de lieutenant général dudit bailliage, occupé présentement par Mathieu Letur. Bois-de-Vincennes, 28 mai 1527. 28 mai.

Bibl. nat., ms. fr. 5502, fol. 80 v°. (*Mention.*)

19198. Commission pour informer sur la commodité ou incommodité que le roi recevrait en baillant ou transportant à Nicolas Foyal, s[r] d'Herbault, la justice haute, moyenne et basse avec droit de châtellenie sur les habitants de Neuvy-sur-Beuvron. 28 mai 1527. 28 mai.

Mention dans un arrêt de la Chambre des Comptes de Blois, le 1er février 1582. Arch. nat., P. 2878[1], fol. 84.

19199. Mandement à Pierre d'Apestigny, trésorier de France, de payer 26,500 livres tournois à Philippe Chabot, s[r] de Brion, chevalier de l'ordre, amiral de France et de Bretagne; dont 9,000 pour le complément de 18,000 livres tournois pour son état de gouverneur de Bourgogne, et sa pension; 10,000, premier quart de 40,000 livres tournois que le roi, présent à son mariage avec Françoise de Longwy, lui a promises pour payer les dettes de feu Jean de Longwy, s[r] de Givry, sénéchal de Bourgogne, père de Françoise; et 7,500 livres tournois, premier quart de 30,000 livres tournois, payables cette année, pour le complément de 40,000 livres tour- 30 mai.

nois, don à lui fait pour ses services pendant les guerres et la captivité du roi. Bois-de-Vincennes, 30 mai 1527. — 1527.

Original. Bibl. nat., Pièces orig., Chabot, vol. 643, p. 157.
Bibl. nat., ms. fr. 5502, fol. 80. (*Mention.*)

19200. Lettres permettant aux Augustins de Bayonne, malgré les privilèges de cette ville interdisant l'entrée des vins étrangers, de faire entrer en franchise tous les vins qui leur auront été donnés en aumônes pour la provision de leur couvent, en dehors de la juridiction de Bayonne, sous réserve qu'ils jureront, devant le maire ou son lieutenant, que ces vins proviennent d'aumônes, et qu'ils ne pourront en vendre ni en donner. Bois-de-Vincennes, mai 1527. — Mai.

Original. Arch. départ. des Basses-Pyrénées, H. 2.

19201. Don d'une place de religieux lai en l'abbaye de Saint-Pierre de Châlons, de l'ordre de Saint-Augustin, à Jean Fagot, originaire de Tournay. Bois-de-Vincennes, . . [1] mai 1527. — Mai.

Bibl. nat., ms. fr. 5502, fol. 69. (*Mention.*)

19202. Déclaration de foi et hommage de Nicole Thibault, procureur du roi au bailliage de Senlis, pour la moitié de la terre et haute justice de Montagny-Sainte-Félicité anciennement nommé le fief du Grand-Tournebus, mouvant de Senlis. Paris, 1er juin 1527. — 1er juin.

Original. Arch. nat., Chambre des Comptes de Paris, P. 5, n° 1601.

19203. Lettres portant renvoi au Grand conseil d'un procès engagé entre Jean Prévost, général des finances, et Julien Bonacorsi, receveur général de Provence. 2 juin 1527. — 2 juin.

Mention dans un arrêt du Grand conseil, en date du 20 novembre 1529. Arch. nat., V5 1047.

19204. Mandement à Pierre d'Apestigny, receveur gé- — 3 juin.

[1] La date du jour est en blanc.

néral des finances extraordinaires, de payer à Jean Sapin 200 livres tournois pour distribuer aux chevaucheurs d'écurie qui ont porté des lettres du roi aux capitaines des gens d'armes. Paris, 3 juin 1527. — 1527.

Bibl. nat., ms. fr. 5502, fol. 81 v°. (*Mention.*)

19205. Mandement à Jean-Joachim de Passano, commis au payement des dettes et pensions d'Angleterre, de délivrer à Gaillard Spifame, trésorier de l'extraordinaire des guerres, la somme de 60,000 livres tournois, partie des 47,368 écus d'or soleil dont le roi d'Angleterre a fait remise à François Ier, pour l'aider dans ses affaires. Paris, 6 juin 1527. — 6 juin.

Original. Arch. nat., J. 922, n° 14^A^.
Bibl. nat., ms. fr. 5502, fol. 97. (*Mention.*)

19206. Lettres portant remise aux habitants de Vienne-lès-Blois de tout ce qu'ils peuvent devoir encore sur la taille, en dédommagement des pertes que l'inondation leur a fait subir. Paris, 7 juin 1527. — 7 juin.

Bibl. nat., ms. fr. 5502, fol. 81. (*Mention.*)

19207. Lettres portant cession à Guillaume de Pellegrue, baron d'Eymet, de ce qui a été adjugé au roi par le Parlement de Bordeaux sur les paroisses d'Agnac, « Ussolz », Isaac et Saint-Pardoux, en déduction d'une somme de 5,000 livres qui lui a été taxée pour les dépenses qu'il a faites au service du roi. Paris, 7 juin 1527. — 7 juin.

Bibl. nat., ms. fr. 5502, fol. 82. (*Mention.*)

19208. Mandement à Pierre d'Apestigny de faire payer à Barthélemy Daguerre 50 écus d'or, en récompense de ses services. Paris, 9 juin 1527. — 9 juin.

Bibl. nat., ms. fr. 5502, fol. 84. (*Mention.*)

19209. Mandement à Pierre d'Apestigny, receveur général des finances extraordinaires, de faire payer 1,500 livres tournois à M. de Montmorency pour le complément des 3,000 livres — 9 juin.

tournois de sa pension de l'année dernière. Paris, 9 juin 1527. 1527.

Bibl. nat., ms. fr. 5502, fol. 81 v°. (*Mention.*)

19210. Mandement à Pierre d'Apestigny de payer à Guyon de Clermont, s^{r} de Saint-Lanne, 50 écus d'or pour un voyage que le roi l'envoie faire à Narbonne. Paris, 10 juin 1527. 10 juin.

Bibl. nat., ms. fr. 5502, fol. 84. (*Mention.*)

19211. Mandement aux trésoriers de France de faire passer aux comptes de Jacques Charmolue, changeur du trésor, 13,208 livres tournois qu'en vertu des lettres de rescription du roi il a payé, le 28 décembre 1521, à Lambert Meigret, alors commis à tenir le compte et faire le payement de l'extraordinaire des guerres. Paris, 10 juin 1527. 10 juin.

Bibl. nat., ms. fr. 5502, fol. 81. (*Mention.*)

19212. Mandement à Pierre d'Apestigny de payer 1,200 écus d'or soleil à [Gabriel de Gramont], évêque de Tarbes, pour les frais d'un voyage qu'il va faire auprès de Charles-Quint, en Allemagne, afin de lui signifier les articles de la paix conclue avec l'Angleterre (n° 2674); de faire parvenir 600 écus à Jean de Calvimont, second président au Parlement de Bordeaux, ambassadeur auprès de l'empereur, et de payer à Étienne Varlet, héraut d'armes, 200 écus pour accompagner ledit évêque de Tarbes. Paris, 10 juin 1527. 10 juin.

Bibl. nat., ms. fr. 5502, fol. 83 v°. (*Mention.*)

19213. Provisions en faveur de Pierre Boucher de l'office de conseiller lai au Parlement de Bordeaux, vacant par la mort d'Antoine de Proilhac. Paris, 12 juin 1527. 12 juin.

Bibl. nat., ms. fr. 5502, fol. 87. (*Mention.*)

19214. Mandement au Grand conseil de donner avis sur la requête de Jeanne de Fontaines, veuve de François Gougnin, général des monnaies, et de plusieurs autres personnages, tendant à obtenir du roi main-forte pour exécuter 12 juin.

plusieurs arrêts et provisions de justice donnés contre Jean Guérin, François et Jean Clérambault, attendu les rébellions, port d'armes et assemblées illicites faites par lesdits Clérambault. 12 juin 1527. 1527.

Mention dans un arrêt du Grand conseil, en date du 14 juin 1527. Arch. nat., V^5 1046.

19215. Déclaration portant que la trêve faite en Espagne n'était pas marchande, mais une simple abstinence de guerre s'étendant à la pêche et au passage des courriers et de la poste. Paris, 13 juin 1527. 13 juin.

Bibl. nat., ms. fr. 5502, fol. 82 v°. (*Mention.*)

19216. Lettres portant continuation pour quatre années à partir de l'expiration du don fait précédemment à Geoffroy de La Marthonnye du revenu de la forêt de « Verrimenches en Périgord ». Paris, 13 juin 1527. 13 juin.

Bibl. nat., ms. fr. 5502, fol. 81 v°. (*Mention.*)

19217. Don à Jeanne de Rouvroy, dite de Saint-Simon, veuve de Jacques de Salazart, des droits seigneuriaux dus au roi pour les terres de Marcilly, Potangis, etc. 13 juin 1527. 13 juin.

Enreg. à la Chambre des Comptes de Paris, anc. mém. 2 D, fol. 239 v°. *Arch. nat.*, PP. 119, p. 41. (*Mention.*)
Bibl. nat., ms. fr. 21405, p. 299. (*Mention.*)
Bibl. nat., ms. Clairambault 782, p. 283. (*Mention.*)

19218. Déclaration de foi et hommage de Jacques Marcel, notaire et secrétaire du roi, pour trois parts du fief de Saint-Rémy et la moitié du manoir dudit fief sis à Vert-le-Grand, mouvant de Montlhéry. Paris, 13 juin 1527. 13 juin.

Original. Arch. nat., Chambre des Comptes de Paris, P. 2, n° 757.

19219. Ordonnance contenant les articles que les lansquenets au service du roi auront à jurer en faisant leurs montres. Paris, 14 juin 1527. 14 juin.

Original. Arch. du château de Chantilly, ms. 750, n° 8, fol. 43.

19220. Don à Saladin de Montmorillon, chevalier, lieutenant de la compagnie du bailli de Rouen, de la garde, profit et revenu des château et seigneurie de Beauquesne, sa vie durant. 14 juin 1527. — 1527. 14 juin.

Enreg. à la Chambre des Comptes de Paris, anc. mém. 2 D, fol. 241. *Arch. nat.*, PP. 119, p. 41. (*Mention.*)

Bibl. nat., ms. fr. 21405, p. 299. (*Mention.*)

Bibl. nat., ms. Clairambault 782, p. 283. (*Mention.*)

19221. Provisions pour François de La Tour, vicomte de Turenne, de la charge de capitaine des cent gentilshommes de l'hôtel du roi, vacant par la mort du vidame de Chartres. Paris, 15 juin 1527. — 15 juin.

Copie du XVIIIe siècle. Bibl. nat., ms. fr. 21448.

19222. Provisions, en faveur de Christophe de Marle, de l'office de conseiller clerc au Parlement de Paris, vacant par la résignation de François de Cambray, non reçu audit office, en faveur de Jean de Corbie, qui le résigna à son tour au profit dudit de Marle, en prenant possession de l'office de conseiller clerc à Rouen. Paris, 15 juin 1527. — 15 juin.

Bibl. nat., ms. fr. 5502, fol. 82. (*Mention.*)

Reçu au Parl., le 25 juin suivant. Arch. nat., X1a 1530, fol. 294. (*Mention.*)

19223. Provisions, en faveur de Jean de Corbie, de l'office de conseiller clerc au Parlement de Rouen, vacant par la résignation qu'en a faite à son profit Christophe de Marle, promu conseiller clerc au Parlement de Paris. Paris, 15 juin 1527. — 15 juin.

Bibl. nat., ms. fr. 5502, fol. 82. (*Mention.*)

19224. Lettres de dispense accordées à Jean de Corbie pour exercer l'office de conseiller clerc au Parlement de Rouen, bien qu'il soit laïque. Paris, 15 juin 1527. — 15 juin.

Bibl. nat., ms. fr. 5502, fol. 82 v°. (*Mention.*)

19225. Lettres permettant à Jean de L'Hôpital, con- — 15 juin.

seiller au Parlement de Toulouse, de faire écrire par un clerc, qui prêtera serment à la cour, les actes et extraits de procédures. Paris, 15 juin 1527. 1527.

Enreg. au Parl. de Toulouse. Arch. de la Haute-Garonne, Édits, reg. 4, fol. 79. 1 page.
Bibl. nat., ms. fr. 4402, fol. 68 v°, n° 64. (*Mention*, sous la date du 25 juin.)

19226. Mandement à la Chambre des Comptes d'allouer aux comptes du grènetier du grenier à sel de Vendôme les sommes qu'il a payées au duc de Vendôme, provenant des amendes et confiscations dudit grenier dont le roi lui a fait don, bien que les lettres de donation ne fussent pas adressées à la Chambre des Comptes. Paris, 15 juin 1527. 15 juin.

Bibl. nat., ms. fr. 5502, fol. 82 v°. (*Mention.*)

19227. Déclaration de foi et hommage de Françoise de Ferrières, veuve de Ferry, s^r d'Aumont, Méru et Chars, pour sa terre et juridiction de Méru, mouvant de Compiègne. Paris, 15 juin 1527. 15 juin.

Original. Arch. nat., Chambre des Comptes de Paris, P. 5, n° 1602.

19228. Déclaration de foi et hommage de Pierre du Druet, écuyer, pour la seigneurie du Châtellier, mouvant de Loches. Paris, 16 juin 1527. 16 juin.

Original. Arch. nat., Chambre des Comptes de Paris, P. 13, n° 4407.

19229. Déclaration de l'hommage de Guillaume Prudhomme, secrétaire du roi, général des finances, pour la seigneurie de « Gautiermesnil, de present vulgairement appelée Watiermesnil » (Vatimesnil), mouvant du château de Gisors. Paris, 16 juin 1527. 16 juin.

Expéd. orig. Arch. nat., P. 274[1], cote 6291.

19230. Lettres de relief de surannation pour la vérification à la Chambre des Comptes de Paris des lettres du 24 juin 1520 (n° 17269), portant réception de l'hommage de Robert 17 juin.

de Joyeuse, pour le comté de Grandpré et la seigneurie de Verpel. Paris, 17 juin 1527. 1527.

Expéd. orig. Arch. nat., P. 162², cote 706.

19231. Provisions en faveur d'Odet de Foix, sr de Lautrec, de la charge de lieutenant général du roi en Italie, avec commandement de l'armée envoyée par François Ier pour venger le pape du sac de Rome. Paris, 18 (*aliàs* 28) juin 1527. 18 juin.

Original. Modène, Archivio di Stato, arch. ducale secreto (28 juin).

Un original est mentionné dans le catalogue de la collection Joursanvault, imp., in-8°, t. I, p. 29, et t. II, p. 255. (17 juin.)

Copie contemporaine. Arch. de Venise, Commemoriali 21, fol. 58 v° (18 juin).

Copie du XVIe siècle. Florence, Archivio di Stato, Lettere esterne ai VIII di Balia da aprile a decembre 1527, classe X, distinzione 4, n° 125, fol. 40 (1) (28 juin).

19232. Mandement au trésorier de l'épargne de payer à Jean Prévost, receveur et payeur des gages des officiers du Grand conseil, 100 livres tournois dues à Antoine Prince, conducteur du chariot, des papiers et tapisseries du Grand conseil. Paris, 18 juin 1527. 18 juin.

Bibl. nat., ms. fr. 5502, fol. 86 v°. (*Mention.*)

19233. Déclaration de foi et hommage de Jean Moudet, écuyer, pour la seigneurie de Reuville mouvant de Coutances en fief de haubert. Paris, 18 juin 1527. 18 juin

Original. Arch. nat., Chambre des Comptes de Paris, P. 268³, cote 3460.

19234. Lettres d'évocation au Grand conseil d'un procès pendant entre Claude de Dimières, prieur du prieuré Saint-Michel et Saint-Genest de la 18 juin.

(1) Cette copie est insérée dans l'original de la lettre de créance remise par Lautrec à Jean-Joachim de Passano, envoyé au duc de Ferrare pour négocier l'adhésion de ce dernier à la Sainte-Ligue. (Plaisance, 27 octobre 1527.)

« Lampre », et Robert de La Tour. 18 juin 1527. 1527.

Mention dans un arrêt du Grand conseil, en date du 27 novembre 1531. Arch. nat., V⁵ 1048.

19235. Lettres en forme de mandement à la Chambre des Comptes, validant toutes les parties contrôlées par Ambroise Le Moine, contrôleur général de l'artillerie depuis sa nomination à cet emploi, le 8 avril précédent (n° 19108), bien qu'il n'ait pas encore prêté serment. Paris, 19 juin 1527. 19 juin.

Bibl. nat., ms. fr. 5502, fol. 83. (*Mention.*)

19236. Mandement au trésorier de l'épargne de faire payer, par le trésorier de l'ordinaire et de l'extraordinaire de l'artillerie, à Ambroise Le Moine, contrôleur général de l'artillerie, les gages et droits dudit office depuis la mort de Nicole Berziau, son prédécesseur, qui eut lieu le 18 ou le 20 octobre 1525, jusqu'à ce jour. Paris, 19 juin 1527. 19 juin.

Bibl. nat., ms. fr. 5502, fol. 83. (*Mention.*)

19237. Mandement à Pierre d'Apestigny de bailler à Gaillard Spifame, trésorier de l'extraordinaire, 7,800 livres tournois pour le payement de quelques capitaines de lansquenets. Saint-Denis, 20 juin 1527. 20 juin.

Bibl. nat., ms. fr. 5502, fol. 84. (*Mention.*)

19238. Provisions en faveur de Jean Verrier, dit de Nîmes, valet de chambre et premier chirurgien du roi, de l'office de chirurgien juré au Châtelet de Paris, vacant par la mort de Michel Broullier. Saint-Denis, 21 juin 1527. 21 juin.

Bibl. nat., ms. fr. 5502, fol. 89 v°. (*Mention.*)

19239. Mandement à Pierre d'Apestigny, trésorier et receveur général des finances extraordinaires et parties casuelles, de payer, des deniers provenant de la vente des offices, à Albert Gast, envoyé à la cour par le marquis de Saluces, lieutenant général du roi en Italie, 400 livres tournois comme avance sur l'état dudit mar- 22 juin.

quis, pour l'employer en ses affaires. Saint-Denis, 22 juin 1527. — 1527.

Bibl. nat., ms. fr. 5502, fol. 83 v°. (*Mention.*)

19240. Lettres autorisant les habitants de Rouen à lever pendant une nouvelle période de dix ans, à compter de l'entérinement des présentes[1], 2 sous 6 deniers tournois par queue de vin vendue en gros; 15 sous tournois par queue de vin vendu en détail; 20 deniers tournois par baril de cervoise ou de bière vendue en détail; 5 deniers tournois par queue de cidre vendu en détail; 5 sous par charge de hareng et 6 deniers par balle de laine, tant à Rouen que dans la banlieue, pour les besoins de la ville. Saint-Denis, 22 juin 1527. — 22 juin.

Original et copie du temps. Arch. communales de Rouen, tiroir 149, n° 1.

Bibl. nat., ms. fr. 5502, fol. 85. (*Mention.*)

19241. Lettres autorisant les habitants de Rouen à percevoir un droit de 8 sous tournois par chaque poise de sel qui passera sous le pont de la ville en remontant la Seine, ou qui sera déchargée devant la ville, pour être menée aux greniers de la généralité de Normandie, jusqu'à ce qu'ils soient remboursés des 10,000 livres tournois qu'ils ont prêtées au roi. Saint-Denis, 22 juin 1527. — 22 juin.

Vérifiées le 2 juillet suivant par les généraux des finances.

Original scellé. Arch. communales de Rouen, tiroir 144, n° 4.

Copie collat. du 7 mars 1528 n. s. Arch. communales de Rouen, tiroir 149, n° 1. 5 pages.

Présentées au Parl. de Rouen, le 5 février 1528 n. s. Arch. communales de Rouen, tiroir 147, n° 3. (*Mention.*)

Bibl. nat., ms. fr. 5502, fol. 85 v°. (*Mention.*)

19242. Mandement à Pierre d'Apestigny, receveur général des finances extraordinaires et parties — 22 juin.

[1] Octroi concédé par lettres de Louis XII, données à Blois, le 26 avril 1505, prorogé une première fois, le 26 juillet 1515.

casuelles, de payer à Menault d'Aster, lieutenant de la compagnie du marquis de Saluces, 1,025 livres tournois pour le dédommager des frais qu'il a dû faire en venant, de la part de son maître, d'Italie à la cour, sur des chevaux de poste. Saint-Denis, 22 juin 1527. 1527.

Bibl. nat., ms. fr. 5502, fol. 87. (*Mention.*)

19243. Mandement à Pierre d'Apestigny de payer à Guillaume Féau, s[r] d'Izernay, 1,025 livres tournois pour se rendre en hâte et sur chevaux de poste en Italie, auprès du marquis de Saluces. Saint-Denis, 22 juin 1527. 22 juin.

Bibl. nat., ms. fr. 5502, fol. 87. (*Mention.*)

19244. Mandement à Pierre d'Apestigny de payer à François « Du Grin », s[r] de Launay, l'un des cent gentilshommes de la maison du roi, 1,025 livres tournois pour porter en toute hâte et en voyageant sur chevaux de poste des lettres du roi à la seigneurie de Venise. Saint-Denis, 22 juin 1527. 22 juin.

Bibl. nat., ms. fr. 5502, fol. 87 v°. (*Mention.*)

19245. Mandement à Pierre d'Apestigny de payer à Jean Audouin, chevaucheur d'écurie du roi, 225 livres 5 sous tournois pour porter en hâte et voyageant sur chevaux de poste des lettres du roi à Lyon, Grenoble et Asti. Saint-Denis, 22 juin 1527. 22 juin.

Bibl. nat., ms. fr. 5502, fol. 87 v°. (*Mention.*)

19246. Mandement à Pierre d'Apestigny de payer à Pierre Braconnet, courrier, 102 livres 10 sous tournois pour porter à Lyon en toute hâte et voyageant sur chevaux de poste des lettres du roi à Théodore Trivulce, gouverneur du Lyonnais et maréchal de France. Saint-Denis, 22 juin 1527. 22 juin.

Bibl. nat., ms. fr. 5502, fol. 87 v°. (*Mention.*)

19247. Mandement à Pierre d'Apestigny de payer à Menault de Béarn, s[r] de la Bastide, et à Bertrand de Domazin, gentilshommes de la mai- 22 juin.

son du roi, au premier 120 écus soleil et au second 80 écus soleil, pour se rendre en Gascogne et Guyenne, avec mission d'y lever 2,500 hommes de pied qu'ils feront remonter jusqu'à Lyon. Saint-Denis, 22 juin 1527. 1527.

Bibl. nat., ms. fr. 5502, fol. 88. (*Mention.*)

19248. Mandement à Jean-Joachim de Passano, commis au payement des dettes et pensions d'Angleterre, de délivrer à Jean Grolier et à René Thizart, trésoriers des guerres, la somme de 2,026 livres 16 sous 6 deniers tournois, faisant partie des 47,368 écus soleil dont le roi d'Angleterre a fait remise à François Ier pour l'aider dans ses affaires. Saint-Denis en France, 23 juin 1527. 23 juin.

Original. Arch. nat., J. 922, n° 14[2].

19249. Provisions, en faveur d'Ogier Pinterel, de l'office de lieutenant particulier du bailli de Vitry à Château-Thierry, vacant par la résignation d'Émond Damesmes. Saint-Denis, 23 juin 1527. 23 juin.

Bibl. nat., ms. fr. 5502, fol. 93. (*Mention.*)

19250. Lettres de don aux Augustins de Bayonne de la somme de 6,830 livres tournois, pour employer à la construction de la nouvelle église qu'ils faisaient alors édifier. Saint-Denis, 24 juin 1527. 24 juin.

Vidimus du garde du sceau aux contrats de la ville de Bayonne, du 11 juillet 1527. Arch. départ. des Basses-Pyrénées, H. 2.

19251. Mandement au trésorier de l'épargne de payer à Julien Bonacoursi, commis à tenir le compte et faire le payement des cent gentilshommes de l'hôtel du roi commandés par le grand sénéchal de Normandie, 10,675 livres tournois pour un quartier de leur solde de l'année 1526. Saint-Denis, 24 juin 1527. 24 juin.

Autre mandement au même effet, de même

date et de la même somme, adressé à Pierre d'Apestigny. 1527.

Bibl. nat., ms. fr. 5502, fol. 85 v° et 86. (*Mentions.*)

19252. Mandement à Jean-Joachim de Passano de payer à Jean Grolier et René Thizart, trésoriers des guerres, 2,026 livres 16 sous 6 deniers tournois, partie des 47,368 écus d'or soleil, à eux ordonnés pour parfaire le payement des 214,973 livres 17 sous 6 deniers tournois destinés à la solde de 2,255 lances. Saint-Denis, 24 juin 1527. 24 juin.

Bibl. nat., ms. fr. 5502, fol. 96 v°. (*Mention.*)

19253. Présentation de Jean Soadde à la cure de Bielleville, tenue précédemment par Florentin d'Allouville, faite par le roi à l'archevêque de Rouen, comme garde-noble du duc de Longueville. Saint-Denis, 25 juin 1527. 25 juin.

Bibl. nat., ms. fr. 5502, fol. 84 v°. (*Mention.*)

19254. Mandement à Pierre d'Apestigny, receveur général des finances extraordinaires et parties casuelles, de payer à Gaillard Spifame, commis à tenir le compte et faire le payement de l'extraordinaire des guerres, 31,570 livres tournois pour le payement de la solde des gens de guerre de Picardie, l'infanterie pendant cinq mois et la cavalerie Albanaise pendant six mois, en déduction de ce qui peut leur être dû. Saint-Denis, 25 juin 1527. 25 juin.

Bibl. nat., ms. fr. 5502, fol. 84. (*Mention.*)

19255. Mandement à Pierre d'Apestigny de payer à Claude Dodieu, conseiller au Parlement de Paris, 1,230 livres tournois pour se rendre en toute hâte de la part du roi auprès de la seigneurie de Florence. Saint-Denis, 28 juin 1527. 28 juin.

Bibl. nat., ms. fr. 5502, fol. 91. (*Mention.*)

19256. Mandement à Pierre d'Apestigny de payer à M. de Lautrec, comte de Foix, 13,000 livres tournois complétant le payement des 24,000 28 juin.

livres qui lui sont dues, tant pour sa pension que pour son état de gouverneur et amiral de Guyenne, pendant l'année 1526. Saint-Denis, 28 juin 1527. 1527.

Bibl. nat., ms. fr. 5502, fol. 91. (*Mention.*)

19257. Mandement à Pierre d'Apestigny de payer à Louis de Rabodanges 615 livres tournois, pour un voyage que le roi l'envoie faire en toute hâte et sur chevaux de poste en Suisse, auprès des seigneurs des Ligues. Saint-Denis, 28 juin 1527. 28 juin.

Bibl. nat., ms. fr. 5502, fol. 91 v°. (*Mention.*)

19258. Mandement à Jean-Joachim de Passano, commis au payement de la dette d'Angleterre, de délivrer à Pierre d'Apestigny, trésorier de France, receveur général des finances extraordinaires et parties casuelles, la somme de 32,709 livres 3 sous 7 deniers tournois, complétant celle de 47,368 écus soleil que le roi d'Angleterre abandonne au roi de France pour l'aider dans ses affaires. Saint-Denis, 29 juin 1527. 29 juin.

Original. Arch. nat., J. 922, n° 14[5].

19259. Mandement à Jean-Joachim de Passano, commis au payement des dettes et pensions d'Angleterre, de délivrer à Pierre d'Apestigny, receveur général des finances extraordinaires et parties casuelles, la somme de 25,625 livres tournois dont le cardinal d'Yorck, légat d'Angleterre, a fait remise au roi de France, pour l'aider dans ses affaires. Saint-Denis en France, 29 juin 1527. 29 juin.

Original. Arch. nat., J. 922, n° 14[3].

19260. Lettres d'évocation au Grand conseil d'un procès engagé entre Germain Ragueneau, secrétaire du roi, administrateur des biens de sa fille mineure Claude, veuve de Guillaume de Lestonnac, secrétaire du roi, d'une part, et Ar- 30 juin.

naud de Capdeville, d'autre part. 30 juin 1527. — 1527.

Mention dans un arrêt du Grand conseil, en date du 13 septembre 1529. Arch. nat., V[5] 1047.

19261. Lettres d'évocation au Grand conseil des procès soutenus au Parlement de Dijon par Guillaume Pupelin, enquêteur d'Autun, et Guillemine Huguenin, sa femme. 30 juin 1527. — 30 juin.

Mentionnées, avec d'autres lettres d'évocation du 16 juin 1531, dans un arrêt du Grand conseil, en date du 18 août 1531. Arch. nat., V[5] 1048.

19262. Lettres portant que le droit de marque et de représailles ne s'exercera pas à moins de quatre lieues de la ville de Bayonne, et accordant aux habitants l'étape du bétail. Paris, juin 1527. — Juin.

Original. Arch. de la ville de Bayonne, AA. 15.

19263. Lettres portant création en faveur de Gautier de Badefols, chevalier, de trois foires par an et d'un marché chaque semaine en sa terre et seigneurie de Badefols en Périgord. Paris, juin 1527. — Juin.

Enreg. à la Chancellerie de France. Arch. nat., Trésor des Chartes, JJ. 240, n° 220, fol. 285 v°. 1 page.

19264. Lettres de don à Pierre Calabre, commis de Jean Breton, conseiller du roi et secrétaire des finances, des biens de feu Guillaume Gascon, aventurier, condamné à mort et à la confiscation par arrêt du Parlement de Paris. Paris, juin 1527. — Juin.

Enreg. à la Chancellerie de France. Arch. nat., Trésor des Chartes, JJ. 243, n° 315, fol. 86 v°.

19265. Lettres annulant et interdisant les poursuites commencées contre Pascal Barialis, docteur ès droits, parce que, en juillet 1513, étant juge de Parlatges au diocèse de Lodève, il avait fait exécuter une sentence de mort par — Juin.

lui rendue, sans tenir compte de l'appel interjeté. Paris, juin 1527. 1527.

Enreg. à la Chancellerie de France. Arch. nat., Trésor des Chartes, JJ. 240, n° 226, fol. 289 v°. 2 pages.

19266. Lettres de légitimation des enfants nés et à naître de François Rataut, s[r] de la Béraudière, et de Louise de Montfaucon, mariés devant l'église sans avoir déclaré qu'ils étaient parents à un degré prohibé. Paris, juin 1527. Juin.

Enreg. à la Chancellerie de France. Arch. nat., Trésor des Chartes, JJ. 243, n° 205, fol. 48.

19267. Provisions, en faveur de Guillaume Leconte, de l'office de procureur général du roi au Parlement de Bordeaux, vacant par la promotion de Pierre Boucher comme conseiller en ladite cour. Saint-Denis, juin 1527. Juin.

Bibl. nat., ms. fr. 5502, fol. 86 v°. (*Mention.*)

19268. Lettres de légitimation avec remise des droits accordées à Marguerite Malet, fille naturelle de Jean Malet et de Catherine Bondurelle. Saint-Denis, juin 1527. Juin.

Bibl. nat., ms. fr. 5502, fol. 86 v°. (*Mention.*)

19269. Mandement à la Chambre des Comptes d'allouer aux comptes de Guillaume Prudhomme, trésorier de l'épargne, 164 livres tournois qu'il a remises en juin dernier à Jean Sapin, pour employer comme suit : 51 livres 5 sous tournois à Gabriel de Devant, pour un voyage en Flandre auprès de Madame Marguerite; 61 livres 10 sous tournois à Mathieu Sicard, dépêché en Angleterre, et 51 livres 5 sous tournois à Richard Veny, aussi envoyé en Angleterre. Saint-Denis, 1er juillet 1527. 1er juillet.

Bibl. nat., ms. fr. 5502, fol. 90. (*Mention.*)

19270. Mandement au trésorier de l'épargne de payer à Jean Prévost, receveur et payeur des gages des officiers du Grand conseil, 500 livres tournois pour le payement de ce qui est dû à Jean Chauderon, conseiller audit conseil; 1er juillet.

IMPRIMERIE NATIONALE.

pour le dernier quartier de l'année passée et le premier de celle-ci. Saint-Denis, 1er juillet 1527. 1527.

Bibl. nat., ms. fr. 5502, fol. 88. (*Mention.*)

19271. Mandement au trésorier de l'épargne de payer à Laurent Collin, commis au payement des Cent Suisses de la garde du roi commandés par le sr de Fleuranges, 4,025 livres tournois pour le deuxième quartier de la présente année. Saint-Denis, 1er juillet 1527. 1er juillet

Bibl. nat., ms. fr. 5502, fol. 88 v°. (*Mention.*)

19272. Mandement à Pierre d'Apestigny de payer à Jean Duval, receveur et payeur des gages des officiers du Parlement de Paris, 16,480 livres 11 sous 5 deniers tournois. Saint-Denis, 1er juillet 1527. 1er juillet.

Bibl. nat., ms. fr. 5502, fol. 88 v°. (*Mention.*)

19273. Lettres de placet du roi consentant à ce que sœur Nicolle Le Fèvre, prieure de l'abbaye de Bricot-les-Nonnains (diocèse de Troyes), succède à la défunte abbesse. Saint-Denis, 1er juillet 1527. 1er juillet.

Bibl. nat., ms. fr. 5502, fol. 89 v°. (*Mention.*)

19274. Déclaration de foi et hommage de Nicolas Le Maistre, écuyer, comme procureur d'Olivier Le Maistre, son frère, pour les seigneuries de Savigny et Grimouville, mouvant de Coutances. Paris, 1er juillet 1527. 1er juillet.

Original. Arch. nat., Chambre des Comptes de Paris, P. 268³, n° 3388.

19275. Déclaration de foi et hommage de Louis Brossin, écuyer, sr du Plessis-Savary et la Fontaine, pour lesdites seigneuries, mouvant de Loches. Paris, 1er juillet 1527. 1er juillet.

Original. Arch. nat., Chambre des Comptes de Paris, P. 13, n° 4408.

19276. Mandement au trésorier de l'épargne de payer à Guillaume Tertereau, commis à tenir le compte et faire le payement des officiers domestiques du roi, 37,673 livres 15 sous 2 juillet.

tournois pour le deuxième quartier de la présente année. Saint-Denis, 2 juillet 1527. 1527.

Bibl. nat., ms. fr. 5502, fol. 89. (*Mention.*)

19277. Mandement à Pierre d'Apestigny, receveur des finances extraordinaires et parties casuelles, de payer à Guillaume Quinette, receveur et payeur des gages des officiers de la Cour des Aides à Paris, 1,766 livres 19 sous 6 deniers tournois pour le premier quartier de la présente année. Saint-Denis, 2 juillet 1527. 2 juillet.

Bibl. nat., ms. fr. 5502, fol. 89. (*Mention.*)

19278. Mandement à Pierre d'Apestigny de payer à Jean de Lévis, s[r] de Châteaumorant, 258 livres 6 sous tournois pour les dépenses d'un voyage que le roi l'envoie faire, escorté de quatre archers de la garde, de Paris en Lyonnais, Forez et Beaujolais. Saint-Denis, 4 juillet 1527. 4 juillet.

Bibl. nat., ms. fr. 5502, fol. 91. (*Mention.*)

19279. Mandement au trésorier de l'épargne de faire payer par Pierre Quétier, commis à la recette des deniers des seigneuries et vicomtés de Carlat et de Murat, 4,000 livres tournois à Anne de Tende, comtesse de Villars, veuve du bâtard de Savoie, grand maître de France. Saint-Denis, 5 juillet 1527. 5 juillet.

Bibl. nat., ms. fr. 5502, fol. 90. (*Mention.*)

19280. Mandement au trésorier de l'épargne de faire payer par Julien Bonacoursy, receveur général des finances en Provence, à Anne de Tende, comtesse de Villars, 4,500 livres tournois sur les deniers provenant de la seigneurie de Marignane et du grenier de Berre. Saint-Denis, 5 juillet 1527. 5 juillet.

Bibl. nat., ms. fr. 5502, fol. 90. (*Mention.*)

19281. Mandement au trésorier de l'épargne de payer 120 écus à Jean de Bournel, François de Tardes, dit le Basque, Claude de Confolens et Pierre de Fraize, soit 30 écus à chacun 5 juillet.

d'eux, à l'occasion de leur mise hors de page par le roi. Saint-Denis, 5 juillet 1527. 1527.

Bibl. nat., ms. fr. 5502, fol. 90 v°. (*Mention.*)

19282. Provisions, en faveur de Denis Corbin, de l'office de portier du château de Blois, vacant par la mort de Michel Le Roy. Paris, 6 juillet 1527. 6 juillet.

Bibl. nat., ms. fr. 5502, fol. 89 v°. (*Mention.*)

19283. Mandement à Pierre d'Apestigny, receveur des finances extraordinaires et parties casuelles, de payer à Pierre Potier, receveur et payeur des gages des officiers du Parlement de Toulouse, 5,154 livres tournois pour le premier quartier de la présente année. Saint-Denis, 7 juillet 1527. 7 juillet.

Bibl. nat., ms. fr. 5502, fol. 90 v°. (*Mention.*)

19284. Déclaration de foi et hommage de Bertrand de Culant, s[r] de Châteauneuf-sur-Cher et de Franconville, pour ladite terre de Franconville, mouvant d'Yèvre-le-Châtel. Paris, 8 juillet 1527. 8 juillet.

Original. Arch. nat., Chambre des Comptes de Paris, P. 10, n° 3465.

19285. Lettres de neutralité accordées par le roi à Robert de Malberghe, son conseiller et chambellan ordinaire, pour les terres qu'il possédait en Lorraine, Barrois et autres pays situés hors du royaume. Écouen, 8 juillet 1527. 8 juillet.

Copie du XVIe siècle. Arch. départ. du Nord, B. 2341.

19286. Lettres adressées aux consuls de Montpellier, leur annonçant la convocation des États de Languedoc dans cette ville, pour le 15 août suivant. Écouen, 11 juillet 1527. 11 juillet.

Arch. municip. de Montpellier, AA, *États provinciaux.*

19287. Mandement à Pierre d'Apestigny de payer à Georges de Vercle, contrôleur général des finances de Madame mère du roi, 3,280 livres tournois pour subvenir aux menues dé- 11 juillet.

penses nécessitées par l'arrivée du légat d'Angleterre en France. Écouen, 11 juillet 1527. 1527.

Bibl. nat., ms. fr. 5502, fol. 92, et ms. 10390, fol. 46. (*Mentions.*)

19288. Mandement à Pierre d'Apestigny de rembourser à François de La Tour, chevalier, vicomte de Turenne, et à Antoine Le Viste, chevalier et troisième président au Parlement de Paris, 902 livres tournois. Écouen, 11 juillet 1527. 11 juillet.

Bibl. nat., ms. fr. 5502, fol. 91 v°. (*Mention.*)

19289. Mandement à Pierre d'Apestigny de payer à Anne de Montmorency, chevalier de l'ordre, grand maître et maréchal de France, 4,500 livres tournois pour le premier quartier de la présente année de son état de gouverneur de Languedoc et de sa pension. Écouen, 11 juillet 1527. 11 juillet.

Bibl. nat., ms. fr. 5502, fol. 92. (*Mention.*)

19290. Mandement à Pierre d'Apestigny de payer à Jacques Bohier, receveur et payeur des gages des officiers de la Chambre des Comptes de Paris, 5,206 livres 8 sous 9 deniers tournois pour le premier quartier de la présente année. Écouen, 11 juillet 1527. 11 juillet.

Bibl. nat., ms. fr. 5502, fol. 92 v°. (*Mention.*)

19291. Mandement au trésorier de l'épargne de rembourser à Odette Luillier, veuve de Louis de Stainville, 500 livres tournois dues à son mari défunt. Écouen, 11 juillet 1527. 11 juillet.

Bibl. nat., ms. fr. 5502, fol. 92 v°. (*Mention.*)

19292. Lettres de retenue pour Jean Boutin de la place d'enfant de cuisine du dauphin et de ses frères, vacante par la mort de Jean Rousseau. Écouen, 11 juillet 1527. 11 juillet.

Bibl. nat., ms. fr. 5502, fol. 92 v°. (*Mention.*)

19293. Mandement au sénéchal de Rouergue, à Anne Du Prat, seigneur de Verrières, gouverneur de Clermont, et à Jean Chauvet, élu en Forez, de répartir et lever sur les pays de Rouergue haut et bas et sur le comté de 12 juillet.

Rodez, la somme de 57,256 livres 10 sous 7 deniers tournois, pour leur part de la taille de 2,661,000 livres établie sur tout le royaume, plus 300 livres pour les frais. Écouen, 12 juillet 1527. 1527.

Copie du XVIᵉ siècle. Arch. départ. de l'Aveyron, C. 1220, fol. 2.

19294. Mandement à Jacques Charmolue, changeur du trésor, de payer à Guillaume Prudhomme, receveur général des finances et trésorier de l'épargne, 2,000 livres tournois dont le roi lui a fait don en récompense de ses services. Écouen, 12 juillet 1527. 12 juillet.

Bibl. nat., ms. fr. 5502, fol. 93. (*Mention.*)

19295. Mandement à Jacques Ragueneau, commis au payement de la marine de Provence, de payer au capitaine André Doria 18,450 livres tournois, pour son état et pour l'entretien au service du roi de huit galères et deux brigantins, pendant le premier quartier de la présente année. Écouen, 13 juillet 1527. 13 juillet.

Autre mandement de même teneur et de même somme, pour le deuxième quartier de la présente année.

Bibl. nat., ms. fr. 5502, fol. 93 rº et vº. (*Mentions.*)

19296. Déclaration de foi et hommage de Marie de Rohan, veuve de Louis de Rohan, sʳ de Guémené, en son nom et comme procureur de son fils mineur, pour les seigneuries de Montbazon et Sainte-Maure, mouvant la première de Tours et l'autre de Chinon. Sarcelles, 17 juillet 1527. 17 juillet.

Original. Arch. nat., Chambre des Comptes de Paris, P. 13, nº 4409.

19297. Mandement à Jean-Joachim de Passano, commis au payement des pensions et dette d'Angleterre, de bailler et délivrer à Pierre d'Apestigny, receveur général des finances extraordinaires et parties casuelles, la somme de 25,625 livres tournois, sur ce qui devait 20 juillet.

être payé pour le terme de mai dernier au cardinal d'Yorck, ladite somme remise par celui-ci au roi de France pour l'aider dans ses affaires. Paris, 20 juillet 1527. 1527.

Original. Arch. nat., J. 922, n° 14[1].

19298. Lettres de légitimation accordées à Guy d'Albars, fils naturel de Christophe d'Albars et d'A. de Cantal, veuve, du diocèse de Limoges. Paris, 23 juillet 1527. 23 juillet.

Enreg. à la Chancellerie de France. Arch. nat., Trésor des Chartes, JJ. 243, n° 381, fol. 112 v°: 1 page.

19299. Édit promulgué dans le Conseil du roi où assistaient les présidents du Parlement, interdisant à cette cour de s'occuper d'autre chose que de la justice. Paris, 24 juillet 1527. 24 juillet.

Enregistré le jour même au Grand conseil[(1)]. *Arch. nat.*, V[5] 1046. 1 page.

Copie du XVIIe siècle. Arch. nat., K. 84, n° 1.

Copie du XVIIe siècle. Bibl. nat., ms. fr. 4390, fol. 50.

19300. Lettres de réception du serment de fidélité de Charles Boucher, abbé de Montebourg, ordre de Saint-Benoît, diocèse de Coutances, pour le temporel de ladite abbaye. Paris, 27 juillet 1527. 27 juillet.

Original. Arch. nat., Chambre des Comptes de Paris, P. 268[3], n° 3431.

19301. Lettres portant octroi, pour huit ans, aux habitants de Dax d'une aide de 6 deniers par livre sur toutes denrées et marchandises amenées, vendues et distribuées dans ladite ville et les limites de sa juridiction, pour en employer le produit aux réparations, fortifications et pavement de la ville. Bois-de-Vincennes, 28 juillet 1527. 28 juillet.

Original. Arch. de la ville de Dax (Landes), CC. 2.

(1) Le texte de cet édit porte qu'il devait être enregistré aussi au Conseil étroit et aux Parlements.

19302. Lettres continuant à Gaspard Fournier la maîtrise particulière de la Monnaie de Montpellier pour dix ans, à compter du jour de la première délivrance qu'il fera d'or ou d'argent, sans que pendant ces dix ans ladite Monnaie puisse être enchérie, avec l'obligation pour ledit Fournier de faire ouvrer chaque année 100 marcs d'or et 2,000 d'argent. Paris, 29 juillet 1527. — 1527. 29 juillet.

Bibl. nat., coll. Dupuy, vol. 494, fol. 110. (*Mentionnées* dans un extrait des registres de la Chambre des Monnaies, du 14 décembre 1527.)

19303. Lettres d'amortissement en faveur de Pierre Boulois, prieur, et des religieux du prieuré de Notre-Dame de « Montalbedon », de l'ordre de Grandmont, en Rouergue, des terres qu'ils ont eues par contrat d'échange fait avec Jacques Galyot de Genouilhac, grand écuyer de France. Écouen, juillet 1527. — Juillet.

Enreg. à la Chancellerie de France. Arch. nat., Trésor des Chartes, JJ. 243, n° 317, fol. 87. 1 page 1/2.

19304. Lettres de légitimation accordées à Françoise Duboys, femme de Georges Bouchard, le mariage de son père feu Jean Duboys et de sa mère, Raymonde de Norriger, ayant été déclaré nul par l'official d'Albi, pour le motif qu'ils étaient cousins germains. Paris, juillet 1527. — Juillet.

Enreg. à la Chancellerie de France. Arch. nat., Trésor des Chartes, JJ. 243, n° 385, fol. 113. 1 page.

19305. Lettres de naturalité accordées à Évangéliste Cittadini, natif de Milan, désireux de se fixer en France, au service du roi. Paris, juillet 1527. — Juillet.

Enreg. à la Chancellerie de France. Arch. nat., Trésor des Chartes, JJ. 243, n° 308, fol. 83.

Bibl. nat., ms. fr. 5502, fol. 82 v°. (*Mention*, sous la date de juin 1527.)

19306. Lettres de naturalité accordées à Thomas Dux, natif de Piémont, fils de Guillaume Dux, — Juillet.

docteur en médecine, naturalisé Français. Paris, juillet 1527. | 1527.

Enreg. à la Chancellerie de France. Arch. nat., Trésor des Chartes, JJ. 243, n° 311, fol. 84 v°. 1 page.

19307. Lettres de naturalité accordées à Belin de Meynard, écuyer d'écurie du roi, natif de Crémone en Italie. Paris, juillet 1527. | Juillet.

Enreg. à la Chancellerie de France. Arch. nat., Trésor des Chartes, JJ. 243, n° 339, fol. 95 v°. 1 page.

19308. Lettres de naturalité accordées à Paul de La Silve, chevalier, et à ses deux neveux, Jean-Antoine et Jean-Jacques, fils de feu Francisque de La Silve, qui ont abandonné leurs terres et seigneuries d'Italie pour se mettre au service du roi de France. Paris, juillet 1527. | Juillet.

Enreg. à la Chancellerie de France. Arch. nat., Trésor des Chartes, JJ. 243, n° 391, fol. 114 v°.

19309. Lettres de naturalité accordées à Laurent « Tuscain » (*aliàs* Toscan), aumônier ordinaire du roi, natif de Milan. Paris, juillet 1527. | Juillet.

Enreg. à la Chancellerie de France. Arch. nat., Trésor des Chartes, JJ. 243, n° 329, fol. 90 v°. 1 page.

19310. Mandement aux trésoriers de France d'informer *de commodo et incommodo* sur la requête des consuls et habitants de Montauban, tendant à obtenir la concession, moyennant une redevance annuelle de 50 sous tournois, d'un bâtiment ruiné appelé le Château neuf, pour le convertir en « maison commune » destinée à recevoir l'artillerie, les poudres et munitions de la ville. 5 août 1527. | 5 août.

Mention dans un arrêt du Grand conseil, en date du 19 janvier 1537 n. s., portant avis favorable à ladite concession, moyennant 100 sous de redevance. Arch. nat., V^5 1051.

19311. Mandement au trésorier de l'épargne de faire payer par le changeur du trésor, des deniers des quatre trésoreries de France, 4,000 livres tournois à Pierre de Warty, chevalier, | 7 août.

grand maître enquêteur et général réformateur des Eaux et forêts de France, pour ses gages annuels payables par quartier. Amiens, 7 août 1527. 1527.

Bibl. nat., ms. fr. 5502, fol. 93 v°. (*Mention.*)

19312. Mandement au trésorier de l'épargne de payer à Jean Duval, commis à tenir le compte de la dépense des obsèques et funérailles de la reine Claude, 1,850 livres 14 sous 3 deniers tournois pour le parfait payement de la somme de 28,123 livres 16 sous 6 deniers tournois. Amiens, 7 août 1527. 7 août.

Bibl. nat., ms. fr. 5502, fol. 94. (*Mention.*)

19313. Lettres de réception du serment de fidélité prêté devant le chancelier de France par dom Philippe Cocquin, dit de Saint-Ragon, prêtre, licencié en décret, religieux profès de l'abbaye de Corbie, pour la prévôté de Dampierre (vicomté d'Arques), au diocèse de Rouen, membre dépendant du temporel de ladite abbaye. Amiens, 8 août 1527. 8 août.

Expéd. orig. Arch. nat., P. 267[1], cote 2294.

19314. Mandement au trésorier de l'épargne de payer, sur les deniers provenant du grenier à sel de Libourne, à Robert de La Marthonnye, maître d'hôtel du roi, 600 livres tournois en déduction des 6,000 livres tournois dont le roi lui a fait don, à prendre sur ledit grenier. Amiens, 9 août 1527. 9 août.

Bibl. nat., ms. fr. 5502, fol. 94. (*Mention.*)

19315. Lettres portant renvoi au Grand conseil du procès criminel intenté par Jacques de Rohan, comte de Porhoët, à Perceval Danyon (ci-dessus n° 18945). 9 août 1527. 9 août.

Mention dans un arrêt du Grand conseil, en date du 23 septembre 1529. Arch. nat., V[5] 1047.

19316. Mandement à Pierre d'Apestigny, receveur général des finances extraordinaires et parties casuelles, de payer à Jean Lombard, receveur et payeur des gages des officiers du Par- 10 août.

lement de Bordeaux, 4,576 livres 11 sous 3 deniers tournois pour le premier quartier de la présente année. Amiens, 10 août 1527. 1527.

Bibl. nat., ms. fr. 5502, fol. 94 v°. (*Mention.*)

19317. Mandement au trésorier de l'épargne de payer, sur les reliefs et treizièmes et autres droits seigneuriaux échus au roi en la vicomté de Caen, par suite de l'achat fait par Jean d'Harcourt de la seigneurie des Moulineaux, à Nicolas Jousserant, Marin Fritot et Jean de Felynes, sommeliers de paneterie de Madame, 100 écus en récompense de leurs services. Amiens, 10 août 1527. 10 août.

Bibl. nat., ms. fr. 5502, fol. 94 v°. (*Mention.*)

19318. Lettres portant défense d'envoyer à Rome aucun messager, courrier, ni somme d'argent, tant que le pape Clément VII sera prisonnier de l'empereur. . .[1]. 11 août 1527. 11 août.

Publiées à Lyon, le 24 dudit mois d'août.

Copie du XVIe siècle. Bibl. nat., ms. fr. 5124, fol. 35.

19319. Lettres portant autorisation de nommer aux offices de Château-Thierry et de Châtillon-sur-Marne, accordée à Robert de La Marck, s^r de Fleuranges, maréchal de France. Amiens, 12 août 1527. 12 août.

Enreg. à la Chambre des Comptes de Paris, anc. mém. 2 D, fol. 393. *Arch. nat.*, PP. 119, p. 61. (*Mention.*)

Bibl. nat., ms. fr. 21405, p. 303. (*Mention.*)

Bibl. nat., ms. Clairambault 782, p. 285. (*Mention.*)

19320. Mandement à Pierre d'Apestigny de payer à Louis de Brézé, comte de Maulévrier, chevalier de l'ordre, gouverneur et lieutenant général et grand sénéchal de Normandie, 8,000 livres tournois complétant le payement des 16,000 livres qui lui ont été données par le roi. Amiens, 12 août 1527. 12 août.

Bibl. nat., ms. fr. 5502, fol. 95. (*Mention.*)

[1] Le nom de lieu a été omis.

19321. Déclaration portant que le roi entend que Robert Berziau, conseiller au Parlement de Paris, soit payé des gages afférant à cet office dont il a été pourvu par la régente, bien qu'il n'ait pas encore prêté serment ni été mis en possession. Amiens, 12 août 1527. — 1527. 12 août.

Bibl. nat., ms. fr. 5502, fol. 97 v°. (*Mention.*)

19322. Lettres confirmant les privilèges de la ville de Bergerac et l'exemption des tailles précédemment accordée aux bourgeois et habitants. Amiens, 14 août 1527. — 14 août.

Arrêt d'enregistrement de la Cour des Aides, du 25 septembre 1529, et procès-verbal d'enquête des consuls. Arch. de la ville de Bergerac, B. 2, liasse 13, n°s 8 et 9. (*Mentions.*)

19323. Déclaration portant que le roi veut et entend que Robert Stuart, chevalier de l'ordre et capitaine de la garde du corps, et Jacqueline de Laqueuille, sa femme, jouissent des comté et vicomté de Beaumont, avec pouvoir de nommer aux offices qui en dépendent. Amiens, 14 août 1527. — 14 août.

Bibl. nat., ms. fr. 5502, fol. 95. (*Mention.*)

19324. Mandement au trésorier de l'épargne de faire payer par Pierre Faure, receveur général de Picardie, à frère Gossuin Scot, de l'ordre de Saint-Augustin, une pension annuelle de 30 livres tournois, à partir du 1er janvier dernier. Amiens, 14 août 1527. — 14 août.

Bibl. nat., ms. fr. 5502, fol. 95 v°. (*Mention.*)

19325. Lettres de sauf-conduit pour trois mois à Henri Sterch, maître de la chambre aux deniers de l'empereur, qui, venant d'Espagne, traverse la France pour se rendre en Flandre, avec six personnes, six chevaux et deux mulets. Amiens, 14 août 1527. — 14 août.

Bibl. nat., ms. fr. 5502, fol. 95 v°. (*Mention.*)

19326. Mandement à la Chambre des Comptes d'allouer aux comptes du trésorier de l'épargne 20,000 écus d'or soleil ou 47,458 livres — 15 août.

8 sous 6 deniers tournois qu'il a payées à Antoine Bonvisi et François Sauvaige[1], banquiers demeurant à Londres. Amiens, 15 août 1527. 1527.

Bibl. nat., ms. fr. 10385, fol. 30 v°. (*Mention.*)

19327. Don à Robert de La Marthonnye, seigneur de Bonnes, maître d'hôtel ordinaire du roi, du revenu de la seigneurie de Gontaut, dans la sénéchaussée d'Agénais, jusqu'à concurrence de 600 livres tournois par an, en dédommagement de ce que le roi a disposé en faveur de Jacques de Pommereul de l'office de capitaine du Pont-de-l'Arche, dont ledit Robert avait été pourvu par la régente. Amiens, 17 août 1527. 17 août.

Vérifié par la Chambre des Comptes de Paris, le 30 avril 1528 et par les Trésoriers de France, le 8 mai suivant.

Copie collat. du 12 mai 1528. Arch. nat., K. 1165, n° 4.

Bibl. nat., ms. fr. 5502, fol. 94. (*Mention.*)

Bibl. nat., ms. Clairambault 782, p. 285. (*Mention*, sous la date du 13 août.)

19328. Déclaration en faveur de Galéas Visconti et de sa femme Catherine de Masis, portant que celle-ci, pendant son veuvage, jouira du don que le roi a fait à son mari des terres et seigneuries de la Bâtie, Montluel et le Péage en Dauphiné. Amiens, 17 août 1527. 17 août.

Bibl. nat., ms. fr. 5502, fol. 95 v°. (*Mention.*)

19329. Provisions, en faveur de Guillaume Bohier, de l'office de notaire et secrétaire du roi, vacant par la mort de François Du Pré. Amiens, 18 août 1527. 18 août.

Bibl. nat., ms. fr. 5502, fol. 97 v°. (*Mention.*)

19330. Lettres de créance pour Jean-Joachim de Passano, s^r^ de Vaux, chargé par le roi de traiter avec le duc de Ferrare, sous la direction de Lautrec. Amiens, 19 août 1527. 19 août.

Copie contemporaine. Arch. de Venise, Commemoriali 21, fol. 57.

[1] *Sic.* Peut-être traduction de Salviati.

19331. Lettres portant pleins pouvoirs à Grégoire Casale, envoyé en qualité d'ambassadeur auprès du duc de Ferrare. Amiens, 19 août 1527. | 1527, 19 août.

Copie du XVIe siècle. Florence, Arch. di Stato, Lettere esterne ai x di Balia da Aprile a Decembre 1527, classe X, distinzione 4, n° 125, fol. 91.

19332. Lettres contenant quittance de François Ier au roi d'Angleterre des sommes qui lui ont été remises en exécution du traité de Westminster, du 29 mai dernier. Amiens, 19 août 1527. | 19 août.

Copie du temps. Arch. nat., J. 922, n° 16.

19333. Provisions, en faveur de Robert Baillet, de l'office de contrôleur et examinateur dans le bailliage de Chalon-sur-Saône et en la chancellerie de Bourgogne audit siège, vacant par la résignation d'Aimé Guyotat. Amiens, 19 août 1527. | 19 août.

Bibl. nat., ms. fr. 5502, fol. 96. (*Mention.*)

19334. Provisions, en faveur de Claude Guyotat, de l'office de contrôleur du grenier à sel de Saulieu, vacant par la résignation d'Aimé Guyotat, son frère. Amiens, 19 août 1527. | 19 août.

Bibl. nat., ms. fr. 5502, fol. 96. (*Mention.*)

19335. Mandement au trésorier de l'épargne de faire payer par Jacques Charmolue, changeur du trésor, sur les deniers provenant des anoblissements et des naturalisations, 100 écus d'or à Théodore Trivulce. Amiens, 19 août 1527. | 19 août.

Bibl. nat., ms. fr. 5502, fol. 98 v°. (*Mention.*)

19336. Mandement au trésorier de l'épargne de faire payer par Jacques Charmolue, changeur du trésor, sur les deniers provenant des anoblissements et naturalisations, 50 écus d'or à Paul-Camille Trivulce. Amiens, 19 août 1527. | 19 août.

Bibl. nat, ms. fr. 5502, fol. 98 v°. (*Mention.*)

19337. Provisions pour Jean de Montdoucet de l'office | 22 août.

de vicomte de Vire et de Condé. 22 août 1527. 1527.

Enreg. à la Chambre des Comptes de Paris, anc. mém. 2 D, fol. 294 v°. *Arch. nat.*, PP. 119, p. 47. (*Mention.*)
Bibl. nat., ms. fr. 21405, p. 300. (*Mention.*)

19338. Provisions pour Robert de La Marthonnye, s^r de Bonnes, maître d'hôtel ordinaire du roi, de l'office de bailli et gouverneur de Touraine. Amiens, 23 août 1527. 23 août.

Enreg. à la Chambre des Comptes de Paris, le 7 septembre 1527, anc. mém. 2 D, fol. 302 v°. *Arch. nat.*, PP. 119, p. 48. (*Mention.*)
Bibl. nat., ms. fr. 21405, p. 300. (*Mention.*)

19339. Don à Jacques de Harlay, écuyer, s^r de Beaumont, gentilhomme de l'hôtel du roi, des biens de Jean Gellier, boulanger à Provins. 28 août 1527. 28 août.

Enreg. à la Chambre des Comptes de Paris, anc. mém. 2 D, fol. 303 v°. *Arch. nat.*, PP. 119, p. 48. (*Mention.*)
Bibl. nat., ms. fr. 21405, fol. 300. (*Mention.*)
Bibl. nat., ms. Clairambault 782, p. 284. (*Mention.*)

19340. Mandement au bailli de Vermandois de faire baisser le niveau des eaux des moulins de Laon, pour éviter la dégradation des chemins, maisons, héritages, etc. La Fère, 29 août 1527. 29 août.

Original. Arch. de la ville de Laon (*Aisne*).

19341. Don à Jean Brinon, chevalier, s^r de Villaines, conseiller du roi, premier président du Parlement de Rouen, de 1,000 écus d'or en récompense de ses services, entre autres des voyages qu'il a faits en Angleterre comme ambassadeur du roi, pour la conclusion des traités de paix. Coucy, 31 août 1527. 31 août.

Bibl. nat., ms. fr. 10385, fol. 25. (*Mention.*)

19342. Don à Jean-Joachim de Passano de 16,500 livres tournois, à retenir sur les 68,000 écus d'or soleil qu'il doit recouvrer en Angleterre, en récompense des services qu'il a rendus au 31 août.

roi en lui faisant prêter par ses amis des sommes importantes, et des dépenses qu'il a faites à cet effet. Coucy, 31 août 1527. 1527.

Bibl. nat., ms. fr. 10385, fol. 26 et 32 v°. (*Mentions.*)

19343. Lettres de légitimation accordées à Marguerite Du Biez, femme d'André de La Varenne, fille naturelle de Jean Du Biez, écuyer, et de Pernelle de Boulogne. Amiens, août 1527. Août.

Enreg. à la Chancellerie de France. Arch. nat., Trésor des Chartes, JJ. 243, n° 309, fol. 83 v°.

19344. Lettres de légitimation accordées à Hugues Delsol[1], fils naturel de Bernard Delsol, prêtre, chanoine de l'église collégiale de Saint-Caprais d'Agen, et d'Antonie Delafitte, femme mariée. Amiens, août 1527. Août.

Enreg. à la Chancellerie de France. Arch. nat., Trésor des Chartes, JJ. 243, n° 312, fol. 85. 1 page.

19345. Lettres de légitimation accordées à Granthome et Héliot Du Puy, frères, fils naturels de Jean Du Puy, prêtre, de la sénéchaussée de Périgord. Amiens, août 1527. Août.

Enreg. à la Chancellerie de France. Arch. nat., Trésor des Chartes, JJ. 243, n° 323, fol. 89. 1 page.

19346. Lettres de naturalité, avec autorisation de tester, accordées à Luc d'Ensalde, natif de la Rivière de Gênes, en récompense des services qu'il a rendus au roi. Amiens, août 1527. Août.

Enreg. à la Chancellerie de France. Arch. nat., Trésor des Chartes, JJ. 243, n° 354, fol. 104. 1 page.

Bibl. nat., ms. fr. 5502, fol. 96. (*Mention.*)

19347. Lettres de souffrance et délai de six mois accordées à Antoine de Tende, évêque et comte de Beauvais, pair de France, pour bailler son aveu et dénombrement de la châtellenie et du vidamé de Gerberoy. 4 septembre 1527. 4 septembre.

Enreg. à la Chambre des Comptes de Paris, anc.

[1] « *De Solo* », texte latin.

mém. 2 D, fol. 256 *Arch. nat.*, PP. 119, p. 43. (*Mention.*) — 1527.

Bibl. nat., ms. fr. 21405, p. 299. (*Mention.*)

Bibl. nat., ms. Clairambault 782, p. 283. (*Mention.*)

19348. Lettres d'évocation d'un procès pendant au Parlement de Bordeaux entre François et Jean Camy, Guicharde Du Pérat et Nicolas Bonnet, d'une part, et Martial Mathieu, avocat à Limoges, Pierre et Martial Des Cars, Léonard et Balthazar Chaussade, d'autre part. 6 septembre 1527. — 6 septembre.

Mention dans un arrêt du Grand conseil, en date du 19 décembre 1527. Arch. nat., V[5] 1046.

19349. Lettres prorogeant l'octroi accordé aux maire et échevins de Bourges, d'une taxe de 5 sous par minot de sel et de 20 deniers pour livre du vin vendu en détail dans la ville. Compiègne, 10 septembre 1527. — 10 septembre.

Original. Arch. municip. de Bourges, AA. 209.

19350. Déclaration de foi et hommage de Pierre Le Tondeur, curé de la cure du Crucifix, dépendant de l'abbaye de Saint-Corneille de Compiègne, pour un fief situé à la « Lorinère » dans la paroisse du Meux, mouvant de la grosse tour de Compiègne. Compiègne, 10 septembre 1527. — 10 septembre.

Original. Arch. nat., Chambre des Comptes de Paris, P. 5, n° 1603.

19351. Déclaration de foi et hommage d'Anne de Montmorency, s[r] de l'Isle-Adam, chevalier de l'ordre, grand maître et maréchal de France, pour les châtellenies de l'Isle-Adam, Nogent et Valmondois, et les seigneuries de « Giraucourt et Flelu », mouvant de Pontoise. Compiègne, 11 septembre 1527. — 11 septembre.

Original. Arch. nat., Chambre des Comptes de Paris, P. 5, n° 1604.

19352. Lettres de naturalité en faveur de Donat de — 13 septembre.

Neri Acciaioli, natif de Florence. Compiègne, 13 septembre 1527. 1527.

Entérinées au Parl. de Paris, le 3 décembre 1534. Arch. nat., X¹ᵃ 1538, reg. du Conseil, fol. 17 v°. (*Mention.*)

19353. Don à Charlotte d'Argouges, veuve de Philippe Du Moulin, sʳ de la Mothe-d'Ossonville, en la paroisse de Châteauneuf-sur-Loire, des droits seigneuriaux dus à cause de ladite seigneurie. 16 septembre 1527. 16 septembre.

Enreg. à la Chambre des Comptes de Paris, anc. mém. 2 D, fol. 310 v°. *Arch. nat.*, PP. 119, p. 49. (*Mention.*)

Bibl. nat., ms. fr. 21405, p. 301. (*Mention.*)

Bibl. nat., ms. Clairambault 782, p. 284. (*Mention.*)

19354. Concession de privilèges aux marchands lucquois qui font le commerce en France. Compiègne, 17 septembre 1527. 17 septembre.

Copie collationnée du 20 septembre 1528. Arch. de Lucques.

19355. Déclaration de foi et hommage de Claude de Montmorency, sʳ de Fosseux, pour le fief d'Amblainville, mouvant de Pontoise, et le fief d'Aghicourt, mouvant de Beaumont. Compiègne, 18 septembre 1527. 18 septembre.

Original. Arch. nat., Chambre des Comptes de Paris, P. 5, n° 1605.

19356. Lettres de ratification du traité de mariage conclu entre le prince de Piémont et Marguerite de France. Compiègne, 21 septembre 1527. 21 septembre.

Original. Turin. Arch. di Stato, Matrimoni, mazzo 19, n° 5.

19357. Lettres accordant à Anne de Montmorency, chambellan du roi, grand maître et maréchal de France, la nomination aux offices royaux de la châtellenie et seigneurie de Compiègne. Compiègne, 22 septembre 1527. 22 septembre.

Enreg. à la Chambre des Comptes de Paris, anc. mém. 2 E, fol. 5. *Arch. nat.*, PP. 119, p. 2. (*Mention.*)

Bibl. nat., ms. fr. 21405, p. 304. (*Mention.*) 1527.
Bibl. nat., ms. Clairambault 782, p. 286. (*Mention*, sous la date du 27 septembre.)

19358. Don à Jean Tiercelin, maître d'hôtel du dauphin, et à Julie de Trot, sa femme, à l'occasion de leur mariage, du lieu et place des Tuileries-lès-Paris. 22 septembre 1527. 22 septembre.

Enreg. à la Chambre des Comptes de Paris, anc. mém. 2 D, fol. 320 v°. *Arch. nat.*, PP. 119, p. 50. (*Mention.*)
Bibl. nat., ms. fr. 21405, p. 301. (*Mention.*)
Bibl. nat., ms. Clairambault 782, p. 284. (*Mention.*)

19359. Commission au Parlement et à la Chambre des Comptes de Grenoble, pour informer sur une requête du chapitre de Notre-Dame d'Embrun, demandant le rétablissement d'une pension annuelle de 300 livres qui leur avait été attribuée afin de célébrer une messe quotidienne pour la prospérité des rois de France. Compiègne, 24 septembre 1527. 24 septembre.

Arch. de l'Isère, B. 2992, fol. 397. 7 pages.

19360. Déclaration de foi et hommage de Louis de Vaux, chevalier, s[r] de Saint-Yves et de Giraumesnil, pour la terre et seigneurie de Giraumesnil, mouvant de Compiègne. Compiègne, 24 septembre 1527. 24 septembre.

Original. Arch. nat., *Chambre des Comptes de Paris*, P. 5, n° 1606.

19361. Lettres de naturalité accordées à Barbe Duparcq, femme de Nicolas Faultre, et à son neveu, Bertrand Duparcq, demeurant à Laon, fille et petit-fils de feu Bertrand Duparcq, natif de Hainaut, établi et marié à Craonne cinquante-quatre ans auparavant. Compiègne, 26 septembre 1527. 26 septembre.

Enreg. à la Chancellerie de France. Arch. nat., *Trésor des Chartes*, JJ. 243, n° 353, fol. 103 v°. 1 page.

19362. Commission à Louis Des Barres, maître d'hôtel ordinaire du roi, pour porter au prince de 28 septembre.

Piémont, fils aîné du duc de Savoie, le collier de l'ordre de Saint-Michel qui lui avait été accordé en raison de son mariage avec Marguerite de France. Compiègne, 28 septembre 1527. 1527.

Original. Turin, Arch. di Stato, Ordini militari, mazzo 1, n° 1.

19363. Commission à Louis Des Barres pour jurer, au nom de François Ier, l'observation des articles du traité de mariage de Marguerite de France avec le prince de Piémont et remettre à ce dernier le collier de l'ordre. Compiègne, 29 septembre 1527. 29 septembre.

Original. Turin, Arch. di Stato, Matrimoni, mazzo 19, n° 4.

19364. Lettres de légitimation et de naturalité accordées à Georges Giguet, étudiant à l'Université d'Orléans, né à Rome, fils naturel de Louis Giguet, prêtre, à présent chanoine de Saint-Vincent à Chalon-sur-Saône, et d'une grecque nommée Diane. Compiègne, septembre 1527. Septembre.

Enreg. à la Chancellerie de France. Arch. nat., Trésor des Chartes, JJ. 243, n° 355, fol. 104 v°. 1 page.

19365. Lettres de légitimation accordées à Nicolas et Françoise, enfants naturels de Thomas Perrignon, prêtre, et de Lucille Huyet. Compiègne, septembre 1527. Septembre.

Enreg. à la Chancellerie de France. Arch. nat., Trésor des Chartes, JJ. 243, n° 364, fol. 107 v°. 1 page.

19366. Lettres de naturalité accordées à Nicolas de Fenestreaux, peintre, natif d'Anvers en Brabant, établi en France depuis vingt ans, demeurant à Orléans. Compiègne, septembre 1527. Septembre.

Enreg. à la Chancellerie de France. Arch. nat., Trésor des Chartes, JJ. 243, n° 380, fol. 112. 1 page.

IMP. *Archives de l'Art français.* Paris, in-8°, 1853-1855, t. III, Documents, p. 187.

19367. Lettres de naturalité accordées à André Follerton, natif d'Écosse, archer de la garde écossaise du roi, sous le commandement du s[r] d'Aubigny. Compiègne, septembre 1527. — 1527. Septembre.

Enreg. à la Chancellerie de France. Arch. nat., Trésor des Chartes, JJ. 243, n° 393, fol. 115.

19368. Lettres de naturalité accordées à Hans « Joncquer » (*aliàs* Yoncker), natif de Brabant, marié et établi à Paris. [Compiègne], septembre 1527. — Septembre.

Enreg. à la Chancellerie de France. Arch. nat., Trésor des Chartes, JJ. 243, n° 373, fol. 110. 1 page.

19369. Lettres de naturalité accordées à Jean du Rogier, écuyer, natif de Rhodes, retiré à Montluçon en Bourbonnais, pour se soustraire à la domination des Turcs maîtres de l'île. Compiègne, septembre 1527. — Septembre.

Enreg. à la Chancellerie de France. Arch. nat., Trésor des Chartes, JJ. 243, n° 348, fol. 99 v°.

19370. Lettres de naturalité accordées à Lazare de « Sesve », génois, âgé de quarante ans, venu à l'âge de douze ans à Paris, où il a acquis une maison, à présent trésorier de Maximilien Sforza. Compiègne, septembre 1527. — Septembre.

Enreg. à la Chancellerie de France. Arch. nat., Trésor des Chartes, JJ. 243, n° 394, fol. 115 v°.

19371. Déclaration de l'hommage de François de La Trémoïlle, vicomte de Thouars et prince de Talmont, pour la vicomté de Thouars. 10 octobre 1527. — 10 octobre.

Enreg. à la Chambre des Comptes, anc. mém. 2 E, fol. 118 v°. *Arch. nat.*, PP. 119, p. 14. (*Mention.*)

Bibl. nat., ms. fr. 21405, p. 306. (*Mention.*)

19372. Déclaration de foi et hommage de Guillaume du Buisson, écuyer, s[r] d'Iquelon, comme procureur de Nicolas de Dreux, baron et vidame d'Esneval, pour ladite baronnie mouvante du duché de Normandie; pour le fief de haubert dit le fief de Berville, bailliage de — 16 octobre.

Caux, mouvant de Breteuil; pour la seigneurie de Tralle[1], mouvant en demi-fief de haubert de Breteuil, et pour la seigneurie de Nesle-Normandeuse, mouvant en demi-fief de haubert de la châtellenie de Mortemer. Nantouillet, 16 octobre 1527. — 1527.

Original. Arch. nat., Chambre des Comptes, P. 264², n° 1137.

19373. Provisions de l'office de conseiller lai au Parlement de Dijon pour Étienne Sayve, docteur ès droits, en remplacement et sur la résignation d'Aubert de Carmonne. Saint-Germain-en-Laye, 23 octobre 1527. — 23 octobre.

Reçu le 27 novembre suivant. Enreg. au Parl. de Dijon. Arch. de la Côte-d'Or, Parl., reg. II, fol. 28.

19374. Lettres accordant un délai de six mois à Henri II, roi de Navarre, pour faire exécuter l'inventaire des biens de son grand père Alain, sire d'Albret, dont il n'avait accepté la succession que sous bénéfice d'inventaire. Saint-Germain-en-Laye, 26 octobre 1527. — 26 octobre.

Original. Arch. départ. des Basses-Pyrénées, E. 114.

19375. Provisions en faveur de Jourdain Le Conte, licencié ès lois, du troisième office d'élu nouvellement créé en l'élection d'Arques. Paris, 31 octobre 1527. — 31 octobre.

Enreg. à la Cour des Aides de Normandie, le 9 janvier 1528 n. s. Arch. de la Seine-Inférieure, Mémoriaux, 1er vol., fol. 297. 3 pages.

19376. Lettres de naturalité accordées à Octavien Grimaldi, vice-président de la Chambre des Comptes de Paris, et à Nicolas Grimaldi, son frère, natifs de Gênes. Nantouillet, octobre 1527. — Octobre.

Enreg. à la Chancellerie de France. Arch. nat., Trésor des Chartes, JJ. 243, n° 389, fol. 114. 1 page.

[1] «Tralles ou Trelles». (Marquis de Blosseville, *Dict. topogr. de l'Eure.*)

19377. Lettres données en faveur de la duchesse d'Angoulême, portant que le bailli d'Amboise et ses successeurs jouiront des mêmes droits, honneurs, prérogatives et juridiction que les autres baillis royaux, sans que le bailli de Touraine puisse prétendre aucune juridiction dans le ressort du bailliage d'Amboise. Saint-Germain-en-Laye, octobre 1527. — 1527. Octobre.

Présentées au Parl. de Paris, le 10 mars 1528 n. s. Opposition du bailli de Touraine. Arch. nat., X[1a] 4883, Plaidoiries, fol. 235 v°. (*Mention.*)

19378. Déclaration portant que la marquise de Saluces et le marquis son fils, comte de Castres, jouiront dudit comté en toute autorité, pourront apposer leurs armes sur les portes des villes, en avoir les clefs, recevoir les hommages, etc. Paris, 2 novembre 1527. — 2 novembre.

Bibl. nat., ms. fr. 5502, fol. 97 v°. (*Mention.*)

19379. Mandement au trésorier de l'épargne de payer, sur les deniers qu'il recevra de Jean Parajan, trésorier et receveur général de Bretagne, et provenant des lods et ventes échus au roi en ce duché, 340 livres tournois dont le roi a fait don à Christophe Dubreuil. Paris, 2 novembre 1527. — 2 novembre.

Bibl. nat., ms. fr. 5502, fol. 98. (*Mention.*)

19380. Lettres pour l'exécution, nonobstant qu'il soit périmé, du relief d'appel obtenu le 11 octobre 1527 par Étienne Petit, curé de Villeneuve-sur-Auvers, à l'encontre des religieuses d'Yerres. Paris, 5 novembre 1527. — 5 novembre.

Copie du temps, signée Meslier. Arch. de Seine-et-Oise, série H, fonds d'Yerres, subdivision intitulée *Ménil-Racouin*; chap. V, art. 7.

19381. Déclaration de foi et hommage de Jean de Stainville, au nom de sa femme Jeanne du Refuge, veuve de Jean de Diesbach, l'un des capitaines des Ligues, pour la seigneurie de Langeais, mouvant de Tours. Paris, 7 novembre 1527. — 7 novembre.

Original. Arch. nat., Chambre des Comptes de Paris, P. 13, n° 4410.

19382. Provisions en faveur de Guillaume de « Prestecal », chevalier, de l'office de capitaine de Harfleur et Montivilliers, vacant par la résignation de Louis de Brézé, comte de Maulévrier, grand sénéchal de Normandie. Paris, 9 novembre 1527. — 1527. 9 novembre.

Bibl. nat., ms. fr. 5502, fol. 98 v°. (*Mention.*)

19383. Déclaration de l'hommage de Jean de Morant, écuyer, pour les seigneuries de Thiboutot et Maniquerville (bailliage de Caux, vicomté de Montivilliers). Paris, 9 novembre 1527. — 9 novembre.

Expéd. orig. Arch. nat., P. 267[1], cote 2293.

19384. Déclaration de foi et hommage de Jacques Chandellier, pour deux parts de fief nommés l'un Monteloup et l'autre « Sainctceur », sis en la châtellenie de Montlhéry et dans la paroisse de Briis[-sous-Forges]. Paris, 9 novembre 1527. — 9 novembre.

Original. Arch. nat., Chambre des Comptes de Paris, P. 2, n° 759.

19385. Mandement au trésorier de l'épargne de payer à Regnaud d'Angennes, chevalier, s[r] de la Loupe, ancien gentilhomme de l'hôtel du roi, 1,000 livres tournois dues par Pierre de La Touche à feu Thomelin, fils illégitime de feu Antoine de Vigny, s[r] du Maret, échues au roi par droit d'aubaine. Paris, 10 novembre 1527. — 10 novembre.

Bibl. nat., ms. fr. 5502, fol. 99. (*Mention.*)

19386. Pouvoirs des commissaires du roi aux États de Languedoc convoqués à Clermont-Lodève pour le 21 décembre. Paris, 12 novembre 1527. — 12 novembre.

Copie. Arch. départ. de l'Hérault, C. *États de Languedoc, Recueil des lettres et actes des commissaires du roi aux États*, 1527. 7 pages.

19387. Mandement aux élus du Bas-Limousin, leur faisant savoir que la part de leur élection est de 8,335 livres tournois 15 sous 9 deniers tournois dans la crue de taille de 600,000 livres — 12 novembre.

tournois mise sur le royaume. Paris, 12 novembre 1527. 1527.

Vidimus des élus du Bas-Limosin, du 29 avril 1529.
Bibl. nat., Pièces orig., Lautrec, vol. 1666, p. 6.

19388. Lettres de prolongation pour dix jours du sauf conduit accordé à Henry de Sterch, le 14 août dernier (n° 19325). Paris, 12 novembre 1527. 12 novembre.

Bibl. nat., ms. fr. 5502, fol. 99 v°. (*Mention.*)

19389. Provisions pour Antoine de Montceaux, écuyer, de la charge de prévôt des maréchaux du haut et bas pays d'Auvergne, aux gages de 25 livres tournois par mois; de 12 livres pour son lieutenant, 10 livres pour chacun de ses neuf archers et 40 sous à son greffier. Paris, 12 novembre 1527. 12 novembre.

Bibl. nat., ms. fr. 5502, fol. 99 v°. (*Mention.*)

19390. Lettres adressées à la Chambre des Comptes de Paris, l'informant que le roi a commis Georges de Vercle à tenir le compte et faire le payement des deniers contenus dans un rôle de parchemin signé de sa main (13 novembre 1527), et s'élevant à la somme de 3,220 livres 17 sous 6 deniers tournois. Paris, 13 novembre 1527. 13 novembre.

Bibl. nat., ms. fr. 10390, fol. 45 v°. (*Mention.*)

19391. Mandement à Pierre d'Apestigny de payer, sur les deniers provenant de la vente des offices, 1,000 livres tournois à Jean de Selve, premier président du Parlement de Paris, pour sa pension du premier semestre de la présente année. Paris, 13 novembre 1527. 13 novembre.

Bibl. nat., ms. fr. 5502, fol. 99. (*Mention.*)

19392. Provisions pour Claude Guyot de l'office de contrôleur général de l'audience de la chancellerie de France, vacant par la résignation de Raoul Guyot, son père. Paris, 14 novembre 1527. 14 novembre.

Bibl. nat., ms. fr. 5502, fol. 100. (*Mention.*)
Bibl. nat., ms. lat. 12810, fol. 180. (*Mention.*)

19393. Provisions en faveur de Gabriel Bouchard de l'office de lieutenant du maître particulier des eaux et forêts au bailliage de Sens, vacant par la résignation de son père Jean Bouchard. Paris, 15 novembre 1527. — 1527. 15 novembre.

Enreg. aux Eaux et forêts, le 21 novembre suivant. Arch. nat., Z^{1e} 319, fol. 269 v°. 1 page 1/2.

19394. Provisions en faveur de Jean Houel du troisième office d'élu nouvellement créé en l'élection de Caudebec. Paris, 15 novembre 1527. — 15 novembre.

Vérif. par les généraux des finances, le 19 décembre 1527.

Enreg. le 23 à la Cour des Aides de Normandie. Arch. de la Seine-Inférieure, Mémoriaux, 2e vol., fol. 288. 3 pages.

19395. Lettres de relief de surannation pour la vérification à la Chambre des Comptes de Paris des lettres de réception de l'hommage de Nicolas Le Sec, du 19 mars 1519 n. s. (n° 17050). Paris, 22 novembre 1527. — 22 novembre.

Expéd. orig. Arch. nat., P. 270[1], cote 4136.

19396. Mandement à la Chambre des Comptes de maintenir, sur les comptes des amendes du Parlement de Toulouse, la dépense qu'ils en avaient rayée, en vertu de la dernière ordonnance financière, de 400 livres tournois de pension annuelle en faveur de Jean Deygua, avocat au Parlement de Toulouse. Paris, 23 novembre 1527. — 23 novembre.

Original. Bibl. nat., Pièces orig., vol. 987, Deigua, p. 11.

19397. Provisions en faveur de Jean de Chantosme, du troisième office d'élu nouvellement créé en l'élection de Gisors. Paris, 26 novembre 1527. — 26 novembre.

Vérif. par les généraux des finances, le 18 décembre 1527.

Enreg. à la Cour des Aides de Normandie, le 7 janvier 1528 n. s. Arch. de la Seine-Inférieure, Mémoriaux, 1er vol., fol. 293 v°. 4 pages.

19398. Provisions en faveur d'Almin Duval, du nouvel — 27 novembre.

office d'élu créé en l'élection de Rouen. Paris, 27 novembre 1527. 1527.

Vérifiées par les généraux des finances, le 18 décembre 1527.

Enreg. à la Cour des Aides de Normandie, le 19 décembre 1527. Arch. de la Seine-Inférieure, Mémoriaux, 1er vol., fol. 277 v°. 3 pages.

19399. Provisions de l'office de greffier du Parlement de Dijon pour Jacques Fyot, en remplacement et sur la résignation de Bénigne Serre. Paris, 29 novembre 1527. 29 novembre.

Reçu le 10 janvier suivant. Enreg. au Parl. de Dijon. Arch. de la Côte-d'Or, Parl., reg. II, fol. 28 v°.

19400. Lettres de jussion pour l'entérinement des lettres mettant hors de garde Nicolas de Dreux, baron et vidame d'Esneval. 30 novembre 1527. 30 novembre.

Enreg. à la Chambre des Comptes de Paris, anc. mém. 2 D, fol. 325 v°. *Arch. nat.*, PP. 119, p. 51. (*Mention.*)

Bibl. nat., ms. fr. 21405, p. 301. (*Mention.*)

19401. Lettres de légitimation accordées à Louis de Florence, fils naturel de Guigon de Florence, écuyer, et de Huguette Binhet. Saint-Germain-en-Laye, novembre 1527. Novembre.

Enreg. à la Chambre des Comptes de Dijon, le 25 février 1547. Arch. de la Côte-d'Or, B. 72, fol. 194 v°.

19402. Lettres de naturalité en faveur d'Antoine d'Argente et de Louis de Medicis, natifs du comté d'Asti, habitant Paris depuis dix ans. Paris, novembre 1527. Novembre.

Enreg. à la Chambre des Comptes de Paris, le 16 décembre 1527.

Enreg. au Châtelet de Paris, le 6 septembre 1531. Arch. nat., Y. 8, fol. 281 v°. 2 pages.

19403. Lettres de naturalité accordées à Martin de Castello, natif du pays Basque, au royaume de Castille, établi à Bordeaux depuis dix ans. Paris, novembre 1527. Novembre.

Enreg. à la Chancellerie de France. Arch. nat., Trésor des Chartes, JJ. 241, n° 24, fol. 20. 1 page.

19404. Lettres de naturalité accordées à Michel Debroz, marchand, natif de Pampelune en Navarre, établi d'abord à Toulouse, puis à Bordeaux. Paris, novembre 1527. — 1527. Novembre.

Enreg. à la Chancellerie de France. Arch. nat., Trésor des Chartes, JJ. 240, n° 305, fol. 375 v°. 1 page.

19405. Provisions, en faveur de Jean du Souchay, du troisième office d'élu nouvellement créé en l'élection d'Évreux. Paris, 1er décembre 1527. — 1er décembre.

Enreg. à la Cour des Aides de Normandie, le 17. Arch. de la Seine-Inférieure, Mémoriaux, 1er vol., fol. 275 v°. 3 pages.

19406. Provisions, en faveur de Gautier de Hennot, du nouvel office d'élu créé en l'élection de Valognes. Paris, 1er décembre 1527. — 1er décembre.

Vérif. par les généraux des finances, le 18 décembre 1527.

Enreg. à la Cour des Aides de Normandie, le 20 décembre 1527. Arch. de la Seine-Inférieure, Mémoriaux, 1er vol., fol. 280. 3 pages.

19407. Provisions, en faveur d'Étienne Moinet, sr de « Malechoucque », du troisième office d'élu nouvellement créé en l'élection de Montivilliers. Paris, 1er décembre 1527. — 1er décembre.

Vérif. le 18 par les généraux des finances.

Enreg. à la Cour des Aides de Normandie. Arch. de la Seine-Inférieure, Mémoriaux, 1er vol., fol. 285 v°. 3 pages.

19408. Lettres permettant aux abbé et religieux du couvent de Saint-Pierre-aux-Monts de Châlons de revendiquer plusieurs de leurs hommes et femmes de corps qui s'étaient réfugiés à Attichy-sur-Aisne, et de les contraindre par toutes voies dues et raisonnables à retourner sur les terres de l'abbaye. Paris, 5 décembre 1527. — 5 décembre.

Original. Arch. départ. de la Marne, série H, Abbaye de Saint-Pierre-aux-Monts.

19409. Déclaration de l'hommage de Jean Chapelle pour l'office de sergent fieffé de la châtellenie de Lyons (bailliage et vicomté de Gi- — 5 décembre.

sors) à lui échu par suite du décès d'Emond Chapelle, son père. Paris, 5 décembre 1527. 1527.

Expéd. orig. Arch. nat., P. 274[1], cote 6292.

19410. Provisions, en faveur de Jean Minagier, de l'office d'élu sur le fait des aides et tailles en l'élection de Sens, à la place de Palamède Gontier, notaire et secrétaire du roi, nommé greffier du bailliage de Chalon, greffe récemment créé et érigé en office. Paris, 7 décembre 1527. 7 décembre.

Original. Bibl. nat., Pièces orig., vol. 1968 (doss. 45147), Minagier, p. 5.

19411. Déclaration de foi et hommage de Charles de Troussebois, pour la seigneurie de Ducey, mouvant d'Avranches. Paris, 8 décembre 1527. 8 décembre.

Original. Arch. nat., Chambre des Comptes de Paris, P. 268[2], n° 3387.

19412. Provisions, en faveur de Thomas Arthur, du troisième office d'élu nouvellement créé en l'élection de Caen. Paris, 9 décembre 1527. 9 décembre.

Vérif. le 18 par les généraux des finances.

Enreg. à la Cour des Aides de Normandie, le 20. Arch. de la Seine-Inférieure, Mémoriaux, 1er vol., fol. 283. 3 pages.

19413. Provisions, en faveur de Christophe Desportes, licencié ès lois, du second office d'élu nouvellement créé en l'élection de Bernay. Paris, 9 décembre 1527. 9 décembre.

Vérif. le 31 par les généraux des finances.

Enreg. à la Cour des Aides de Normandie, le 7 janvier 1528 n. s. Arch. de la Seine-Inférieure, Mémoriaux, 1er vol., fol. 290 v°. 3 pages 1/2.

19414. Provisions, en faveur de Guillaume Duhamel, du troisième office d'élu nouvellement créé en l'élection de Bayeux. Paris, 9 décembre 1527. 9 décembre.

Vérif. par les généraux des finances, le 28 janvier 1528 n. s.

Enreg. à la Cour des Aides de Normandie, le 14 février 1528 n. s. Arch. de la Seine-Inférieure, Mémoriaux, 1er vol., fol. 302 v°. 3 pages.

19415. Provisions de l'office de greffier en l'élection de Valognes, en faveur de Guillaume Ogier, sur la résignation faite à son profit par Guillaume Duhamel. Paris, 9 décembre 1527. 1527. 9 décembre.

Enreg. à la Cour des Aides de Normandie, le 14 février 1528 n. s. Arch. de la Seine-Inférieure, Mémoriaux, 1er vol., fol. 301 v°. 2 pages.

19416. Déclaration de l'hommage d'Artus Le Blanc, écuyer, pour la moitié des seigneuries de Sainte-Livière, la Petite-Ville[1] et Prez-sur-Marne (bailliage de Vitry, châtellenie de Saint-Dizier), à lui appartenant à cause de Marguerite de Clefmont, sa femme. Paris, 12 décembre 1527. 12 décembre.

Expéd. orig. Arch. nat., P. 163[1], cote 826.

19417. Lettres abandonnant à l'Hôtel-Dieu les terrains et les matériaux acquis pour la construction de l'hôpital de la Charité, et déclarant que les grandes charges du roi ne lui permettent pas de fournir de l'argent pour l'achèvement dudit hôpital. Paris, 13 décembre 1527. 13 décembre.

Arch. de l'Assistance publique de Paris, fonds de l'Hôtel-Dieu, layette 11, liasse 74, n° 5.

Imp. Brièle, *Collection de documents pour servir à l'histoire des hôpitaux de Paris*. Paris, Imp. nationale, in-4°, t. III, 1883, p. 1520.

19418. Déclaration de foi et hommage de Jean Des Roches, fils aîné de feu Jean Des Roches, pour la seigneurie de Boulonville, mouvant de Beaumont. Paris, 14 décembre 1527. 14 décembre.

Original. Arch. nat., Chambre des Comptes de Paris, P. 5, n° 1607.

19419. Lettres nommant des commissaires pour réformer les abus et malversations qui se commettent dans les finances, juger les coupables et punir les crimes et les délits. Paris, 17 décembre 1527. 17 décembre.

Mentionnées dans d'autres lettres du 4 octobre

[1] Marne, arrondissement de Vitry-le-François, canton de Saint-Remy-en-Bouzemont, commune Les Grandes-Côtes.

1528, reconstituant cette commission et lui donnant de nouveaux pouvoirs. (Catalogue, n° 3203.) 1527.

Arch. nat., KK. 338, fol. 12 v°. (Reg. des amendes de la Tour carrée.)

19420. Lettres de don de l'office de gouverneur et bailli de Valois, vacant par la démission du s[r] de Brion, amiral de France, pour Henri de Lenoncourt, bailli de Vitry. Paris, 20 décembre 1527. 20 décembre.

Reçu au Parl. de Paris, le 16 janvier 1528 n. s. Arch. nat., X[1a] 4882, fol. 243. (*Mention.*)

19421. Lettres de dispense accordées à Henri de Lenoncourt pour exercer à la fois les offices de bailli de Vitry et de bailli et gouverneur de Valois. Paris, 20 décembre 1527. 20 décembre.

Enreg. au Parl., le 16 janvier 1528 n. s. Arch. nat., X[1a] 4882, fol. 243. (*Mention.*)

19422. Provisions pour François de Blanchefort, chevalier, baron de Sainte-Sévère et seigneur de Saint-Jeanvrain, de l'office de conseiller et chambellan ordinaire du roi. Paris, 20 décembre 1527. 20 décembre.

Original. Bibl. nat., ms. Clairambault 225, n° 500.

19423. Lettres de relief de surannation pour la vérification des lettres de mars 1526 n. s. (n° 18555), portant don à Jean, duc d'Albany, des droits de M. de Saint-Vallier sur la succession de ses aïeux maternels. Paris, 20 décembre 1527. 20 décembre.

Original scellé. Arch. nat., J. 1100, n° 12.

19424. Déclaration de foi et hommage de Michelle Gaillard, veuve de Florimond Robertet, pour la terre de Montreuil-sous-bois mouvant du Châtelet de Paris. Paris, 24 décembre 1527. 24 décembre.

Original. Arch. nat., Chambre des Comptes de Paris, P. 2, n° 762.

19425. Déclaration de foi et hommage de Michelle Gaillard, veuve de Florimond Robertet, pour le fief d'Orléans, sis à Montreuil-sous-bois, 24 décembre.

mouvant de Brie-comte-Robert. Paris, 24 décembre 1527. 1527.

Original. Arch. nat., Chambre des Comptes de Paris, P. 2, n° 761.

19426. Déclaration de foi et hommage de Michelle Gaillard, veuve de Florimond Robertet, pour la terre de Villemonble, mouvant du Châtelet de Paris. Paris, 24 décembre 1527. 24 décembre.

Original. Arch. nat., Chambre des Comptes de Paris, P. 2, n° 760.

19427. Déclaration de foi et hommage de Michelle Gaillard, veuve de Florimond Robertet, s[r] de Pierre-Coupe, trésorier de France et secrétaire des finances, pour la seigneurie de Pierre-Coupe[1], mouvant de Chartres. Paris, 24 décembre 1527. 24 décembre.

Original. Arch. nat., Chambre des Comptes de Paris, P. 8, n° 2620.

19428. Déclaration de l'hommage de Michelle Gaillard, veuve de Florimond Robertet, pour la seigneurie de « Blémars » au comté de Blois. Paris, 24 décembre 1527. 24 décembre.

Anc. arch. de la Chambre des Comptes de Blois, layette B. *Arch. nat.*, P. 1479, fol. 27. (*Mention.*)

19429. Déclaration de l'hommage de Michelle Gaillard pour la seigneurie de Bury au comté de Blois. Paris, 24 décembre 1527. 24 décembre.

Anc. arch. de la Chambre des Comptes de Blois, layette B. *Arch. nat.*, P. 1479, fol. 27. (*Mention.*)

19430. Déclaration de l'hommage de Michelle Gaillard pour la seigneurie de la Cour-Saint-Louis, au comté de Blois. Paris, 24 décembre 1527. 24 décembre.

Anc. arch. de la Chambre des Comptes de Blois, layette C. *Arch. nat.*, P. 1479, fol. 85 v°. (*Mention.*)

19431. Lettres renouvelant pour dix ans un don de 200 livres tournois par an, octroyé pour 25 décembre.

[1] Pierre-Coupe, commune d'Alluyes, canton de Bonneval, arrondissement de Châteauneuf, Eure-et-Loir.

dix ans en 1518, par la feue reine, à Gilles de Commacre, maintenant conseiller et maître des comptes en Bretagne, alors secrétaire de ladite dame. Saint-Germain-en-Laye, 25 décembre 1527. 1527.

Vidimus du gouverneur de Blois, du 12 novembre 1528. Bibl. nat., Pièces orig., vol. 824, Commacre, p. 4.

19432. Lettres de sauvegarde en faveur du duc de Ferrare et de ses États. Saint-Germain-en-Laye, 29 décembre 1527. 29 décembre.

Original. Modène, Arch. di Stato, Archivio ducale secreto, Stato.

19433. Lettres portant concession de statuts aux corroyeurs de Blois. Paris, décembre 1527 [1]. Décembre.

Enreg. à la Prévôté de Blois. Arch. départ. de Loir-et-Cher, registre de la Prévôté, fol. 80.

Imp. A. Bourgeois. *Les métiers de Blois*, in-8°, 1892.

19434. Lettres de création d'une foire annuelle et d'un marché, le mercredi de chaque semaine, à Viverols au bailliage de Montferrand, en faveur de Christophe d'Allègre, écuyer, seigneur du lieu. Paris, décembre 1527. Décembre.

Enreg. à la Chancellerie de France. Arch. nat., Trésor des Chartes, JJ. 240, n° 363, fol. 431. 1 page.

19435. Lettres de légitimation accordées à Perrette, fille naturelle de Jean-Joachim de Passano, s^r de Vaux, conseiller et maître d'hôtel de Louise de Savoie, et de Madeleine de Marignano. Paris, décembre 1527. Décembre.

Enreg. à la Chancellerie de France. Arch. nat., Trésor des Chartes, JJ. 240, n° 354, fol. 420 v°. 1 page 1/2.

19436. Lettres de légitimation et de naturalité accordées à Thomas « Quoqueborne » (Cockborn), écuyer, archer de la garde écossaise, fils naturel de feu Alexandre Quoqueborne et Décembre.

[1] Le début et les premiers articles manquent, par suite de la destruction d'un feuillet.

d'Isabelle Afflette, né en Écosse. Paris, décembre 1527. | 1527.

Enreg. à la Chancellerie de France. Arch. nat., Trésor des Chartes, JJ. 241, n° 17, fol. 15. 1 page 1/2.

19437. Lettres de légitimation accordées à Jacques et Étienne Faure, fils naturels de Pierre Faure et de Jeanne de Noyers, de Moissat au diocèse de Clermont en Auvergne. Paris, décembre 1527. | Décembre.

Enreg. à la Chancellerie de France. Arch. nat., Trésor des Chartes, JJ. 240, n°s 370 et 371, fol. 436 v° et 437. 2 pages.

19438. Lettres de légitimation accordées à Jean Pascal, fils naturel de Ponce Pascal, prêtre du Dauphiné. Paris, décembre 1527. | Décembre.

Enreg. à la Chancellerie de France. Arch. nat., Trésor des Chartes, JJ. 240, n° 368, fol. 435.

1528. — Pâques, le 12 avril.

1528.

19439. Lettres portant bail à ferme pour six ans du tabellionnage de la ville et banlieue de Caen, en faveur de Bernard Duconte. Saint-Germain-en-Laye, 1er janvier 1527. | 1er janvier.

Bibl. nat., ms. fr. 10406, fol. 93 v°. (*Mention.*)

19440. Lettres de la duchesse d'Angoulême confirmant François de Mauvoisin, s^{r} de la Forêt, en l'office de sénéchal de la Haute-Marche qu'il exerçait du vivant de feu Madame Anne de France, duchesse de Bourbonnais et comtesse de la Marche. Saint-Germain-en-Laye, 3 janvier 1527. | 3 janvier.

Réception au Parl. de Paris, le 20 novembre 1531. Arch. nat., X^{1a} 4891, Plaidoiries, fol. 10. (*Mention.*)

19441. Provisions en faveur de Pierre Godet, du troisième office d'élu nouvellement créé en l'é- | 4 janvier.

lection d'Alençon. Saint-Germain-en-Laye, 4 janvier 1527. 1528.

Vérif. le 28, par les généraux des finances.

Enreg. à la Cour des Aides de Normandie, le 4 février 1528 n. s. Arch. de la Seine-Inférieure, Mémoriaux, 1er vol., fol. 229 v°. 3 pages.

19442. Déclaration de l'hommage du marquis de Ceva pour la vingt-quatrième partie du fief dudit marquisat, sis au comté d'Asti. 4 janvier 1527. 4 janvier.

Anc. arch. de la Chambre des Comptes de Blois, layette C. *Arch. nat.*, P. 1479, fol. 71 v°. (*Mention.*)

19443. Provisions pour Jean de Bérard de l'office de maître et général des monnaies. 9 janvier 1527. 9 janvier.

Enreg. à la Chambre des Comptes de Paris, anc. mém. 2 D, fol. 329. *Arch. nat.*, PP. 119, p. 52. (*Mention.*)

Bibl. nat., ms. fr. 21405, p. 301. (*Mention.*)

19444. Déclaration de foi et hommage de Guillaume Boucher, élu sur le fait des aides et tailles en l'élection de Sens, pour le tiers de la seigneurie de Montrenault [1] au bailliage de Sens. Paris, 12 janvier 1527. 12 janvier.

Original. Arch. nat., Chambre des Comptes de Paris, P. 14, n° 5129.

19445. Provisions pour Louis Fouquet de l'office de receveur ordinaire et voyer du bailliage de Melun, au lieu de Jean de Villiers. 17 janvier 1527. 17 janvier.

Enreg. à la Chambre des Comptes de Paris, anc. mém. 2 D, fol. 393. *Arch. nat.*, PP. 119, p. 61. (*Mention.*)

Bibl. nat., ms. fr. 21405, p. 303. (*Mention.*)

Bibl. nat., ms. Clairambault 782, p. 285. (*Mention.*)

19446. Lettres séparant Cherasco d'Asti et confirmant 18 janvier.

[1] Commune de Montacher, canton de Chéroy, arrondissement de Sens, Yonne.

les privilèges de la première de ces villes. Paris, 18 janvier 1527. 1528.

Original. Cherasco, Archives.
Imp. Voerzio, *Historia compendiosa di Cherasco.* Mondovi, 1618, in-4°, p. 290.
Adriani, *Indice analitico et cronoligico di alcuni documenti per servire alla storia della citta di Cherasco.* Torino, 1857, in-8°, n° 303.

19447. Provisions en faveur de Sinibaldi de Fiesque, comte de Lavagna et de Saint-Valentin, de l'office de capitaine de Chiavari. Saint-Germain-en-Laye, 23 janvier 1527. 23 janvier.

Original. Gênes, Arch. di Stato, Materie politiche, mazzo 18, supplément.

19448. Provisions en faveur d'Antoine de Clermont, échanson du roi, lieutenant de ses gardes, de l'office de bailli de Viennois, vacant par la mort de Jean Sextre. Saint-Germain-en-Laye, 25 janvier 1527. 25 janvier.

Copie du XVIIIe siècle. Bibl. nat., ms. fr. 22243, fol. 498.

19449. Lettres de main-levée en faveur de François d'Anglure, chevalier, s[r] de Boursault, et de Marie de Vers, sœur et héritière de Geoffroy et Michel de Vers, chevaliers, des terres de Nesles, Serqueux, la Motte de Nangis, et autres provenant de la succession desdits Geoffroy et Michel. 29 janvier 1527. 29 janvier.

Enreg. à la Chambre des Comptes de Paris, anc. mém. 2 D, fol. 361 v°. *Arch. nat.*, PP. 119, p. 57. (*Mention.*)
Bibl. nat., ms. fr. 21405, p. 302. (*Mention.*)
Bibl. nat., ms. Clairambault 782, p. 284. (*Mention.*)

19450. Lettres de légitimation accordées à Jeanne Raulin, fille naturelle de feu Jean Raulin, prêtre, et de Colette Le Saige, de Paris. Paris, janvier 1527. Janvier.

Enreg. à la Chancellerie de France. Arch. nat., Trésor des Chartes, JJ. 241, n° 22, fol. 19. 1 page.

19451. Provisions de l'office de conseiller maître à la Chambre des Comptes de Dijon, confirmées en faveur de Bénigne Jacqueron, nommé déjà en survivance d'Étienne Jacqueron, son père. Saint-Germain-en-Laye, 4 février 1527. — 1528. 4 février.

Enreg. à la Chambre des Comptes de Dijon, le 26 mai suivant. Arch. de la Côte-d'Or, B. 18, fol. 118.

19452. Don pour cinq ans à François de Bourbon, comte de Saint-Pol, lieutenant général et gouverneur du Dauphiné, du domaine et revenu de la châtellenie et du grenier à sel de Melun. Saint-Germain-en-Laye, 4 février 1527. — 4 février.

Enreg. à la Chambre des Comptes de Paris, anc. mém. 2 D, fol. 372. *Arch. nat.*, PP. 119, p. 58. (*Mention.*)

Bibl. nat., ms. fr. 21405, p. 302. (*Mention.*)

Bibl. nat., ms. Clairambault 782, p. 285. (*Mention.*)

19453. Déclaration de foi et hommage de Pierre Bertal, commandeur général de Saint-Antoine de Gap, comme procureur de frère Jacques de Lemps, commandeur général de Saint-Antoine « d'Aumosnières », seigneur de Bussières, pour ladite seigneurie, mouvant de Sens. Paris, 5 février 1527. — 5 février.

Original. Arch. nat., Chambre des Comptes de Paris, P. 14, n° 5130.

19454. Traité de mariage de Renée de France avec Hercule d'Este, duc de Ferrare. Saint-Germain-en-Laye, 10 février 1527. — 10 février.

Minute. Arch. nat., Suppl. du Trésor des Chartes, J. 934, n° 15 *bis*.

19455. Lettres adressées au bailli de Cotentin pour la convocation des États de la noblesse et du tiers état de Normandie à Rouen, en nombre et aux lieux accoutumés. Saint-Germain-en-Laye, 11 février 1527. — 11 février.

IMP. *Catalogue des lettres d'Auguste Laverdet*, mars-avril 1858, n° 2696. (*Mention.*)

19456. Mandement au sénéchal de Poitou de faire une enquête et un rapport au roi sur les privilèges accordés par ses prédécesseurs aux habitants de la Rochelle. Saint-Germain-en-Laye, 12 février 1527. 1528. 12 février.

Copie du XVIIe siècle. Bibl. nat., ms. fr. 16907, fol. 7.

19457. Lettres portant concession à Marie de Luxembourg, duchesse douairière de Vendôme, de la jouissance, sous la main du roi, de diverses terres, en dédommagement de celles saisies sur elle par l'Empereur. 14 février 1527. 14 février.

Arch. nat., Invent. des titres de la Fère, KK. 909, fol. 157. (*Mention.*)

19458. Don à Jean de Créquy, chevalier, s[r] de Canaples, comte de Mantes et de Meulant, gentilhomme de la chambre du roi, et à Marie d'Assigny, sa femme, du revenu du grenier à sel de Mantes. Saint-Germain-en-Laye, 17 février 1527. 17 février.

Bibl. nat., ms. Clairambault 782, p. 285. (*Mention.*)

19459. Lettres portant évocation au Grand Conseil des différends de la Chambre des Comptes de Montpellier avec le Parlement de Toulouse et le gouverneur de Montpellier. 17 février 1527. 17 février.

Arch. départ. de l'Hérault, B. 455. (*Mention.*)

19460. Lettres accordant aux habitants de Gruissan affranchissement de tailles pour trois années finissant au mois de décembre 1529. 19 février 1527. 19 février.

Mention dans un arrêt du Grand conseil, en date du 22 août 1531. Arch. nat., V[5] 1048.

19461. Lettres de grâce pour les Napolitains coupables de rébellion et de lèse-majesté. Saint-Germain-en-Laye, 20 février 1527. 20 février.

Copie du XVIe siècle. Bibl. nat., coll. Dupuy, vol. 452, fol. 253.

19462. Déclaration de foi et hommage de Mathurin 21 février.

Sanxon pour la seigneurie de la Vallinière[1], mouvant d'Amboise, qu'il possédait par sa femme Louise Rougemont. Paris, 21 février 1527. — 1528.

Original. Arch. nat., Chambre des Comptes de Paris, P. 12, n° 3958.

19463. Déclaration de foi et hommage de Pierre de Tournay pour le fief de Greignon[2], mouvant d'Auxerre. Paris, 28 février 1527. — 28 février.

Original. Arch. nat., Chambre des Comptes de Paris, P. 14, n° 5131.

19464. Lettres de don à François Burgensis, sommelier ordinaire de l'échansonnerie de bouche, des biens meubles et immeubles confisqués et adjugés au roi par arrêt du Parlement de Paris, prononcé contre Jacquin Cadiou, pour un meurtre commis à Blois. Saint-Germain-en-Laye, février 1527. — Février.

Enreg. à la Chancellerie de France. Arch. nat., Trésor des Chartes, JJ. 243, n° 399, fol. 116 v°. 1 page.

Présentées à la Chambre des Comptes de Blois le 25 avril 1528, et y vérifiées le 7 mai suivant. Arch. nat., KK. 902, fol. 107. (*Mention.*)

19465. Lettres de légitimation accordées à Jean Trémolet, fils naturel de Pierre Trémolet, médecin du roi, et d'Isabelle Janvier. Saint-Germain-en-Laye, février 1527. — Février.

Enreg. à la Chancellerie de France. Arch. nat., Trésor des Chartes, JJ. 243, n° 400, fol. 117. 1 page.

19466. Lettres de naturalité accordées à Benoit Villain, natif de Bresse, établi boulanger à Mâcon. Paris, février 1527. — Février.

Enreg. à la Chancellerie de France. Arch. nat., Trésor des Chartes, JJ. 241, n° 65, fol. 60.

Enreg. à la Chambre des Comptes de Dijon, le

[1] La Valnière ou les Vallinières, commune de Saint-Denis-Hors, canton d'Amboise, Indre-et-Loire.

[2] Aujourd'hui le Petit-Grenon, commune de Saint-Georges, canton d'Auxerre, Yonne.

18 juillet 1529. Arch. de la Côte-d'Or, B. 72, fol. 124. (Elles y sont datées de Saint-Germain-en-Laye.) 1528.

19467. Lettres portant création d'une troisième foire annuelle et changement des jours des deux foires qui existaient déjà à Villasavary, en la sénéchaussée de Toulouse. Paris, février 1527. Février.

Enreg. à la Chancellerie de France. Arch. nat., Trésor des Chartes, JJ. 241, n° 52, fol. 49 v°. 2 pages.

19468. Lettres portant don et remise à Guillaume, baron de Montmorency, des droits dus au roi à raison de l'acquisition qu'il a faite d'un huitième en la quarte partie de la baronnie de Montmorency. Saint-Germain-en-Laye, 1er mars 1527. 1er mars.

Arch. du château de Chantilly, Invent. des titres de Montmorency (*XVIe siècle*), fol. 4 v°. (*Mention.*)

19469. Lettres de réception du serment de fidélité de Guillaume Parvy, précédemment évêque de Troyes, pour le temporel de l'évêché de Senlis. Saint-Germain-en-Laye, 3 mars 1527. 3 mars.

Expéd. orig. Arch. nat., P. 725[1], cote 251.

19470. Provisions, en faveur de Jean de La Broise, du second office d'élu nouvellement créé en l'élection de Mortain. Saint-Germain-en-Laye, 5 mars 1527. 5 mars.

Enreg. à la Cour des Aides de Normandie, le 20 avril 1528. Arch. de la Seine-Inférieure, Mémoriaux, 1er vol., fol. 307. 3 pages.

19471. Lettres de relief de surannation pour l'enregistrement des provisions de l'office de bailli de Chaumont, en faveur de Gabriel de Lignac, en date du 4 avril 1525 n. s. (n° 18226). 5 mars 1527. 5 mars.

Enreg. au Parl. de Paris, le 9 mars 1528 n. s. Arch. nat., X[1a] 4883, Plaidoiries, fol. 223. (*Mention.*)

Reçu à la Chambre des Comptes, le 23 mars

1528 n. s., anc. mém. 2 D, fol. 402. *Arch. nat.*, PP, 119, p. 62. (*Mention.*) 1528.

Bibl. nat., ms. fr. 21405, p. 303. (*Mention.*)

Bibl. nat., ms. Clairambault 782, p. 285. (*Mention.*)

19472. Provisions en faveur de Jacques Regnault, seigneur d'Amblainville, du troisième office d'élu nouvellement créé en l'élection de Falaise. Saint-Germain-en-Laye, 7 mars 1527. 7 mars.

Vérif. par les généraux des finances, le 15, et enreg. le 18, à la Cour des Aides de Normandie. Arch. de la Seine-Inférieure, Mémoriaux, 1er vol., fol. 305. 2 pages 1/2.

19473. Mandement au Grand conseil de donner avis sur la requête du procureur du roi en Provence, tendant à obtenir la ratification du bail fait par les présidents et maîtres rationaux de la Chambre des Comptes de Provence des « greffes et tabliers de la ville et cité de Marseille ». Saint-Germain-en-Laye, 10 mars 1527. 10 mars.

Mention dans un arrêt du Grand conseil, en date du 18 mars 1528 n. s. Arch. nat., V[5] 1046.

19474. Lettres de réception du serment de fidélité de frère Jean Fortin, pour le temporel de l'abbaye de Saint-André-en-Goufern. Saint-Germain-en-Laye, 11 mars 1527. 11 mars.

Expéd. orig. Arch. nat., P. 273[1], cote 5585.

19475. Déclaration de foi et hommage d'Anne de Montmorency, grand maître et maréchal de France, pour la quatrième partie de la terre de Montmorency, mouvant de la prévôté de Paris. Saint-Germain-en-Laye, 13 mars 1527. 13 mars.

Original. Arch. nat., Chambre des Comptes de Paris, P. 2, n° 756.

19476. Déclaration de foi et hommage de Guillaume de Montmorency, chevalier de l'ordre, pour la quatrième partie de la terre de Montmorency. Saint-Germain-en-Laye, 13 mars 1527. 13 mars.

Original. Arch. nat., Chambre des Comptes de Paris, P. 2, n° 757.

19477. Lettres de réception du serment de fidélité d'Oudart Hennequin, évêque de Troyes, précédemment évêque de Senlis, pour le temporel dudit évêché de Troyes. Saint-Germain-en-Laye, 13 mars 1527. — 1528. 13 mars.

Expéd. orig. Arch. nat., P. 166², cote 2601.

19478. Lettres accordant à Antoine de La Rochefoucauld, chevalier de l'ordre, seigneur de Barbezieux, délai d'un an pour bailler l'aveu et dénombrement de la seigneurie de Vendeuvre, au bailliage de Troyes. Saint-Germain-en-Laye, 13 mars 1527. — 13 mars.

Vérifiées à la Chambre des Comptes de Paris, le 25 mars 1527 n. s.

Copie collationnée signée « Picot », du 27 mars 1528. Arch. nat., P. 172¹, cote 35.

19479. Lettres de réception de l'hommage d'Adrien de Melun pour la baronnie des Landes, bailliage d'Évreux, vicomté de Beaumont-le-Roger. Saint-Germain-en-Laye, 15 mars 1527. — 15 mars.

Expéd. orig. Arch. nat., P. 270², cote 4262.

19480. Déclaration portant que, nonobstant les défenses générales interdisant les quêtes dans l'étendue du royaume, l'ordre de Saint-Antoine-de-Viennois pourra faire publier les indulgences accordées à ses bienfaiteurs par le Saint-Siège et recevoir des offrandes, comme par le passé. Saint-Germain-en-Laye, 17 mars 1527. — 17 mars.

Copie collat. du XVIIᵉ siècle. Arch. nat., MM. 8, fol. 26. 1/2 page.

19481. Lettres adressées aux consuls de Montpellier, leur annonçant la convocation des États de Languedoc à Pézenas, pour le 15 avril suivant. Saint-Germain-en-Laye, 18 mars 1527. — 18 mars.

Original. Arch. de la ville de Montpellier, AA, États provinciaux.

19482. Don à Henri duc d'Orléans, fils du roi, de l'office de grand chambrier de France. 18 mars 1527. — 18 mars.

Enreg. à la Chambre des Comptes de Paris, anc.

mém. 2 D, fol. 398. *Arch. nat.*, PP. 119, p. 61. (*Mention.*) 1528.

Bibl. nat., ms. fr. 21405, p. 303. (*Mention.*)

Bibl. nat., ms. Clairambault 782, p. 285. (*Mention.*)

19483. Don à Marie d'Albret, comtesse de Nevers et de Dreux, du revenu des greniers à sel de Nevers, Decize, Luzy, Moulins-Engilbert, Clamecy, Saint-Saulge et Dreux, pendant l'année commencée le 1er janvier dernier. Paris, 27 mars 1527. 27 mars.

Original portant au dos l'ancienne cote M CC XLIIIJ. Était en vente chez M. Eug. Charavay, en octobre 1891. (Voir *Revue des Autographes* de ce mois, n° 61, et octobre 1892, n° 142.)

19484. Déclaration de guerre de François Ier à l'Empereur. Paris, 28 mars 1527. 28 mars.

Reproduite dans le procès-verbal, dressé par Robertet, de la réception par le roi de M. de Granvelle, ambassadeur de Charles-Quint, le 28 mars 1528 n. s. Copie du XVIe *siècle. Ancien Trésor des Chartes de Lorraine, cartulaire* « *Liber omnium* ». *Arch. de Meurthe-et-Moselle*, B. 416, fol. 88 v°. 1/2 page.

Copie collat., le 10 juin 1746, par F. Delvaux, garde des archives de la Chambre des Comptes de Brabant. Bibl. de l'Arsenal, ms. 3732, fol. 10. 2 pages.

19485. Lettres portant engagement à Antoine Bohier des greffes des bailliages de Meaux, Provins et Montereau-faut-Yonne, avec jouissance du quatrième denier de la résignation desdits offices. 29 mars 1527. 29 mars.

Enreg. à la Chambre des Comptes, anc. mém. 2 J, fol. 89. *Arch. nat.*, PP. 119, p. 15. (*Mention.*)

Bibl. de Rouen, ms. Leber 5870, t. XIV, fol. 61. (*Mention.*)

19486. Confirmation des privilèges accordés aux Suisses par lettres de Louis XII (8 octobre 1498) et François Ier (12 mars 1515 n. s.). 30 mars 1527. 30 mars.

Enreg. à la Cour des Aides de Paris, le 4 avril 1528 n. s. Arch. nat., recueil Cromo, U. 665, p. 250. (*Mention.*)

19487. Don à Anne de Montmorency, grand maître de France, des biens de feu Bernardin des Baux, chevalier de l'ordre de Saint-Jean de Jérusalem, capitaine des galères royales, échus au roi par droit d'aubaine, et consistant principalement en vaisseaux, artillerie et munitions capturés par ledit Bernardin. Saint-Germain-en-Laye, mars 1527. 1528. Mars.

Copie authentique du 30 avril 1528. Arch. nat., K. 1219.

19488. Lettres de grâce en faveur de Claude Laurencin, panetier ordinaire de Louise de Savoie, qui, pour venger le roi et sa mère de propos injurieux tenus contre eux à l'occasion d'un projet de création d'un Parlement à Lyon, s'était rendu coupable de meurtre. Saint-Germain-en-Laye, mars 1527. Mars.

Enreg. à la Chancellerie de France. Arch. nat., Trésor des Chartes, JJ. 243, n° 411, fol. 121.

19489. Lettres de légitimation accordées à Guillaume de Pierre-Buffière, fils naturel de feu noble Foucaud de Pierre-Buffière et de Marote de Trenchelyon. Saint-Germain-en-Laye, mars 1527. Mars.

Enreg. à la Chancellerie de France. Arch. nat., Trésor des Chartes, JJ. 241, n° 94, fol. 109 v°. 1 page.

19490. Lettres de légitimation accordées à Madeleine, femme d'Antoine Redil, bourgeois de Reims, fille naturelle de Jacques Fillet. Saint-Germain-en-Laye, mars 1527. Mars.

Enreg. à la Chancellerie de France. Arch. nat., Trésor des Chartes, JJ. 241, n° 98, fol. 96 v°.

19491. Lettres de naturalité en faveur de Lucrèce de Balbi, native de Pavie, femme de Jean-Baptiste de Canigrolis, médecin, originaire de Casale, établi à Poitiers. Saint-Germain-en-Laye, mars 1527. Mars.

Enreg. à la Chancellerie de France. Arch. nat., Trésor des Chartes, JJ. 243, n° 403, fol. 117 v°. 1 page.

19492. Lettres de naturalité accordées à Amy de La Mars.

Fontaine, écuyer, natif de Savoie, homme d'armes des ordonnances sous le commandement du duc de Lorraine. Saint-Germain-en-Laye, mars 1527. 1528.

Enreg. à la Chancellerie de France. Arch. nat., Trésor des Chartes, JJ. 243, n° 406, fol. 118 v°. 1 page.

19493. Lettres de création de deux foires chaque année et d'un marché hebdomadaire à Saint-Brice en Limousin, données à la requête de Jean de Coussart, seigneur du lieu. Paris, mars 1527. Mars.

Enreg. à la Chancellerie de France. Arch. nat., Trésor des Chartes, JJ. 241, n° 105, fol. 101 v°. 1/2 page.

19494. Lettres de naturalité accordées à David de Lunel, écuyer, natif de Saint-Pierre de « Queracz » (Cherasco) au comté d'Asti, établi depuis vingt-huit ans en France. Paris, mars 1527. Mars.

Enreg. à la Chancellerie de France. Arch. nat., Trésor des Chartes, JJ. 241, n° 103, fol. 100 v°. 1 page.

19495. Lettres de naturalité accordées à Nicolas Sornin, natif de Savoie, établi, marié et propriétaire à Paris. Paris, mars 1527. Mars.

Enreg. à la Chancellerie de France. Arch. nat., Trésor des Chartes, JJ. 241, n° 102, fol. 100. 1 page.

19496. Lettres de naturalité accordées à Guillemette de Ramelot, damoiselle, demeurant en Picardie, née au comté de Namur, de parents français. Paris, mars 1527. Mars.

Enreg. à la Chancellerie de France. Arch. nat., Trésor des Chartes, JJ. 241, n° 104, fol. 101. 1 page.

19497. Déclaration de l'hommage de Jean de Quenel, écuyer, pour les fiefs « d'Opillières, des Isles et Requefort » (bailliage de Caux, vicomté de Neufchâtel). Paris, 3 avril 1527. 3 avril.

Expéd. orig. Arch. nat., Chambre des Comptes de Paris, P. 267[1], cote 2290.

19498. Déclaration de l'hommage de Jean Du Val, 4 avril.

écuyer, pour les seigneuries de Saint-Aubin-le-Guichard (bailliage d'Évreux, vicomté de Beaumont-le-Roger) et de Bordigny (même bailliage, vicomté de Breteuil). Paris, 4 avril 1527. — 1528.

Expéd. orig. Arch. nat., P. 270[3], cote 4261.

19499. Lettres de jussion à la Chambre des Comptes de Paris pour la vérification du don fait le 17 août 1527 (n° 19327) à Robert de La Marthonnye, s[r] de Bonnes, de la seigneurie de Gontaut en Agénais. Anet, 4 avril 1527. — 4 avril.

Enreg. à la Chambre des Comptes, le 30 avril 1528.

Copie collat. du 12 mai 1528. Arch. nat., K. 1165, n° 4.

19500. Provisions en faveur de François, marquis de Saluces, de l'office de gouverneur du comté d'Asti et du marquisat de Céva, en l'absence de son frère. Anet, 6 avril 1527. — 6 avril.

Original. Turin, Arch. di stato, Marchesato di Saluzzo, 9° catégorie, mazzo 2, n° 2.

19501. Commission à François, marquis de Saluces, de procéder au ravitaillement et aux fortifications d'Asti. Anet, 6 avril 1527. — 6 avril.

Arch. de l'Isère, invent. ms. des titres du marquisat de Saluces. (*Mention.*)

19502. Déclaration de foi et hommage de François Foucquet, comme procureur de Françoise de Villebresme, veuve de François Tissart, pour la seigneurie de la Guepière (paroisse de Nazelles), mouvant d'Amboise. Paris, 7 avril 1527. — 7 avril.

Original. Arch. nat., Chambre des Comptes de Paris, P. 12, n° 3959.

19503. Provisions de l'office de bailli de Mâcon pour Gabriel de La Guiche, en survivance de Pierre de La Guiche, son père. Anet, 9 avril 1527. — 9 avril.

Reçu au Parl. de Paris, le 25 février 1529 n. s. Arch. nat., X[1a] 4885, fol. 468. (*Mention.*)

19504. Lettres renouvelant et continuant le don pré- — 10 avril.

cédemment fait à Marie d'Albret, comtesse de Nevers, des revenus, profits et émoluments des greniers à sel de Nevers, Decize, Luzy, Moulins-Engilbert, Clamecy, Saint-Saulge et Dreux. 10 avril 1527. 1528.

Arch. départ. de la Nièvre, B. *Chambre des Comptes de Nevers* (n° 54 de l'invent. de M. Eysenbach).

19505. Provisions, en faveur de Thomas Le Marchant, du troisième office d'élu nouvellement créé en l'élection d'Avranches. Paris, 13 avril 1528. 13 avril.

Vérif. le 20, par les généraux des finances, et enreg. le 23, à la Cour des Aides de Normandie. Arch. de la Seine-Inférieure, Mémoriaux, 1er vol., fol. 308 v°. 3 pages.

19506. Provisions, en faveur de Pierre Le Mire, du second office d'élu nouvellement créé en l'élection de Vire. Paris, 13 avril 1528. 13 avril.

Vérif. par les généraux des finances, le 17, et enreg. à la Cour des Aides de Normandie, le 20 mai 1528. Arch. de la Seine-Inférieure, Mémoriaux, 1er vol., fol. 310 v°. 3 pages.

19507. Déclaration de l'hommage de Louis de Roncherolles, chevalier, baron de Heuqueville et de Pont-Saint-Pierre, pour un quart de fief de la seigneurie de Maurepas (bailliage de Gisors, châtellenie de Lyons), lui appartenant à cause de Marguerite de Girancourt, sa femme. Nantouillet, 15 avril 1528. 15 avril.

Expéd. orig. Arch. nat., P. 274[2], cote 6293.

19508. Provisions en faveur de François de La Tour, vicomte de Turenne, chambellan du roi, de la charge de lieutenant général et gouverneur de Gênes et des villes et châteaux qui en dépendent. Anet, 18 avril 1528. 18 avril.

Original. Bibl. nat., ms. Clairambault 308, n° 23.

Copie collat. du 24 janvier 1554. Arch. nat., R[2] 47.

19509. Lettres de réception du serment de fidélité d'Antoine de La Barre, aumônier ordinaire du roi. 24 avril.

pour le temporel de l'archevêché de Tours. Anet, 24 avril 1528. | 1528.

Expéd. orig. Arch. nat., P. 725[1], cote 252.

19510. Lettres d'évocation à la cour de Vannes d'une opposition faite par les gens du roi à la jouissance d'un anoblissement conféré par le dernier duc de Bretagne. 29 avril 1528. | 29 avril.

Original. Bibl. nat., *Pièces orig.*, Cellier (doss. 14903), vol. 633, p. 4.

19511. Lettres de don à Jean Antheaume des biens confisqués de feu Macé Lorin, condamné à mort comme faux monnayeur par le prévôt de Pontoise. Saint-Germain-en-Laye, 2 mai 1528. | 2 mai.

Enreg. à la Chancellerie de France. Arch. nat., *Trésor des Chartes*, JJ. 243, n° 445, fol. 133 v°. 1 page.

19512. Lettres portant rétablissement de Marc de La Rue en l'office d'argentier du roi, dont il avait été suspendu jusqu'à ce qu'il eût rendu ses comptes. Saint-Germain-en-Laye, 5 mai 1528. | 5 mai.

Copie du temps. Bibl. nat., ms. fr. 5503, fol. 142 v°. 1 page 1/2.

Copie du XVIe siècle. Bibl. imp. de Vienne (*Autriche*), ms. 6979, fol. 199.

19513. Lettres portant délai de six mois accordé à Charles de Sainte-Marie, mineur, pour rendre l'hommage dû au roi à cause du comté de Champagne pour le comté de Joigny, à lui échu par suite du décès de Charlotte de Chalon, son aïeule. Saint-Germain-en-Laye, 8 mai 1528. | 8 mai.

Copie collat. par Picot, auditeur à la Chambre des Comptes de Paris, le 21 juillet 1528. Arch. nat., P. 166[1], cote 2363.

19514. Lettres d'évocation au Grand conseil d'un procès pendant aux Parlements de Paris et de Rouen entre les enfants de feu Guillaume Gouffier, amiral de France, et Jean Carré, receveur général de Normandie. 11 mai 1528. | 11 mai.

Mention dans un arrêt du Grand conseil, en date du 10 mai 1531. Arch. nat., V[5] 1048.

19515. Lettres confirmant Marie d'Albret, comtesse de Nevers et de Dreux, dans la garde de François de Clèves, son fils. 14 mai 1528. | 1528. 14 mai.

Mentionnées dans un arrêt du Grand conseil, en date du 1er décembre 1529. Arch. nat., V^5 1047.

19516. Déclaration de l'hommage d'Aimée de La Fayette, veuve de François de Silly, capitaine de Caen, pour la baronnie de Laigle (bailliage d'Alençon, vicomté de Verneuil). Saint-Germain-en-Laye, 17 mai 1528. | 17 mai.

Expéd. orig. Arch. nat., P. 274^2, cote 6380.

19517. Convention entre la France, Venise, le duc de Milan et Florence, réglant, sous réserve de ratification dans le mois, les conditions de la levée d'une armée de 8,000 lansquenets, 2,000 aventuriers français, 500 chevau-légers et 400 hommes d'armes, sous les ordres du comte de Saint-Pol, pour combattre les armées impériales en Italie. Saint-Germain-en-Laye, 18 mai 1528. | 18 mai.

Original. Arch. de Venise, Patti, série 1, n° 835.

19518. Lettres d'évocation d'un procès pendant entre Louis Le Bonnier, enquêteur pour le roi aux sièges de Vernon et Andely, d'une part, et Jacques Védye, prévôt de Vernon, Jacques Du Fay, lieutenant particulier, et Hector Du Vieu, lieutenant général audit lieu, d'autre part. 18 mai 1528. | 18 mai.

Mention dans un arrêt du Grand conseil, en date du 28 octobre 1531. Arch. nat., V^5 1048.

19519. Lettres d'évocation d'un procès soutenu au Parlement de Toulouse par Antoine Verdier, prêtre. 19 mai 1528. | 19 mai.

Mention dans un avis du Grand conseil, en date du 13 octobre 1531, concluant au renvoi par le roi dudit procès au Parlement de Bordeaux. Arch. nat., V^5 1048.

19520. Mandement pour l'enregistrement de l'édit de création de quatre offices de conseillers au siège de la sénéchaussée d'Angoulême, en | 20 mai.

date du 6 mai 1528 (n° 2965). Paris, 20 mai 1528. 1528.

Enreg. au Parl. de Paris, le 25 mai 1528. Arch. nat., X[1a] 8612, fol. 100 v°.

Arrêt d'enregistrement dudit 25 mai. Idem, X[1a] 4884.

19521. Mandement au trésorier de l'épargne de payer à Gaillard Spifame, trésorier de l'extraordinaire des guerres, 40,000 livres tournois, pour délivrer aux cantons suisses sur ce qui leur est dû de leur pension et de la solde de leurs gens de guerre. Saint-Germain-en-Laye, 25 mai 1528. 25 mai.

Bibl. nat., ms. fr. 10406, fol. 31. (*Mention.*)

19522. Mandement au trésorier de l'épargne de payer à Gaillard Spifame, trésorier de l'extraordinaire des guerres, 50,000 livres tournois pour le parfait payement des 200,000 livres tournois qui lui ont été ordonnées pour la solde et l'entretien de l'armée de M. de Lautrec à Naples. Saint-Germain-en-Laye, 26 mai 1528. 26 mai.

Bibl. nat., ms. fr. 10406, fol. 30. (*Mention.*)

19523. Déclaration de foi et hommage de Claude Gouffier, s[r] de Boisy, à cause de Jacqueline de La Trémoïlle, sa femme, pour la seigneurie de la Mothe de Château-Renard, mouvant de Château-Renard. Saint-Germain-en-Laye, 28 mai 1528. 28 mai.

Original. Arch. nat., Chambre des Comptes de Paris, P. 10, n° 3467.

19524. Mandement au trésorier de l'épargne de payer à Gaillard Spifame, trésorier de l'extraordinaire des guerres, 2,400 livres tournois pour lever des gens de guerre destinés à renforcer les garnisons de Picardie du côté d'Ardres et de Guines. Paris, 30 mai 1528. 30 mai.

Bibl. nat., ms. fr. 10406, fol. 30 v°. (*Mention.*)

19525. Mandement au trésorier de l'épargne de payer à Gaillard Spifame 45,000 livres tournois, dont 41,322 devront être employées au paye 30 mai.

ment de la solde de deux mois des trois mille hommes de pied qui ont renforcé l'armée de M. de Saint-Pol, et 3,563 livres pour parfaire le payement des frais extraordinaires de l'artillerie de ladite armée pendant trois mois. Paris, 30 mai 1528. 1528.

Bibl. nat., ms. fr. 10406, fol. 32. (*Mention.*)

19526. Mandement au trésorier de l'épargne de payer 100,000 livres tournois à Gaillard Spifame pour les envoyer au camp de Lautrec, devant Naples. Paris, 30 mai 1528. 30 mai.

Bibl. nat., ms. fr. 10406, fol. 33. (*Mention.*)

19527. Lettres de don et remise, en faveur de Guillaume de Tuillières, s^{r} de Valainville, archer de la garde du corps sous le commandement du s^{r} de Chevrières, de ses biens meubles et immeubles confisqués et adjugés au roi par arrêt du Grand conseil. Saint-Germain-en-Laye, mai 1528. Mai.

Enreg. à la Chancellerie de France. Arch. nat., Trésor des Chartes, JJ. 243, n° 417, fol. 124 v°. 1 page.

19528. Lettres de légitimation accordées à Claude et Marguerite Albert, âgés l'un de dix et l'autre de six ans, enfants naturels de frère Pierre Albert, chevalier de l'ordre de Saint-Jean de Jérusalem, et de Catherine de Chastaing. Saint-Germain-en-Laye, mai 1528. Mai.

Enreg. à la Chancellerie de France. Arch. nat., Trésor des Chartes, JJ. 243, n° 417, fol. 124. 1 page.

19529. Lettres de légitimation accordées à Jean Reffault, fils naturel d'Antoine Reffault, du Berry. Saint-Germain-en-Laye, mai 1528. Mai.

Enreg. à la Chancellerie de France. Arch. nat., Trésor des Chartes, JJ. 243, n° 423, fol. 126. 1 page.

19530. Lettres de naturalité accordées à Claude Bienvenu, natif de Savoie, canonnier ordinaire du Mai.

roi depuis sept ans. Saint-Germain-en-Laye, mai 1528. 1528.

Enreg. à la Chancellerie de France. Arch. nat., Trésor des Chartes, JJ. 243, n° 442, fol. 132 v°. 1 page.

19531. Lettres de naturalité accordées à Jean de « Corregon », natif de Grèce, au service du roi de France depuis vingt ans, sous le grand écuyer. Saint-Germain-en-Laye, mai 1528. Mai.

Enreg. à la Chancellerie de France. Arch. nat., Trésor des Chartes, JJ. 243, n° 441, fol. 132 v°. 1 page.

19532. Lettres de naturalité accordées à Marguerite, veuve de feu Julien Thomas, native de Lorraine, et à ses enfants, demeurant à Chalon-sur-Saône depuis vingt ans. Saint-Germain-en-Laye, mai 1528. Mai.

Enreg. à la Chancellerie de France. Arch. nat., Trésor des Chartes, JJ. 243, n° 426, fol. 127. 1 page.

19533. Lettres de naturalité accordées à David Blas, natif du royaume d'Écosse, établi et marié à Paris. Paris, mai 1528. Mai.

Enreg. à la Chancellerie de France. Arch. nat., Trésor des Chartes, JJ. 241, n° 159, fol. 177. 1 page.

19534. Lettres de renouvellement pour dix ans, en faveur des habitants de Montferrand, de la permission de lever un droit de barrage ou tribut sur « les bestes estans et passans » par la ville. Paris, 1er juin 1528. 1er juin.

Original scellé. Archives municipales de Clermont-Ferrand.

19535. Provisions d'un office d'huissier et sergent d'armes à la Connétablie et maréchaussée de France, en faveur de Jean Du Bois. Paris, 2 juin 1528. 2 juin.

Enreg. à la Connétablie de France, le 10 juin 1528. Arch. nat., Z1c 1, fol. 132 v°. 1 page 1/3.

19536. Lettres adressées aux gens des comptes à Paris, au juge mage de Beaucaire et de Nîmes, etc., 4 juin.

portant que Charles de Crussol, sénéchal de Beaucaire, grand panetier de France, a fait ce jour, entre les mains du chancelier de France, l'hommage qu'il devait au roi à raison de la vicomté d'Uzès, relevant de la sénéchaussée de Beaucaire et Nîmes. Paris, 4 juin 1528. 1528.

Copie de 1666. Arch. départ. de l'Aveyron, E. 638.

19537. Lettres adressées aux gens des comptes à Paris, au juge mage de la sénéchaussée de Carcassonne, etc., portant que Charles de Crussol, grand panetier de France, a fait ce jour, entre les mains du grand chancelier de France, l'hommage qu'il devait au roi à raison des baronnies, terres et seigneuries de Florensac, Pomerols, Vias et Bessan en la sénéchaussée de Carcassonne. Paris, 4 juin 1528. 4 juin.

Copie de 1666. Arch. départ. de l'Aveyron, E. 638.

19538. Déclaration de foi et hommage de Charles de Crussol, sénéchal de Beaucaire et Nîmes, et grand panetier de France, pour la terre de « Levys » (Lévy-Saint-Nom), mouvant du Châtelet de Paris. Paris, 4 juin 1528. 4 juin.

Original. Arch. nat. Chambre des Comptes de Paris, P. 2, n° 764.

19539. Déclaration de foi et hommage de Belin de Maynard, écuyer ordinaire de l'écurie du roi, pour la seigneurie des Grèves, assise en la paroisse d'Aulnay-la-Rivière et mouvant d'Yèvre-le-Châtel. Paris, 4 juin 1528. 4 juin.

Original. Arch. nat., Chambre des Comptes de Paris, P. 10, n° 3468.

19540. Déclaration de foi et hommage de l'évêque de Dol pour le temporel de Saint-Samson-sur-Risle, mouvant de son évêché. Paris, 5 juin 1528. 5 juin.

Original. Arch. nat., Chambre des Comptes de Paris, P. 264², n° 1154.

19541. Mandement au trésorier de l'épargne de payer 8 juin.

à Gaillard Spifame, trésorier de l'extraordinaire des guerres, 4,000 livres tournois complétant les 82,000 livres qui lui ont été ordonnées pour employer en Suisse. Becoiseau en Brie [1], 8 juin 1528. 1528.

Bibl. nat., ms. fr. 10406, fol. 34. (*Mention.*)

19542. Mandement au trésorier de l'épargne de payer à Gaillard Spifame 200 livres tournois pour les remettre à Jacques de Montgommery, s^r de Lorges, capitaine général de 3,000 hommes de guerre français envoyés en Lombardie, pour ses gages de deux mois arriérés. Becoiseau en Brie, 8 juin 1528. 8 juin.

Bibl. nat., ms. fr. 10406, fol. 34 v°. (*Mention.*)

19543. Lettres d'évocation à la Cour des Aides de Montpellier d'un procès engagé entre le procureur du roi près ladite cour, d'une part, et Alain Le Grant, lieutenant du visiteur des gabelles à Toulouse, Jean Fournier, licencié en droit, et Antoine de La Font, marchand à Montauban, d'autre part. 10 juin 1528. 10 juin.

Mention dans un arrêt du Grand conseil, en date du 13 octobre 1529. Arch. nat., V⁵ 1047.

19544. Mandement au trésorier de l'épargne de payer à Gaillard Spifame, trésorier de l'extraordinaire des guerres, 50,000 livres tournois pour employer à l'entretien des armées qui sont au delà des monts, sous le commandement de MM. de Lautrec et de Saint-Pol. Paris, 10 juin 1528. 10 juin.

Bibl. nat., ms. fr. 10406, fol. 36. (*Mention.*)

19545. Règlement pour les préséances des seigneurs et des officiers des cours souveraines dans les processions où le roi se trouve en personne. 11 juin 1528. 11 juin.

Enreg. à la Chambre des Comptes, anc. mém. 2 E, fol. 31 v°. *Arch. nat.*, P. 2305, p. 15. 1 page 1/2.

Bibl. nat., ms. Moreau, vol. 1397, fol. 16. (*Mention.*)

[1] Becoiseau, commune de Mortcerf, canton de Rozoy-en-Brie (Seine-et-Marne), ancien château royal, détruit à la fin du XVIe siècle.

19546. Lettres d'évocation au Parlement de Paris d'un procès pendant au Parlement de Toulouse, entre Jean de Corase, baron de Bérat, et sa fille Bonnette, femme de Pantaléon Joubert, président au Parlement de Toulouse, d'une part, et François d'Espagne, protonotaire du Saint-Siège, fils d'Arnaud d'Espagne, seigneur de Lissac, d'autre part. 12 juin 1528. — 1528. 12 juin.

Mention dans un arrêt du Grand conseil, en date du 13 septembre 1529. Arch. nat., V⁵ 1047.

19547. Mandement au trésorier de l'épargne de payer à Gaillard Spifame, trésorier de l'extraordinaire des guerres, 13,000 livres tournois pour employer à la dépense extraordinaire nécessitée pour le recouvrement du royaume de Naples. Paris, 12 juin 1528. — 12 juin.

Bibl. nat., ms. fr. 10406, fol. 35 v°. (*Mention.*)

19548. Trêve conclue par l'archiduchesse Marguerite, au nom de l'empereur Charles-Quint, avec les rois de France et d'Angleterre. Hampton-court, 15 juin 1528. — 15 juin.

Ratification de l'Empereur, à Madrid, 27 août 1528. Original. Arch. nat., J. 994, n° 3. (Cf. le n° 3023.)

19549. Lettres nommant Antoine de Troyes contrôleur de la dépense des bâtiments de Chambord, aux gages de 365 livres tournois par an. Paris, 23 juin 1528. — 23 juin.

IMP. André Félibien, *Mémoires pour servir à l'histoire des maisons royales*. Paris, J. Baur, 1874, in-8°, p. 30. (*Mention.*)

19550. Déclaration de foi et hommage de Marc Le Groing, chevalier, vicomte de la Mothe-au-Groing, gentilhomme de la chambre du roi, pour la seigneurie de la Trompaudière (paroisse de Coussay en Poitou), mouvant de Loches. Paris, 24 juin 1528. — 24 juin.

Original. Arch. nat., Chambre des Comptes de Paris, P. 13, n° 4413.

19551. Mandement au Parlement de Grenoble d'admettre l'intervention des consuls de Valence — 25 juin.

au procès de Joubert, Decombes et Mayaud, fermiers du tirage du sel contre l'évêque de Valence; et de laisser jouir lesdits consuls de l'exemption du péage épiscopal, conformément à leurs libertés et privilèges. Paris, 25 juin 1528. 1528.

Original. Arch. municipales de Valence, FF. 10.

19552. Mandement à la Chambre des Comptes d'allouer aux comptes de Jean-Joachim de Passano, s[r] de Vaux, commis au payement des pensions d'Angleterre, du mois d'octobre 1525 au mois de mai 1527, les parties qu'elle avait laissées indécises jusqu'à ce que le roi et son Conseil en aient décidé, et de rétablir les autres parties qu'elle avait rayées et tenues en souffr nce. Paris, 28 juin 1528. 28 juin.

Copie du XVIe siècle. Bibl. nat., ms. fr. 10385, fol. 71.

Copie du XVIe siècle. Bibl. nat., ms. fr. 12158, fol. 74 v°.

19553. Lettres de réception du serment de fidélité d'Emery Langlois, religieux de Saint-Benoît et abbé de Cormeilles, au diocèse de Rouen, pour le temporel de ladite abbaye. Paris, 28 juin 1528. 28 juin.

Original. Arch. nat., Chambre des Comptes de Paris, P. 266[2], n° 996.

19554. Déclaration de l'hommage rendu par François Gua, avocat au Grand conseil, au nom d'Amaury Morin, licencié ès lois, pour la seigneurie des Gouts, mouvante du comté de Saintonge. Paris, 29 juin 1528. 29 juin.

Expéd. orig. Arch. nat., P. 557[1], coté 969.

19555. Confirmation des provisions accordées par le marquis de Saluces, le 5 septembre 1526, à François de Montafié de l'office de châtelain et podestat de Cayras (Cherasco), au comté d'Asti, vacant par le décès d'Étienne Vieil. Paris, 30 juin 1528. 30 juin.

Présentées à la Chambre des Comptes de Blois, le 12 mars 1554 n. s. Arch. nat., P. 2881[2], fol. 70 v°. (*Mention.*)

19556. Mandement au trésorier de l'épargne de payer à Gaillard Spifame, trésorier de l'extraordinaire des guerres, 4,000 livres tournois pour faire dresser en Dauphiné les étapes pour le passage des vivres et munitions nécessaires à l'armée envoyée en Lombardie, sous M. de Saint-Pol. Paris, 30 juin 1528. — 1528. 30 juin.

Bibl. nat., ms. fr. 10406, fol. 36 v°. (*Mention.*)

19557. Mandement au trésorier de l'épargne de payer à Gaillard Spifame 10,000 livres tournois pour l'entretien et la solde de l'armée de M. de Lautrec dans le royaume de Naples. Paris, 30 juin 1528. — 30 juin.

Bibl. nat., ms. fr. 10406, fol. 37. (*Mention.*)

19558. Mandement au trésorier de l'épargne de payer à Gaillard Spifame 12,000 livres tournois pour employer comme suit : 6,600 livres tournois pour partie de la solde des lansquenets conduits par le capitaine « Rawringue » par delà les monts; 5,180 livres tournois pour partie de la solde des cent hommes de guerre à cheval, ordonnés pour l'intérieur du royaume sous le s^r de Chandio, grand prévôt de France, pendant le premier semestre de la présente année, et 220 livres tournois pour transport de poudre et de boulets, de Lyon à Naples, à l'armée de M. de Lautrec. Paris, 30 juin 1528. — 30 juin.

Bibl. nat., ms. fr. 10406, fol. 39 v°. (*Mention.*)

19559. Lettres de légitimation et de naturalité accordées à Jacques de Manas, natif de l'île de Rhodes, fils naturel de feu Jacques de Manas, chevalier de l'ordre de Saint-Jean de Jérusalem, venu en France après la prise de l'île par les Turcs. Paris, juin 1528. — Juin.

Enreg. à la Chancellerie de France. Arch. nat., Trésor des Chartes, JJ. 243, n° 447, fol. 134. 1 page.

19560. Lettres de naturalité accordées à Thomas de « Balciis », natif de San Nazzaro près Milan, demeurant à présent à Paris, apothicaire de — Juin.

Maximilien [Sforza], retiré depuis quinze ans dans le royaume. Paris, juin 1528. 1528.

Enreg. à la Chancellerie de France. Arch. nat., Trésor des Chartes, JJ. 243, n° 435, fol. 131. 1 page.

19561. Lettres de naturalité accordées à Jean Denis, natif de Zélande, demeurant à Paris, établi en France depuis vingt-cinq ans. Paris, juin 1528. Juin.

Enreg. à la Chancellerie de France. Arch. nat., Trésor des Chartes, JJ. 243, n° 444, fol. 133. 1 page.

19562. Lettres de naturalité accordées à Pierre de Haraucourt, seigneur de Parroy, natif de Lorraine, lieutenant de la compagnie des cent hommes d'armes des ordonnances commandée par le duc de Guise. Paris, juin 1528. Juin.

Enreg. à la Chancellerie de France. Arch. nat., Trésor des Chartes, JJ. 243, n° 448, fol. 134. 1 page.

19563. Lettres de naturalité accordées à Hans « Pontgrah », armurier ordinaire du roi, natif de Nuremberg, demeurant à Tours. Paris, juin 1528. Juin.

Enreg. à la Chancellerie de France. Arch. nat., Trésor des Chartes, JJ. 243, n° 439, fol. 132. 1 page.

19564. Lettres remettant la ville de Savone en possession des Génois. Paris, 1er juillet 1528. 1er juillet.

Original. Gênes, Arch. di Stato, Materie politiche, mazzo 18, supplément.

19565. Confirmation du bail à ferme consenti pour huit ans, au prix de 800 livres tournois par an, à Pierre Bernod, de Lyon, du huitième denier qui se lève sur le vin vendu dans le plat pays du Lyonnais. Paris, 1er juillet 1528. 1er juillet.

Copie du XVIe siècle. Bibl. nat., ms. fr. 2702, fol. 142.

19566. Mandement au trésorier de l'épargne de payer à Gaillard Spifame, trésorier de l'extraordinaire des guerres, 29,750 livres tournois 1er juillet.

pour la solde des gens de guerre à pied, du prévôt des maréchaux et de ses archers, en garnison aux frontières du Languedoc. Paris, 1er juillet 1528. — 1528.

Bibl. nat., ms. fr. 10406, fol. 37 v°. (*Mention.*)

19567. Mandement au trésorier de l'épargne de payer à Gaillard Spifame 1,300 livres tournois pour envoyer à Pierre de Clermont, chevalier, lieutenant du sr de Montmorency en Languedoc, à raison de 600 livres tournois pour son état des mois de juin et de juillet, de 600 livres tournois pour l'imprévu, et de 100 livres tournois à remettre à La Parvillière, gentilhomme du sr de Clermont, pour lui porter des lettres du roi. Paris, 1er juillet 1528. — 1er juillet.

Bibl. nat., ms. fr. 10406, fol. 38 v°. (*Mention.*)

19568. Mandement au trésorier de l'épargne de payer à Gaillard Spifame 17,000 livres tournois pour compléter le payement des 4,000 Suisses de renfort envoyés en Lombardie, sous M. de Saint-Pol. Paris, 1er juillet 1528. — 1er juillet.

Bibl. nat., ms. fr. 10406, fol. 40 v°. (*Mention.*)

19569. Provisions pour Charles Du Solier, sr de Morette, d'un office de président clerc en la Chambre des Comptes de Paris, en remplacement de Gilles Berthelot, sr d'Azay. 2 juillet 1528. — 2 juillet.

Enreg. à la Chambre des Comptes de Paris, anc. mém. 2 E, fol. 112 v°. *Arch. nat.*, PP. 119, p. 13. (*Mention.*)
Bibl. nat., ms. fr. 21405, p. 305. (*Mention.*)

19570. Mandement au trésorier de l'épargne de payer à Gaillard Spifame, trésorier de l'extraordinaire des guerres, 3,600 livres pour la solde de cinq cents lansquenets que le roi envoye en Italie sous M. de Saint-Pol. Fontainebleau, 3 juillet 1528. — 3 juillet.

Bibl. nat., ms. fr. 10406, fol. 41. (*Mention.*)

19571. Mandement au trésorier de l'épargne de payer à Gaillard Spifame 1,182 livres 17 sous tour- — 5 juillet.

nois pour les remettre à Francisque de Noceto, gentilhomme de la chambre du roi, comme complément du payement des 1,617 écus d'or soleil qu'il a dépensés dans le voyage fait, en décembre 1521, de Compiègne à Gênes par l'ordre du roi, et pour plusieurs voyages à Rivoli, Alexandrie, Toulon, Crémone et Verceil, dans le but de surveiller les entreprises que Charles-Quint projetait contre le roi en Italie. Saint-Germain-en-Laye (*sic*), 5 juillet 1528. 1528.

Bibl. nat., ms. fr. 10406, fol. 47 v°. (*Mention.*)

19572. Mandement à la Chambre des Comptes d'allouer aux comptes de Jean-Joachim de Passano la somme de 24,000 écus d'or soleil, qu'elle a laissée en souffrance sous les noms de François et Jean-Baptiste Minutoli, y compris 12,993 livres 6 deniers tournois, à quoi se montent les charges et intérêts. Saint-Germain-en-Laye (*sic*), 8 juillet 1528. 8 juillet.

Copie du XVIe siècle. Bibl. nat., ms. fr. 10385, fol. 73.

19573. Mandement au trésorier de l'épargne de payer à Jean Germain, pauvre homme, 20 livres tournois pour plusieurs voyages secrets qu'il a faits dans les dernières guerres, pour porter des lettres du roi au s^r Du Biez, gouverneur de Boulogne. Fontainebleau, 9 juillet 1528. 9 juillet.

Bibl. nat., ms. fr. 10406, fol. 58. (*Mention.*)

19574. Lettres portant nomination de Pierre Limousin, chantre de la chapelle royale, à l'office de chapelain de la chapelle de Saint-Louis du château de Beaucaire. Fontainebleau, 12 juillet 1528. 12 juillet.

Vidimus du XVIe siècle. Bibl. nat., ms. fr. 25721, n° 369.

19575. Mandement à Raoul Hurault, général de la charge, de faire payer à François de Montafié les gages de l'office de châtelain et podestat de Cayras (Cherasco), pour le temps écoulé depuis sa nomination audit office (voir au 13 juillet.

30 juin précédent, n° 19555). Fontainebleau, 13 juillet 1528. 1528.

Présenté à la Chambre des Comptes de Blois, le 12 mars 1554 n. s. Arch. nat., P. 2881², fol. 70 v°. (*Mention.*)

19576. Commission à Jean Laguette, conseiller du roi, pour tenir le compte et faire le payement de l'extraordinaire des guerres. Fontainebleau, 16 juillet 1528. 16 juillet.

Bibl. nat., ms. fr. 10406, fol. 48 v°. (*Mention.*)

19577. Mandement à Jean Carré, receveur général des finances en Normandie, lui enjoignant de payer à Francisque de Noceto, gentilhomme de la chambre, la somme de 1,200 livres. Fontainebleau, 18 juillet 1528. 18 juillet.

Imp. *Catalogue des Archives du Collège héraldique*, 2e partie, Normandie, n° 31. Vente 3-10 juillet 1866, par J.-L. Techener, fils. (*Mention.*)

19578. Mandement au trésorier de l'épargne de payer à Gaillard Spifame 500 livres tournois pour la solde d'un mois de cent hommes de guerre, aventuriers français, mis en garnison dans les places de Lucques, Antignano et autres, que M. Du Biez, gouverneur du Boulonnais, a reprises sur les ennemis. Fontainebleau, 18 juillet 1528. 18 juillet.

Bibl. nat., ms. fr. 10406, fol. 41 v°. (*Mention.*)

19579. Mandement au trésorier de l'épargne de payer à Gaillard Spifame 43,200 livres tournois pour la solde, pendant un mois, de six mille lansquenets que le roi a fait lever en Allemagne et envoyés en Italie. Fontainebleau, 19 juillet 1528. 19 juillet.

Bibl. nat., ms. fr. 10406, fol. 46. (*Mention.*)

19580. Mandement au trésorier de l'épargne de payer à Gaillard Spifame 63,150 livres tournois, soit 32,700 livres tournois pour la solde de l'armée qui est sous les murs de Naples; 19,000 livres tournois pour la pension d'un semestre des gentilshommes qui servent dans 21 juillet.

ladite armée; 10,000 livres pour la pension d'une année de M. de Vaudémont; 900 livres tournois pour le service des postes (pendant trois mois) de la résidence du pape à Ferrare, et de Florence au camp de M. de Lautrec; enfin 2,500 livres tournois pour la solde d'un mois de cinq cents hommes de guerre à pied, commandés par le capitaine Jonas. Fontainebleau, 21 juillet 1528. 1528.

Bibl. nat., ms. fr. 10406, fol. 42. (*Mention.*)

19581. Mandement au trésorier de l'épargne de payer à Gaillard Spifame 16,400 livres tournois pour les remettre aux ducs de Lorraine et de Gueldre. Fontainebleau, 21 juillet 1528. 21 juillet.

Bibl. nat., ms. fr. 10406, fol. 43. (*Mention.*)

19582. Mandement au trésorier de l'épargne de payer à Gaillard Spifame 3,900 livres tournois pour la solde, pendant la présente année, de soixante-cinq mortes-payes en garnison en Champagne, ainsi réparties : vingt-cinq à Montigny, quinze à Coiffy et vingt-cinq à Montcornet. Fontainebleau, 21 juillet 1528. 21 juillet.

Bibl. nat., ms. fr. 10406, fol. 43 v°. (*Mention.*)

19583. Mandement au trésorier de l'épargne de payer à Gaillard Spifame 2,000 livres tournois pour les vivres des étapes de Piémont, qui doivent servir à l'armée du comte de Saint-Pol. Fontainebleau, 21 juillet 1528. 21 juillet.

Bibl. nat., ms. fr. 10406, fol. 44 v°. (*Mention.*)

19584. Mandement au trésorier de l'épargne de payer à Gaillard Spifame 6,000 livres tournois pour la solde d'un mois de douze cents hommes de guerre à pied envoyés aux frontières de Champagne pour s'opposer aux entreprises du protonotaire de Beaulieu et de ses adhérents, qui, réfugiés dans l'abbaye de Beaulieu, pillent les terres françaises. Fontainebleau, 21 juillet 1528. 21 juillet.

Bibl. nat., ms. fr. 10406, fol. 46 v°. (*Mention.*)

19585. Mandement au trésorier de l'épargne de payer à Gaillard Spifame 2,000 livres tournois pour les envoyer à Gênes et les faire remettre à Théodore Trivulce, chevalier, maréchal de France, à valoir sur sa pension de la présente année. Fontainebleau, 22 juillet 1528. — 1528. 22 juillet.

Bibl. nat., ms. fr. 10406, fol. 45. (*Mention.*)

19586. Mandement au trésorier de l'épargne de payer à Pierre Minart 102 livres 10 sous tournois pour porter des lettres du roi à Morelet du Museau, en Suisse. Fontainebleau, 28 juillet 1528. — 28 juillet.

Bibl. nat., ms. fr. 10406, fol. 59 v°. (*Mention.*)

19587. Mandement à la Chambre des Comptes d'allouer aux comptes du trésorier de l'épargne 60 écus d'or soleil, qu'il a payés à quarante-trois Anglais qui se rendent à l'armée d'Italie et qui ont été passés en revue par Charles de Magny, s[r] dudit lieu. Fontainebleau, 29 juillet 1528. — 29 juillet.

Bibl. nat., ms. fr. 10406, fol. 60. (*Mention.*)

19588. Lettres ordonnant le payement aux héritiers d'Élie du Tillet, vice-président de la Chambre des Comptes de Paris, des gages dudit office jusqu'au jour de son décès. 29 juillet 1528. — 29 juillet.

Enreg. à la Chambre des Comptes de Paris, anc. mém. 2 E, fol. 46 v°. *Arch. nat.*, PP. 119, p. 8. (*Mention.*)
Bibl. nat., ms. fr. 21405, p. 305. (*Mention.*)

19589. Mandement au trésorier de l'épargne de payer à Jean Falco, docteur régent en médecine à Montpellier, 410 livres tournois dont le roi lui a fait don pour un voyage accompli par son ordre de Montpellier à Fontainebleau. Fontainebleau, 30 juillet 1528. — 30 juillet.

Bibl. nat., ms. fr. 10406, fol. 65 v°. (*Mention.*)

19590. Lettres de réception du serment de fidélité de Symphorien [Bullioud], maître de l'oratoire — 30 juillet.

du roi, pour le temporel de l'évêché de Soissons. Fontainebleau, 30 juillet 1528. 1528.

Vérif. à la Chambre des Comptes de Paris, le 8 août, et au bailliage de Soissons, le 28 août 1528.
Expéditions originales. Arch. nat., P. 725[1], cotes 253 et 254.

19591. Lettres d'anoblissement en faveur de Poncet Gentils, seigneur de Pouthière et de Saint-Yrieix en Limousin. Juillet 1528. Juillet.

Enreg. à la Chambre des Comptes de Paris, anc. reg. 12, fol. 276.
Bibl. de l'Arsenal, ms. 4903, p. 123. (*Mention.*)

19592. Lettres de légitimation accordées à Jeanne de Lastic, fille naturelle d'Hector de Lastic, chevalier d'Auvergne. Paris, juillet 1528. Juillet.

Enreg. à la Chancellerie de France. Arch. nat., Trésor des Chartes, JJ. 243, n° 449, fol. 134 v°. 1 page.

19593. Don à Jehannot Boutillier, sommelier d'échansonnerie du roi, des biens confisqués de Jean Le Berché, demeurant à Orléans, condamné par sentence de contumace du prévôt de cette ville pour vols et recel de mauvais garçons. Saint-Germain-en-Laye, juillet 1528. Juillet.

Enreg. à la Chancellerie de France. Arch. nat., Trésor des Chartes, JJ. 245[1], n° 47, fol. 3.

19594. Lettres de naturalité accordées à Antoine de Ranconne, dit Serpantis, que le roi avait fait venir du royaume de Naples, son pays, pour diriger les haras et qu'il avait créé écuyer d'écurie. Fontainebleau, juillet 1528. Juillet.

Enreg. à la Chancellerie de France. Arch. nat., Trésor des Chartes, JJ. 241, n° 203, fol. 224 v°. 1 page 1/2.

19595. Lettres de naturalité en faveur de Romain Vérat, natif du duché de Ferrare, garde des harnais de l'écurie du roi, marié et demeurant à Blois. Fontainebleau, juillet 1528. Juillet.

Enreg. à la Chancellerie de France. Arch. nat., Trésor des Chartes, JJ. 243, n° 482, fol. 141 v°.

19596. Lettres de naturalité accordées à Chrétien Juillet.

Wechel, natif de « Harentas » (Herenthals) en Brabant, libraire à Paris. Fontainebleau, juillet 1528. | 1528.

Enreg. à la Chancellerie de France. Arch. nat., Trésor des Chartes, JJ. 241, n° 274, fol. 333 v°. 1 page.

19597. Provisions pour Florimond de Champeverne, notaire et secrétaire du roi, de l'office de concierge du château de Fontainebleau. 1er août 1528. | 1er août.

Enreg. à la Chambre des Comptes de Paris, anc. mém. 2 F, fol. 240 v°. *Arch. nat.*, PP. 119, p. 19. (*Mention.*)

Bibl. nat., ms. fr. 21405, p. 308. (*Mention.*)

19598. Provisions en faveur d'Imbert de Saveuse, conseiller au Parlement de Paris, de l'office de bailli d'Amiens, vacant par suite de la résignation de Jean de Créquy, seigneur de Canaples. Fontainebleau, 6 août 1528. | 6 août.

Reçu au Parl. de Paris, le 11 août suivant. Arch. nat., X1a 4884, fol. 451 v°. (*Mention.*)

Enreg. à la Chambre des Comptes de Paris, le 27 août suivant, anc. mém. 2 E, fol. 112 v°. *Arch. nat.*, PP. 119, p. 13. (*Mention.*)

Bibl. nat., ms. fr. 21405, p. 305. (*Mention.*)

Bibl. nat., ms. Clairambault 782, p. 286. (*Mention.*)

19599. Mandement au trésorier de l'épargne de payer à Jean Laguette, commis à tenir le compte et faire le payement de l'extraordinaire des guerres, 5,835 livres tournois, dont 1,600 pour le complément de la solde d'un mois de douze cents hommes de guerre à pied en Champagne, sous le duc de Guise; 1,825 livres tournois pour la solde de trois cents hommes de guerre levés par le capitaine Silang, afin de réduire le protonotaire de Beaulieu, et 2,400 livres pour l'imprévu. Fontainebleau, 6 août 1528. | 6 août.

Bibl. nat., ms. fr. 10406, fol. 48 v°. (*Mention.*)

19600. Lettres de sauf-conduit pour le héraut impérial Bourgogne, chargé de porter la réponse au | 6 août.

cartel que l'empereur a reçu du roi. Fontainebleau, 6 août 1528. 1528.

Copie collat. le 10 juin 1746, par J. Delvaux, garde des archives de la Chambre des Comptes de Brabant. Bibl. de l'Arsenal, ms. 3732, fol. 118. 2 pages.

19601. Mandement au trésorier de l'épargne de payer à Jean Laguette 66,772 livres tournois, dont 27,572 livres tournois pour la solde pendant deux mois de deux mille aventuriers français, à présent en Italie sous le commandement du capitaine de Lorges; 20,736 livres tournois pour la solde d'un mois de trois mille autres aventuriers, commandés par le même capitaine; 12,000 livres tournois pour achever le payement des vivres dont M. de Saint-Pol, lieutenant général du roi, a fait marché pour son armée; 6,000 livres tournois pour le transport en Italie des sommes ordonnées à Gaillard Spifamé et destinées à l'armée de M. de Saint-Pol; 300 livres tournois pour l'arriéré de l'état du capitaine de Lorges pendant trois mois; enfin, 80 écus soleil à Nicolas de Hangest pour qu'il aille porter en toute hâte des lettres du roi au comte de Saint-Pol. Fontainebleau, 7 août 1528. 7 août.

Bibl. nat., ms. fr. 10406, fol. 49 v°. (*Mention.*)

19602. Mandement au trésorier de l'épargne de payer à Pierre Viart, secrétaire de M. de Guise, 410 livres tournois que le roi lui a données en récompense de ses services. Fontainebleau, 7 août 1528. 7 août.

Bibl. nat., ms. fr. 10406, fol. 66 v°. (*Mention.*)

19603. Provisions de l'office de receveur et clavaire de Marseille en faveur de Gautier du Chastel. 9 août 1528. 9 août.

Mention dans un arrêt du Grand conseil, en date du 3 octobre 1534. Arch. nat., V⁵ 1050.

19604. Mandement au trésorier de l'épargne de payer à Jean Laguette 800 livres tournois pour la solde pendant un mois de cinq cents hommes 9 août.

de guerre à pied, aventuriers français, en garnison à Gênes et à Savone, sous la conduite du capitaine Jonas. Fontainebleau, 9 août 1528. — 1528.

Bibl. nat., ms. fr. 10406, fol. 51. (*Mention.*)

19605. Lettres portant serment du roi d'observer les conditions du traité de mariage entre le prince de Piémont et Marguerite de France. Fontainebleau, 10 août 1528. — 10 août.

Original. Turin, Arch. di Stato, Matrimoni, mazzo 19, n° 8.

19606. Mandement au trésorier de l'épargne de payer à Jean Proust, chevaucheur de l'écurie du roi, 615 livres tournois pour porter des lettres de Fontainebleau à Naples à M. de Lautrec. Fontainebleau, 10 août 1528. — 10 août.

Bibl. nat., ms. fr. 10406, fol. 67. (*Mention.*)

19607. Mandement au trésorier de l'épargne de payer à Philibert de Vichy, dit Champront, 102 livres 10 sous tournois pour porter des lettres du roi à [Charles du Bec], s^r de Bourris, vice-amiral de France, qui est au Hâvre ou sur les côtes de Normandie. Fontainebleau, 11 août 1528. — 11 août.

Bibl. nat., ms. fr. 10406, fol. 67 v°. (*Mention.*)

19608. Lettres portant mainlevée des biens saisis au nom du roi de France et leur restitution aux propriétaires, en exécution de la trêve conclue pour le comté de Flandre entre François Ier et Charles-Quint. Fontainebleau, 12 août 1528. — 12 août.

Original. Bibl. nat., Mélanges de Colbert, vol. 364, n° 308.
Copies du XVIe siècle. Arch. départ. du Nord, à Lille, Documents diplomatiques.

19609. Provisions en faveur d'Hercule d'Este, fils aîné du duc de Ferrare, de la charge de capitaine d'une compagnie de cent lances. Fontainebleau, 12 août 1528. — 12 août.

Avec l'attache des maréchaux de France.
Original. Modène, Arch. di Stato, Archivio ducale secreto, Stato.

19610. Mandement au trésorier de l'épargne de payer à Jean d'Arbischon, chevaucheur d'écurie du roi, 250 livres tournois pour porter à l'évêque d'Aire, lieutenant du roi en Guyenne, et au s[r] de Saint-Bonnet, capitaine de Bayonne, des lettres du roi et un sauf-conduit pour un héraut que l'empereur doit envoyer au roi. Fontainebleau, 12 août 1528. — 1528. 12 août.

Bibl. nat., ms. fr. 10406, fol. 68. (*Mention.*)

19611. Don au chancelier Du Prat d'un lieu et masure appelé la Chancellerie à Fontainebleau [1]. 13 août 1528. — 13 août.

Enreg. à la Chambre des Comptes de Paris, anc. mém. 2 F, fol. 231 v°. *Arch. nat.*, invent. PP. 119, p. 18. (*Mention.*)

Bibl. de Rouen, ms. Leber 5870, t. XIV, fol. 54 v°. (*Mention.*)

19612. Mandement au trésorier de l'épargne de payer à Antoine Macault, notaire et secrétaire du roi, 164 livres tournois pour porter en Flandre à Marguerite de Savoie, comtesse de Bresse, des lettres de créance et des articles relatifs au traité de paix entre l'empereur et le roi, et rapporter la réponse de ladite dame. Fontainebleau, 16 août 1528. — 16 août.

Bibl. nat., ms. fr. 10406, fol. 69 v°. (*Mention.*)

19613. Déclaration de l'hommage d'Isaac Recusson, écuyer, pour le fief du Gruchet à Fréville (bailliage de Caux, vicomté de Caudebec). Paris, 21 août 1528. — 21 août.

Expéd. orig. Arch. nat., *Chambre des Comptes*, P. 267[1], cote 2288.

19614. Déclaration de foi et hommage de René de Cissé, écuyer, s[r] de Lourouer, pour la seigneurie de Châtillon-le-Roi, mouvant de Janville. Paris, 22 août 1528. — 22 août.

Original. Arch. nat., *Chambre des Comptes de Paris*, P. 10, n° 3470.

[1] Maison acquise par le roi, le 1er octobre 1540. (*Id.*, ms. Leber, fol. 64 v°.)

19615. Mandement au trésorier de l'épargne de faire payer à Claude d'Ancienville, chevalier de l'ordre de Saint Jean de Jérusalem et capitaine de la nef appelée la *Grande Maîtresse*, 205 livres tournois pour la conduire en toute hâte à Marseille, l'y faire équiper et la réunir à l'armée navale que le roi fait lever en la mer du Levant. Paris, 22 août 1528. — 1528. 22 août.

Bibl. nat., ms. fr. 10406, fol. 70. (*Mention.*)

19616. Mandement au trésorier de l'épargne de payer à Jean Laguette 56,000 livres tournois pour employer à la solde et à l'entretien de l'armée qui est au royaume de Naples, sous les ordres de M. de Lautrec. Paris, 23 août 1528. — 23 août.

Bibl. nat., ms. fr. 10406, fol. 51 v°. (*Mention.*)

19617. Provisions de l'office de conseiller lai au Parlement de Dijon pour Jacques Girard, licencié ès droits, en remplacement de maître Nicole de Châteaumartin, décédé. Paris, 25 août 1528. — 25 août.

Enreg. au Parl. de Dijon, le 26 novembre suivant. Arch. de la Côte-d'Or, Parl., reg. II, fol. 51.

19618. Mandement au trésorier de l'épargne de payer à Jean Laguette 34,800 livres tournois, pour partie de la solde de l'armée d'Italie commandée par M. de Saint-Pol, pendant le mois de septembre prochain. Saint-Germain-en-Laye, 26 août 1528. — 26 août.

Bibl. nat., ms. fr. 10406, fol. 52. (*Mention.*)

19619. Mandement au trésorier de l'épargne de payer à Jacques de Perreau, dit le jeune Castillon, 820 livres tournois pour porter en toute diligence des lettres du roi au comte de Saint-Pol en Italie. Saint-Germain-en-Laye, 26 août 1528. — 26 août.

Bibl. nat., ms. fr. 10406, fol. 70 v°. (*Mention.*)

19620. Mandement au trésorier de l'épargne de payer à Jean Laguette la somme de 30,468 livres 5 sous tournois pour la solde d'un mois de — 27 août.

1,200 hommes de guerre au pays de Languedoc et de 300 hommes de guerre en Provence, y compris la solde du s[r] de Saint-Bonnet, capitaine et gouverneur de Bayonne, et celle du s[r] de Hautbourdin, capitaine et gouverneur de Dax. Saint-Germain-en-Laye, 27 août 1528. 1528.

Imp. Catalogue des chartes du cabinet de M. de M. (*Magny*). Vente 18-22 mars 1867, par Jacques Charavay aîné, n° 1268. (*Mention.*)
Bibl. nat., ms. fr. 10406, fol. 53. (*Mention.*)

19621. Lettres de légitimation accordées à Jean de Mauriac, fils naturel de frère Jean de Mauriac, religieux de l'ordre de Saint-Benoît, et de Jeanne Durand, veuve, de la sénéchaussée de Toulouse. Fontainebleau, août 1528. Août.

Enreg. à la Chancellerie de France. Arch. nat., *Trésor des Chartes*, JJ. 243, n° 464, fol. 138.

19622. Lettres de naturalité accordées à Hubert Despalt, valet de chambre ordinaire du roi, natif de Suisse. Fontainebleau, août 1528. Août.

Enreg. à la Chancellerie de France. Arch. nat., *Trésor des Chartes*, JJ. 241, n° 269, fol. 326. 1 page 1/2.

19623. Lettres de naturalité accordées à Marien « Domiluce », docteur ès droits, natif de Camerano en la marche d'Ancône, vicaire général du cardinal Cibo à Rouen. Fontainebleau, août 1528. Août.

Enreg. à la Chancellerie de France. Arch. nat., *Trésor des Chartes*, JJ. 243, n° 478, fol. 140 v°.

19624. Lettres de naturalité accordées à « Goullifart Reny », natif d'Anvers en Brabant, établi brodeur à Tours. Fontainebleau, août 1528. Août.

Enreg. à la Chancellerie de France. Arch. nat., *Trésor des Chartes*, JJ. 243, n° 481, fol. 141 v°.

19625. Lettres de don à Jean de Bodin, huissier de chambre de Louise de Savoie, des biens meubles et immeubles de Jean de Chevry et et de Laurent Jousset, confisqués par arrêt du Août.

Parlement de Paris du 21 juillet précédent. Paris, août 1528. 1528.

Enreg. à la Chancellerie de France. Arch. nat., Trésor des Chartes, JJ. 243, n° 486, fol. 134.

19626. Lettres de légitimation accordées à Martial Griveau, archer de la garde du roi, fils naturel de Bertrand Griveau. Paris, août 1528. Août.

Enreg. à la Chancellerie de France. Arch. nat., Trésor des Chartes, JJ. 243, n° 462, fol. 137 v°. 1 page.

19627. Lettres de naturalité accordées à Arnaud de Scarampe, né près de Savone, neveu de Nicolas de Scarampe, ambassadeur de la marquise de Montferrat à la cour de France, demeurant avec l'évêque de Cahors [Paul de Carretto], conseiller du roi. Paris, août 1528. Août.

Enreg. à la Chancellerie de France. Arch. nat., Trésor des Chartes, JJ. 243, n° 483, fol. 142.

19628. Confirmation des privilèges des habitants de Villanuova d'Asti. Saint-Germain-en-Laye, août 1528. Août.

Original. Villanuova d'Asti, Archives. (Communiqué par M. de Saint-Pierre.)

19629. Lettres de don accordé, du consentement de la duchesse d'Angoulême, à Bertrand de Chiron, s^r du Mont, pour le récompenser d'un prêt fait au roi pour l'expédition de Sardaigne, des biens de feu François Bonnefont, tailleur du prince d'Orange, situés en Forez, Roannais et Lyonnais, confisqués pour crime de lèse-majesté. Saint-Germain-en-Laye, août 1528. Août.

Enreg. à la Chancellerie de France. Arch. nat., Trésor des Chartes, JJ. 245[1], n° 123, fol. 27 v°.

19630. Lettres de légitimation accordées à Jean de Lestoile, serviteur de l'amiral de Brion, né à Bayonne, fils naturel de Guillem de Lestoile. Saint-Germain-en-Laye, août 1528. Août.

Enreg. à la Chancellerie de France. Arch. nat., Trésor des Chartes, JJ. 243, n° 463, fol. 137 v°. 1 page.

19631. Lettres de légitimation accordées à Mathieu Mesnart, dit le Comte, officier de la vénerie du roi, fils naturel de feu René Mesnart, aussi officier de la vénerie, et de Jeanne de La Chambre. Saint-Germain-en-Laye, août 1528. 1528. Août.

Enreg. à la Chancellerie de France. Arch. nat., Trésor des Chartes, JJ. 244, n° 220, fol. 357. 2 pages.

19632. Lettres de naturalité accordées à Dominique Burat, natif du diocèse de Milan, résidant en France depuis vingt-quatre ans, d'abord au service de Nicolas de Neufville, trésorier de France, à présent hôtelier à Paris. Saint-Germain-en-Laye, août 1528. Août.

Enreg. à la Chancellerie de France. Arch. nat., Trésor des Chartes, JJ. 243, n° 494, fol. 145 v°.

19633. Provisions en faveur de Michel-Antoine, marquis de Saluces, chevalier de l'ordre et lieutenant général du roi au royaume de Naples, de l'office de grand maréchal de Guyenne. Saint-Germain-en-Laye, 1er septembre 1528. 1er septembre.

Original. Turin, Arch. di Stato, Marchesato di Saluzzo, 9e catégorie, mazzo 2, n° 5.

Arch. de l'Isère, Chambre des Comptes de Grenoble, Invent. des titres de Saluces. (*Mention.*)

19634. Provisions en faveur de François, marquis de Saluces, de l'office de lieutenant général du roi au royaume de Naples, vacant par la mort du sr de Lautrec. Saint-Germain-en-Laye, 2 septembre 1528. 2 septembre.

Original. Turin, Arch. di Stato, Marchesato di Saluzzo, 9e catégorie, mazzo 2, n° 4.

Arch. de l'Isère, Chambre des Comptes de Grenoble, Invent. des titres de Saluces. (*Mention.*)

19635. Mandement au trésorier de l'épargne de payer à Jean de Perié, commissaire des guerres, gentilhomme de la maison du marquis de Saluces, 615 livres tournois pour le récompenser d'avoir apporté au roi en toute hâte des lettres du marquis de Saluces, lieutenant 2 septembre.

général au royaume de Naples. Saint-Germain-en-Laye, 2 septembre 1528. | 1528.

Bibl. nat., ms. fr. 10406, fol. 71 v°. (*Mention.*)

19636. Mandement à la Chambre des Comptes de Blois de remettre à Anne de Montmorency tous les titres, déposés à ladite Chambre, concernant la baronnie de Fère-en-Tardenois, à lui récemment donnée par le roi. Saint-Germain-en-Laye, 2 septembre 1528. | 2 septembre.

Original. Arch. nat., K. 538, n° 23.
Acte de remise desdits titres à Charles L'Huillier, mandataire d'Anne de Montmorency, en date du 9 septembre 1528. Arch. nat., Journal de la Chambre des Comptes de Blois, KK. 902, fol. 109.

19637. Déclaration de foi et hommage d'Hercule d'Este, duc de Chartres et comte de Gisors, pour le duché de Chartres, comprenant la seigneurie de Montargis et le comté de Gisors, que le roi lui donna pour la dot de Renée de France, équivalant à 25,000 livres tournois de revenu. Saint-Germain-en-Laye, 2 septembre 1528. | 2 septembre.

Original. Arch. nat., Chambre des Comptes de Paris, P. 16, n° 6022.

19638. Mandement au trésorier de l'épargne de payer à Gilbert de Monétay, s^r de Forges, 600 livres tournois pour aller recevoir en Champagne les lansquenets qui arrivent d'Allemagne, et les diriger sur l'armée de M. de Saint-Pol en Italie. Saint-Germain-en-Laye, 2 septembre 1528. | 2 septembre.

Bibl. nat., ms. fr. 10406, fol. 72. (*Mention.*)

19639. Mandement à la Chambre des Comptes de Paris de mettre Hercule d'Este, duc de Chartres, en possession de son duché. Saint-Germain-en-Laye, 3 septembre 1528. | 3 septembre.

Copie du XVIe siècle. Modène. Arch. di Stato, Archivio ducale secreto, Casa.

19640. Provisions de l'office de capitaine et garde du château de Montmerle en faveur de Philippe | 4 septembre.

Ponceton, procureur du roi au bailliage de Beaujolais et Dombes. 4 septembre 1528[1]. — 1528.

Mention dans un arrêt du Grand conseil, en date du 2 août 1536[2]*. Arch. nat.*, V5 1051.

19641. Lettres de création d'un maître de chaque métier dans toutes les villes du royaume où il y a maîtrise jurée, à l'occasion de la naissance de Jeanne, princesse de Navarre. Saint-Germain-en-Laye, 7 septembre 1528. — 7 septembre.

Enreg. au Parl., le 10 juin 1529. Arch. nat., X1a 4886, fol. 302 v°. (*Mention.*) — Cf. le n° 3287 du *Catalogue.*

19642. Provisions pour Jacques de Villiers de l'office de vicomte et receveur ordinaire d'Arques, au lieu de François Charbonnier. 7 septembre 1528. — 7 septembre.

Enreg. à la Chambre des Comptes de Paris, anc. mém. 2 E, fol. 113. *Arch. nat.*, PP. 119, p. 13. (*Mention.*)

Bibl. nat., ms. fr. 21405, p. 305. (*Mention.*)

Bibl. nat., ms. Clairambault 782, p. 286. (*Mention.*)

19643. Pouvoirs des commissaires du roi aux États de Languedoc, convoqués au Pont-Saint-Esprit pour le 4 novembre. Paris, 11 septembre 1529. — 11 septembre.

Copie. Arch. départ. de l'Hérault, C. *États de Languedoc, Recueil des lettres et actes des commissaires du roi aux États*, 1529. 9 pages.

19644. Mandement au comte de Maulévrier, grand sénéchal et gouverneur de Normandie, au bailli de Rouen, etc., de convoquer les trois États de la province et de leur demander de voter la somme de 808,941 livres 10 sous tournois, à laquelle la Normandie a été taxée pour sa part de la crue de taille imposée au royaume. Paris, 15 septembre 1528. — 15 septembre.

Original. Bibl. nat., ms. fr. 10206, fol. 3.

[1] Confirmées le 21 décembre 1529.

[2] Cet arrêt donné entre ledit Ponceton et Jean Rosset (voir ci-après au 1er septembre 1533) porte adjudication de l'office à ce dernier.

19645. Mandement à la Chambre des Comptes de Paris de faire payer par le changeur du trésor 6 sous par jour pour ses gages et 10 livres par an pour droit de manteau, à Jacques Grenier, secrétaire du roi. Paris, 16 septembre 1528. — 1528. 16 septembre.

Bibl. nat., ms. fr. 15628, n° 334. (*Mention.*)

19646. Provisions pour Henri de Lénoncourt, bailli de Vitry, de l'office de bailli et gouverneur de Valois, en remplacement du s^r de Brion, amiral de France. 16 (*aliàs* 26) septembre 1528. — 16 septembre.

Enreg. à la Chambre des Comptes de Paris, anc. mém. 2 E, fol. 113. *Arch. nat.*, PP. 119, p. 13. (*Mention.*)

Bibl. nat., ms. fr. 21405, p. 305. (*Mention.*)

Bibl. nat., ms. Clairambault 782, p. 286. (*Mention.*)

19647. Provisions de l'office de général des finances du comté de Blois en faveur de Jean Breton, seigneur de Villandry, en remplacement de Raoul Hurault, décédé. 18 septembre 1528. — 18 septembre.

Serment dudit Breton à la Chancellerie de France, le 22.

Publiées à la Chambre des Comptes de Blois, le 5 octobre suivant. Arch. nat., KK. 902, fol. 169 v°. (*Mention.*)

19648. Mandement au trésorier de l'épargne de payer à Jacques de Perreau, dit le jeune Castillon, 820 livres tournois pour rapporter à M. de Saint-Pol en Italie la réponse aux lettres dont celui-ci l'avait chargé pour le roi, et lui faire tenir 10,312 livres 10 sous tournois destinées à son armée. Fontainebleau, 22 septembre 1528. — 22 septembre.

Bibl. nat., ms. fr. 10406, fol. 72 v°. (*Mention.*)

19649. Lettres constatant que le roi a reçu de Marguerite d'Autriche les lettres de ratification de la trêve conclue, le 15 juin 1528, entre ses ambassadeurs, ceux d'Henri VIII et ceux de Charles-Quint. Paris, 27 septembre 1528. — 27 septembre.

Original scellé. Bibl. nat., Mélanges de Colbert, vol. 364, n° 309.

19650. Lettres de légitimation accordées à Jean et Antoine Eyrault, fils naturels de Guillaume Eyrault et de Vitale Reynaud, du bailliage de Velay. Saint-Germain-en-Laye, septembre 1528. — 1528. Septembre.

Enreg. à la Chancellerie de France. Arch. nat., Trésor des Chartes, JJ. 243, n° 475, fol. 140.

19651. Lettres de naturalité accordées à Jean Mair, natif du royaume d'Écosse, demeurant à Paris. Saint-Germain-en-Laye, septembre 1528. — Septembre.

Enreg. à la Chancellerie de France. Arch. nat., Trésor des Chartes, JJ. 243, n° 495, fol. 145 v°.

19652. Lettres permettant à François de Dinteville, évêque d'Auxerre, abbé commendataire de Montierender, suivant un traité passé entre lui et Jacques d'Anglure, chevalier, seigneur de Longueville, de prélever le douzième des grosses dîmes de la seigneurie de Longueville et de tout son territoire pour sadite abbaye de Montierender, avec amortissement de ladite rente. Paris, septembre 1528. — Septembre.

Enreg. à la Chancellerie de France. Arch. nat., Trésor des Chartes, JJ. 243, n° 477, fol. 140. 1 page 1/2.

19653. Lettres de légitimation accordées à Nicolas Bohier, fils naturel de feu Antoine Bohier, religieux de Saint-Benoît, alors revêtu de la dignité abbatiale, et de Jeanne de Vernon. Paris, septembre 1528. — Septembre.

Enreg. à la Chancellerie de France. Arch. nat. Trésor des Chartes, JJ. 243, n° 506, fol. 148.

19654. Lettres de naturalité accordées à François et à Baptiste de Cesne (ou Cesve, Ceva), natifs de Gênes, établis à Lyon. Paris, septembre 1528. — Septembre.

Enreg. à la Chancellerie de France. Arch. nat., Trésor des Chartes, JJ. 243, n°s 496, 497, fol. 145 v°, 146 r°.

19655. Lettres de naturalité accordées à Bastien et à — Septembre.

Étienne Jehan, natifs d'Avignon, établis en Dauphiné. Paris, septembre 1528. 1528.

Enreg. à la Chancellerie de France. Arch. nat., Trésor des Chartes, JJ. 243, n° 502, fol. 147.

19656. Lettres de naturalité accordées à Robert Rameretz, écuyer, archer de la garde écossaise, natif du royaume d'Écosse. Paris, septembre 1528. Septembre.

Enreg. à la Chancellerie de France. Arch. nat., Trésor des Chartes, JJ. 243, n° 485, fol. 142 v°.

19657. Confirmation du don fait par Louise de Savoie, duchesse d'Angoulême et de Nemours, à Claude Alligre, trésorier des menus plaisirs et secrétaire de ladite dame, et à Jean de Bodin, son huissier de chambre, des biens situés au duché de Nemours et ailleurs, confisqués par sentence du bailli de Nemours sur Jean et Michel de Poisson, Pierre et Michel Aumans et un nommé La Roche, condamnés à mort pour homicide. Fontainebleau, septembre 1528. Septembre.

Enreg. à la Chancellerie de France. Arch. nat., Trésor des Chartes, JJ. 244, n° 164, fol. 269. 2 pages.

19658. Mandement au trésorier de l'épargne de payer à Denis Gouyn, chevaucheur d'écurie du roi, 143 livres 10 sous tournois pour porter en Italie en toute hâte à M. de Saint-Pol les réponses du roi à ses lettres. Paris, 4 octobre 1528. 4 octobre.

Bibl. nat., ms. fr. 10406, fol. 73 v°. (*Mention.*)

19659. Mandement au trésorier de l'épargne de payer à Jacques « Manon », baron de Châteauneuf et bailli de Velay, 129 livres tournois pour le rembourser des frais qu'il a faits en apportant au roi un paquet de lettres qu'il a saisies sur un nommé Bertrand Banières, espagnol, qui traversait le Puy, et pour avoir fait conduire ledit prisonnier à Paris. Paris, 4 octobre 1528. 4 octobre.

Bibl. nat., ms. fr. 10406, fol. 74. (*Mention.*)

19660. Provisions de l'office de conseiller et receveur général des finances de Bourgogne pour Guy Milletot, en remplacement et sur la résignation de Bénigne Serre. Paris, 6 octobre 1528. 1528. 6 octobre.

Enreg. à la Chambre des Comptes de Dijon, le 8 janvier 1529. Arch. de la Côte-d'Or, B. 18, fol. 111.

19661. Lettres portant mainlevée des biens saisis dans le royaume de France, appartenant à des sujets de l'Empereur. Fontainebleau, 11 octobre 1528. 11 octobre.

Copie. Arch. de l'État, à Gand, reg. aux ordonnances du conseil de Flandre (1511-1558), U, fol. 82 v°.

19662. Lettres notifiant l'acte de foi et hommage fait au roi par Jean de Saulx, seigneur d'Orrain, gruyer de Bourgogne, pour la terre et seigneurie de Sully, au bailliage d'Autun. Fontainebleau, 12 octobre 1528. 12 octobre.

IMP. Dom Plancher, *Histoire générale de Bourgogne.* Dijon, 1741, in-fol., t. II, Preuves, p. CCLXXXIX.

19663. Lettres de naturalité avec faculté de posséder en France, accordées à Hercule d'Este et à ses enfants. Fontainebleau, 12 octobre 1528. 12 octobre.

Original. Modène, Arch. di Stato, Archivio ducale secreto, Casa.

19664. Lettres de provision, en faveur du collège de Navarre, d'une somme de 1,000 livres tournois sur la recette ordinaire de Troyes. 14 octobre 1528. 14 octobre.

Mention dans un arrêt du Grand conseil, en date du 27 juillet 1529. Arch. nat., V⁵ 1047.

19665. Provisions pour Guillaume Testu de l'office de vicomte et receveur ordinaire de Pont-Audemer et de Pont-Authou. Fontainebleau, 15 octobre 1528. 15 octobre.

Enreg. à la Chambre des Comptes de Paris, anc. mém. 2 F, fol. 2 v°. *Arch. nat.,* PP. 119, p. 1. (*Mention.*)

Bibl. nat., ms. fr. 21405, p. 307. (*Mention.*) 1528.

Bibl. nat., ms. Clairambault 782, p. 287. (*Mention.*)

19666. Don à Louis d'Angerant, s[r] de Boisrigaut, conseiller et chambellan ordinaire du roi, de la seigneurie d'Usson. 15 octobre 1528. 15 octobre.

Enreg. à la Chambre des Comptes de Paris, anc. mém. 2 E, fol. 127. *Arch. nat.*, PP. 119, p. 15. (*Mention.*)

Bibl. nat., ms. fr. 21405, p. 306. (*Mention.*)

Bibl. nat., ms. Clairambault 782, p. 287. (*Mention.*)

19667. Mandement au trésorier de l'épargne de payer à Gilbert Bayard, conseiller du roi et secrétaire de ses finances, 720 livres tournois pour les dépenses qu'il a eu à supporter pendant cent trente-deux jours qu'a duré sa captivité en Espagne (22 janvier-1er juin 1528), et pour le rembourser de 60 livres tournois données à un Espagnol qui le renseignait sur les affaires du roi. Fontainebleau, 16 octobre 1528. 16 octobre.

Bibl. nat., ms. fr. 10406, fol. 75 v°. (*Mention.*)

19668. Mandement au trésorier de l'épargne de payer à Antoine de L'Apostolle, s[r] de Margency, 615 livres tournois pour un voyage que le roi l'envoie faire en Gueldre, auprès du duc, où il doit séjourner quelque temps. Fontainebleau, 16 octobre 1528. 16 octobre.

Bibl. nat., ms. fr. 10406, fol. 76 v°. (*Mention.*)

19669. Mandement au trésorier de l'épargne de payer à Fierabras de Saint-Loup, capitaine allemand, 102 livres 10 sous tournois pour être venu de Lyon annoncer au roi l'arrivée dans cette ville de quinze cents lansquenets faisant route pour l'Italie et l'armée de M. de Saint-Pol. Fontainebleau, 16 octobre 1528. 16 octobre.

Bibl. nat., ms. fr. 10406, fol. 77 v°. (*Mention.*)

19670. Provisions en faveur de Jacques Daniel, bien qu'il soit laïque, de l'office de conseiller clerc au Parlement de Rouen, vacant par la nomi- 18 octobre.

nation d'Étienne Patrice comme conseiller lai à la même cour, en remplacement de feu Robert Boisl'évêque. Fontainebleau, 18 octobre 1528. 1528.

Copie collationnée du XVIe siècle. Bibl. nat., Pièces originales, Patrix, vol. 2213, p. 6.

19671. Commission à Nicole Viole, maître ordinaire, et à Jean Fraguier, auditeur des Comptes à Paris, pour ouïr et clore, en l'absence de l'archevêque d'Aix, chargé d'assister aux États de Languedoc, de Provence et de Dauphiné, les comptes des 1,200,000 livres tournois octroyées par le clergé de France. Melun, 22 octobre 1528. 22 octobre.

Copie du temps, en tête du compte de Georges d'Amboise, archevêque de Rouen, pour la cotisation de son diocèse, montant à 15,000 livres. Arch. de la Seine-Inférieure, G. 5689.

19672. Lettres portant pouvoir à Antoine cardinal Du Prat, chancelier de France, archevêque de Sens, de négocier au nom de François Ier un traité d'alliance avec le roi Jean de Hongrie, représenté par son ambassadeur Jean Statilée, évêque d'Alben. Fontainebleau, 23 octobre 1528. 23 octobre.

Insérées dans la ratification par le roi de Hongrie du traité conclu à Paris, le 28 octobre suivant. Arch. nat., J. 995a, n° 18. (Musée des documents étrangers, AE III, n° 26.)

Copie. Bibl. nat., fonds de Brienne, ms. 94.

Imp. E. Charrière, *Négociations de la France dans le Levant*. Paris, 1848, in-4°, t. Ier, p. 165.

19673. Lettres de mainlevée pour Marguerite, archiduchesse d'Autriche, douairière de Savoie, des greniers à sel de Château-Chinon, de Noyers et de 100 livres tournois de rente sur le domaine de Château-Chinon, moyennant mainlevée faite par celle-ci à Françoise de Bourgogne, veuve de Philippe de Hallwin, chevalier, sr de Piennes, et à Antoine leur fils, des seigneuries de Basserode, Saint-Amand et autres, saisies 23 octobre.

depuis le traité de Madrid. Fontainebleau, 23 octobre 1528. — 1528.

Arch. de la Côte-d'Or, Chambre des Comptes de Dijon, Invent. Peincedé, xxv, n° 140.

19674. Mandement à Jean Grolier et à René Thizart, trésoriers des guerres, de payer, chacun par moitié, la somme de 2,000 livres tournois à Guillaume Prudhomme, trésorier de l'épargne, qui doit la verser à M. de Barbezieux, pour sa pension de l'année finie le 31 décembre 1527. Fontainebleau, 23 octobre 1528. — 23 octobre.

Original. Était en vente chez M. Eug. Charavay, en mars 1891.

19675. Lettres de sauvegarde accordées à Alonce de Masluande et à Pedro de La Torre. Fontainebleau, 25 octobre 1528. — 25 octobre.

Original. Bibl. nat., nouvelles acquis. fr., ms. 5260, n° 26.

19676. Traité d'alliance conclu entre François Ier et Jean, roi de Hongrie, portant entre autres choses que le duc d'Orléans, second fils du roi de France, sera adopté par le roi de Hongrie et désigné comme son successeur. Négociateurs : pour la France, Antoine Du Prat, chancelier, archevêque de Sens; pour la Hongrie, Jean Statilée. Paris, 28 octobre 1528. — 28 octobre.

Ratification par le roi de Hongrie à Buda, le 1er septembre 1529. Original. Arch. nat., J. 995A, n° 18. (Musée des documents étrangers, AE III, n° 26.)

Copie du XVIe siècle. Bibl. nat., fonds de Brienne, ms. 94.

Imp. E. Charrière, *Négociations de la France dans le Levant*. Paris, 1848, in-4°, t. Ier, p. 162.

19677. Lettres de confirmation, en faveur de Louis Paul, des privilèges, exemptions et affranchissement octroyés à feu Guillaume Paul, son père, par feu le roi Charles de Sicile et de Jérusalem, comte de Provence. Melun, octobre 1528. — Octobre.

Enreg. à la Chancellerie de France. Arch. nat.,

Trésor des Chartes, JJ. 241, n° 285, fol. 347. 1 page. 1528.

19678. Lettres confirmant les privilèges de l'évêché de Maguelonne, données en faveur de l'évêque [Guillaume Pellissier]. Fontainebleau, octobre 1528. Octobre.

Enreg. à la Chancellerie de France. Arch. nat., *Trésor des Chartes*, JJ. 243, n° 508, fol. 148.

19679. Lettres de don à Guillemette Aubaux, veuve de Claude de Mortagne, tapissier et valet de chambre de Louise de Savoie, et à Claudine de Mortagne, leur fille, des biens de Pierre et Jean Vachier, dit Cordier, situés à Moulins et ailleurs, confisqués à cause de leur rébellion et de leur complicité avec le connétable de Bourbon. Fontainebleau, octobre 1528. Octobre.

Enreg. à la Chancellerie de France. Arch. nat., *Trésor des Chartes*, JJ. 243, n° 503, fol. 147.

19680. Lettres de légitimation accordées à Bertrand Gauffier, fils naturel de maître Guillaume Gauffier et de Marie Pichon. Fontainebleau, octobre 1528. Octobre.

Enreg. à la Chancellerie de France. Arch. nat., *Trésor des Chartes*, JJ. 243, n° 476, fol. 140.

19681. Mandement au bailli de Vitry relativement à un procès entre Nicole Chibost, curé de Nogentel, et l'abbaye de Notre-Dame de Soissons. [Fontainebleau], 4 novembre 1528. 4 novembre.

Imp. Catalogue des archives du collège héraldique de France, 1re partie, Picardie, n° 378. Vente 20-23 mai 1866, par J.-L. Techener. (*Mention.*)

19682. Mandement au trésorier de l'épargne de payer à Cole de Benevent, chevalier napolitain, 600 livres tournois que le roi lui a données pour le récompenser de ses services, entre autres pour être venu de Barletta et y être retourné en toute hâte, porteur de lettres importantes. Fontainebleau, 5 novembre 1528. 5 novembre.

Bibl. nat., ms. fr. 10406, fol. 78. (*Mention.*)

19683. Lettres du don fait à Antoine de Raincon, chevalier, de la châtellenie royale de Germolles- 8 novembre.

lès-Chalon, sauf la réserve des vignes, mais avec faculté de rachat, moyennant la somme de 6,000 écus. Fontainebleau, 8 novembre 1528. 1528.

Copie collat. du XVIe siècle. Arch. de la Côte-d'Or, B. 1088.

19684. Déclaration de foi et hommage de Jean de La Loue, chevalier, gentilhomme de la chambre du roi, pour le droit d'usage de bois mort et mort bois en la forêt d'Yèvre et le buisson du Bois-Perron, mouvant de Vierzon. Vanves, 14 novembre 1528. 14 novembre.

Original. Arch. nat., Chambre des Comptes de Paris, P. 14, n° 4903.

19685. Mandement au trésorier de l'épargne de payer à Charles de Pierrevive, conseiller du roi et trésorier de France, 410 livres tournois pour un voyage à Milan où il a porté à M. de Saint-Pol des lettres du roi relatives à la distribution des deniers que ledit sieur lui avait précédemment envoyés. Paris, 16 novembre 1528. 16 novembre.

Bibl. nat., ms. fr. 10406, fol. 78 v°. (*Mention.*)

19686. Mandement au trésorier de l'épargne de payer à Claude de Bombelles, notaire et secrétaire du roi et son valet de chambre ordinaire, 410 livres tournois pour porter des lettres en Suisse à Morelet du Museau et au s[r] de Boisrigaut, ambassadeurs du roi en ce pays. Paris, 16 novembre 1528. 16 novembre.

Bibl. nat., ms. fr. 10406, fol. 79. (*Mention.*)

19687. Déclaration de foi et hommage de François de La Rivière, conseiller et chambellan du roi, s[r] de Corvol-d'Embernard, Lurcy-le-Bourg et Champlemy, pour la seigneurie de Corvol-d'Embernard, mouvant d'Auxerre. Paris, 17 novembre 1528. 17 novembre.

Original. Arch. nat., Chambre des Comptes de Paris, P. 14, n° 5135.

19688. Mandement au trésorier de l'épargne de payer à Guillaume Patarin, conseiller du roi et pre- 19 novembre.

mier président au Parlement de Dijon, 200 livres tournois pour les dépenses qu'il aura à faire à Paris dans l'exécution de la commission que le roi lui a donnée [1]. Saint-Germain-en-Laye, 19 novembre 1528. 1528.

Bibl. nat., ms. fr. 10406, fol. 86. (*Mention.*)

19689. Mandement au trésorier de l'épargne de payer à Guy de Montfort, gentilhomme de la maison du s[r] Rance (Renzo de Cere), 512 livres 10 sous tournois pour porter audit sieur à Barletta des lettres du roi. Saint-Germain-en-Laye, 25 novembre 1528. 25 novembre.

Bibl. nat., ms. fr. 10406, fol. 87. (*Mention.*)

19690. Mandement au trésorier de l'épargne de payer à Jacques de La Roche 205 livres tournois pour porter des lettres du roi jusqu'à la mer du Levant à (le reste manque). Saint-Germain-en-Laye, 27 novembre 1528. 27 novembre.

Bibl. nat., ms. fr. 10406, fol. 87 v°. (*Mention.*)

19691. Déclaration de l'hommage de Jacques de Pons, écuyer, seigneur de Mirambeau, pour la maison noble de « Lansac », dans la seigneurie de Bourg[-sur-Gironde], la seigneurie d'Ambès, la maison noble de « Begnay », à Bordeaux, celle de « Clerat », dans la châtellenie de Blaye, et la seigneurie de Saint-Savin, le tout appartenant à Jacquette de Lansac, sa femme, et mouvant du duché de Guyenne. Saint-Germain-en-Laye, 28 novembre 1528. 28 novembre.

Expéd. orig. Arch. nat., P. 556[1], cote 723.

19692. Lettres de légitimation accordées à Charles Coppel, fils naturel de Pierre Coppel et de Caroline Mesnier. Fontainebleau, novembre 1528. Novembre.

Enreg. à la Chancellerie de France. Arch. nat., *Trésor des Chartes*, JJ. 243, n° 507, fol. 148.

19693. Lettres de naturalité accordées à Antoine de Novembre.

[1] La commission n'est pas autrement spécifiée. Les mentions contenues entre les fol. 80-87 ne sont pas datées, mais se réfèrent à la même commission.

Chahanay, né en Lorraine, fils de Jacques de Chahanay, s[r] de Saint-Marc-de-la-Bruyère, maître d'hôtel du duc de Lorraine. Fontainebleau, novembre 1528. — 1528.

Enreg. à la Chancellerie de France. Arch. nat., Trésor des Chartes, JJ. 243, n° 533, fol. 158 v°.

19694. Lettres de naturalité accordées à Jeanne Lemaire, native du pays de Hainaut, demeurant sur la paroisse de Fourdrain en Vermandois. Fontainebleau, novembre 1528. — Novembre.

Enreg. à la Chancellerie de France. Arch. nat., Trésor des Chartes, JJ. 243, n° 515, fol. 150.

19695. Lettres de naturalité accordées à Nicolas Jamin, natif de Sedan, demeurant à Château-Thierry. Paris, novembre 1528. — Novembre.

Enreg. à la Chancellerie de France. Arch. nat., Trésor des Chartes, JJ. 244, n° 26, fol. 33 v°.

19696. Lettres de légitimation accordées à Charles de Rochefort, écuyer, archer de la garde du roi, fils naturel de feu Guillaume de Rochefort et de Jeanne Boissoulier, d'Angoumois. Saint-Germain-en-Laye, novembre 1528. — Novembre.

Enreg. à la Chancellerie de France. Arch. nat., Trésor des Chartes, JJ. 243, n° 505, fol. 148.

19697. Lettres de naturalité accordées à Théodore de Saulx, fils de Jean de Saulx, seigneur d'Arc-sur-Tille, né dans le marquisat de Pont, sa mère Anne Gros s'y étant réfugiée, pendant que les Suisses assiégeaient Dijon, où ledit Jean de Saulx servait sous Louis de La Trémoïlle, et ravageaient la seigneurie d'Arc. Saint-Germain-en-Laye, novembre 1528. — Novembre.

Enreg. à la Chancellerie de France. Arch. nat., Trésor des Chartes, JJ. 243, n° 516, fol. 150 v°.
Enreg. à la Chambre des Comptes de Dijon, le 19 mars 1529 n. s. Arch. de la Côte-d'Or, B. 72, fol. 121.

19698. Lettres de naturalité accordées à Barthélemy de Florence, natif de Milan, joueur de « saquebute » du roi, résidant en France depuis en- — Novembre.

viron trente ans. Saint-Germain-en-Laye, novembre 1528. 1528.

Enreg. à Chancellerie de France. Arch. nat., Trésor des Chartes, JJ. 243, n° 517, fol. 150 v°.

19699. Déclaration de foi et hommage de Charles de Varie, panetier ordinaire du roi, écuyer, s[r] de l'Ile-Savary, pour les seigneuries de « Saissay » et du Rouillis (paroisse de Ligré), mouvant de Chinon. Saint-Germain-en-Laye, 10 décembre 1528. 10 décembre.

Original. Arch. nat., Chambre des Comptes de Paris, P. 13, n° 4414.

19700. Mandement au trésorier de l'épargne de payer à Albert Gast, vicaire d'Asti, au service du feu marquis de Saluces, 410 livres tournois tant pour un voyage qu'il va faire en Italie, envoyé par le roi auprès de la marquise de Saluces, qu'en déduction de ce que lui devait le marquis de Saluces, à sa mort. Saint-Germain-en-Laye, 15 décembre 1528. 15 décembre.

Bibl. nat., ms. fr. 10406, fol. 90. (*Mention.*)

19701. Lettres de relief de surannation des lettres de l'hommage de Jacques de Pons pour la baronnie de Mirambeau (24 février 1520 n. s.). Paris, 17 décembre 1528. 17 décembre.

Copie collat. du 18 décembre 1528, par Courlin, auditeur des comptes. Arch. nat., P. 556², cote 725.

19702. Lettres de prorogation, en faveur des habitants de Châlons, de l'octroi de 10 sous 6 deniers tournois à prendre sur chaque minot de sel vendu au grenier de leur ville. Saint-Germain-en-Laye, 22 décembre 1528. 22 décembre.

Arch. de la ville de Châlons (Marne), CC. Octrois.

19703. Mandement au trésorier de l'épargne de payer à Simon Bergier, chevaucheur d'écurie du roi, 123 livres tournois pour un voyage que le roi l'envoie faire en Languedoc, auprès du lieutenant du gouverneur, afin de l'avertir des entreprises que les Espagnols préparent sur 23 décembre.

la frontière dudit pays. Saint-Germain-en-Laye, 23 décembre 1528. 1528.

Bibl. nat., ms. fr. 10406, fol. 91. (*Mention.*)

19704. Mandement au trésorier de l'épargne de payer à Jehannot Guinguier, chevaucheur d'écurie du roi, 61 livres 10 sous tournois pour un voyage qu'il va faire présentement en diligence de Paris à Londres, pour porter des lettres du roi à l'évêque de Bayonne, ambassadeur près du roi d'Angleterre. Saint-Germain-en-Laye, 23 décembre 1528. 23 décembre.

Bibl. nat., ms. fr. 10406, fol. 91 v°. (*Mention.*)

19705. Mandement au trésorier de l'épargne de payer à Paulle, courrier de la seigneurie de Venise, et à Gilles Huillart, chevaucheur d'écurie du roi, 143 livres 10 sous tournois, dont 123 livres tournois à Paulle pour avoir apporté au roi des lettres d'avis de la seigneurie de Venise, et 20 livres 10 sous tournois à Gilles Huillart, pour porter des lettres du roi en Picardie au duc de Vendôme, gouverneur dudit pays. Paris, 24 décembre 1528. 24 décembre.

Bibl. nat., ms. fr. 10406, fol. 92. (*Mention.*)

19706. Mandement aux grènetier et contrôleur du grenier à sel de Gien de rendre justice à « Ynesse » de La Mare, voiturier par eau, au sujet d'une fraude commise à son préjudice par Jacquet Fraillon et Gillet Laurent, ses associés. 24 décembre 1528. 24 décembre.

Mention dans un arrêt du Grand conseil, en date du 7 août 1531. Arch. nat., V⁵ 1048.

19707. Commission donnée aux conseillers de la Chambre du trésor et au bailli de Touraine pour prendre connaissance des droits qui se lèvent aux foires de Niort et de Fontenay en Poitou. Saint-Germain-en-Laye, 29 décembre 1528. 29 décembre.

IMP. Bacquet. *Œuvres.* Paris, 1664. *De la juridiction du trésor*, p. 75.

19708. Mandement à François de La Trémoïlle, vi- 31 décembre.

comte de Thouars, lieutenant du roi en Poitou et en Saintonge, d'assigner aux gens de guerre des logis et garnisons, « à la moindre charge et foulle du peuple que faire se pourra ». Saint-Germain-en-Laye, 31 décembre 1528. 1528.

Original. Chartrier de Thouars. Arch. de M. le duc de La Trémoïlle.

Imp. Inventaire de François de La Trémoïlle, etc. publié par Louis de La Trémoïlle, Nantes, 1887, in-4°, p. 154. (*Mention.*)

19709. Lettres de naturalité accordées à François Beyart, natif de Burgos en Espagne, demeurant à Rouen. Saint-Germain-en-Laye, décembre 1528. Décembre.

Enreg. à la Chancellerie de France. Arch. nat., Trésor des Chartes, JJ. 243, n° 530, fol. 157 v°.

19710. Lettres de naturalité accordées à Godefroy François, dit de Colonia, maître ès arts, résidant en l'Université de Paris, natif de Genappe en Brabant. Saint-Germain-en-Laye, décembre 1528. Décembre.

Enreg. à la Chancellerie de France. Arch. nat., Trésor des Chartes, JJ. 243, n° 535, fol. 158 v°.

19711. Lettres de naturalité accordées à Louis de Lacque, dit Merveille, natif de Milan, sommelier ordinaire de l'armurerie du roi, et précédemment au service des rois Charles VIII et Louis XII, marié à Tours et y demeurant depuis trente ans. Saint-Germain-en-Laye, décembre 1528. Décembre.

Enreg. à la Chancellerie de France. Arch. nat., Trésor des Chartes, JJ. 243, n° 534, fol. 158 v°.

Imp. Archives de l'art français, t. III (Documents), 1853-1855, p. 303.

1529. — Pâques, le 28 mars.

1529.

19712. Déclaration de l'hommage fait entre les mains du roi par le duc de Longueville pour la seigneurie de Ramerupt, au comté de Chaumont- 2 janvier.

en-Bassigny. Saint-Germain-en-Laye, 2 janvier 1528. 1529.

Expéd. orig. Arch. nat., P. 163[1], cote 960.

19713. Lettres d'évocation d'un procès pendant entre Jean d'Estouteville, bailli de Rouen, et Jean de Cormeilles, conseiller au Parlement de ladite ville. 2 janvier 1528. 2 janvier.

Mention dans un arrêt du Grand conseil, en date du 4 mars 1532 n. s. Arch. nat., V[5] 1048.

19714. Confirmation donnée par la duchesse d'Angoulême à Pierre de Warty, grand maître des Eaux et forêts du royaume, de l'office de gouverneur et bailli de Clermont en Beauvaisis, qu'il tenait de feu Charles de Bourbon. Saint-Germain-en-Laye, 4 janvier 1528. 4 janvier.

Réception au Parl. de Paris, le 23 janvier 1533 n. s. Arch. nat., X[1a] 4893, fol. 226 v°. (*Mention.*)

19715. Déclaration de foi et hommage fait entre les mains du roi par Louis d'Orléans, duc de Longueville, pour les comté de Dunois, baronnie de Château-Renault et dépendances. Saint-Germain-en-Laye, 5 janvier 1528. 5 janvier.

Présentée avec le duplicata à la Chambre des Comptes de Blois, le 15 février suivant. Arch. nat., KK. 902, fol. 110. (*Mention.*)

Anc. arch. de la Chambre des Comptes de Blois, lay. D. *Arch. nat.*, P. 1479, fol. 108. (*Mention.*)

19716. Lettres de souffrance de bailler aveu et dénombrement pendant deux ans, accordées à Louis d'Orléans, duc de Longueville, grand chambellan de France, pour le duché de Longueville, comprenant les baronnies de Monville, Blangy en Auge, et Varenguebec, les comtés de Tancarville et de Gournay, les états de grand chambellan et de connétable de Normandie. Saint-Germain-en-Laye, 5 janvier 1528. 5 janvier.

Original. Arch. nat., Chambre des Comptes de Paris, P. 267[1], n° 2287.

19717. Déclaration de foi et hommage de Louis duc de Longueville, grand chambellan de France, 5 janvier.

pour les seigneuries de Château-Chinon et Lormes, mouvant de la tour de Saint-Pierre-le-Moutier, et souffrance de deux ans pour bailler aveu et dénombrement. Saint-Germain-en-Laye, 5 janvier 1528. 1529.

Original. Arch. nat., Chambre des Comptes de Paris, P. 716, n° 251.

19718. Déclaration de foi et hommage de Louis duc de Longueville, grand chambellan de France, pour la baronnie de la Brosse, mouvant de la Tour de Chartres, et souffrance de bailler aveu et dénombrement pendant deux ans. Saint-Germain-en-Laye, 5 janvier 1528. 5 janvier.

Original. Arch. nat., Chambre des Comptes de Paris, P. 716, n° 252.

19719. Déclaration de foi et hommage de Louis duc de Longueville, grand chambellan de France, pour la vicomté de Melun, mouvant de Melun, et souffrance de bailler aveu et dénombrement pendant deux ans. Saint-Germain-en-Laye, 5 janvier 1528. 5 janvier.

Original. Arch. nat., Chambre des Comptes de Paris, P. 716, n° 253.

19720. Déclaration de l'hommage de Louis duc de Longueville, pour les seigneuries de Parthenay, Béceleuf, le Coudray, Vouvant, etc., mouvantes du château de Poitiers, et délai de deux ans pour bailler aveu. Saint-Germain-en-Laye, 5 janvier 1528. 5 janvier.

Expéd. orig. Arch. nat., P. 557[1], cote 937.

19721. Déclaration de foi et hommage de Louis duc de Longueville, grand chambellan de France, pour la seigneurie de Noyers, mouvant de Sens. Saint-Germain-en-Laye, 5 janvier 1528. 5 janvier.

Original. Arch. nat., Chambre des Comptes de Paris, P. 14, n° 5133.

19722. Déclaration de foi et hommage de Louis duc de Longueville, grand chambellan de France, pour les seigneuries de Montreuil-sur-Mer, Saint-Vaast, Wailly et Waben, mouvantes de 5 janvier.

Montreuil. Saint-Germain-en-Laye, 5 janvier 1528. 1529.

Original. Arch. nat., *Chambre des Comptes de Paris*, P. 15, n° 5574.

19723. Déclaration de foi et hommage de Louis duc de Longueville, grand chambellan de France, pour les vicomtés d'Abbeville et du Crotoy et les seigneuries de Noyelles, Noyellette, Hiermont, etc., mouvantes du comté de Ponthieu. Saint-Germain-en-Laye, 5 janvier 1528. 5 janvier.

Original. Arch. nat., *Chambre des Comptes de Paris*, P. 15, n° 5575.

19724. Déclaration de l'hommage fait entre les mains du roi par Louis duc de Longueville, grand chambellan de France, pour ledit duché, ses annexes, et la principauté de Châtel-Aillon, et délai de deux ans accordé audit Louis pour bailler l'aveu et dénombrement desdits fiefs. Saint-Germain-en-Laye, 5 janvier 1528. 5 janvier.

Expéd. orig. Arch. nat., P. 267[1], cote 2288.

19725. Mandement au trésorier de l'épargne de payer la somme de 900 livres tournois à Jean de La Chesnaye, dit Bouchy, valet de chambre ordinaire du roi. 12 janvier 1528. 12 janvier.

IMP. *Catalogue des chartes du cabinet de M. de M.* (*Magny*). Vente du 18-22 mars 1867, par Jacques Charavay aîné, n° 1267. (*Mention.*)

19726. Mandement à Guillaume Prudhomme, trésorier de l'épargne, de rembourser à Claude Robertet, conseiller du roi et trésorier de France, 2,000 livres tournois qu'il lui avait prêtées et remises à Pierre d'Apestigny, receveur général des finances extraordinaires. Saint-Germain-en-Laye, 13 janvier 1528. 13 janvier.

Original. Bibl. nat., Nouv. acquisitions franç., ms. 1483, n° 51.

19727. Lettres de relief de surannation pour la vérification par Pierre d'Apestigny, général des finances de Bourgogne, et par le bailli d'Auxois, des lettres données le 14 octobre 1526 18 janvier.

(n° 18826) en faveur des habitants d'Avallon, lettres que lesdits habitants n'avaient pu présenter en temps utile, à cause de l'absence de feu Raoul Hurault, prédécesseur dudit Pierre d'Apestigny en ladite généralité. Saint-Germain-en-Laye, 18 janvier 1528. 1529.

Original. Arch. comm. d'Avallon, CC. 33, n° 3.

19728. Lettres de jussion pour l'enregistrement du don fait à Antoine de Raincon, chevalier, de la châtellenie royale de Germolles-lès-Chalon, par lettres du 8 novembre 1528 (n° 19683). Saint-Germain-en-Laye, 19 janvier 1528. 19 janvier.

Copie collat. du XVIe siècle. Arch. de la Côte-d'Or, B. 1088.

19729. Lettres d'évocation d'un procès pendant au Parlement de Bordeaux entre Anne-Arnaude de Golse, femme de Philippe de Saint-Merry, seigneur de Barmont, d'une part, et Jean de Plasmont, conseiller en la sénéchaussée de Guyenne, et sa femme, et Jeanne-Arnaude de Golse, femme d'Arnaud de Macanan, avocat au Parlement de Bordeaux, d'autre part. 24 janvier 1528. 24 janvier.

Mention dans un arrêt du Grand conseil, en date du 10 janvier 1532 n. s. Arch. nat., V[5] 1048.

19730. Mandement au général et au receveur des finances de Bourgogne de décharger la ville de Dijon du payement de 4,000 livres à laquelle elle avait été taxée comme ville franche, attendu qu'elle contribuait pour sa part dans l'aide de 400,000 livres tournois votée par les États du duché pour la rançon du roi. Paris, 28 janvier 1528. 28 janvier.

Original. Arch. de la ville de Dijon, Trésor des Chartes, L.

19731. Mandement de payer à Robert Gédoyn, secrétaire des finances, 1,623 livres 2 sous 6 deniers tournois, dont 423 livres 2 sous 5 deniers pour ses gages et droit de manteaux, et 31 janvier.

1,200 livres tournois pour sa pension. Paris, 31 janvier 1528. — 1529.

Original. Bibl. nat., Pièces originales, Gédoyn, vol. 1305, p. 7.

19732. Lettres de légitimation accordées à Antoine Lecocq, fils naturel de Pierre Lecocq et de Tiphaine Lapôtre. Saint-Germain-en-Laye, janvier 1528. — Janvier.

Enreg. à la Chancellerie de France. Arch. nat., Trésor des Chartes, JJ. 243, n° 529, fol. 157 v°.

19733. Lettres de légitimation accordées à Gilles Lenfant, fils naturel de feu Olivier Lenfant et de Marguerite Lucas, du bailliage de Coutances. Saint-Germain-en-Laye, janvier 1528. — Janvier.

Enreg. à la Chancellerie de France. Arch. nat., Trésor des Chartes, JJ. 244, n° 12, fol. 16 v°.

19734. Lettres confirmant au Parlement de Grenoble la juridiction sur le comté de Gap. Saint-Germain-en-Laye, 1er février 1528. — 1er février.

Arch. départ. de l'Isère, B. 2994, cahier 56. (*Mention.*)

19735. Mandement d'envoyer 200 livres tournois par mois, sur l'extraordinaire des guerres, à Geoffroy de Grangis, actuellement ambassadeur auprès des cantons de la Ligue grise, alliés de la France, pour les affaires du roi. Paris, 3 février 1528. — 3 février.

Original. Bibl. nat., Pièces originales, Grangis, vol. 1397, pièce 3.

19736. Lettres d'évocation au Grand conseil de procès pendants au conseil de Bretagne entre le procureur du roi, demandeur, et Perceval Danyon et Alain de Mur, défendeurs. 4 février 1528. — 4 février.

Mention dans un arrêt du Grand conseil, en date du 14 août 1529. Arch. nat., V5 1047.

19737. Provisions, en faveur de Laurent Pajot, de l'office de sergent royal sur le fait de la justice des aides, tailles et gabelles dans l'élection de — 6 février.

Beauvais et le doyenné de Beaumont. 6 février 1528. 1529.

Mention dans un arrêt du Grand conseil, en date du 10 septembre 1529. Arch. nat., V⁵ 1047.

19738. Lettres de prorogation pour huit ans accordée aux habitants d'Avallon d'un octroi de 40 sous tournois par muid de sel vendu au grenier dudit lieu et du huitième du vin vendu en détail dans ladite ville. Saint-Germain-en-Laye, 10 février 1528. 10 février.

Vérifiées à la Chambre des Comptes de Dijon, le 19 avril 1529.

Original. Arch. comm. d'Avallon, CC. 33, n° 5.

19739. Lettres portant nouveau mandement à François de La Trémoïlle, lieutenant du roi en Poitou et Saintonge, d'assigner aux gens de guerre des logis et garnisons «à la moindre charge et foulle du peuple que faire se pourra». Paris, 10 février 1528. 10 février.

Original. Chartrier de Thouars. Arch. de M. le duc de La Trémoïlle.

IMP. *Inventaire de François de La Trémoïlle*, etc., publié par Louis de La Trémoïlle. Nantes, 1887, in-4°, p. 155.

19740. Provisions, en faveur de Raymonet Maynier, d'un des quatre offices de «tablier» des premières appellations de Provence. 11 février 1528. 11 février.

Mention dans un arrêt du Grand conseil, en date du 26 août 1534. Arch. nat., V⁵ 1050.

19741. Déclaration de l'hommage de Pierre d'Aumont pour la moitié de la rue d'Indre à Châteauroux, fief mouvant du comté de Blois. 12 février 1528. 12 février.

Anc. arch. de la Chambre des Comptes de Blois, lay. B. *Arch. nat.,* P. 1479, fol. 356. (*Mention.*)

19742. Lettres portant mainlevée de la terre de Rosny en faveur de Jeanne de Hornes, veuve de Hugues de Melun, s^r de Rosny. 15 février 1528. 15 février.

Enreg. à la Chambre des Comptes de Paris, anc.

mém. 2 E, fol. 147. *Arch. nat.*, PP. 119, p. 19. (*Mention.*) 1529.

Bibl. nat., ms. fr. 21405, p. 306. (*Mention.*)

Bibl. nat., ms. Clairambault 782, p. 287. (*Mention.*)

19743. Déclaration de l'hommage d'Adrien de Melun, écuyer, baron des Landes et de Normanville, pour la seigneurie de Caër, mouvant du comté d'Évreux, acquise par lui de Jean de Queremont, prêtre. Paris, 20 février 1528. 20 février.

Expéd. orig. Arch. nat., P. 270², cote 4245.

19744. Provisions en faveur d'Antoine de La Rochefoucauld, s^r de Barbezieux, chevalier de l'ordre, de l'office de grand sénéchal de Guyenne. 22 février 1528. 22 février.

Bibl. nat., ms. fr. 20873, fol. 617. (*Mention.*)

19745. Provisions d'un office d'élu en l'élection de Falaise, pour Jean Tristan (1). Vanves, 25 février 1528. 25 février.

Enreg. à la Cour des Aides de Normandie, le 1er mars 1529 n. s. Arch. de la Seine-Inférieure, Mémoriaux, 2e vol., fol. 14.

19746. Lettres octroyant à Hippolyte d'Este, archevêque de Milan, la faculté de posséder des bénéfices en France. Saint-Germain-en-Laye, 27 février 1528. 27 février.

Original. Modène, Arch. di Stato, Archivio ducale secreto, Casa.

19747. Lettres permettant aux habitants de Saint-Mathurin de Larchant de fortifier leur bourg et de lever un octroi sur le vin, pour en appliquer le produit au payement des travaux. Paris, février 1528. Février.

Enreg. à la Chancellerie de France. Arch. nat., Trésor des Chartes, JJ. 244, n° 42, fol. 55 v°.

Copie. Arch. nat., S. 305-306.

19748. Lettres de création de trois foires franches annuelles à Limeuil, dans la sénéchaussée de Février.

(1) Acte dont le commencement manque, par suite de la lacération des treize premiers feuillets du 2e vol. des Mémoriaux.

Périgord, en faveur de Gilles de La Tour, seigneur du lieu. Paris, février 1528. 1529.

Enreg. à la Chancellerie de France. Arch. nat., Trésor des Chartes, JJ. 244, n° 41, fol. 54 v°.

19749. Lettres de création de deux foires annuelles et d'un marché, le vendredi de chaque semaine, à Villeneuve-sur-Bellot, au bailliage de Meaux. Paris, février 1528. Février.

Enreg. à la Chancellerie de France. Arch. nat., Trésor des Chartes, JJ. 244, n° 43, fol. 56.

19750. Lettres de légitimation accordées à Pierre de Roucy, prêtre, fils naturel de feu Jean, comte de Roucy, et d'Antonie de Dally. Paris, février 1528. Février.

Enreg. à la Chancellerie de France. Arch. nat., Trésor des Chartes, JJ 244, n° 58, fol. 80.

19751. Lettres de naturalité accordées à Philibert Panissier, prêtre, natif du diocèse de Bourg-en-Bresse, demeurant au bailliage de Mâcon. Paris, février 1528. Février.

Enreg. à la Chancellerie de France. Arch. nat., Trésor des Chartes, JJ. 244, n° 48, fol. 63.

Enreg. à la Chambre des Comptes de Dijon, le 3 juin 1529. Arch. de la Côte-d'Or, B. 72, fol. 123.

19752. Lettres de confirmation par le roi, et prorogation pour une nouvelle période de cinq années, du don et de la réduction d'une somme de 3,000 livres sur les tailles annuelles de la ville de Narbonne, octroyés par la régente le 14 novembre 1525. Paris, 1er mars 1528. 1er mars.

Copie du XVIe siècle. Arch. de la ville de Narbonne, AA. 105, fol. 100 v°.

19753. Mandement de faire convertir en or 94,000 livres tournois et de les distribuer, partie à Louis de Perreau, seigneur de Castillon, envoyé vers Renzo de Cere, lieutenant général au royaume de Naples, vers le comte de Saint-Pol et les alliés du roi, les seigneuries de Venise et de Florence, et autres; partie à envoyer à Alexandrie et en Lombardie au comte 4 mars.

de Saint-Pol, lieutenant général en Lombardie; partie à envoyer au duché de Milan à François-Marie Sforza, par Guillaume Dodieu, envoyé du roi vers ce prince; partie à envoyer à Rome par Balthasar de Gerente (de Jarante), ambassadeur près du Pape. Paris, 4 mars 1528. — 1529.

Original. Bibl. nat., Pièces originales, vol. 2238 (doss. 50721), Perreau, p. 7.

19754. Déclaration de foi et hommage fait entre les mains du chancelier de France par Jean Bouchet, pour la seigneurie de «la Mothe-Domblin», sise en la paroisse de Tremblevif (auj. Saint-Viâtre). Paris, 4 mars 1528. — 4 mars.

Dupl. présenté à la Chambre des Comptes de Blois, le 15 avril suivant. Arch. nat., KK. 902, fol. 111. (*Mention.*)

19755. Don à Jacques de Montgomery, chevalier, s[r] de Lorges, des biens confisqués de feu Hugues d'Espagne de Durfort. 5 mars 1528. — 5 mars.

Enreg. à la Chambre des Comptes de Paris, anc. mém. 2 E, fol. 155. *Arch. nat.*, PP. 119, p. 20. (*Mention.*)

Bibl. nat., ms. fr. 21405, fol. 306. (*Mention.*)

Bibl. nat., ms. Clairambault 782, p. 287. (*Mention.*)

19756. Don à Claude de Lorraine, duc de Guise, des biens de feu Claude Liébault, prévôt de Vitry, échus au roi par droit d'aubaine. 8 mars 1528. — 8 mars.

Anc. arch. de la Chambre des Comptes de Joinville, pièce cotée 51. Arch. nat., KK. 906, fol. 405 v°.

19757. Déclaration de l'hommage de Jean de Selve, chevalier, premier président du Parlement de Paris, pour les seigneuries de Villiers et D'huison, mouvant du château de Montlhéry. Paris, 8 mars 1528. — 8 mars.

Original. Arch. nat., Chambre des Comptes de Paris, P. 2, n° 763.

Copie collat. du 12 septembre 1699, donnée par la Chambre des Comptes de Paris. Arch. de Seine-et-Oise, E. 2047.

IMPRIMERIE NATIONALE.

19758. Lettres d'évocation au Grand conseil d'un procès pendant à la Cour des Aides de Montpellier entre le syndic de Béziers et Jean Brettes, Galsain Commeste et Étienne Torosault, jadis consuls de Béziers pour l'année 1526, d'une part, et Henri de Mappa, chanoine de Béziers, syndic des autres chanoines de la même ville, d'autre part. 14 mars 1528. — 1529. 14 mars.

Mention dans un arrêt du Grand conseil, en date du 18 octobre 1529. Arch. nat., V⁵ 1047.

19759. Mandement au trésorier de l'épargne de rembourser à Jean Carré, receveur général des finances de Normandie, 2,000 livres tournois qu'il a prêtées naguère à Pierre d'Aspestigny. Fontainebleau, 17 mars 1528. — 17 mars.

Original. Bibl. nat., Pièces originales, Carré, vol. 603, pièce 10.

19760. Lettres d'évocation au Grand conseil de deux procès intentés par Jean du Tillet, secrétaire du roi, curateur de Louis Regnier, fils de feu Pierre Regnier, en son vivant lieutenant général en Poitou. 18 mars 1528. — 18 mars.

Mention dans un arrêt du Grand conseil, en date du 20 novembre 1529. Arch. nat., V⁵ 1047.

19761. Lettres autorisant Jean Daguerre, chevalier, s^r de Vienne-le-Château, à faire transporter à Rouen, par terre et par eau, cent muids de blé de son cru. 19 mars 1528. — 19 mars.

Arch. nat., F¹¹ 264. (*Mention.*)

19762. Ratification par François Ier du traité conclu en son nom par Antoine Du Prat, chancelier de France, avec Jean Statilée, ambassadeur de Jean, roi de Hongrie, à Paris, le 28 octobre précédent (n° 19676). Blois, 23 mars 1528. — 23 mars.

Copie collat., dans la ratification donnée par le roi de Hongrie à Buda, le 1er septembre 1529. Arch. nat., J. 955^a, n° 18. (Musée des documents étrangers, AE III, n° 26).

19763. Lettres portant pouvoirs à Antoine Raincon, s^r de Germolles, chambellan du roi, ambassadeur près de Jean, roi de Hongrie, pour — 23 mars.

recevoir les lettres de ratifications de ce prince du traité conclu entre lui et François Ier, le 28 octobre précédent. Blois, 23 mars 1528. 1529.

Copie du XVIIe siècle. Bibl. nat., fonds de Brienne, ms. 94.
Imp. E. Charrière, *Négociations de la France dans le Levant.* Paris, 1848, in-4°, t. Ier, p. 167.

19764. Déclaration de l'hommage fait entre les mains du roi par Jean de La Barre, prévôt de Paris, pour deux rentes sur le domaine: l'une de 132 livres 9 sous 3 deniers tournois, acquise de Charlotte de Poncher, dame de Lésigny; l'autre de 119 livres 17 sous tournois, acquise d'Eustache Luillier et de Marie de Poncher, sa femme. 25 mars 1528. 25 mars.

Arch. de Seine-et-Oise, série D, Fonds de Saint-Cyr, 18e carton de Chevreuse, *Inventaire des titres de Châteaufort et Jouy-en-Josas, dressé en 1549,* fol. 3. (*Mention.*)

19765. Déclaration de l'hommage de Guillot Daulard pour une censive sise à Champigny, au comté de Blois. 27 mars 1528. 27 mars.

Anc. arch. de la Chambre des Comptes de Blois, lay. C. *Arch. nat.,* P. 1479, fol. 71 v°. (*Mention.*)

19766. Déclaration de l'hommage de Renée Bucheron, veuve de Jean Paluau, pour la moitié de deux arpents de vigne sis au clos de la Caillère, dans la paroisse des Montils, au comté de Blois. 29 mars 1529. 29 mars.

Anc. arch. de la Chambre des Comptes de Blois, lay. C. *Arch. nat.,* P. 1479, fol. 72. (*Mention.*)

19767. Lettres de don à Jacques Bienvenu, écuyer de la cuisine de bouche, et à Pierre Godefroy, archer de la garde, en récompense des services rendus au roi en Espagne, des biens de feu Thomas Brizay, étranger non naturalisé, serrurier aux faubourgs d'Orléans, échus au roi par droit d'aubaine. Paris, mars 1528. Mars.

Enreg. à la Chancellerie de France. Arch. nat., Trésor des Chartes, JJ. 243, n° 544, fol. 161 v°.

19768. Lettres de légitimation accordées à Nicolas Carat, Mars.

étudiant à l'Université de Paris, fils naturel de Nicolas Carat, huissier du Parlement. Paris, mars 1528. 1529.

Enreg. à la Chancellerie de France. Arch. nat., Trésor des Chartes, JJ. 243, n° 546, fol. 162.

19769. Lettres de légitimation accordées à Arnaud Malemain, fils naturel de Renaud Malemain et de Jeanne Malemain, demeurant à [Lavit-de-]Lomagne, au comté d'Armagnac. Paris, mars 1528. Mars.

Enreg. à la Chancellerie de France. Arch. nat., Trésor des Chartes, JJ. 243, n° 551, fol. 165.

19770. Lettres de naturalité accordées à Philippe et Jean-Baptiste de Friscobaldi, natifs de Florence, établis à Paris depuis dix ans. Paris, mars 1528. Mars.

Enreg. à la Chancellerie de France. Arch. nat., Trésor des Chartes, JJ. 245[1], n° 64, fol. 10.

19771. Lettres de naturalité accordées à Antoine Rapoy, natif de Bresse, du côté du duché de Savoie, établi au bailliage de Mâcon depuis trente ans. Paris, mars 1528. Mars.

Enreg. à la Chancellerie de France. Arch. nat., Trésor des Chartes, JJ. 243, n° 539, fol. 159 v°.

19772. Lettres de naturalité accordées à Jean-François Vini, natif de Florence, demeurant à Lyon depuis dix ans. Paris, mars 1528. Mars.

Enreg. à la Chancellerie de France. Arch. nat., Trésor des Chartes, JJ. 245[1], n° 61, fol. 9 v°.

19773. Lettres de naturalité accordées à Madeleine Lartissut de Médicis, native d'Avignon, femme séparée de Joachim de Sauze, demeurant à Marseille. Blois, mars 1528. Mars.

Enreg. à la Chancellerie de France. Arch. nat., Trésor des Chartes, JJ. 243, n° 540, fol. 160.

19774. Don pour un an à Marie d'Albret, comtesse de Nevers et de Dreux, comme ayant la garde-noble de François de Clèves, son fils, du revenu des greniers à sel d'Eu, Tréport, 6 avril.

Mers-en-Vimeu et Saint-Valery-sur-Mer. 6 avril 1529. 1529.

Enreg. à la Chambre des Comptes de Paris, anc. mém. 2 F, fol. 34. *Arch. nat.*, PP. 119, p. 5. (*Mention.*)

Bibl. nat., ms. fr. 21405, fol. 307. (*Mention.*)

Bibl. nat., ms. Clairambault 782, p. 287. (*Mention.*)

19775. Lettres ordonnant qu'il soit sursis à la vérification des comptes d'Abel Courtois et de ses consorts, fermiers des ports et havres de Vannes, Cornouailles, Léon, Tréguier et Saint-Brieuc, jusqu'à l'expiration de leurdite ferme. Blois, 7 avril 1529. 7 avril.

Mention dans un arrêt du Grand conseil, en date du 17 juin 1531. Arch. nat., V⁵ 1048.

19776. Provisions pour Mathurin Cossé de l'office de tailleur (graveur) de la Monnaie de Tours, en remplacement de feu Robin Rousseau. Blois, 8 avril 1529. 8 avril.

Vérifiées à la Cour des Monnaies, le 20 avril suivant. Arch. nat., Z^{1b} 548, dossier de l'année 1532. (*Mention.*)

19777. Lettres nommant des commissaires chargés de s'enquérir au sujet de certaines déprédations que Louis Deladoy, marchand et bourgeois de Lyon, dit avoir été faites sur mer à son préjudice par André Doria et autres Génois. 8 avril 1529. 8 avril.

Mention dans un arrêt du Grand conseil, en date du 14 novembre 1530. Arch. nat., V^5 1047.

19778. Déclaration de l'hommage de Jacques de Valenciennes pour sa part des dîmes suivantes, sises au comté de Blois : les trois huitièmes d'une dîme sise à Châtillon-sur-Cher; la dîme de Villefolet[1]; le quart de la dîme de Cour-sur-Loire. 8 avril 1529. 8 avril.

Anc. arch. de la Chambre des Comptes de Blois, lay. C. *Arch. nat.*, P. 1479, fol. 94 v° et 95 v°. (*Mentions.*)

[1] Commune de Saint-Denis-sur-Loire.

19779. Lettres de sauvegarde accordées aux habitants de l'île d'Yeu en Poitou. Paris (*sic*), 9 avril 1529. 1529. 9 avril.

Expéd. orig. Bibl. nat., coll. Joursanvault, Provinces diverses, Poitou.

19780. Déclaration de foi et hommage fait entre les mains du chancelier de France par Jacques de Saintray, seigneur de Diziers, pour la moité par indivis des seigneuries du Rouillis et des Granges, au comté de Blois. Blois, 10 avril 1529. 10 avril.

Dupl. présenté à la Chambre des Comptes de Blois, le 15. Arch. nat., KK. 902, fol. 111. (*Mention.*)
Anc. arch. de la Chambre des Comptes de Blois, lay. G. *Arch. nat.*, P. 1479, fol. 155. (*Mention.*)

19781. Déclaration de l'hommage de Gentien Le Bas pour la métairie de Saint-Germain, sise à Morée, paroisse de Talcy, au comté de Blois. 12 avril 1529. 12 avril.

Anc. arch. de la Chambre des Comptes de Blois, lay. G. *Arch. nat.*, P. 1479, fol. 156. (*Mention.*)

19782. Déclaration de l'hommage d'Hervé Le Semelier pour une rente de 10 muids de seigle sur la dîme d'Olivet, sise à Tremblevif (auj. Saint-Viâtre). 12 avril 1529. 12 avril.

Anc. arch. de la Chambre des Comptes de Blois, lay. O. *Arch. nat.*, P. 1479, fol. 262 v° et 263 v°. (*Mentions.*)

19783. Déclaration de l'hommage de Jean Marchandon pour divers héritages sis à Mer, au comté de Blois. 13 avril 1529. 13 avril.

Anc. arch. de la Chambre des Comptes de Blois, lay. M. *Arch. nat.*, P. 1479, fol. 233 v°. (*Mention.*)

19784. Mandement au trésorier de l'épargne de payer 1,800 livres tournois au s[r] de La Fayette, envoyé en qualité de lieutenant dans le comté de Provence, pour son état pendant trois mois, commencés le 1er avril. Montfranc, 15 avril 1529. 15 avril.

Original. Bibl. nat., Pièces orig., La Fayette, vol. 1119, p. 20.

19785. Traité conclu entre le roi François Ier, représenté par Claude Dodieu, et le sr Malatesta, ses fils et son neveu, qui s'attachent au service de la France. Florence, 16 avril 1529. — 1529. 16 avril.

Original. Arch. nat., suppl. du Trésor des Chartes, J. 990, n° 4.

19786. Lettres autorisant Henri II, roi de Navarre, à instituer des notaires et sergents dans ses comtés de Périgord, vicomté de Limoges et autres terres, droit dont jouissaient déjà ses prédécesseurs, en vertu d'anciens privilèges à eux concédés par les rois de France. Mont, près Blois, 16 avril 1529. — 16 avril.

Original. Arch. départ. des Basses-Pyrénées, E. 672.

19787. Lettres contenant des instructions et mémoires pour Aymar Rivail et Edmond Mulet, conseillers au Parlement de Grenoble, que le roi envoie présentement en qualité d'ambassadeurs vers le duc de Savoie. Mont, 16 avril 1529. — 16 avril.

Copie du XVIe siècle. Arch. départ. de l'Isère, B. 2908, fol. 320. 3 pages 1/2.

19788. Provisions en faveur de Gabriel de Tournoer, docteur en droit, fils de Guillaume de Tournoer, conseiller et second président du Parlement de Toulouse, de l'office de conseiller lai audit Parlement, vacant par la promotion de Pantaléon Joubert à l'office de président. Blois, 19 avril 1529. — 19 avril.

Vidimus du sénéchal de Toulouse, du 15 juin 1529. Bibl. nat., Pièces orig., vol. 2854, Tornoer, p. 13.

19789. Lettres de relief de surannation pour l'enregistrement de la confirmation des privilèges des habitants de Villeneuve-le-Roi, donnée par le roi à Lyon, au mois de mars 1517 (1). 23 avril 1529. — 23 avril.

Présentées au Parlement de Paris, le 4 mai 1529. Arch. nat., X1a 4886, fol. 155. (*Mention.*)

(1) *Sic.* Cette date ne peut être exacte, François Ier n'étant pas à Lyon en mars 1517 (a. s.).

19790. Déclaration de l'hommage de Mathurin Le Hucher pour la seigneurie de Villeflanzy, sise à Villebarou au comté de Blois. 23 avril 1529. | 1529. 23 avril.

Anc. arch. de la Chambre des Comptes de Blois, lay. V. *Arch. nat.*, P. 1479, fol. 408 v°. (*Mention.*)

19791. Déclaration de foi et hommage d'Henri Bohier, sénéchal de Lyon, maître d'hôtel ordinaire du roi, pour la seigneurie de Coulommiers mouvant du duché de Touraine. Amboise, 29 avril 1529. | 29 avril.

Original. Arch. nat., *Chambre des Comptes de Paris*, P. 13, n° 4415.

19792. Lettres de création de trois foires annuelles et d'un marché hebdomadaire à Bosas, en la sénéchaussée de Beaucaire, à la requête de Jean de Bosas, écuyer, seigneur du lieu. Blois, avril 1529. | Avril.

Enreg. à la Chancellerie de France. Arch. nat., *Trésor des Chartes*, JJ. 243, n° 565 *bis*, fol. 172 v°.

19793. Lettres d'abolition accordées à Hans de Bréda, pour le meurtre d'un homme qu'il avait tué pendant le siège de Pavie. Amboise, avril 1529. | Avril.

Imp. C.-A. Serrure, *Histoire de la souveraineté de S'Heerenberg*, Gand, imp. Doosselaere, 1860, in-4°, 2e partie, p. xxv.

19794. Provisions de l'office de lieutenant principal du juge d'appels des causes civiles de la sénéchaussée de Toulouse, en faveur de Déode Falqui, en remplacement de Gaston de Ruxe, décédé. 1er mai 1529. | 1er mai.

Mention dans un arrêt du Grand conseil, en date du 19 juin 1536, donné entre ledit Falqui et Jean de Saint-Pierre (voir ci-après au 16 septembre 1532), *et portant adjudication dudit office à ce dernier. Arch. nat.*, V5 1051.

19795. Évocation au Grand conseil d'un procès engagé entre Françoise de Viala, damoiselle, et Louis de Montlezun, seigneur de Campagne. 5 mai 1529. | 5 mai.

Mention dans un arrêt du Grand conseil, en date du 2 octobre 1529. Arch. nat., V5 1047.

19796. Lettres portant que Jean Belon, apothicaire de la duchesse de Ferrare, recevra une rente annuelle de 60 livres tournois jusqu'au payement de la somme de 500 livres tournois, à lui assignée par le roi en échange de droits d'usage dans la forêt de Blois. 6 mai 1529. — 1529. 6 mai.

Vérifiées à la Chambre des Comptes de Blois. Mention dans des lettres de François II, en date du 9 avril 1560 n. s., enregistrées à ladite Chambre, le 9 mai suivant. Arch. nat., P. 2881[3], fol. 174.

19797. Don de la terre de Nesploy à René de Goulf, écuyer, l'un des cent gentilshommes de la maison du roi. 12 mai 1529. — 12 mai.

Enreg. à la Chambre des Comptes de Paris, anc. mém. 2 F, fol. 5. *Arch. nat.*, PP. 119, p. 1. (*Mention.*)

Bibl. nat., ms. fr. 21405, p. 307. (*Mention.*)

19798. Mandement prescrivant une information de commodo et incommodo sur la requête de Jean de La Barre, comte d'Étampes, prévôt de Paris, tendant à obtenir du roi la cession de la châtellenie de Châteaufort, en échange d'une rente de 252 livres 6 sous 3 deniers tournois sur le trésor. La Bourdaisière, 17 mai 1529. — 17 mai.

Transcrit dans le procès-verbal de l'information faite en conséquence par René Ragueneau, maître des requêtes de l'hôtel, le 26 mai 1529. Arch. de Seine-et-Oise, série D, fonds de Saint-Cyr, 26e carton de Chevreuse.

19799. Lettres ordonnant de convertir en or et d'envoyer par chevaux de poste 53,000 livres tournois, en Pouille, à Renzo Orsini de Cere, lieutenant général du roi au royaume de Naples; dont 40,000 livres tournois pour la solde des gens de guerre à cheval et à pied qui sont dans ce pays. La Bourdaisière, 19 mai 1529. — 19 mai.

Original. Bibl. nat., Pièces orig., Cere, vol. 634, p. 18.

19800. Déclaration de foi et hommage de Maurice Briant, archiprêtre de Saint-Maixent, pour le — 22 mai.

fief du Breuil des Moulins mouvant de Loches. Beauvais, 22 mai 1529. 1529.

Original. Arch. nat., Chambre des Comptes de Paris, P. 13, n° 4416.

19801. Déclaration du serment de fidélité de Guillaume Du Prat pour le temporel de l'évêché de Clermont. La Bourdaisière, 23 mai 1529. 23 mai.

Expéd. orig. Arch. nat., P. 556¹, cote 729.

19802. Provisions de l'office de garde de la Monnaie de Tours par Louis de Cossy (*aliàs* Coussy), en remplacement de feu Guillaume Giroult. Amboise, 26 mai 1529. 26 mai.

Vérifiées à la Cour des Monnaies, le 29 juillet suivant. Arch. nat., Z¹ᵇ 548, dossier de l'année 1532. (*Mention.*)

19803. Provisions en faveur de Jean de Ulmo, avocat général au Parlement de Toulouse, de l'office de conseiller et président de ladite cour, en remplacement et sur la résignation de Georges d'Olmières. Romorantin, 30 mai 1529. 30 mai.

Vidimus du sénéchal de Toulouse, du 19 avril 1533. Bibl. nat., Pièces orig., vol. 1748, Lorme, p. 4.

19804. Provisions en faveur de Jean d'Olive, docteur ès droits, de l'office d'avocat général au Parlement de Toulouse, vacant par la promotion de Jean de Ulmo à l'office de président tenu naguère par feu Georges d'Olmières. Romorantin, 30 mai 1529. 30 mai.

Vidimus du sénéchal de Toulouse, du 25 juin 1529. Bibl. nat., Pièces orig., vol. 2140, Olive, p. 6.

19805. Déclaration de foi et hommage de Louis de Clermont, chevalier, vicomte de Gallerande, baron de Saxefontaine et de Preuilly, conseiller et maître d'hôtel ordinaire du roi, pour la seigneurie d'Azay-le-Ferron, mouvant de Tours. Romorantin, 31 mai 1529. 31 mai.

Original. Arch. nat., Chambre des Comptes de Paris, P. 13, n° 4417.

19806. Déclaration de l'hommage du même pour la 31 mai.

seigneurie du Blanc, en Berry, mouvante du château de Poitiers. Romorantin, 31 mai 1529. 1529.

Expéd. orig. Arch. nat., P. 556[1], cote 730.

19807. Déclaration de foi et hommage de François de Silles, écuyer, comme procureur de Gilles d'Argouges, s[r] de Gratot et de Brainville, pour la seigneurie de Brainville, mouvante de la couronne. Romorantin, 31 mai 1529. 31 mai.

Original. Arch. nat., Chambre des Comptes de Paris, P. 268[3], n° 3341.

19808. Lettres d'abolition en faveur des serviteurs de Jacques de Beaune, baron de Semblançay, et de Guillaume de Beaune, baron de Semblançay, son fils. La Bourdaisière, mai 1529. Mai.

Enreg. à la Chancellerie de France. Arch. nat., Trésor des Chartes, JJ. 245[1], n° 142, fol. 33. (Dans des lettres d'ampliation de février 1530 n. s.)

19809. Lettres de don à Laurent Leblanc et à Robinet Duluc, valets de chambre de la duchesse d'Angoulême, des biens confisqués de Pierre Bauchy, bâtard légitimé, pendu pour ses brigandages par sentence du prévôt des maréchaux du Bourbonnais. La Bourdaisière, mai 1529. Mai.

Enreg. à la Chancellerie de France. Arch. nat., Trésor des Chartes, JJ. 245[1], n° 65, fol. 10.

19810. Lettres de naturalité accordées à Paul de Loredan, natif de Venise, valet de chambre du cardinal de Lorraine, marié à Saint-Aignan en Berry. La Bourdaisière, mai 1529. Mai.

Enreg. à la Chancellerie de France. Arch. nat., Trésor des Chartes, JJ. 245[1], n° 66, fol. 10 v°.

19811. Provisions en faveur de François, marquis de Saluces, de l'office de lieutenant général du roi au delà du Pô, en l'absence du comte de Saint-Pol. Romorantin, 2 juin 1529. 2 juin.

Original. Turin, Arch. di Stato, Marchesato di Saluzzo, 9e catégorie, mazzo 2, n° 7.

Arch. de l'Isère, Chambre des Comptes de Grenoble, Invent. des titres de Saluces. (*Mention.*)

19812. Déclaration de l'hommage de Jean de Rochefort, chevalier, bailli de Dijon, pour la seigneurie de Thémines (sénéchaussée de Quercy), mouvant du duché de Guyenne. Fontainebleau, 9 juin 1529. 1529. 9 juin.

Expéd. orig. Arch. nat., P. 556[1], cote 731.

19813. Lettres de réception du serment de fidélité du cardinal de Bourbon, pour le temporel de l'abbaye de Saint-Denis-en-France. Paris, 13 juin 1529. 13 juin.

Expéd. orig. Arch. nat., P. 725[1], cote 259.

19814. Lettres au Parlement de Toulouse, données à la requête de François d'Estaing, évêque de Rodez, ordonnant à cette cour de procéder à la vérification des lettres patentes confirmant les privilèges de l'église de Rodez. Paris, 17 juin 1529. 17 juin.

Copie du XVIe siècle. Arch. départ. de l'Aveyron, G. 32.

19815. Déclaration de foi et hommage de Jean de Prez, seigneur de Neuville et Thionville, pour lesdites seigneuries mouvant de Montfort-l'Amaury. Nantouillet, 19 juin 1529. 19 juin.

Original. Arch. nat., Chambre des Comptes de Paris, P. 7, n° 2356.

19816. Mandement aux généraux des finances d'examiner la requête présentée au roi, le 15 juin 1529, par les habitants de Vouhé, Chambon, et Puyraveau, dans l'élection de Saintonge, à l'effet d'obtenir une exemption de tailles. S. d.[1]. [Vers le 20 juin 1529]. 20 juin.

Mention dans une décision du Grand conseil, en date du 30 juillet 1529, engageant le roi à accorder ladite exemption pour cinq ans. Arch. nat., V[5] 1047.

19817. Évocation à la Cour des Aides de Montpellier 22 juin.

[1] Acte antérieur au 22 juin 1529, date à laquelle les généraux des finances donnèrent commission, pour examiner l'affaire, aux élus de Saintonge.

d'un procès engagé entre Jean de Rocquefeuil, seigneur de Versols, en Rouergue, et le syndic dudit lieu, d'une part, et Bernard de Rodez, seigneur de Montalègre, en Rouergue, Antoine de Rodez, religieux, Bernard de Rodez, prieur de l'église paroissiale de Tauriac, Astorg Seguret, notaire de Saint-Félix en Rouergue, et Jean Michaelis, greffier criminel au Parlement de Toulouse, d'autre part. 22 juin 1529. 1529.

Mention dans un arrêt du Grand conseil, en date du 6 octobre 1529. Arch. nat., V[5] 1047.

19818. Mandement au Grand conseil de donner avis sur l'échange projeté de la châtellenie de Châteaufort, appartenant au roi, contre une rente de 252 livres 6 sous 3 deniers tournois, appartenant à Jean de La Barre, comte d'Étampes, prévôt de Paris. 24 juin 1529. 24 juin.

Présenté au Grand conseil, le 1er juillet 1529.
Arch. de Seine-et-Oise, série D, fonds de Saint-Cyr, 18e carton de Chevreuse, *Inventaire des titres de Châteaufort et Jouy-en-Josas, dressé en 1549*, fol. 2 v°. (*Mention.*)

19819. Provisions en faveur de Jean de Poncher, général des finances, de l'office de bailli d'Étampes, vacant par suite du décès de Charles de Castillon, sr de Luppé, à la nomination de Jean de La Barre, comte d'Étampes. Coucy, 29 juin 1529. 29 juin.

Reçu au Parl. de Paris, le 2 août 1529. Arch. nat., X[1a] 4886, fol. 481 v°. (*Mention.*)

19820. Mandement au trésorier de l'épargne de payer à Gabriel de Gramont, évêque de Tarbes, conseiller et maître des requêtes ordinaires de l'hôtel, 4,100 livres tournois pour l'ambassade qu'il va accomplir auprès du Pape... [1]. Juin 1529. Juin.

Original. Bibl. nat., Pièces orig., vol. 1388, Gramont (dossier 31313), p. 54.

[1] L'acte, déchiré dans toute sa partie droite, a perdu les dates de lieu et de jour.

19821. Lettres portant autorisation à Jean de La Barre, prévôt de Paris, de relever les fourches patibulaires de la seigneurie de Jouy-en-Josas. Cambrai (*sic*), 13 juillet [1] 1529. — 1529. 13 juillet.

Arch. de Seine-et-Oise, série D, fonds de Saint-Cyr, 18e carton de Chevreuse, *Inventaire des titres de Châteaufort et Jouy-en-Josas, dressé en 1549*, fol. 11 v°. (*Mention.*)

19822. Lettres d'octroi aux habitants de Rouen d'un impôt de 5 sous par muid de vin et de 8 sous par poise de sel, jusqu'à concurrence de 90,000 livres tournois, montant de la somme demandée par le roi à la ville pour la rançon des enfants de France. Coucy, 16 juillet 1529. — 16 juillet.

Présentées au Conseil de ville de Rouen, le 20. Arch. commun. de Rouen, A. 13, fol. 91 v°. (*Mention.*)

19823. Lettres portant permission au sr de Bessey de racheter la portion de la terre de Véronnes, acquise par Pierre Tabourot et provenant du domaine royal. Coucy, 16 juillet 1529. — 16 juillet.

Copie collat. du XVIe siècle. Arch. de la Côte-d'Or, B. 1332.

19824. Provisions de l'office de bailli de Vermandois, sur la résignation de Claude Gouffier, sr de Boisy, en faveur de Jean de Bossut, sr de Lierval. Coucy, 16 juillet 1529. — 16 juillet.

Présentées et contestées au Parlement, les 12 et 14 août 1529. Arch. nat., X1a 4886, fol. 515 et 525 v°. (*Mentions.*)

19825. Mandement au trésorier de l'épargne de payer 500 livres tournois au marquis de Bitonte (Jean-Frs d'Acquaviva, marquis de Bitonto), qui a abandonné avec tous ses biens le royaume de Naples, pour suivre le roi, et dernièrement a servi longtemps en l'armée d'Italie sous le comte de Saint-Pol. Coucy, 16 juillet 1529. — 16 juillet.

Original. Bibl. nat., Pièces orig., Acquaviva, vol. 81, p. 8.

[1] Il faut peut-être lire août.

19826. Mandement aux juges et commissaires ordonnés sur le fait des finances en la tour carrée à Paris, de faire comparaître devant eux Julien Bonacoursi et Robert Albisse, au sujet de 32,080 livres tournois, dont moitié appartenait, en conséquence d'un traité passé avec Semblançay, à Antoine Gualterotti et François, fils et héritier de Philippe Gualterotti, pour livraison faite par ce dernier et son frère Antoine, marchands florentins, d'armes en la forteresse de Tournay, l'an 1518, que les Anglais rendirent cette ville à la France; somme touchée par lesdits Bonacoursi et Albisse, qui, sur la moitié appartenant aux Gualterotti, ont payé 4,000 écus à la banque des Bartolini de Lyon, sous des conditions de rachat onéreuses pour les Gualterotti. Cambrai, 16 juillet 1529. — 1529. 16 juillet.

Original. Bibl. nat., Pièces orig., Gualterotti, vol. 1421, p. 2.

19827. Mandement au trésorier de l'épargne de payer au comte de Saint-Pol 1,000 écus, pour son entretien et celui de ses compagnons de captivité, prisonniers des Espagnols au château de Milan. La Fère, 26 juillet 1529. — 26 juillet.

Original. Bibl. nat., Pièces orig., Saint-Pol, vol. 2773, p. 22.

19828. Lettres portant réduction à 50,000 livres de la somme de 75,000 livres précédemment demandée par le roi aux habitants de Rouen pour la rançon des enfants de France, et octroi auxdits habitants, pour le recouvrement de ladite somme, d'un impôt de 5 sous par muid de vin et de 8 sous par poise de sel entrant dans leur ville ou la banlieue. La Fère, 26 juillet 1529. — 26 juillet.

Copie collat. du 13 janvier 1533 n. s., par Varin, secrétaire royal. Arch. commun. de Rouen, tiroir 148, n° 14.

19829. Mandement au sénéchal de Rennes d'examiner la requête présentée au roi, le 2 juillet 1529, par les paroissiens de Châteauneuf en Bre- — 31 juillet.

tagne, à l'effet d'obtenir exemption de tailles pour vingt ans. 31 juillet 1529. 1529.

Mention dans un arrêt du Grand conseil, en date du 16 décembre suivant, portant que ledit Conseil est d'avis d'accorder l'exemption pour huit ans. Arch. nat., V[5] 1047. (Cf. *Catalogue*, n° 3574.)

19830. Lettres portant cession à Jean de La Barre, comte d'Étampes, chambellan du roi et prévôt de Paris, de la châtellenie de Châteaufort, en échange d'une rente de 252 livres 6 sous 3 deniers tournois sur le trésor. Coucy, juillet 1529. Juillet.

Enreg. à la Chambre des Comptes de Paris, anc. mém. 2 G, fol. 15. *Arch. nat.*, PP. 119, p. 3. (*Mention.*)

Bibl. de Rouen, ms. Leber 5870, tome XV, fol. 63. (*Mention.*)

Arch. de Seine-et-Oise, série D, fonds de Saint-Cyr, 18e carton de Chevreuse, *Inventaire des titres de Châteaufort et Jouy-en-Josas, dressé en 1549*, fol. 3. (*Mention.*)

19831. Lettres de naturalité accordées à Baptiste de Perruciis, natif de Florence, retiré à Tours, où il s'est marié et a acquis des biens. Coucy, juillet 1529. Juillet.

Enreg. à la Chancellerie de France. Arch. nat., Trésor des Chartes, JJ 244, n° 216, fol. 351 v°. 2 pages.

19832. Lettres en faveur de Poton Raffin, capitaine de cent archers, chargé de la garde du marquis de Saluces, « lequel, pour aucunes causes que ne voulons estre cy autrement déclarées, avons ordonné estre mené et seurement gardé pour quelque temps ». Coucy [juillet-août] 1529. Juillet-Août.

Imp. *Catalogue des livres et documents de M. de Courcelles.* Vente en mai 1834, par Fournel-Leblanc, libraire, p. 64. (*Mention.*)

19833. Mandement à Guillaume Prudhomme, trésorier de l'épargne, de payer à Trajan et Antoine Karrache (Caraccioli), enfants du prince de Melphe, la somme de 1,000 livres tournois, en récompense des services rendus au roi 2 août.

par leur père au royaume de Naples. La Fère-sur-Oise, 2 août 1529. 1529.

Original. Bibl. de la ville de Rouen, ms. Leber 5719.

19834. Lettres contenant le serment fait par Louise de Savoie que son fils observera le traité conclu par elle, le même jour, avec Marguerite d'Autriche. Cambrai, 5 août 1529. 5 août.

Original. Bibl. nat., Mélanges de Colbert, vol. 365, n° 311.

19835. Lettres accordant à François de Clermont, gentilhomme ordinaire de la chambre du roi, la jouissance de la ferme du quatrième des salins et marais de Touques et des aides de Lizieux, pour le restant des dix ans à courir et pour trois années en plus. Beaurevoir, 7 août 1529. 7 août.

Enreg. à la Chambre des Comptes de Paris, anc. mém. 2 F, fol. 241 v°. *Arch. nat.*, PP. 119, p. 19. (*Mention.*)

Bibl. nat., ms. fr. 21405, p. 308. (*Mention.*)

Bibl. nat., ms. Clairambault 782, p. 288. (*Mention.*)

19836. Lettres portant notification du traité de Cambrai. Cambrai, 9 août [1529]. 9 août.

Enreg. au Châtelet de Paris et publiées dans la ville à son de trompe, le 18 août 1529. Arch. nat., Bannières, Y. 8, fol. 250. 1 page.

19837. Provisions de l'office de conseiller clerc au Parlement de Dijon pour Philippe Moisson, docteur ès droits, en remplacement du s^r Ravier, son beau-père, nommé conseiller au Parlement de Paris. Cambrai, 9 août 1529. 9 août.

Enreg. au Parlement de Dijon, le 7 avril 1530. Arch. de la Côte-d'Or, Parlement, reg. II, fol. 54.

19838. Mandement de payer à quatre hommes d'armes et cinq archers commandés par le duc de Lorraine, nommés dans l'acte, qui sont revenus naguère du royaume de Naples, leurs gages et soldes de 45 livres tournois par homme d'armes, et 22 livres 10 sous tournois par archer et par quartier, pour les deux 10 août.

premiers quartiers de l'année 1528, bien qu'ils n'aient point été présents aux montres et revues faites durant ce temps, parce qu'ils n'étaient pas encore de retour du voyage fait par le s[r] de Lautrec à Naples, comme l'a certifié Jean bâtard du Fay, lieutenant dudit Lautrec. Cambrai, 10 août 1529. 1529.

Original. Bibl. nat., *Pièces originales*, Crestes, vol. 930, p. 2.

19839. Mandement à la Chambre des Comptes de Paris d'informer sur la valeur des fiefs et hommages de la châtellenie de Châteaufort. Cambrai, 10 août 1529. 10 août.

Vérifié à la Chambre des Comptes de Paris, le 5 octobre 1529.

Arch. de Seine-et-Oise, série D, fonds de Saint-Cyr, 18e carton de Chevreuse, *Invent. des titres de Châteaufort et Jouy-en-Josas, dressé en 1549*, fol. 3. (*Mention.*)

19840. Mandement justificatif adressé à la Chambre des Comptes de Paris, et servant de quittance à Guillaume Prudhomme, trésorier de l'épargne, pour 410 livres tournois qu'il a remises directement au roi. Cambrai, 11 août 1529. 11 août.

Original. Bibl. nat., Nouvelles acquisitions françaises, ms. 1483, n° 52.

19841. Déclaration de l'hommage de Louis de Salle, écuyer, archer de la garde, pour le quart de la seigneurie de Lignol (bailliage de Chaumont, châtellenie de Bar-sur-Aube), à lui appartenant à cause de Bernarde Le Gruyer, sa femme. Saint-Quentin, 14 août 1529. 14 août.

Expéd. orig. Arch. nat., P. 163[2], cote 1049.

19842. Déclaration de l'hommage de Saladin de Montmorillon, chevalier, seigneur de Bazoches, pour la moitié de la seigneurie de Rizaucourt (bailliage de Chaumont, châtellenie de Bar-sur-Aube), à lui appartenant à cause de Jacqueline de Vésigneul, sa femme. Coucy, 21 août 1529. 21 août.

Expéd. orig. Arch. nat., P. 163[2], cote 1050.

19843. Lettres qui accréditent le s[r] de Brion, amiral de France, et autres ambassadeurs auprès de l'empereur Charles-Quint. Coucy, 22 août 1529. — 1529. 22 août.

Original. Archives imp. de Vienne (Autriche), Rep. P, a. 22.

19844. Mandement à Jean Grolier, trésorier des guerres, de payer comptant aux huit hommes d'armes et seize archers des ordonnances, y nommés, sous le commandement du comte de Maulévrier, grand sénéchal et gouverneur de Normandie, leur solde des deux premiers trimestres de l'année 1528, à 45 livres par homme d'armes et 22 livres 10 sous tournois par archer, pour chaque trimestre; absents des revues par congé du comte de Saint-Pol, lieutenant général en Italie, et rentrés en France les uns pour s'armer et remonter, les autres pour panser leurs blessures, ils vont retourner en Italie. Compiègne, 28 août 1529. — 28 août.

Original. Bibl. nat., Titres scellés de Clairambault, vol. 135, p. 69.

19845. Lettres de légitimation accordées à Étienne de La Baume, écuyer, fils naturel de feu Aymar de La Baume, comte de Montrevel, seigneur de Châteauvillain. Saint-Quentin, août 1529. — Août.

Enreg. à la Chancellerie de France. Arch. nat., Trésor des Chartes, JJ. 245[1], n° 129, fol. 29 v°.

19846. Lettres de légitimation accordées à Artus de Nèrement, archer de la garde, sous le commandement du sénéchal d'Agénais, fils naturel de Guillaume de Nèrement et de Jeanne Blanchet. Coucy, août 1529. — Août.

Enreg. à la Chancellerie de France. Arch. nat., Trésor des Chartes, JJ. 245[1], n° 275, fol. 76 v°.

19847. Lettres de légitimation accordées à Antoine, Gilbert et Michel de Saint-Avy, fils naturels de François de Saint-Avy, protonotaire du — Août.

Saint-Siège et prêtre commendataire du monastère de Saint-Gilbert. Coucy, août 1529. 1529.

Enreg. à la Chancellerie de France. Arch. nat., Trésor des Chartes, JJ. 245[1], n° 72, fol. 12 v°.

19848. Lettres portant que tous ceux qui se plaignent de déprédations commises à leur préjudice, au mépris des traités de Madrid et de Cambrai, devront présenter leurs réclamations à Cambrai, le 1er octobre et jours suivants, devant les juges institués à cet effet par le roi et l'empereur. Chantilly, 3 septembre 1529. 3 septembre.

Enreg. au Châtelet de Paris et publiées dans la ville, à son de trompe, le 20 septembre 1529. Arch. nat., Bannières, Y. 8, fol. 251. 1 page.

19849. Mandement prescrivant une information sur la valeur des hommages et droits féodaux de la châtellenie de Châteaufort, non compris dans la cession faite, en juillet 1529, de ladite châtellenie à Jean de La Barre, comte d'Étampes, prévôt de Paris. Chantilly, 3 septembre 1529. 3 septembre.

Transcription dans le procès-verbal de l'information faite en conséquence par René Ragueneau, maître des requêtes de l'hôtel, le 20 octobre 1529. Arch. de Seine-et-Oise, série D, fonds de Saint-Cyr, 26° carton de Chevreuse.

19850. Provisions de l'office de grènetier de Neufchâtel-en-Bray, en faveur de Martin Noyer, sur la résignation faite à son profit par Jeannot de Sallingand. Paris, 5 septembre 1529. 5 septembre.

Vérif. par les généraux des finances, le 4 décembre suivant.

Enreg. à la Cour des Aides de Normandie, le 20 décembre suivant. Arch. de la Seine-Inférieure, Mémoriaux, 2° vol., fol. 17. 1 page 1/2.

19851. Déclaration de foi et hommage de Gaillard Spifame, conseiller du roi et général des finances, pour la seigneurie de Passy, mouvant de Sens. Paris, 6 septembre 1529. 6 septembre.

Original. Arch. nat., Chambre des Comptes de Paris, P. 14, n° 5138.

19852. Lettres adressées à M. de Montmorency, grand maître et maréchal de France, gouverneur 11 septembre.

de Languedoc, au s^{r} de Clermont, son lieutenant, à l'évêque de Lodève, à Jean de Poncher, s^{r} de Limours, général des finances en Languedoc, etc., les informant que la part du Languedoc dans l'imposition de 3,216,000 livres tournois mise sur tout le royaume pour l'année commençant le 1er janvier prochain est de 289,963 livres 2 sous tournois. Paris, 11 septembre 1529. 1529.

Original. Bibl. nat., ms. fr. 22405, n° 58.

19853. Mandement au sénéchal de Rouergue, à Anne Du Prat, seigneur de Verrières, gouverneur de Clermont, et à Mathurin Le Hucher, s^{r} d'Eguson, de répartir et lever la somme de 70,229 livres 3 sous 11 deniers tournois sur le Haut et Bas Rouergue, pour sa quote-part de l'imposition de 3,261,000 livres établie sur tout le royaume, plus 510 livres pour les frais. Paris, 11 septembre 1529. 11 septembre.

Copie du XVIe *siècle. Arch. départ. de l'Aveyron*, C. 1221, fol. 1.

19854. Mandement aux trésoriers de France et aux conseillers du Trésor à Paris de revoir l'enquête faite par le bailli de Senlis, au sujet de l'érection en châtellenie de la seigneurie de Chantilly et des fiefs qui en dépendent, demandée par Guillaume, baron de Montmorency, et Anne de Montmorency, son fils, grand maître et maréchal de France, et de faire une nouvelle information sur ce sujet. Paris, 12 septembre 1529. 12 septembre.

Original. Arch. du château de Chantilly, K. 1, n° 30.

19855. Déclaration de foi et hommage de Robert de Thiéville, curé de Saint-Pierre-d'Alonne, s^{r} de Bricqueboscq, pour les fiefs de Bricqueboscq et du Boscq, mouvant de Valognes pour un quart de fief de haubert. Paris, 13 septembre 1529. 13 septembre.

Original. Arch. nat., Chambre des Comptes de Paris, P. 268^{3}, n° 3449.

19856. Déclaration de l'hommage de Jean et Pierre des Roches, pour le fief de Boulonville, sis à Jouy-le-Comte, et mouvant du comté de Beaumont-sur-Oise. Paris, 14 septembre 1529. — 1529. 14 septembre.

Original. Arch. nat., Chambre des Comptes de Paris, P. 5, n° 1617.

Arch. de Seine-et-Oise, A. 1432[1], p. 147. (*Mention.*)

19857. Déclaration de foi et hommage de Nicolas Le Maistre, écuyer, comme procureur de Roland de Coursalleur, écuyer, s^r de Saint-Martin-de-Bonfossé, pour ladite seigneurie mouvant de Coutances. Paris, 15 septembre 1529. — 15 septembre.

Original. Arch. nat., Chambre des Comptes de Paris, P. 268³, n° 3443.

19858. Lettres convertissant en un impôt de 20 sous par let de hareng les droits précédemment concédés aux habitants d'Eu sur la mouture du blé et la viande de boucherie. Paris, 17 septembre 1529. — 17 septembre.

Enreg. à la Cour des Aides de Normandie, le 27 novembre 1529. Arch. de la Seine-Inférieure, Mémoriaux, 2° vol., fol. 15 v°. 3 pages.

19859. Déclaration de foi et hommage de Guillaume Prudhomme, général des finances, pour la haute justice de Fontenay-en-Brie (Fontenay-Trésigny), pour les fiefs de Sourdel, Laval, le Margat, Visy, le Pont, Écoublay, la moitié du fief nommé la Fleur-de-Lys, tous situés dans la paroisse dudit Fontenay, mouvant de Tournan. Paris, 18 septembre 1529. — 18 septembre.

Original. Arch. nat., Chambre des Comptes de Paris, P. 2, n° 772.

19860. Déclaration de l'hommage de Gaillard Spifame, — 18 septembre.

[1] Inventaire des titres de Beaumont et Chambly, en tête duquel se lit la note suivante : « Tous les titres énoncés au présent volume ont été remis à la municipalité de Chambly et à celle de l'Isle-Adam, pour ceux relatifs à Beaumont, et ce en exécution de la loi du 17 juillet 1793. » Il ne reste plus trace de ces documents aux archives communales de l'Isle-Adam.

général des finances, pour les fiefs de Plaisir (châtellenie de Neauphle-le-Château) et du Chêne-Rogneux (comté de Montfort-l'Amaury). Paris, 18 septembre 1529. — 1529.

Expéd. orig. Arch. nat., P. 167[1], cote 8.

19861. Mandement au trésorier de l'épargne de payer à Nicolas de Saint-Martin, secrétaire du duc de Suffolk, 410 livres tournois pour 200 écus d'or qu'il porte en Angleterre à Clerancius, roi d'armes de ce pays, venu en mai dernier vers le roi, avec le duc de Suffolk et le grand trésorier d'Angleterre, pour traiter d'une alliance entre la France et l'Angleterre. Paris, 19 septembre 1529. — 19 septembre.

Original. Londres, British Museum, add. Charters 163.

19862. Lettres de réception du serment de fidélité de Guillaume Dupuy, archevêque de Thessalonique, prieur commendataire de l'Hôtel-Dieu de la Madeleine de Rouen, pour le temporel dudit prieuré. Paris, 20 septembre 1529. — 20 septembre.

Original. Arch. nat., Chambre des Comptes de Paris, P. 264[2], n° 1153.

19863. Lettres de don de 50 écus d'or à Georges Hennebin et à Courtfaulert, capitaines de lansquenets, pour retourner en leur pays. Paris, 27 septembre 1529. — 27 septembre.

Original. Bibl. nat., Pièces orig., Hennebin, vol. 1506, p. 2.

19864. Provisions pour Antoine Bohier de l'office de général des finances en la généralité de Languedoc, vacant par suite de la démission de Guillaume de Beaune. 29 septembre 1529. — 29 septembre.

Arch. nat., Cour des Aides, recueil Cromo, U. 665, p. 253. (*Mention.*)

19865. Provisions en faveur de Bertrand Bernard de l'un des huit offices d'huissier ordinaire au — 30 septembre.

Parlement de Toulouse, vacant par la mort d'Adrien Gorrut. Paris, 30 septembre 1529. — 1529.

Vidimus du sénéchal de Toulouse, du 14 février 1530. Bibl. nat., Pièces orig., Bernard (dossier 6622), vol. 304, p. 2.

19866. Lettres de création d'une foire annuelle et d'un marché hebdomadaire à Belmont-d'Aveyron, et de deux foires par an à Verrières, au diocèse de Vabres, jugerie de Saint-Affrique, en faveur de Michel de Pontault, prévôt de l'église collégiale de Belmont, seigneur temporel desdits lieux. Paris, septembre 1529. — Septembre.

Enreg. à la Chancellerie de France. Arch. nat., Trésor des Chartes, JJ. 244, n° 206, fol. 337 v°. 2 pages.

19867. Lettres de naturalité accordées à Robert Bonnet (*aliàs* Bouret), prêtre, et à Claude Bonnet, son frère, natifs de Rumilly-l'Arbannois au duché de Savoie, établis en France, à Dyé près Tonnerre. Paris, septembre 1529. — Septembre.

Enreg. à la Chancellerie de France. Arch. nat., Trésor des Chartes, JJ. 244, n° 193, fol. 316 v°.

19868. Lettres adressées au bailli de Dijon, lui ordonnant de réunir les gens des trois États de son bailliage, pour leur faire ratifier les traités de Madrid et de Cambrai. Paris, 4 octobre 1529. — 4 octobre.

Arch. de la Côte-d'Or, États, C. 7482.

19869. Mandement au bailli de Sens de faire ratifier le traité de Cambrai par les trois États de son bailliage. Paris, 4 octobre 1529. — 4 octobre.

Copie collationnée du 25 octobre 1529. Anc. Trésor des Chartes de Lorraine, lay. France II, n° 24. *Bibl. nat.*, ms. Lorraine 202, fol. 135. 2 pages 1/2.

19870. Lettres adressées aux commissaires du roi près les États de Languedoc, pour faire ratifier par cette assemblée les traités de Cambrai et de Madrid. Paris, 4 octobre 1529. — 4 octobre.

Arch. départ. de l'Hérault, C. *États de Languedoc, Procès-verbaux*, 1529. (*Mention.*)

19871. Mandement au bailli de Sens de faire publier — 4 octobre.

dans son ressort que quiconque est redevable envers le roi de droits de quint, requint, lods et ventes, etc., devra les acquitter dans les trois mois. Paris, 4 octobre 1529. 1529.

Copie collationnée du 25 octobre 1529, anc. *Trésor des Chartes de Lorraine,* lay. France II, n° 24. *Arch. nat.,* ms. Lorraine 202, fol. 129. 5 pages.

19872. Commission au bailli de Saint-Pierre-le-Moutier pour procéder au recouvrement, dans les trois mois, des sommes dues au roi à cause des droits seigneuriaux, dans son ressort. Paris, 4 octobre 1529. 4 octobre.

Copie du XVIIe siècle. Bibl. de l'Arsenal, ms. 4084, fol. 184.

19873. Mandement au sénéchal de Valentinois et de Diois d'inviter tous ceux qui dans son ressort doivent au roi des lods et ventes et autres droits seigneuriaux, à venir les acquitter dans un délai de trois mois. Paris, 4 octobre 1529. 4 octobre.

Copie du XVIe siècle. Arch. de l'Isère, B. 2908, cah. 321, 9 pages.

19874. Mandement au s^r^ du Lude, sénéchal d'Anjou, de demander aux nobles tenant fiefs dans sa sénéchaussée une contribution gracieuse pour la rançon du roi et celle de ses fils, au moins égale à celle qu'a offerte la vicomté de Paris et Île-de-France, soit équivalente au dixième du revenu d'une année de leurs fiefs et arrière-fiefs. Paris, 5 octobre 1529. 5 octobre.

Copie du XVIIe siècle. Bibl. nat., coll. de Touraine, t. IX, n° 4210.

19875. Provisions de l'office de contrôleur des deniers communs de la ville de Montauban, en faveur de Gaillard de La Croix. 5 octobre 1529. 5 octobre.

Mention dans un arrêt du Grand conseil, en date du 15 novembre 1530. Arch. nat., V^5^ 1047.

19876. Commission à François, marquis de Saluces, de saisir la terre de la Roque-Sparvière (Rocca- 6 octobre.

IMPRIMERIE NATIONALE.

Sparvera) et de la mettre sous la main du roi. 6 octobre 1529. 1529.

Arch. de l'Isère, Chambre des Comptes de Grenoble, invent. des titres du marquisat de Saluces. (*Mention.*)

19877. Commission à François, marquis de Saluces, pour procéder par voies de justice contre les détenteurs de la Roque-Sparvière (Rocca-Sparvera) et leurs complices. 6 octobre 1529. 6 octobre.

Arch. de l'Isère, Chambre des Comptes de Grenoble, invent. des titres du marquisat de Saluces. (*Mention.*)

19878. Commission pour informer contre Jean-Louis de Saluces, qui avait envahi le marquisat de Saluces. 7 octobre 1529. 7 octobre.

Arch. de l'Isère, Chambre des Comptes de Grenoble, invent. des titres de Saluces. (*Mention.*)

19879. Nouvelles lettres relatives à la cession faite à Jean de La Barre de la châtellenie de Châteaufort. 12 octobre 1529. 12 octobre.

Enreg. à la Chambre des Comptes de Paris, anc. mém. 2 G. *Bibl. de Rouen*, ms. Leber 5870, t. XV, fol. 63. (*Mention.*)

19880. Déclaration de foi et hommage de Guillaume Mauclerc, écuyer, pour la sergenterie fieffée du Pont-de-l'Arche, mouvant de Pont-de-l'Arche. Paris, 12 octobre 1529. 12 octobre.

Original. Arch. nat., Chambre des Comptes de Paris, P. 264², n° 971.

19881. Déclaration de foi et hommage de David du Mesnil, écuyer, pour la seigneurie du Coudray, mouvant de Touques. Paris, 12 octobre 1529. 12 octobre.

Original. Arch. nat., Chambre des Comptes de Paris, P. 264², n° 970.

19882. Déclaration de foi et hommage de David du Mesnil, écuyer, comme procureur de Jean du Mesnil, prêtre, son frère, pour la seigneurie 12 octobre.

de Saint-Arnoult, mouvant de Touques. Paris, 12 octobre 1529. — 1529.

Original. Arch. nat., Chambre des Comptes de Paris, P. 264², n° 1106.

19883. Provisions de l'office d'huissier et sergent ordinaire en la cour et juridiction des Eaux et forêts, au siège de la Table de marbre, pour Jean Dubois, en remplacement de Macé Sevin, décédé. Paris, 18 octobre 1529. — 18 octobre.

Enreg. à la cour des Eaux et forêts, le 11 décembre 1529. Arch. nat., Z¹ᵉ 320, fol. 148 v°.

19884. Lettres contenant pouvoirs aux ambassadeurs du roi à Rome [1], pour confirmer en son nom et en présence du pape le traité de Cambrai. Paris, 20 octobre 1529. — 20 octobre.

Duplicata scellé. Bibl. nat., Mélanges de Colbert, vol. 365, n° 315.

19885. Procuration en blanc de François Iᵉʳ, à l'effet de demander au pape de le relever, pour l'exécution du traité de Cambrai, du serment par lui fait de ne pas aliéner ses droits et domaines de la couronne de France. Paris, 20 octobre 1529. — 20 octobre.

Duplicata scellé. Bibl. nat., Mélanges de Colbert, vol. 365, n° 314.

19886. Lettres portant autorisation de relever les fourches patibulaires de la justice de Villelouet, dont l'érection avait été accordée par Charles, duc d'Orléans, à Bernard Villot, en 1451. 23 octobre 1529. — 23 octobre.

Présentées à la Chambre des Comptes de Blois, le 19 juillet 1723. Arch. nat., P. 2885², fol. 19 et v°. (*Mentions.*)

19887. Lettres portant sommation à la République de Gênes de faire rendre, dans les trois mois, à Louis Deladoy, marchand de Lyon, réparation des dommages, montant à 5,000 écus, à lui causés par plusieurs nationaux de ladite — 25 octobre.

[1] Les pouvoirs sont en blanc; le nom des ambassadeurs n'est pas donné.

République (voir au 8 avril 1529, n° 19777), à défaut de laquelle réparation ledit Deladoy sera pourvu par le roi de lettres de marque. 25 octobre 1529. 1529.

Mention dans un arrêt du Grand conseil, en date du 14 novembre 1530. Arch. nat., V⁵ 1047.

19888. Provisions d'un office d'élu en l'élection de Coutances, pour Nicolas de Cotentin, sur la résignation faite à son profit par Antoine de Corbie. Paris, 25 octobre 1529. 25 octobre.

Vérif. par les généraux des finances, le 8 janvier 1530 n. s.

Enreg. à la Cour des Aides de Normandie, le 23 février 1530 n. s. Arch. de la Seine-Inférieure, Mémoriaux, 2ᵉ vol., fol. 19. 1 page 1/2.

19889. Provisions, en faveur de Jean Boisseau, de l'office de sergent de la sixaine des bailliage et prévôté d'Orléans, vacant par le décès de Denis Masurier. 26 octobre 1529. 26 octobre.

Mentions dans des arrêts du Grand conseil, en date des 7 juillet 1531 et 23 janvier 1532 n. s. Arch. nat., V⁵ 1048.

19890. Lettres contenant les pouvoirs donnés à Jean de Humières, chambellan ordinaire du roi, gouverneur de Péronne, Montdidier, Roye, etc., pour remettre de la part du roi la place de Hesdin à l'empereur, en exécution d'un article du traité de Cambrai. Villemomble, 29 octobre 1529. 29 octobre.

Vidimus original du 24 novembre 1529. Arch. départ. de Lille, Documents diplomatiques.

19891. Lettres de relief de surannation pour la vérification, à la Chambre des Comptes de Paris, des lettres données le 4 mars 1527 (n° 19064), en faveur des habitants de Loches. 29 octobre 1529. 29 octobre.

Imp. *Mémoires de la Société archéologique de Touraine*, année 1865, p. 86. (*Mention.*)

19892. Lettres de relief de surannation pour la vérification, à la Chambre des Comptes de Blois, des lettres d'hommage de François de 29 octobre.

La Trémoïlle, pour la seigneurie de Sully, en date du 12 avril 1526 (n° 18571). 29 octobre 1529. — 1529.

Anc. arch. de la Chambre des Comptes de Blois, lay. S. *Arch. nat.*, P. 1479, fol. 376 v°. (*Mention.*)

19893. Lettres de création de quatre foires par an et d'un marché, chaque semaine, à Champagnac-le-Vieil, au diocèse de Clermont, en faveur de Jean Marcher, religieux, hôtelier mage de l'abbaye de la Chaise-Dieu, prieur et seigneur dudit Champagnac. Paris, octobre 1529. — Octobre.

Enreg. à la Chancellerie de France. Arch. nat., *Trésor des Chartes*, JJ. 244, n° 205, fol. 336. 2 pages.

19894. Lettres de naturalité accordées à Antoine Petit, jeune clerc habitué en l'église cathédrale de Mâcon, natif du comté de Savoie. Paris, octobre 1529. — Octobre.

Enreg. à la Chancellerie de France. Arch. nat., *Trésor des Chartes*, JJ. 244, n° 213, fol. 348 v°. 1 page.

19895. Lettres accordant aux enfants mineurs du feu s^r de Lautrec, placés sous la tutelle de Jean de Laval, s^r de Châteaubriant, et de Menault de Marthory, évêque de Conserans, délai jusqu'à leur majorité pour faire les foi, hommage et aveu du comté de Beaufort-en-Vallée, des châtellenies de Soulaines et de Larzicourt, des terres et seigneuries de Saint-Florentin, Ervy-le-Châtel, Dannemoine, Séant-en-Othe (auj. Bérulles), et autres terres et seigneuries autrefois vendues par Germaine de Foix, douairière d'Aragon, au feu s^r de Chièvres, et dont lesdits mineurs sont rentrés en possession par suite d'un accord conclu entre leurs tuteurs et Philippe de Croy, marquis d'Arscot, neveu et héritier dudit s^r de Chièvres, suivant un article du traité de Cambrai. Bailly près Meaux, 3 novembre 1529. — 3 novembre.

Original. Arch. nat., T. 144^42-43.

19896. Mandement à la Chambre des Comptes de Paris de passer aux comptes de Jean Bourdineau, commis à tenir le compte et faire le payement des dépenses occasionnées par le transport à Cambrai des vaisselles d'or et d'argent, et autres meubles des châteaux de Blois et d'Amboise, pour l'entrevue de Louise de Savoie et de l'archiduchesse d'Autriche, 1,583 livres 2 sous 10 deniers tournois, qu'il a employés dans l'exercice de sa commission. Villemomble, 6 novembre 1529. — 1529. 6 novembre.

Bibl. nat., ms. fr. 10386. (*Mention.*)

19897. Mandement à Guillaume Prudhomme, trésorier de l'épargne, de payer à Marie de Labergement, veuve du s[r] d'Orsonvillier, 1,640 livres tournois en payement d'un diamant en pointes, taillé à facettes, enchassé dans un anneau d'or, que le roi lui a acheté. Paris, 8 novembre 1529. — 8 novembre.

Original. Bibl. nat., Nouv. acquisitions franç., ms. 1483, n° 54.

19898. Déclaration de foi et hommage de David du Mesnil, écuyer, pour le fief de Saint-Arnoult, mouvant de Touques, à lui échu par suite du décès de son frère, Jean du Mesnil. Paris, 9 novembre 1529. — 9 novembre.

Original. Arch. nat., Chambre des Comptes de Paris, P. 264[2], n° 1107.

19899. Déclaration de foi et hommage de Jean de Bombel, écuyer, à cause de sa femme, Antoinette de Carnazet, pour le fief de Billy, mouvant de Montlhéry, et pour le fief de Janville, mouvant de la Ferté-Alais. Paris, 10 novembre 1529. — 10 novembre.

Original. Arch. nat., Chambre des Comptes de Paris, P. 16, n° 6023.

19900. Provisions en faveur de René de Batarnay, s[r] du Bouchage, de l'office de bailli et gouverneur de Berry, vacant par suite de la résignation — 12 novembre.

de Jean Poussart, s^r^ de Fors. Paris, 12 novembre 1529. 1529.

Reçu au Parl. de Paris, le 14 décembre suivant. Arch. nat., X^1a^ 4887, fol. 111 v°. (*Mention.*)

19901. Mandement de payer pour ses services 75 livres tournois à André de Gutry, l'un des vingt-quatre archers de la garde écossaise. Paris, 13 novembre 1529. 13 novembre.

Original. Bibl. nat., Pièces orig., Gutry, vol. 1453, p. 2.

19902. Provisions en faveur de Christophe Luillier, notaire et secrétaire du roi, de l'office de maître particulier des Eaux et forêts de France, Brie et Champagne, vacant par la résignation pure et simple de Guillaume de Marle. Paris, 14 novembre 1529. 14 novembre.

Enreg. aux Eaux et forêts, le 19 novembre suivant. Arch. nat., Z^1e^ 320, fol. 143. 1 page 1/2.

19903. Provisions de l'office de maître de la Monnaie de Romans en faveur de Pierre Guérin. Paris, 14 novembre 1529. 14 novembre.

Enreg. au Parl. de Grenoble, le 13 août 1530. Arch. de l'Isère, B. 2832, fol. 15. 3 pages.

19904. Mandement de payer 205 livres tournois à Jacques de La Borde, maréchal des logis, pour ses travaux au voyage de Cambrai, en départant leurs logis aux princes, prélats, gentilshommes et autres qui accompagnèrent Louise de Savoie, pour la conclusion du traité entre le roi et l'empereur. Paris, 14 novembre 1529. 14 novembre.

Original. Bibl. nat., Pièces originales, vol. 416, doss. 9326, Borde, p. 22.

19905. Mandement à Jean Laguette de payer diverses sommes : 410 livres tournois à Auffriou, capitaine suisse, à lui dues pour distribuer, par cédule de feu Morelet du Museau, jadis ambassadeur du roi auprès des Ligues de Suisse; 820 livres tournois dues au comte de Harcq, capitaine de lansquenets, par cédule baillée par ledit feu ambassadeur, le 10 avril 15 novembre.

dernier; et 243 livres au capitaine Auffrion, pour diverses payes pour campagnes au delà des monts. Paris, 15 novembre 1529. 1529.

Original. Bibl. nat., Pièces originales, vol. 2662, Scheslab, p. 2.

19906. Don à Robert de La Marck, s[r] de Fleuranges, des seigneuries de Château-Thierry et de Châtillon-sur-Marne. 16 novembre 1529. 16 novembre.

Enreg. à la Chambre des Comptes de Paris, anc. mém. 2 F, fol. 168. *Bibl. de Rouen*, ms. Leber 5870, t. XIV, fol. 54 v°. (*Mention.*)

19907. Lettres ordonnant la ratification par les États de Languedoc des traités de Cambrai et de Madrid. Paris, 19 novembre 1529. 19 novembre.

IMP. *Bulletin historique et philologique du Comité des travaux historiques.* Paris, in-8°, ann. 1887, p. 9.

19908. Lettres portant que les habitants du Languedoc, à cause de la ratification du traité de Cambrai, faite par les États de la province, n'auront point à payer plus que la part qui peut les concerner dans l'imposition mise sur tout le royaume. Paris, 19 novembre 1529. 19 novembre.

Vidimus de l'époque. Arch. de la ville de Nîmes, NN. 4, n° 2.

19909. Mandement à la Chambre des Comptes de Paris d'allouer, chaque année, aux comptes de la recette des amendes de la Cour des Aides de Rouen, la somme de 300 livres tournois, assignée à ladite Cour, dès le mois de décembre 1527, pour les messes, cires, buvettes, voyages et autres menues dépenses. Paris, 19 novembre 1529. 19 novembre.

Enreg. à la Cour des Aides de Normandie, s. d. Arch. de la Seine-Inférieure, Mémoriaux, 2e vol., fol. 45. 2 pages.

19910. Lettres contenant les pouvoirs donnés à Bonaventure de Saint-Barthélemy, à Léonard Gay, au s[r] de Belleforière et à Le Noir, pour se rendre à la conférence qui devait se tenir à 20 novembre.

Cambrai et juger, avec les commissaires de l'empereur, tous les différends relatifs aux actes de déprédations faits sur les sujets des deux souverains, depuis le traité de Madrid jusqu'à la trêve conclue récemment. Paris, 20 novembre 1529. — 1529.

Copie du XVIe siècle. Arch. départ. du Nord, Documents diplomatiques.

19911. Lettres adressées aux généraux des finances et des aides, leur ordonnant de faire exécuter l'article du traité de Cambrai, par lequel le roi cède à l'empereur Charles-Quint la composition ordinaire d'Artois, montant à 14,000 livres par an. Paris, 20 novembre 1529. — 20 novembre.

Original scellé. Arch. départ. du Nord, Documents diplomatiques.

19912. Lettres d'évocation au Grand conseil d'un procès engagé entre Pierre Rogier, bedeau de l'Université de Montpellier, et Jean Bohier. 20 novemdre 1529. — 20 novembre.

Mention dans un arrêt du Grand conseil, en date du 17 juin 1531. Arch. nat., V[5] 1028.

19913. Lettres de jussion à la Chambre des Comptes pour l'enregistrement du don fait à Jacques de Brisay, chevalier, s[r] de Beaumont, de 1,200 livres tournois, sa vie durant, sur le grenier à sel de Tours. Paris, 22 novembre 1529. — 22 novembre.

Enreg. à la Chambre des Comptes de Paris, anc. mém. 2 F, fol. 77. *Arch. nat.,* PP. 119, p. 13. (*Mention.*)

Bibl. nat., ms. fr. 21405, p. 308. (*Mention.*)

Bibl. nat., ms. Clairambault 782, p. 287. (*Mention.*)

19914. Lettres portant remise à Macé de Freubourg, prêtre, de 75 livres tournois, auxquelles il avait été condamné par le Parlement de Paris. Paris, 22 novembre 1529. — 22 novembre.

Original. Bibl. nat., Pièces originales, vol. 2392, Prudhomme, p. 23.

19915. Commission à François, marquis de Saluces, gouverneur du comté d'Asti, de remettre ledit comté aux mains de l'empereur, en exécution du traité de Cambrai. 23 novembre 1529. — 1529. 23 novembre.

Arch. de l'Isère, Chambre des Comptes de Grenoble, invent. des titres du marquisat de Saluces. (*Mention.*)

19916. Lettres d'évocation d'un procès pendant entre le procureur du roi près la Cour des Aides de Normandie, demandeur, et Robert Le Biguetier, grènetier du Pont-Audemer, et Jacques Lenfant, défendeurs. 23 novembre 1529. — 23 novembre.

Visées dans un arrêt du Grand conseil, en date du 15 juillet 1530, présenté à la Cour des Aides de Normandie, le 18 août suivant. Arch. de la Seine-Inférieure, Mémoriaux, 2e vol., fol. 32 v°. (*Mention.*)

19917. Commission à François, marquis de Saluces, pour décharger les habitants du comté d'Asti de la foi et hommage qu'ils devaient au roi de France. 23 novembre 1529. — 23 novembre.

Arch. de l'Isère, Chambre des Comptes de Grenoble, invent. des titres du marquisat de Saluces. (*Mention.*)

19918. Provisions de l'office de greffier civil au Parlement de Toulouse, pour Jean de Bourrassol, en remplacement de son père, Guillaume de Bourrassol, secrétaire du roi, décédé. Paris, 24 novembre 1529. — 24 novembre.

Vidimus du sénéchal de Toulouse, du 20 octobre 1530. Bibl. nat., Pièces orig., Borrassol, vol. 421, p. 15.

Mention dans un arrêt du Grand conseil, en date du 4 mai 1531. Arch. nat., V5 1048.

19919. Déclaration de foi et hommage de Michelle de Silly, veuve d'André Pailler, chevalier, sr de Dannemois, pour ladite seigneurie, mouvant de Melun. Paris, 24 novembre 1529. — 24 novembre.

Original. Arch. nat., Chambre des Comptes de Paris, P. 9, n° 2976.

19920. Lettres d'évocation au Grand conseil d'un — 29 novembre.

procès engagé entre le roi et la reine de Navarre, d'une part, et Denis de Brévedent, conseiller au Parlement de Rouen, d'autre. 29 novembre 1529. — 1529.

Mention dans un arrêt du Grand conseil, en date du 23 août 1531. Arch. nat., V^5 1048.

19921. Lettres de naturalité accordées à Louis Couryet, natif de la paroisse Saint-Nicolas de la Cité d'Aoste, établi à Châtillon au duché de Bourgogne. Paris, novembre 1529. — Novembre.

Enreg. à la Chancellerie de France. Arch. nat., Trésor des Chartes, JJ. 245^1, n° 301, fol. 83.

19922. Lettres de naturalité accordées à Gonnin Faure, natif de Genève, établi à Lyon. Paris, novembre 1529. — Novembre.

Enreg. à la Chancellerie de France. Arch. nat., Trésor des Chartes, JJ. 245^1, n° 87, fol. 17.

19923. Lettres de naturalité accordées à Gaspard Poncheller, tailleur, natif d'Allemagne, serviteur de Maximilien Sforza. Paris, novembre 1529. — Novembre.

Enreg. à la Chancellerie de France. Arch. nat., Trésor des Chartes, JJ. 245^1, n° 309, fol. 85.

19924. Provisions, en faveur de Jean Gasteau, de l'office de sergent de la sixaine des bailliage et prévôté d'Orléans, vacant par le décès de Denis Masurier. 2 décembre 1529. — 2 décembre.

Mention dans un arrêt du Grand conseil, en date du 23 janvier 1532 n. s. Arch. nat., V^5 1048.

19925. Mandement pour l'exécution des articles des traités de Madrid et de Cambrai, portant que les sujets du roi et ceux de l'empereur rentreront dans la jouissance des biens, dignités et bénéfices dont ils auraient été privés. Fontainebleau, 10 décembre 1529. — 10 décembre.

Expéd. scellée. Bibl. nat., Mélanges de Colbert, vol. 370, n° 376.

19926. Mandement au Parlement de Paris d'envoyer, en exécution d'une clause du traité de Cambrai, au Grand conseil de l'empereur toutes les pièces du procès commencé par feu En- — 10 décembre.

gilbert de Clèves, comte de Nevers, contre le feu roi Philippe de Castille et l'empereur, au sujet de la succession de feu Jean de Bourgogne, comte de Nevers. Fontainebleau, 10 décembre 1529. 1529.

Expéd. scellée. Bibl. nat., Mélanges de Colbert, vol. 370, n° 377.

19927. Lettres portant prorogation pour six ans de la ferme du droit de banvin, octroyée aux maire, échevins et habitants d'Auxonne. Fontainebleau, 12 décembre 1529. 12 décembre.

Vidimus du XVIe siècle. Arch. de la Côte-d'Or, B. 11603.

19928. Pouvoirs donnés à François, vicomte de Turenne, pour traiter au nom du roi avec la reine Eléonore d'Autriche, conformément à une des clauses du traité de Cambrai. Fontainebleau, 14 décembre 1529. 14 décembre.

Originaux. Latin, Arch. nat., K. 84, n° 9^b. *Français, ibid.*, n° 9^c [1]. (Cf. le *Catalogue* n° 3562.)

Copie du XVIe siècle. Bibl. impériale de Vienne (Autriche), ms. 6979, fol. 104.

19929. Lettres contenant les instructions données au vicomte de Turenne, envoyé auprès d'Éléonore d'Autriche, douairière de Portugal. Fontainebleau, 14 décembre 1529. 14 décembre.

Original. Arch. nat., K. 84, n° 9^a.

19930. Déclaration de l'hommage de François Foyal, seigneur d'Herbault en Sologne, pour les seigneuries de Foux [2], de l'Ile-Marin et des Châtelliers, l'usage du bois-mort et du mort-bois de la forêt de Boulogne, et la paisson de cinquante porcs dans ladite forêt. 14 décembre 1529. 14 décembre.

Anc. arch. de la Chambre des Comptes de Blois, lay. F. *Arch. nat.*, P. 1479, fol. 129. (*Mention.*)

(1) Le texte français est plus développé.
(2) Paroisse de Vineuil, Loir-et-Cher (Arch. nat, P. 1479, fol. 115 v°).

19931. Déclaration de l'hommage de Charles Luillier pour divers biens sis à Aunay, au comté de Blois. 16 décembre 1529. — 1529. 16 décembre.

Anc. arch. de la Chambre des Comptes de Blois, lay. A. *Arch. nat.*, P. 1479, fol. 12 v°. (*Mention.*)

19932. Déclaration de l'hommage rendu par Pierre Antoine, seigneur du Bois (paroisse de Fresnes), pour la moitié des dîmes et de la censive de Remarday (paroisses de Nouan-le-Fuselier et Salbris, comté de Blois). 16 décembre 1529. — 16 décembre.

Anc. arch. de la Chambre des Comptes de Blois, lay. R. *Arch. nat.*, P. 1479, fol. 338. (*Mention.*)

19933. Mandement à Jean Carré, receveur général de Normandie, de demander aux sujets du roi en Normandie le prêt de leur vaisselle d'argent, pour servir à acquitter une partie des 1,200,000 écus dus à Charles-Quint, en vertu du traité de Cambrai, et pour la rançon du roi. Nogent-sur-Seine, 28 décembre 1529. — 28 décembre.

Original. Bibl. nat., ms. fr. 13085, n° 8.

19934. Mandement à la Chambre des Comptes pour le payement au profit de François du Fou, chevalier, s^r dudit lieu, de la somme de 150 livres tournois sur la recette ordinaire de Poitou. 29 décembre 1529. — 29 décembre.

Enreg. à la Chambre des Comptes de Paris, anc. mém. 2 F, fol. 239 v°. *Arch. nat.*, PP. 119, p. 19. (*Mention.*)
Bibl. nat., ms. fr. 21405, p. 308. (*Mention.*)

19935. Lettres de jussion adressées aux Parlements de Paris, Bordeaux et Toulouse, à l'amiral de Guyenne et au siège de l'Amirauté, leur enjoignant de faire publier et enregistrer les précédentes ordonnances touchant l'office d'amiral et l'amirauté de Guyenne. Nogent-sur-Seine, 31 décembre 1529. — 31 décembre.

Original. Arch. départ. des Basses-Pyrénées, E. 570.

19936. Lettres de Don à Jehannot Boutillier, somme- — Décembre.

lier ordinaire de l'échansonnerie du roi, des biens de feu Pierre « Acathin », étranger décédé à Orléans, sans avoir obtenu de lettres de naturalité, lesdits biens échus au roi en vertu du droit d'aubaine. Fontainebleau, décembre 1529. 1529.

Enreg. à la Chancellerie de France. Arch. nat., Trésor des Chartes, JJ. 245[1], n° 313, fol. 86.

19937. Lettres de naturalité accordées à Jean Calquier, natif du comté de Nice, demeurant et marié au bourg de Pressigny-le-Grand en Touraine, appartenant à la comtesse Villars. Fontainebleau, décembre 1529. Décembre.

Enreg. à la Chancellerie de France. Arch. nat., Trésor des Chartes, JJ. 245[1], n° 84, fol. 16.

19938. Lettres de naturalité accordées à Stévenin Daast (d'Asti), palefrenier ordinaire de l'écurie du roi, natif du duché de Milan, au service du roi de France depuis trente ans. Fontainebleau, décembre 1529. Décembre.

Enreg. à la Chancellerie de France. Arch. nat., Trésor des Chartes, JJ. 245[1], n° 90, fol. 17 v°.

19939. Lettres de naturalité accordées à Jean de Redouan, natif de la Rivière de Gênes, neveu de Jean-Joachim de Passano, s[r] de Vaux, maître d'hôtel du roi. Fontainebleau, décembre 1529. Décembre.

Enreg. à la Chancellerie de France. Arch. nat., Trésor des Chartes, JJ. 245[1], n° 122, fol. 27 v°.

19940. Lettres autorisant Antoine de Corbie, élu en l'élection de Coutances et valet de chambre du duc d'Angoulême, fils du roi, à faire exercer son office d'élu par telle personne capable que bon lui semblera, et d'en percevoir les gages et émoluments, malgré sa non-résidence. 1529. 1529.

IMP. *Catalogue des archives du collège héraldique de France*, 2e partie, Normandie, n° 887. Vente des 3-10 juillet 1866, par J.-L. Techener fils. (*Mention.*)

19941. Lettres adressées aux commissaires du roi près 1529.

les États de Languedoc, relatives aux vivres portés à Narbonne par les diocèses de Languedoc et qui sont encore dans cette ville. 1529. 1529.

Arch. départ. de l'Hérault, C. *États de Languedoc, Procès-verbaux*, 1529. (*Mention.*)

1530. — Pâques, le 17 avril.

1530.

19942. Déclaration de l'hommage d'Henri de Lénoncourt, bailli de Vitry, gouverneur de Valois, pour les terres et seigneuries de Nanteuil-le-Haudouin et de Pacy-en-Valois, mouvant de Crépy. Troyes, 3 janvier 1529. 3 janvier.

Original. Arch. nat., Chambre des Comptes de Paris, P. 7, n° 2216.

19943. Déclaration de l'hommage d'Henri de Lenoncourt, bailli de Vitry, gouverneur et bailli de Valois, pour la moitié de la seigneurie de Vignory (bailliage et châtellenie de Chaumont). Troyes, 3 janvier 1529. 3 janvier.

Expéd. orig. Arch. nat., P. 163¹, cote 961.

19944. Lettres portant prorogation pour huit ans de l'octroi de 2 sous parisis sur chaque minot de sel vendu au grenier à sel de Bar-sur-Aube, accordé aux habitants, pour la réparation des fortifications de la ville. Troyes, 4 janvier 1529. 4 janvier.

Original. Arch. municip. de Bar-sur-Aube, CC. 2.

19945. Déclaration de l'hommage d'Antoine de Choiseul, chevalier, pour les fiefs suivants, sis au bailliage de Chaumont : 1° la seigneurie de Lanques, et une partie de celle d'Is-en-Bassigny, mouvant du château de Nogent-le-Roi; 2° la seigneurie de Chamarandes et partie de celle d'Autreville, mouvant de la grosse tour du donjon de Chaumont. Troyes, 4 janvier 1529. 4 janvier.

Expéd. orig. Arch. nat., P. 164¹, cote 1394.

19946. Lettres de réception du serment de fidélité de Louis Chantereau, docteur en théologie, 4 janvier.

religieux augustin, confesseur ordinaire du roi, pour le temporel de l'évêché de Mâcon. Troyes, 4 janvier 1529. 1530.

Expéd. orig. Arch. nat., P. 725[1], cote 255.

19947. Lettres accordant provisoirement aux fermiers du tirage du sel qui se fait sur le Rhône et la Saône la hausse du prix dudit sel. 4 janvier 1529. 4 janvier.

Mention dans un arrêt du Grand conseil, en date du 20 juillet 1531. Arch. nat., V[5] 1048.

19948. Provisions pour Thomas La Guette, licencié ès droits, de l'office de vicomte de Valognes. 4 janvier 1529. 4 janvier.

Enreg. à la Chambre des Comptes de Paris, anc. mém. 2 F, fol. 240. *Arch. nat.*, PP. 119, p. 19. (*Mention.*)

Bibl. nat., ms. fr. 21405, p. 308. (*Mention.*)

19949. Mandement aux commissaires établis de demander aux nobles et autres tenant fiefs, arrière-fiefs, etc., en la sénéchaussée de Quercy, le don gratuit du dixième de leur revenu pour payer la rançon du roi et la délivrance de ses enfants. 4 janvier 1529. 4 janvier.

Bibl. nat., coll. de Doat, vol. 2, fol. 124 v°. (*Mention.*)

19950. Pouvoirs donnés à Gabriel [de Gramont], évêque de Tarbes, pour requérir du pape la dispense de parenté nécessaire au mariage du roi avec Éléonore d'Autriche, reine douairière de Portugal. Troyes, 6 janvier 1529. 6 janvier.

Copie du temps. Arch. nat., K. 1643 (anc. cote D. 7), n° 23.

19951. Provisions, en faveur de Jean de Marsain, de l'office de lieutenant général du prévôt royal de Saint-Sever. 6 janvier 1529. 6 janvier.

Mention dans un arrêt du Grand conseil, en date du 15 novembre 1531. Arch. nat., V[5] 1048.

19952. Déclaration de foi et hommage de Charles du Plessis, s[r] de Savonnières et de Rouvray, premier maître d'hôtel de Louise de Savoie, pour la seigneurie de Rouvray, mouvant de 14 janvier.

la vicomté de Rouen. Châtillon-sur-Seine, 14 janvier 1529. | 1530.

Original. Arch. nat., Chambre des Comptes, P. 264², n° 1156.

19953. Déclaration de l'hommage de René de Beauvillier, pour le comté de Saint-Aignan en Berry et les seigneuries de la Ferté-Hubert et de Luçay, au comté de Blois. 15 janvier 1529. | 15 janvier.

Anc. arch. de la Chambre des Comptes de Blois, lay. A. *Arch. nat.,* P. 1479, fol. 7 v°. (*Mention.*)

19954. Déclaration de l'hommage de René de Clermont, chevalier, pour les fiefs suivants, sis au bailliage de Chaumont, lui appartenant à cause de Françoise d'Amboise, sa femme, et échus à cette dernière par suite du décès de Jacques d'Amboise, son père : la seigneurie de Reynel, la moitié des villages d'Allianville, Orquevaux, Semilly, Chalvraines, partie de ceux de Grand, Trampot, Avranville (châtellenie de Monteclaire), les trois quarts du château et le quart de la seigneurie de Vignory (châtellenie de Chaumont), la moitié de la baronnie et des villages de Colombey-les-deux-Églises et la Villeneuve-aux-Frênes, les péages de Bar-sur-Aube et une rente de 7 livres 10 sous tournois sur la recette dudit lieu (châtellenie de Bar-sur-Aube); la moitié de la basse-cour du château de Choiseul et des villages de Choiseul, Breuvannes, Pouilly, Ravenne-Fontaines (châtellenie de Montigny-le-Roi); les villages de Leschères et Blumerey (châtellenie de Vassy); la moitié de la seigneurie de « Touraille » (châtellenie de Grand). Dijon, 21 janvier 1529. | 21 janvier.

Expéd. orig. Arch. nat., P. 164¹, cote 1395.

19955. Lettres portant prorogation des octrois accordés à la ville de Saint-Jean-de-Lône. Dijon, 23 janvier 1529. | 23 janvier.

Original. Arch. municip. de Saint-Jean-de-Lône, CC. 14, n° 5.

19956. Lettres de réception du serment de fidélité de Claude de Longwy, évêque-duc de Langres, pair de France, pour le temporel dudit évêché-pairie. Dijon, 23 janvier 1529. 1530. 23 janvier.

Expéd. orig. Arch. nat., P. 725[1], cote 256.

19957. Lettres attestant qu'Antoine Du Prat, chancelier de France, a renouvelé entre les mains du roi le serment de fidélité qu'il avait fait à la régente, le 14 juin 1525, pour le temporel de l'archevêché de Sens. Le roi déclare qu'estimant ce renouvellement inutile, il a laissé passer le terme de dix mois prescrit par la Chambre des Comptes de Paris pour ledit renouvellement. Dijon, 24 janvier 1529. 24 janvier.

Expéd. orig. Arch. nat., P. 725[1], cote 257.

19958. Commission à Pierre Godran, maître des comptes à Dijon, de saisir tous les fiefs du duché mouvant du roi, qui depuis trente ans sont en retard d'accomplir leurs devoirs féodaux. Dijon, 26 janvier 1529. 26 janvier.

Vidimus du XVIe siècle. Arch. de la Côte-d'Or, B. 11158.

19959. Provisions de l'office de greffier du Parlement de Dijon pour Zacharie Chappelain, en remplacement de Jacques Pajot, décédé. Dijon, 26 janvier 1529. 26 janvier.

Enreg. au Parl. de Dijon, le 5 février suivant. Arch. de la Côte-d'Or, Parl., reg. II, fol. 161.
Vidimus du XVIe siècle. Id., B. 11415.

19960. Lettres de souffrance données à François, s[r] de La Trémoïlle, comme tuteur et curateur de Nicolas d'Anjou, mineur, fils de feu Nicolas d'Anjou, baron de Mézières en Braine, pour faire les foi et hommage de ladite baronnie. 26 janvier 1529. 26 janvier.

Enreg. à la Chambre des Comptes de Paris, anc. mém. 2 F, fol. 33 v°. *Arch. nat.*, PP. 119, p. 5. (*Mention.*)
Bibl. nat., ms. fr. 21405, p. 307. (*Mention.*)
Bibl. nat., ms. Clairambault 782, p. 287. (*Mention.*)

19961. Provisions de l'office de conseiller lai au Parlement de Dijon pour Philibert Berbis, conseiller clerc. Dijon, 28 janvier 1529. — 1530. 28 janvier.

Enreg. au Parl. de Dijon, le 17 novembre 1530.
Arch. de la Côte-d'Or, Parl., reg. II, fol. 165 v°.

19962. Lettres accordant à Christophe et François d'Igny, enfants mineurs de Jacqueline de Vésigneul, femme de Saladin de Montmorillon, seigneur de Rizaucourt (bailliage de Chaumont, châtellenie de Bar-sur-Aube) en partie, délai jusqu'à leur majorité pour rendre l'hommage dû au roi pour ladite seigneurie. Dijon, 28 janvier 1529. — 28 janvier.

Expéd. orig. Arch. nat., P. 163[2], cote 1047.

19963. Commission au sénéchal de Beaucaire et Nîmes pour examiner les contestations élevées entre les fermiers du tirage du sel sur le Rhône et la Saône, et les syndics du pays de Vivarais et de la ville de Lyon. 28 janvier 1529. — 28 janvier.

Mention dans un arrêt du Grand conseil, en date du 20 juillet 1531. Arch. nat., V[5] 1048.

19964. Mandement au Grand conseil de donner avis sur le projet de cession à Jean de La Barre, prévôt de Paris, des fiefs et hommages de la châtellenie de Châteaufort. Dijon, 28 janvier 1529. — 28 janvier.

Présenté au Grand conseil, le 14 mars 1530 n. s.
Arch. de Seine-et-Oise, série H, fonds de Saint-Cyr, 18e carton de Chevreuse, *invent. des titres de Châteaufort et Jouy-en-Josas*, dressé en 1549, fol. 4. (*Mention.*)

19965. Provisions de l'office de greffier à la Chambre des Comptes de Blois, en faveur de Rollant Burgensis s. d.[1]. [Vers le 28 janvier 1529.] — 28 janvier.

Publ. à la Chambre des Comptes de Blois, le 7 février 1530 n. s. Arch. nat., KK. 902, fol. 111 v°. (*Mention.*)

19966. Déclaration de l'hommage de Louis du Plessis — 29 janvier.

[1] Antérieures au 28 janvier 1530 n. s., date à laquelle ledit Burgensis nomma procureur pour présenter ces lettres à ladite Chambre.

pour la seigneurie de Villemalard (comté de Blois). 29 janvier 1529. 1530.

Anc. arch. de la Chambre des Comptes de Blois, lay. V. *Arch. nat.*, P. 1479, fol. 428 v°. (*Mention.*)

19967. Lettres contenant les pouvoirs de Gilles de La Pommeraye, ambassadeur du roi près de Marguerite d'Autriche, d'Antoine Hellin, conseiller au Parlement de Paris, et de Jean Billon, maître des comptes, pour transmettre les ratifications et homologations des traités de Madrid et de Cambrai faites par les Parlements et autres Cours souveraines de France, et recevoir en échange les actes d'homologation donnés par les Parlements et cours des états de l'empereur Charles-Quint. Dijon, 31 janvier 1529. 31 janvier.

Copie collat. du XVIe *siècle. Bibl. nat.*, Mélanges de Colbert, vol. 366, n° 321.

Copie du XVIe *siècle. Arch. départ. du Nord*, Documents diplomatiques.

19968. Lettres de don à Nicolas Jousserant, sommelier d'échansonnerie de bouche de la duchesse d'Angoulême, et à Gabriel Dumas, huissier de sa chambre, des biens meubles et immeubles de feu François Dubreuil, condamné au feu et à la confiscation par sentence du bailli de Blois, pour crimes d'hérésie, inceste, adultère, homicides et vols. Troyes, janvier 1529. Janvier.

Enreg. à la Chancellerie de France. Arch. nat., *Trésor des Chartes*, JJ. 245[1], n° 101, fol. 21.

19969. Lettres de légitimation accordées à René de Losselle, fils naturel de feu Guillaume de Losselle, seigneur de Mouy, et de Thomine Collendel, du bailliage de Caen. Troyes, janvier 1529. Janvier.

Enreg. à la Chancellerie de France. Arch. nat., *Trésor des Chartes*, JJ. 245[1], n° 106, fol. 23 v°.

19970. Lettres de légitimation accordées à Cécile et Jacquette, filles naturelles de Françoise Fossé, veuve d'Hugues Vigneron, et de feu Janvier.

Bonaventure Herlain, du bailliage de Troyes. Troyes, janvier 1529. 1530.

Enreg. à la Chancellerie de France. Arch. nat., Trésor des Chartes, JJ. 245[1], n° 108, fol. 24.

19971. Lettres permettant à Charles Marlant (*aliàs* Merlant), marchand, demeurant à Châteauneuf, au duché de Bourgogne, d'acquérir des fiefs et terres nobles audit pays, jusqu'à concurrence de 3,000 livres tournois de revenu annuel, données à la requête de la comtesse de Montrevel, dame de Châteauvillain. Dijon, janvier 1529. Janvier.

Enreg. à la Chancellerie de France. Arch. nat., Trésor des Chartes, JJ. 245[1], n° 124, fol. 28.

19972. Lettres de légitimation accordées à Jean, Étienne et Guillaume Boullée, clercs du diocèse de Langres, fils naturels de Renaud Boullée, prêtre, et de Barbe Mougin, demeurant à Dijon. Dijon, janvier 1529. Janvier.

Enreg. à la Chancellerie de France. Arch. nat., Trésor des Chartes, JJ. 245[1], n° 109, fol. 24.

Enreg. à la Chambre des Comptes de Dijon, le 8 février 1530 n. s. Arch. de la Côte-d'Or, B. 72, fol. 124 v°.

19973. Lettres de légitimation accordées à Jean et Antoine Védel, fils naturels de Benoît Védel et de Marie Labari, de la sénéchaussée d'Agénais. Dijon, janvier 1529. Janvier.

Enreg. à la Chancellerie de France. Arch. nat., Trésor des Chartes, JJ. 245[1], n° 110, fol. 24 v°.

19974. Lettres de légitimation accordées à Jacques Buissot, fils naturel de Jean Buissot, prêtre. Paris (*sic*), janvier 1529. Janvier.

Enreg. à la Chancellerie de France. Arch. nat., Trésor des Chartes, JJ. 245[1], n° 107, fol. 23 v°.

19975. Lettres portant que le baile de Montpellier rendra compte à la Chambre des Comptes des lods, cens, amendes et autres droits exigés par lui dans Montpellier. 1er février 1529. 1er février.

Arch. départ. de l'Hérault, B. 445. (*Mention.*)

19976. Lettres prescrivant l'acquisition de toute la 2 février.

vaisselle d'or et d'argent appartenant aux sujets du royaume, en vue du payement de la rançon des enfants de France, montant à 1,200,000 écus d'or soleil [1]. Dijon, 2 février 1529. 1530

Enreg. à la Cour des Aides de Normandie, le 26 février 1530 n. s. Arch. de la Seine-Inférieure, Mémoriaux, 2e vol., fol. 20 v°. 1 page.

19977. Provisions pour Jean de Villemare, sr de la Mothe-de-Fougerais et de l'Isle-Barbe, naguère conseiller au Parlement de Paris, de l'office de bailli de Touraine vacant à cause de la résignation de Robert de La Marthonie, sr de Bonnes. Dijon, 5 février 1529. 5 février.

Reçu au Parl. de Paris, le 28 du même mois. Arch. nat., X1a 4887, fol. 360. (*Mention.*)

Enreg. à la Chambre des Comptes de Paris, le 30 mars suivant, anc. mém. 2 F, fol. 34. *Arch. nat.*, PP. 119, p. 5. (*Mention.*)

Bibl. nat., ms. fr. 21405, fol. 307. (*Mention.*)

Bibl. nat., ms. Clairambault 782, p. 287. (*Mention.*)

19978. Provisions de l'office de conseiller maître à la Chambre des Comptes de Dijon pour Jean Jacquot, en remplacement de Pierre Godran, passé conseiller maître ancien. Dijon, 7 février 1529. 7 février.

Enreg. à la Chambre des Comptes de Dijon, le 2 mars suivant. Arch. de la Côte-d'Or, B. 18, fol. 121.

19979. Lettres de quittance donnée à Charles-Quint de la somme de 300,000 écus qu'il a payée pour la dot de la reine Éléonore. Dijon, 8 février 1529. 8 février.

Copie du XVIIIe siècle. Bibl. nat., coll. Fontanieu, vol. 222.

19980. Mandement aux gens des comptes, aux trésoriers de France, aux généraux des finances, et aux trésoriers de l'épargne, pour l'exécution des lettres du 7 février 1530 n. s. 8 février.

[1] Lettres déclarées depuis non avenues par lettre missive du roi au général Spifame, en date de Bordeaux, le 3 juillet 1530. (Même reg., fol. 32.)

(n° 3615), portant assignation des 300,000 écus d'or donnés en dot à la reine Éléonore. Le Verger, 8 février 1529. 1530.

Expéd. authentique. Bibl. nat., ms. fr. 20856, fol. 64.

19981. Provisions de l'office de clerc et auditeur en la Chambre des Comptes de Dijon pour Henri de Cirey, en remplacement d'Antoine de Presle, décédé. Autun, 13 février 1529. 13 février.

Enreg. à la Chambre des Comptes de Dijon. Arch. de la Côte-d'Or, B. 18, fol. 122 v°.

19982. Don à Antoine des Prez, chevalier, s[r] de Montpezat, gentilhomme de la chambre du roi, des greffes civils et criminels de la sénéchaussée de Rouergue. 16 février 1529. 16 février.

Enreg. à la Chambre des Comptes de Paris, anc. mém. 2 F, fol. 246 v°. *Arch. nat.*, PP. 119, p. 20. (*Mention.*)

Bibl. nat., ms. fr. 21405, p. 308. (*Mention.*)

Bibl. nat., ms. Clairambault 782, p. 288. (*Mention.*)

19983. Lettres de réception du serment de fidélité de Charles de Villiers, évêque, comte de Beauvais, pair de France, pour le temporel dudit évêché-pairie. Moulins, 19 février 1529. 19 février.

Expéd. orig. Arch. nat., P. 725[1], cote 258.

19984. Lettres portant que la reine Éléonore sera autorisée à se retirer hors du royaume, si bon lui semble, après la mort du roi, avec ses biens, bagues et joyaux, et permettant au dauphin de donner à ce sujet les lettres convenues dans le traité de Cambrai. Moulins, 21 février 1529. 21 février.

Ratification de cet engagement par le dauphin François. Paris, 18 avril 1531.

Copie du XVIe siècle. Bibl. imp. de Vienne (Autriche), ms. 6979, fol. 105 et 105 v°.

19985. Lettres permettant à Philippe Merlant, marchand, demeurant à Arnay-le-Duc au duché de Bourgogne, d'acquérir des fiefs et terres nobles audit pays, jusqu'à concurrence de Février.

3,000 livres tournois de revenu annuel, données à la requête du maréchal de Montmorency, grand maître de France. Dijon, février 1529. 1530.

Enreg. à la Chancellerie de France. Arch. nat., Trésor des Chartes, JJ. 245[1], n° 145, fol. 34 v°.

19986. Lettres de légitimation accordées à François Urbain, fils naturel de Jean Urbain, écuyer, et de Sibille Audry, de la sénéchaussée de Toulouse. Dijon, février 1529. Février.

Enreg. à la Chancellerie de France. Arch. nat., Trésor des Chartes, JJ. 245[1], n° 128, fol. 29 v°.

19987. Lettres déclarant que François Charuau et Jean Legendre, serviteurs de feu Jacques de Beaune, s[r] de Semblançay, et de Guillaume de Beaune, son fils, absents lorsque furent données les lettres d'abolition de mai 1529, en faveur des serviteurs dudit Semblançay, seront admis au bénéfice desdites lettres. Ils avaient, entre autres, recueilli les restes de leur maître, détachés du gibet, traînés dans les vignes à Pantin et démembrés par les bêtes fauves, et les avaient fait porter à Sainte-Catherine-du-Val-des-Écoliers. Autun, février 1529. Février.

Enreg. à la Chancellerie de France. Arch. nat., Trésor des Chartes, JJ. 245[1], n° 142, fol. 33. (Cf. n° 3632 du *Catalogue*.)

19988. Lettres de légitimation accordées à Charles et Jeanne de Béduer, enfants naturels de Déodat de Béduer, prêtre et religieux de l'ordre de Saint-Antoine, et de Guyonne d'Aspres, demeurant à Villy en Auxerrois. Moulins, février 1529. Février.

Enreg. à la Chancellerie de France. Arch. nat., Trésor des Chartes, JJ. 245[1], n° 134, fol. 30.

19989. Lettres de légitimation accordées à Hilaire Bongars, archer des ordonnances de la compagnie du gouverneur d'Orléans, fils naturel de feu Jean Bongars, religieux de Saint-Be- Février.

noît, abbé de Saint-Léonard, et de Tiphaine Bailly. Moulins, février 1529. 1530.

Enreg. à la Chancellerie de France. Arch. nat., Trésor des Chartes, JJ. 245¹, n° 132, fol. 30.

19990. Lettres de légitimation accordées à François et Antoine Pezaud, fils naturels de maître Pierre Pezaud et de Jeanne Pegnot, du bailliage de Montferrand. Moulins, février 1529. Février.

Enreg. à la Chancellerie de France. Arch. nat., Trésor des Chartes, JJ. 245¹, n° 133, fol. 30.

19991. Lettres de légitimation accordées à Jean Rougier, notaire et receveur du duc d'Albany en Auvergne, fils naturel de feu Guillaume Rougier et de Guillemette Peigauld. Moulins, février 1529. Février.

Enreg. à la Chancellerie de France. Arch. nat., Trésor des Chartes, JJ. 245¹, n° 131, fol. 30.

19992. Lettres de légitimation accordées à Nicolas Suyreau, fils naturel de Jean Suyreau, de Poitou. Moulins en Bourbonnais, février 1529. Février.

Enreg. à la Chancellerie de France. Arch. nat., Trésor des Chartes, JJ. 245¹, n° 130, fol. 29 v°.

19993. Lettres de naturalité accordées à Claude Le Noble, ci-devant appelé Guiguonart, écuyer, natif de Pont-de-Vaux en Bresse, établi à Chalon-sur-Saône. Moulins, février 1529. Février.

Enreg. à la Chancellerie de France. Arch. nat., Trésor des Chartes, JJ 245¹, n° 175, fol. 45.

Enreg. à la Chambre des Comptes de Dijon, le 21 avril 1534. Arch. de la Côte-d'Or, B. 72, fol. 133.

19994. Lettres de naturalité accordées à Camille de Rozat, natif de Novare au duché de Milan, praticien, demeurant à Montferrant en Auvergne. Moulins, février 1529. Février.

Enreg. à la Chancellerie de France. Arch. nat., Trésor des Chartes, JJ. 245¹, n° 120, fol. 27.

19995. Déclaration de l'hommage rendu par Claude de Perelles, contrôleur de Bourgogne, au nom de Jean de La Baume, comte de Mont- 5 mars.

revel, administrateur des biens de sa femme, Françoise de Vienne, veuve de Jacques d'Amboise, pour les seigneuries de Bussy-le-Château (bailliage de Vitry, châtellenie de Sainte-Menehould), Vavray, Maurupt, Pargny (châtellenie de Vitry), le Parc, à Lachy (bailliage et châtellenie de Sézanne), Sexfontaines, Gillancourt, Annéville, la Mancine (bailliage et châtellenie de Chaumont), Rouvres, Lignol, Colombey-la-Fosse et le péage de Bar-sur-Aube (même bailliage, châtellenie de Bar-sur-Aube), appartenant à ladite Françoise, à titre de douaire et en usufruit. Blois, 5 mars 1529. 1530.

Expéd. orig. Arch. nat., P. 166², cote 2521.

19996. Provisions en faveur de Jean Richard de l'office de conservateur, juge et gardien des privilèges des foires de Lyon, résigné par Néry Mazy, son beau-père, sous réserve de survivance. Blois, 7 mars 1529. 7 mars.

Réception dudit Richard au Parl. de Paris, le 21 novembre 1530. Arch. nat., X¹ᵃ 4889, Plaidoiries, fol. 13. (*Mention.*)

19997. Lettres de sauvegarde octroyées au duc de Vendôme, pair de France, pour sa personne, ses terres et seigneuries. Paris, 8 mars 1529. 8 mars.

Original. Arch. départ. des Basses-Pyrénées, E. 257.

Copie du XVIIᵉ siècle. Bibl. nat., coll. Doat, vol. 234, fol. 88.

19998. Déclaration constatant la remise entre les mains du roi de tous les actes concernant la cession du comté d'Asti à l'empereur. 8 mars 1529. 8 mars.

Arch. de l'Isère, Chambre des Comptes de Grenoble, Invent. des titres du marquisat de Saluces. (*Mention.*)

19999. Déclaration de l'hommage de Guillaume Le Roux pour vingt sexterées de terre sises à Mauvoy, au comté de Blois. 9 mars 1529. 9 mars.

Anc. arch. de la Chambre des Comptes de Blois, lay. M. *Arch. nat.*, P. 1479, fol. 205. (*Mention.*)

20000. Lettres de ratification du mariage, conclu par 10 mars.

l'intermédiaire du vicomte de Turenne, entre le roi et Éléonore d'Autriche. S. d.[1]. [Vers le 10 mars 1530 n. s.]. 1530.

Original. Arch. nat., K. 1641 (anc. cote D. 4), n° 3ᵃ.

Vidimus du 15 mars 1530 n. s. Arch. nat., K. 1640 (anc. cote D. 4), n° 21.

20001. Déclaration de l'hommage de Jean Martin, prêtre, pour l'étang dit « de Campois », sis à Tremblevif (auj. Saint-Viâtre), au comté de Blois. 13 mars 1529. 13 mars.

Anc. arch. de la Chambre des Comptes de Blois, lay. C. *Arch. nat.*, P. 1479, fol. 84 v°. (*Mention.*)

20002. Déclaration de l'hommage de Guillot Pastoureau pour divers héritages sis à Aunay, au comté de Blois. 19 mars 1529. 19 mars.

Anc. arch. de la Chambre des Comptes de Blois, lay. A. *Arch. nat.*, P. 1479, fol. 10 v°. (*Mention.*)

20003. Provisions de l'office de contrôleur de la ville et des faubourgs d'Amboise en faveur d'Étienne Fromont, sommelier ordinaire de l'échansonnerie du roi. 20 mars 1529. 20 mars.

Mention dans un arrêt du Grand conseil, en date du 30 avril 1533. Arch. nat., V⁵ 1049.

20004. Déclaration de l'hommage de Guillaume Pastoureau pour une mine de terre sise aux Landes, paroisse d'Aunay (comté de Blois). 20 mars 1529. 20 mars.

Anc. arch. de la Chambre des Comptes de Blois, lay. L. *Arch. nat.*, P. 1479, fol. 185. (*Mention.*)

20005. Lettres de réception du serment de fidélité de Georges d'Armagnac, abbé de Saint-Ambroise de Bourges, pour le temporel de l'évêché de Rodez. Blois, 21 mars 1529. 21 mars.

Expéd. orig. Arch. nat., P. 556¹, cote 728.

20006. Confirmation des lettres de don concédées à Antoine de Clermont, premier baron du Dauphiné, gentilhomme de la chambre du roi, 25 mars.

[1] Entre le 7 mars, date des pouvoirs du vicomte de Turenne (n° 3637), et le 15 mars suivant, date du vidimus.

des biens meubles et immeubles confisqués par arrêt du Parlement de Grenoble sur Jacques et François Rivoire. Blois, 25 mars 1529. 1530.

Enreg. au Parl. de Grenoble, le 20 août 1530. Arch. de l'Isère, B. 2969, fol. 135. 7 pages.

20007. Commission à M. de Warty, gouverneur de Paris, pour procéder à la répartition entre les villes de Pontoise, Beauvais et Noyon, du logement de la compagnie de M. de Rancé, chevalier de l'ordre, revenue du royaume de Naples. Blois, 28 mars 1529. 28 mars.

Présentée au conseil de ville de Beauvais, le 24 mai 1530. Arch. comm. de Beauvais, BB. 13, fol. 299. 1/2 page.

20008. Déclaration de l'hommage de Jean de Saintray pour le château de Forges, au comté de Blois. 29 mars 1529. 29 mars.

Anc. arch. de la Chambre des Comptes de Blois, lay. F. *Arch. nat.*, P. 1479, fol. 121. (*Mention.*)

20009. Lettres de don à René Le Petit, chevalier, s[r] de la Vauguyon, des biens de ses deux frères bâtards, Guillaume et Jean Le Petit, décédés sans s'être fait délivrer des lettres de légitimation. Blois, mars 1529. Mars.

Enreg. à la Chancellerie de France. Arch. nat., Trésor des Chartes, JJ. 245[1], n° 291, fol. 80 v°.

20010. Lettres portant vente, moyennant 8,000 écus d'or soleil, applicable à la rançon du roi, faite à Raoul de Juch, chevalier, seigneur de Molac, des terres et biens confisqués pour crime de fausse monnaie sur Jean de La Lande, dit « de Machecoul », seigneur de Vieillevigne, et Jean de Malestroit, seigneur de « Hodon » (Oudon). Blois, mars 1529. Mars.

Enreg. à la Chancellerie de France. Arch. nat., Trésor des Chartes, JJ. 245[1], n° 195, fol. 53.

20011. Lettres de légitimation accordées à Mathieu Cusin, fils naturel d'André Cusin, prêtre, et Mars.

de Catherine Armand, du bailliage de Montferrand. Blois, mars 1529. 1530.

Enreg. à la Chancellerie de France. Arch. nat., Trésor des Chartes, JJ. 245^1, n° 171, fol. 44.

20012. Lettres de naturalité en faveur de Pierre Pagani, l'un des joueurs de « sacquebute » du roi, natif du pays d'Italie, au service du roi de France depuis trente ans. Blois, mars 1529. Mars.

Enreg. à la Chancellerie de France. Arch. nat., Trésor des Chartes, JJ. 245^1, n° 209, fol. 57 v°.

20013. Lettres de naturalité accordées à Emery de Thoumeraignes, sergent du roi, demeurant à Bergerac, fils naturel de feu Gaillard de Thoumeraignes, avocat en ladite ville, et de Jeanne Genest. Blois, mars 1529. Mars.

Enreg. à la Chancellerie de France. Arch. nat., Trésor des Chartes, JJ. 245^1, n° 172, fol. 44 v°.

20014. Lettres contenant promesse du roi aux ambassadeurs de Charles-Quint de leur faire délivrer les lettres d'engagement des villes et États du royaume au sujet de l'exécution de l'article du traité de Madrid, autorisant la reine Éléonore à se retirer auprès de son frère, au cas où elle survivrait à son mari. Lusignan, 13 avril 1529. 13 avril.

Original. Bibl. nat., Mélanges de Colbert, vol. 366, n° 324.

20015. Lettres ratifiant tout ce qu'a fait François, vicomte de Turenne, touchant le mariage du roi avec Éléonore d'Autriche. Lusignan, 15 avril 1529. 15 avril.

Original sur papier. Arch. nat., K. 1640 (anc. cote D. 4), n° 14.

20016. Lettres portant autorisation à Étienne de Poncher de prendre possession de l'abbaye de Notre-Dame de la Roë[1], au diocèse d'Angers, dont il a été pourvu par lettres pontificales. 15 avril 1529. 15 avril.

Mention dans un arrêt du Grand conseil, en date du 25 septembre 1531. Arch. nat., V^5 1048.

[1] Canton de Saint-Aignan-sur-Roë (Mayenne).

20017. Lettres de naturalité accordées à Corneille Leroy, natif d'Anvers en Brabant, établi à Tours. Tours, avril 1529. — 1530. Avril.

Enreg. à la Chancellerie de France. Arch. nat., *Trésor des Chartes*, JJ. 245[1], n° 276, fol. 45 v°.

20018. Lettres portant cession à Jean de La Barre, prévôt de Paris, des fiefs, arrière-fiefs et hommages de la châtellenie de Châteaufort, moyennant une rente de valeur égale au revenu moyen du quinzième denier des fiefs directs et du trentième des arrière-fiefs. Lusignan, avril 1529. — Avril.

Vérifiées à la Chambre des Comptes de Paris, le 30 juillet 1530.

Arch. de Seine-et-Oise, série H, fonds de Saint-Cyr, 18e carton de Chevreuse, *Inventaire des titres de Châteaufort et Jouy-en-Josas, dressé en 1549*, fol. 4. (*Mention.*)

20019. Lettres reconnaissant aux religieux de l'abbaye de Cluny le droit d'élire leur abbé, conformément à la bulle de Clément VII, du 13 septembre 1529. Lusignan, 18 avril 1530. — 18 avril.

Copie du XVIIe siècle. Bibl. de la Chambre des députés, ms. *Recueil sur l'abbaye de Cluny*, t. XXV, p. 54.

Imp. Pièce in-4°. *Bibl. de la Chambre des députés*, B[11] 89, t. I, n° 49. 2 pages.

20020. Lettres de réception du serment de fidélité de Philippe de Cossé, évêque de Coutances, pour le temporel dudit évêché. Lusignan, 18 avril 1530. — 18 avril.

Original. Arch. nat., *Chambre des Comptes de Paris*, P. 268[2], n° 3444.

20021. Mandement à Jean Laguette, commis au payement de l'extraordinaire des guerres, de donner 16 livres tournois aux notaires qui ont passé l'acte de consentement du duc de Vendôme et du comte de Saint-Pol à la cession faite à Charles-Quint de terres situées en Flandre. Angoulême, 24 avril 1530. — 24 avril.

Copie du XVIIIe siècle. Bibl. nat., Portefeuilles Fontanieu, vol. 224.

20022. Lettres de sauf-conduit pour les vaisseaux envoyés par la république de Venise en Flandre et en Angleterre. Angoulême, 25 avril 1530. — 1530. 25 avril.

Copie contemporaine. Arch. de Venise, Commemoriali 21, fol. 114.

20023. Lettres relevant Pierre de Glandèves, s[r] de Faulcon, et Madeleine de Villennis, des peines et particulièrement de la confiscation qu'ils avaient encourues, pour avoir contracté mariage ensemble, quoique parents au troisième degré. Angoulême, avril 1530. — Avril.

Enreg. à la Chancellerie de France. Arch. nat., Trésor des Chartes, JJ. 245[1], n° 306, fol. 84 v°.

20024. Lettres de légitimation accordées à Jean Mallassis, commis à la garde de la ville d'Auxonne, clerc du guet de cette ville, né à Rougeperriers au diocèse d'Évreux, fils naturel de Jean Mallassis, et de Jeanne du lieu de Montmirey, au côté de Bourgogne. Angoulême, avril 1530. — Avril.

Enreg. à la Chancellerie de France. Arch. nat., Trésor des Chartes, JJ. 245[1], n° 214, fol. 59.
Enreg. à la Chambre des Comptes de Dijon, le 27 mai 1530. Arch. de la Côte-d'Or, B. 72, fol. 125.

20025. Lettres de naturalité accordées à Jean Guillardi, natif du royaume d'Aragon, établi définitivement en France. Angoulême, avril 1530. — Avril.

Enreg. à la Chancellerie de France. Arch. nat., Trésor des Chartes, JJ. 245[1], n° 208, fol. 57 v°.

20026. Lettres de naturalité accordées à Pierre de Vaudebourg, natif d'Allemagne, fauconnier de Charles Chabot, seigneur de Jarnac. Angoulême, avril 1530. — Avril.

Enreg. à la Chancellerie de France. Arch. nat., Trésor des Chartes, JJ. 245[1], n° 302, fol. 83 v°.

20027. Mandement à Jean Laguette de payer à Guillaume Féau la somme de 13,600 livres tournois qu'il doit remettre aux commissaires chargés d'évaluer les terres de Flandre, que la douairière de Vendôme donne à Charles- — 6 mai.

Quint, en vertu du dernier traité. Angoulême, 6 mai 1530. 1530.

Copie du XVIIIe siècle. Bibl. nat., Portefeuilles Fontanieu, vol. 224.

20028. Mandement à Jean Laguette de payer 800 livres tournois à Guillaume Féau pour le même objet que les 13,600 livres tournois qui lui ont été baillées le jour même. Angoulême, 6 mai 1530. 6 mai.

Copie du XVIIIe siècle. Bibl. nat., Portefeuilles Fontanieu, vol. 224.

20029. Lettres de l'engagement pris par le roi de ne donner aucun secours à Henri, seigneur d'Albret, au cas où ce dernier ferait quelque tentative contre la Navarre. Angoulême, 8 mai 1530. 8 mai.

Original scellé. Arch. nat., K. 1641 (anc. cote D. 4 *bis*), n° 24.

20030. Lettres d'évocation d'un procès engagé entre Charles de Coucy, seigneur de Bury, et Jean du Tillet, secrétaire du roi et greffier civil au Parlement de Paris, curateur des enfants de feu Pierre Régnier, lieutenant général du sénéchal de Poitou, et d'Anne du Tillet, sa veuve. 9 mai 1530. 9 mai.

Mention dans un arrêt du Grand conseil, en date du 20 janvier 1532 n. s. Arch. nat., V⁵ 1048.

20031. Déclaration de l'hommage de Claude Geoffroy, écuyer, pour la seigneurie de Dompierre (gouvernement de la Rochelle). Angoulême, 10 mai 1530. 10 mai.

Expéd. orig. Arch. nat., P. 556¹, cote 735.

20032. Provisions, en faveur de Pierre du Couldray, de l'office de secrétaire du roi et de la maison de France. Angoulême, 14 mai 1530. 14 mai.

Copie collationnée du XVIe siècle. Bibl. nat., *Pièces originales*, vol. 878, Couldray, p. 9.

20033. Provisions pour Eustache Puillois de l'office de clerc auditeur en la Chambre des Comptes de 14 mai.

Paris, en remplacement de François Gayant. Saint-Claud, 14 mai 1530. 1530.

Enreg. à la Chambre des Comptes de Paris, anc. mém. 2 F, fol. 263 v°. *Arch. nat.*, PP. 119, p. 22. (*Mention.*)

Bibl. nat., ms. fr. 21405, fol. 309. (*Mention.*)

20034. Lettres d'évocation de deux procès pendant entre Jean de Saint-Chamans, d'une part, Jean Hamelin l'aîné et Jean Hamelin le jeune, relatifs aux offices d'œuvrier et de cellerier de l'église cathédrale de Sarlat. 16 mai 1530. 16 mai.

Mention dans un arrêt du Grand conseil, en date du 19 avril 1531. Arch. nat., V⁵ 1048 [1].

20035. Mandement à Jean Laguette de payer à Annibal de Gonzague un acompte de 4,000 livres tournois sur la somme de 7,640 livres qui lui est encore due pour l'entretien en Italie de deux cents chevau-légers. Angoulême, 19 juin (*corr.* mai) 1530. 19 mai.

Copie du XVIIIe siècle. Bibl. nat., Portefeuilles de Fontanieu, vol. 226.

20036. Mandement à Jean Laguette de payer à Étienne Besnier, Jean Tizart et Jacques Richier 6,000 livres tournois, qu'ils donneront aux bandes d'archers du corps du roi, à valoir sur ce qui leur est dû. Angoulême, 22 mai 1530. 22 mai.

Copie du XVIIIe siècle. Bibl. nat., Portefeuilles de Fontanieu, vol. 225.

20037. Déclaration de l'hommage rendu par Guillaume Gouin, au nom de Jean de Châteaubardon, écuyer, pour la seigneurie de la Touche (sénéchaussée de Saintonge, châtellenie de Talmont-sur-Gironde). Angoulême, 24 mai 1530. 24 mai.

Expéd. orig. Arch. nat., P. 556², cote 737.

20038. Lettres évoquant au Grand conseil les différends que les généraux des aides de Montpellier 24 mai.

(1) Le même arrêt mentionne des lettres de déclaration du 15 octobre suivant, attribuant au Grand conseil la connaissance desdits procès.

avaient pendants au Parlement de Toulouse. Angoulême, 24 mai 1530. 1530.

Arch. départ. de l'Hérault, B. 455. (Mention.)

20039. Lettres de légitimation accordées à Jean Duboys, homme d'armes des ordonnances de la compagnie du s^r^ de Bonneval, fils naturel de Claude Duboys, écuyer, et de Jeanne Chastel. Angoulême, mai 1530. Mai.

Enreg. à la Chancellerie de France. Arch. nat., Trésor des Chartes, JJ. 245[1]*, n° 222, fol. 61.*

20040. Lettres de légitimation accordées à Jean de Puybertrand, habitant de Périgueux, fils naturel de Pierre de Puybertrand et de Perronne Gordon. Angoulême, mai 1530. Mai.

Enreg. à la Chancellerie de France. Arch. nat., Trésor des Chartes, JJ. 245[1]*, n° 215, fol. 59.*

20041. Lettres de légitimation accordées à Élie de Villedieu, fils naturel de Jacques de Villedieu et de Jeanne Durat. Angoulême, mai 1530. Mai.

Enreg. à la Chancellerie de France. Arch. nat., Trésor des Chartes, JJ. 245[1]*, n° 223, fol. 61 v°.*

20042. Lettres de naturalité accordées à Donat Campbell, clerc, établi en France, natif du royaume d'Écosse, frère du comte d'Argyl, chevalier de l'ordre du roi, et neveu du s^r^ d'Aubigny, capitaine de la garde écossaise. Angoulême, mai 1530. Mai.

Enreg. à la Chancellerie de France. Arch. nat., Trésor des Chartes, JJ. 245[1]*, n° 312, fol. 85 v°.*

20043. Lettres de naturalité accordées à Antonie de Rescon, native du duché de Milan, mariée à Pierre Hatry, chevaucheur de l'écurie du roi, alors maître de la poste à Bassignano en Lombardie, ayant depuis fixé sa résidence à Tours. Angoulême, mai 1530. Mai.

Enreg. à la Chancellerie de France. Arch. nat., Trésor des Chartes, JJ. 245[1]*, n° 203, fol. 56 v°.*

20044. Lettres de légitimation accordées à Jean Marin, de Conac en Saintonge, fils naturel de feu Jean Marin, s^r^ des Cheminées, et de Catherine Mai.

Limousin, de Mirambeau, Châteauneuf-[sur-Charente], mai 1530. 1530.

Enreg. à la Chancellerie de France. Arch. nat., Trésor des Chartes, JJ. 245[1], n° 252, fol. 71.

20045. Lettres ordonnant l'examen de la requête présentée au roi par les habitants de Calvisson, à l'effet d'obtenir l'érection d'un grenier à sel audit lieu. 6 (*aliàs* 8) juin 1530. 6 juin.

Mentions dans des arrêts du Grand conseil, en date du 28 avril et du 16 juin 1531. Arch. nat., V[5] 1048.

20046. Provisions en faveur de Nicolas de Bossut, maître d'hôtel du roi, de l'office de bailli de Vermandois, déclaré vacant par arrêt de la cour. Bordeaux, 7 juin 1530. 7 juin.

Reçu au Parl. de Paris, le 8 août 1530. Arch. nat., X[1a] 4888, Plaidoiries, fol. 333. (*Mention.*)

20047. Lettres maintenant, à l'exclusion de Gilbert de Cardaillac, les provisions données en faveur de Pierre Gaillard, de l'office de conseiller clerc au Parlement de Toulouse, vacant par la résignation d'Antoine du Fayet. Bordeaux, 11 juin 1530. 11 juin.

Vidimus du sénéchal de Toulouse, du 3 janvier 1531 n. s. Bibl. nat., Pièces orig., vol. 1267, Galhard, p. 4.

20048. Lettres par lesquelles le roi charge Anne de Montmorency, qu'il constitue son procureur général, de régler avec les envoyés de l'empereur les affaires touchant les droits de quint et de requint, en conséquence du traité de Cambrai. Thouars-lès-Bordeaux, 14 juin 1530. 14 juin.

Copie du XVIIIe siècle. Bibl. nat., Portefeuilles de Fontanieu, vol. 226.

20049. Lettres portant annulation des lettres de marque et représailles accordées par le roi à Galéas Visconti et à Louis Deladoy contre les Génois. Bordeaux, 15 juin 1530. 15 juin.

Original scellé. Arch. départ. du Nord, Documents diplomatiques.

20050. Lettres de ratification par François Ier du traité de Cambrai (n° 3436). Bordeaux, 16 juin 1530. — 1530. 16 juin.

Original scellé. Bibl. nat., Mélanges de Colbert, vol. 370, n° 378.

20051. Déclaration portant que Marguerite de Foix, veuve de Louis, marquis de Saluces, jouira du marquisat de Saluces et de ses revenus, suivant la teneur du testament de son mari. Bordeaux, 28 juin 1530. — 28 juin.

Original. Arch. nat., Trésor des Chartes, J. 609, n° 4.

20052. Lettres de confirmation des privilèges, franchises et exemptions accordés par Louis XII à René Matheron, écuyer, seigneur de Peynier en Provence, pour ladite seigneurie. Bordeaux, juin 1530. — Juin.

Enreg. à la Chancellerie de France. Arch. nat., Trésor des Chartes, JJ. 245^{1}, n° 351, fol. 95.

20053. Lettres de légitimation accordées à Jean Descombes, fils naturel d'Arnaud Descombes, prêtre, et de Marguerite de Morseigne. Bordeaux, juin 1530. — Juin.

Enreg. à la Chancellerie de France. Arch. nat., Trésor des Chartes, JJ. 245^{1}, n° 254, fol. 71 v°.

20054. Lettres de légitimation accordées à Jean de Granson, fils naturel d'Hélion de Granson, seigneur du Puix, au duché de Bourgogne. Bordeaux, juin 1530. — Juin.

Enreg. à la Chancellerie de France. Arch. nat., Trésor des Chartes, JJ. 245^{1}, n° 240, fol. 67 v°.
Enreg. à la Chambre des Comptes de Dijon, le 31 janvier 1531 n. s. Arch. de la Côte-d'Or, B. 72, fol. 127.

20055. Lettres de légitimation accordées à Jean de Lanissans, fils naturel de Bernard de Lanissans et de Marguerite de Lanissans, du diocèse de Bazas. Bordeaux, juin 1530. — Juin.

Enreg. à la Chancellerie de France. Arch. nat., Trésor des Chartes, JJ. 245^{1}, n° 253, fol. 71.

20056. Lettres de naturalité accordées à Laurent d'An- — Juin.

tonne, natif du royaume de Navarre, maître chirurgien demeurant à Bourg. Bordeaux, juin 1530. 1530.

Enreg. à la Chancellerie de France. Arch. nat., Trésor des Chartes, JJ. 245[1], n° 241, fol. 67 v°.

20057. Lettres de naturalité accordées à Antoine Lefranc, écuyer, natif du comté de Nice, demeurant à Vallabrègues en la sénéchaussée de Beaucaire. Bordeaux, juin 1530. Juin.

Enreg. à la Chancellerie de France. Arch. nat., Trésor des Chartes, JJ. 245[1], n° 235, fol. 65 v°.

20058. Lettres ordonnant que les gens d'armes payeront les vivres et denrées qu'ils prendront. Bordeaux, 3 juillet 1530. 3 juillet.

Copie du XVIe siècle. Arch. de la ville de Toulon (Var), Livre rouge, série AA, n° 96.

20059. Déclaration de foi et hommage de Jean de Daillon, chevalier, s[r] d'Illiers, de Rillé et de Champchevrier, pour la seigneurie de Rillé, mouvant de Tours. Angoulême, 23 juillet 1530. 23 juillet.

Original. Arch. nat., Chambre des Comptes de Paris, P. 13, n° 4419.

20060. Commission donnée à [Philippe Chabot], s[r] de Brion, baron de Pagny, amiral de France, gouverneur de Bourgogne, à Claude de Longwy, évêque de Langres, à Claude Patarin, premier président du Parlement de Dijon, à Thierry Dorne, président de la Chambre des Comptes, à Pierre d'Apestigny, général des finances, et à Guy Milletot, receveur général des finances de Bourgogne, pour assister à l'assemblée des États du comté d'Auxonne et en obtenir un octroi de 6,000 livres. Angoulême, 24 juillet 1530. 24 juillet.

Original. Arch. de la Côte-d'Or, États, C. 7484.

20061. Lettres de marque pour Jean Ango, de Dieppe, à l'encontre des Portugais, jusqu'à concurrence de la somme de 250,000 ducats. 26 juillet 1530. 26 juillet.

IMP. E. Gosselin, *Documents authentiques et*

inédits pour servir à l'histoire de la marine normande.... Rouen, 1876, in-8°, p. 23. (*Mention.*) 1530.

20062. Lettres de terrier accordées au chapitre de Chartres pour ses prébendes de Saint-Aubin, Fontaine-la-Guyon, Amilly, Clévilliers et Voves. Paris (*sic*), 30 juillet 1530. 30 juillet.

Original. Arch. départ. d'Eure-et-Loir, G. 1084.

20063. Lettres confirmant les privilèges et exemptions de l'évêché d'Agen, données en faveur de l'évêque Antoine de la Rovere. Bordeaux, juillet 1530. Juillet.

Enreg. à la Chancellerie de France. Arch. nat., Trésor des Chartes, JJ. 245[1], n° 276, fol. 76 v°.

20064. Lettres de légitimation accordées à Jacques Clavel, fils naturel de Jacques Clavel et de Gillette Souchet, demeurant à Montfalgoux, paroisse de Trelans en Rouergue. Bordeaux, juillet 1530. Juillet.

Enreg. à la Chancellerie de France. Arch. nat., Trésor des Chartes, JJ. 245[1], n° 272, fol. 76 v°.

20065. Lettres de légitimation accordées à Gilles de Grassay, fils naturel de feu Charles de Grassay, s[r] d'Abloux en Berry, et de Catherine Charrault. Bordeaux, juillet 1530. Juillet.

Enreg. à la Chancellerie de France. Arch. nat., Trésor des Chartes, JJ. 245[1], n° 271, fol. 76.

20066. Lettres de légitimation accordées à Étienne Lucas, fils naturel de Guillaume Lucas, prêtre du Limousin. Bordeaux, juillet 1530. Juillet.

Enreg. à la Chancellerie de France. Arch. nat., Trésor des Chartes, JJ. 245[1], n° 274, fol. 76 v°.

20067. Lettres de naturalité accordées à Jean Souldat, bourgeois et habitant de Bordeaux depuis dix-neuf ans, natif de Florence. Bordeaux, juillet 1530. Juillet.

Enreg. à la Chancellerie de France. Arch. nat., Trésor des Chartes, JJ. 246, n° 6, fol. 1 v°.

20068. Lettres de légitimation accordées à Jehannot Bonnin, fils naturel de feu Jean Bonnin, sei- Juillet.

gneur de Messignac en Poitou, et d'Huguette de Biaye. Angoulême, juillet 1530. 1530.

Enreg. à la Chancellerie de France. Arch. nat., Trésor des Chartes, JJ. 245[1], n° 315, fol. 86.

20069. Lettres de légitimation accordées à Charles de Chargé, fils naturel de feu Philippe de Chargé et de Jeanne Bernard, demeurant à la Mardelle. Angoulême, juillet 1530. Juillet.

Enreg. à la Chancellerie de France. Arch. nat., Trésor des Chartes, JJ. 245[1], n° 273, fol. 76 v°.

20070. Lettres de légitimation accordées à Quentin Pinchaud, dit Brodache, fils naturel de Robert Pinchaud et de Philippe Brodache, du Limousin. Château de Cognac, juillet 1530. Juillet.

Enreg. à la Chancellerie de France. Arch. nat., Trésor des Chartes, JJ. 245[1], n° 307, fol. 85.

20071. Mandement à Jean Laguette de payer pour leur solde aux cent archers à cheval placés sous le commandement du seigneur de Chandio, grand prévôt de France, la somme de 6,780 livres tournois pour le premier semestre de l'année. Cognac, 2 août 1530. 2 août.

Copie du XVIIIe siècle. Bibl. nat., Portefeuilles de Fontanieu, vol. 226.

20072. Provisions d'un office de notaire royal au bailliage de Saint-Pierre-le-Moutier, en faveur d'Antoine Moreau, au lieu de Jean Goux, décédé. Cognac, 8 août 1530. 8 août.

Mention dans un arrêt du Grand conseil, en date du 22 août 1531. Arch. nat., V[5] 1048.

20073. Provisions de l'office de conseiller à la sénéchaussée de Guyenne, en faveur de Jean de La Chassaigne, licencié ès lois, sur la résignation faite à son profit par Pierre de Beaune. 8 août 1530. 8 août.

Mention dans une décision du Grand conseil, en date du 14 janvier 1531 n. s. Arch. nat., V[5] 1047.

20074. Déclaration de l'hommage de Jean de Rabaine, écuyer, seigneur d'Usson, pour la seigneurie 8 août.

de Brézillas [1] (sénéchaussée de Saintonge, châtellenie de Talmont). Cognac, 8 août 1530. | 1530.

Expéd. orig. Arch. nat., P. 556[1], cote 737 *bis.*

20075. Déclaration de l'hommage rendu par Jean de Rabaine, au nom de Jacquette Bertrand, sa mère, pour les fiefs par elle tenus dans la châtellenie de Pons (sénéchaussée de Saintonge). Cognac, 9 août 1530. | 9 août.

Expéd. orig. Arch. nat., P. 556[1], cote 738.

20076. Provisions en faveur de Pierre de La Garde, seigneur de Sanhes, conseiller au Parlement de Toulouse, de l'office de conseiller et maître des requêtes ordinaire de l'hôtel de la reine. Matha, 10 août 1530. | 10 août.

Vidimus du sénéchal de Toulouse. Bibl. nat., Pièces orig., Gautier (doss. 28,780), vol. 1278, p. 4.

20077. Lettres d'évocation d'un procès pendant entre Guillaume Thomas, soi-disant curé de Boisse, d'une part, et Jean Barthelomey, conseiller au Parlement de Toulouse, Gilbert de Petra, Gérault Boutre et Arnaud de Belme, d'autre part. 13 août 1530. | 13 août.

Mention dans un arrêt du Grand conseil, en date du 8 août 1531. Arch. nat., V[5] 1048.

20078. Provisions, sur la présentation de Louise de Savoie, de l'office de sergent royal au bailliage de la Ferté-Bernard, en faveur de Jacques Lodier, au lieu de Jean Cordier, décédé. Saint-Jean-d'Angély, 19 août 1530. | 19 août.

Enreg. aux assises royales du Mans. Arch. nat., Z[2] 1305 (non folioté).

20079. Mandement aux élus du Lyonnais, leur ordonnant de contraindre, après information et examen, les habitants de Regny à payer leur | 28 août.

[1] Charente-Inférieure, arrondissement de Saintes, canton de Cozes, commune d'Arces.

quote-part de l'impôt mis sur le plat pays de Lyonnais. Paris, 28 août 1530. 1530.

Copie du XVIe siècle. Bibl. nat., ms. fr. 2702, fol. 159 v°.

20080. Lettres de naturalité accordées à François Piré, natif du royaume de Portugal, établi à Blois. Cognac, août 1530. Août.

Enreg. à la Chancellerie de France. Arch. nat., Trésor des Chartes, JJ. 245[1], n° 299, fol. 83.

20081. Lettres déclarant non avenues les lettres de marque accordées, le 26 juillet précédent (n° 20061), à Jean Ango, de Dieppe, contre les Portugais. Août 1530. Août.

IMP. E. Gosselin, *Documents authentiques et inédits pour servir à l'histoire de la marine normande*... Rouen, 1876, in-8°, p. 23. (*Mention.*)

20082. Mandement au vice-bailli de Viennois de donner son concours à la réformation du couvent des Frères mineurs de Romans et de prêter main-forte aux commissaires, si besoin est. 9 septembre 1530. 9 septembre.

Mention dans un arrêt du Grand conseil, en date du 7 octobre 1536. Arch. nat., V[6] 1051.

20083. Lettres de don à Jean Le Monnoyer, dit Petit, valet de chambre ordinaire du roi, d'une petite maison et ses dépendances, sises en la clôture du château d'Amboise, acquises autrefois par Louis XII d'un nommé Macé Papillon, réservé le droit de la duchesse d'Angoulême, dame d'Amboise. La Carte, septembre 1530. Septembre.

Enreg. à la Chancellerie de France. Arch. nat., Trésor des Chartes, JJ. 245[1], n° 333, fol. 91.

20084. Lettres de légitimation accordées à Bernard, fils de feu Côme « Boutegarii » (Botecari) et d'Hélène de Sainte-Croix, du comté de Provence. « Veriaci » (Véretz), septembre 1530. Septembre.

Enreg. à la Chancellerie de France. Arch. nat., Trésor des Chartes, JJ. 245[1], n° 316, fol. 86 v°.

20085. Déclaration de l'hommage d'Anne Charlemagne, veuve de Guillaume Gadon, pour la 3 octobre.

moitié de la métairie de Pennes, sise à Seris au comté de Blois. 3 octobre 1530. 1530.

Anc. arch. de la Chambre des Comptes de Blois, lay. P. *Arch. nat.*, P. 1479, fol. 285 v°. (*Mention.*)

20086. Lettres d'évocation d'un procès pendant entre Charles Escochard et le procureur du roi près la Cour des Aides de Normandie, demandeurs, et Catherine Le Court, veuve de Gabriel Escochard, défenderesse. 4 octobre 1530. 4 octobre.

Visées dans un arrêt du Grand conseil, du 10 mai 1531, présenté à la Cour des Aides de Normandie, le 15 mai 1531. Arch. de la Seine-Inférieure, Mémoriaux, 2ᵉ vol., fol. 48. (*Mention.*)

20087. Lettres ordonnant l'examen de la requête présentée au roi, le 28 septembre 1530, par Nicolas Tyreau, fermier des moulins des halles de Nantes et des pêcheries de Thouaré, à l'effet d'obtenir décharge de la somme de 600 livres due au roi pour partie de deux années de ladite ferme. 5 octobre 1530. 5 octobre.

Mention dans un arrêt du Grand conseil, en date du 23 mai 1531. Arch. nat., V⁵ 1048.

20088. Provisions de l'office de procureur du roi près l'élection de Coutances, en faveur de Gilles Dieu, sur la résignation faite à son profit par Nicolas de Meaux. Amboise, 7 octobre 1530. 7 octobre.

Enreg. à la Cour des Aides de Normandie, le 28 novembre 1530. Arch. de la Seine-Inférieure, Mémoriaux, 2ᵉ vol., fol. 37 v°. 2 pages 1/2.

20089. Déclaration du serment de fidélité de Gabriel de Saluces pour le temporel de l'évêché d'Aire. Amboise, 13 octobre 1530. 13 octobre.

Expéd. orig. Arch. nat., P. 556¹, cote 738 *bis*.

20090. Déclaration de foi et hommage de Guillaume de La Mothe pour un quart de fief appelé le fief de la Mothe, assis en la paroisse de Bosc-Guérard et mouvant de Cailly. Amboise, 15 octobre 1530. 15 octobre.

Original. Arch. nat., Chambre des Comptes de Paris, P. 264², n° 960.

20091. Mandement au sénéchal de Rouergue, à Anne Du Prat, s^r de Verrières, gouverneur de Clermont, et à Mathurin Le Hucher, s^r d'Eguzon, de répartir et lever la somme de 65,922 livres 19 sous 9 deniers tournois sur le Haut et Bas Rouergue et le comté de Rodez, pour leur part de 3,061,000 livres imposées sur tout le royaume, plus 485 livres pour les frais des commissaires. Amboise, 16 octobre 1530. — 1530. 16 octobre.

Copie du XVIe siècle. Arch. départ. de l'Aveyron, C. 1222, fol. 1 v°.

20092. Pouvoirs des commissaires du roi aux États de Languedoc, convoqués à Montpellier pour le 6 décembre. Amboise, 16 octobre 1530. — 16 octobre.

Copie. Arch. départ. de l'Hérault, C. *États de Languedoc, Recueils des lettres et actes des commissaires du roi aux États*, 1530. 12 pages.

20093. Lettres relatives à l'arrentement de la ferme de l'équivalent du Languedoc, pour trois années commençant le 1er septembre 1531. Amboise, 25 octobre 1530. — 25 octobre.

Copie. Arch. départ. de l'Hérault, C. *États de Languedoc, Recueils des lettres et actes des commissaires du roi aux États*, 1530. 2 pages.

20094. Mandement au receveur de Blois de délivrer à Louis de Racine, sommelier de l'échansonnerie, sept poinçons de vin blanc du cru des Montils, pour les porter où le roi l'a ordonné. Amboise, 25 octobre 1530. — 25 octobre.

Original. Bibl. nat., Pièces orig., Racine (doss. 54,359), vol. 2421, p. 9.

20095. Lettres accordant délai jusqu'au 20 décembre aux religieux de Saint-Médard de Soissons, aux habitants de Rethondes et au sire d'Offémont, renvoyés à la cour des Eaux et forêts par lettres du 19 septembre précédent (n° 3772). Blois, 1er novembre 1530. — 1er novembre.

Enreg. aux Eaux et forêts, le 14 décembre suivant. Arch. nat., Z^1e 321, fol. 44 v°. 1 page.

20096. Lettres d'assignation à Antoine de Saint-Pol, — 9 novembre.

bailli et capitaine de Desvres, au comté de Boulonnais, de trois mesures de bois à prendre annuellement, tant qu'il sera pourvu dudit office, sur la forêt dudit Desvres. Bury, 9 novembre 1530. — 1530.

Enreg. aux Eaux et forêts, le 22 février 1531 n. s. Arch. nat., Z[1e] 321, fol. 63. 2 pages.

20097. Commission au capitaine Léonard, ambassadeur du roi auprès de la marquise de Montferrat, pour traiter du mariage de la fille de ladite marquise avec François, marquis de Saluces. 9 novembre 1530. — 9 novembre.

Arch. de l'Isère. Chambre des Comptes de Grenoble, invent. des titres de Saluces. (*Mention.*)

20098. Lettres d'évocation au Grand conseil d'un procès pendant entre Jean de Foix, vicomte de Conserans, fils de feu Germain de Foix, seigneur de Mardogne, et Jean de Foix, seigneur de Ravat. 14 novembre 1530. — 14 novembre.

Mention dans deux arrêts du Grand conseil, en date du 13 décembre 1531 et du 16 janvier 1532 n. s. Arch. nat., V[5] 1048.

20099. Provisions en faveur de Lazare de Baïf, docteur en droit, de l'office de conseiller clerc au Parlement de Paris, vacant par le décès de Louis Courtin. Blois, 17 novembre 1530. — 17 novembre.

Reçu au Parl., le 27 mars 1534 n. s. Arch. nat., X[1a] 1537, reg. du Conseil, fol. 197. (*Mention.*)

20100. Provisions en faveur d'Étienne Sacaley, avocat au Parlement de Toulouse, de l'office de conseiller clerc audit Parlement, en remplacement et sur la résignation de son oncle, Étienne Sacaley. Blois, 17 novembre 1530. — 17 novembre.

Vidimus du sénéchal de Toulouse, du 7 janvier 1530. Bibl. nat., Pièces orig., Sacaley, vol. 2602, p. 9.

20101. Don à Louis de Racine, seigneur de Villegomblin, maître des Eaux et forêts du comté de Blois, de 200 francs de pension annuelle, — 18 novembre.

outre ses gages de 30 livres tournois par an. Blois, 18 novembre 1530. 1530.

Original. Bibl. nat., Pièces orig., Racine (doss. 54,359), vol. 2421, p. 10.

20102. Don à Louis de Racine, seigneur de Villegomblin, gentilhomme de la vénerie et maître des Eaux et forêts du comté de Blois, de 500 livres tournois, pour ses services en ladite vénerie. Blois, 18 novembre 1530. 18 novembre.

Original. Bibl. nat., Pièces orig., Racine (doss. 54,360), vol. 2421, p. 5.

20103. Cession à réméré à Marie de Luxembourg, duchesse douairière de Vendôme, des duché de Valois, comtés de Castres et de Montfort-l'Amaury, et seigneuries de Chauny, Dourdan, Montereau-Faut-Yonne, Provins, Martigues, Vaudreuil, Passy, Nonancourt, Conches, Breteuil, etc., et du revenu des greniers à sel de Noyon, Saint-Quentin, Péronne, Montdidier, Roye, Provins et la Ferté-Milon, en échange des seigneuries que ladite dame possédait aux Pays-Bas. 19 novembre 1530. 19 novembre.

Arch. nat., Invent. des Titres de La Fère, KK. 909, fol. 118 v°. (*Mention.*)

20104. Mandement au général des finances du Dauphiné de faire payer à Barnabo Visconti les arrérages de la pension de 2,000 livres tournois par an, qui lui avait été assignée sur le péage de Saint-Symphorien d'Ozon en Dauphiné. Blois, 20 novembre 1530. 20 novembre.

Original. Milan, Arch. di Stato, Diplomi et dispacci sovrani, carton 35.

20105. Mandement aux élus de Guyenne de procéder à la répartition et levée du don que les États du pays feront au roi de Navarre, à l'occasion de sa nomination comme gouverneur de la province, et d'en faire faire le recouvrement par les receveurs des tailles. Blois, 20 novembre 1530. 20 novembre.

Copie du XVIIe siècle. Bibl. nat., coll. Dout, vol. 234, fol. 95.

20106. Mandement semblable adressé aux élus de Périgord. Blois, 20 novembre 1530. — 1530. 20 novembre.

Original. Arch. départ. des Basses-Pyrénées, E. 673.

20107. Don à Jacquette de Lansac, veuve d'Alexandre de Saint-Gelais, seigneur de Lansac, de 1,000 livres tournois par an sur le grenier à sel de Libourne, en considération des services rendus par son mari au roi dans diverses ambassades en Espagne, et par elle-même à la reine Claude. Blois, 20 novembre 1530. — 20 novembre.

Copie collat. du XVIe siècle. Bibl. nat., Pièces orig., Saint-Gelais, vol. 2751, p. 15.

20108. Lettres de commission à Bonaventure de Saint-Barthélemy, à Léonard Gay et à Jean Lenoir, pour se transporter à Cambrai et juger, conjointement avec les commissaires de l'empereur, les différends soulevés à l'occasion des prises sur mer faites, depuis le traité de Cambrai, entre les sujets des deux souverains. Blois, 21 novembre 1530. — 21 novembre.

Copie du XVIe siècle. Arch. départ. du Nord, Documents diplomatiques.

20109. Mandement de donner à Philippe Visconti, valet de chambre du roi, quatre poinçons de vin clairet du cru des Montils, près Blois. Blois, 22 novembre 1530. — 22 novembre.

Original. Bibl. nat., Pièces orig., Visconti, vol. 3030, p. 14.

20110. Mandement d'informer sur la requête présentée au roi par les habitants d'Albières, Félines, Vignevieille, Lairières, Bouisse, Valmigère, Talairan, Coustouges, Fontconjouse, Saint-Laurent, Thézan, Montseret, Donos, Jonquières, Lanet, Montjoie, Salza, Mayronnes, Saint-Martin, Tournissan, Ribaute, Saint-Pierre, et autres lieux sis en Corbières, sur la frontière de Roussillon, à l'effet d'obtenir — 29 novembre.

prorogation de l'exemption de tailles dont ils jouissaient. 29 novembre 1530. 1530.

Mention dans un arrêt du Grand conseil, en date du 5 septembre 1531. Arch. nat., V⁵ 1048.

20111. Mandement pour le payement à [Laurent Toscan], évêque de Lodève, d'une somme de 3,000 livres tournois, qui lui était due pour ses voyages et ambassades. Orléans, 30 novembre 1530. 30 novembre.

Bibl. nat., ms. fr. 25723, n° 1024. (*Mention,* dans des lettres du 1er février 1536 n. s.)

20112. Lettres de naturalité accordées à Jacques Burel, « homme méchanique », demeurant à Chalon, natif de Saint-Paul de Sermoyer en Bresse. Blois, novembre 1530. Novembre.

Enreg. à la Chambre des Comptes de Dijon, le 24 mai 1531. Arch. de la Côte-d'Or, B. 72, fol. 129.

20113. Lettres de légitimation accordées à Jean Desmons, fils naturel de maître Jean Desmons, prêtre, et de Denise Debante, veuve, du bailliage de Rouen. Blois, novembre 1530. Novembre.

Enreg. à la Chancellerie de France. Arch. nat., Trésor des Chartes, JJ. 245¹, n° 345, fol. 94.

20114. Lettres de naturalité accordées à Nicolas d'Utrecht, natif du pays de Namur, homme d'armes de la compagnie du gouverneur d'Orléans. Orléans, novembre 1530. Novembre.

Enreg. à la Chancellerie de France. Arch. nat., Trésor des Chartes, JJ. 245¹, n° 359, fol. 99.

20115. Provisions en faveur de Guillaume Aguillier, licencié ès lois, de l'office de lieutenant particulier et commissaire pour toutes les causes civiles du juge des appels de la sénéchaussée de Toulouse. 1er décembre 1530. 1er décembre.

Mention dans un arrêt du Grand conseil, en date du 26 août 1531. Arch. nat., V⁵ 1048.

20116. Lettres d'autorisation donnée à Jean-Louis, marquis de Saluces, d'accepter sous bénéfice d'inventaire, attendu le grand nombre des créanciers, le marquisat de Saluces dont le 3 décembre.

roi l'avait investi après la mort de Michel-Antoine. 3 décembre 1530. 1530.

Arch. de l'Isère. Chambre des Comptes de Grenoble, invent. des titres du marquisat de Saluces. (*Mention.*)

20117. Lettres relatives aux différends élevés entre Pierre de Madaillan, abbé de Saint-Ferme en Bazadais, et le syndic de Montségur. Melun, 13 décembre 1530. 13 décembre.

Mention dans un arrêt du Grand conseil, en date du 17 juin 1531. Arch. nat., V⁵ 1048.

20118. Lettres ratifiant une convention qui modifie la clause de la paix perpétuelle conclue à Westminster, le 30 avril 1527, entre François Ier et Henri VIII, laquelle stipulait que le roi de France payerait à son allié, sa vie durant, 15,000 écus par an de sel noir, au lieu de Brouage; cette redevance en nature est remplacée par le payement de 40,931 écus pour les trois ans passés, et, pour l'avenir, de 10,000 couronnes d'or par an. Fontainebleau, 14 décembre 1530. 14 décembre.

Original. Londres, British Museum, Add. Charters 13943.

20119. Mandement au trésorier de l'épargne de payer à Jean Vion les frais ordinaires de l'artillerie du roi. 26 décembre 1530. 26 décembre.

Imp. *Catalogue des Chartes du cabinet de M. de M.* (*Magny*). Vente des 18-22 mars 1867, par Jacques Charavay aîné, n° 1269. (*Mention.*)

20120. Lettres enjoignant aux cours de Parlement, aux baillis, sénéchaux, prévôts et autres officiers des justices royales, d'avoir à prêter main-forte, aide et prisons aux juges délégués par Antoine Du Prat, cardinal, archevêque de Sens et légat en France, pour procéder contre les Luthériens, de concert avec les inquisiteurs de la foi. Saint-Germain-en-Laye, 29 décembre 1530. 29 décembre.

Enreg. au Parl. de Paris, avec les lettres du Légat déléguant Jacques Mesnager, Jean Chauderon, Jean

Léeuyer et Nicolas Quélain, dans le ressort dudit Parlement. *Arch. nat.*, U. 446, fol. 148 v° et 150. 3 et 2 pages. — 1530.

20121. Mandement au Grand conseil d'examiner certains rapports dressés, tant par les contrôleurs des revenus des ports et havres de Vannes, Cornouailles, Léon, Tréguier et Saint-Brieuc, que par les receveurs desdits ports. Saint-Germain-en-Laye, 29 décembre 1530. — 29 décembre.

Mention dans un arrêt du Grand conseil, en date du 17 juin 1531. Arch. nat., V⁵ 1048.

20122. Lettres de naturalité accordées à Damien Castellan, demeurant à Dijon, originaire du comté de Nice. Paris, décembre 1530. — Décembre.

Enreg. à la Chambre des Comptes de Dijon, le 28 mars 1531 n. s. Arch. de la Côte-d'Or, B. 72, fol. 128.

20123. Confirmation des privilèges de l'archevêché de Vienne en Dauphiné. Décembre 1530. — Décembre.

Arch. de l'Isère, série G, invent. des titres de l'archevêché de Vienne, rédigé en 1774. (*Mention.*)

1531. — Pâques, le 9 avril.

1531.

20124. Provisions des offices d'huissier et de receveur et payeur des gages et droits de la Chambre des Comptes de Paris, en faveur de François Damont, au lieu et place de Jacques Bohier, décédé. Saint-Germain-en-Laye, 4 janvier 1530. — 4 janvier.

Mention dans l'acte de réception, du 21 janvier suivant, enreg. à la Chambre des Comptes de Paris, anc. mém. FF, fol. 270. *Arch. nat.*, P. 2305, p. 1191.

20125. Lettres ordonnant examen de la requête présentée au roi par les Frères mineurs de Mâcon, à l'effet d'obtenir une indemnité pour les dommages occasionnés à leurs immeubles par les travaux des fortifications de ladite ville. 5 janvier 1530. — 5 janvier.

Mention dans un arrêt du Grand conseil, en date du 8 août 1531. Arch. nat., V⁵ 1048.

20126. Déclaration du serment de fidélité de Guillaume Barton pour le temporel de l'évêché de Lectoure. Saint-Germain-en-Laye, 7 janvier 1530. 1531. 7 janvier.

Expéd. orig. Arch. nat., P. 556[1], cote 733.

20127. Déclaration de foi et hommage de Charles Galoppe, avocat au Parlement de Paris, pour le fief de Boutervilliers, vulgairement appelé Malicorne, mouvant d'Étampes. Paris, 9 janvier 1530. 9 janvier.

Original. Arch. nat., Chambre des Comptes de Paris, P. 8, n° 2472.

20128. Mandement au juge des ville et viguerie de Narbonne d'examiner la requête présentée au roi par les habitants de Gruissan, à l'effet d'obtenir affranchissement de tailles pour dix ans. 22 janvier 1530. 22 janvier.

Mentions dans des arrêts du Grand conseil, en date des 7 et 22 août 1531. Arch. nat., V[5] 1048.

20129. Lettres d'évocation d'un procès pendant entre les habitants d'Hérouville et Jean Le Landois, écuyer, seigneur dudit lieu. 30 janvier 1530. 30 janvier.

Mention dans un arrêt du Grand conseil, en date du 17 janvier 1532 n. s. Arch. nat., V[5] 1048.

20130. Déclaration de foi et hommage de Guillaume Rubain, s[r] de la Bruyère, comme procureur de Louise Aubert, veuve de Bertrand de Culant, s[r] de Châteauneuf, pour la seigneurie de Franconville, mouvant d'Yèvre-le-Châtel. Paris, 9 février 1530. 9 février.

Original. Arch. nat., Chambre des Comptes de Paris, P. 10, n° 3474.

20131. Déclaration de foi et hommage de Jean de Rochebouët, licencié ès lois, comme procureur d'Anne de Fromentières, veuve de Pierre de Champaigne, pour la seigneurie de Saint-Denis-de-Gast, mouvant de Coutances. Paris, 13 février 1530. 13 février.

Original. Arch. nat., Chambre des Comptes de Paris, P. 268[3], n° 3441.

20132. Provisions en faveur d'Antoine de Saint-Salvador, lieutenant criminel en la sénéchaussée de Guyenne, de l'office de lieutenant général et civil en cette sénéchaussée, à la place de feu Robert Delaz. Paris, 15 février 1530. — 1531. 15 février.

Vidimus des tabellions de Bordeaux. Bibl. nat., Pièces orig., Saint-Salvador, vol. 2776, p. 2.

20133. Déclaration de l'hommage de Félix, fils de feu Pierre de Chourses, écuyer, seigneur de Malicorne, pour une rente de 97 livres 10 sous sur la recette du grand fief de la Rochelle. Paris, 25 février 1530. — 25 février.

Expéd. orig. Arch. nat., P. 556[1], cote 734.

20134. Provisions de l'office de gouverneur et capitaine de la Rochelle en faveur de Charles Chabot, seigneur de Jarnac, chambellan ordinaire du roi, en remplacement du s[r] de Champdeniers, décédé. Paris, 27 février 1530. — 27 février.

Réception au Parl., le 6 juin 1531. Arch. nat., X[1a] 4890, Plaidoiries, fol. 244. (*Mention.*)

Copie collat. du 6 février 1537 n. s. Arch. nat., K. 1223.

20135. Déclaration de l'hommage de François Moreau, écuyer, pour le demi-fief de haubert de la Mare, à Autretot (bailliage de Caux, vicomté de Caudebec), lui appartenant à cause de Marie de Hocqueville, sa femme, fille de Pierre de Hocqueville. Paris, 27 février 1530. — 27 février.

Expéd. orig. Arch. nat., P. 267[1], cote 2282.

20136. Provisions d'un office d'élu en l'élection de Mortain en faveur de Roger Le Malenfant, au lieu de Jean de La Broise, décédé. Paris, 28 février 1530. — 28 février.

Vérifiées par les généraux des finances, le 10 mars 1531 n. s.

Enreg. à la Cour des Aides de Normandie, le 5 juin 1531. Arch. de la Seine-Inférieure, Mémoriaux, 2e vol., fol. 48 v°. 1 page 1/2.

20137. Lettres de réception du serment de fidélité de Nicole Hébert, abbé de la Croix-Saint-Leufroy, abbaye de l'ordre de Saint-Benoît, au diocèse — 28 février.

d'Évreux, pour le temporel de ladite abbaye. Paris, 28 février 1530. | 1531.

Expéd. orig. Arch. nat., P. 270[1], cote 4133.

20138. Déclaration de foi et hommage de Pierre Lebel, prévôt de Creil, pour trois fiefs situés dans la ville de Creil appelés, l'un le fief de Sailly, le deuxième le fief de l'Image-Notre-Dame et mouvant de Creil, et le troisième appelé le fief de Jean le Fresnay, dit le Breton, mouvant de Beaumont. Paris, 7 mars 1530. | 7 mars.

Original. Arch. nat., Chambre des Comptes de Paris, P. 5, n° 1620.

20139. Lettres de survivance accordées à Charles, fils de Roger Gouel, premier président à la Cour des Aides de Normandie. Paris, 8 mars 1530. | 8 mars.

Enreg. à la Cour des Aides de Normandie, le 30 mars 1531 n. s. Arch. de la Seine-Inférieure, Mémoriaux, 2e vol., fol. 40 v°. 2 pages 1/2.

20140. Déclaration de l'hommage d'Antoine de Geresme, chevalier, porte-enseigne des cent hommes d'armes des ordonnances sous la conduite du duc de Guise, pour la seigneurie de Remicourt et la Maison-au-Bois (bailliage de Vitry, châtellenie de Sainte-Menehould). Paris, 8 mars 1530. | 8 mars.

Expéd. orig. Arch. nat., P. 162[2], cote 709 *bis*.

20141. Déclaration de l'hommage d'Antoine de Choiseul, chevalier, pour les seigneuries de Lanques, Biesles en partie, Millières, Essey, Donnemarie en partie, Is-en-Bassigny en partie (châtellenie de Nogent-le-Roi), Chamarandes et un fief dit Magnus, sis à Autreville (châtellenie de Chaumont), au bailliage de Chaumont. Paris, 8 mars 1530. | 8 mars.

Expéd. orig. Arch. nat., P. 164[1], cote 1397.

20142. Lettres concédant à la ville de Paris un octroi sur le sel, le poisson salé et le vin. 10 mars 1530. | 10 mars.

Imp. *Registres des délibérations du Bureau de la ville de Paris*, gr. in-4°, t. II, édité par M. Tuetey, p. 305, note. (*Mention.*)

20143. Mandement de payer à Pierre d'Apremont, dit Saint-Bausel, homme d'armes des ordonnances sous le sénéchal d'Armagnac, grand écuyer, ses quartiers d'octobre, novembre, décembre 1529, et janvier, février, mars 1530, bien qu'il ait été en congé au moment des montres. Paris, 12 mars 1530. — 1531. 12 mars.

Original. Bibl. nat., Pièces orig., Apremont, vol. 81, p. 14.

20144. Provisions de l'office de contrôleur du domaine des ville et prévôté de Paris en faveur de Jacques Gencien, sur la résignation faite à son profit par Léon du Torchon. Paris, 13 mars 1530. — 13 mars.

Présentées le 24 à la Chambre des Comptes de Paris.

Enreg. au Châtelet de Paris, Livre rouge. *Arch. nat.*, Y. 6[A], fol. 170. 1 page.

20145. Mandement au bailli de Rouen de faire une enquête de commodo et incommodo touchant l'établissement en ladite ville de six vendeurs de bétail. 14 mars 1530. — 14 mars.

Mention dans des arrêts du Grand conseil, en date des 14 juin, 29 août et 3 octobre 1531[(1)]. *Arch. nat.*, V[5] 1048.

20146. Provisions d'un office d'élu en l'élection de Lisieux, en faveur de François Le Roy, sur la résignation faite à son profit par Jacques Le Roy, son père. Paris, 15 mars 1530. — 15 mars.

Vérifiées par les généraux des finances, le 10 juillet 1531.

Enreg. à la Cour des Aides de Normandie, le 28 juillet 1531. Arch. de la Seine-Inférieure, Mémoriaux, 2e vol., fol. 52. 1 page 1/2.

20147. Provisions en faveur de Vast Le Prévost, élu en l'élection de Senlis, de l'office de procureur du roi aux Eaux et forêts (siège de la Table de marbre), vacant par la résignation d'Émond Brosset. Paris, 16 mars 1530. — 16 mars.

Enreg. aux Eaux et forêts, le 31 mars suivant. Arch. nat., Z[1e] 321, fol. 74 v°. 1 page.

(1) Le dernier de ces arrêts porte avis favorable audit établissement.

20148. Provisions de l'office de lieutenant général et principal du juge ordinaire de Carcassonne, Cabardès et Minervois, en faveur de Jean Cathalami, au lieu de Guillaume Foulcaudi, décédé. 16 mars 1530. 1531. 16 mars.

Mention dans un arrêt du Grand conseil, en date du 7 octobre 1533. Arch. nat., V[5] 1049.

20149. Déclaration de l'hommage rendu par Louis de Lénoncourt, chevalier, seigneur de Gondrecourt, au nom de Girard d'Haraucourt, chevalier, seigneur d'Ormes, sénéchal de Lorraine, pour la seigneurie de la Neuville-aux-Bois en Argonne (bailliage de Vitry, prévôté de Sainte-Menehould), à lui appartenant à cause de Françoise d'Anglure, sa femme. Paris, 16 mars 1530. 16 mars.

Expéd. orig. Arch. nat., P. 162[2], cote 710.

20150. Mandement de payer 540 livres tournois à Christophe de Cargory, lieutenant de la Bastille de Paris, en vertu de la convention passée entre ledit lieutenant et le conseil secret, pour la dépense de Jean-Louis, marquis de Saluces et deux de ses serviteurs, prisonniers en ladite place, et dudit lieutenant et de quatre archers des gardes, chargés de garder ledit marquis prisonnier, à raison de 6 livres tournois par jour, y compris les fournitures de lits, feu, chandelle, bon linge de lit et de table, et autres choses nécessaires, pour le premier quartier de la présente année. Paris, 21 mars 1530. 21 mars.

Original. Bibl. nat., Pièces orig., vol. 597, Cargory, p. 2.

20151. Déclaration de foi et hommage de Louis Des Hayes, écuyer, pour un quart de fief de haubert situé en la paroisse Saint-Étienne-du-Rouvray, près Rouen, mouvant de Rouen, pour le fief de Trembleville, le quart du fief d'Épinay, mouvant de Caudebec, et pour le 22 mars.

fief du Mesnil, mouvant du Pont-Audemer. Paris, 22 mars 1530. 1531.

Original. Arch. nat., Chambre des Comptes de Paris, P. 266², n° 2253.

20152. Provisions de l'office de procureur du roi près l'élection et le grenier à sel de Rouen, en faveur de Guillaume Hacquet, sur la résignation faite à son profit par Guillaume Duval. Paris, 24 mars 1530. 24 mars.

Enreg. à la Cour des Aides de Normandie, le 31 mars 1531 n. s. Arch. de la Seine-Inférieure, Mémoriaux, 2ᵉ vol., fol. 42 v°. 2 pages.

20153. Provisions d'un office d'élu en l'élection de Gisors, en faveur d'Eustache Gazon, sur la résignation faite à son profit par Jean de Centômes. Paris, 26 mars 1530. 26 mars.

Vérifiées par les généraux des finances, le 1ᵉʳ avril 1531 n. s.

Enreg. à la Cour des Aides de Normandie, le 13 novembre 1531. Arch. de la Seine-Inférieure, Mémoriaux, 2ᵉ vol., fol. 56 v°. 1 page 1/3.

20154. Mandement aux conseillers du Trésor de faire rédiger des terriers par les possesseurs des fiefs de la prévôté de Paris. Paris, 26 mars 1530. 26 mars.

Copie du XVIᵉ siècle. Arch. nat., M. 752. (Papiers du P. Léonard.)

20155. Provisions de l'office de contre-garde de la Monnaie de Tours pour Nicolas Duserant, sur la résignation de son père. Paris, 26 mars 1530. 26 mars.

Vérifiées à la Cour des Monnaies, le 4 avril suivant. Arch. nat., Z¹ᵇ 548, dossier de l'année 1532. (*Mention.*)

20156. Déclaration de foi et hommage de Louis de Bigas, écuyer, sʳ de la Londe, pour ladite seigneurie mouvant de la vicomté du Pont-de-l'Arche. Paris, 26 mars 1530. 26 mars.

Original. Arch. nat., Chambre des Comptes de Paris, P. 264², n° 1061.

20157. Déclaration de l'hommage de Nicolas de Cicon, 26 mars.

pour la seigneurie de Rançonnières (bailliage de Chaumont, châtellenie de Montigny-le-Roi). Paris, 26 mars 1530. 1531.

Expéd. orig. Arch. nat., P. 163[2], cote 1155.

20158. Déclaration de l'hommage rendu par François de Dinteville, évêque d'Auxerre, tant en son nom qu'en celui d'Anne du Plessis, veuve de Gaucher de Dinteville, seigneur de Polisy, maître d'hôtel du roi, sa mère, et de Jean, Guillaume, Gaucher, Charlotte et Françoise, ses frères et sœurs puînés, pour la seigneurie de Lesches en Brie (bailliage et châtellenie de Meaux). Paris, 26 mars 1530. 26 mars.

Expéd. orig. Arch. nat., P. 164[2], cote 1494.

20159. Mandement aux gens des comptes de rabattre de la recette de Nicolas de Neufville, s[r] de Villeroy, trérorier de France et secrétaire des finances, 10 écus et 200 écus qui avaient été rayés de ses comptes, faute de quittances justificatives; la première somme, mandatée à un suisse de la garde fait prisonnier à Messancourt, pour l'aider à payer sa rançon; la seconde, à Louis de Brezé, grand sénéchal de Normandie, pour la nourriture des pages qui sont sous ses ordres. Paris, 27 mars 1530. 27 mars.

Original. Bibl. nat., Pièces orig., vol. 2101, Neufville (doss. 47,868), p. 10.

20160. Provisions en faveur de François Doyneau de l'office vacant de lieutenant criminel au siège de Poitiers. 27 mars 1530. 27 mars.

Mention dans un arrêt du Grand conseil, en date du 27 mars 1533 n. s. Arch. nat., V[5] 1049.

20161. Lettres d'évocation au Grand conseil d'un procès pendant entre Gervais du Moulinet, procureur du roi à la Chambre des Comptes de Paris, et Jean Des Celliers. 28 mars 1530. 28 mars.

Mention dans un arrêt du Grand conseil, en date du 13 décembre 1531. Arch. nat., V[5] 1048.

20162. Déclaration de foi et hommage de Catherine 28 mars.

de Guise, veuve de Pierre Fretel, écuyer, s[r] de Flaix, pour une maison avec cour, jardin et fours banaux, etc., mouvant de Moret. Paris, 28 mars 1530. 1531.

Original. Arch. nat., Chambre des Comptes de Paris, P. 9, n° 2977.

20163. Lettres d'évocation au Grand conseil d'un procès pendant au Parlement de Paris, entre Jean de Champaigne, trésorier de Rodez, et Antoine de Montfort, gentilhomme de la maison du roi. 31 mars 1530. 31 mars.

Mention dans un arrêt du Grand conseil, en date du 23 mai 1531. Arch. nat., V[5] 1048.

20164. Lettres portant que les titulaires des six chapelles du Saint-Esprit et des quatre petites prébendes, dites de « quinze livres », en l'église cathédrale de Rouen, doivent être « gens sçavans et expers en l'art de musique ». Paris, mars 1530. Mars.

Copie collat. du 4 mars 1532 n. s. Arch. de la Seine-Inférieure, G. 2092, fol. 18 v°. 5 pages.

20165. Lettres établissant à Dienville quatre foires par an et un marché chaque semaine. Paris, mars 1530. Mars.

Copie du XVIIIe siècle. Arch. communales de Dienville (Aube).

20166. Lettres octroyant aux religieuses de l'abbaye de Saint-Jacques de Vitry-en-Perthois l'établissement d'une foire annuelle, le jour de Saint-Éloi, lendemain de la Saint-Jean-Baptiste. Paris, mars 1530. Mars.

Original. Arch. départ. de la Marne, série H, abbaye Saint-Jacques de Vitry.

20167. Déclaration de l'hommage d'Antoine de Luxembourg, comte de Brienne, Ligny et Roucy, pour la seigneurie de Festigny et autres, mouvant du château de Châtillon-sur-Marne, au bailliage de Vitry. Paris, 5 avril 1530. 5 avril.

Expéd. orig. Arch. nat., P. 162[1], cote 506.

20168. Déclaration de l'hommage d'Antoine de Luxem- 5 avril.

bourg, comte de Brienne, Ligny et Roucy, pour ledit comté de Brienne, les seigneuries de Piney et Montangon, la prévôté de Tréveray et leurs dépendances, sises en la prévôté d'Andelot, membre du comté de Ligny, le tout mouvant du château de Chaumont-en-Bassigny. Paris, 5 avril 1530. 1531.

Expéd. orig. Arch. nat., P. 163[1], cote 963.

20169. Déclaration de l'hommage d'Antoine de Luxembourg, comte de Brienne, Ligny et Roucy, pour la seigneurie de Villemaheu (paroisses de Soulaines) et le tiers de celle de Ville-au-Bois (bailliage de Chaumont, châtellenie de Soulaines). Paris, 5 avril 1530. 5 avril.

Expéd. orig. Arch. nat., P. 164[1], cote 1330.

20170. Déclaration de l'hommage de Nicolas de Livron, chevalier, pour les seigneuries de Bourbonne, Chézeaux (bailliage de Chaumont, châtellenie de Coiffy), et Parnot (même bailliage, châtellenie de Montigny-le-Roi). Paris, 6 avril 1530. 6 avril.

Expéd. orig. Arch. nat., P. 163[2], cote 1156.

20171. Lettres portant que Louis Thibault, gentilhomme de la vénerie, maître et capitaine des forêts d'Amboise et de Montrichard, suspendu de cet office par le grand maître enquêteur et réformateur des Eaux et forêts, sera rétabli dans sa charge. Paris, 10 avril 1531. 10 avril.

Enreg. aux Eaux et forêts, le 14 novembre 1531. Arch. nat., Z[1e] 321, fol. 126 v°. 2 pages.

20172. Lettres rétablissant au compte du changeur du Trésor une somme de 400 livres tournois, au nom de Jean Ballue, s[r] de Goix. 10 avril 1531. 10 avril.

Enreg. à la Chambre des Comptes, anc. mém. 2 F, fol. 271 v°. *Arch. nat.*, PP. 119, p. 23. (*Mention.*)

Bibl. nat., ms. fr. 21405, p. 309. (*Mention.*)

20173. Lettres portant octroi pour six années, à la mairie de Bourges, de 5 sous sur chaque 12 avril.

minot de sel vendu au grenier de la ville. Paris, 12 avril 1531. 1531.

Original. Arch. municip. de Bourges, AA. 209.

20174. Lettres du roi, père et administrateur des biens du dauphin, comte de Blois, mandant aux gens des comptes de Blois de bailler pour trois ans les fermes dudit comté, qui étaient baillées auparavant pour un an seulement. 12 avril 1531. 12 avril.

Bibl. nat., Inventaire de la Chambre des Comptes de Blois, ms. Moreau 405, fol. 69 v°. (*Mention.*)

20175. Lettres portant défenses aux habitants de Blois de réparer ou réédifier les parties avancées des maisons de la ville, et leur faisant remise des droits et redevances en quoi ils pouvaient être tenus, lesdites avancées préalablement démolies. 12 avril 1531. 12 avril.

Publiées en la Chambre des Comptes de Blois, le 4 mai 1531. Bibl. nat., Inventaire de ladite Chambre, ms. Moreau 405, fol. 67 v°. (*Mention.*)

20176. Mandement à la Chambre des Comptes de passer aux comptes de Jean Bourdineau, clerc des offices de l'hôtel du roi, 2,336 livres 14 sous 4 deniers tournois qu'il a employés à l'exécution de sa commission de transporter, de Blois et d'Amboise à Cambrai, les meubles nécessaires à l'entrevue de Louise de Savoie avec l'archiduchesse d'Autriche. Paris, 14 avril 1531. 14 avril.

Bibl. nat., ms. fr. 10386. (*Mention.*)

20177. Lettres nommant des commissaires chargés d'examiner la requête présentée au roi, le 13 avril 1531, par Antoine de Belvèze, conseiller au Grand conseil, à l'effet d'obtenir l'évocation au Grand conseil d'un procès pendant au Parlement de Toulouse entre lui et Philippe de La Roche, protonotaire du Saint-Siège, au sujet du prieuré de Moret. 14 avril 1531. 14 avril.

Mention dans un arrêt du Grand conseil, en date du 29 août 1531. Arch. nat., V[5] 1048.

20178. Lettres ordonnant examen de la requête présentée au roi par les habitants de Sermizelles, à l'effet d'obtenir l'autorisation d'entourer ledit lieu de fortifications. 17 avril 1531. — 1531. 17 avril.

Mention dans une décision du Grand conseil, en date du 25 mai 1531, engageant le roi à accorder ladite autorisation. Arch. nat., V⁵ 1048.

20179. Lettres de survivance en faveur de Martin Neveu, neveu de Jean Neveu, de l'office d'élu en l'élection de Caudebec. Paris, 18 avril 1531. — 18 avril.

Vérifiées par les généraux des finances, le 16 novembre 1531.

Enreg. le même jour à la Cour des Aides de Normandie. Arch. de la Seine-Inférieure, Mémoriaux, 2ᵉ vol., fol. 59. 2 pages.

20180. Mandement au trésorier de l'épargne, Guillaume Prudhomme, de payer à Jean d'Albon, sʳ de Saint-André, chevalier de l'ordre, 2,000 livres tournois pour sa pension de l'année 1530. Paris, 19 avril 1531. — 19 avril.

Original. Bibl. nat., Nouv. acquisitions franç., ms. 1483, nº 56.

20181. Mandement de payer 1,148 livres tournois à Francisque de Noceto, envoyé du roi à Rome, où il est à présent, sur les frais de son voyage. Paris, 19 avril 1531. — 19 avril.

Original. Bibl. nat., Pièces orig., vol. 2117, Noceto, p. 3.

20182. Mandement au bailli de Nemours pour la confection du terrier du duché de Nemours, ordonnant à tous les vassaux de faire la déclaration de leurs fiefs et héritages. Paris, 26 avril 1531. — 26 avril.

Copie du XVIᵉ siècle. Arch. nat., R⁴* 520, fol. 1.

Copie collat. du XVIᵉ siècle. Arch. nat., R⁴* 525, fol. 2.

20183. Lettres d'évocation d'un procès pendant entre le roi et la reine de Navarre, d'une part, et Jean de Genne, d'autre part. 27 avril 1531. — 27 avril.

Mention dans un arrêt du Grand conseil, en date du 8 janvier 1532 n. s., portant renvoi dudit procès au Parlement de Bordeaux. Arch. nat., V⁵ 1048.

20184. Provisions, en faveur de Louis Bernard, de l'office de lieutenant particulier du bailliage de Caen au siège de Vire. 30 avril 1531. — 1531. 30 avril.

Mention dans un arrêt du Grand conseil, en date du 7 novembre 1531. Arch. nat., V[5] 1048.

20185. Provisions de l'office de lieutenant du juge de Condomois, en faveur de Guillaume Gamot. 30 avril 1531. — 30 avril.

Mention dans un arrêt du Grand conseil, en date du 8 mai 1533. Arch. nat., V[5] 1049.

20186. Lettres permettant à Germain Teste, ancien receveur et voyer ordinaire de Paris, condamné par la Chambre des Comptes, à la requête du procureur du roi, et appelant au Parlement, de s'aider de lettres d'abolition qu'il avait précédemment obtenues, bien qu'il eût promis de n'en point faire usage. Paris, avril 1531. — Avril.

Enreg. à la Chancellerie de France. Arch. nat., Trésor des Chartes, JJ. 246, n° 129, fol. 38.

20187. Lettres de don à Claude de Clermont, seigneur de Montoison, des biens meubles et immeubles confisqués, par arrêt du Parlement de Dauphiné, sur un nommé Guigo de Soturier. Anet, avril 1531. — Avril.

Enreg. à la Chancellerie de France. Arch. nat., Trésor des Chartes, JJ. 246, n° 98, fol. 31 v°.

20188. Lettres de délai pour faire foi et hommage accordé à Jean de Gouy, conseiller au Parlement de Paris, et à Antoine de Boulainvilliers, écuyer, s[r] de Nesle, comme tuteurs d'Antoine et Méry de Saint-Simon, enfants mineurs de feu Méry de Saint-Simon, écuyer, s[r] de Balagny, et de Giraude Du Prat, sa femme, pour les seigneuries de Précy-sur-Oise et du Plessis, mouvant de Creil et de Beaumont-sur-Oise, jusqu'à ce que lesdits enfants soient en âge. Vanves, 2 mai 1531. — 2 mai.

Original. Arch. nat., Chambre des Comptes de Paris, P. 716, n° 255.

20189. Mandement au trésorier des guerres de payer — 7 mai.

à Barnabo Visconti, à Merveille, son lieutenant, et à cinquante-sept archers italiens de leur garde, la somme de 3,465 livres tournois pour les services rendus par eux en Italie, pendant les mois de janvier à juin 1526. Paris, 7 mai 1531. 1531.

Imp. *Catalogue d'une importante collection*, vendue le 11 décembre 1891 par Eug. Charavay, n° 52. (*Original mentionné.*)

Revue des autographes (juin 1893), n° 97. (*Nouvelle mention*).

20190. Provisions, en faveur de Pierre Raymon, de l'office de lieutenant du bailli du Palais à Paris. 7 mai 1531. 7 mai.

Mention dans un arrêt du Grand conseil, en date du 4 septembre 1531. Arch. nat., V⁵ 1048.

20191. Mandement aux officiers de terre et de mer de taxer les biens des Génois, jusqu'à concurrence de 9,900 écus d'or soleil, pour dédommager le négociant lyonnais Louis Deladoy, dont ils avaient pillé une galère évaluée à 5,000 écus, les 4,500 écus de reste étant dus pour les intérêts et les frais. Paris, 8 mai 1531. 8 mai.

Vidimus du 31 mai 1531. Gênes, Arch. di stato, Lettere di principi, mazzo 4, Francia.

20192. Mandement de payer 14,180 livres tournois à Nicolas Vanderlaen, trésorier de la maison de la reine, pour le payement des officiers, dames et demoiselles de cette maison, pour le quartier d'avril, mai et juin 1531. Saint-Cloud, 9 mai 1531. 9 mai.

Original. Bibl. nat., Pièces orig., Vanderlaen, vol. 2935, p. 2.

20193. Lettres d'évocation au Grand conseil d'un procès engagé entre Pierre Mayaut, Jacques Billart et autres leurs consorts, d'une part, et Nicolas de Noble, curateur des biens de Thomas Le Maistre, d'autre part. 9 mai 1531. 9 mai.

Mention dans un arrêt du Grand conseil, en date du 7 octobre 1531. Arch. nat., V⁵ 1048.

20194. Lettres pour la mise à exécution de celles de 1526, relatives à la Cour des Aides de Montpellier (nos 2553 et 2576). Paris, 10 mai 1531. — 1531. 10 mai.

Arch. départ. de l'Hérault, B. 455. (*Mention.*)

20195. Lettres de réception du serment de fidélité de Jacques de Tournon pour le temporel de l'évêché de Castres. Pont de Saint-Cloud, 11 mai 1531. — 11 mai.

Expéd. orig. Arch. nat., P. 556[1], cote 739.

20196. Mandement de payer 678 livres tournois à Antoine Carles, conseiller au Parlement de Dauphiné, dont partie pour compléter 1,200 livres à lui dues pour six mois d'ambassade auprès du duc de Milan, et le reste pour ses frais. Saint-Cloud, 12 mai 1531. — 12 mai.

Original. Bibl. nat., Pièces orig., vol. 598, Carles, p. 3.

20197. Lettres de réception du serment de fidélité prêté par Jacques d'Annebaut, aumônier ordinaire du roi, au nom de Louis de Canosse, pour le temporel de l'abbaye bénédictine de Saint-Pierre et Saint-Paul de Ferrières, au diocèse de Sens. Pont de Saint-Cloud, 16 mai 1531. — 16 mai.

Expéd. orig. Arch. nat., P. 725[1], cote 260.

20198. Lettres de marque en faveur de Pierre Bruyères, marchand, demeurant à Lyon, à l'encontre des Génois. 18 mai 1531. — 18 mai.

Mention dans un arrêt du Grand conseil, en date du 10 juillet 1536. Arch. nat., V[5] 1051.

20199. Lettres de réception du serment de fidélité de François, cardinal de Tournon, archevêque de Bourges, pour le temporel de l'abbaye bénédictine de Saint-Étienne de Caen, au diocèse de Bayeux. Pont de Saint-Cloud, 18 mai 1531. — 18 mai.

Expéd. orig. Arch. nat., P. 273[1], cote 5580.

20200. Lettres de réception du serment de fidélité de Pierre de Martigny, évêque de Bayeux, pour — 18 mai.

le temporel de sondit évêché. Saint-Cloud, 18 mai 1531. | 1531.

Expéd. orig. Arch. nat., P. 273[1], cote 5581.

20201. Déclaration de l'hommage de Philippe de Roncherolles, écuyer, pour la châtellenie de Châtillon-sur-Marne et la seigneurie de Troissy, au bailliage de Vitry, mouvant du comté de Champagne. Paris, 22 mai 1531. | 22 mai.

Expéd. orig. Arch. nat., P. 166[1], cote 2365.

20202. Lettres d'évocation au Grand conseil d'un procès engagé entre Jean de Lévis, chevalier, seigneur de Mirepoix, d'une part, et Gaston Moillet, François, Guillaume et Michel Moillet, d'autre part. 28 mai 1531. | 28 mai.

Mention dans un arrêt du Grand conseil, en date du 4 août 1531 (1). *Arch. nat.*, V[5] 1048.

20203. Lettres de naturalité accordées, sur la requête du cardinal de Lorraine, à Barthélemy Fanusche, natif de Lucques en Italie, résidant en France et se destinant à l'état ecclésiastique. Paris, mai 1531. | Mai.

Enreg. à la Chancellerie de France. Arch. nat., Trésor des Chartes, JJ. 246, n° 176, fol. 53.

20204. Lettres de naturalité avec permission de tenir des bénéfices en France et de disposer de ses biens par testament, accordées à Jérôme Feurilh, originaire de Final au diocèse de Savone. Saint-Germain-en-Laye, mai 1531. | Mai.

Copie du XVIe siècle. Bibl. nat., ms. fr. 5124, fol. 76.

20205. Déclaration de l'hommage de Nicolas d'Arclais, écuyer, pour la seigneurie de Montamy (vicomté de Vire), par lui acquise par retrait de Marcel de Boyen, écuyer. Paris, 5 juin 1531. | 5 juin.

Expéd. orig. Arch. nat., P. 273[1], cote 5579.

20206. Déclaration attribuant au Grand conseil la | 5 juin.

(1) Le même arrêt mentionne d'autres lettres d'évocation du 20 juin 1530.

connaissance d'un procès engagé entre Louis du Tillet, prieur commandataire du prieuré conventuel et hôpital Notre-Dame près Pons, et Jacques de Pons, protonotaire du Saint-Siège. 5 juin 1531. 1531.

Mention dans un arrêt du Grand conseil, en date du 7 juillet 1531. Arch. nat., V⁵ 1048.

20207. Lettres d'évocation d'un procès pendant au Parlement de Toulouse, entre Guy de Bonafos et le syndic de la ville de Cordes. 7 juin 1531. 7 juin.

Mention dans un arrêt du Grand conseil, en date du 20 décembre 1532. Arch. nat., V⁵ 1049.

20208. Lettres portant que les procès commencés à instruire pour la réformation des forêts de Lyon, Vernon et Andely, par le grand maître enquêteur et réformateur général des forêts de Normandie, seront renvoyés au Parlement de Rouen, ou devant des commissaires que le roi nommera à cet effet. Chantilly, 10 juin 1531. 10 juin.

Enreg. au Parl. de Normandie.
Copie du XVIIe siècle. Arch. nat., U. 757, 2e partie, p. 162. 2 pages.
Arch. communales de Rouen, U. 1, fol. 287. (*Mention.*)

20209. Commission à Pierre de Warty, grand maître enquêteur des Eaux et forêts, pour procéder à la vente, nonobstant l'assignation faite à la duchesse de Ferrare, de bois tirés de la forêt de Vernon, destinés exclusivement à l'usage des habitants de Rouen. Chantilly, 12 juin 1531. 12 juin.

Arch. communales de Rouen, U. 1, fol. 247 v°. (*Mention.*)

20210. Commission pour informer sur la requête présentée au roi par les habitants du bas diocèse de Montauban, demandant de pouvoir user du sel de Bordelais et Saintonge, en payant les droits et devoirs qu'ont accoutumé de payer leurs voisins de Quercy, Gascogne et autres 12 juin.

IMPRIMERIE NATIONALE.

qui se fournissent au grenier à sel de Narbonne. 12 juin 1531. 1531.

Mention dans un arrêt du Grand conseil, en date du 13 juillet 1534. Arch. nat., V⁵ 1050.

20211. Provisions de l'office de capitaine de Rouen, en faveur de Jean d'Estouteville, chevalier, seigneur de Villebon, bailli de Rouen, au lieu du comte de Maulévrier, gouverneur de Normandie, décédé. Chantilly, 15 juin 1531. 15 juin.

Il prête serment entre les mains du chancelier, le 18. Présentées au conseil de ville de Rouen, le 19 août 1531. Arch. commun. de Rouen, A. 13, fol. 150 v°. 1 page 1/3.

20212. Déclaration de foi et hommage d'Anne de Montmorency, grand maître et maréchal de France, etc., pour la baronnie de Montmorency, mouvant du Châtelet de Paris. Paris, 18 juin 1531. 18 juin.

Original. Arch. nat., Chambre des Comptes de Paris, P. 2, n° 783.

20213. Déclaration de foi et hommage d'Anne de Montmorency, grand maître et maréchal de France, pour la terre de Chantilly, le fief de Tournebu et la seigneurie de Montépilloy, mouvant du château de Senlis. Paris, 18 juin 1531. 18 juin.

Original. Arch. nat., Chambre des Comptes de Paris, P. 5, n° 1623.

20214. Déclaration de l'hommage fait entre les mains du roi par Anne de Montmorency, grand maître et maréchal de France, gouverneur de Languedoc, pour la seigneurie de Damville (bailliage d'Évreux, châtellenie de Breteuil), à lui échue par suite du décès de Guillaume, son père. Paris, 18 juin 1531. 18 juin.

Expéd. orig. Arch. nat., P. 270[1], cote 4113.

20215. Déclaration de l'hommage de François des Landes, seigneur de Moulins, pour les seigneuries de « Guignergueil et des Buscadières », au comté de Blois. 19 juin 1531. 19 juin.

Anc. arch. de la Chambre des Comptes de Blois, lay. G. *Arch. nat.*, P. 1479, fol. 150 v°. (*Mention.*)

20216. Lettres de réception du serment de fidélité prêté devant le chancelier de France, par frère Thomas Follebarbe, pour le temporel de l'abbaye de Saint-André-en-Goufern. Paris, 21 juin 1531. — 1531. 21 juin.

Expéd. orig. Arch. nat., P. 273[1], cote 5578.

20217. Lettres accréditant auprès de l'empereur Charles-Quint le s[r] de Vély, conseiller et maître ordinaire des requêtes, pendant le congé accordé au s[r] de Morette, ambassadeur du roi. Paris, 22 juin 1531. — 22 juin.

Original. Arch. imp. de Vienne (Autriche), non coté.

20218. Provisions de l'office de forestier et garde des bois, hayes et panneaux en la châtellenie d'Argilly, pour Nicolas Cadot, en remplacement de Denis Luquet, décédé. Paris, 22 juin 1531. — 22 juin.

Enreg. par analyse à la Chambre des Comptes de Dijon, le 31 août 1534. Arch. de la Côte-d'Or, B. 19, fol. 2.

20219. Lettres d'évocation au Grand conseil d'un procès pendant entre Jean Dangeoir et Paul Gay, d'une part, et Gassiot d'Esponde, curé de Mourens, d'autre part. 24 juin 1531. — 24 juin.

Mention dans un arrêt du Grand conseil, en date du 29 août 1531. Arch. nat., V[5] 1048.

20220. Déclaration de l'hommage rendu par Louis Roussel, avocat au Parlement de Rouen, au nom de Florence Bordel, sa femme, pour la seigneurie de Graveron (bailliage d'Evreux, vicomté de Beaumont-le-Roger). Paris, 26 juin 1531. — 26 juin.

Expéd. orig. Arch. nat., P. 269[2], cote 3932.

20221. Déclaration de foi et hommage de François de Bouquetot, écuyer, pour la seigneurie d'Arrabu (auj. Rabut, Coudray-Rabut), mouvant de Touques. Paris, 26 juin 1531. — 26 juin.

Original. Arch. nat., Chambre des Comptes de Paris, P. 264[2], n° 1054.

20222. Lettres attribuant à la gruerie de Saint-Germain-en-Laye la connaissance des procès occasionnés par les saisies opérées dans son ressort. 26 juin 1531. — 1531. 26 juin.

Visées dans des arrêts de ladite gruerie, en date des 8 août, 19 septembre et 19 décembre 1532, 29 mai et 19 juin 1533. Arch. de Seine-et-Oise, série B, fonds de la prévôté de Saint-Germain-en-Laye.

20223. Don à Jeanne d'Angoulême, dame de Givry, sœur naturelle du roi, de 4,000 livres tournois sur le débet de Guillaume Tueleu, receveur ordinaire de Clermont en Beauvaisis. 29 juin 1531. — 29 juin.

Enreg. à la Chambre des Comptes, le 16 octobre 1532, anc. mém. 2 G, fol. 41. *Arch. nat.,* PP. 119, p. 7. (*Mention.*)

Bibl. nat., ms. fr. 21405, p. 311. (*Mention.*)

IMP. Le P. Anselme, *Hist. généal.,* in-fol., t. 1, p. 211. (*Mention.*)

20224. Lettres de naturalité octroyées à Jeanne de Lâtre, dame de Beauvoir, l'une des dames de la chambre de la reine Éléonore, native du pays de Brabant. Saint-Germain-en-Laye, juin 1531. — Juin.

Original scellé. Arch. départ. du Nord, B. 2364.

20225. Lettres de naturalité accordées à Pierre Chappuis, natif de Savoie, établi à Anse près Lyon depuis trente-cinq ans. Paris, juin 1531. — Juin.

Enreg. à la Chancellerie de France. Arch. nat., Trésor des Chartes, JJ. 245[1], n° 5, fol. 1 v°.

20226. Provisions pour Guy de Laval de l'office de capitaine du château de Rennes en Bretagne, en remplacement du comte de Laval, son père, et commission à Jean de Laval, s[r] de Châteaubriant, gouverneur de Bretagne, et à Anne de Montmorency, ses tuteurs, de choisir un personnage capable pour exercer cet office jusqu'à la majorité dudit Guy de Laval. Fontainebleau, 4 juillet 1531. — 4 juillet.

Copie du XVIe *siècle. Bibl. impériale de Vienne* (*Autriche*), ms. 6979, fol. 165 v°. 2 pages.

20227. Lettres permettant aux habitants de Caen de faire creuser un canal de l'Orne à la mer, passant près du village de Longueval, et d'affecter aux dépenses des travaux nécessaires les deniers communs, aides et octrois de ladite ville. Fontainebleau, 4 juillet 1531. — 1531. 4 juillet.

Copie extr. du chartrier de la ville de Caen. Bibliothèque du Hâvre, ms. 211, fol. 111-116.

20228. Mandement à Jean Laguette, receveur général des finances extraordinaires et parties casuelles, de donner, sur la vente de l'office de notaire vacant au Châtelet par la mort de Nicolas Courtin, la somme de 300 écus soleil à Mellin de Saint-Gelais, aumônier ordinaire du roi, attaché à la maison des enfants de France. Fontainebleau, 8 juillet 1531. — 8 juillet.

Imp. Catalogue de vente de livres et pièces historiques du 31 mars 1884, par A. Voisin, à Paris, n° 202. (Mention.)

20229. Provisions de l'office de capitaine de la ville et du château de Houdan, en faveur de François de Renty, chevalier, seigneur de Rambert, gentilhomme de l'hôtel du roi. 9 juillet 1531. — 9 juillet.

Présentées au Grand conseil, le 4 mai 1532[1]. *Arch. nat.*, V[5] 1049. (*Mention.*)

20230. Lettres de survivance en faveur de Nicole, fils de Jean Voullent, élu en l'élection d'Évreux. Fontainebleau, 12 juillet 1531. — 12 juillet.

Vérifiées par les généraux des finances, le 20 du même mois.

Enreg. à la Cour des Aides de Normandie, le 28. Arch. de la Seine-Inférieure, Mémoriaux, 2e vol., fol. 50. 2 pages.

20231. Commission adressée à Pierre Lizet, premier président au Parlement, Jean Briçonnet, président en la Chambre des Comptes, Mathieu de Longuejoue, maître des requêtes ordinaire — 14 juillet.

(1) L'arrêt rendu ce jour-là au Grand conseil adjugea ledit office à Annet de Lameth (voir ci-après au 24 juillet 1531).

de l'hôtel, Jean Prévôt, président aux enquêtes, et Antoine Du Bourg, lieutenant civil du Prévôt de Paris, leur prescrivant de faire une enquête sur la situation des enfants hospitalisés à l'Hôtel-Dieu de Paris. Fontainebleau, 14 juillet 1531. 1531.

Original et copie. Arch. de l'Assistance publique, à Paris, carton des Enfants-Rouges.

20232. Déclaration de l'hommage fait au roi, entre les mains du cardinal de Sens, chancelier de France, par René, fils d'Henri, comte de Nassau, comme héritier de Philibert de Chalon, son oncle, pour les terres et seigneuries d'Orpierre, Montbrison, Trescléoux, etc., en Dauphiné. Fontainebleau, 17 juillet 1531. 17 juillet.

Enreg. au Parl. de Grenoble, le 6 novembre 1531. Arch. de l'Isère, invent. ms. de la Chambre des Comptes, titres d'Orange. (*Mention.*)

20233. Mandement aux gens des comptes, qui avaient ordonné que les 1,000 livres tournois données à Jacquette de Lansac sur le grenier de Libourne seraient payées par le trésorier de l'épargne, de les faire payer par le grènetier de Libourne, résidence de ladite dame. Fontainebleau, 21 juillet 1531. 21 juillet.

Copie collat. Bibl. nat., Pièces orig., Saint-Gelais, vol. 2751, p. 15 v°.

20234. Lettres confirmant la nomination, faite par Louise de Savoie, de François Le Faure à l'office de receveur des tailles de la Haute-Auvergne, en remplacement et sur la résignation d'Anne Du Prat. Fontainebleau, 24 juillet 1531. 24 juillet.

Original. Bibl. nat., Pièces orig., Du Prat, vol. 2371, pièce 43.

20235. Provisions de l'office de capitaine de la ville et du château de Houdan, en faveur d'Annet de Lameth, seigneur de Matha, gentilhomme de l'hôtel du roi. 24 juillet 1531. 24 juillet.

Présentées au Grand conseil, le 4 mai 1532. Arch. nat., V[5] 1049. (*Mention.*)

20236. Lettres d'évocation au Grand conseil d'un procès pendant entre les huissiers du Grand conseil et les sergents à cheval et à verge du Châtelet de Paris. 24 juillet 1531. — 1531. 24 juillet.

Mention dans des arrêts du Grand conseil, en date des 24 octobre et 30 décembre 1532. Arch. nat., V⁵ 1049.

20237. Provisions de l'office de geôlier des prisons de Carcassonne, en faveur de Geoffroy de Lupiac[1], trompette ordinaire du roi. 26 juillet 1531. — 26 juillet.

Mentions dans un arrêt du Grand conseil, en date du 15 février 1532 n. s. Arch. nat., V⁵ 1049.

20238. Lettres d'exemption, à titre viager, en faveur de Jean Savoys, huissier au Grand conseil, de sa femme et de ses enfants, d'un droit d'usage dans la forêt de Russy, à la charge de faire dire, à la fin de chaque messe, dans la chapelle qu'il fait construire dans ladite forêt, un *De profundis* pour le repos de l'âme des comtes de Blois. Fontainebleau, 30 juillet 1531. — 30 juillet.

Copie dans le cartulaire de la Chambre des Comptes de Blois. Arch. nat., KK. 896, fol. 465. 1 page 1/2.

20239. Lettres permettant à Jean Mutigny de réunir à sa seigneurie de Minecourt, au bailliage de Vitry, un petit héritage qu'il a acquis récemment, et de ne faire pour le tout qu'un seul hommage au roi. Fontainebleau, juillet 1531. — Juillet.

Enreg. à la Chancellerie de France. Arch. nat., Trésor des Chartes, JJ. 246, n° 19, fol. 5 v°.

20240. Lettres de légitimation accordées à Jean dit de Castelbajac, fils naturel de feu Gaston Trespart, baron de Castelbajac et seigneur de Montastruc en la sénéchaussée de Toulouse. Fontainebleau, juillet 1531. — Juillet.

Enreg. à la Chancellerie de France. Arch. nat., Trésor des Chartes, JJ. 246, n° 26, fol. 7 v°.

[1] Un arrêt du Grand conseil, en date du 10 juin 1533, nomme ce personnage G. de Lupian.

20241. Lettres de légitimation accordées à Nicolas Dubosc, fils naturel de Gauvain Dubosc et d'une femme non nommée. Fontainebleau, juillet 1531. — 1531. Juillet.

Enreg. à la Chancellerie de France. Arch. nat., Trésor des Chartes, JJ. 246, n° 27, fol. 8.

20242. Lettres de naturalité accordées à Robert d'Altoviti, natif de Florence, marié à la fille de Robert Albisse, trésorier de l'hôtel du duc de Longueville. Fontainebleau, juillet 1531. — Juillet.

Enreg. à la Chancellerie de France. Arch. nat., Trésor des Chartes, JJ. 246, n° 10, fol. 2 v°.

20243. Lettres de naturalité accordées à Nicolas de Castellasso, marchand, natif de Savone, demeurant à Lyon. Fontainebleau, juillet 1531. — Juillet.

Enreg. à la Chancellerie de France. Arch. nat., Trésor des Chartes, JJ. 246, n° 31, fol. 8 v°.

20244. Lettres de naturalité accordées à Barthélemy Marixe, marchand de soieries à Lyon, originaire de Piémont. Fontainebleau, juillet 1531. — Juillet.

Enreg. à la Chancellerie de France. Arch. nat., Trésor des Chartes, JJ. 246, n° 7, fol. 2.

20245. Déclaration de l'hommage rendu par Pierre Pauret, au nom de Bonne Cothereau, pour la moitié des seigneuries de « Vauperreux » et « le Courtois » (*aliàs* Moncourtois), au comté de Blois. 2 août 1531. — 2 août.

Anc. arch. de la Chambre des Comptes de Blois, lay. V. *Arch. nat.*, P. 1479, fol. 428 v°. (*Mention.*)

20246. Déclaration de l'hommage rendu par Pierre Pauret, au nom de Marie Thurin, veuve de Jean Cothereau, pour la moitié des seigneuries de « Vauperreux, le Courtois » et leurs appartenances. [2 août] 1531. — 2 août.

Anc. arch. de la Chambre des Comptes de Blois, lay. V. *Arch. nat.*, P. 1479, fol. 427 v°. (*Mention.*)

20247. Lettres de réception du serment de fidélité de Charles des Ursins, aumônier du roi, abbé commandataire de Saint-Nicaise de Reims, — 3 août.

pour le temporel de ladite abbaye. Fontainebleau, 3 août 1531. 1531.

Expéd. orig. Arch. nat., P. 166[2], cote 2602.

20248. Provisions en faveur de Jean Jacques, licencié ès lois, d'un office de conseiller en la sénéchaussée de Poitou, vacant par le décès de Jean Boylesve. 5 août 1531. 5 août.

Mention dans un arrêt du Grand conseil, en date du 8 février 1532 n. s. Arch. nat., V[5] 1048. (Voir ci-après, au 12 août 1531.)

20249. Lettres instituant le dauphin François gouverneur et lieutenant général pour le roi au duché de Normandie, en remplacement du comte de Maulévrier, grand sénéchal, récemment décédé. Fontainebleau, 8 août 1531. 8 août.

Enreg. au Parl. de Rouen, le 17 novembre suivant.

Copie du XVIIe siècle. Arch. nat., U. 757, 2e partie, p. 164. 4 pages.

Copie du XVIIe siècle. Bibl. de Rouen, ms. Y. 214, t. I, p. 186. 10 pages.

Copie du XVIIIe siècle. Bibl. nat., ms. Clairambault 959, p. 131.

Bibl. nat., ms. fr. 20873, fol. 427. (*Mention.*)

20250. Mandement à Guillaume Prudhomme, trésorier de l'épargne, de payer à Petro Francisque de Viterbe 1,000 livres tournois, que le roi lui donne pour sa pension de l'année courante. Fontainebleau, 11 août 1531. 11 août.

Copie du XVIe siècle. Arch. nat., Acquits sur l'épargne, J. 960e, fol. 9 v°.

20251. Provisions en faveur de Charles de La Ruelle, licencié ès lois, d'un office de conseiller en la sénéchaussée de Poitou, vacant par le décès de Jean Boylesve. 12 août 1531. 12 août.

Mention dans l'arrêt, en date du 8 février 1532 n. s., d'homologation par le Grand conseil de l'accord conclu, le 30 janvier précédent, entre ledit La Ruelle et Jean Jacques (voir ci-dessus, au 5 août 1531), *et aux termes duquel ledit La Ruelle se désiste, en faveur dudit Jacques, de tous ses droits audit office. Arch. nat.*, V[5] 1048.

20252. Lettres d'évocation d'un procès pendant entre le 12 août.

duc et la duchesse d'Alençon et Gilles Jean, d'une part, et Louis, fils de Pierre Jean, Louis, fils de Christophe Jean, et Henri de Sarcilly, d'autre part. 12 août 1531. 1531.

Mention dans un arrêt du Grand conseil, en date du 23 décembre 1531. Arch. nat., V[5] 1048.

20253. Provisions en faveur de Philippe Chabot, s[r] de Brion, amiral de France, de la charge de lieutenant général du dauphin au gouvernement de Normandie. Fontainebleau, 21 août 1531. 21 août.

Enreg. au Parl. de Rouen, le 11 novembre suivant.

Copie du XVIIe siècle. Arch. nat., U. 757, 2e partie, p. 168. 1 page.

20254. Déclaration de foi et hommage d'Adrien Tiercelin, s[r] de Brosses et bailli de Gisors, comme procureur de Pierre de Ferrières, s[r] de Préaux, pour ladite seigneurie, mouvant de Rouen. Fontainebleau, 21 août 1531. 21 août.

Original. Arch. nat., Chambre des Comptes de Paris, P. 264[2], n° 963.

20255. Lettres ordonnant, sur les représentations de l'ambassadeur de Charles-Quint, de faire une enquête touchant les pillages, mises à rançon et autres excès dont Louis de La Marck, le comte de Rochefort et autres sujets et vassaux de l'empereur ont été victimes de la part de gens de guerre des ordonnances et autres habitants du comté de Rethélois. Fontainebleau, 24 août 1531. 24 août.

Original scellé. Arch. départ. du Nord, B. 2367.

20256. Lettres de prolongation pour huit ans, en faveur des habitants de la ville de Beaune, de l'octroi sur le portage et les marcs, destiné à l'entretien des fortifications. Fontainebleau, 28 août 1531. 28 août.

Original. Arch. municip. de Beaune, Fortifications, n° 6.

Copie collat. Arch. de la Côte-d'Or, B. 11473. (Sous la date du 29 août.)

20257. Mandement au trésorier de l'épargne de payer 800 livres tournois à Gervais Waïn, pour un voyage qu'il va faire de Fontainebleau en Allemagne, vers les ducs de Saxe, Bavière et landgrave de Hesse, pour leur porter des lettres, remplir une mission et résider quelque temps en ces pays. Fontainebleau, 31 août 1531. — 1531. 31 août.

Original. Bibl. nat., Pièces orig., Waïn, vol. 3043, p. 2.

20258. Lettres portant bail et don perpétuel, moyennant un cens annuel de 15 deniers tournois, à Étienne Fromont, sommelier ordinaire d'échansonnerie de la duchesse d'Angoulême, d'un emplacement attenant à sa maison d'Amboise. Fontainebleau, août 1531. — Août.

Enreg. à la Chancellerie de France. Arch. nat., Trésor des Chartes, JJ. 246, n° 36, fol. 9.

20259. Lettres de légitimation accordées à Claude, Jean et Marie de Saint-Avit, enfants naturels de Guillaume de Saint-Avit, abbé d'un monastère de l'ordre de Saint-Benoît, et d'une femme mariée. Fontainebleau, août 1531. — Août.

Enreg. à la Chancellerie de France. Arch. nat., Trésor des Chartes, JJ. 246, n° 28, fol. 8.

20260. Lettres de naturalité accordées à « Hortega de Melgossa », natif de Burgos en Espagne. Fontainebleau, août 1531. — Août.

Enreg. à la Chancellerie de France. Arch. nat., Trésor des Chartes, JJ. 246, n° 37, fol. 9 v°.

20261. Lettres de naturalité accordées à Jacques Leclerc, examinateur au Châtelet de Paris, natif de Cambrai. Paris, août 1531. — Août.

Enreg. à la Chancellerie de France. Arch. nat., Trésor des Chartes, JJ. 246, n° 47, fol. 14.

20262. Lettres de prorogation pour huit ans de l'octroi sur le sel accordé à la ville de Beaune, et faculté aux habitants de faire entrer, en temps d'imminent péril, autant de vin qu'il leur — 4 septembre.

plaira, en acquittant certains droits. Paris, 4 septembre 1531. | 1531.

Original. Arch. municip. de Beaune, Fortifications, n° 99.

20263. Lettres nommant Blaise Cochon, administrateur de l'hôpital et Hôtel-Dieu de Gonesse. 4 septembre 1531. | 4 septembre.

Mention dans un arrêt du Grand conseil, en date du 18 décembre 1532[1]. *Arch. nat.*, V[5] 1049.

20264. Lettres de réception du serment de fidélité de Foucault de Bonneval pour le temporel de l'évêché de Périgueux. Villemomble, 8 septembre 1531. | 8 septembre.

Expéd. orig. Arch. nat., P. 556[1], cote 740.

20265. Mandement au sénéchal de Beaucaire d'informer sur la requête présentée au roi par Marguerite de Clermont, dame de la baronnie de Rochefort, à l'effet d'obtenir mainlevée des péages de Vers, Rochefort [-du-Gard], Tavel, Valliguière et Sernhac. 8 septembre 1531. | 8 septembre.

Mention dans un arrêt du Grand conseil, en date du 4 janvier 1533 n. s. Arch. nat., V[5] 1049.

20266. Lettres d'évocation d'un procès engagé entre Pierre de La Fare, écuyer, d'une part, et Georges de Bellecombe, seigneur de Canillargues, et Théodore, son frère, d'autre part. 25 septembre 1531. | 25 septembre.

Mention dans un arrêt du Grand conseil, en date du 13 octobre 1531, portant renvoi dudit procès au Parlement de Toulouse. Arch. nat., V[5] 1048.

20267. Mandement aux élus de Paris de procéder au bail à ferme de l'imposition de 12 deniers par livre sur le vin, la bûche et le drap vendus en gros à Paris, et du huitième denier sur le vin vendu en détail dans les quartiers Saint-Denis, du Petit-Pont, des Halles et de la Cité. Chantilly, 28 septembre 1531. | 28 septembre.

Mention dans un arrêt du Grand conseil, en date du 20 septembre 1536. Arch. nat., V[5] 1051.

[1] Cet arrêt, rendu entre ledit Cochon et Christophe de Belin, pourvu de la même fonction par l'évêque de Paris, donne gain de cause à ce dernier.

20268. Commission au sénéchal de Beaucaire, à la suite des doléances des gens des trois États de Languedoc, de se transporter à Aigues-Mortes avec des personnes expérimentées, pour visiter le port, voir et s'informer des réparations qu'il convient d'y faire, etc. Chantilly, 28 septembre 1531. — 1531. 28 septembre.

Original. Arch. de l'Hôtel-de-Ville d'Aigues-Mortes, cote 26 du n° 14.

IMP. Pagézy, *Mémoires sur le port d'Aigues-Mortes* (3e et 4e mémoires). Paris, 1886, p. 505.

20269. Lettres d'évocation au Grand conseil d'un procès pendant entre Vidal Plantade, écuyer, capitaine et châtelain de Pézenas, et les habitants de Béziers. 28 septembre 1531. — 28 septembre.

Mention dans un arrêt du Grand conseil, en date du 11 janvier 1532. Arch. nat., V5 1048.

20270. Mandement au sénéchal de Toulouse d'informer sur la requête présentée au roi par Antoine de Muis, seigneur de Montescot, pour obtenir la mainlevée du péage d'« Ellecassier » (p.-ê. Saint-Martin-de-Bellecasse), près Castelsarrasin. 28 septembre 1531. — 28 septembre.

Mention dans un arrêt du Grand conseil, en date du 28 janvier 1533 n. s.; ordonnant ladite mainlevée. Arch. nat., V5 1049.

20271. Lettres d'évocation au Grand conseil d'un procès engagé entre Léonard Gay, conseiller audit conseil, et Jean de Calvimont, second président au Parlement de Bordeaux. 29 septembre 1531. — 29 septembre.

Mention dans un arrêt du Grand conseil, en date du 7 octobre 1531, portant renvoi dudit procès au Parlement de Rouen. Arch. nat., V5 1048.

20272. Lettres de légitimation accordées à Jean Balot, du diocèse d'Albi, fils naturel de Déodat Balot, prêtre. Paris, septembre 1531. — Septembre.

Enreg. à la Chancellerie de France. Arch. nat., Trésor des Chartes, JJ. 246, n° 61, fol. 19 v°.

20273. Lettres portant union en un seul fief d'un manoir et de métairies et terres appartenant à Jacques Vivien, écuyer, seigneur d'« Esche- — Septembre.

homme », dans les paroisses de Saint-Martin et de Saint-Senier, en la vicomté d'Avranches. Compiègne, septembre 1531. 1531.

Enreg. à la Chancellerie de France. Arch. nat., Trésor des Chartes, JJ. 246, n° 142, fol. 42.

20274. Lettres d'évocation au Grand conseil d'un procès pendant entre Guillaume Lugolly, d'une part, et Antoine Quinhardi, juge-mage d'Armagnac, Déode Amellon, Raymond Rosand, marchand, et Gérard Atgier, barbier, d'autre part. 6 octobre 1531. 6 octobre.

Mention dans un arrêt du Grand conseil, en date du 24 janvier 1532 n. s. Arch. nat., V⁵ 1048.

20275. Pouvoirs des commissaires du roi aux États de Languedoc, convoqués à Nîmes pour le 10 novembre. Villemomble, 10 octobre 1531. 10 octobre.

Copie. Arch. départ. de l'Hérault, C. États de Languedoc, Recueils des lettres et actes des commissaires du roi aux États; 1531. 6 pages.

20276. Mandement à Jean Laguette, receveur général des finances extraordinaires et parties casuelles, de payer à Jean Falaise, dit Dieppe, valet de la garde-robe du roi, la somme de 50 écus d'or sur les deniers provenant de la vente de l'office de sergent ordinaire au bailliage de Rouen. Pont de Gournay, 13 octobre 1531. 13 octobre.

Original. Était en vente chez M. Eug. Charavay, en mars 1891.

20277. Lettres d'évocation d'un procès engagé entre la duchesse de Longueville et Christophe de Rabutin, chevalier, seigneur de Bourbilly. 19 octobre 1531. 19 octobre.

Mention dans un arrêt du Grand conseil, en date du 10 avril 1532, après Pâques. Arch. nat., V⁵ 1049.

20278. Lettres contenant les pouvoirs des commissaires du roi pour assister et tenir la main au rachat des terres, biens, droits et revenus cédés et transportés à l'empereur, pour la rançon du roi et la délivrance de ses enfants, par Marie 24 octobre.

de Luxembourg, les sieur et dame de Fleuranges et autres. Chantilly, 24 octobre 1531. 1531.

Vidimus original du 29 novembre 1531, sous le sceau de la ville de Valenciennes. Arch. départ. du Nord, Documents diplomatiques.

20279. Mandement au trésorier de l'épargne de payer au jardinier ordinaire du roi, Jérôme de Naples, 300 livres tournois pour ses gages de jardinier et l'entretien du grand jardin de Blois, pour cette année. Compiègne, 28 octobre 1531. 28 octobre.

Original. Bibl. nat., Pièces orig., vol. 2090, Naples, p. 6.

20280. Lettres d'évocation d'un procès engagé entre le duc de Vendôme et Antoine du Goust, seigneur de Saint-Germain, d'une part, et Jean, fils de feu Raymond de Roquelaure, Jean de Puis, seigneur de Montbrun, et Antoine de Polastron, seigneur de Montignac. 30 octobre 1531. 30 octobre.

Mention dans un arrêt du Grand conseil, en date du 5 août 1532. Arch. nat., V[5] 1049.

20281. Lettres de réception du serment de fidélité de Jean de Saint-Gelais pour le temporel de l'évêché d'Uzès. Compiègne, 31 octobre 1531. 31 octobre.

Expéd. orig. Arch. nat., P. 556[1], cote 741.

20282. Lettres de légitimation accordées à Joachim Farou, fils naturel de Guillaume Farou, prêtre, et de Jeanne Briare. Compiègne, octobre 1531. Octobre.

Enreg. à la Chancellerie de France. Arch. nat., Trésor des Chartes, JJ. 246, n° 75, fol. 24 v°.

20283. Lettres de naturalité accordées à Jérôme Monge, médecin, natif de Valence en Espagne, établi à Montauban. Compiègne, octobre 1531. Octobre.

Enreg. à la Chancellerie de France. Arch. nat., Trésor des Chartes, JJ. 246, n° 65, fol. 21 v°.

20284. Commission au dauphin, gouverneur de Normandie, à [Florimond Robertet], s[r] d'Alluyes, et à plusieurs autres personnages, pour assister à l'assemblée des États de Normandie, 3 novembre.

à Rouen, et demander au nom du roi, pour l'année 1532, un subside de 759,458 livres 15 sous. Compiègne, 3 novembre 1531. 1531.

Copie collat. du 14 février 1533. Arch. nat., K. 692b, n° 5.

20285. Provisions, en faveur de Jean François, de l'office de garde du sceau royal du Parlement de Provence. 3 novembre 1531. 3 novembre.

Mentions dans des arrêts du Grand conseil, en date des 17 décembre 1532 et 16 septembre 1534. Arch. nat., V5 1049 et 1050.

20286. Lettres d'évocation d'un procès pendant entre Yves Godecar et Adrien de La Coudre, au sujet de la cure de Capval, au comté d'Eu. 4 novembre 1531. 4 novembre.

Mention dans un arrêt du Grand conseil, en date du 24 janvier 1532 n. s. Arch. nat., V5 1048.

20287. Lettres d'évocation d'un procès pendant entre Antoinette de Polignac, dame de Montgacon et de Liverdois, aïeule maternelle et tutrice des enfants mineurs de feu Claude de Chalançon, seigneur de Rochebaron, d'une part, Anne de Poppet et Antoine de Cardilhac, baron dudit lieu et seigneur de Saint-Cyr, d'autre part. 4 novembre 1531. 4 novembre.

Mention dans un arrêt du Grand conseil, en date du 26 août 1532. Arch. nat., V5 1049.

20288. Provisions en faveur de Claude d'Annebaut, sr de Saint-Pierre et baron de la Hunaudaye, de la charge de lieutenant au gouvernement de Normandie sous le sr de Brion, amiral de France, et en son absence. Compiègne, 5 novembre 1531. 5 novembre.

Enreg. au Parl. de Rouen, le 17 novembre suivant.

Copie du XVIIe siècle. Arch. nat., U. 757, 2e partie, p. 169. 1 page.

20289. Provisions de l'office de procureur du roi en l'élection de Montivilliers, en faveur de Guillaume Faucon, sur la résignation faite à son 5 novembre.

profit par Pierre Le Roux. Compiègne, 5 novembre 1531. 1531.

Vérifiées par les généraux des finances, le surlendemain.

Enreg. le 13, à la Cour des Aides de Normandie. Arch. de la Seine-Inférieure, Mémoriaux, 2e vol., fol. 57 v°. 1 page 1/2.

20290. Mandement aux officiers de la Chambre des Comptes de Dijon de mettre sous la main du roi les seigneuries de Montréal, Châteauvieux, Châtel-Gérard et les greniers à sel de Saulieu et d'Avallon, attendu que le don qui en avait été fait à la marquise de Bagé était sur le point d'expirer et que ses officiers y avaient fait de grands dégâts. Compiègne, 6 novembre 1531. 6 novembre.

Original. Arch. de la Côte-d'Or, B. 11942.

20291. Lettres de don à l'amiral Chabot, sr de Brion, des terres et châtellenies de Montréal, Châteauvieux et Cuisery, avec les greniers à sel de Saulieu et d'Avallon, sa vie durant, au lieu de la terre et seigneurie de Coucy et du grenier à sel dudit lieu. Compiègne, 6 novembre 1531. 6 novembre.

Copie du XVIe siècle. Bibl. nat., ms. Moreau 796, fol. 208 v°.

20292. Provisions en faveur de Raymond Armengaud, avocat au Grand conseil, de l'office de conseiller au Parlement de Toulouse, vacant par la mort de Jean Sabonnières. Compiègne, 7 novembre 1531. 7 novembre.

Vidimus du sénéchal de Toulouse, du 12 janvier 1533. Bibl. nat., Pièces orig., vol. 96, Armengaud, pièce 5.

20293. Déclaration maintenant Annet de Lameth en l'office de capitaine de Houdan dont il avait été pourvu le 24 juillet précédent (n° 20235), nonobstant les provisions dudit office obtenues par François de Renty, le 9 juillet 1531 (n° 20229). 7 novembre 1531. 7 novembre.

Présentée au Grand conseil, le 4 mai 1532. Arch. nat., V5 1049. (*Mention.*)

20294. Lettres portant bail à ferme à André Sormano du tirage du sel qui se fait en remontant les rivières du Rhône et de l'Isère, dans le Dauphiné, la Provence, le Comtat-Venaissin et la principauté d'Orange. 7 novembre 1531. — 1531. 7 novembre.

Mention dans un arrêt du Grand conseil, en date du 22 octobre 1533. Arch. nat., V[5] 1049.

20295. Mandement à Jean Laguette, trésorier et receveur général des finances extraordinaires et parties casuelles, de payer des deniers provenant de la vente des offices et autres parties casuelles, à Gilles de La Pommeraye, écuyer, échanson ordinaire du roi, 100 écus d'or soleil pour un voyage que le roi l'envoie faire en toute hâte et sur chevaux de poste auprès de l'empereur. La Fère-sur-Oise, 16 novembre 1531. — 16 novembre.

Original. Bibl. nat., ms. fr. 7064, fol. 61.

20296. Lettres de don à Georges de Crains, capitaine de Saint-Dizier, de partie de la terre de Monthois, confisquée sur Humbert de Stainville. 18 novembre 1531. — 18 novembre.

Enreg. à la Chambre des Comptes de Paris, anc. mém. 2 F, fol. 290 v°. *Arch. nat.*, PP. 119, p. 25. (*Mention.*)
Bibl. nat., ms. fr. 21405, p. 309. (*Mention.*)

20297. Mandement à Jean Laguette, receveur des parties casuelles, de payer à Jean Juste, sculpteur, la somme de 400 écus soleil pour avoir transporté de Tours à Saint-Denis le tombeau de Louis XII et d'Anne de Bretagne. Marle, 22 novembre 1531. — 22 novembre.

Original. Collection Joursanvault, n° 826.
Imp. Ch.-L. de Grandmaison, *Documents pour servir à l'histoire des arts en Touraine*. Paris, 1870, in-8°, p. 225.

20298. Commission adressée à Jean Billon, conseiller en la Chambre des Comptes, et à un autre personnage (*nom effacé*), de faire une enquête sur la commodité ou incommodité qui résulterait pour le roi de l'érection en châtellenie de la seigneurie de Chantilly, en y adjoignant — 26 novembre.

certains autres fiefs. Guise, 26 novembre 1531. 1531.

Original. Arch. du château de Chantilly, K. 1, n° 32.

20299. Déclaration de l'hommage de François Deslandes pour la métairie du Petit-Moulin, au comté de Blois. 26 novembre 1531. 26 novembre.

Anc. arch. de la Chambre des Comptes de Blois, lay. P. *Arch. nat.*, P. 1479, fol. 282. (*Mention.*)

20300. Mandement à Breton, s[r] de Villandry, général des finances du comté de Blois, de payer 8,400 livres tournois à François Viart, receveur de Blois, fils de Jacques Viart, auquel il a succédé en cet office, somme due par ledit feu Jacques sur son dernier compte, et qui devra être employée au rachat du greffe de Blois, que tient la demoiselle d'Estellan, comme gage de 10,000 livres tournois à elle léguées par testament de la feue reine. Guise, 27 novembre 1531. 27 novembre.

Original. Bibl. nat., Pièces orig., Viart, vol. 2981, p. 31.

Arch. nat., Fragment d'un compte de François Viart, K. 502, n° 10, fol. 15. (*Mention.*)

20301. Lettres portant don et remise aux enfants de Manault Tuffery des biens confisqués de leur père, condamné à mort et exécuté par arrêt du Parlement de Toulouse. Compiègne, novembre 1531. Novembre.

Enreg. à la Chancellerie de France. Arch. nat., Trésor des Chartes, JJ. 246, n° 166, fol. 49.

20302. Lettres de légitimation accordées à Jean Lagnier, du diocèse de Soissons, fils naturel de Jean Lagnier et de Laurence de Venise. Compiègne, novembre 1531. Novembre.

Enreg. à la Chancellerie de France. Arch. nat., Trésor des Chartes, JJ. 246, n° 74, fol. 24 v°.

20303. Lettres de naturalité accordées à Jean-Jacques Gipelle, natif de Pizzighettone, au diocèse de Crémone, archidiacre de Lodi, désirant Novembre.

se retirer en France. Compiègne, novembre 1531. 1531.

Enreg. à la Chancellerie de France. Arch. nat., Trésor des Chartes, JJ. 246, n° 105, fol. 32 v°.
Arch. nat., Acquits sur l'épargne, J. 960, n° 93. (*Mention,* sous la date du 5 novembre.)

20304. Lettres de naturalité accordées à Jacques de Couriel, natif d'Arenda en Castille, demeurant à Rouen. Compiègne, novembre 1531. Novembre.

Enreg. à la Chancellerie de France. Arch. nat., Trésor des Chartes, JJ. 246, n° 72, fol. 24.

20305. Lettres de naturalité accordées à Victor de Laval, natif de Florence, établi d'abord à Lyon, puis à Paris. Compiègne, novembre 1531. Novembre.

Enreg. à la Chancellerie de France. Arch. nat., Trésor des Chartes, JJ. 246, n° 73, fol. 24 v°.

20306. Lettres de confirmation du don fait par la duchesse d'Angoulême à Catherine de Saint-Aubin, dame de sa chambre, des biens meubles et immeubles de feu Claude Trollier, prêtre, et de Benoît Dupont, décédés sans hoirs, au pays de Dombes. La Fère, novembre 1531. Novembre.

Enreg. à la Chancellerie de France. Arch. nat., Trésor des Chartes, JJ. 246, n° 90, fol. 29 v°.

20307. Lettres de naturalité accordées à Jérôme d'Arsago, natif du duché de Milan, évêque de Nice, grand aumônier de la reine Éléonore. La Fère, novembre 1531. Novembre.

Enreg. à la Chancellerie de France. Arch. nat., Trésor des Chartes, JJ. 246, n° 91, fol. 29 v°.
Arch. nat., Acquits sur l'épargne, J. 960, n° 93. (*Mention,* sous la date de «Compiègne, le 5 novembre 1531».)

20308. Don à Anne de Montmorency d'une rente annuelle de 1,000 livres, à prendre sur la vicomté d'Aulnay en Poitou. Novembre 1531. Novembre.

Mention dans un arrêt du Grand conseil, en date du 19 novembre 1534. Arch. nat., V[5] 1050.

20309. Mandement de payer à Gilles de La Pommeraye, panetier du roi, 1,000 écus pour ses voyages 10 décembre.

passés et pour se rendre à la cour de Londres, auprès de laquelle il est accrédité. Amiens, 10 décembre 1531. 1531.

Original. Londres, British Museum, add. Charters 4097.

20310. Mandement aux gens des comptes de faire payer à Jacquette de Lansac ses 1,000 livres tournois de don royal sur le grenier à sel de Libourne, par le comptable de Bordeaux, auquel sont remis tous les deniers provenant dudit grenier à sel. Amiens, 11 décembre 1531. 11 décembre.

Copie collat. Bibl. nat., Pièces orig., Saint-Gelais, vol. 2751, p. 16.

20311. Confirmation des lettres de Louise de Savoie du 20 août 1531, portant provisions de l'office de capitaine d'Épernay, en faveur d'Antoine d'Ancienville, seigneur de Villiers, valet tranchant ordinaire du roi, au lieu de François Arnoul, décédé. 11 décembre 1531. 11 décembre.

Imp. Nobiliaire de Champagne. Recherches sur la noblesse de Champagne, par M. de Caumartin... (Réimp. de l'édit. de 1673). Paris, Didot, 1868, in-4°, p. 75. (*Mention.*)

20312. Mandement de payer 10,800 livres tournois à Nicolas Vanderlaen, trésorier des finances de la maison de la reine, pour employer en son office et en la chambre aux deniers de la reine, pour le quartier de juillet, août, septembre. Amiens, 13 décembre 1531. 13 décembre.

Original. Bibl. nat., Pièces orig., Vanderlaen, vol. 2925, p. 3.

20313. Déclaration de foi et hommage de Guillaume Prudhomme, général des finances, pour le tiers de la dîme de Liverdy en Brie, le tiers du fief appelé « la moitié de la Grand'Dîme » dudit Liverdy et le tiers d'un autre fief appelé le Grand-Gagny, en la paroisse de Presles, mouvant du château de Tournant. Abbeville, 20 décembre 1531. 20 décembre.

Original. Arch. nat., Chambre des Comptes de Paris, P. 2, n° 786.

20314. Mandement de payement d'une somme de 44 livres pour le service des postes. Abbeville, 21 décembre [1531]. — 1531. 21 décembre.

Original en partie déchiré. Collection de M. le comte de Marsy, à Compiègne.

20315. Déclaration portant attribution au Grand conseil de la connaissance du procès engagé entre la duchesse de Longueville et Christophe de Rabutin (voir ci-dessus, au 19 octobre 1531, n° 20277). 24 décembre 1531. — 24 décembre.

Mention dans un arrêt du Grand conseil, en date du 10 avril 1532. Arch. nat., V^5 1049.

20316. Lettres de légitimation accordées à Rigaud de Turenne, clerc, fils naturel de feu noble Antoine de La Tour et de Marie Dubois. Amiens, décembre 1531. — Décembre.

Enreg. à la Chancellerie de France. Arch. nat., Trésor des Chartes, JJ. 246, n° 139, fol. 41 v°.

20317. Lettres de légitimation accordées à Bérenger Bochart, fils naturel de Hugues Bochart et de Jeanne de Popinchat. Abbeville, décembre 1531. — Décembre.

Enreg. à la Chancellerie de France. Arch. nat., Trésor des Chartes, JJ. 246, n° 141, fol. 41 v°.

20318. Lettres de don à Isaac Pinchon d'un terrain au bout du pont Saint-Michel à Paris, moyennant une redevance annuelle de 6 livres, payable à la recette ordinaire de Paris. 1531. — 1531.

Enreg. à la Chambre des Comptes de Paris, anc. mém. 2 G, fol. 90. *Arch. nat.*, invent. PP. 119, p. 20. (*Mention.*)

Bibl. de Rouen, ms. Leber 5870, t. XIV, fol. 56 v°. (*Mention.*)

1532. — Pâques, le 31 mars.

20319. Commission à Pierre Hotman, lieutenant général, André Sanguin, lieutenant particulier des Eaux et forêts, Étienne Tournebule, Henri Barbeau, Augustin de Thou et Nicolas Charmolue, avocats en Parlement, pour juger les oppositions faites par l'archevêque — 1532. 3 janvier.

de Tours et autres aux ventes et coupes dont le roi avait chargé Louis Le Roy, s[r] de Charvigny, dans les forêts de Chinon, les Hayes, Rigny et autres. Abbeville, 3 janvier 1531. 1532.

Enreg. aux Eaux et forêts, le 26 avril 1532. Arch. nat., Z[1e] 321, fol. 157 v°. 2 pages.
Double, id., fol. 276. (En cet endroit, la date est du 2 janvier.)

20320. Mandement pour faire payer à Jean Le Noir, l'aîné, lieutenant du bailli d'Amiens à Montreuil-sur-Mer, et à Jean Le Noir, le jeune, son fils, la somme de 83 livres tournois pour avoir vaqué, en septembre et en décembre 1531, en compagnie d'Oudart Du Biez, sénéchal du Boulonnais, et du bailli d'Amiens, de concert avec les députés du roi d'Angleterre, à régler les différends entre les sujets du roi de France, du comté de Guines, et ceux de Henri VIII, au sujet des marais de Wlep. Abbeville, 7 janvier 1531. 7 janvier.

IMP. *Catalogue de lettres autographes, chartes et documents sur les provinces*, provenant du cabinet de M. Charles Kesmeir. Vente le 12 mars 1889. Paris, Gabriel Charavay, in-8°. (*Original mentionné.*)

20321. Mandement de payer à René, comte de Challant, 2,000 livres tournois à prendre sur les 5,000 livres provenant de la confiscation de draps de soie apportés à Lyon par des marchands génois, malgré la prohibition. Abbeville, 7 janvier 1531. 7 janvier.

Original. Londres, British Museum, add. Charters 3271.

20322. Lettres portant prorogation pour quatre ans des exemptions de tailles et subsides précédemment accordées, les 14 décembre 1521 et 16 juillet 1524 (n°s 1449 et 17807), aux habitants de Mézières. Abbeville, 7 janvier 1531. 7 janvier.

Vérifiées par les généraux des finances, le 23 janvier 1532 n. s., et par les élus du Rethelois, le 12 décembre 1532.
Original. Arch. commun. de Mézières, AA. 5.

20323. Déclaration de l'hommage de Hugues Étienne pour le fief et la sergenterie héréditaire d'Arques, au bailliage de Caux. Dieppe, 15 janvier 1531. — 1532. 15 janvier.

Expéd. orig. Arch. nat., Chambre des Comptes, P. 267², cote 2575.

20324. Lettres de relief de surannation pour la vérification, à la Chambre des Comptes de Paris, des lettres de répit du 28 janvier 1530 n. s. (nº 19962), accordées à Christophe et François d'Igny, enfants mineurs de feu Philibert d'Igny et de Jacqueline de Vésigneul. Paris (*sic*), 16 janvier 1531. — 16 janvier.

Expéd. orig. Arch. nat., P. 163², cote 1054.

20325. Provisions de l'office de conseiller clerc au Parlement de Dijon pour Hugues Bault, en remplacement de Philibert Berbis, conseiller lai. Dieppe, 19 janvier 1531. — 19 janvier.

Enreg. au Parl. de Dijon, le 28 février suivant. Arch. de la Côte-d'Or, Parl., reg. II, fol. 168.

20326. Lettres de réception du serment de fidélité prêté, devant le chancelier de France, par Jean Maury, religieux de Notre-Dame-du-Val, de l'ordre de Saint-Augustin, au nom de frère Julien, abbé, pour le temporel de ladite abbaye. Rouen, 27 janvier 1531. — 27 janvier.

Expéd. orig. Arch. nat., P. 273¹, cote 5577.

20327. Déclaration de l'hommage d'Antoine de Sillans, écuyer, pour la baronnie de Creully (bailliage, vicomté et châtellenie de Caen), et le fief de Bois-Roger (baronnie de Méry et Cléville), à lui échus par suite du décès de Marie de Virville, sa mère. Rouen, 28 janvier 1531. — 28 janvier.

Expéd. orig. Arch. nat., P. 273¹, cote 5688.

20328. Lettres de don à Robert de Pommereu, écuyer de l'écurie du roi, des biens meubles et immeubles confisqués sur Guillaume Manoir, condamné à mort pour homicide par sen- — Janvier.

tence du lieutenant du bailli d'Évreux à Conches. Abbeville, janvier 1531. | 1532.

Enreg. à la Chancellerie de France. Arch. nat., Trésor des Chartes, JJ. 246, n° 116, fol. 35.

20329. Lettres de légitimation accordées à Hubert de Monchy, fils naturel de Hugues de Monchy, chevalier, seigneur d'Aussènes, et de Jeanne Framery. Abbeville, janvier 1531. | Janvier.

Enreg. à la Chancellerie de France. Arch. nat., Trésor des Chartes, JJ. 246, n° 140, fol. 41 v°.

20330. Lettres de légitimation accordées à Jean et Simon Demont, fils naturels d'Odet Demont, autrement dit Maulmus, prêtre, et de mères différentes. Abbeville, janvier 1531. | Janvier.

Enreg. à la Chancellerie de France. Arch. nat., Trésor des Chartes, JJ. 246, n° 219, fol. 62.

20331. Lettres de naturalité accordées à Claude de Leobart, écuyer, s[r] de Cras, panetier ordinaire du roi, natif de Bourg-en-Bresse. Abbeville, janvier 1531. | Janvier.

Enreg. à la Chancellerie de France. Arch. nat., Trésor des Chartes, JJ. 246, n° 115, fol. 34 v°.

20332. Lettres de légitimation accordées à Jean Taillecarne (Tagliacarne), dit Théocrène, de Gênes, fils naturel de Benoît Taillecarne, dit Théocrène, précepteur du dauphin et des ducs d'Orléans et d'Angoulême, et de Jeanne de Compians. Rue, janvier 1531. | Janvier.

Enreg. à la Chancellerie de France. Arch. nat., Trésor des Chartes, JJ. 246, n° 111, fol. 34.
Bibl. nat., Armoires de Baluze, t. XVIII, fol. 232. (*Mention.*)

20333. Lettres de légitimation accordées à Louise Taillecarne Théocrène, fille naturelle de Benoît Taillecarne (Tagliacarne), dit Théocrène, précepteur des fils du roi, et de Philippe de Villebresme. Rue, janvier 1531. | Janvier.

Enreg. à la Chancellerie de France. Arch. nat., Trésor des Chartes, JJ. 246, n° 112, fol. 34.
Bibl. nat., Armoires de Baluze, t. XVIII, fol. 232. (*Mention.*)

20334. Lettres de légitimation accordées à Jacques de Gouis, écuyer, fils naturel de Jean de Gouis, écuyer, et de Geoffine de Soliville. Dieppe, janvier 1531. — 1532. Janvier.

Enreg. à la Chancellerie de France. Arch. nat., Trésor des Chartes, JJ. 246, n° 138, fol. 41.

20335. Don à Jean de Dinteville, bailli de Troyes, de la maison du roi, avec jardins et appartenances, appelée la Salle du Roi, à Troyes, pour en jouir durant neuf ans. Rouen, [janvier-février] 1531. — Janvier-février.

Rôle d'expéditions du 12 février 1538 n. s. Arch. nat., Acquits sur l'épargne, J. 962, fol. 13, n° 11. (*Mention.*)

20336. Mandement d'informer sur la requête présentée au roi par Philippot Chrestien, fermier des prévôté, coutume et moulins de la Ferrière, afin qu'il plut au roi de le décharger de ladite ferme, en rendant juste et loyal compte de ce qu'il en a reçu. 6 février 1531. — 6 février.

Mention dans un arrêt du Grand conseil, en date du 9 mars 1532 n. s. Arch. nat., V⁵ 1048.

20337. Déclaration de foi et hommage de Nicolas Aoustin, écuyer, pour deux fiefs nobles formant le demi-fief d'Ouainville et le fief de Mautheville, en la paroisse du même nom, mouvant de Caudebec. Rouen, 8 février 1531. — 8 février.

Original. Arch. nat., Chambre des Comptes de Paris, P. 266², n° 2275.

20338. Provisions pour Claude Guyot de l'office de notaire et secrétaire du roi, vacant par la résignation de Raoul Guyot, son père. Rouen, 10 février 1531. — 10 février.

Bibl. nat., ms. lat. 12810, fol. 184. (*Mention.*)

20339. Déclaration de foi et hommage de Guillaume Du Mesnil, écuyer, pour le fief de l'Épine, en la paroisse Saint-Thomas de Touques, mouvant en plein fief de haubert de la vicomté d'Auge. Rouen, 10 février 1531. — 10 février.

Original. Arch. nat., Chambre des Comptes de Paris, P. 265², n° 1509.

20340. Lettres adressées au sacré collège pour obtenir du pape qu'il autorise le roi à demander au clergé de France une aide pour la guerre qu'il prépare contre les Turcs. Rouen, 11 février 1531. 1532. 11 février.

Copie du XVIe siècle. Bibl. nat., ms. fr. 2947, fol. 47. 8 pages.

Imp. E. Charrière, *Négociations de la France dans le Levant.* Paris, 1848, in-4°, t. I, p. 190. (Date inexacte du 2 février.)

20341. Mandement à Jean Laguette, trésorier et receveur général des finances extraordinaires et parties casuelles, de payer à Clément Marot, valet de chambre ordinaire du roi, 100 écus d'or soleil en récompense de ses services. Rouen, 13 [février] 1531. 13 février.

Imp. Cabinet historique, t. V, p. 104, et t. XVII (1871), 1re partie, p. 134. (D'après l'original que possédait la Bibliothèque du Louvre.)

20342. Lettres de réception du serment de fidélité de dom Michel Godefroy pour le temporel de l'abbaye cistercienne du Val-Richer, au diocèse de Bayeux. Rouen, 14 février 1531. 14 février.

Expéd. orig. Arch. nat., P. 272², cote 5519.

20343. Déclaration de foi et hommage de Jean Mallartier, écuyer, pour un demi-fief de haubert nommé le fief de Campigny, mouvant de Pont-Audemer. Rouen, 15 février 1531. 15 février.

Copie du XVIe siècle. Arch. nat., Chambre des Comptes de Paris, P. 264², n° 943.

20344. Lettres de survivance en faveur de Nicole, fils de Jean d'Esquetot, conseiller à la Cour des Aides de Normandie. Rouen, 17 février 1531. 17 février.

Enreg. à la Cour des Aides de Normandie, le 22 mars 1532 n. s. Arch. de la Seine-Inférieure, Mémoriaux, 2e vol., fol. 61. 2 pages.

20345. Provisions de l'office de greffier des Eaux et forêts au siège de la Table de marbre du Palais, en faveur de Jean de Malerippe, sur 18 février.

la résignation faite à son profit par Jean Munois. Rouen, 18 février 1531. 1532.

Enreg. aux Eaux et forêts, le 8 mars 1532 n. s. Arch. nat., Z[1e] 321, fol. 142 v°. 2 pages.

20346. Déclaration de l'hommage de Charles de Prunes pour les cinq huitièmes de la grande dîme de Saint-Lubin-en-Vergonois (comté de Blois). 18 février 1531. 18 février.

Anc. arch. de la Chambre des Comptes de Blois, lay. L. *Arch. nat.*, P. 1479, fol. 170 v°. (*Mention.*)

20347. Lettres accordant à Françoise de Bourgogne, veuve de Philippe de Hallwin, un délai de six mois pour faire l'hommage de ses terres de Ronsoy, mouvant de Péronne, de Quierzy et de la Jonquière (paroisse de Manicamp), mouvant de Chauny. Rouen, 23 février 1531. 23 février.

Original. Arch. nat., Chambre des Comptes de Paris, P. 716, n° 254.

20348. Provisions en faveur d'André Sanguin, avocat en Parlement, de l'office de lieutenant particulier de la cour des Eaux et forêts, qu'il exerçait déjà par commission de Pierre de Warty, grand maître et réformateur général des forêts. Rouen, 24 février 1531. 24 février.

Enreg. aux Eaux et forêts, le 13 juin 1532. Arch. nat., Z[1e] 321, fol. 175 v°. 2 pages.

20349. Mandement de payer à Philippe Myette, chevaucheur, 35 écus d'or, pour aller de Rouen en Angleterre, vers le sieur de La Pommeraye, lui porter des lettres importantes. Rouen, 24 février 1531. 24 février.

Original. Londres, British Museum, add. Charters 4099.

20350. Déclaration de foi et hommage du s[r] de Brion, amiral de France, pour la baronnie de Buzançais, mouvant de Tours. Rouen, 25 février 1531. 25 février.

Original. Arch. nat., Chambre des Comptes de Paris, P. 13, n° 4421.

20351. Provisions de l'office de premier huissier du 26 février.

Parlement de Dijon, pour Jean Durand. Rouen, 26 février 1531. — 1532.

Enreg. au Parl. de Dijon, le 12 mars suivant. Arch. de la Côte-d'Or, Parl., reg. II, fol. 171.

20352. Lettres de survivance en faveur d'Austremoine, fils de Jean Pipperey, greffier de l'élection de Bernay depuis le règne Louis XII. Rouen. 26 février 1531. — 26 février.

Enreg. à la Cour des Aides de Normandie, le 3 novembre 1535. Arch. de la Seine-Inférieure, Mémoriaux, 2e vol., fol. 107. 4 pages.

20353. Lettres portant émancipation de Louis Surreau, âgé de dix-neuf ans. Rouen, 26 février 1531. — 26 février.

Original. Bibl. nat., Pièces orig., Surreau, vol. 2738, p. 33.

20354. Mandement de payer 27 livres tournois à Pierre Le Borgne, marchand de Morlaix, pour avoir amené au havre de Rouen dix tonnes de vins, retenues par le roi, d'un naufrage survenu à la côte de Bretagne. Rouen, 28 février 1531. — 28 février.

Original. Londres, British Museum, add. Charters 3272.

20355. Déclaration de foi et hommage d'Hector Vipart, chevalier, sr et baron du Bec-Thomas et de la Fortière, pour lesdites seigneuries, mouvant de la couronne. Rouen, 28 février 1531. — 28 février.

Original. Arch. nat., Chambre des Comptes de Paris, P. 265², n° 1467.

20356. Lettres d'abolition en faveur de Jean Sapin, naguère receveur général des finances en la généralité de Languedoïl, à condition qu'il payera les sommes par lui redues, suivant le compte établi par le conseil, déduction faite de ce qui a été levé, depuis son absence, par Bénigne Serre, son gendre, et autres, lesdites sommes s'élevant à 150,353 livres 1 sou tournois. Rouen, février 1531. — Février.

Enreg. à la Chancellerie de France. Arch. nat., Trésor des Chartes, JJ. 246, n° 173, fol. 52.

20357. Lettres de confirmation du don fait par la du- — Février.

chesse d'Angoulême à Claude Aligre, son secrétaire, trésorier des menus plaisirs du roi, et à Jean Boudin, son huissier de chambre, de tous les biens qui appartinrent à Jean et Michel de Poissons et autres, condamnés à mort par le bailli de Nemours pour homicides. Rouen, février 1531. — 1532.

Enreg. à la Chancellerie de France. Arch. nat., Trésor des Chartes, JJ. 246, n° 182, fol. 54.

20358. Lettres de légitimation accordées à Louis de Monsures, écuyer, archer des ordonnances de la compagnie du comte de Saint-Pol, fils naturel de feu Guillaume de Monsures, écuyer, et de Jeanne Dequers, du bailliage de Caux. Rouen, février 1531. — Février.

Enreg. à la Chancellerie de France. Arch. nat., Trésor des Chartes, JJ. 246, n° 222, fol. 62 v°.

20359. Lettres de naturalité accordées à Jean-Marie Foglerini, natif de Piémont, serviteur de la marquise de Saluces, marié et établi à Castres. Rouen, février 1531. — Février.

Enreg. à la Chancellerie de France. Arch. nat., Trésor des Chartes, JJ. 246, n° 159, fol. 47 v°.

20360. Lettres de naturalité accordées à Claude Nyer, demeurant à Rouen, natif de Genève. Rouen, février 1531. — Février.

Enreg. à la Chancellerie de France. Arch. nat., Trésor des Chartes, JJ. 246, n° 149, fol. 45.

20361. Provisions de l'office de capitaine de Saint-Victor en Forez, en faveur de Simon Bodel, écuyer. 1er mars 1531. — 1er mars.

Mention dans un arrêt du Grand conseil, en date du 24 octobre 1533. Arch. nat., V5 1049.

20362. Provisions, en faveur de Jean Bardin, de l'office de lieutenant particulier du juge de Villelongue au siège de Puilaurens. 2 mars 1531. — 2 mars.

Mention dans un arrêt du Grand conseil, en date du 30 juillet 1532. Arch. nat., V5 1049.

20363. Déclaration de foi et hommage d'Antoine Le Car- — 8 mars.

bonnier, pour la sergenterie fieffée de Préaux, mouvant de la vicomté de Pont-Audemer. Pont-Audemer, 8 mars 1531. 1532.

Original. Arch. nat., Chambre des Comptes de Paris, P. 265[1], n° 1445.

20364. Déclaration de foi et hommage de Jean Eudes, écuyer, s[r] de Tourville, pour ladite seigneurie, mouvant de la vicomté d'Auge. Honfleur, 13 mars 1531. 13 mars.

Original. Arch. nat., Chambre des Comptes de Paris, P. 265[1], n° 1448.

20365. Déclaration de foi et hommage de Jullien d'Oissel, seigneur et baron d'Orillandes (Orglandes), pour ladite seigneurie, mouvant de Valognes. Argentan, 17 mars 1531. 17 mars.

Original. Arch. nat., Chambre des Comptes de Paris, P. 268[3], n° 3304.

20366. Mandement de payer 70 écus d'or à Huguet Viger, chevaucheur, pour aller de suite d'Argentan en Angleterre vers le sieur de La Pommeraye, ambassadeur du roi, et de là vers le roi d'Écosse, pour revenir vers La Pommeraye et en France. Argentan, 24 mars 1531. 24 mars.

Original. Londres, British Museum, add. Charters 4101.

20367. Mandement aux généraux des finances, attendu la requête adressée au roi par Richard Thierry et Innocent Le Charpentier, fermiers du quart des vins vendus en la ville d'Évreux, et en raison des pertes qu'ils avaient subies, de les alléger de la somme de 100 livres tournois, à déduire sur le prix de leur fermage. 28 mars 1531. 28 mars.

IMP. *Catalogue des chartes du cabinet de M. de M.* (*Mugny*). Vente des 18-22 mars 1867, par Jacques Charavay, aîné, n° 1270. (*Mention.*)

20368. Provisions, en faveur de Guillaume de Tornoer, de l'office de conseiller lai au Parlement de 29 mars.

Toulouse, vacant par la mort de Gabriel de Tornoer, son père. Argentan, 29 mars 1531. — 1532.

Vidimus du sénéchal de Toulouse, du 5 mai 1533. Bibl. nat., Pièces orig., vol. 2854, Tornoer, p. 17.

20369. Mandement au Grand conseil de donner son avis sur la requête présentée au roi par Jean de La Baume, comte de Montrevel, à l'effet d'obtenir que le procès par lui soutenu, au Parlement de Dijon, contre Pierre Godran, soit évoqué à l'un des autres Parlements du royaume. 29 mars 1531. — 29 mars.

Mention dans un arrêt du Grand conseil, en date du 8 avril 1532, après Pâques. Arch. nat., V[5] 1049.

20370. Lettres de naturalité accordées à Jean-Baptiste de Cassinis, teinturier en garance, natif de Savone, établi et marié à Rouen. Mauny, mars 1531. — Mars.

Enreg. à la Chancellerie de France. Arch. nat., Trésor des Chartes, JJ. 246, n° 180, fol. 53 v°.

20371. Lettres portant autorisation à Jean de Vaulx, successeur de Pierre Spifame en l'office de greffier de la Chambre des Comptes de Paris, de se démettre dudit office. 1er avril 1532. — 1er avril.

Arch. nat., invent. des Mémoriaux de la Chambre des Comptes de Paris, PP. 136, p. 388. (*Mention.*)

20372. Provisions, en faveur de Georges de Ruffo, de l'office de lieutenant particulier ou commissaire en toutes les causes du siège de Castel-Sarrazin en la juridiction de Villelongue. 2 avril 1532. — 2 avril.

Mention dans un arrêt du Grand conseil, en date du 19 novembre 1532. Arch. nat., V[5] 1049.

20373. Mandement aux commissaires députés sur le fait de la réunion du domaine, de ne pas inquiéter les titulaires des greffes érigés en offices. Caen, 4 avril 1532. — 4 avril.

Copie du temps. Bibl. nat., ms. fr. 5503, fol. 118 v°. 1 page.

20374. Déclaration de foi et hommage de Jacques — 4 avril.

Naguet, pour la seigneurie de Fourneville, mouvant de la vicomté d'Auge. Caen, 4 avril 1532. — 1532.

Original. Arch. nat., Chambre des Comptes de Paris, P. 265², n° 1512.

20375. Déclaration de foi et hommage de Jean Maillard pour la seigneurie de Livet, mouvant de Touques. Caen, 4 avril 1532. — 4 avril.

Original. Arch. nat., Chambre des Comptes de Paris, P. 265², n° 1511.

20376. Déclaration de foi et hommage d'Hébert Thizart, s^r de Lasson et du Pont-Chevron, pour la seigneurie du Pont-Chevron, mouvant de Gien. Caen, 5 avril 1532. — 5 avril.

Original. Arch. nat., Chambre des Comptes de Paris, P. 10, n° 3480.

20377. Déclaration de l'hommage de Jean d'Harcourt, chevalier, pour le fief de Gouvix, sis à Gouvix (bailliage de Caen, vicomté de Falaise), avec extensions sur Urville, Cauvicourt, Poussy, Fontaine-le-Pin, Bretteville-sur-Laize, Cintheaux et environs (vicomtés de Caen et de Falaise), lui appartenant à cause de Marguerite de Batarnay, sa femme. Caen, 5 avril 1532. — 5 avril.

Expéd. orig. Arch. nat., P. 273¹, cote 5565.

20378. Déclaration de l'hommage de Jacques Godes, écuyer, pour le huitième de fief de Montboscq (bailliage et vicomté de Caen), à lui échu par suite du décès de Robert, son père. Caen, 5 avril 1532. — 5 avril.

Expéd. orig. Arch. nat., P. 273¹, cote 5570.

20379. Mandement au Grand conseil de donner son avis sur la requête présentée au roi par les habitants d'Orgon, à l'effet d'obtenir une exemption de tailles, en considération des inondations de la Durance sur leur territoire. 6 avril 1532. — 6 avril.

Mention dans un arrêt du Grand conseil, en date du 10 avril suivant. Arch. nat., V⁵ 1049.

20380. Lettres de réception du serment de fidélité prêté, devant le chancelier de France, par Charles Hémard, évêque de Mâcon, au nom de sœur Catherine de Navarre, pour le temporel de l'abbaye de la Trinité de Caen. Caen, 6 avril 1532. — 1532. 6 avril.

Expéd. orig. Arch. nat., P. 273[1], cote 5576.

20381. Provisions, en faveur de Jean Chauvin, de l'office de lieutenant particulier du bailli de Caen au siège et vicomté de Vire. 6 avril 1532. — 6 avril.

Mention dans un arrêt du Grand conseil, en date du 4 mai suivant. Arch. nat., V[5] 1049.

20382. Déclaration de foi et hommage de Christophe de Saint-Pierre, écuyer, pour la seigneurie de Torquesne, mouvant de la vicomté d'Auge. Caen, 8 avril 1532. — 8 avril.

Original, Arch. nat., Chambre des Comptes de Paris, P. 265[2], n° 1508.

20383. Déclaration portant que l'édit de réunion générale du domaine n'entraîne pas révocation des cessions faites par le roi et sa mère au duc et à la duchesse de Lorraine (n°s 3399 et 3920). Caen, 11 avril 1532. — 11 avril.

Original scellé. Anc. Trésor des Chartes de Lorraine, lay. Mercœur, n° 21. *Bibl. nat.*, ms. Lorraine 218, fol. 38.

Copie du XVIe siècle. Anc. Trésor des Chartes de Lorraine, cartulaire Mercœur. *Arch. de Meurthe-et-Moselle*, B. 410, fol. 10 v°.

20384. Mandement à la Chambre des Comptes de Paris de procéder à la vérification des lettres par lesquelles le roi a fait don à Renée de Bourbon, duchesse de Lorraine, des revenus du comté-dauphiné d'Auvergne (n° 4384). Caen, 13 avril 1532. — 13 avril.

Original. Anc. Trésor des Chartes de Lorraine, lay. Mercœur, n° 57. *Bibl. nat.*, ms. Lorraine 219, fol. 204.

Copie du XVIe siècle. Anc. Trésor des Chartes de Lorraine, cartulaire Mercœur. *Arch. de Meurthe-et-Moselle*, B. 410, fol. 46 v°.

20385. Déclaration de l'hommage de Louis de Maunourry, écuyer, pour les seigneuries du Coin (bailliage de Caen, vicomté de Falaise) et de Monteille (bailliage de Rouen, vicomté d'Auge). Caen, 13 avril 1532. — 1532. 13 avril.

Expéd. orig. Arch. nat., P. 273[1], cote 5640.

20386. Provisions, en faveur de Raymond Faverel, de l'office de lieutenant particulier du juge d'Albigeois au siège de Cordes. 15 avril 1532. — 15 avril.

Mention dans un arrêt du Grand conseil, en date du 11 septembre 1534. Arch. nat., V[5] 1050.

20387. Mandement au Grand conseil de donner avis sur la requête présentée au roi par Isabelle de Durfort, à l'effet d'obtenir l'évocation audit conseil d'un procès par elle soutenu au Parlement de Toulouse, contre Jeanne et Guillaume de Durfort, au sujet de la terre de Calamane. 15 avril 1532. — 15 avril.

Mention dans un arrêt du Grand conseil, en date du 8 avril 1532, portant avis favorable à ladite évocation. Arch. nat., V[5] 1049.

20388. Lettres portant don viager à Laurent de Brou, sommelier de paneterie du roi, de tous les profits et revenus des jeux de paume de Fontainebleau. « La Mothe-l'Evêque », 18 avril 1532. — 18 avril.

Arch. nat., Acquits sur l'épargne, J. 962, n° 25, *anc.* J. 961, n° 138. (*Mention*, sur un rôle d'expéditions du 15 juin 1537.)

20389. Lettres portant défenses à Salvat de Pommiers, garde du sceau au Parlement de Bordeaux, de contrevenir désormais aux ordonnances du roi en ce qui concerne les lettres de *debitis* et autres lettres de chancellerie. Hambye, 19 avril 1532. — 19 avril.

Copie collat., à la requête du procureur du roi de Navarre, duc d'Alençon, par le lieutenant général au bailliage d'Alençon, le 27 avril 1532. Arch. départ. des Basses-Pyrénées, E. 571.

20390. Mandement au Grand conseil d'informer sur la requête, en date du 25 février 1532 n. s., — 23 avril.

des habitants de Sézanne, Villemaur, Brienne-le-Château, Brienne-la-Vieille, Blaincourt, Vaubercey, Mathaux, Dienville, Saint-Mards, Maraye-en-Othe, Villemorien, Villadin, les Essarts-sous-Sézanne, Mesnil-Saint-Loup, Macey et Montgueux, Mâcon, Torvilliers, Bucey-en-Othe, Neuville et Saint-Christophe, Saint-Léger-sous-Brienne, Vauchassis, Bercenay-en-Othe, Arcis-sur-Aube, Somsois, Radonvilliers, Bouilly, Souligny, les Noës, Linçon, l'Épine, Laines-aux-Bois, Villette, Barbonne et Villenauxe, dans l'élection de Troyes, tendant à obtenir rabais de la taille imposée sur eux pour l'année commençant au 1er janvier 1532 n. s. 23 avril 1532. 1532.

Présenté au Grand conseil, le 11 juillet 1532. Arch. nat., V5 1049. *(Mention.)* — *Cf. Catalogue,* n° 5172.

20391. Déclaration portant attribution au Grand conseil du procès engagé entre le duc de Vendôme et Jean de Roquelaure (voir ci-dessus, au 30 octobre 1531, n° 20280). 24 avril 1532. 24 avril.

Mention dans un arrêt du Grand conseil, en date du 5 août 1532. Arch. nat., V5 1049.

20392. Déclaration de foi et hommage d'Ursin de Bérouville, écuyer, pour la vavassorie et seigneurie de Beauchamp, mouvant de Mortain. Coutances, 24 avril 1532. 24 avril.

Original. Arch. nat., Chambre des Comptes de Paris, P. 2683, n° 3435.

20393. Déclaration de foi et hommage de Jean Greslart, écuyer, avocat du roi au bailliage de Coutances, pour la seigneurie de Coutainville, paroisse d'Agon, mouvant de Saint-Sauveur-Landelin. Paris, 25 avril 1532. 25 avril.

Original. Arch. nat., Chambre des Comptes de Paris, P. 2683, n° 3411.

20394. Mandement à Jean Laguette, receveur général des finances extraordinaires et parties casuelles, de payer à Claude d'Ancienville, dit Villiers, chevalier de Saint-Jean, comman- 26 avril.

deur d'Auxerre, capitaine de la nef appelée « la Grand'Maîtresse » ès mers de Provence : 1° 500 écus d'or soleil, pour frais d'un voyage à Rome où le roi l'envoie auprès du pape, chargé d'une mission secrète; 2° 600 écus d'or soleil destinés à être remis à l'évêque d'Auxerre, ambassadeur du roi à Rome, pour l'expédition de bulles par lui impétrées, tant pour la suspension des privilèges d'élire que pour lever l'aide sur le clergé en vue de la guerre contre le Turc. Vierville, 26 avril 1532. — 1532.

Original. Bibl. nat., ms. lat. 17059, n° 199.

20395. Lettres de confirmation des privilèges du collège de Saint-Martial de Toulouse [1]. Caen, avril 1532. — Avril.

Enreg. à la Chancellerie de France. Arch. nat., Trésor des Chartes, JJ. 246, n° 199, fol. 58.
Bibl. nat., Armoires de Baluze, t. XVIII, fol. 238. (*Mention.*)

20396. Lettres permettant à Maurice, Richard, Jean, Gilles, Guillaume et Jacques Badin, écuyers, fils légitimes de feu Jacques Badin, écuyer, seigneur de Vaucelles au bailliage de Caen, de changer leur nom de Badin en celui de Vaucelles, leur père descendant en ligne directe d'Alix de Vaucelles, fille d'Enguerrand de Vaucelles, chevalier, seigneur dudit lieu. Caen, avril 1532. — Avril.

Enreg. à la Chancellerie de France. Arch. nat., Trésor des Chartes, JJ. 246, n° 210, fol. 60 v°.

20397. Lettres permettant à Jean Dufour, l'aîné, bourgeois de Rouen, de faire don à l'église Saint-Maclou de ladite ville d'une rente annuelle de 220 livres tournois pour une fondation de messe et d'obit, et amortissant ladite rente. Caen, avril 1532. — Avril

Enreg. à la Chancellerie de France. Arch. nat., Trésor des Chartes, JJ. 246, n° 216, fol. 61 v°.

[1] Sic dans le registre du Trésor des chartes; « Saint-Martin de Limoges », d'après l'analyse de Baluze.

20398. Lettres de légitimation accordées à Jean de Loisellière, écuyer, fils naturel de feu Guillaume de Loisellière, écuyer, seigneur de la Haye-d'Aiguillon [à Juaye], au bailliage de Caen, et de Guillemette Gosselin. Caen, avril 1532. — 1532. Avril.

Enreg. à la Chancellerie de France. Arch. nat., Trésor des Chartes, JJ. 246, n° 220, fol. 62 v°.

20399. Lettres de légitimation accordées à Jean de Pierrepont, écuyer, fils naturel de feu Louis de Pierrepont, écuyer, et de Jeanne Callouel, du bailliage de Caen. Caen, avril 1532. — Avril.

Enreg. à la Chancellerie de France. Arch. nat., Trésor des Chartes, JJ. 246, n° 221, fol. 62 v°.

20400. Lettres de naturalité accordées à Jean Fauzon, marchand, demeurant à Lyon, natif de Piémont. Caen, avril 1532. — Avril.

Enreg. à la Chancellerie de France. Arch. nat., Trésor des Chartes, JJ. 246, n° 201, fol. 58.

20401. Ordonnance sur le fait des bois et forêts. Coutances, avril 1532. — Avril.

Présentée au Parl. de Rouen, le 15 juin 1532. Arch. commun. de Rouen, tiroir 173, n° 1. (*Mention.*)
Id., U. 1, fol. 239 v°. (*Mention très détaillée.*)

20402. Déclaration de foi et hommage de Jean du Saussay, écuyer, pour la seigneurie et fiefferme de Montchaton, mouvant de Coutances. Coutances, 3 mai 1532. — 3 mai.

Original. Arch. nat., Chambre des Comptes de Paris, P. 268[3], n° 3464.

20403. Déclaration de foi et hommage de Pierre Michel, licencié en lois, pour le fief de Villy, paroisse de Saint-Lô d'Ourville, mouvant de Valognes. Coutances, 3 mai 1532. — 3 mai.

Original. Arch. nat., Chambre des Comptes de Paris, P. 268[3], n° 3384.

20404. Déclaration de foi et hommage de Jean Gambier pour la sergenterie fieffée nommée « la — 4 mai.

petite sergenterie de la Royauté », mouvant de Coutances. Coutances, 4 mai 1532. 1532.

Original. Arch. nat., Chambre des Comptes de Paris, P. 268[3], n° 3302.

20405. Déclaration de foi et hommage de Jacques Du Boys, écuyer, s[r] de Pirou, pour les seigneuries de Pirou et d'Anneville[-sur-Mer], mouvant de Coutances par un fief de haubert. Cérences, 6 mai 1532. 6 mai.

Original. Arch. nat., Chambre des Comptes de Paris, P. 268[3], n° 3381.

20406. Mandement aux commissaires députés sur le fait de la réunion du domaine et au général des finances de Bretagne, de donner à Gillette du Guiny mainlevée des seigneuries d'Auray et de Quiberon, saisies par eux. Avranches, 6 mai 1532. 6 mai.

Copie collat. du 18 décembre 1546. Arch. nat., R[1] 212.

20407. Déclaration de l'hommage de Julien d'Amfernet, écuyer, pour les seigneuries de Montchauvet, « Avaugour », Saint-Vigor-des-Monts (bailliage de Caen, vicomté de Vire) et Brécey (bailliage et vicomté de Mortain). Avranches, 7 mai 1532. 7 mai.

Expéd. orig. Arch. nat., P. 273[1], cote 5566.

20408. Déclaration de foi et hommage de Jacques Hérouet, sergent héréditaire de la sergenterie Hérouet (vicomté d'Avranches), pour ladite sergenterie. Avranches, 7 mai 1532. 7 mai.

Original. Arch. nat., Chambre des Comptes de Paris, P. 268[3], n° 3471.

20409. Déclaration de foi et hommage de François de Cruz, écuyer, pour la seigneurie de « Cruz », mouvant du Val-de-Sec en la vicomté de Coutances. Avranches, 7 mai 1532. 7 mai.

Original. Arch. nat., Chambre des Comptes de Paris, P. 268[3], n° 3347.

20410. Déclaration de foi et hommage de Jean du Saulcé, écuyer, pour la seigneurie de Ser- 7 mai.

vigny, mouvant en fief de chevalier de Saint-Sauveur-Lendelin. Avranches, 7 mai 1532. 1532.

Original. Arch. nat., Chambre des Comptes de Paris, P. 268[3], n° 3307.

20411. Lettres de réception du serment de fidélité, prêté devant le chancelier de France par Jean de Saint-Germain, religieux bénédictin, pour le temporel de l'abbaye de Saint-Sever, au diocèse de Coutances. Avranches, 7 mai 1532. 7 mai.

Expéd. orig. Arch. nat., P. 273[1], cote 5573.

20412. Déclaration de l'hommage de Pierre de Saint-Blin, écuyer, pour la seigneurie de Blaisy, la moitié de celle de Sarcicourt, la justice du gagnage de Jonchery, et celle lui appartenant à Autreville (bailliage et châtellenie de Chaumont). Avranches, 7 mai 1532. 7 mai.

Expéd. orig. Arch. nat., P. 163[1], cote 964.

20413. Lettres de survivance en faveur de Nicole, fils de Jean Greslard, avocat du roi en la vicomté et élection de Coutances. Mont-Saint-Michel, 8 mai 1532. 8 mai.

Enreg. à la Cour des Aides de Normandie, le 3 juin 1534. Arch. de la Seine-Inférieure, Mémoriaux, 2e vol., fol. 86 v°. 3 pages.

20414. Lettres d'évocation au Grand conseil des procès soutenus par l'archevêque et le chapitre de Rouen touchant la rente, jadis constituée en leur faveur par Richard Cœur-de-Lion, de 300 muids de vin par an sur la recette de la grande et de la petite amodiation[1]. Châteaubriant, 16 mai 1532. 16 mai.

Original. Arch. de la Seine-Inférieure, G. 3715.

20415. Déclaration portant que François d'Aubray, 17 mai.

[1] Il s'agit d'un impôt fort ancien prélevé par les ducs de Normandie, puis par les rois de France, sur le vin transporté par eau et passant par Rouen. Une pièce sur dix-neuf appartenait au souverain (grande amodiation); et quand le nombre des pièces transportées était inférieur à dix-neuf, l'impôt se payait en espèces (petite amodiation).

Jean des Barres et leurs consorts fourniront les greniers, suivant leur obligation, par provision, sans préjudice des procès pendants entre eux et le syndic des États de Bourgogne. 17 mai 1532. 1532.

Mention dans un arrêt du Grand conseil, en date du 8 août 1532. Arch. nat., V[5] 1049.

20416. Provisions en faveur de Pierre Geneste, s[r] de Favars, de l'office de secrétaire ordinaire du roi, aux gages de 6 sous parisis par jour, en remplacement et sur la résignation de Nicolas de Poncher. Châteaubriant, 18 mai 1532. 18 mai.

Copie collat. Bibl. nat., Pièces orig., Geneste, vol. 1309, p. 3.

20417. Provisions, en faveur de Jean Sobrier, de l'office de lieutenant du juge mage et garde du sceau mage de Carcassonne, au siège de Ginac. 21 mai 1532. 21 mai.

Mention dans un arrêt du Grand conseil, en date du 7 novembre 1534. Arch. nat., V[5] 1050.

20418. Mandement aux trésoriers de France de faire faire exprès commandement aux baillis, sénéchaux, avocats et procureurs du roi et autres officiers royaux, de procéder sans délai à la réunion au domaine de toutes les terres, seigneuries, justices, rentes et revenus qui en ont été aliénés et démembrés, chacun en son bailliage, sénéchaussée ou ressort, conformément à l'ordonnance prescrivant cette réunion d'une façon générale. Châteaubriant, 22 mai 1532. 22 mai.

Copie insérée dans le procès-verbal fait, par le juge et garde de la prévôté de Poissy, de la réunion au domaine de la justice et sceau aux contrats d'Andrésy (21 août 1532). Arch. nat., S. 134[b] (anc. L. 452, n° 30). 7 pages.

20419. Lettres de réception du serment de fidélité de Robert Cénalis, évêque d'Avranches, pour le temporel dudit évêché. Châteaubriant, 24 mai 1532. 24 mai.

Original. Arch. nat., Chambre des Comptes de Paris, P. 268[2], n° 3270.

20420. Confirmation à Jean de Gand du don de la seigneurie de Vernot, nonobstant la saisie qui en avait été faite par les commissaires pour la réunion du domaine. Châteaubriant, 25 mai 1532. | 1532. 25 mai.

Copie collat. Arch. de la Côte-d'Or, B. 1331.

20421. Mandement au visiteur des gabelles en Languedoc, Dauphiné et Provence, d'informer sur une requête présentée au roi par André Sorman, fermier du tirage du sel en Dauphiné, relativement à la vente du sel au grenier du Pont-Saint-Esprit. 26 mai 1532. | 26 mai.

Mention dans un arrêt du Grand conseil, en date du 22 octobre 1533. Arch. nat., V⁵ 1049.

20422. Mandement aux commissaires sur le fait de la réunion du domaine royal d'entériner les don et cession octroyés à Anne de Montmorency, grand maître et maréchal de France, du comté de Beaumont-sur-Oise, et de l'en laisser jouir sans trouble ni empêchement. Châteaubriant, 31 mai 1532. | 31 mai.

Original. Arch. du château de Chantilly, K. 57, n° 15.

20423. Commission à Guillaume Luillier, maître des requêtes de l'hôtel, pour terminer un procès engagé entre « Ramat de Jinch, seigneur de Monlar », et Jacques Durant. 31 mai 1532. | 31 mai.

Mention dans un arrêt du Grand conseil, en date du 26 août 1534 [1]. *Arch. nat.*, V⁵ 1050.

20424. Lettres de naturalité accordées à Guillaume Brombelay, marchand, natif d'Angleterre, demeurant à Pontorson. Châteaubriant, mai 1532. | Mai.

Enreg. à la Chancellerie de France. Arch. nat., Trésor des Chartes, JJ. 246, n° 223, fol. 62 v°.

20425. Déclaration de foi et hommage de Louis de Rohan, s^r de Guémené, pour les seigneuries de Montbazon, Sainte-Maure et Nouâtre, | 1er juin.

[1] Le même arrêt mentionne des lettres d'évocation du 19 mars 1534 n. s.

mouvant du duché de Touraine; pour les seigneuries de Hérisson, Crémille et Villiers, mouvant du comté de Poitou; pour les seigneuries de Ramefort, Châtelais, la Morellière, Linières et la «Mucelière», mouvant du duché d'Anjou et pour les seigneuries de Condé-sur-Noireau, Marigny, Remilly et Hautteville, mouvant du duché de Normandie. Châteaubriant, 1er juin 1532. — 1532.

Original. Arch. nat., Chambre des Comptes de Paris, P. 268², n° 3199.

20426. Provisions, en faveur de Pierre Lagier, de l'office de lieutenant principal du juge de Villelongue, au siège de Puilaurens. 4 juin 1532. — 4 juin.

Mention dans un arrêt du Grand conseil, en date du 30 juillet 1532 [1]. *Arch. nat.*, V⁵ 1049.

20427. Déclaration portant que le roi n'a pas entendu comprendre, dans la vente de son domaine, la moitié de la grande coutume de Bayonne. Châteaubriant, 5 juin 1532. — 5 juin.

Original. Arch. de la ville de Bayonne, AA. 17.

20428. Mandement au Grand conseil de donner avis sur la requête présentée au roi par Pierre Fabri, maître des requêtes de l'hôtel, à l'effet d'obtenir l'évocation audit conseil d'un procès pendant au Parlement de Toulouse, entre ledit Fabri et les héritiers de feu Bertrand Séguier, quatrième président audit Parlement, pour raison de la seigneurie de «Bolys-lès-Toulouse». 8 juin 1532. — 8 juin.

Mention dans un arrêt du Grand conseil, en date du 28 juin 1532. Arch. nat., V⁵ 1049.

20429. Provisions de l'office de grènetier de Fécamp en faveur de Jean Du Pont, au lieu de Jean Cacherat, décédé. Châteaubriant, 11 juin 1532. — 11 juin.

Vérifié par les généraux des finances, le 15 du même mois.

(1) Cf. ci-dessus, 2 mars 1532 n. s. (n° 20362).

Enreg. le 28, à la Cour des Aides de Normandie. Arch. de la Seine-Inférieure, Mémoriaux, 2e vol., fol. 63. 1 page 1/3. 1532.

20430. Commission au sénéchal de la Marche pour faire faire la déclaration des droits féodaux dus au roi dans la Basse-Marche. Châteaubriant, 12 juin 1532. 12 juin.

Copie du temps, en tête du terrier de la châtellenie du Dorat. Arch. nat., K. 1199, n° 14, fol. 2. 3 pages.

20431. Lettres de commission à Antoine Du Bourg, maître des requêtes de l'hôtel, et à René de Becdelièvre, conseiller au Parlement de Rouen, de faire l'estimation des terres de Leure et Ingouville, sur lesquelles le roi a fondé et établi la ville et le port du Havre-de-Grâce, afin d'indemniser les héritiers de feu Louis duc de Vendôme, propriétaires desdites terres à cause de la seigneurie de Graville. Châteaubriant, 17 juin 1532. 17 juin.

Copie collat. dans le procès-verbal original des deux commissaires. Arch. nat., J. 774, n° 40.

Imp. Stephano de Merval, *Documents relatifs à la fondation du Havre.* Rouen, 1875, in-8°, p. 316. (Sous la date du 16 juin.)

20432. Provisions pour Jacques De Resnes (*aliàs* de Resgnes) de l'office d'huissier des Eaux et forêts au siège de la Table de marbre, vacant par la résignation de Jean Dubois. Châteaubriant, 17 juin 1532. 17 juin.

Enreg. aux Eaux et forêts, le 26 juillet 1532. Arch. nat., Z1e 321, fol. 192 v°. 2 pages.

20433. Lettres d'évocation d'un procès engagé entre Françoise Du Pallais et Jean de La Tour, coseigneurs de Montesquieu-Lauragais, et Guillaume de Montesquieu, d'une part, et le syndic dudit Montesquieu, d'autre part. 17 juin 1532. 17 juin.

Mention dans un arrêt du Grand conseil, en date du 5 mars 1533 n. s. Arch. nat., V5 1049.

20434. Mandement ordonnant à la Cour des Aides de Paris de régler, en présence du procureur 20 juin.

général, le prix du tirage des sels. 20 juin 1532. — 1532.

Enreg. à la Cour des Aides de Paris. Arch. nat., Recueil Cromo, U. 665, p. 258. (*Mention.*)

20435. Lettres de relief d'adresse et mandement au Parlement de Paris pour l'entérinement des lettres d'abolition octroyées à René Petit et à Jacques Belosse. Châteaubriant, 22 juin 1532. — 22 juin.

Enreg. au Parl. de Paris, U. 446, fol. 153 v°. 1 page.

20436. Lettres de mainlevée des comtés de Rodez et d'Armagnac, appartenant au roi de Navarre, saisis par les commissaires du roi pour la réunion du domaine. Châteaubriant, 26 juin 1532. — 26 juin.

Copie du XVIIe siècle. Bibl. nat., coll. Doat, vol. 234, fol. 126.

20437. Provisions de l'office de conseiller maître ordinaire à la Chambre des Comptes de Dijon, pour Jean Godran, en remplacement et sur la résignation de Pierre Godran, son père. Villocher, 26 juin 1532. — 26 juin.

Enreg. à la Chambre des Comptes de Dijon, le 22 août suivant. Arch. de la Côte-d'Or, B. 18, fol. 319.

20438. Lettres portant réhabilitation de feu René, comte de Penthièvre, condamné à mort pour avoir suivi le parti de l'empereur, et remise de son fils Jean de Penthièvre en possession de ses biens confisqués. Châteaubriant, juin 1532. — Juin.

Enreg. au Parl. de Paris, le 3 septembre 1532. Arch. nat., U. 446, fol. 152. 3 pages.

20439. Lettres ordonnant que désormais les clefs de toutes les portes de la ville de Narbonne seront gardées, de jour comme de nuit, non plus par les consuls, mais par le capitaine gouverneur. Villocher, 2 juillet 1532. — 2 juillet.

Copie du XVIe siècle. Arch. de la ville de Narbonne, AA. 105, fol. 108 v°.

20440. Provisions en faveur d'Antoine de La Roche- — 4 juillet.

foucauld, s[r] de Barbezieux, chambellan du roi et sénéchal de Guyenne, de l'office de sénéchal d'Auvergne, résigné à son profit par Philippe de Beaujeu, s[r] de Lignières. Villocher, 4 juillet 1532. — 1532.

Réception au Parl. de Paris, le 2 décembre 1532. Arch. nat., X[1a] 4893, Plaidoiries, fol. 71 v°. (*Mention.*)

20441. Provisions de l'office de viguier de Narbonne en faveur d'Yvain Pierre. 8 juillet 1532. — 8 juillet.

Mention dans un arrêt du Grand conseil, en date du 9 août 1536. Arch. nat., V[5] 1051.

20442. Mandement au Grand conseil de donner avis sur la requête présentée au roi par le duc de Longueville, seigneur de Montreuil-Bellay, à l'effet d'obtenir la mise à exécution de certaines lettres octroyées par Charles VII, le 20 août 1431, à Christophe d'Harcourt, tuteur de Guillaume et de Marie d'Harcourt, seigneurs dudit Montreuil, bien que le délai fixé par ladite mise à exécution eût été d'un an et un jour à partir de ladite date. 12 juillet 1532. — 12 juillet.

Mention dans un arrêt du Grand conseil, en date du 14 décembre 1532. Arch. nat., V[5] 1049.

20443. Provisions de l'office de lieutenant du prévôt d'Orléans, en faveur de Jean de Mareau. 16 juillet 1532. — 16 juillet.

Mention dans un arrêt du Grand conseil, en date du 29 juillet 1536. Arch. nat., V[5] 1051.

20444. Provisions en faveur de Gaillard Combes, licencié ès droits, de l'office de lieutenant général du juge de Sommières. 25 juillet 1532. — 25 juillet.

Mention dans un arrêt du Grand conseil, en date du 22 octobre 1533. Arch. nat., V[5] 1049.

20445. Lettres de dispense de la qualité de notaire et secrétaire du roi pour Pierre Le Maître, pourvu de l'office de greffier de la Chambre des Comptes (n° 4720). Rochefort, 30 juillet 1532. — 30 juillet.

Enreg. à la Chambre des Comptes de Paris. Arch. nat., P. 2305, p. 1371. 1 page 1/2.

20446. Lettres portant révocation des saisies opérées au préjudice du duc de Guise, à Épernay, Saint-Dizier et Bar-sur-Aube, en vertu de l'édit de réunion du domaine. 30 juillet 1532. — 1532. 30 juillet.

Anc. arch. de la Chambre des Comptes de Joinville, pièce cotée 587. *Arch. nat.,* KK. 906, fol. 381 v°. (*Mention.*)

20447. Mandement pour faire jouir, pendant dix ans, le duc de Guise des terres d'Épernay, Saint-Dizier et Bar-sur-Aube. Rochefort, 31 juillet 1532. — 31 juillet.

Anc. arch. de la Chambre des Comptes de Joinville, pièce cotée 583. *Arch. nat.,* KK. 906, fol. 381. (*Mention.*)

20448. Lettres prorogeant pour six ans la permission accordée à la ville de Nîmes de fournir le grenier à sel de la ville, en vue de créer des ressources pour l'entretien des fortifications. Suscinio, 4 août 1532. — 4 août.

Original. Arch. de la ville de Nîmes, JJ. 4, n° 3.

20449. Lettres prorogeant, pour une nouvelle période de six ans, la levée à Nîmes du droit de souquet, ou apetissement de la pinte de vin vendu en détail dans la ville, et portant que le produit en sera affecté aux fortifications. Suscinio, 4 août 1532. — 4 août.

Vidimus donné à Nîmes, le 5 août 1539. Arch. de la ville de Nîmes, MM. 3.

20450. Déclaration de foi et hommage de Guillaume Prudhomme pour les menus fiefs dont il est question dans l'hommage du 20 décembre 1531 (n° 20313). Vannes, 8 août 1532. — 8 août.

Original. Arch. nat., Chambre des Comptes de Paris, P. 2, n° 789.

20451. Déclaration de l'hommage rendu par Jean Maillard au nom de Françoise Le Beuf, veuve de Louis de Quenec, gentilhomme de la maison du roi, pour la seigneurie du Fresne (bailliage et vicomté d'Évreux, châtellenie de Conches). Nantes, 16 août 1532. — 16 août.

Expéd. orig. Arch. nat., P. 270², cote 4248.

20452. Mandement au Grand conseil de donner avis sur la requête présentée au roi par Bertrand de Kneringen, abbé de Flavigny, Louis de Loges, seigneur dudit lieu, commis au régime du bailliage d'Autun, et Edme Cornille, greffier du temporel de ladite abbaye, à l'effet d'obtenir l'évocation audit conseil d'un procès soutenu par ledit Cornille au Parlement de Bourgogne. 17 août 1532. — 1532. 17 août.

Mention dans un arrêt du Grand conseil, en date du 19 novembre 1532, portant avis favorable à ladite évocation. Arch. nat., V⁵ 1049.

20453. Mandement au Grand conseil d'informer sur la requête présentée au roi par Gauside Doulce, dame de Pibrac en partie, femme de Pierre Fabri, maître des requêtes de l'hôtel, à l'effet d'obtenir l'évocation d'un procès par elle soutenu au Parlement de Toulouse contre le syndic des religieuses de Lévignac. 18 août 1532. — 18 août.

Mention dans un arrêt du Grand conseil, en date du 20 août suivant. Arch. nat., V⁵ 1049.

20454. Mandement à la Chambre des Comptes de Paris de remettre au duc et à la duchesse de Lorraine les titres de la baronnie de Mercœur. Nantes, 20 août 1532. — 20 août.

Copie du temps. Anc. Trésor des Chartes de Lorraine, lay. Mercœur, n° 55. *Bibl. nat.,* ms. Lorraine 219, fol. 196. 1 page 1/2.

Copie du XVIe siècle. Anc. Trésor des Chartes de Lorraine, cartulaire Mercœur. *Arch. de Meurthe-et-Moselle,* B. 410, fol. 12.

20455. Provisions sur la présentation de Claude, comte de Tende, seigneur de Valognes, d'un office d'élu en l'élection dudit lieu de Valognes, en faveur de Gilles Lebas, sur la résignation faite à son profit par Geoffroy Lebas, son père. Nantes, 21 août 1532. — 21 août.

Vérifié par les généraux des finances, le 26 du même mois.

Enreg. à la Cour des Aides de Normandie, le 11 mars 1533 n. s. Arch. de la Seine-Inférieure, Mémoriaux, 2ᵉ vol., fol. 71. 1 page 1/2.

20456. Provisions de l'office de grènetier du grenier à sel d'Auxerre pour Jean Charles, en remplacement et sur la résignation de Regnaut Chevallier. Angers, 4 septembre 1532. — 1532. 4 septembre.

Enreg. par analyse à la Chambre des Comptes de Dijon, le 8 janvier 1535 n. s. Arch. de la Côte-d'Or, B. 19, fol. 2 v°.

20457. Provisions de l'office de chevalier d'honneur du Parlement de Dijon pour Africain de Mailly, seigneur de Villers-les-Pots, en remplacement de Charles de Courcelles, s^r^ d'Auvillars. Angers, 4 septembre 1532. — 4 septembre.

Enreg. au Parl. de Dijon, le 15 novembre suivant. Arch. de la Côte-d'Or, Parl., reg. II, fol. 176 v°.

20458. Mandement au sénéchal de Rouergue, à Anne Du Prat, seigneur de Verrières, gouverneur de Clermont, et à Étienne Du Bourg, lieutenant en la châtellenie d'Usson, de répartir sur le Haut et Bas Rouergue et sur le comté de Rodez la somme de 65,922 livres 19 sous 9 deniers tournois pour leur quote-part de l'imposition de 3,061,000 livres établie sur tout le royaume, plus 483 livres pour les frais des commissaires. Le Verger, 6 septembre 1532. — 6 septembre.

Copie du XVIe siècle. Arch. départ. de l'Aveyron, C. 1223, fol. 2.

20459. Pouvoirs des commissaires du roi aux États de Languedoc, convoqués à Montpellier pour le 20 octobre. Le Verger, 6 septembre 1532. — 6 septembre.

Copie. Arch. départ. de l'Hérault, États de Languedoc, C. *Recueils des lettres et actes des commissaires du roi aux États,* 1532. 8 pages.

20460. Lettres adressées aux trésoriers, généraux des finances, sénéchaux et autres officiers du roi, touchant la réparation du port d'Aigues-Mortes, portant exemption de tous droits, péages et autres subsides pour les matériaux — 6 septembre.

et vivres qui seront apportés pour ladite réparation. Le Verger, 6 septembre 1532. 1532.

Copie. Bibl. de la ville de Narbonne, ms. 7, fol. 297.

20461. Lettres portant pouvoirs à Anne de Montmorency, grand maître et maréchal de France, gouverneur de Languedoc, de se rendre sur les frontières de Picardie, pour préparer l'entrevue des rois de France et d'Angleterre qui doit avoir lieu à Marquise, et conférer à ce sujet avec le duc de Norfolk. Abbaye de Turpenay, 12 septembre 1532. 12 septembre.

Copie du temps. Bibl. nat., ms. fr. 5503, fol. 140 v°. 2 pages 1/2.

Copie du XVIe siècle. Bibl. imp. de Vienne (Autriche), ms. 6979, fol. 197 v°.

20462. Déclaration de foi et hommage de Jeanne de Resnes, veuve de Jean Barbot, pour la seigneurie de Millerieux (paroisse de la Croix), mouvant d'Amboise. Amboise, 12 septembre 1532. 12 septembre.

Original. Arch. nat., Chambre des Comptes de Paris, P. 12, n° 3962.

20463. Provisions de l'office de lieutenant principal du juge d'appels des causes civiles de la sénéchaussée de Toulouse, en faveur de Jean de Saint-Pierre, docteur ès droits, au lieu d'Antoine Béral (*aliàs* Beraldi, Berail), décédé. 16 septembre 1532. 16 septembre.

Mention dans un arrêt du Grand conseil, en date du 19 juin 1536. Arch. nat., V[5] 1051.

20464. Concession viagère à François de Montmorency, seigneur de la Rochepot, du logis situé au bout de la grande salle du Palais, précédemment tenu par Florimond et François Robertet, ses prédécesseurs, en l'office de bailli du Palais. 17 septembre 1532. 17 septembre.

Vérifiée à la Chambre des Comptes de Paris, le 25 janvier 1533 n. s. Bibl. de Rouen, ms. Leber 5870, t. XV, fol. 63 v°. (*Mention*, d'après l'anc. mém. GG, fol. 54.)

20465. Déclaration de l'hommage de Jacques de Maillé, pour la seigneurie de Villetroches [1], appartenant à sa femme. 17 septembre 1532. | 1532. 17 septembre.

Anc. arch. de la Chambre des Comptes de Blois, lay. V. *Arch. nat.*, P. 1479, fol. 408. (*Mention.*)

20466. Mandement au Grand conseil de donner avis sur la requête présentée au roi par les habitants de Pléhérel, en Bretagne, pour obtenir une réduction de tailles et fouages. 18 septembre 1532. | 18 septembre.

Mention dans un arrêt du Grand conseil, en date du 18 juin 1534, portant avis favorable à une réduction de douze feux pendant quatre ans. Arch. nat., V^5 1050.

20467. Mandement à Jean Laguette, receveur des finances extraordinaires et parties casuelles, de payer à Louis Alamanni, gentilhomme florentin, la somme de 1,000 écus d'or soleil, en récompense de ses services. Amboise, 22 septembre 1532. | 22 septembre.

Original. Était en vente chez Mme Vve Charavay. (Cf. *Revue des Autographes*, mars 1893, n° 100.)

20468. Déclaration de l'hommage rendu par Antoine Des Prez, seigneur de Montpezat, gentilhomme de la chambre, sénéchal de Poitou et de Périgord, au nom de Charles de Roquefeuil, écuyer, pour les seigneuries d'Aumessas, Trèves, Lanuéjols, le Caladou, le Luc (sénéchaussée de Beaucaire); Combret, Roquefeuil « Cantobre » (sénéchaussée de Rouergue); le Pouget, Saint-Bauzille, Pouzols, la Motte de Saint-Amans (sénéchaussée de Carcassonne, vicomté d'Aumelas); Châteauneuf des Vaux, l'Hospitalet (sénéchaussée de Quercy); « Blanchefort » (sénéchaussée d'Agenais), etc. Paris, 28 septembre 1532. | 28 septembre.

Expéd. orig. Arch. nat., P. 556^1, cote 743 *bis*.

(1) Paroisse de Maves (P. 1479, fol. 418), à 2 kilomètres S.-O. de cette localité.

20469. Déclaration de l'hommage de Jean Louet pour les seigneuries de Calvisson, Marsillargues, Vergèze et Caveirac (sénéchaussée de Beaucaire). Vanves, 30 septembre 1532. — 1532. 30 septembre.

Expéd. orig. Arch. nat., P. 556[1], cote 744.

20470. Provisions de l'office de lieutenant du prévôt de Sens en faveur de Claude Hémard. 6 octobre 1532. — 6 octobre.

Mention dans un arrêt du Grand conseil, en date du 11 mai 1534. Arch. nat., V[5] 1050.

20471. Lettres de réception du serment de fidélité de Jean Du Bellay, évêque de Paris, pour le temporel de l'abbaye de Saint-Maur-des-Fossés. Boulogne-sur-Mer, 24 octobre 1532. — 24 octobre.

Expéd. orig. Arch. nat., P. 725[2], cote 264.

20472. Provisions d'un office d'élu en l'élection de Falaise en faveur de Guillaume Donesy, sur la résignation faite à son profit par Jean Le Danois. Boulogne, 25 octobre 1532. — 25 octobre.

Vérifiées par les généraux des finances, le 9 décembre suivant.

Enreg. à la Cour des Aides de Normandie, le 13 décembre 1532. Arch. de la Seine-Inférieure, Mémoriaux, 2e vol., fol. 69. 2 pages.

20473. Provisions de l'office de prévôt de Lorris en faveur de Jean de Focan. 1er novembre 1532. — 1er novembre.

Mention dans un arrêt du Grand conseil, en date du 10 novembre 1536, donné entre ledit Focan et Pierre Boucher (voir ci-après au 9 janvier 1533 n. s.), *et portant que ledit office est déclaré vacant. Arch. nat.*, V[5] 1051.

20474. Provisions d'un office d'élu en l'élection de Bayeux en faveur de Raphaël d'Escrennetot, au lieu d'Olivier Le Sens, décédé. Amiens, 6 novembre 1532. — 6 novembre.

Vérifiées par les généraux des finances, le 21 du même mois.

Enreg. le 29, à la Cour des Aides de Normandie. Arch. de la Seine-Inférieure, Mémoriaux, 2e vol., fol. 68. 1 page 1/2.

20475. Déclaration de foi et hommage de Charles de — 7 novembre.

Tilly, écuyer, s[r] de Blaru, pour partie du fief de Blaru, mouvant de Neauphle-le-Château, au comté de Montfort-l'Amaury. Amiens, 7 novembre 1532. — 1532.

Original. Arch. nat., Chambre des Comptes de Paris, P. 7, n° 2361.

20476. Mandement au sénéchal de Rouergue, à Anne Du Prat, s[r] de Verrières, gouverneur de Clermont, et à Étienne Du Bourg, lieutenant de la châtellenie d'Usson, d'imposer un sou pour livre du principal de la taille sur les pays de Rouergue haut et bas et sur le comté de Rodez, pour la construction des galères destinées à l'expédition contre les Turcs. Amiens, 10 novembre 1532. — 10 novembre.

Copie du XVIe siècle. Arch. départ. de l'Aveyron, C. 1223, fol. 4 v°.

20477. Mandement au Grand conseil de donner avis sur la requête présentée au roi par Louis Nivard, seigneur de Tournefeuille en partie, à l'effet d'obtenir l'évocation audit conseil des procès par lui soutenus au Parlement de Toulouse, au sujet de la succession de son feu père Louis Nivard, trésorier général de Languedoc. 11 novembre 1532. — 11 novembre.

Mention dans un arrêt du Grand conseil, en date du 22 novembre suivant. Arch. nat., V[5] 1049.

20478. Mandement au Grand conseil de donner avis sur la requête présentée au roi par Jean Berail, prieur de Saint-Sauveur, au diocèse de Vabre, à l'effet d'obtenir l'évocation audit conseil d'un procès par lui soutenu au Parlement de Bordeaux. 11 novembre 1532. — 11 novembre.

Mention dans un arrêt du Grand conseil, en date du 1er octobre 1533. Arch. nat., V[5] 1049.

20479. Lettres de réception du serment de fidélité de Gabriel Le Veneur, évêque d'Évreux, pour le temporel de sondit évêché. Boves, 12 novembre 1532. — 12 novembre.

Expéd. orig. Arch. nat., P. 269[2], cote 3926.

20480. Lettres de mainlevée des terres et seigneuries — 14 novembre.

de Sainte-Menehould, Passavant et Wassy, saisies sur Honorat de Savoie, comte de Villars, fils de René, bâtard de Savoie. Compiègne, 14 novembre 1532. 1532.

Copie du XVIe siècle. Arch. départ. de la Marne, série A, Terrier de Sainte-Menehould, fol. 369.

20481. Mandement à la Chambre des Comptes d'allouer aux comptes de Jean Bourdineau, clerc des offices de l'hôtel du roi, 2,483 livres 8 sous 5 deniers tournois qu'il a déboursés, par l'ordre du maréchal de Montmorency, pour le transport de certaines tapisseries et autres meubles des châteaux de Blois et d'Amboise à Nantes, pour servir à l'entrée de la reine et du dauphin en cette ville. Compiègne, 23 novembre 1532. 23 novembre.

Copie du XVIe siècle. Bibl. nat., ms. fr. 10388.

20482. Déclaration de l'hommage de Jean de Saint Prest, pour la moitié par indivis « des seigneuries du Roillis et des Granges [1] » (comté de Blois). 25 novembre 1532. 25 novembre.

Anc. arch. de la Chambre des Comptes de Blois, lay. R. *Arch. nat.*, P. 1479, fol. 338 v°. (*Mention.*)

20483. Déclaration de foi et hommage de Nicolas de La Haye pour un demi-fief de haubert, situé dans la paroisse du Thuit-Hébert et mouvant de Pont-Audemer. Paris, 26 novembre 1532. 26 novembre.

Original. Arch. nat., Chambre des Comptes de Paris, P. 264², n° 1055.

20484. Mandement à François de La Colombière, trésorier et receveur général des finances en Dauphiné, de payer à Georges Hérouët, trésorier général des guerres, la somme de 5,734 livres. Chantilly, 27 novembre 1532. 27 novembre.

Copie du XVIe siècle. Arch. départ. de l'Isère, B. 2909, fol. 188.

20485. Mandement à Georges Hérouet et Guy de La Maladière, trésoriers des guerres, de payer à 27 novembre.

[1] Ces deux noms semblent désigner une seule et même seigneurie cf. Arch. nat., P. 1479, fol. 140).

Jean du Monceau, Jean Boynier, dit d'Asti, Pierre Le Cœur et François Patault, dit la Voulte, prévôts des maréchaux de France, 200 livres tournois à chacun d'eux pour leurs gages du deuxième semestre de la présente année, 10 livres tournois pour la solde mensuelle de chacun de leurs soixante-douze archers pendant le même laps de temps, et de distribuer 144 livres tournois aux clercs qui iront faire la paye aux archers en question. Chantilly, 27 novembre 1532. — 1532.

Original. Bibl. nat., Nouv. acquisitions franç., ms. 1483, n° 57.

20486. Lettres de naturalité accordées à Sébastien Gryphe, libraire, imprimeur à Lyon. Amiens, novembre 1532. — Novembre.

Copie du XVIe siècle. Arch. du Rhône, reg. des insinuations de la sénéchaussée, Livre du roi, fol. 341 v°.

20487. Lettres de légitimation accordées à Jean Parisot peintre aux gages du roi à Auxonne, fils naturel de Jean Parisot, prêtre, et de Laurence, fille de Jean Lescuier. Amiens, novembre 1532. — Novembre.

Enreg. à la Chambre des Comptes de Dijon, le 6 février 1533. Arch. de la Côte-d'Or, B. 72.

20488. Lettres portant autorisation à l'abbé de Faget d'avoir à Seissan des foires et marchés. Villers-Cotterets, novembre 1532. — Novembre.

Copies du XVIIIe siècle. Bibl. d'Auch (Gers), ms. 73, fol. 40, ms. 86, n° 40.

20489. Lettres d'évocation d'un procès pendant entre François Bault, receveur des aides et tailles en Berry, et Thomas Habert, curateur d'Antoine, fils de feu Étienne Serre et de Marguerite Myro. 3 décembre 1532. — 3 décembre.

Mention dans un arrêt du Grand conseil, en date du 20 février 1533 n. s. Arch. nat., V[5] 1049.

20490. Déclaration de foi et hommage de Victor Barguin pour la seigneurie de Bois-Grenier — 3 décembre.

(paroisse de Neuvy-Roy), mouvant d'Amboise. Paris, 3 décembre 1532. 1532.

Original. Arch. nat., Chambre des Comptes de Paris, P. 12, n° 3963.

20491. Lettres d'évocation en faveur de Guillaume Humbert, commandeur de Braux, pour porter devant le prévôt de Paris une affaire pendante devant le juge d'Ancerville. Paris, 4 décembre 1532. 4 décembre.

Original. Arch. de la Haute-Marne, commanderie de Braux, liasse 8.

20492. Provisions en faveur de Jacques Urgeac, licencié ès lois, de l'office de lieutenant général et principal du juge ordinaire de Carcassonne, Cabardès et Minervois, à lui conféré dès 1529 par ledit juge. 4 décembre 1532. 4 décembre.

Mention dans un arrêt du Grand conseil, en date du 7 octobre 1533 [1]. *Arch. nat.*, V⁵ 1049.

20493. Mandement au Grand conseil de donner avis sur la requête présentée au roi par Pierre de Capluc, écuyer, seigneur de Montoussie, à l'effet d'obtenir l'évocation audit conseil de procès par lui soutenus au Parlement de Toulouse. 4 décembre 1532. 4 décembre.

Mention dans un arrêt du Grand conseil, en date du 1er octobre 1533. Arch. nat., V⁵ 1049.

20494. Mandement au Grand conseil de donner avis sur la requête présentée au roi par Abel du Chastenet, doyen de Saintes, à l'effet d'obtenir l'évocation au Grand conseil d'un procès pendant au Parlement de Bordeaux, au sujet de l'une des deux prébendes qui sont unies et incorporées à la dignité décanale. 4 décembre 1532. 4 décembre.

Mention dans un arrêt du Grand conseil, en date du 17 décembre 1532. Arch. nat., V⁵ 1049.

20495. Mandement au Grand conseil de donner avis sur la requête présentée au roi par Jean Bon- 4 décembre.

[1] Voir ci-dessus, au 16 mars 1531 n. s. (n° 20148).

aventure, dit Le Bachelier, à l'effet d'obtenir l'évocation au Grand conseil d'un procès par lui soutenu en la cour des généraux à Rouen, contre les habitants du village de Heudreville. 4 décembre 1532. — 1532.

Mention dans un arrêt du Grand conseil, en date du 23 décembre 1532, portant avis favorable à ladite évocation. Arch. nat., V⁵ 1049.

20496. Lettres d'évocation de procès engagés entre Jean Charron, conseiller au Parlement de Paris, et Jean de La Chesnaye, secrétaire du roi. 8 décembre 1532. — 8 décembre.

Mention dans un arrêt du Grand conseil, en date du 27 juin 1534. Arch. nat., V⁵ 1050.

20497. Mandement à la Chambre des Comptes, lui ordonnant de faire tenir quitte par le receveur de Châtellerault Guyon Le Roy, s[r] de Chillou, vice-amiral de France, de la somme de 5,000 livres, montant des droits seigneuriaux qu'il devait pour l'acquisition de la terre de la Touche-d'Avrigny, dans le Châtelleraudais, et dont le roi lui avait fait remise. Paris, 9 décembre 1532. — 9 décembre.

IMP. *Mémoires de la Société des Antiquaires de l'Ouest*, 2e série, t. IX, année 1886. Poitiers, in-8°, 1887, p. 275.

20498. Lettres confirmant et prorogeant pour six ans, en faveur des maire, échevins et habitants de Montdidier, l'octroi de 2 sous tournois par minot de sel vendu et distribué au grenier de la ville. Paris, 10 décembre 1532. — 10 décembre.

Arrêt d'enreg. de la Chambre des Comptes de Paris, le 12 octobre 1534. Arch. nat., J. 947, n° 4, cahier incomplet, fol. 189.

20499. Déclaration portant que les conseillers de la sénéchaussée de Périgord doivent jouir des mêmes droits et prérogatives que ceux du Châtelet de Paris et de la sénéchaussée de Poitou. 11 décembre 1532. — 11 décembre.

Mention dans un arrêt du Grand conseil, en date du 23 décembre 1532. Arch. nat., V⁵ 1049.

IMPRIMERIE NATIONALE.

20500. Mandement au Grand conseil de donner avis sur la requête présentée au roi par René Ragueneau, maître des requêtes de l'hôtel, à l'effet d'obtenir le jugement par ledit conseil de l'appel interjeté par Jean Du Moulin, dit Boileau, de certaines saisies que ledit Ragueneau avait fait faire sur lui. 12 décembre 1532. — 1532. 12 décembre.

Mention dans un arrêt du Grand conseil, en date du 16 novembre 1532. Arch. nat., V⁵ 1049.

20501. Mandement au Grand conseil de donner avis sur la requête présentée au roi, le 22 août 1532, par Jean Philippon, fermier des « bouchaulx », établis sous les ponts de Châtellerault, à l'effet d'obtenir un rabais de sadite ferme. 12 décembre 1532. — 12 décembre.

Mention dans un arrêt du Grand conseil, en date du 19 décembre suivant, portant avis favorable audit rabais, fixé à 350 livres tournois. Arch. nat., V⁵ 1049.

20502. Mandement au Grand conseil de donner avis sur la requête présentée au roi, le 22 août 1532, par François Chauveau, fermier du four banal de la paroisse Saint-Jacques à Châtellerault, à l'effet d'obtenir un rabais de sadite ferme. 12 décembre 1532. — 12 décembre.

Mention dans un arrêt du Grand conseil, en date du 19 décembre suivant, portant avis favorable audit rabais, fixé à 80 livres tournois. Arch. nat., V⁵ 1049.

20503. Mandement au Grand conseil de donner avis sur la requête présentée au roi, le 22 août 1532, par Jean Chevalier, fermier du pontonage de Châtellerault, à l'effet d'obtenir un rabais de sadite ferme. 12 décembre 1532. — 12 décembre.

Mention dans un arrêt du Grand conseil, en date du 19 décembre suivant, portant avis favorable audit rabais, fixé à 240 livres tournois. Arch. nat., V⁵ 1049.

20504. Mandement au Grand conseil de donner avis sur la requête présentée au roi par Jean Toustain, chevalier, seigneur de Bléville et d'Auberville, à l'effet d'obtenir qu'un procès — 12 décembre en matière de criées, par lui soutenu au Parlement de Rouen, soit évoqué audit conseil et renvoyé à un autre Parlement. 12 décembre 1532. 1532.

Mention dans un arrêt du Grand conseil, en date du 20 décembre suivant. Arch. nat., V⁵ 1049.

20505. Déclaration de l'hommage rendu par Jean Le Gruyer, prêtre, au nom d'Emond de Gennes, seigneur de Montier-en-l'Isle, pour la moitié du quart de la seigneurie d'Arrentières (bailliage de Chaumont, châtellenie de Bar-sur-Aube). Paris, 17 décembre 1532. 17 décembre.

Expéd. orig. Arch. nat., P. 163², cote 1055.

20506. Lettres portant nomination d'Étienne Deschamps en qualité de concierge et garde des maisons et hôtel du roi à Sens. 19 décembre 1532. 19 décembre.

Mention dans un arrêt du Grand conseil, en date du 20 août 1534. Arch. nat., V⁵ 1050.

20507. Déclaration de foi et hommage de Jean Le Prévost, s^r de « Coumaville », pour ladite seigneurie, mouvant de Caudebec. Paris, 19 décembre 1532. 19 décembre.

Original. Arch. nat., Chambre des Comptes de Paris, P. 266², n° 2277.

20508. Déclaration de l'hommage de Jean Cornet, écuyer, pour la seigneurie d'Aignerville (bailliage de Caen, vicomté de Bayeux), à lui échue par suite du décès de Nicolas, son père. Paris, 19 décembre 1532. 19 décembre.

Expéd. orig. Arch. nat., P. 272², cote 5473.

20509. Déclaration de l'hommage rendu par Guillaume Le Roy, au nom de François de Mortemer, écuyer, pour la seigneurie de Douzillac (sénéchaussée de Saintonge). Paris, 20 décembre 1532. 20 décembre.

Expéd. orig. Arch. nat., P. 556², cote 745.

20510. Mandement au Grand conseil de donner avis sur la requête présentée au roi par Dominique de Montelz, juge d'appels de l'église 21 décembre.

métropolitaine de Toulouse et chanoine de la collégiale de Saint-Félix de Caraman, à l'effet d'obtenir l'évocation au Grand conseil d'un procès par lui soutenu au Parlement de Toulouse, au sujet du possessoire dudit canonicat. 21 décembre 1532. 1532.

Mention dans un arrêt du Grand conseil, en date du 10 janvier 1533 n. s. Arch. nat., V[5] 1049.

20511. Déclaration de foi et hommage de Martin Carré, pour le fief Carré, dit « le fief Thorel », situé aux faubourgs de la ville de Houdan, dont il relève. Paris, 21 décembre 1532. 21 décembre.

Original. Arch. nat., Chambre des Comptes de Paris, P. 16, n° 6026.

20512. Déclaration de foi et hommage de Payen d'Ecquetot, comme procureur de Madeleine Picart, dame d'Ételan (Saint-Maurice-d'Ételan), Morville « Mesnil-Tatte et Cardouys », pour lesdites seigneuries, mouvant de Caudebec. Paris, 23 décembre 1532. 23 décembre.

Original. Arch. nat., Chambre des Comptes de Paris, P. 266[2], n° 2279.

20513. Provisions de l'office de garde de la Monnaie de Tours pour Noël Boucher, en remplacement de feu René Chaillou. Paris, 24 décembre 1532. 24 décembre.

Vérifiées à la Cour des Monnaies, le 4 janvier 1533 n. s. Arch. nat., Z[1b] 548. (*Mention.*)

20514. Lettres permettant au s[r] de Franc-Conseil de faire couper, dans la pinède de Psalmodi, et enlever tous les pals et pieux dont besoin sera pour la défense de la place et du port d'Aiguesmortes. Paris, 26 décembre 1532. 26 décembre.

Copie du XVIe siècle. Arch. départ. du Gard, G. 829.

20515. Lettres ordonnant aux villes d'envoyer aux coffres du Louvre le produit de leurs octrois, destiné à la fortification des villes frontières. Paris, 30 décembre 1532. 30 décembre.

Arch. municip. de Dijon, H. 128.

20516. Mandement [au trésorier de l'épargne] de payer 565 livres à maître Louis Cailleau, conseiller et solliciteur des affaires privées du roi. 31 décembre 1532. — 1532. 31 décembre.

Imp. Catalogue des chartes du cabinet de M. de M. (Magny). Vente des 18-22 mars 1867, par Jacques Charavay, aîné, n° 1271. (*Mention*).

20517. Mandement au Grand conseil de donner avis sur la requête présentée au roi par Anne Regni, chanoine de la cathédrale d'Albi, à l'effet d'obtenir qu'un procès par lui soutenu au Parlement de Toulouse soit évoqué à un des autres Parlements du royaume. 31 décembre 1532. — 31 décembre.

Mention dans un arrêt du Grand conseil, en date du 4 janvier 1533 n. s. Arch. nat., V⁵ 1049.

20518. Lettres d'affranchissement de la servitude de mainmorte pour maître Jean Guenyot, le jeune, licencié ès lois, natif de Courcelles-Frémois, en la châtellenie de Vieux-Château. Paris, décembre 1532. — Décembre.

Enreg. à la Chambre des Comptes de Dijon, le 3 mars 1533. Arch. de la Côte-d'Or, B. 72, fol. 131.

1533. — Pâques, le 13 avril.

20519. Mandement au Grand conseil de donner avis sur la requête présentée au roi par Marguerite, Madeleine et Hugonne Boisselly, filles de feu Jean Boisselly, greffier au Parlement de Provence, à l'effet d'obtenir l'évocation audit conseil d'un procès par elles soutenu audit Parlement. 4 janvier 1532. — 1533. 4 janvier.

Mention dans un arrêt du Grand conseil, en date du 17 janvier 1533 n. s. Arch. nat., V⁵ 1049.

20520. Mandement au Grand conseil de donner avis sur la requête présentée au roi par Pierre Gay et Catherine Faleisse, sa femme, à l'effet d'obtenir l'évocation audit conseil d'un procès par eux soutenu au Parlement de Bordeaux, — 4 janvier.

pour raison de la succession de feu l'aïeul de ladite Catherine. 4 janvier 1532. 1533.

Mention dans un arrêt du Grand conseil, en date du 23 janvier 1533 n. s. Arch. nat., V[5] 1049.

20521. Commission à la grand'chambre des enquêtes du Parlement de Paris pour juger les procès relatifs à la réunion du domaine. Paris, 7 janvier 1532. 7 janvier.

Copie collat. du temps, signée Le Comte. Arch. commun. de Rouen, tiroir 91, n° 2. 10 pages.

20522. Déclaration de l'hommage de Richard de Bourrain, écuyer, pour la seigneurie de Castilly (bailliage de Caen, vicomté de Bayeux), à lui échue par suite du décès de Geoffroy, son père. Paris, 7 janvier 1532. 7 janvier.

Expéd. orig. Arch. nat., P. 272[2], cote 5486.

20523. Lettres enjoignant au Parlement de Paris de recevoir Pierre de Warty, grand maître des Eaux et forêts du royaume, en qualité de gouverneur et bailli de Clermont en Beauvaisis, office qui lui avait été donné par Charles de Bourbon et confirmé par la duchesse d'Angoulême, le 4 janvier 1529 n. s., bien qu'il ait laissé passer le délai fixé pour prêter serment. Paris, 9 janvier 1532. 9 janvier.

Réception au Parl. de Paris, le 23 janvier suivant. Arch. nat., X[1a] 4893, Plaidoiries, fol. 226 v°. (*Mention.*)

20524. Provisions de l'office de prévôt de Lorris en faveur de Pierre Boucher, sur la présentation d'Antoine d'Aussy, seigneur de La Tour. 9 janvier 1532. 9 janvier.

Mention dans un arrêt du Grand conseil, en date du 10 novembre 1536[1]. *Arch. nat.*, V[5] 1051.

20525. Déclaration de foi et hommage d'Antoine de La Montaigne, écuyer, pour la sergenterie héré- 10 janvier.

[1] Voir ci-dessus au 1er novembre 1532 (n° 20473). Le même arrêt mentionne, sans donner de détails, un échange conclu en août 1529 entre le roi et ledit Antoine d'Aussy.

ditale de Cany, mouvant de Caudebec. Paris, 10 janvier 1532. 1533.

Original. Arch. nat., Chambre des Comptes de Paris, P. 266², n° 2278.

20526. Mandement au Grand conseil de donner avis sur la requête présentée au roi par Charles Gamayer, Jacques Morel, Jean François, Jacques, Geoffroy et Jean Drouet, pour obtenir l'évocation audit conseil d'un procès par eux soutenu au Parlement de Paris et aux Grands jours de Bretagne, au sujet des îles de Cunault et de Chanteloup, sur la Loire, et du prieuré des Couëts, dépendant de l'abbaye de Saint-Sulpice-lès-Rennes. 15 janvier 1532. 15 janvier.

Mention dans un arrêt du Grand conseil, en date du 18 janvier 1533 n. s. Arch. nat., V⁵ 1049.

20527. Lettres portant que les procès des sujets et habitants du comté d'Eu, pendants actuellement au Parlement de Paris ou à celui de Normandie, et ceux qui viendront à se produire par la suite, seront jugés définitivement par des commissaires du conseil siégeant à Rouen, jusqu'à ce que la question de ressort dudit comté soit vidée. Paris, 16 janvier 1532. 16 janvier.

Enreg. au Parl. de Rouen.

Copie du XVIIe siècle. Arch. nat., U. 757, 2ᵉ partie, p. 171. 3 pages.

20528. Lettres instituant François de Marcillac et Jean Feu, présidents; Jean Lelieur, Guillaume Calenge, Nicole Fatin, Jean Lesueur, Baptiste Le Chandelier, René de Becdelièvre, Geoffroy Dupuis et Antoine Postel, conseillers au Parlement de Normandie, commissaires spéciaux pour juger à Rouen les procès des habitants du comté d'Eu, dont le ressort est litigieux entre le Parlement de Paris et celui de Normandie. Paris, 16 janvier 1532. 16 janvier.

Enreg. au Parl. de Rouen.

Copie du XVIIᵉ siècle. Arch. nat., U. 757, 2ᵉ partie, p. 174. 1 page.

20529. Mandement de payer à Pietro Francisque de Viterbe 2,000 livres tournois, montant de sa pension de deux ans, finis le 31 décembre 1532. Paris, 16 janvier 1532. — 1533. 16 janvier.

Original. Bibl. nat., Pièces orig., Viterbe, vol. 3031, p. 3.

20530. Confirmation de la juridiction de la Cour des Aides de Montpellier. Paris, 18 janvier 1532. — 18 janvier.

Arch. départ. de l'Hérault, B. 455. (*Mention.*)

20531. Mandement au Grand conseil de donner avis sur la requête présentée au roi par les habitants de l'île de Bréhémont, au bailliage de Touraine, à l'effet d'obtenir continuation de l'affranchissement de tailles à eux accordé en 1522 et 1526. 19 janvier 1532. — 19 janvier.

Mention dans un arrêt du Grand conseil, en date du 18 février 1533 n. s., portant avis favorable à la continuation, pendant huit ans, dudit affranchissement. Arch. nat., V[5] 1049.

20532. Lettres d'évocation d'un procès pendant au bailliage d'Amboise entre Gabrielle Tuffier, veuve de Léon Barré, et Abel Francboucher, d'une part, et René Juvineau, notaire du roi, d'autre part. 19 janvier 1532. — 19 janvier.

Mention dans un arrêt du Grand conseil, en date du 26 septembre 1534. Arch. nat., V[5] 1050.

20533. Déclaration de l'hommage, rendu par procuration, de Barbe de Maillot, veuve de Guyon de Bérenger, écuyer, capitaine de Talant près Dijon, pour la vavassorerie de Rouvres et la sergenterie de la Ferrière-sur-Risle (bailliage d'Evreux, vicomté de Conches), provenant de la succession de feu Robert de Maillot, son père. Paris, 20 janvier 1532. — 20 janvier.

Expéd. orig. Arch. nat., P. 270[2], cote 4259.

20534. Mandement au Grand conseil de donner avis sur la requête présentée au roi par Émard de Thévalle, prieur commandataire du Haut-Fay, pour obtenir l'évocation au Grand conseil d'un procès par lui soutenu au Par- — 20 janvier.

lement de Rouen, pour raison dudit prieuré. 20 janvier 1532. | 1533.

Mention dans un arrêt du Grand conseil, en date du 22 janvier 1533 n. s. Arch. nat., V⁵ 1049.

20535. Lettres d'évocation d'un procès pendant au Parlement de Grenoble entre Claude de Dimières, prieur de « la Loppie », d'une part, et Robert de La Tour et Bertrand de La Vernade, d'autre part. 21 janvier 1532. | 21 janvier.

Mention dans un arrêt du Grand conseil, en date du 25 septembre 1534. Arch. nat., V⁵ 1050.

20536. Mandement à Guillaume Prudhomme, trésorier de l'épargne, de faire payer par le receveur ordinaire de Rouen, à Nicolas Picart, secrétaire du roi, commis aux comptes des travaux faits aux châteaux de Fontainebleau et de Boulogne-lès-Paris, la somme de 4,160 livres tournois sur les 14,400 livres qui lui ont été ordonnées pour le fait de son office durant la présente année, spécialement pour la construction dudit château de Fontainebleau. Paris, 24 janvier 1532. | 24 janvier.

Original. Arch. nat., K. 1170, n° 13.

20537. Provisions de l'office de sénéchal d'Anjou en faveur de Jean de Daillon, seigneur du Lude, au lieu de Jacques de Daillon, son père, décédé. 31 janvier 1532 [1]. | 31 janvier.

Enreg. à la Chambre des Comptes de Paris, anc. mém. 2G, fol. 88. *Mentionné* par le P. Anselme, *Hist. généal.*, 3ᵉ édit., t. VIII, p. 190.

20538. Lettres de réception du serment de fidélité du cardinal de Lorraine pour le temporel de l'archevêché de Reims. Houdan, 1ᵉʳ février 1532. | 1ᵉʳ février.

Expéd. orig. Arch. nat., P. 725¹, cote 261.

20539. Lettres confirmant les précédents édits et déclarations concernant la juridiction de la | 6 février.

[1] Nous corrigeons la date de 1539, donnée par le P. Anselme; cet auteur dit quelques lignes plus haut que Jacques de Daillon mourut en 1532. D'autre part, le mémorial 2G ne contenait pas de pièces postérieures à 1535.

Cour des Aides de Montpellier. Paris, 6 février 1532. 1533.

Arch. départ. de l'Hérault, B. 455. (*Mention.*)

20540. Provisions de l'office de lieutenant principal et général du siège de Millau et Roquecezière en faveur d'Antoine Pinardet, licencié ès droits. 6 février 1532. 6 février.

Mention dans un arrêt du Grand conseil, en date du 1er septembre 1533. Arch. nat., V5 1049.

20541. Mandement au Grand conseil de donner avis sur la requête présentée au roi par Jacques et Mathieu Postel, à l'effet d'obtenir l'évocation audit conseil d'un procès par eux soutenu au Parlement de Rouen, pour raison de la succession de feu Thomas Postel, leur père. 6 février 1532. 6 février.

Mention dans un arrêt du Grand conseil, en date du 18 février 1533 n. s. Arch. nat., V5 1049.

20542. Déclaration du serment de fidélité de Philibert Babou pour le temporel de l'évêché d'Angoulême. Paris, 10 février 1532. 10 février.

Expéd. orig. Arch. nat., P. 5561, cote 743.

20543. Lettres portant permission aux marchands fréquentant la rivière de Loire et ses affluents de lever, sur les denrées et marchandises transportées par lesdites rivières, certaines aides déterminées, pour employer les deniers en provenant à leurs affaires communes. Paris, 13 février 1532. 13 février.

Copie du XVIIIe siècle. Arch. nat., AD IX. 1 *bis*, non folioté.

20544. Provisions de l'office de lieutenant particulier au bailliage de Montfort-l'Amaury en faveur de René Aligre. 14 février 1532. 14 février.

Mention dans un arrêt du Grand conseil, en date du 11 août 1533. Arch. nat., V5 1049.

20545. Déclaration de l'hommage de Jacques Des Molins, seigneur de Rochefort, pour la justice 17 février.

d'« Archangé », au comté de Blois. 17 février 1532. 1533.

Anc. arch. de la Chambre des Comptes de Blois, lay. A. *Arch. nat.*, P. 1479, fol. 9 v°. (*Mention.*)

20546. Déclaration de foi et hommage de Pierre Claret, pour la moitié du fief de la Bourande, sis à Neufchelles, mouvant de la Ferté-Milon. Paris, 19 février 1532. 19 février.

Original. Arch. nat., Chambre des Comptes de Paris, P. 7, n° 2224.

20547. Lettres de relief de surannation pour la vérification, à la Chambre des Comptes de Paris, des lettres du 14 mai 1523 (n° 17642), portant réception de l'hommage de François d'Anglure pour la baronnie de Boursault. Paris, 19 février 1532. 19 février.

Expéd. orig. Arch. nat., P. 162[1], cote 509.

20548. Provisions pour Philippe « Ypolite », licencié en lois, de l'office de juge d'appeaux du comté de Forez. Paris, 21 février 1532. 21 février.

Reçu au Parl. de Paris, le 21 avril 1533. Arch. nat., X[1a] 4894, Plaidoiries, fol. 5 v°. (*Mention.*)

20549. Mandement au Grand conseil de donner avis sur la requête présentée au roi par Guy Bouchard, abbé d'Aubeterre, protonotaire du Saint-Siège et archiprêtre de Champagnac, au diocèse de Périgueux, à l'effet d'obtenir l'évocation au Grand conseil d'un procès par lui soutenu au Parlement de Bordeaux, pour raison dudit archiprêtré. 24 février 1532. 24 février.

Mention dans un arrêt du Grand conseil, en date du 26 mars 1533. Arch. nat., V[5] 1049.

20550. Lettres portant à 1,100 livres par an les gages de François de Hangest, capitaine du Louvre, en dédommagement de l'office de bailli et capitaine d'Evreux dont il s'est démis. 24 février 1532. 24 février.

Enreg. à la Chambre des Comptes de Paris, anc. mém. 2 G, fol. 61 v°. *Arch. nat.*, PP. 119, p. 13. (*Mention*).

Bibl. de Rouen, ms. Leber 5870, t. XIV, fol. 56 v°. (*Mention.*)

20551. Lettres renouvelant l'érection en offices des greffes civil et criminel de la prévôté de Paris, et les provisions desdits offices en faveur de Nicolas de Neuville, chevalier, seigneur de Villeroy, avec survivance pour Nicolas, son fils, âgé de huit ans. Paris, 27 février 1532. 1533. 27 février.

Copie du temps. Bibl. nat., ms. fr. 5503, fol. 128. 2 pages [1].

20552. Mandement aux conseillers de la grand'chambre des enquêtes du Parlement de Paris, députés sur le fait de la réunion du domaine, pour observer le contenu des lettres données en faveur de Nicolas de Neuville et de son fils. Paris, 27 février 1532. 27 février.

Copie du temps. Bibl. nat., ms. fr. 5503, fol. 127 v°. 1 page 1/3.

20553. Déclaration de foi et hommage de René de Pont-Bellenger pour le fief de Coulouvray, autrement dit le fief du Pont-Bellenger, en la paroisse de Coulouvray, mouvant de Mortain en un quart de fief de chevalier. Paris, 27 février 1532. 27 février.

Original. Arch. nat., Chambre des Comptes de Paris, P. 268², n° 3424.

20554. Déclaration de l'hommage de René de Pont-Bellenger, écuyer, pour le quart de la baronnie de Montbray (bailliage de Caen, vicomté de Vire), à lui échu par suite du décès de François de Pont-Bellenger. Paris, 27 février 1532. 27 février.

Expéd. orig. Arch. nat., P. 273¹, cote 5638.

20555. Déclaration de l'hommage rendu par Adrien Le Loutrel, écuyer, au nom d'Adrien Le Loutrel, écuyer, son père, pour la seigneurie de Saint-Aubin (bailliage d'Évreux, vicomté de Beaumont-le-Roger), échue audit Adrien 28 février.

[1] Le même manuscrit donne plus loin (fol. 131), mais sans la date, la « resignacion dudict greffe, à condition de survivance, au prouffict du filz dudict s^r de Villeroy ».

père, par suite du décès de Christophe Le Loutrel, son père. Paris, 28 février 1532. 1533.

Expéd. orig. Arch. nat., P. 270², cote 4257.

20556. Édit de création d'un office d'avocat fiscal en la chambre du conseil et cour souveraine de Dombes, établie à Lyon. Paris, février 1532. Février.

Enreg. au Grand conseil, le 24 avril 1533. Arch. nat., V⁵ 1049.

20557. Lettres de légitimation accordées à Robert d'Auffreville, fils naturel de Jacques d'Auffreville et de Jeanne Letout, du bailliage de Chartres. Paris, février 1532. Février.

Enreg. à la Chancellerie de France. Arch. nat., Trésor des Chartes, JJ. 246, n° 244, fol. 71.

20558. Lettres de légitimation accordées à Claude Cariolis, fils naturel de Jean Cariolis, prêtre, protonotaire du Saint-Siège apostolique, et d'Élise Roche, du comté de Provence. Paris, février 1532. Février.

Enreg. à la Chancellerie de France. Arch. nat., Trésor des Chartes, JJ. 246, n° 243, fol. 70 v°.

20559. Lettres de naturalité accordées à Domingo de Alienaguyn, maître charpentier, natif de Toloseta en Espagne, établi à Caumont en Condomois. Paris, février 1532. Février.

Enreg. à la Chancellerie de France. Arch. nat., Trésor des Chartes, JJ. 246, n° 228, fol. 64.

20560. Lettres relatives à la levée des tailles et frais des cotisations dont la levée devra être faite par terroirs et juridictions, conformément à l'ordonnance de Charles VIII, de 1483. Paris, 1er mars 1532. 1er mars.

Arch. départ. de l'Hérault, C. États de Languedoc, Procès-verbaux, 1533. (*Mention.*)

20561. Provisions de l'office d'essayeur de la Monnaie de Tours pour Éloi Michel, sur la résignation de Pierre Castel. Paris, 4 mars 1532. 4 mars.

Vérifiées à la Cour des Monnaies, le 15 mars suivant. Arch. nat., Z¹ᵇ 548. (*Mention.*)

20562. Mandement au bailli de Vermandois de ne 14 mars.

point comprendre la ville de Châlons parmi celles du bailliage qui doivent verser au trésor la moitié de leurs deniers communs, mais de la laisser jouir de la totalité de ses deniers, dons et octrois, pour les employer à la réfection des remparts. Fère-en-Tardenois, 14 mars 1532. 1533.

Arch. de la ville de Châlons (Marne), EE. Fortifications.

20563. Provisions de l'office de lieutenant du bailli de Bergerac, aux lieux de Beaumont et de Molières, en faveur de Jean Chanilhac. 22 mars 1532. 22 mars.

Mention dans un arrêt du Grand conseil, en date du 18 octobre 1534, donné entre ledit Chanilhac et Bertrand Monstrual (voir ci-après, au 21 février 1534 n. s.). *Arch. nat.*, V⁵ 1050.

20564. Mandement de payer sur le Trésor, en présence du premier et du second président de la Chambre des Comptes, Aymar Nicolaï et Jean Briçonnet, chevaliers, 400 livres tournois à Léonard de Rombo, en déduction de ce qui lui est dû. Marle, 24 mars 1532. 24 mars.

Original. Bibl. nat., Pièces orig., vol. 2109 (doss. 47970), Nicolay, p. 8.

20565. Provisions en faveur de Charles de Roye, comte de Roucy, gentilhomme ordinaire de la chambre du roi, de l'office de capitaine et bailli de Chaumont-en-Bassigny, en remplacement de Gabriel de Lignac, décédé. Château-Thierry, 3 avril 1532. 3 avril.

Arrêt d'enregistrement au Parl. de Paris, du 11 décembre 1533. Arch. nat., X¹ᵃ 4895, Plaidoiries, fol. 97. (*Mention.*)

20566. Lettres en faveur de Pierre de « Cossil », dit Agaffin, maître de la Monnaie de Villeneuve-lès-Avignon, le rétablissant dans ses fonctions, à la suite de la révocation et des poursuites dont il avait été l'objet de la part d'Étienne Robin, général des monnaies du pays de Lan- Avril.

guedoc, parce qu'il s'était absenté « pour le grand danger de peste ». Meaux, avril 1532. 1533.

Imp. Roger Vallentin, *Pierre de « Coucils » et la maîtrise de l'atelier de Villeneuve (1531-1533), dans l'Annuaire de la Société française de numismatique*, t. XV, 1891, p. 264-266. (D'après une copie de 1535.)

20567. Lettres de légitimation accordées à Marguerite de Louby, femme de Millet Rongnard, dit la Vigne, sommelier de paneterie de bouche, fille naturelle de feu Girard de Louby et de Guillemette Thieullier. Meaux, avril 1532. Avril.

Enreg. à la Chancellerie de France. Arch. nat., Trésor des Chartes, JJ. 246, n° 320, fol. 96.

20568. Lettres de sauf-conduit délivrées à la duchesse de Savoie, qui devait traverser la France pour se rendre en Espagne. Fontainebleau, 21 avril 1533. 21 avril.

Original. Turin, Arch. di Stato, Negoziazioni, Francia, mazzo I, n° 31.

20569. Déclaration de foi et hommage de Jean Breton, s^r de Villandry, secrétaire des finances du roi, pour la seigneurie de Colombiers (paroisse de Villandry), mouvant de Tours. Fontainebleau, 21 avril 1533. 21 avril.

Original. Arch. nat., Chambre des Comptes de Paris, P. 13, n° 4423.

20570. Lettres portant mainlevée du temporel du prieuré de Monnaie en faveur de Pierre de Bérard (*aliàs* Béral). 22 avril 1533. 22 avril.

Mention dans un arrêt du Grand conseil, en date du 3 octobre 1534. Arch. nat., V^5 1050.

20571. Déclaration de foi et hommage de Guillaume de Tilly, prêtre, comme procureur de Benoît de Launay, prêtre, s^r de Cricqueville, pour le fief de Lysambardière, dit Carbonnel (paroisse de Coquainvilliers), mouvant de la vicomté d'Auge. Fontainebleau, 24 avril 1533. 24 avril.

Original. Arch. nat., Chambre des Comptes de Paris, P. 264^2, n° 1058.

20572. Don à Philippe de Calonne, baron d'Alembon, 25 avril.

guidon de la compagnie du dauphin, des droits seigneuriaux qui pourront échoir au roi à cause des terres et seigneuries de Courtebonne, Bouvelinghem, Alembon, Hermelinghem et Licques, au comté de Guines, appartenant audit Philippe et à son frère Antoine de Calonne, et qui sont sur le point d'être adjugées par décret. 25 avril 1533. 1533.

Renouvellement de ce don, le 23 octobre 1538. Arch. nat., Acquits sur l'épargne, J. 962, pl. 15, n° 33, anc. J. 961, n° 253. (*Mention.*)

20573. Lettres de renouvellement de la commission donnée à Pierre de Monfault, président au Parlement de Rouen, et au s^r de Rabodanges, valet tranchant ordinaire du roi, de recouvrer les deniers de la charge de Normandie. Gien, 27 avril 1533. 27 avril.

Copie collat. du XVIe siècle. Bibl. nat., Pièces orig., vol. 1996, Monfault, p. 21.

20574. Mandement à la Chambre des Comptes du Dauphiné de fournir à François Vachon les titres qui lui sont nécessaires pour l'accomplissement de la mission qui lui est confiée, de rechercher les droits de lods et ventes dus au roi en Dauphiné. Fontainebleau, 28 avril 1533. 28 avril.

Enreg. à la Chambre des Comptes de Grenoble. Arch. de l'Isère, B. 2909, fol. 245.

20575. Lettres de don à Jacques de Varade, avocat au Parlement de Paris, des biens de feu Laurent Breton, natif d'Italie, non naturalisé français, échus au roi par droit d'aubaine. Meaux, avril 1533. Avril.

Enreg. à la Chancellerie de France. Arch. nat., Trésor des Chartes, JJ. 246, n° 282, fol. 84 v°.

20576. Lettres érigeant en fief sous le nom de « Mauhan » des terres faisant partie de la seigneurie d'Istres, acquises de Michau Foissart, seigneur du lieu, par Hugon Bompar, bourgeois d'Aix en Provence. Fontainebleau, avril 1533. Avril.

Enreg. à la Chancellerie de France. Arch. nat., Trésor des Chartes, JJ. 246, n° 231, fol. 64 v°.

20577. Lettres de naturalité accordées à Barthélemy d'Elbene, bourgeois de Florence, établi à Paris et marié à la fille de Julien Bonacorsi, notaire et secrétaire du roi, trésorier et receveur général des finances en Provence. Fontainebleau, avril 1533. — 1533. Avril.

Enreg. à la Chancellerie de France. Arch. nat., Trésor des Chartes, JJ. 246, n° 392, fol. 119 v°. *Bibl. nat.*, Armoires de Baluze, t. XVIII, fol. 238. (*Mention.*)

20578. Mandement à Jean Luillier, président de la Chambre des Comptes de Paris, le chargeant d'assister à la réception et à la distribution des deniers. Bourges, 3 mai 1533. — 3 mai.

Bibl. nat., Portefeuilles de Fontanieu, vol. 243. (*Mentionné* dans la pièce du 6 juillet 1537.)

20579. Déclaration de l'hommage de Jacques de Beaufort, comte d'Alais, pour le marquisat de Canilhac et autres fiefs sis en Rouergue et Gévaudan, le comté d'Alais, les baronnies d'Anduze, Bagnols, et autres fiefs sis en Languedoc, la vicomté de Valernes et autres fiefs sis en Provence, la baronnie d'Aubusson et autres fiefs sis au duché d'Auvergne. Beauregard en Auvergne, 13 mai 1533. — 13 mai.

Copie collat. du 15 janvier 1540 n. s. Arch. nat., P. 570³, cote 3795 *ter*.

20580. Provisions de l'office de procureur du roi en la sénéchaussée de Carcassonne, au siège de Béziers, en faveur d'Amaury Mercier. 17 mai 1533. — 17 mai.

Mention dans un arrêt du Grand conseil, en date du 30 octobre 1534. Arch. nat., V⁵ 1050.

20581. Provisions des offices de bailli et clavaire du bailliage de Borne en faveur de Jean de Piolenc, seigneur de Saint-Julien. Lyon, 26 mai 1533. — 26 mai.

Mention dans un arrêt du Grand conseil, en date du 19 juin 1536. Arch. nat., V⁵ 1051.

20582. Mandement aux maire et échevins de Bourges de payer, sur la seconde moitié des octrois de — 28 mai.

l'année, la pension du professeur en la faculté de droit de l'Université de cette ville. Lyon, 28 mai 1533. 1533.

Original. Arch. municip. de Bourges, AA. 13.

20583. Lettres autorisant les habitants de Thiers à s'imposer extraordinairement, durant dix années, et à mettre une surtaxe sur les objets de consommation, pour en employer le produit à la réparation des murailles, ponts et fossés de la ville. Lyon, 31 mai 1533. 31 mai.

Original. Arch. municipales de Thiers (Puy-de-Dôme).

Imp. Communication de M. Saint-Joanny au Comité des Travaux historiques. Revue des Sociétés savantes, in-8°, 1865, t. I, p. 179, 199. 2 pages.

20584. Mandement au Grand conseil de donner avis sur la requête des habitants du plat pays de l'élection de Doullens, tendant à obtenir quittance de la somme par eux due au roi pour l'année 1527, et diminution de tailles pour dix ans. 2 juin 1533. 2 juin.

Présenté au Grand conseil, le 25 septembre 1534. Arch. nat., V⁵ 1050. (*Mention.*)

20585. Lettres de créance pour le s^r de Lyremont, dépêché auprès de l'empereur Charles-Quint par la reine de France, sa sœur. Saint-Chef, 11 juin 1533. 11 juin.

Original. Arch. imp. de Vienne (Autriche), non coté.

20586. Provisions de l'office de châtelain de Saint-Symphorien-d'Ozon en Dauphiné, en faveur de Jean Audibert, dit du Buisson. Lyon, 15 juin 1533. 15 juin.

Enreg. au Parl. de Grenoble, le 12 novembre 1533. Arch. de l'Isère, B. 3226, fol. 1. 3 pages 1/2.

20587. Provisions d'un office d'élu en l'élection de Rouen en faveur de Nicolas de La Place, sur la résignation faite à son profit par Jean Le Vault. Lyon, 22 juin 1533. 22 juin.

Vérifiées par les généraux des finances, le 3 juillet suivant.

Enreg. le 13, à la Cour des Aides de Normandie.

Arch. de la Seine-Inférieure, Mémoriaux, 2e vol., fol. 77. 1 page 1/2. 1533.

20588. Provisions de l'office de notaire royal en la sénéchaussée de Lyon pour Louis Leblanc, en remplacement de François Fournet. Lyon, 23 juin 1533. 23 juin.

Copie du XVIe siècle. Arch. du Rhône, reg. des insinuations de la sénéchaussée, Livre du roi, fol. 25.

20589. Lettres portant que, par provision et jusqu'à nouvel ordre, les ordonnances sur le fait des gabelles seront observées au duché de Bourbonnais, pour les greniers de Moulins et de Montluçon, et les chambres à sel en dépendant, comme dans le restant du royaume, et supprimant la ferme du sel distribué extraordinairement, appelée « boutehors ». Lyon, 26 juin 1533. 26 juin.

Copie collat. de février 1534 n. s., signée Bohier. Arch. nat., suppl. du Trésor des Chartes, J. 832, nº 6.

20590. Lettres d'évocation d'un procès engagé entre Jean du Peyrat, lieutenant général du sénéchal de Lyon, d'une part, et Marguerite Miro, veuve d'Étienne Serre, et François du Périer, tuteurs des enfants mineurs de feu François Dupré, secrétaire du roi. 26 juin 1533. 26 juin.

Mention dans un arrêt du Grand conseil, en date du 11 juillet 1534. Arch. nat., V5 1050.

20591. Mandement au trésorier de l'épargne de payer à Marie d'Albret, comtesse de Nevers, ayant la garde-noble de son fils François de Clèves, comte d'Eu, 100 écus d'or, montant d'une année de la redevance qu'elle devait au roi, pour l'exercice de cette garde. Lyon, 28 juin 1533. 28 juin.

Original. Bibl. nat., Pièces orig., vol. 787, Clèves, p. 55.

20592. Mandement au Grand conseil de donner avis sur la requête présentée au roi par Jeanne d'Ancézune, à l'effet d'obtenir l'évocation 29 juin.

audit conseil de procès par elle soutenus au Parlement de Toulouse, pour raison de la succession du feu seigneur de Mirandol. 29 juin 1533. 1533.

Mention dans un arrêt du Grand conseil, en date du 29 octobre 1533. Arch. nat., V⁵ 1049.

20593. Lettres de don à Jean d'Estouteville, s^r de Villebon, bailli de Rouen, et à Charles Tiercelin, s^r de la Roche-du-Maine, gentilshommes de la chambre du roi, de tous les biens de feu Catherine Marchal, veuve de Jean Gallé, confisqués par arrêt du Parlement, à partager entre eux par égale portion. Lyon, juin 1533. Juin.

Enreg. à la Chancellerie de France. Arch. nat., Trésor des Chartes, JJ. 246, n° 268, fol. 81.

Enreg. à la Chambre des Comptes, le 3 février 1534 n. s., anc. mém. 2 G, fol. 88. *Arch. nat.*, PP. 119, p. 19. (*Mention.*)

Bibl. nat., ms. fr. 21405, p. 329. (*Mention.*)

20594. Lettres de don à Isabeau et Marquise de Sissonne, filles de feu Jeanne d'Oisillon, de tous les biens de leur mère, échus et adjugés au roi par sentence du bailli d'Amboise, en vertu du droit d'aubaine. Lyon, juin 1533. Juin.

Enreg. à la Chancellerie de France. Arch. nat., Trésor des Chartes, JJ. 246, n° 395, fol. 120.

20595. Lettres de légitimation accordées à Olivier Chatard, écuyer du diocèse de Lyon, fils naturel de feu Jean Chatard, écuyer, et de Marguerite Simon, habitants de Saint-Laurent-de-Chamousset. Lyon, juin 1533. Juin.

Enreg. à la Chancellerie de France. Arch. nat., Trésor des Chartes, JJ. 246, n° 266, fol. 80 v°.

20596. Lettres de légitimation accordées à Michel Daubière, prêtre, licencié en droit canon, fils naturel de Michel Daubière, prêtre, et d'Antonie Charipaud, veuve d'Antoine Allot. Lyon, juin 1533. Juin.

Enreg. à la Chancellerie de France. Arch. nat., Trésor des Chartes, JJ. 246, n° 276, fol. 83.

20597. Lettres de naturalité accordées à Luxembourg Juin.

de Gabiano, libraire, demeurant à Lyon, natif de la ville d'Asti, neveu par sa femme de Benoît Gaulteret, apothicaire du roi. Lyon, juin 1533. 1533.

Enreg. à la Chancellerie de France. Arch. nat., Trésor des Chartes, JJ. 246, n° 267, fol. 80 v°.

20598. Lettres de légitimation accordées à Louis Fabri (Lefèvre), prêtre, fils naturel de Jean Fabri, aussi prêtre, et de Marguerite Teyssier. Lyon, juin 1533. Juin.

Enreg. à la Chancellerie de France. Arch. nat., Trésor des Chartes, JJ. 246, n° 424, fol. 129 v°.

20599. Lettres autorisant le marquis de Saluces à aliéner des parties de son domaine, jusqu'à concurrence de 2,000 écus de revenu par an, sous la réserve de la suzeraineté du roi sur les portions aliénées. 5 juillet 1533. 5 juillet.

Arch. de l'Isère, Chambre des Comptes de Grenoble, invent. des titres de Saluces. (*Mention.*)

20600. Don à Louis du Retour, serviteur d'Anne de Montmorency, grand maître et maréchal de France, de 200 livres tournois venues à la couronne par droit d'aubaine d'un étranger décédé à Carcassonne sans héritiers. Riom, 10 juillet 1533. 10 juillet.

Original. Bibl. nat., Pièces orig., vol. 1979, Molard, p. 2.

20601. Lettres de renouvellement de la commission donnée à Jean de Calvimont, président au Parlement de Bordeaux, et au seigneur de Bonnes, conseiller et maître d'hôtel ordinaire du roi, de recouvrer les deniers de la charge de Guyenne, qui seront envoyés au Louvre à Paris. L'Hôpital d'Aubrac, 23 juillet 1533. 23 juillet.

Copie collat. du XVIe siècle. Bibl. nat., Pièces orig., vol. 575, Calvimont, p. 4.

20602. Commission à Falco d'Aurillac, président au Parlement de Grenoble, et à Guignes Guiffrey, s^r de Boutières, de procéder au recouvrement des deniers de la généralité de Dauphiné, pour le quartier de juillet-septembre et oc 23 juillet.

tobre-décembre de cette année, et de les envoyer à Paris au château du Louvre. L'Hôpital d'Aubrac, 23 juillet 1533. 1533.

Enreg. au Parl. de Grenoble, le 7 novembre 1533. Arch. de l'Isère, B. 2909, fol. 278.

20603. Lettres de naturalité accordées à Pierre Milot, natif de la Roche en Faucigny (Savoie), établi et marié à Lyon depuis vingt ans. Le Puy, juillet 1533. Juillet.

Enreg. à la Chancellerie de France. Arch. nat., Trésor des Chartes, JJ. 246, n° 464, fol. 141.

20604. Provisions d'un office de notaire et secrétaire du roi, en faveur d'Antoine Béranguier. 1er août 1533. 1er août.

Présentées au Grand conseil, le 12 novembre 1543.

Bibl. de l'Arsenal, ms. 5169, fol. 112 v°. (*Mention.*)

20605. Déclaration du serment de fidélité de Jean des Prés pour le temporel de l'évêché de Montauban. Toulouse, 3 août 1533. 3 août.

Expéd. orig. Arch. nat., P. 556[1], cote 749.

20606. Déclaration de l'hommage de Jean Larchevêque, écuyer, pour la baronnie de Soubise (sénéchaussée de Saintonge, châtellenie de Saint-Jean-d'Angély). Toulouse, 4 août 1533. 4 août.

Expéd. orig. Arch. nat., P. 556[1], cote 750.

20607. Don à Louis du Retour, Jean Champion, Jean Lemoine et Artus Charlemagne, valets de chambre de M. le Grand maître, de la moitié des biens meubles et immeubles de feu Guillaume Besançon, condamné à mort et à la confiscation par arrêt du Parlement de Toulouse, pour ses vols, pillages et concussions. Montgiscart, 6 août 1533. 6 août.

Arch. nat., Acquits sur l'épargne, J. 962, n° 25, anc. J. 961, n° 138. (*Mention* sur un rôle d'expédition du 15 juin 1537.)

20608. Déclaration de foi et hommage de Jean de Lévis, chevalier, sr de Châteaumorant, conseiller du roi et gentilhomme de la chambre, 7 août.

pour les seigneuries de Boisvert, de Mauvernet, d'Audes et la terre de Chinière, mouvant du duché de Bourbonnais, et du comté de Forez. Toulouse, 7 août 1533. 1533.

Original. Arch. nat., Chambre des Comptes de Paris, P. 14, n° 4944.

20609. Lettres attribuant 365 livres de gages à Jean d'Albon, s[r] de Saint-André, chevalier de l'ordre, sénéchal de Lyon. 9 août 1533. 9 août.

Enreg. à la Chambre des Comptes de Paris, anc. mém. 2 G, fol. 79 v°. *Arch. nat.*, PP. 119, p. 17. (*Mention.*)

Bibl. nat., ms. fr. 21405, p. 311. (*Mention.*)

20610. Provisions en faveur de Jean Fabri, licencié ès droits, de l'office de lieutenant général du juge de Sommières. 19 août 1533. 19 août.

Mention dans un arrêt du Grand conseil, en date du 22 octobre 1533, donné entre Gaillard Combes et ledit Fabri (voir 25 juillet 1532 n° 20444), *et portant adjudication provisoire dudit office audit Combes. Arch. nat.*, V[5] 1049.

20611. Lettres de souffrance de faire foi et hommage accordées à François Bérard, écuyer, s[r] de Bleré et de Chissé (Chissay), encore mineurs, pour lesdites seigneuries, mouvant de Tours, et pour les fiefs de Barbes (paroisse de Chissay), Bergeresse (paroisse de Chisseaux), etc., et la seigneurie du Plessis-Limousine, mouvant d'Amboise, jusqu'à ce qu'il ait atteint sa majorité. Montpellier, 19 août 1533. 19 août

Original. Arch. nat., Chambre des Comptes de Paris, P. 716, n° 257.

20612. Provisions de l'office de lieutenant des élus d'Alençon en la vicomté d'Argentan et Exmes, en faveur de Noël Le François, présenté par le roi et la reine de Navarre. 20 août 1533. 20 août.

Mention dans un arrêt du Grand conseil, en date du 8 mai 1534. Arch. nat., V[5] 1050.

20613. Lettres portant décharge en faveur de Jean de La Barre, gouverneur, prévôt et bailli de 27 août.

Paris, ayant, comme premier gentilhomme de la chambre, les clefs des coffres des pierreries et joyaux de la couronne, de toutes les réclamations qui pourraient lui être faites à l'avenir, à lui ou aux siens, touchant lesdites pierreries et joyaux. Nîmes, 27 août 1533. 1533.

Lettres semblables et plus explicites. Nîmes, 28 août 1533.

Copies du temps dans un inventaire des pierreries de François Ier. Arch. nat., J. 947, n° 4.

20614. Lettres permettant au roi de Navarre de transporter chaque année d'Allemagne en Béarn, en passant par la France, 10,000 marcs de coupelles d'argent destiné à être monnayé. Nîmes, 28 août 1533. 28 août.

Copie authentique du 30 décembre 1536, sous le sceau aux contrats de Bordeaux. Anc. Trésor des Chartes de Lorraine, lay. France I, n° 192. *Bibl. nat.*, ms. Lorraine 201, fol. 81.

20615. Lettres de légitimation accordées à Raymond Cot, prêtre, fils naturel de feu Pierre Cot et de Jeanne de Tastet, de la sénéchaussée de Toulouse. Toulouse, août 1533. Août.

Enreg. à la Chancellerie de France. Arch. nat., Trésor des Chartes, JJ. 246, n° 365, fol. 111.

20616. Lettres de légitimation accordées à Élie Du Rieu, fils naturel de Jean Du Rieu, et de Marie de La Vernhe, de la sénéchaussée de Toulouse. Toulouse, août 1533. Août.

Enreg. à la Chancellerie de France. Arch. nat., Trésor des Chartes, JJ. 246, n° 364, fol. 111, et n° 467, fol. 142. (*Double.*)

20617. Lettres de légitimation accordées à Jacques Escudyé, fils naturel de Jean Escudyé et de « Guirentine » Delpuech, de la sénéchaussée d'Agénais. Toulouse, août 1533. Août.

Enreg. à la Chancellerie de France. Arch. nat., Trésor des Chartes, JJ. 246, n° 312, fol. 94.

20618. Lettres de légitimation accordées à Pierre Fabri, marchand et habitant de l'Isle-Jour- Août.

dain, fils naturel de Lancelot Fabri, à présent prêtre. Toulouse, août 1533. 1533.

Enreg. à la Chancellerie de France. Arch. nat., Trésor des Chartes, JJ. 246, n° 358, fol. 110.

20619. Lettres de légitimation accordées à Nicolas de Foix, fils naturel de maître Dominique de Foix, bachelier en droit, habitant de Toulouse, et de Jeanne de La Faigne. Toulouse, août 1533. Août.

Enreg. à la Chancellerie de France. Arch. nat., Trésor des Chartes, JJ. 246, n° 361, fol. 110 v°.

20620. Lettres de légitimation accordées à Léonard Monsors, fils naturel de Jean Monsors et de Françoise de Longargue, de la sénéchaussée de Cahors. Toulouse, août 1533. Août.

Enreg. à la Chancellerie de France. Arch. nat., Trésor des Chartes, JJ. 246, n° 322, fol. 96 v°.

20621. Lettres de légitimation accordées à Guillaume Pinedon, fils naturel d'Antoine Pinedon et d'Annette Monteil, du pays d'Auvergne. Toulouse, août 1533. Août.

Enreg. à la Chancellerie de France. Arch. nat., Trésor des Chartes, JJ. 246, n° 318, fol. 94.

20622. Lettres de légitimation accordées à Bernard Roais, fils naturel de Bernard Roais, prêtre, et d'Isabelle Dufaux, de la sénéchaussée de Toulouse. Toulouse, août 1533. Août.

Enreg. à la Chancellerie de France. Arch. nat., Trésor des Chartes, JJ. 246, n° 321, fol. 96 v°.

20623. Lettres de naturalité accordées à Jacques Champery, natif de Savoie, établi à Clermont-Ferrand. Toulouse, août 1533. Août.

Enreg. à la Chancellerie de France. Arch. nat., Trésor des Chartes, JJ. 246, n° 317, fol. 95.

20624. Lettres confirmant les privilèges des habitants de Gallargues, et spécialement le droit d'avoir des consuls. Bize, août 1533. Août.

Original. Arch. municip. de Gallargues (Gard), AA. 1.

20625. Confirmation de lettres données par les prédé- Août.

cesseurs du roi, en faveur de Giraud Roux et de feu Jean Roux, son frère, de Carcassonne. Montpellier, août 1533. — 1533.

Enreg. à la Chancellerie de France. Arch. nat., Trésor des Chartes, JJ. 246, n° 344, fol. 107 v°.

20626. Lettres de naturalité accordées à Gabriel, baron de Lech (Lecce), gentilhomme napolitain, en récompense des services rendus à la France pendant les guerres d'Italie, sous Charles VIII et Louis XII. Montpellier, août 1533. — Août.

Copie du XVI*e siècle. Arch. de l'Isère*, B. 3283. 5 pages.

20627. Provisions de l'office de capitaine et garde du château de Montmerle, en faveur de Jean Rosset. 1er septembre 1533. — 1er septembre.

Mention dans un arrêt du Grand conseil, en date du 2 août 1536. Arch. nat., V5 1051.

20628. Provisions d'un office de garde des ports, ponts et passages de la ville de Lyon, en faveur d'Antoine Bar. 2 septembre 1533. — 2 septembre.

Présentées au Grand conseil, le 4 mai 1534. Arch. nat., V5 1050. (*Mention.*)

20629. Mandement à tous les baillis, sénéchaux et autres juges royaux, de prêter aide et assistance à Jean de Pierrefitte, élu sur le fait des tailles en l'élection du Bas Auvergne, commissaire pour la levée des deux décimes accordées au roi sur tous les bénéfices du royaume de France, par bulle du pape. Avignon, 4 septembre 1533. — 4 septembre.

Original. Arch. nat., suppl. du Trésor des Chartes, J. 939, n° 16.

20630. Mandement au sénéchal de Rouergue, à Anne Du Prat, sr de Verrières, gouverneur de Clermont, et à Étienne Du Bourg, lieutenant de la châtellenie d'Usson, de répartir et lever sur le Haut et Bas Rouergue et sur le comté de Rodez 65,922 livres 19 sous 9 deniers tournois, pour leur part de 3,061,000 livres imposées sur tout le royaume, plus 485 livres — 4 septembre.

pour les frais des commissaires. Avignon, 4 septembre 1533. | 1533.

Copie du XVIe siècle. Arch. départ. de l'Aveyron, C. 1224, fol. 1 v°.

20631. Pouvoirs des commissaires du roi aux États de Languedoc, convoqués au Pont-Saint-Esprit pour le 12 novembre. Avignon, 4 septembre 1533. — 4 septembre.

Copie du XVIe siècle. Arch. départ. de l'Hérault, C. États de Languedoc, Recueils des lettres et actes des commissaires du roi aux États, 1533. 8 pages.

20632. Pouvoirs spéciaux des commissaires du roi aux États de Languedoc pour le renouvellement du bail de l'équivalent. [Avignon, 4 septembre] 1533. — 4 septembre.

Copie du XVIe siècle. Arch. départ. de l'Hérault, C. États de Languedoc, Recueils des lettres et actes des commissaires du roi aux États, 1533. 2 pages.

20633. Lettres adressées au cardinal de Gramont, évêque de Tarbes, touchant la quote-part de son diocèse pour la taxe établie sur le clergé. Avignon, 5 septembre 1533. — 5 septembre.

Original. Bibl. nat., ms. fr. 20436, fol. 42.

20634. Mandement au Grand conseil de mettre provisoirement Jean François en possession de l'office de garde du sceau du Parlement de Provence, dont il a été pourvu par le roi, le 3 novembre 1531 (n° 20285). 5 septembre 1533. — 5 septembre.

Mention dans un arrêt du Grand conseil, en date du 16 septembre 1534. Arch. nat., V5 1050.

20635. Lettres portant convocation des consuls d'Alais pour les États de Languedoc, qui se tiendront au Pont-Saint-Esprit, le 12 novembre prochain, à l'effet de faire le bail et délivrance de la ferme de l'équivalent du pays de Languedoc pour trois années. Martigues, 21 septembre 1533. — 21 septembre.

Original. Arch. municip. d'Alais (Gard), liasse 3, n° 28.

20636. Lettres de légitimation accordées à Jacques — Septembre.

Réau, dit Fleury, fils naturel de feu Fleury Réau et de Françoise Moudin, de la Rochelle. Avignon, septembre 1533. 1533.

Enreg. à la Chancellerie de France. Arch. nat., Trésor des Chartes, JJ. 246, n° 379, fol. 114 v°.

20637. Lettres de naturalité accordées à François de La Salle, natif d'Avignon, fils de Clément de La Salle, écuyer, bourgeois d'Avignon, au service du roi. Avignon, septembre 1533. Septembre.

Enreg. à la Chancellerie de France. Arch. nat., Trésor des Chartes, JJ. 246, n° 408, fol. 125 v°.

20638. Provisions de l'office de greffier au bailliage du Palais pour Simon Badoux, au lieu de Simon Guillot, décédé. Gardanne, 3 octobre 1533. 3 octobre.

Registre du XVIe siècle. Bibl. nat., ms. fr. 5124. (*Mention*, dans les lettres de provisions du successeur de S. Badoux, du 31 janvier 1535 n. s., n° 7494.)

20639. Provisions d'un office de garde des ponts, ports et passages de Lyon, en faveur de Jean d'Anjou. 3 octobre 1533. 3 octobre.

Présentées au Grand conseil, le 4 mai 1534 [1]. *Arch. nat.*, V⁵ 1050. (*Mention.*)

20640. Lettres de réception du serment de fidélité d'Augustin Trivulce, cardinal-diacre du titre de Saint-Adrien, évêque de Bayeux, pour le temporel dudit évêché. Marseille, 19 octobre 1533. 19 octobre.

Expéd. orig. Arch. nat., P. 273¹, cote 5571.

20641. Mandement au Grand conseil de donner avis sur la requête présentée au roi par Antoine d'Oraison, vicomte de Cadenet, à l'effet d'obtenir l'évocation audit conseil de certains procès par lui soutenus. 19 octobre 1533. 19 octobre.

Mention dans un arrêt du Grand conseil, en date du 27 octobre 1533 [2]. *Arch. nat.*, V⁵ 1049.

(1) Par arrêt rendu ce jour-là, le Grand conseil adjugea cet office à Antoine Bar. (Voir ci-dessus, au 2 septembre 1533, n° 20628.)

(2) Cet arrêt mentionne, sans les analyser, des actes de la régente et du roi : Saint-Just-sur-Lyon, 28 janvier 1525; Bordeaux, 22 avril 1526; Cognac, 26 mai 1526; 23 octobre 1532; 2 mai 1533.

20642. Lettres portant distraction de la ville d'Aups de la viguerie de Barjols. Marseille, 21 octobre 1533. — 1533. 21 octobre.

Arch. commun. d'Aups (Var), AA. 1 (n° provisoire), cartulaire, fol. 26.

20643. Déclaration de foi et hommage de Nicolas de Troyes, argentier du roi, pour la terre de Champdoiseau, mouvant d'Amboise. Marseille, 24 octobre 1533. — 24 octobre.

Original. Arch. nat., Chambre des Comptes de Paris, P. 12, n° 3965.

20644. Traité conclu entre le pape Clément VII et François Ier, touchant le mariage d'Henri, duc d'Orléans, second fils du roi, avec Catherine, fille de Laurent de Médicis, duc d'Urbin, nièce du pape, avec assignation de 100,000 écus d'or soleil faite par Sa Sainteté pour la dot de sa nièce. Marseille, 27 octobre 1533. — 27 octobre.

Original. Florence, Archivio di Stato, Riformazioni, atti pubblici.

20645. Lettres confirmant les privilèges et franchises accordées par les rois de France et comtes de Provence aux ancêtres de Bertrand Séguier, seigneur de « Pieuzin », fils légitime de Jean Séguier et d'Antonie de Morence. Marseille, octobre 1533. — Octobre.

Enreg. à la Chancellerie de France. Arch. nat., Trésor des Chartes, JJ. 246, n° 417, fol. 127 v°.

20646. Lettres de légitimation accordées à Pierre de Bar, fils naturel de Jacques de Bar, écuyer, et de Jeanne de La Faurie, de Limousin. Marseille, octobre 1533. — Octobre.

Enreg. à la Chancellerie de France. Arch. nat., Trésor des Chartes, JJ. 246, n° 433, fol. 132 v°.
Bibl. nat., Armoires de Baluze, t. XVIII, fol. 238 v°. (*Mention.*)

20647. Lettres de légitimation et de naturalité accordées à Sixte « des Clafanatis », natif de Milan, retiré depuis quarante ans en Dauphiné puis en Provence, fils naturel d'Antoine « des Cla- — Octobre.

fanatis », écuyer, de Milan, et d'Agnès Caillon. Marseille, octobre 1533. — 1533.

Enreg. à la Chancellerie de France. Arch. nat., Trésor des Chartes, JJ. 246, n° 438, fol. 134.

20648. Lettres de légitimation accordées à Jean de Rochedragon, écuyer, fils naturel d'Antoine de Rochedragon et d'Alix Duclaux, de la sénéchaussée d'Auvergne. Marseille, octobre 1533. — Octobre.

Enreg. à la Chancellerie de France. Arch. nat., Trésor des Chartes, JJ. 246, n° 426, fol. 130.

20649. Lettres de naturalité accordées à Nicolas Pélissier, archer de la prévôté de l'hôtel, natif de Piémont. Marseille, octobre 1533. — Octobre.

Enreg. à la Chancellerie de France. Arch. nat., Trésor des Chartes, JJ. 246, n° 416, fol. 127 v°.

20650. Lettres portant que le sieur de Céselly a fait son hommage, sous condition qu'il remettra ses aveu et dénombrement à la Chambre des comptes. Marseille, 3 novembre 1533. — 3 novembre.

Arch. départ. de l'Hérault, B. 455. (*Mention.*)

20651. Provisions de l'office de procureur du roi en la sénéchaussée de Carcassonne, au siège de Béziers, en faveur de Pierre Pondéros. 4 novembre 1533. — 4 novembre.

Mention dans un arrêt du Grand conseil, en date du 30 octobre 1534, donné entre ledit Pondéros et Amaury Mercier (voir ci-dessus, au 17 mai 1533), *et portant adjudication dudit office à ce dernier. Arch. nat.,* V⁵ 1050.

20652. Mandement au Grand conseil de donner avis sur la requête présentée au roi par les habitants de Saint-Pierre de Salles en Buch, à l'effet d'obtenir l'évocation audit conseil d'un procès par eux soutenu au Parlement de Bordeaux, pour raison « d'un lieu appelé Pignade et Landes ». 4 novembre 1533. — 4 novembre.

Mention dans un arrêt du Grand conseil, en date du 7 novembre 1533. Arch. nat., V⁵ 1049.

20653. Déclaration de l'hommage rendu par Jean Filleul, au nom d'Arthuse Golet, pour la sei- — 4 novembre.

gneurie de Pezay-le-Gaudin, au comté de Blois. 4 novembre 1533. 1533.

Anc. arch. de la Chambre des Comptes de Blois, lay. P. *Arch. nat.*, P. 1479, fol. 271 v°. (*Mention.*)

20654. Mandement au Parlement de Dauphiné de procéder contre les habitants d'Aillon en Savoie, qui avaient commis plusieurs excès en Dauphiné. Marseille, 5 novembre 1533. 5 novembre.

Original. Turin, Arch. di Stato, Papiers non classés. (Communiqué par M. de Saint-Pierre.)

20655. Lettres de marque et représailles contre les Portugais qui se sont emparés de navires français, avec mandement aux amiraux de France, de Normandie, de Bretagne, de Guyenne et de Provence, d'autoriser les capitaines de mer et autres sujets du royaume allant sur mer à saisir tous les vaisseaux portugais qu'ils rencontreront. Marseille, 12 novembre 1533. 12 novembre.

Copie du temps. Bibl. nat., ms. fr. 5503, fol. 65. 2 pages.

Copie du XVIe siècle. Bibl. imp. de Vienne (Autriche), ms. 6979, fol. 88 v°. (*Mention*, sans date.)

20656. Mandement d'exécuter en entier les lettres du 28 juin précédent (n° 20591), en vertu desquelles le roi donnait 100 écus à Marie d'Albret, comtesse de Nevers, dont les gens des comptes n'avaient fait payer que la moitié. Marseille, 13 novembre 1533. 13 novembre.

Original. Bibl. nat., Pièces orig., vol. 787, Clèves, p. 57.

20657. Lettres portant permission aux consuls de Nîmes et des autres villes et localités du diocèse de Nîmes d'imposer sur la ville et le diocèse la somme de 1,940 livres 1 sou 7 deniers tournois, restant à payer de ce qui fut employé aux frais de la réception de la reine et des enfants de France, à leur passage par Nîmes. La Côte-Saint-André, 26 novembre 1533. 26 novembre.

Vidimus de l'époque. Arch. de la ville de Nîmes, NN. 4, n° 8.

20658. Mandement à la Chambre des Comptes de 30 novembre.

Paris d'informer de commodo et incommodo sur le projet, formé par le roi, de remettre à Anne de Montmorency la seigneurie de la Morlaye et l'étang de Gouvieux, en échange d'une rente de 1,000 livres que le roi lui avait précédemment assignée. 30 novembre 1533. 1533.

Mention dans un arrêt du Grand conseil, en date du 19 novembre 1534. Arch. nat., V[5] 1050.

20659. Lettres conférant l'ordre de chevalerie à Jean Martin de Villeneuve, gentilhomme du duché de Ferrare, écuyer d'écurie du cardinal de Médicis. Marseille, novembre 1533. Novembre.

Enreg. à la Chancellerie de France. Arch. nat., Trésor des Chartes, JJ. 246, n° 476, fol. 145.

20660. Déclaration de l'hommage d'Antoine de Pons pour la seigneurie de Pons et ses dépendances. Lyon, 1er décembre 1533. 1er décembre.

Expéd. orig. Arch. nat., P. 556[1], cote 751.

20661. Provisions de l'office de notaire royal à Lyon pour Jean Rodier, en remplacement de Lambert Pavret. Lyon, 8 décembre 1533. 8 décembre.

Copie du XVIe siècle. Arch. du Rhône, reg. des insinuations de la sénéchaussée, Livre du roi, fol. 26.

20662. Confirmation des privilèges, franchises et exemptions des habitants de Villefranche en Beaujolais. Lyon, décembre 1533. Décembre.

Copie du XVIe siècle. Arch. nat., R[4] 925, liasse 12.

20663. Lettres de naturalité accordées à Pierre Pelly, marchand florentin, habitant Lyon. Lyon, décembre 1533. Décembre.

Copie du XVIe siècle. Arch. du Rhône, reg. des insinuations de la sénéchaussée, Livre du roi, fol. 27 v°.

20664. Lettres confirmant les privilèges royaux de la Sainte-Chapelle de Bourges, fondée par Jean duc de Berry, et vidimant celles de Charles VII, du 28 juillet 1425 et du 28 novembre 1443. 1533. 1533.

Arch. départ. du Cher, Sainte-Chapelle de Bourges, Privilèges, liasse 6.

20665. Provisions de l'office d'enquêteur en la sénéchaussée de Lyon, pour Pierre Boyronnet, en remplacement de Jacques Gautier, son oncle. 1533. — 1533.

Copie du XVIe siècle. Arch. du Rhône, reg. des insinuations de la sénéchaussée, Livre du roi, fol. 24.

1534. — Pâques, le 5 avril.

1534.

20666. Lettres portant concession, pour quatre-vingt-dix-neuf ans, aux habitants de Beaune, du bâtiment des halles de la ville, à la charge d'y faire les réparations nécessaires. Dijon, 2 janvier 1533. — 2 janvier.

Original. Arch. de la ville de Beaune (Côte d'Or), Halles, n° 12.

20667. Provisions de l'office de greffier de la juridiction ordinaire du Lyonnais, pour François Faure. Dijon, 4 janvier 1533. — 4 janvier.

Copie du XVIe siècle. Arch. du Rhône, reg. des insinuations de la sénéchaussée, Livre du roi, fol. 26 v°.

20668. Ordonnance sur le fait de la gendarmerie. Dijon, 5 janvier 1533. — 5 janvier.

Copie du temps. Bibl. nat., ms. fr. 5503, fol. 60. 6 pages.

Copie du XVIe siècle. Bibl. imp. de Vienne (Autriche), ms. 6979. (*Mention*, sous la date du 6 janvier 1535.)

20669. Édit supprimant les deux offices de trésoriers des guerres et érigeant en leur place un payeur en chef pour chaque compagnie des ordonnances, recevant, pour les compagnies d'au-dessus de cinquante lances, 450 livres tournois, et pour celles de cinquante et au-dessous, 225 livres tournois. Dijon, 5 janvier 1533. — 5 janvier.

Bibl. nat., ms. fr. 10390, fol. 58 v°. (*Mention*.)

20670. Ordonnance contenant les articles que doivent jurer d'observer et entretenir envers le roi le capitaine Albrecht Folker [1] de Kueringen et — 7 janvier.

[1] Il est nommé Albrecht Foltzer au n° 6692 ci-dessus.

les huit capitaines qu'il a promis de fournir, avec quatre mille lansquenets. Dijon, 7 janvier 1533. 1534.

Copie du XVIe siècle. Arch. du château de Chantilly, ms. 750, n° 22, fol. 99.

20671. Provisions de l'office de procureur du roi près la Cour des Aides de Normandie, en faveur de Jean d'Irlande, sur la résignation faite à son profit par Jean Thorel. Dijon, 7 janvier 1533. 7 janvier.

Enreg. à la Cour des Aides de Normandie, le 19 février 1534 n. s. Arch. de la Seine-Inférieure, Mémoriaux, 2° vol., fol. 81. 1 page 1/2.

20672. Déclaration du serment de fidélité de Nicolas de Gaddi pour le temporel de l'évêché de Sarlat. Dijon, 7 janvier 1533. 7 janvier.

Expéd. orig. Arch. nat., P. 556[1], cote 746.

20673. Mandement pour la convocation de tous les nobles de la province de Berry à la prochaine montre du ban et arrière-ban, qui aura lieu le 15 mai 1534, sous peine de saisie de leurs fiefs. Joinville, 18 janvier 1533. 18 janvier.

Original. Arch. municip. de Bourges, AA. 3.

20674. Prorogation pour un an de la commission donnée à Gilles de La Pommeraye, maître d'hôtel ordinaire du roi, François de Kermenguy, alloué de Rennes, et Michel Cosson, pour lever les deniers du roi en la généralité de Bretagne, pendant l'année finissant le 31 décembre 1531. Joinville, [19 janvier [1]] 1533, 20° année du règne. 19 janvier.

Transcrit en tête du compte de la recette desdits commissaires. Arch. nat., K. 1151, n° 2, fol. 1. 2 pages.

20675. Prorogation pour un an de la commission donnée à Bonaventure de Saint-Barthélemy, président du Parlement de Grenoble, à 19 janvier.

[1] L'indication du quantième et du mois est restée en blanc. Les deux actes qui suivent permettent de les suppléer avec certitude.

Guigues Guiffrey, s[r] de Boutières, gentilhomme de la chambre du roi, et à Artus Prunier, pour recevoir et envoyer au Louvre, pendant l'année 1534, à la place des trésoriers receveurs généraux, les deniers provenant de la généralité de Dauphiné. Joinville, 19 janvier 1533. 1534.

Copie du XVIe siècle. Arch. départ. de l'Isère, B. 2909, fol. 288. 3 pages.

20676. Prorogation pour un an de la commission donnée à Antoine, seigneur des Ruaulx, prévôt de l'hôtel, à Antoine Hellin, conseiller au Parlement de Paris, et à Guillaume de Meraines, pour lever les deniers du roi en la généralité de Languedoïl, pendant l'année finissant le 31 décembre 1533. Joinville, 19 janvier 1533. 19 janvier.

Transcrit en tête du compte de la recette desdits commissaires. Arch. nat., K. 898, n° 8, fol. 1 v°. 4 pages.

20677. Lettres renouvelant pour l'année 1534 la commission donnée, l'année précédente, à Pierre de Montfault, président au Parlement de Rouen, à Louis de Rabodanges, seigneur dudit lieu, et à Pierre Le Vasseur, pour faire le recouvrement des deniers de la généralité de Normandie et les faire porter au trésor du Louvre. [Joinville, 19 janvier 1533.] 19 janvier.

Copie du temps. Bibl. nat., ms. fr. 5503, fol. 63 v°. 1 page 1/2.

Copie du XVIe siècle. Bibl. imp. de Vienne (Autriche), ms. 6979, fol. 90 v°.

20678. Lettres d'évocation d'un procès pendant entre Jean de Gaboury, seigneur du Pineau et de la Chastière, et Jean du Plessis, seigneur de la Bourgonnière. 24 janvier 1533. 24 janvier.

Mention dans un arrêt du Grand conseil, en date du 18 avril 1534, après Pâques. Arch. nat., V[5] 1050.

20679. Traité conclu entre François Ier et le landgrave de Hesse, contenant promesse de ce dernier de faire vendre au profit du roi de France, 27 janvier.

par le duc de Wurtemberg, à faculté de rachat pendant six ans, les châteaux forteresses, territoires et dépendances de Clerval, Passavant, Blamont et le comté de Montbéliard. Bar-le-Duc, 27 janvier 1533. 1534.

Double expéd. orig. Arch. nat., suppl. du Trésor des Chartes, J. 984, n°s 4 et 4 *bis*.

Ratification par Ulrich, duc de Wurtemberg, février 1534. Id., n° 5. *Original*, J. 995[a], n° 32.

20680. Lettres contenant remise au landgrave de Hesse des 60,000 écus soleil qu'il s'était obligé de payer au roi de France, aux termes du traité passé entre eux, le même jour, pourvu que ce traité soit, pour le reste, entièrement mis à exécution. Bar-le-Duc, 27 janvier 1533. 27 janvier.

Original. Arch. nat., suppl. du Trésor des Chartes, J. 984, n° 3.

20681. Commission à [Jean Garnier, bachelier en décret, seigneur de Férolles], pour faire dresser le terrier des seigneuries de Bienfaites, Bellassise, Toussus et Voulangis, appartenant aux religieux de Saint-Denis-en-France. Paris, 5 février 1533. 5 février.

Transcription en tête du terrier dressé en conséquence, le 28 décembre 1534 et jours suivants. Arch. de Seine-et-Oise, série D, fonds de Saint-Cyr, 1er carton de Bellassise.

20682. Lettres de réception du serment de fidélité d'Antoine Sanguin, évêque d'Orléans, pour le temporel dudit évêché. Paris, 9 février 1533. 9 février.

Expéd. orig. Arch. nat., P. 725[2], cote 263.

20683. Déclaration de foi et hommage d'Étienne Ferron, procureur au Parlement, pour la seigneurie de Champmotteux, mouvant de la couronne. Vanves, 9 février 1533. 9 février.

Original. Arch. nat., Chambre des Comptes de Paris, P. 16, n° 6027.

20684. Déclaration de foi et hommage de Jean de Habarcq, écuyer, s[r] de Bu, pour les sei- 10 février.

gneuries de Bu, Musy en France et leurs dépendances, mouvant du comté de Dreux. Paris, 10 février 1533. 1534.

Original. Arch. nat., Chambre des Comptes de Paris, P. 8, n° 2623.

20685. Mandement à la Chambre des Comptes de Paris d'allouer aux comptes du receveur des tailles de Rételois le montant de la cotisation des habitants de Mézières pour les tailles et subsides, conformément aux lettres précédemment données en faveur desdits habitants le 7 janvier 1532 n. s. (n° 20322) et bien que lesdites lettres ne soient pas adressées à ladite Chambre. Paris, 11 février 1533. 11 février.

Original. Arch. commun. de Mézières (Ardennes), AA. 5.

20686. Ordonnance réglant la solde des gens de guerre, capitaines de compagnies, lieutenants, enseignes, guidons, maréchaux des logis et fourriers. Paris, 12 février 1533. 12 février.

Original. Arch. du château de Chantilly, ms. 750, n° 13, fol. 64. (Cf. le n° 6734.)

20687. Provisions, en faveur de Jérôme Bourdin, de l'office de maître de la Monnaie de Villeneuve-lès-Avignon, pour trois ans. Paris, 13 février 1533. 13 février.

Imp. Roger Vallentin, *Pierre de Coucils et la maîtrise de l'atelier de Villeneuve (1531-1535)*, dans *l'Annuaire de la Société française de numismatique*, t. XV, 1891, p. 272-273. (D'après une copie de 1535.)

20688. Déclaration de foi et hommage de Charles de Magny, maréchal des logis du roi, pour son fief de Torcy-en-Brie, mouvant dudit Torcy. Paris, 16 février 1533. 16 février.

Original. Arch. nat., Chambre des Comptes de Paris, P. 2, n° 792.

20689. Provisions de l'office de grènetier de Bernay, en faveur de Louis de Landre, sur la résignation faite à son profit par Jean Vollette, 19 février.

valet de chambre ordinaire du roi. Paris, 19 février 1533. 1534.

Vérifiées le 22, par les généraux des finances. Enreg. le 14 mars 1534 n. s., à la Cour des Aides de Normandie. Arch. de la Seine-Inférieure, Mémoriaux, 2e vol., fol. 82. 1 page 2/3.

20690. Mandement à la Chambre des Comptes de Blois de faire démolir la muraille qui se trouve devant les halles de Blois, ainsi que certaines maisons, d'indemniser à cette occasion ceux qui y auront droit, et de vendre aux enchères, au profit du roi, les terrains à bâtir situés dans la rue du Marché. Paris, 20 février 1533. 20 février.

Mention dans un arrêt de ladite Chambre, en date du 26 mai 1543. Arch. nat., KK. 902, fol. 207 v°.

20691. Déclaration de foi et hommage de Pierre Dugart, tapissier du roi, et de Florentin Dugart, son frère, pour certains fiefs situés en la paroisse de Thionville-[sur-Opton] et mouvant de la tour de Houdan et de Neauphle-le-Châtel. Paris, 20 février 1533. 20 février.

Original. Arch. nat., Chambre des Comptes de Paris, P. 7, n° 2362.

20692. Déclaration de foi et hommage de Jean de Rouvroy, dit de Saint-Simon, chevalier, sr de Sandricourt, pour les seigneuries de Flavy-le-Martel et Savriennois (paroisse dudit Flavy), mouvant de Chauny. Paris, 20 février 1533. 20 février.

Original. Arch. nat., Chambre des Comptes de Paris, P. 15, n° 5580.

20693. Déclaration portant que les lettres de sauf-conduit, octroyées aux Génois par le grand sénéchal de Provence, ne peuvent empêcher de sortir effet les lettres de marque données en faveur de Pierre Bruyères, le 18 mai 1531 (n° 20198). 21 février 1533. 21 février.

Mention dans un arrêt du Grand conseil, en date du 10 juillet 1536. Arch. nat., V5 1051.

20694. Provisions de l'office de lieutenant du bailli de Bergerac, aux lieux de Beaumont et de Mo- 21 février.

lières, en faveur de Bertrand Monstruàl. 21 février 1533. 1534.

Mention dans un arrêt du Grand conseil, en date du 18 octobre 1534. Arch. nat., V[5] 1050.

20695. Déclaration de foi et hommage de Guillaume Vegeays, prêtre, chapelain de la chapelle Barbes, en l'église de Tours, pour la métairie de la Guerinière, en la paroisse de la Croix de Bléré, appartenant à ladite chapelle et mouvant d'Amboise. Paris, 24 février 1533. 24 février.

Original. Arch. nat., Chambre des Comptes de Paris, P. 12, n° 3964.

20696. Déclaration de foi et hommage de Nicolas La Vieille, écuyer, s^r^ de Montigny, grènetier du grenier à sel de Rouen, pour le fief d'Ecaquelon et du Bois-Heroult, mouvant en quart de fief de haubert de Pont-Audemer. Paris, 25 février 1533. 25 février.

Original. Arch. nat., Chambre des Comptes de Paris, P. 264[2], n° 1163.

20697. Déclaration de foi et hommage de Robert Du Quesnay pour le fief d'Isneauville, mouvant du château de Rouen. Paris, 26 février 1533. 26 février.

Original. Arch. nat., Chambre des Comptes de Paris, P. 264[2], n° 1161.

20698. Lettres portant prorogation, pour six ans, aux habitants de Chaource, de l'octroi de l'apetissement ou quatrième denier du vin vendu en détail dans ladite ville. 27 février 1533. 27 février.

Mentionnées dans d'autres lettres de prorogation du 26 avril 1542. Arch. municip. de Chaource (Aube), CC. 4.

20699. Déclaration de l'hommage de Jacques de Pommereuil pour la seigneurie dudit lieu (bailliage d'Évreux, vicomté et châtellenie de Conches). Paris, 2 mars 1533. 2 mars.

Expéd. orig. Arch. nat., P. 270[2], cote 4371.

20700. Déclaration de l'hommage de Jean Le Velu, écuyer, pour la seigneurie de Sotteville (bail- 3 mars.

liage d'Évreux, vicomté de Conches). Paris, 3 mars 1533. 1534.

Expéd. orig. Arch. nat., P. 269[3], cote 3940.

20701. Déclaration de foi et hommage de Jean d'O, écuyer, pour la seigneurie d'Ausonville-l'Orcher (paroisse d'Angerville-l'Orcher, bailliage de Caux), mouvant de Montivilliers, et pour celle de Limésy, mouvant de Rouen. Paris, 3 mars 1533. 3 mars.

Original. Arch. nat., Chambre des Comptes de Paris, P. 264[2], n° 1164.

20702. Lettres de réception du serment de fidélité de Mathieu de Longuejoue, évêque de Soissons, pour le temporel dudit évêché. Vincennes, 4 mars 1533. 4 mars.

Expéd. orig. Arch. nat., P. 725[2], cote 265.

20703. Déclaration de foi et hommage de François de Villaines, écuyer, s[r] de la Mothe-de-Villers, comme procureur de Claude Grivet, chevalier, pour la seigneurie de Saint-Aubin-la-Forêt, mouvant de Bourbon-l'Archambault. Vanves, 6 mars 1533. 6 mars.

Original. Arch. nat., Chambre des Comptes de Paris, P. 14, n° 4942.

20704. Provisions, en faveur de Nicolas de Pitres, de l'office de sergent en l'élection et gabelle de Montfort-l'Amaury. 7 mars 1533. 7 mars.

Mention dans un arrêt du Grand conseil, en date du 29 mai 1534. Arch. nat., V[5] 1050.

20705. Mandement aux trésoriers de France de mettre les enfants du feu comte de Genevois en possession des revenus du duché de Nemours et des greniers à sel de Nemours et de Nogent-sur-Seine, que le roi avait donnés à leur père, le 19 juin 1533 (n° 5948). Fontainebleau, 8 mars 1533. 8 mars.

Copie collat. du 15 février 1537. Turin, Arch. di Stato, Princes de Genevois et Nemours, 5e catégorie, paquet 3, n° 2.

20706. Déclaration de foi et hommage de François de 12 mars.

Ferrières, s[r] de Mauchamps et Saint-Sulpice, comme procureur de Louise de Vendôme, sa femme, pour la haute, moyenne et basse justice desdites seigneuries, mouvant du comté d'Étampes. Paris, 12 mars 1533. | 1534.

Original. Arch. nat., Chambre des Comptes de Paris, P. 8, n° 2476.

20707. Lettres d'exemption du ban et arrière-ban, en faveur des officiers de la Chambre des Comptes de Montpellier. 13 mars 1533. | 13 mars.

Arch. départ. de l'Hérault, B. 455. (*Mention.*)

20708. Déclaration de l'hommage de Louis d'Étampes, chevalier, pour la baronnie de la Ferté-Imbault, au bailliage de Blois. Paris, 13 mars 1533. | 13 mars.

Vérifiée à la Chambre des Comptes de Blois, le 10 avril 1534, après Pâques.
Expéd. orig. Arch. nat., P. 1472², cote 11.

20709. Provisions d'un office d'élu en l'élection d'Avranches, en faveur de Gauvain Martin, sur la résignation faite à son profit par Thomas Le Marchand. Paris, 14 mars 1533. | 14 mars.

Enreg. à la Cour des Aides de Normandie, le 28 avril 1534. Arch. de la Seine-Inférieure, Mémoriaux, 2° vol., fol. 83 v°. 1 page 2/3.

20710. Déclaration de foi et hommage de Jacqueline d'Estouteville pour la seigneurie de Moyon, la vicomté et la baronnie de Bricquebec au bailliage de Cotentin, pour la baronnie de Gacé, au bailliage d'Évreux, et la seigneurie de Saint-Clair en Auge, au bailliage de Rouen, le tout mouvant du duché de Normandie. Paris, 14 mars 1533. | 14 mars.

Original. Arch. nat., Chambre des Comptes de Paris, P. 268³, n° 3343.

20711. Déclaration du serment de fidélité de Léon Chasteigner pour le temporel de l'abbaye bénédictine de Saint-Hilaire, au diocèse de Carcassonne. Paris, 15 mars 1533. | 15 mars.

Expéd. orig. Arch. nat., P. 556¹, cote 747.

20712. Lettres de décharge données à Michelle Gail- | 18 mars.

lart, veuve de Florimond Robertet, s[r] d'Alluyes, des clefs du trésor de la Sainte-Chapelle, dont Charles VIII avait confié la garde audit Robertet. Paris, 18 mars 1533. 1534.

Enreg. à la Chambre des Comptes de Paris. Arch. nat., P. 2306, p. 105. 1 page.

20713. Lettres d'évocation d'un procès pendant à la sénéchaussée de Toulouse, entre Nicolas d'Antras, chanoine de Vic, et le syndic de l'église métropolitaine d'Auch. 18 mars 1533. 18 mars.

Mention dans un arrêt du Grand conseil, en date du 26 octobre 1534. Arch. nat., V[5] 1050.

20714. Don à Renée de France et à Hercule d'Este, son mari, d'une pension de 25,000 livres tournois assise sur Chartres, Montargis et Gisors. Paris, 20 mars 1533. 20 mars.

Copie du XVIIIe siècle. Turin, Arch. di Stato, Princes de Genevois et de Nemours, 5e catégorie, paquet 2, n° 13.

Enreg. à la Chambre des Comptes, le 22 avril 1534, anc. mém. 2 G, fol. 111. *Arch. nat.*, PP. 119, p. 26. (*Mention.*)

20715. Provisions d'un office d'élu en l'élection de Mortain, en faveur de Jean Guilloches, au lieu de Jean Guilloches, décédé. Saint-Germain-en-Laye, 28 mars 1533. 28 mars.

Vérifiées par les généraux des finances, le 5 mai 1534.

Enreg. le 8, à la Cour des Aides de Normandie. Arch. de la Seine-Inférieure, Mémoriaux, 1er vol., fol. 85. 1 page 1/2.

20716. Don à Jacques Colin, abbé de Saint-Ambroise, du reliquat dû à la clôture des comptes des deniers communs de la ville de Bourges, des années 1527 et 1528, à cause de 4,000 livres tournois qui devaient être employées aux fortifications de ladite ville. Saint-Germain-en-Laye, 28 mars 1533. 28 mars.

Rôle d'expéditions du 27 août 1537. Arch. nat., Acquits sur l'épargne, J. 962, n° 35, anc. J. 961, n° 116. (*Mention.*)

20717. Lettres portant établissement de deux foires par Mars.

an, à la Saint-Éloi, 25 juin, et à la Saint-Denis, 9 octobre, plus un marché le mercredi de chaque semaine, aux Grandes-Chapelles-Saint-Pierre (près Méry-sur-Seine). Paris, mars 1533. 1534.

Original. Arch. départ. de l'Aube, G. 2862, n° 2.

20718. Déclaration de l'hommage de Jean de Poncher, seigneur de Limours, pour les seigneuries de Châteaufort et Jouy-en-Josas. Senlis, 2 avril 1533. 2 avril.

Vérifiée à la Chambre des Comptes de Paris, le 22 avril 1534. Arch. nat., P. 2, n° 793.

Arch. de Seine-et-Oise, série D, fonds de Saint-Cyr, 18e carton de Chevreuse, *Inventaire des titres de Châteaufort et Jouy-en-Josas, dressé en 1549*, fol. 5. (*Mention.*)

20719. Lettres d'évocation d'un procès pendant entre Jacques Leclerc, dit Coittier, conseiller au Grand conseil et grand rapporteur des lettres de la Chancellerie de France, d'une part, et Albert Salviati et Michel Chevalier, d'autre part. 4 avril 1533. 4 avril.

Mention dans un arrêt du Grand conseil, en date du 16 mai 1534. Arch. nat., V⁵ 1050.

20720. Déclaration de foi et hommage de Thomas de Marcy pour la seigneurie de la Guillonnière, mouvant d'Amboise. Compiègne, 12 avril 1534. 12 avril.

Original. Arch. nat., Chambre des Comptes de Paris, P. 12, n° 3967.

20721. Mandement de payer à six hommes d'armes et à quatre archers de la compagnie du duc de Guise leurs deux derniers quartiers de 1532, bien qu'ils fussent en congé lors des montres. Compiègne, 14 avril 1534. 14 avril.

Original. Bibl. nat., Pièces orig., vol. 2401, Morainville, p. 8.

20722. Lettres accordant au cardinal Du Prat, légat du Saint-Siège, archevêque de Sens, le pouvoir d'expédier les rémissions que le roi a coutume 15 avril.

de faire le jour du vendredi saint. Compiègne, 15 avril 1534. 1534.

Copie du XVIᵉ siècle. Bibl. imp. de Vienne (Autriche), ms. 6979, fol. 202.

20723. Lettres accordant à Marie et Madeleine, filles de feu Philippe de Suse, lieutenant au gouvernement de l'Ile-de-France, délai jusqu'à leur majorité pour rendre l'hommage dû au roi pour la seigneurie de Coye, pour celle d'Outarville en Beauce, et pour cent arpents de bois dans la forêt de Chantilly. Compiègne, 16 avril 1534. 16 avril.

Expéd. orig. Arch. nat., P. 147[3], cote 103.

20724. Commission à Jean Le Forestier, héraut d'armes, pour sommer les prévôt et échevins de Cambrai de faire exécuter une sentence prononcée par le gouverneur de Péronne, Montdidier et Roye, contre Louis de Wassiers. 21 avril 1534. 21 avril.

Mention dans un arrêt du Grand conseil, en date du 12 août 1534. Arch. nat., V[5] 1050.

20725. Don à Thomas de Cardi, dit le Chevalier, de l'office d'élu ancien à Angers, pour en faire son profit, et provisions dudit office en faveur de Jacques de Bernouville, nommé par ledit de Cardi. 25 avril 1534. 25 avril.

Arch. nat., Acquits sur l'épargne, J. 962, nº 1, anc. J. 961, nº 3. (*Mention*, dans un acte du 7 avril 1537.)

20726. Lettres de noblesse pour Simon Dubois, de la province de Normandie. 25 avril 1534. 25 avril.

Enreg. à la Chambre des Comptes de Paris, le 15 septembre, même année. Bibl. de l'Arsenal, ms. 4939, fol. 110 vº. (*Mention.*)

IMP. *Dict. des ennoblissements*... Paris, 1788, 2 vol. in-8º, t. I, p. 61. (*Mention.*)

20727. Mandement au Grand conseil de donner avis sur la requête présentée au roi par Jean Verrier, chanoine de la cathédrale de Viviers et prieur de Saint-André-d'Olérargues, au diocèse d'Uzès, à l'effet d'obtenir l'évocation d'un 10 mai.

procès par lui soutenu au Parlement de Toulouse, pour raison du possessoire desdits canonicat et prieuré. 10 mai 1534. 1534.

Mention dans un arrêt du Grand conseil, en date du 13 mai 1534. Arch. nat., V⁵ 1050.

20728. Mandement au Grand conseil de donner avis sur la requête présentée au roi par Philippe de La Roche, protonotaire du Saint-Siège, à l'effet d'obtenir l'évocation d'un procès par lui soutenu au Parlement de Toulouse, pour raison du possessoire du rectorat de Fontrailles. 10 mai 1534. 10 mai.

Mention dans un arrêt du Grand conseil, en date du 13 mai 1534. Arch. nat., V⁵ 1050.

20729. Mandement au Grand conseil de donner avis sur la requête présentée au roi par les habitants de Chaumont-en-Bassigny, à l'effet d'obtenir la concession, par manière d'abonnement, de certaines fermes, en payant annuellement une somme égale au revenu moyen desdites fermes pendant les dix années précédentes. 10 mai 1534. 10 mai.

Mentions dans deux arrêts du Grand conseil, en date des 23 mai et 7 août 1534 [1]. *Arch. nat.*, V⁵ 1050.

20730. Ordonnance modifiant sur certains points celle du 12 février précédent (n° 20686), relative à la solde des gens de guerre. Paris, 11 mai 1534. 11 mai.

Original. Arch. du château de Chantilly, ms. 750, n° 14, fol. 66 v°.

20731. Lettres de retenue de Jacques Huault, avocat au Parlement, comme secrétaire ordinaire du roi, à 6 sous parisis par jour et 10 livres de manteaux par an, en remplacement et sur la résignation de son père, Pierre Huault. Paris, 11 mai 1534. 11 mai.

Copie collat. Bibl. nat., Pièces orig., vol. 1542, Huault, p. 3.

20732. Lettres d'évocation d'un procès pendant au Par- 12 mai.

[1] Le second de ces arrêts porte avis favorable à ladite concession.

lement de Toulouse, entre le syndic de Gaillac et celui d'Albi. 12 mai 1534. 1534.

Mention dans un arrêt du Grand conseil, en date du 25 septembre 1534. Arch. nat., V[5] 1050.

20733. Mandement au Grand conseil de donner avis sur la requête de Gabrielle d'Ornezan, tendant à obtenir l'évocation audit conseil d'un procès par elle soutenu au Parlement de Toulouse, pour raison des biens du feu seigneur de Fendelle, son fils. 14 mai 1534. 14 mai.

Mention dans un arrêt du Grand conseil, en date du 7 novembre 1534, portant avis favorable à ladite évocation. Arch. nat., V[5] 1050.

20734. Don à Benoît Théocrène, précepteur des enfants de France, d'une maison sise rue Bourgtibourg, à Paris, confisquée sur Henri Bohier, par arrêt de la Tour carrée. 15 mai 1534. 15 mai.

Vérifié à la Chambre des Comptes de Paris, anc. mém. 2 G, fol. 119 v°. *Arch. nat.*, PP. 119, p. 27. (*Mention.*)

Bibl. de Rouen, ms. Leber 5870, t. XV, fol. 66 v°. (*Mention.*)

20735. Déclaration de foi et hommage de Jacques de Prael, écuyer, baron de la Hogue, pour ladite baronnie, mouvant de Valognes. Paris, 16 mai 1534. 16 mai.

Original. Arch. nat., Chambre des Comptes de Paris, P. 268[3], n° 3375.

20736. Lettres de noblesse pour Guillaume Foucques, de la province de Normandie. 16 mai 1534. 16 mai.

Enreg. à la Chambre des Comptes de Paris, la même année. Bibl. de l'Arsenal, ms. 4939, fol. 84 v°. (*Mention.*)

IMP. *Dict. des ennoblissements*... Paris, 1788, 2 vol. in-8°, t. I, p. 72. (*Mention.*)

20737. Lettres de noblesse pour Guillaume Le Roux. 16 mai 1534. 16 mai.

Enreg. à la Chambre des Comptes de Paris, la même année. Bibl. de l'Arsenal, ms. 4939, fol. 67. (*Mention.*)

IMP. *Dict. des ennoblissements*... Paris, 1788, 2 vol. in-8°, t. I, p. 121.

20738. Mandement au Grand conseil de donner avis sur la requête présentée au roi par Guillaume Laurens, son procureur à Nantes, à l'effet d'obtenir la mise à exécution de certaines lettres patentes des ducs de Bretagne, Pierre II (27 août 1457) et François II (14 juillet 1459). 17 mai 1534. — 1534. 17 mai.

Mention dans un arrêt du Grand conseil, en date du 23 mai 1534. Arch. nat., V⁵ 1050[1].

20739. Mandement au Grand conseil de donner avis sur la requête présentée au roi par Léonard Gay, conseiller audit conseil, et Aymar Baron, sergent de la sénéchaussée de Périgord, pour obtenir que défenses soient faites au Parlement de Bordeaux d'entreprendre connaissance d'un procès jadis soutenu par eux audit Parlement et, depuis, renvoyé par le roi au Parlement de Rouen. 17 mai 1534. — 17 mai.

Mention dans un arrêt du Grand conseil, en date du 1er juin 1534. Arch. nat., V⁵ 1050.

20740. Lettres en faveur des religieuses béguines de l'Ave-Maria, de l'ordre de Sainte-Claire, à Paris, ordonnant la clôture d'un passage public allant de leur couvent aux anciens murs de la ville, et la démolition d'un mur qui masquait la vue de leur église. Paris, 18 mai 1534. — 18 mai.

Enreg. au Châtelet, le 1er juin suivant. Arch. nat., S. 4642, invent. des titres de l'Ave-Maria, petit reg. non folioté, cote « seiziesme sac ». (*Mention.*)

20741. Lettres de noblesse pour Philippe Fillastre, de la province de Normandie. 18 mai 1534. — 18 mai.

Enreg. à la Chambre des Comptes de Paris, la même année, Bibl. de l'Arsenal, ms. 4939, fol. 118. (*Mention.*)

IMP. *Dict. des ennoblissements*... Paris, 1788, 2 vol. in-8°, t. I, p. 69. (*Mention.*)

20742. Lettres de noblesse pour François Henry, de la province de Normandie. 18 mai 1534. — 18 mai.

Enreg. à la Chambre des Comptes de Paris, la

[1] Le même arrêt mentionne un mandement d'informer sur le contenu de ladite requête, en date du 22 avril 1533.

même année. *Bibl. de l'Arsenal*, ms. 4939, fol. 66. (*Mention.*) 1534.

Imp. *Dict. des ennoblissements*... Paris, 1788, 2 vol. in-8°, t. I, p. 70. (*Mention.*)

20743. Lettres de commission à Claude Musset, lieutenant au bailliage de Blois, pour faire publier des lettres missives du roi touchant la retraite des hommes d'armes et archers sous leurs enseignes et en leurs garnisons. 20 mai 1534. 20 mai.

Bibl. nat., *Pièces orig.*, vol. 2084, Musset, n° 29. (*Mention.*)

20744. Mandement au Grand conseil de donner avis sur la requête présentée au roi par Jacquette Bouesseau, veuve de Pierre de La Vernade, maître des requêtes, à l'effet d'obtenir l'évocation audit conseil d'un procès par elle soutenu aux Parlement et bailliage de Dijon, pour raison de la succession de feu Guillemette Jacqueron, sa mère. 22 mai 1534. 22 mai.

Mention dans un arrêt du Grand conseil, en date du 12 août 1534. Arch. nat., V⁵ 1050.

20745. Lettres de noblesse pour Jean de La Flèche, de la province de Normandie. 23 mai 1534. 23 mai.

Enreg. à la Chambre des Comptes de Paris, la même année. Bibl. de l'Arsenal, ms. 4939, fol. 105 v°. (*Mention.*)

Imp. *Dict. des ennoblissements*... Paris, 1788, 2 vol. in-8°, t. I, p. 69. (*Mention.*)

20746. Lettres portant rétablissement de Hugues Maleras en l'office de receveur général de Guyenne, dont il avait été suspendu en vertu de l'édit de 1531. 27 mai 1534. 27 mai.

Enreg. à la Cour des Aides de Paris. Arch. nat., Recueil Cromo, U. 665, p. 263. (*Mention.*)

20747. Lettres de don à Jean « Delivetz », joueur d'instrument du roi de Navarre, des biens meubles et immeubles de feu Guillaume Damours, originaire de Lombardie, sis au bailliage de Rouen et ailleurs, échus au roi par droit d'aubaine. Paris, mai 1534. Mai.

Enreg. à la Chancellerie de France. Arch. nat., *Trésor des Chartes*, JJ. 247, n° 39, fol. 26.

20748. Lettres de don à Pierre Lemaire, valet de fourrière du dauphin, des biens meubles et immeubles de feu Jean Desjardins, adjugés au roi en vertu du droit d'aubaine, par sentence du bailli d'Amboise. Paris, mai 1534. — 1534. Mai.

Enreg. à la Chancellerie de France. Arch. nat., Trésor des Chartes, JJ. 247, n° 45, fol. 29 v°.

20749. Lettres de légitimation accordées à Colette Guéroust, fille naturelle de feu Guillaume Guéroust et de Guillemette de Caumont, de Laon en Vermandois. Paris, mai 1534. — Mai.

Enreg. à la Chancellerie de France. Arch. nat., Trésor des Chartes, JJ. 247, n° 41, fol. 27.

20750. Lettres de légitimation accordées à Pierre Palat, notaire d'Apchon, au bailliage des Montagnes d'Auvergne, fils naturel de maître Girard Palat. Paris, mai 1534. — Mai.

Enreg. à la Chancellerie de France. Arch. nat., Trésor des Chartes, JJ. 247, n° 67, fol. 45.

20751. Lettres de naturalité accordées à « Dimitre Daugreca », natif de Grèce, archer des ordonnances sous M. le Grand-maître, résidant à Solignat, près Issoire en Auvergne. Paris, mai 1534. — Mai.

Enreg. à la Chancellerie de France. Arch. nat., Trésor des Chartes, JJ. 247, n° 33, fol. 23 v°.

20752. Lettres de naturalité accordées à Philippe et René Cheminart, natifs de Rome, où leur père feu Jean Cheminart, chevalier, originaire d'Angers, s'était établi et marié. Nantouillet, mai 1534. — Mai.

Enreg. à la Chancellerie de France. Arch. nat., Trésor des Chartes, JJ. 247, n° 37, fol. 25 v°.

20753. Mandement au Grand conseil de donner avis sur la requête présentée au roi par Jean Verrier, chanoine de la cathédrale de Viviers et prieur de Cornillon, à l'effet d'obtenir l'évocation au Grand conseil d'un procès par lui soutenu au Parlement de Toulouse, pour — 4 juin.

raison du possessoire desdits canonicat et prieuré. 4 juin 1534. 1534.

Mention dans un arrêt du Grand conseil, en date du 10 juin 1534. Arch. nat., V⁵ 1050.

20754. Lettres accordant à Marc de La Rue, conseiller à la Chambre des Comptes de Bretagne, et à René et Jean Vivien, frères, délai d'un an pour rendre l'hommage dû au roi pour la baronnie du Thour (bailliage de Vitry, châtellenie de Sainte-Menehould). Paris, 5 juin 1534. 5 juin.

Expéd. orig. Arch. nat., P. 162², cote 714.

20755. Commission à François de Saint-André, président au Parlement de Paris, et à plusieurs autres personnages, pour juger en dernier ressort les procès pendants entre le procureur du roi et Étienne de Montmirel, seigneur de Fourqueux, au sujet de la forêt de Cruye (Marly-le-Roi). 7 juin 1534. 7 juin.

Mention dans des lettres de François Iᵉʳ, du 4 septembre 1535. Arch. nat., Z¹ᵃ 869, fol. 11 v°.

20756. Mandement au Grand conseil de donner avis sur la requête présentée au roi par Louis Braillon, docteur en médecine, à l'effet d'obtenir, contre un cens de 4 sous parisis et une rente de 8 sous, payables à la recette ordinaire de Paris, la concession perpétuelle d'un petit bras de la Marne, compris entre le Gort des Portes et le Moulin-Rouge[1]. 7 juin 1534. 7 juin.

Mention dans un arrêt du Grand conseil, en date du 10 juin 1534, portant avis favorable à ladite concession. Arch. nat., V⁵ 1050. (Cf. n° 7141.)

20757. Déclaration de foi et hommage de Charles de Pavyot, abbé commendataire de Saint-Sauveur-le-Vicomte, diocèse de Coutances, pour le temporel de ladite abbaye. Paris, 7 juin 1534. 7 juin.

Original. Arch. nat., Chambre des Comptes de Paris, P. 268³, n° 3474.

[1] Seine, commune de Saint-Maurice?

20758. Provisions de l'office de viguier de Narbonne, en faveur de Louis Alcoynes. 9 juin 1534. — 1534. 9 juin.

Mention dans un arrêt du Grand conseil, en date du 9 août 1536. Arch. nat., V^5 1051.

20759. Déclaration de l'hommage de Julien Aufrie pour un huitième de fief «avecques une fiefe», faisant ensemble un sixième de fief de haubert, nommé le fief de Reculey (bailliage de Caen, vicomté de Vire, paroisse du Reculey). Paris, 11 juin 1534. — 11 juin.

Expéd. orig. Arch. nat., P. 272[2], cote 5490.

20760. Mandement au Grand conseil de donner avis sur la requête présentée au roi par les habitants de Dieppe, pour obtenir l'autorisation de faire «recuire et relaver le sel qui doit estre employé aux salaisons des harans». 12 juin 1534. — 12 juin.

Mention dans un arrêt du Grand conseil, en date du 6 août 1534. Arch. nat., V^5 1050.

20761. Commission au sénéchal de Lyon d'informer sur une requête des chevaucheurs de la poste en Dauphiné, demandant que les postes allant en Italie continuent à passer par le Dauphiné, au lieu de passer par la Provence. Paris, 14 juin 1534. — 14 juin.

Copie du XVIe siècle. Arch. départ. de l'Isère, B. 2910, cah. 27. 1 page.

20762. Lettres de relief de surannation pour la vérification des lettres précédemment accordées aux habitants du Hâvre (n° 4537). Paris, 16 juin 1534. — 16 juin.

Vérifiées à la Chambre des Comptes de Paris, le lendemain.

Enreg. à la Cour des Aides de Normandie, le 24 janvier 1537 n. s. Arch. de la Seine-Inférieure, Mémoriaux, 2e vol., fol. 129 v°. 2/3 de page.

20763. Déclaration de l'hommage de François d'Anglure, chevalier, vicomte d'Étoges, baron de Boursault et de Givry-en-Argonne, capitaine de la poste du roi, pour la seigneurie de Bournonville (bailliage de Vitry, prévôté de — 17 juin.

Sainte-Menehould) et la haute justice y attachée, acquises par lui de Gilles de Conflans. Paris, 17 juin 1534. 1534.

Expéd. orig. Arch. nat., P. 162[2], cote 712.

20764. Lettres de noblesse pour Jacques Rosette, de Saint-Malo. 22 juin 1534. 22 juin.

Enreg. à la Chambre des Comptes de Paris, la même année. Bibl. de l'Arsenal, ms. 4939, fol. 88. (*Mention.*)

Imp. *Dict. des ennoblissements...* Paris, 1788, 2 vol. in-8°, t. I, p. 120. (*Mention.*)

20765. Lettres d'évocation d'un procès pendant entre Adam de Baniquet, seigneur de « Parjotz », et François de Baniquet (*aliàs* Bonnequet), président au Parlement de Bordeaux. 25 juin 1534. 25 juin.

Mention dans un arrêt du Grand conseil, en date du 13 août 1534. Arch. nat., V[5] 1050.

20766. Mandement à la Chambre des Comptes de Paris de faire tenir quitte, par le receveur ordinaire de Châtellerault, Guyon Le Roy, s[r] de Chillou, vice-amiral de France, d'une somme de 5,000 livres tournois, montant des droits seigneuriaux qu'il devait au roi à cause de l'acquisition de la terre et seigneurie de la Touche-d'Avrigny en Châtelleraudais. Saint-Germain-en-Laye, 29 juin 1534. 29 juin.

Imp. *Mémoires de la Société des Antiquaires de l'Ouest*, 2e série, t. IX, ann. 1886. Poitiers, in-8°, 1887, p. 277.

20767. Lettres de légitimation accordées à Charlotte de Clermont, fille naturelle d'un évêque maintenant décédé. Paris, juin 1534. Juin.

Enreg. à la Chancellerie de France. Arch. nat., Trésor des Chartes, JJ. 247, n° 77, fol. 54.

20768. Lettres de légitimation accordées à Jeanne, fille naturelle de frère Pierre Picart, religieux de l'ordre de Saint-Jean de Jérusalem, et de Marie Carlier, du bailliage de Meaux. Paris, juin 1534. Juin.

Enreg. à la Chancellerie de France. Arch. nat., Trésor des Chartes, JJ. 247, n° 87, fol. 57.

20769. Lettres de légitimation accordées à Jean Pierre, fils naturel de Louis Pierre et de Mauricette Beauvillain, natif du Poitou. Paris, juin 1534. 1534. Juin.

Enreg. à la Chancellerie de France. Arch. nat., Trésor des Chartes, JJ. 247, n° 78, fol. 54.

20770. Lettres de naturalité accordées à Pierre Favrincourt, écuyer, natif d'Écosse, homme d'armes des ordonnances de la compagnie du maréchal d'Aubigny, marié à Saulieu en Bourgogne. Paris, juin 1534. Juin.

Enreg. à la Chancellerie de France. Arch. nat., Trésor des Chartes, JJ. 247, n° 85, fol. 56 v°.

20771. Mandement au Parlement de Paris, en faveur du curé et des prêtres de l'église paroissiale d'Ambert, à qui, par testament, feu Jean Bodin, prêtre, avait légué tous ses biens et qui avaient été frustrés de cet héritage par Jean Serva, fils bâtard dudit Bodin. Paris, juin 1534. Juin.

Enreg. à la Chancellerie de France. Arch. nat., Trésor des Chartes, JJ. 247, n° 101, fol. 63 v°.

20772. Déclaration de foi et hommage de Florimond Fortier, s^r de Renay, comme procureur de Claude Fortier, sa sœur, veuve de Guillaume de Seigne, s^r de Boispateau, pour la seigneurie de Faussesbesses (Fosse-Besse, paroisse de Bléré), mouvant d'Amboise. Saint-Germain-en-Laye, 11 juillet 1534. 11 juillet.

Original. Arch. nat., Chambre des Comptes de Paris, P. 12, n° 3969.

20773. Ordonnance portant que les gentilshommes qui auront été nourris comme enfants d'honneur et pages du roi, de la reine et des enfants de France, devront ensuite servir pendant quatre ans au moins dans les compagnies des ordonnances. Saint-Germain-en-Laye, 13 juillet 1534. 13 juillet.

Copie du XVIe siècle. Arch. du château de Chantilly, ms. 750, n° 15, fol. 67 v°.

20774. Lettres par lesquelles le roi commet à la garde 14 juillet.

des jardins du château de Blois Guillemin le More, en remplacement de Paolo de Mercoliano, décédé. Saint-Germain-en-Laye, 14 juillet 1534. 1534.

Vérifiées à la Chambre des Comptes de Blois, le 29 octobre suivant. Arch. nat., KK. 902, fol. 123. (*Mention.*)

20775. Lettres d'évocation d'un procès pendant au Parlement de Toulouse, entre François de Mirambel, seigneur dudit lieu, et Dominique de Sédière, seigneur dudit lieu. 20 juillet 1534. 20 juillet.

Mention dans un arrêt du Grand conseil, en date du 28 septembre 1534. Arch. nat., V⁵ 1050.

20776. Mandement au Grand conseil de donner avis sur la requête présentée au roi par Christophe de Forests, son médecin, à l'effet d'obtenir l'évocation audit conseil d'un procès engagé entre lui et de François de Jarente, président de la chambre rigoureuse d'Aix en Provence. 22 juillet 1534. 22 juillet.

Mention dans un arrêt du Grand conseil, en date du 6 août 1534. Arch. nat., V⁵ 1050.

20777. Lettres de don au roi de Navarre des amendes et confiscations adjugées au roi à l'encontre des meurtriers de feu Hugues de Fontaines, par arrêt du Parlement de Toulouse. 25 juillet 1534. 25 juillet.

Rôle d'expéditions du 3 septembre 1537. Arch. nat., Acquits sur l'épargne, J. 962, n° 38, anc. J. 961, n° 115. (*Mention.*)

20778. Lettres de don à Hans, Charles et Jacques Colles, joueurs de flûte et de tambourin du roi, des biens de feu Simon de Plaisance, joueur de saquebute, étranger non naturalisé, échus au roi par droit d'aubaine. Saint-Germain-en-Laye, juillet 1534. Juillet.

Enreg. à la Chancellerie de France. Arch. nat., Trésor des Chartes, JJ. 247, n° 150, fol. 87 v°.

20779. Lettres de légitimation accordées à Claude et Juillet.

Christophe de Cariolis, fils naturels de Jean de Cariolis, prêtre, protonotaire apostolique, et d'Élise Roche de Provence. Saint-Germain-en-Laye, juillet 1534. 1534.

Enreg. à la Chancellerie de France. Arch. nat., Trésor des Chartes, JJ. 247, n° 167, fol. 97.

20780. Lettres portant octroi pour dix ans, aux habitants de Mézières-sur-Meuse, de l'impôt du huitième denier sur le vin et les boissons vendus en détail audit lieu. Paris, 4 août 1534. 4 août.

Original. Arch. commun. de Mézières (Ardennes), AA. 6.

20781. Mandement au Grand conseil de donner avis sur la requête présentée au roi par Jean d'Estournel, le jeune, et Marie de Habarcq, sa femme, veuve de feu Antoine de Wassiers, seigneur de Hangest, à l'effet d'obtenir des lettres de marque contre les habitants de Cambrai. 4 août 1534. 4 août.

Mention dans un arrêt du Grand conseil, en date du 12 août 1534. Arch. nat., V⁵ 1050.

20782. Lettres d'évocation d'un procès pendant entre Hector, fils de feu François Coutaing, de Vienne, en son vivant associé à la ferme du tirage du sel qui se fait en remontant les rivières du Rhône et de l'Isère, et Jeanne de Verdier, dudit Vienne. 5 août 1534. 5 août.

Mention dans un arrêt du Grand conseil, en date du 14 octobre 1534. Arch. nat., V⁵ 1050.

20783. Mandement pour le remboursement à Pierre de Montfault, président au Parlement de Rouen, auparavant avocat à cette cour, de 4,000 livres tournois qu'il avait prêtées, le 25 juin 1523, au roi pour ses guerres. Paris, 6 août 1534. 6 août.

Original. Bibl. nat., Pièces orig., vol. 1996, Montfault, p. 24.

20784. Déclaration de l'hommage de Claude d'Espagne pour les seigneuries de « Lennaguet », de 6 août.

« Saixes Tholosanes et de Marignaguet » (sénéchaussée de Toulouse). Paris, 6 août 1534. 1534.

Expéd. orig. Arch. nat., P. 556[1], cote 756.

20785. Mandement au Grand conseil de donner avis sur la requête présentée au roi par Jean Mercier, écuyer, à l'effet d'obtenir l'évocation audit conseil d'un procès par lui soutenu au Parlement de Bordeaux. 6 août 1534. 6 août.

Mention dans un arrêt du Grand conseil, en date du 13 août 1534. Arch. nat., V[5] 1050.

20786. Provisions de l'office de sergent à verge au Châtelet de Paris, en faveur de Lorinet Trois-et-Demi. 9 août 1534. 9 août.

Mention dans un arrêt du Grand conseil, en date du 12 mai 1536, donné entre ledit Trois-et-Demi et Jacques Verchot (voir ci-après, au 6 septembre 1534), *et portant adjudication à ce dernier dudit office. Arch. nat.*, V[5] 1051.

20787. Lettres d'évocation d'un procès pendant entre André Alnet, marchand, demeurant à Cognac, d'une part, et Claude Combes, bailli, et Guillaume Choisy, procureur de la dame de Soubise à Soubise, d'autre part. 11 août 1534. 11 août.

Mention dans un arrêt du Grand conseil, en date du 2 septembre 1536, portant renvoi de l'affaire au bailliage de Soubise. Arch. nat., V[5] 1051.

20788. Provisions d'un office d'élu en l'élection de Falaise, en faveur de Pierre Regnault, sur la résignation de Jacques Regnault. Fontainebleau, 17 août 1534. 17 août.

Vérifiées le 19 août 1534, par les généraux des finances.

Enreg. à la Cour des Aides de Normandie, le 22 novembre 1535. Arch. de la Seine-Inférieure, Mémoriaux, 2e vol., fol. 109 v°. 1 page 1/2.

20789. Lettres de noblesse pour Olivier Du Hamel, de la province de Normandie. 17 août 1534. 17 août.

Enreg. à la Chambre des Comptes de Paris, la même année. Bibl. de l'Arsenal, ms. 4939, fol. 75 v° et 114 v°. (*Mentions.*)

Imp. Dict. des ennoblissements... Paris, 1788, 2 vol. in-8°, t. I, p. 62. (*Mention.*)

20790. Déclaration de l'hommage fait entre les mains du roi par le cardinal Du Prat, archevêque de Sens, chancelier de France, pour la moitié par indivis de la seigneurie d'Acy-en-Multien (bailliage et châtellenie de Meaux), acquise par lui du seigneur des Bordes. Fontainebleau, 26 août 1534. — 1534. 26 août.

Expéd. orig. Arch. nat., P. 164², cote 1499.

20791. Lettres portant établissement d'une foire annuelle, le jour de la Saint-Fiacre, en faveur des lépreux de la maladrerie de Saint-Arnoult en Yvelines. Fontainebleau, août 1534. — Août.

Entérinement en date du 31 août 1535. Archives de l'hospice de Saint-Arnoult (Seine-et-Oise), A. 3.

20792. Provisions de l'office de sergent à verge au Châtelet de Paris, en faveur de Jacques Verchot (*aliàs* Verchet), au lieu de Nicolas Courtois, décédé. 6 septembre 1534. — 6 septembre.

Mention dans un arrêt du Grand conseil, en date du 12 mai 1536. Arch. nat., V⁵ 1051.

20793. Déclaration de l'hommage de Jeanne de Morien pour la seigneurie de « Cosnon », au comté de Blois. 12 septembre 1534. — 12 septembre.

Anc. arch. de la Chambre des Comptes de Blois, lay. C. *Arch. nat.*, P. 1479, fol. 70. (*Mention.*)

20794. Déclaration de l'hommage de Jacques Filleul pour la seigneurie du Moulin-Franc (comté de Blois). 15 septembre 1534. — 15 septembre.

Anc. arch. de la Chambre des Comptes de Blois, lay. M. *Arch. nat.*, P. 1479, fol. 247 v°. (*Mention.*)

20795. Déclaration de l'hommage d'Anne Gaillard, veuve de Jean Boudet, pour la seigneurie du Petit-Toisy [1] et de la Héraudière [2] (comté de Blois). 15 septembre 1534. — 15 septembre.

Anc. arch. de la Chambre des Comptes de Blois, lay. J. *Arch. nat.*, P. 1479, fol. 386. (*Mention.*)

[1] Toisy, paroisse de la Chapelle-Vendômoise (P. 1479, fol. 386), à 1 kilom. 200 N. N. E. de ce village.

[2] Paroisse de Santenay (P. 1479, fol. 158), à 2 kilomètres O. S. O. de ce village.

IMPRIMERIE NATIONALE.

20796. Lettres de réception du serment de fidélité prêté par Jacques Ménage, docteur ès lois, au nom de Louise de Mailly, abbesse de la Trinité de Caen, pour le temporel de ladite abbaye. Chambord, 16 septembre 1534. — 1534. 16 septembre.

Expéd. orig. Arch. nat., P. 273[1], cote 5563.

20797. Mandement au Grand conseil de donner avis sur la requête de Corbeyran de Bourdat, seigneur de Casenove et de la Bastide, tendant à obtenir l'évocation audit conseil de procès par lui soutenus au Parlement de Toulouse. 17 septembre 1534. — 17 septembre.

Mention dans un arrêt du Grand conseil, en date du 18 septembre 1534. Arch. nat., V[5] 1050.

20798. Mandement au Grand conseil de donner avis sur la requête de Philippe Durant et de Bertrande Dejean, sa femme, tendant à obtenir l'évocation audit conseil d'un procès par eux soutenu au Parlement de Toulouse. 17 septembre 1534. — 17 septembre.

Mention dans un arrêt du Grand conseil, en date du 18 septembre 1534. Arch. nat., V[5] 1050.

20799. Mandement au Grand conseil de donner avis sur la requête de Jean Cavalier, juge de Millau, tendant à obtenir l'évocation audit conseil d'un procès par lui soutenu au Parlement de Toulouse. 17 septembre 1534. — 17 septembre.

Mention dans un arrêt du Grand conseil, en date du 14 novembre 1534. Arch. nat., V[5] 1051.

20800. Déclaration de l'hommage rendu par . . . . .[(1)], pour la seigneurie de Charbonneau, sise à Fougères[(2)] et pour celle dite du « quartier de Blois » (comté de Blois). 17 septembre 1534. — 17 septembre.

Anc. arch. de la Chambre des Comptes de Blois, lay. C. *Arch. nat.*, P. 1479, fol. 70. (*Mention.*)

20801. Lettres de surannation pour l'entérinement des — 18 septembre.

[(1)] Le nom n'est pas exprimé. Le 28 septembre 1500, Louis XII avait reçu pour Charbonneau l'hommage de Jean du Refuge. (Arch. nat., P. 1479, fol. 71.)

[(2)] A 2 kilom. 500 de ce village.

lettres de naturalité accordées, en novembre 1532 (n° 20486), à Sébastien Gryphe, imprimeur à Lyon. Paris (*sic*), 18 septembre 1534. — 1534.

Copie du XVIe siècle. Arch. du Rhône, reg. des insinuations de la sénéchaussée, Livre du roi, fol. 342.

20802. Déclaration de l'hommage de Jeanne Le Berruyer, veuve de Jean de Villebresme, pour la seigneurie du Rougeon et la dîme des Tresséaux. 18 septembre 1534. — 18 septembre.

Anc. arch. de la Chambre des Comptes de Blois, lay. R. *Arch. nat.*, P. 1479, fol. 348 v°. (*Mention.*)

20803. Déclaration de l'hommage de Denis Perrinet pour la censive de la Bourgaudière, près Chemery, au comté de Blois. 20 septembre 1534. — 20 septembre.

Anc. arch. de la Chambre des Comptes de Blois, lay. B. *Arch. nat.*, P. 1479, fol. 45. (*Mention.*)

20804. Lettres de don à René de La Chapelle, porte-enseigne de la compagnie de M. l'Amiral, des quints, requints et autres droits seigneuriaux qui seront dus au roi à cause de la vente que Jean de La Chapelle, frère dudit René, se propose de faire de la terre et seigneurie de Montgouault, mouvant de la châtellenie de Romorantin. Blois, 21 septembre 1534. — 21 septembre.

Arch. nat., *Acquits sur l'épargne*, J. 962, n° 25, anc. J. 961, n° 135. (*Mention*, dans une confirmation du 15 juin 1537.)

20805. Déclaration de l'hommage de Guillaume Garreau pour la seigneurie et justice d'Autroche, au comté de Blois. 23 septembre 1534. — 23 septembre.

Anc. arch. de la Chambre des Comptes de Blois, lay. A. *Arch. nat.*, P. 1479, fol. 7. (*Mention.*)

20806. Déclaration de l'hommage de Barthélemy de Meung pour les seigneuries de la Ferté-Avrain [1] et de Fougères (comté de Blois). 23 septembre 1534. — 23 septembre.

Anc. arch. de la Chambre des Comptes de Blois, lay. F. *Arch. nat.*, P. 1479, fol. 120 v°. (*Mention.*)

[1] Aujourd'hui la Ferté-Beauharnais.

20807. Lettres de don au s[r] de Charmazel, lieutenant des gardes de la compagnie du sénéchal d'Agénais, de la moitié des lods et ventes recélés au comté de Forez, dont il poursuivra et obtiendra le recouvrement. Bury, 25 septembre 1534. — 1534. 25 septembre.

Rôle d'expéditions du 3 septembre 1537. Arch. nat., Acquits sur l'épargne, J. 961, n° 38, anc. J. 961, n° 115. (*Mention.*)

20808. Déclaration de foi et hommage fait entre les mains du chancelier par Sylvain Godé, procureur de Méry de Lyon, écuyer, pour la seigneurie de La Mothe-du-Bois, sise en la paroisse de Saint-Dyé, au comté de Blois. Blois, 28 septembre 1534. — 28 septembre.

Présentée à la Chambre des Comptes de Blois, le 29 octobre suivant. Arch. nat., KK. 902, fol. 123. (*Mention.*)
Arch. nat., P. 1479, fol. 205 v°. (*Mention.*)

20809. Mandement au Grand conseil de donner avis sur la requête d'Arnaud de Saint-Jean, écuyer, seigneur de Ségousielle, tendant à obtenir l'évocation audit conseil d'un procès soutenu par lui au Parlement de Toulouse, pour raison de la succession de son père. 29 septembre 1534. — 29 septembre.

Mention dans un arrêt du Grand conseil, en date du 12 octobre 1534. Arch. nat., V[5] 1050.

20810. Déclaration de l'hommage de Jeanne Grenaisie, veuve de Thomas Saulton, pour un cens de 40 sous tournois sis au Portail [1], dans la paroisse de Mer, mouvant du comté de Blois. Blois, 30 septembre 1534. — 30 septembre.

Original. Arch. nat., Q[1] 482.
Anc. arch. de la Chambre des Comptes de Blois, lay. P. *Arch. nat*, P. 1479, fol. 281 v°. (*Mention.*)

20811. Lettres permettant d'établir deux foires par an et un marché chaque semaine à la Ferté-Avrain, accordées à Barthélemy de Meung, — Septembre.

[1] Ce lieu semble s'être aussi appelé Montalleux. (Arch. nat., P. 1479, fol. 244.)

écuyer, seigneur de la Ferté-Avrain. Blois, septembre 1534. 1534.

Transcrit à la fin de l'aveu de la Ferté-Avrain, rendu à la Chambre des Comptes de Blois en 1567. Arch. nat., Q[1] 487.

20812. Mandement au Grand conseil de donner avis sur la requête de Michel Blanchart, fermier des biens qui furent à feu Jacques de Beaune en la ville de Montrichard, à l'effet d'obtenir un rabais. 2 octobre 1534. 2 octobre.

Mention dans un arrêt du Grand conseil, en date du 3 octobre 1534. Arch. nat., V[5] 1050.

20813. Mandement au Grand conseil de donner avis sur la requête présentée au roi par Marthe de Ségur, veuve de François de Bonal, Bernard de Ségur, seigneur de Pardailhan, et Gaston de Ségur, seigneur de Saint-Pardoux, à l'effet d'obtenir l'évocation au Grand conseil d'un procès par eux soutenu au Parlement de Bordeaux. 4 octobre 1534. 4 octobre.

Mention dans un arrêt du Grand conseil, en date du 7 octobre 1534. Arch. nat., V[5] 1050.

20814. Mandement au Grand conseil de donner avis sur la requête présentée au roi par Jean de Narbonne, abbé de Moissac, à l'effet d'obtenir l'évocation au Grand conseil des procès par lui soutenus au Parlement de Toulouse, contre Jean de Cardailhac, abbé de Belleperche. 4 octobre 1534. 4 octobre.

Mention dans un arrêt du Grand conseil, en date du 7 octobre 1534. Arch. nat., V[5] 1050.

20815. Mandement au Grand conseil de donner avis sur la requête présentée au roi par Melchior de Castellane, seigneur de la Maigne, à l'effet d'obtenir l'évocation audit conseil d'un procès par lui soutenu au Parlement de Provence. 4 octobre 1534. 4 octobre.

Mention dans un arrêt du Grand conseil, en date du 13 octobre 1534. Arch. nat., V[5] 1050.

20816. Mandement au Grand conseil de donner avis 8 octobre.

sur la requête de Giraude de Casenove, tendant à obtenir l'évocation audit conseil d'un procès par elle soutenu au Parlement de Toulouse. 8 octobre 1534. 1534.

Mention dans un arrêt du Grand conseil, en date du 17 octobre 1534. Arch. nat., V⁵ 1050.

20817. Mandement au Grand conseil de donner avis sur la requête de Jacques Chaussade, seigneur de Colonge, tendant à obtenir l'évocation audit conseil de procès par lui soutenus au Parlement de Bordeaux. 11 octobre 1534. 11 octobre.

Mention dans un arrêt du Grand conseil, en date du 17 octobre 1534. Arch. nat., V⁵ 1050.

20818. Mandement au Grand conseil de donner avis sur la requête des habitants de Chambrais (auj. Broglie), dans l'élection de Bernay, tendant à obtenir une exemption d'impôts afin de rebâtir leur ville, entièrement détruite au mois de juillet 1534. [11-17 octobre 1534[1].] 11-17 octobre.

Mention dans un arrêt du Grand conseil, en date du 17 octobre 1534. Arch. nat., V⁵ 1050.

20819. Déclaration de foi et hommage de Nicolas Le Loup, écuyer, fils et héritier de feu Louis Le Loup, s^r du Bouchet, pour la seigneurie du Bouchet, mouvant de Tours. Amboise, 12 octobre 1534. 12 octobre.

Original. Arch. nat., Chambre des Comptes de Paris, P. 13, n° 4427.

20820. Mandement au sénéchal de Rouergue, à Anne Du Prat, s^r de Verrières, gouverneur de Clermont, et à Étienne Du Bourg, lieutenant de la châtellenie d'Usson, de répartir et lever la somme de 65,922 livres 19 sous 9 deniers tournois sur le haut et bas Rouergue et sur le comté de Rodez, pour leur part de 3,061,000 livres imposées sur tout le 17 octobre.

[1] La date de cette pièce doit se placer entre le 10 octobre, date de la requête, et le 17, date de l'arrêt du Grand conseil.

royaume, plus 485 livres pour les frais des commissaires. Amboise, 17 octobre 1534. 1534.

Copie du XVIe siècle. Arch. départ. de l'Aveyron, C. 1226, fol. 2.

20821. Pouvoirs des commissaires du roi aux États de Languedoc, convoqués à Béziers pour le 25 octobre. Amboise, 17 octobre 1534. 17 octobre.

Copie. Arch. départ. de l'Hérault, C. *États de Languedoc, Recueils des lettres et actes des commissaires du roi aux États*, 1534. 6 pages.

20822. Provisions de l'office de maître des eaux mortes du comté de Blois, en faveur de Denis Mareschal. 18 octobre 1534. 18 octobre.

Présentées à la Chambre des Comptes de Blois, le 7 août 1550. Arch. nat., P. 2881[1], fol. 30 v°. (*Mention.*)

20823. Mandement au Grand conseil de donner avis sur la requête de Léonard Gay, conseiller en ladite cour, tendant à obtenir l'évocation audit conseil de procès pendants au Parlement de Bordeaux. 18 octobre 1534. 18 octobre.

Mention dans un arrêt du Grand conseil, en date du 10 novembre 1534. Arch. nat., V[5] 1050.

20824. Lettres d'évocation d'un procès pendant au Parlement de Provence entre Catherine Stévenesse, de Sénas, et Jean d'Arles, de Salon. 18 octobre 1534. 18 octobre.

Mention dans un arrêt du Grand conseil, en date du 29 mai 1536. Arch. nat., V[5] 1051.

20825. Déclaration de foi et hommage de Louis Dubois, s^r de Montclair, comme procureur de Louis Dubois, s^r des Arpentis, son père, pour les seigneuries de Saint-Lubin et de la Vallinière, ou la Valnière, mouvant d'Amboise. Amboise, 19 octobre 1534. 19 octobre.

Original. Arch. nat., Chambre des Comptes de Paris, P. 12, n° 3970.

20826. Mandement au Grand conseil de donner avis sur la requête de Jean Rousseau, prieur de Semur, tendant à obtenir prorogation du dé- 22 octobre.

lai à lui accordé pour informer sur sa demande en évocation audit conseil d'un procès pendant au Parlement de Dijon. 22 octobre 1534. 1534.

Mention dans un arrêt du Grand conseil, en date du 14 novembre 1534. Arch. nat., V⁵ 1050.

20827. Lettres de reconnaissance de foi et hommage fait entre les mains du chancelier de France, par Pierre du Douet, écuyer, pour la seigneurie du Ruau, sise en la paroisse de Tour, au comté de Blois. Loches, 31 octobre 1534. 31 octobre.

Présentées à la Chambre des Comptes de Blois, le 7 janvier suivant. Arch. nat., KK. 902, fol. 120. (*Mention.*)

Arch. nat., P. 1479, fol. 351. (*Mention.*)

20828. Lettres de don à François de Montbel, s[r] de Berg, gentilhomme ordinaire de la chambre du roi, de tous les biens confisqués sur Étienne Nachon, maître de la Monnaie de Grenoble. Saint-Aignan en Berry, octobre 1534. Octobre.

Enreg. à la Chambre des Comptes de Grenoble, le 19 février 1535. Arch. départ. de l'Isère, B. 2832, fol. 353, 3 pages.

20829. Mandement au Grand conseil de donner avis sur la requête du procureur du roi près ledit conseil, tendant à obtenir l'évocation à ladite cour d'un procès par lui soutenu au Parlement de Toulouse, contre Perrinet Parpaille. 2 novembre 1534. 2 novembre.

Mention dans un arrêt du Grand conseil, en date du 6 novembre 1534. Arch. nat., V⁵ 1050.

20830. Mandement au Grand conseil de donner avis sur la requête d'Antoine de Ferulli, seigneur de Celles, tendant à obtenir l'évocation audit conseil d'un procès par lui soutenu au Parlement de Toulouse. 2 novembre 1534. 2 novembre.

Mention dans un arrêt du Grand conseil, en date du 14 novembre 1534. Arch. nat., V⁵ 1050.

20831. Mandement au Grand conseil de donner avis sur la requête présentée au roi par Antoine de Chambert, seigneur de Rustiques, pour 2 novembre.

obtenir l'évocation audit conseil d'un procès par lui soutenu au Parlement de Toulouse. 2 novembre 1534. 1534.

Mention dans un arrêt du Grand conseil, en date du 16 novembre 1534. Arch. nat., V[5] 1050.

20832. Lettres de noblesse pour Guillaume de Bailleul, de la province de Normandie. 6 novembre 1534. 6 novembre.

Enreg. à la Chambre des Comptes de Paris, la même année. Bibl. de l'Arsenal, ms. 4939, fol. 82 v°. (*Mention.*)

Imp. *Dict. des ennoblissements*... Paris, 1788, 2 vol. in-8°, t. I, p. 38. (*Mention.*)

20833. Lettres de noblesse pour Étienne Blanchart, de la province de Normandie. 6 novembre 1534. 6 novembre.

Enreg. à la Chambre des Comptes de Paris, la même année. Bibl. de l'Arsenal, ms. 4939, fol. 104. (*Mention.*)

Imp. *Dict. des ennoblissements*... Paris, 1788, 2 vol. in-8°, t. I, p. 43. (*Mention.*)

20834. Lettres de noblesse pour Girard Briolin (*aliàs* Briotin), de la province de Normandie. 6 novembre 1534. 6 novembre.

Enreg. à la Chambre des Comptes de Paris, la même année. Bibl. de l'Arsenal, ms. 4939, fol. 79. (*Mention.*)

Imp. *Dict. des ennoblissements*... Paris, 1788, 2 vol. in-8°, t. I, p. 48. (*Mention.*)

20835. Don à Archambaud de Villars, Guillaume de Gibertes et Annet de Fontenet, gentilshommes de la maison de Louis de Nevers, de la somme de 600 écus soleil sur le produit des offices de notaires et sergents du haut et bas pays d'Auvergne, de nouvelle création. Châtellerault, 14 novembre 1534. 14 novembre.

Arch. nat., Acquits sur l'épargne, J. 962, n° 9, anc. J. 961, n° 13. (*Mention*, dans un acte du 30 avril 1537.)

20836. Déclaration concernant la perception des deniers du domaine. 15 novembre 1534. 15 novembre.

Bibl. de Rouen, ms. E. 57, fol. 6 v°. (*Mention*, d'après les *Arch. du Parl. de Rouen.*)

20837. Commission à Jean Cotel, conseiller ordinaire au Grand conseil, pour procéder à l'exécution de la transaction passée, en octobre 1534, entre l'amiral de Brion, au nom du roi, et le duc d'Albany (n° 7384). Amboise, 28 novembre 1534. — 1534. 28 novembre.

Copie du temps. Arch. nat., KK. 1227, fol. 7. 7 pages.

20838. Lettres portant que la cour de Parlement des pays et duché de Bretagne sera maintenue perpétuellement en la ville de Vannes, conformément à plusieurs édits antérieurs, sauf en cas de contagion, auquel ledit Parlement se tiendra dans la ville la plus rapprochée de Vannes. Châtellerault, novembre 1534. — Novembre.

Original en mauvais état. Arch. commun. de Vannes, AA. 1.

20839. Lettres de création de trois foires annuelles à Berric, près Vannes en Bretagne, à la requête de Bertrand de Guyfistre, écuyer, seigneur de Trémohur en ladite paroisse de Berric. Châtellerault, novembre 1534. — Novembre.

Enreg. à la Chancellerie de France. Arch. nat., Trésor des Chartes, JJ. 247, n° 333, fol. 186 v°.

20840. Don à Hilaire de Marconnay, dame de la Berlandière, dame de chambre de la reine, d'une pension annuelle de 300 livres tournois pendant six ans, sur la recette de Châtellerault. 1er décembre 1534. — 1er décembre.

Rôle d'expéditions du 6 mars 1539 n. s. Arch. nat., Acquits sur l'épargne, J. 962, pl. 16, n° 24. (*Mention.*)

20841. Lettres instituant au Parlement de Paris une commission spéciale pour juger les procès en matière d'hérésie, composée de onze membres, Denis Poillot, président, François de Saint-André, conseiller, président des enquêtes, Louis Rouillart, Martin Fumée, Jean Tronson, Jean Hennequin, Jean Ruzé, Charles de La Mothe, Pons Brandon, Pierre — 21 décembre.

Tournebulle et François Ayrault, conseillers. Saint-Germain-en-Laye, 21 décembre 1534. 1534.

Enreg. au Parl. de Paris. Arch. nat., U. 446, fol. 158 v°. 1 page.

20842. Lettres commettant Denis Poillot et François de Saint-André pour instruire le procès des officiers du Parlement de Paris, suspects d'hérésie, en s'adjoignant quatre conseillers parmi les douze ci-dessous désignés : Louis Rouillart, Martin Fumée, Jean Tronson, Jean Hennequin, Jean Ruzé, Pons Tournebulle, François Ayrault, Pons Brandon, Jean Samson, Charles de La Mothe, Antoine Heslin et Claude Tudert. Saint-Germain-en-Laye, 21 décembre 1534. 21 décembre.

Enreg. au Parl. de Paris. Arch. nat., U. 446, fol. 159. 1 page 1/2.

20843. Lettres portant commission d'ambassadeur près de Charles, duc de Gueldres, pour Jacques Colin, aumônier du roi, abbé de Saint-Ambroise, à l'effet de remettre audit duc la ratification du don qu'il a fait au roi et les sommes qui lui sont dues, tant pour sa pension que pour la solde de cent lances placées sous ses ordres. Saint-Germain-en-Laye, 28 décembre 1534. 28 décembre.

Copie collat. insérée dans le contrat passé, le 8 février 1535, entre ledit Colin, pour le roi, et le duc de Gueldres. Arch. nat., J. 997, n° 34.

20844. Lettres de noblesse pour Guillaume Acher, de la province de Normandie. 1534. 1534.

Enreg. à la Chambre des Comptes de Paris, la même année. Bibl. de l'Arsenal, ms. 4939, fol. 98 [1]. (*Mention.*)

[1] Le même recueil contient un grand nombre d'autres mentions d'anoblissements pour des Normands, sous cette date de 1534. Il suffira d'en donner les noms : Martin Amiray (fol. 115); Nicolas Baillet (fol. 90); Jacques Baudouin (fol. 73 v°); Pierre Baudouin (fol. 96 v°); Jean Bernard (fol. 83 v°); Jacques Cyret (fol. 113 v°); Nicolas Desmarets (fol. 90 v°); Guillaume Doisy (fol. 95); Robert Dubois (fol. 116); Arnaud Dubreuil (fol. 78); Michel Durant (fol. 94 v°); Pierre Eudes (fol. 108 v°); Nicole Foucques (fol. 102 v°); Nicolas Gouyon (fol. 99 v°); Guillaume Guillemot (fol. 97 v°); Jean du Halloir (fol. 83); Jean Hémon (fol. 100); Pierre

1535. — Pâques, le 28 mars.

20845. Lettres d'anoblissement pour Pierre André, d'Avranches. 4 janvier 1534. — 1535. 4 janvier.

Enreg. à la Chambre des Comptes de Paris, le 6 décembre suivant. Bibl. de l'Arsenal, ms. 4939, fol. 119. (*Mention.*)

IMP. *Dict. des ennoblissements*... Paris, 1788, 2 vol. in-8°, t. I, p. 34. (*Mention.*)

20846. Lettres prorogeant, en faveur des habitants de Châlons, l'octroi du quatrième denier sur le vin vendu au détail, pour en appliquer le produit aux travaux des fortifications. Paris, 5 janvier 1534. — 5 janvier.

Arch. de la ville de Châlons (Marne), CC. Octrois.

20847. Lettres déléguant Guillaume Poyet, président aux Parlements de Paris et de Bretagne, en remplacement de feu Denis Poillot, pour faire partie de la commission chargée de poursuivre les Luthériens. Paris, 6 janvier 1534. — 6 janvier.

Enreg. au Parl. de Paris. Arch. nat., U. 446, fol. 159 v°. 1 page.

20848. Lettres d'anoblissement pour Guillaume d'Irlande, de la province de Normandie, 7 janvier 1534. — 7 janvier.

Enreg. à la Chambre des Comptes de Paris, la

de La Haye (fol. 72); Jean de La Porte (fol. 92); Louis de La Serre (fol. 124 v°); Geoffroy Le Bas (fol. 104 v°); Pierre Le Chevalier (fol. 99); Alain Lemet (fol. 71); Pierre Lemet (fol. 67 v°); Jean Le Roux (fol. 100 v°); Jacques Le Roy (fol. 81 v°); Pierre Le Sauvage (fol. 103 v°); Pierre Lintot (fol. 72 v°); Blaise Lombot (fol. 71 v°); François Loué (fol. 65 v°); Nicolas Mallet (fol. 111 v°); François du Mesnil (fol. 122 v°); Jean de Montreuil (fol. 96); Jean de Morant (fol. 93); Brandin Morel (fol. 108); Denis Morel (fol. 94); Jean du Mourel (fol. 74 v°); Pierre du Mourel (fol. 74); Jacques Naguet (fol. 109 v°); Philippe Paysan (fol. 82); Pierre Paysan (fol. 119 v°); Jean Péchau (fol. 84); Jean Portier (fol. 86 v° et 123); Michel Potin (fol. 78 v°); Jacques Regnault (fol. 106); Guillaume du Renyé (fol. 79 v°); André Romain (fol. 107); Jean Secelles (fol. 112 v°); Simon Sigonneau (fol. 77 v°); Pierre Turviel (fol. 92 v°); Jacques de Valet (fol. 93 v°); Jacques Yvelin (fol. 94).

même année. Bibl. de l'Arsenal, ms. 4939, fol. 113. (*Mention.*) 1535.

Imp. *Dict. des ennoblissements*... Paris, 1788, 2 vol. in-8°, t. I, p. 87. (*Mention.*)

20849. Lettres de don pour neuf ans à Anne de Montmorency, grand maître et maréchal de France, des revenus de l'étang, maison, chaussée et travers de Gouvieux. Paris, 12 janvier 1534. 12 janvier.

Original. Arch. du château de Chantilly, K. 16, n° 15.

20850. Déclaration de foi et hommage de Livio Crotto, s[r] de Saint-André, gouverneur et capitaine de Melun, comme procureur d'Adrienne, duchesse d'Estouteville, pour ledit duché et les seigneuries de Sahurs, Roncheville et Hambye, mouvant du duché de Normandie. Paris, 12 janvier 1534. 12 janvier.

Original. Arch. nat., Chambre des Comptes de Paris, P. 265[1], n° 1208.

20851. Lettres d'évocation d'un procès pendant au Parlement de Toulouse entre Raymond et Denis Seguit, d'une part, et Rigaut Ouvrier, docteur ès droits, et divers autres personnages, d'autre part. 14 janvier 1534. 14 janvier.

Mention dans un arrêt du Grand conseil, en date du 10 octobre 1536. Arch. nat., V[5] 1051.

20852. Déclaration de l'hommage de Jean du Châtelet, seigneur de Saint-Amand, pour les seigneuries de Changy, Outrepont, Haussignémont, le Fresne, Merlaut (bailliage et châtellenie de Vitry), Cirey et Bouzancourt (bailliage de Chaumont, châtellenie de Vassy). Paris, 15 janvier 1534. 15 janvier.

Expéd. orig. Arch. nat., P. 166[2], cote 2524.

20853. Déclaration de l'hommage d'Anne de Château-Châlon pour la moitié de la seigneurie des Granges, au comté de Blois. 15 janvier 1534. 15 janvier.

Anc. arch. de la Chambre des Comptes de Blois, lay. G. *Arch. nat.*, P. 1479, fol. 151. (*Mention.*)

20854. Commission à François Barbarin, licencié ès 18 janvier.

lois, pour faire le terrier du domaine de la Basse-Marche. Paris, 18 janvier 1534. 1535.

Copie du temps. Arch. nat., K. 1199, n° 14, fol. 84. 8 pages 1/2.

20855. Déclaration de foi et hommage de Jacques de Montgommery, chevalier, s^{r} de Lorges, pour la seigneurie de Ducey, mouvant d'Avranches. Paris, 19 janvier 1534. 19 janvier.

Original. Arch. nat., Chambre des Comptes de Paris, P. 268^{3}, n° 3377.

20856. Lettres d'anoblissement pour Renaut Hébert, de la province de Normandie. 24 janvier 1534. 24 janvier.

Enreg. à la Chambre des Comptes de Paris, la même année. Bibl. de l'Arsenal, ms. 4939, fol. 86 et 115 v°. (*Mentions.*)

IMP. *Dict. des ennoblissements*... Paris, 1788, 2 vol. in-8°, t. I, p. 83. (*Mention.*)

20857. Déclaration de l'hommage de Jean de La Fosse, écuyer, pour la seigneurie de Saint-Germain de Neuville-sur-Touques (bailliage d'Évreux, vicomté d'Orbec), à lui échue par suite du décès de son père. Paris, 25 janvier 1534. 25 janvier.

Expéd. orig. Arch. nat., P. 270^{2}, cote 4292.

20858. Déclaration de l'hommage rendu par Jean de La Fosse, écuyer, au nom de Jean Le Roux, écuyer, pour la seigneurie d'Abenon (auj. la Folletière-Abenon) [bailliage d'Evreux, vicomté d'Orbec], échue audit Le Roux par suite du décès de son père. Paris, 26 janvier 1534. 26 janvier.

Expéd. orig. Arch. nat., P. 270^{2}, cote 4294.

20859. Mandement à la Chambre des Comptes de Paris d'accepter, dans les comptes du receveur des exploits et amendes du Parlement de Toulouse, une somme de 4,000 livres tournois payée par lui à Pierre de La Garde, s^{r} de Saignes, en remboursement d'un prêt fait au roi. Paris, 28 janvier 1534. 28 janvier.

Original. Bibl. nat., Pièces orig. vol. 1912, Meigret, p. 26.

20860. Déclaration de foi et hommage fait entre les mains du chancelier de France, par Jacques d'Étampes, baron de Valençay, pour ladite baronnie. 28 janvier 1534. — 1535. 28 janvier.

Présentée à la Chambre des Comptes de Blois, le 11 mars suivant. Arch. nat., KK. 902, fol. 120 v°. (*Mention.*)

Arch. nat., P. 1479, fol. 409 v°. (*Mention.*)

20861. Lettres portant que les commissaires créés, le 21 décembre précédent, pour l'examen des procès en matière d'hérésie « jugeront lesdites causes d'appel comme par arrest », et que les autres présidents et conseillers du Parlement n'en pourront prendre connaissance. Paris, 29 janvier 1534. — 29 janvier.

Enreg. au Parl. de Paris, le 1er février 1535 n. s. Arch. nat., U. 446, fol. 156. 1 page 1/2.

20862. Lettres portant qu'en attendant la reconstruction et agrandissement de la tour et chambre criminelle du Parlement de Paris, les juges siégeront dans la salle Saint-Louis, « où sont de présent les sacz du greffe civil ». Paris, 29 janvier 1534. — 29 janvier.

Enreg. au Parl. de Paris. Arch. nat., U. 446, fol. 156 v°. 1 page.

20863. Lettres portant que, désormais, dans les procès en matière criminelle, il sera donné exploit à l'encontre des non-comparants à l'audience, qu'ils soient appelants ou intimés, demandeurs, défendeurs ou procureurs. Paris, 29 janvier 1534. — 29 janvier.

Enreg. au Parl. de Paris, le 1er février 1535 n. s. Arch. nat., U. 446, fol. 157 v°. 1 page 1/2.

20864. Commission au roi de Navarre pour agir au nom du roi, dans un voyage qu'il va faire avec la reine dans les pays d'Armagnac et de Bigorre. Paris, 29 janvier 1534. — 29 janvier.

Copie du XVIIIe siècle. Bibl. nat., ms. Clairambault 955, n° 77.

20865. Déclaration de l'hommage fait par l'abbé de Saint-Ruf près Valence, pour des biens situés — Janvier.

à Roquemaure, appelés Fief-Ferrand. Paris, janvier 1534. 1535.

Arch. départ. de l'Hérault, B. 455. (*Mention*.)

20866. Lettres de naturalité accordées à Georges Herfort, natif d'Écosse, archer des ordonnances de la compagnie du maréchal d'Aubigny. Paris, janvier 1534. Janvier.

Enreg. à la Chancellerie de France. Arch. nat., Trésor des Chartes, JJ. 248, n° 7, fol. 3 v°.

20867. Lettres de naturalité accordées à Imbert Peirollier, prêtre, chanoine de Saint-Maurice en Vienne, natif d'Arbent en Savoie, fixé en Dauphiné depuis soixante ans. Paris, janvier 1534. Janvier.

Enreg. à la Chancellerie de France. Arch. nat., Trésor des Chartes, JJ. 248, n° 19, fol. 9 v°.

20868. Lettres autorisant Claude de Clermont, s[r] de Montoison, à racheter de Catherine de Montauban, pour la somme de 12,000 livres, les château, terre et seigneurie de Voiron en Dauphiné, récemment vendus à ladite dame sous faculté de rachat par les commissaires chargés de l'aliénation du domaine. Paris, 1er février 1534. 1er février.

Copie du XVIe siècle. Arch. de l'Isère, B. 2952, cahier 48. 4 pages.

20869. Mandement aux trésoriers de France de faire payer, par le receveur ordinaire d'Auvergne, à Renée de Bourbon, duchesse de Lorraine, le montant des revenus du comté-dauphiné d'Auvergne, échus depuis la date des lettres par lesquelles le roi en a fait don à ladite duchesse (n° 4384). Paris, 1er février 1534. 1er février.

Original, anc. Trésor des Chartes de Lorraine, lay. Mercœur, n° 57. *Bibl. nat.*, ms. Lorraine 219, fol. 202.

Copie du XVIe siècle. Anc. Trésor des Chartes de Lorraine, cartulaire Mercœur. *Arch. de Meurthe-et-Moselle*, B. 410, fol. 48.

20870. Provisions de l'office de juge ordinaire de la 8 février.

vicomté de Narbonne, en faveur d'Arnaud Contadis. 8 février 1534. 1535.

Mention dans un arrêt du Grand conseil, en date du 9 août 1536. Arch. nat., V[5] 1051.

20871. Provisions de l'office de châtelain de Saint-Georges-d'Espéranche en Dauphiné, pour François de Villame, écuyer, s[r] de Saint-Aulas. Paris, 10 février 1534. 10 février.

Enreg. au Parl. de Grenoble, le 18 mars 1535. Arch. de l'Isère, B. 3226, fol. 46. 5 pages 1/2.

20872. Mandement au trésorier de l'épargne de faire payer par le receveur de Coucy 2,000 livres tournois à Pierre Poitevin, grènetier de Coucy, commis au payement des nouvelles constructions du château de Coucy, pour employer au fait de sa commission. Paris, 11 février 1534. 11 février.

Original. Bibl. nat., Pièces orig., vol. 2313, Poitevin, p. 12.

20873. Déclaration de l'hommage de Jacques d'Hellenvilliers, chevalier, pour la seigneurie d'« Ausseville » (peut-être Auzouville-Auberbosc), bailliage de Caux, vicomté de Caudebec. Paris, 11 février 1534. 11 février.

Expéd. orig. Arch. nat., P. 267[1], cote 2388.

20874. Mandement au sénéchal de Lyon de saisir tout le temporel des églises qui peut être revendiqué par le domaine du roi. Paris, 12 février 1534. 12 février.

Copie du XVIe siècle. Arch. du Rhône, reg. des insinuations de la sénéchaussée, Livre du roi, fol. 42 v°.

20875. Mandement au bailli de Senlis de saisir le tiers du temporel des archevêques, évêques, abbés, prieurs et de leurs couvents, et la moitié du temporel des commanderies de Saint-Jean de Jérusalem, de Saint-Antoine de Viennois et autres, afin de subvenir à la défense du royaume. Paris, 12 février 1534. 12 février.

Copie du XVIe siècle. Arch. départ. de l'Aube, fonds de Clairvaux, carton 3 H. 289.

IMPRIMERIE NATIONALE.

20876. Mandement au sénéchal et alloué de Rennes de saisir et de mettre en la main du roi les terres et seigneuries du domaine de la couronne, appartenant à des églises de Bretagne, jusqu'à ce que celles-ci aient montré leurs titres, portant don ou aliénation desdites terres et seigneuries. Paris, 13 février 1534. 1535. 13 février.

Copie collat. du 3 avril 1535. Arch. nat., AA. 55 (pièces relatives à Vitré).

20877. Lettres portant que Jean d'Albon, s[r] de Saint-André, sera payé des gages et droits de son office de bailli et gouverneur de Beaujolais et Dombes, à dater du jour de la mort de Louise de Savoie. 16 février 1534. 16 février.

Enreg. à la Chambre des Comptes, anc. mém. 2 G, fol. 196. *Arch. nat.*, PP. 119, p. 44. (*Mention.*)

Bibl. nat., ms. fr. 21405, p. 330. (*Mention.*)

20878. Lettres d'anoblissement pour Henri Yvelin, de la province de Normandie. 18 février 1534. 18 février.

Enreg. à la Chambre des Comptes de Paris, la même année. Bibl. de l'Arsenal, ms. 4939, fol. 65. (*Mention.*)

Imp. *Dict. des ennoblissements*... Paris, 1788, 2 vol. in-8°, t. I, p. 154. (*Mention.*)

20879. Manifeste adressé aux électeurs, princes, cités et dignitaires de l'empire d'Allemagne, par lequel le roi proteste contre l'accusation portée contre lui d'hostilité à l'égard du Saint-Siège. Saint-Germain-en-Laye, 25 février 1534. 25 février.

Imp. Placard, *Arch. nat.*, K. 1483 (anc. cote B. 2), n° 61.

20880. Don à François de La Vallée, seigneur de Mérobert, porte-enseigne de la compagnie du gouverneur d'Orléans, en garnison à Mouzon, des biens confisqués de feu Adrien Flament, condamné à mort et exécuté, pour ses démérites, par sentence des échevins de la justice ordinaire de Mouzon. Paris, février 1534. Février.

Enreg. à la Chancellerie de France. Arch. nat., Trésor des Chartes, JJ. 248, n° 54, fol. 26.

20881. Lettres restituant à Étiennette de Sainville, noble dame, veuve de feu Claude de Montlart, et à ses cinq filles réduites à l'extrême pauvreté, les biens confisqués sur leur mari et père pour excès et outrages à un sergent royal dans l'exercice de ses fonctions, par sentence du bailli d'Orléans, confirmée par arrêt du Parlement. Paris, février 1534. — 1535. Février.

Enreg. à la Chancellerie de France. Arch. nat., *Trésor des Chartes*, JJ. 248, n° 75, fol. 34 v°.

20882. Lettres de légitimation accordées à Robert de Ferrières, fils naturel de feu Jean de Ferrières, de Périgord, et de Moudine Borgoin. Paris, février 1534. — Février.

Enreg. à la Chancellerie de France. Arch. nat., *Trésor des Chartes*, JJ. 248, n° 48, fol. 24.

20883. Lettres de naturalité accordées à Noël et Guillaume Pascot, frères, natifs de Savoie, venus en France avec Maximilien Sforza, ayant servi depuis le feu vicomte de Turenne, à présent établis et mariés à Saint-Denis-en-France. Paris, février 1534. — Février.

Enreg. à la Chancellerie de France. Arch. nat., *Trésor des Chartes*, JJ. 248, n° 74, fol. 34.

20884. Lettres de naturalité en faveur de Laurent Charle, de Florence. Saint-Germain-en-Laye, février 1534. — Février.

Copie du XVIe siècle. Arch. du Rhône, reg. des insinuations de la sénéchaussée, Livre du roi, fol. 131.

20885. Déclaration de l'hommage de Jean Bignot pour la seigneurie de la Borde, sise dans les paroisses de Cour-Cheverny et de Tour, au comté de Blois. 10 mars 1534. — 10 mars.

Anc. arch. de la Chambre des Comptes de Blois, lay. B. *Arch. nat.*, P. 1479, fol. 44 v°. (*Mention.*)

20886. Lettres ordonnant au Parlement de Paris de juger en la grand'chambre, tous les conseillers lais de cette chambre et ceux de la Tournelle présents, les personnes accusées d'avoir voulu empoisonner le s[r] de Boisy, — 15 mars.

premier gentilhomme de la chambre du roi. Évreux, 15 mars 1534. 1535.

Enreg. au Parl. de Paris. Arch. nat., U. 446, fol. 160. 1 page.

20887. Lettres de survivance en faveur de Jean, fils de Miquelot Ferey, mesureur au grenier à sel du Hâvre. Évreux, 17 mars 1534. 17 mars.

Enreg. à la Cour des Aides de Normandie, le 15 juin 1535. Arch. de la Seine-Inférieure, Mémoriaux, 2e vol., fol. 92 v°. 2 pages.

20888. Lettres portant pouvoir à Jacques Godran, conseiller au Parlement de Dijon, de traiter avec Ulrich, duc de Würtemberg, de la rétrocession, demandée par celui-ci au roi, du comté de Montbéliard et des seigneuries de Blamont, Granges, Clervaux et Passavant. Condé, 18 mars 1534. 18 mars.

Copies collat. dans le traité conclu à ce sujet. Arch. nat., J. 984, nos 7 et 8.

20889. Traité par lequel Ulrich de Würtemberg s'engage à payer à François Ier 50,000 écus d'or soleil pour le prix du comté de Montbéliard. Stuttgart, 3 avril 1535. 3 avril.

Original. Arch. nat., suppl. du Trésor des Chartes, J. 984, n° 6.

20890. Lettres concernant l'administration des établissements hospitaliers de la ville de Troyes, dont l'un appelé l'Hôtel le Comte était de fondation royale. 4 avril 1535. 4 avril.

IMP. *Invent. sommaire des archives hospitalières de Lyon*, rédigé par F. Rolle, Charité ou Aumône générale, série E, p. 10, col. 1. (*Mention.*)

20891. Déclaration de l'hommage rendu par Pierre d'Harcourt, écuyer, au nom de Jean, son père, pour la seigneurie de Rasne et Briouze (bailliage de Caen, châtellenie de Falaise), et les fiefs de Bréville (vicomté de Caen) et de Damp (bailliage de Rouen, vicomté d'Auge, paroisse de Putot). « Teillé[1] », 5 avril 1535. 5 avril.

Expéd. orig. Arch. nat., P. 273[1], cote 5632.

[1] Doit être Tilly, ancien château fort, auj. Boissey-le-Châtel, canton de Bourgthéroulde (Eure).

20892. Lettres de don à François Balahan, greffier des requêtes du Palais, d'une amende de 60 livres parisis par an. 6 avril 1535. — 1535. 6 avril.

Enreg. à la Chambre des Comptes de Paris, anc. mém. 2 G, fol. 281. *Arch. nat.*, PP. 119, p. 60. (*Mention.*)

Bibl. nat., ms. fr. 21405, p. 331. (*Mention.*)

20893. Lettres portant pouvoir à Jacques Godran, conseiller au Parlement de Dijon, et à Paul, seigneur de Termes, de mettre Ulrich, duc de Würtemberg, en possession du comté de Montbéliard et des terres et seigneuries de Blamont, Granges, Clervaux et Passavant, qu'il a rachetés du roi de France. Vatteville, 10 avril 1535. — 10 avril.

Copies collat. dans le traité conclu à ce sujet. Arch. nat., J. 984, n°s 7 et 8.

20894. Déclaration de foi et hommage d'Adrien de Novion, écuyer, s^r de Criquetot, pour la seigneurie du Bosc-Rohart en la sergenterie de Saint-Victor, mouvant de la vicomté de Rouen. Rouen, 13 avril 1535. — 13 avril.

Original. Arch. nat., Chambre des Comptes de Paris, P. 265[1], n° 1185.

20895. Lettres de relief de surannation pour la vérification, à la Chambre des Comptes de Paris, des lettres de réception de l'hommage d'Antoine de Sillans pour la baronnie de Creully, en date du 28 janvier 1532 n. s. (n° 20327). Paris, 15 avril 1535. — 15 avril.

Copie collat., signée Picot, du 16 avril 1535, après Pâques. Arch. nat., P. 273[1], cote 5689.

20896. Mandement à l'administration des Eaux et Forêts de faire jouir Guillaume Prudhomme, général des finances et trésorier de l'épargne, du don que lui a fait le roi du bois mort en la forêt de l'Échelle et au parc de Brie-Comte-Robert. Le Hâvre-de-Grâce, 19 avril 1535. — 19 avril.

Copie collat. Bibl. nat., Pièces orig., vol. 2392, Prudhomme, p. 30.

20897. Traité de rétrocession des comté de Montbé- — 22 avril.

liard, terres et seigneuries de Blamont, Granges, Clervaux et Passavant, faite par les commissaires de François Ier à Ulrich, duc de Würtemberg. Langres, 22 avril 1535. 1535.

Original. Arch. nat., suppl. du Trésor des Chartes, J. 984, n° 7.

Ratification par le duc de Wurtemberg, Stuttgart, 30 avril 1535. Original, ibid., n° 8.

20898. Déclaration de foi et hommage de François Adam, écuyer, comme procureur d'Anne de Saint-Martin, dame de Gouville, veuve de Jean du Saussey, chevalier, pour ladite seigneurie, mouvant de Mortain. Rouen, 27 avril 1535. 27 avril.

Original. Arch. nat., Chambre des Comptes de Paris, P. 268³, n° 3462.

20899. Déclaration de foi et hommage de François Adam, écuyer, comme procureur d'Antoine du Saussey, écuyer, pour la seigneurie de Mesnil-Aubert, mouvant de Coutances. Paris, 27 avril 1535. 27 avril.

Original. Arch. nat., Chambre des Comptes de Paris, P. 268³, n° 3468.

20900. Lettres de don à Guillaume Du Bellay, sr de Langey et du Pont-de-Rémy, des biens de Louis de Canossa, évêque de Bayeux, échus au roi par droit d'aubaine. Rouen, 29 avril 1535. 29 avril.

Enreg. à la Chambre des Comptes de Paris, le 19 juin 1537, anc. mém. 2 H, fol. 183. *Arch. nat.*, PP. 119, p. 23. (*Mention.*)

Bibl. nat., ms. fr. 21405, p. 334. (*Mention.*)

Bibl. nat., ms. Clairambault 782, p. 295. (*Mention.*)

20901. Déclaration de l'hommage de Guillaume de Livet, écuyer, pour le fief de haubert d'Asnières (bailliage d'Évreux, vicomté d'Orbec, paroisse de Saint-Gervais d'Asnières) et le quart de fief de Giard (même bailliage, vicomté de Beaumont-le-Roger, paroisse du Thuit-Signol). Rouen, 29 avril 1535. 29 avril.

Expéd. orig. Arch. nat., P. 270², cote 4290.

20902. Lettres de terrier pour le prieuré de Prix, dépendant de l'abbaye de Saint-Hubert en Ardennes, adressées aux baillis de Vitry et de Vermandois. Paris, 29 avril 1535. 1535. 29 avril.

Copie du XVIIe siècle. Arch. des Ardennes, H. 38, fol. 1. 7 pages.

20903. Lettres de survivance de l'office de juge royal en la ville et viguerie de Narbonne, exercé par Pierre Delort, en faveur de Martin Delort, son fils. 1er mai 1535. 1er mai.

Mention dans un arrêt du Grand conseil, en date du 9 août 1536, donné entre ledit Delort et Arnaud Contadis (voir ci-dessus, 8 février 1535 n. s.), *et portant adjudication de l'office de juge ordinaire en la ville et vicomté de Narbonne à ce dernier. Arch. nat.*, V^5 1051.

20904. Provisions de l'office de grènetier de Pont-Audemer, en faveur de Pierre Pillon, sur la résignation faite à son profit par Robert Le Bignetier. Mauny, 2 mai 1535. 2 mai.

Vérifiées le 20 par les généraux des finances.
Enreg. à la Cour des Aides de Normandie, le 17 juin 1535. Arch. de la Seine-Inférieure, Mémoriaux, 2e vol., fol. 93 v°. 1 page 1/2.

20905. Provisions de l'office de receveur des amendes à la Cour des Aides de Normandie, en faveur de Guillaume Le Sueur, sur la résignation faite à son profit par Robert Baratte. Mauny, 3 mai 1535. 3 mai.

Vérifiées par les généraux des finances, le 15 mai 1535.
Enreg. le 24, à la Cour des Aides de Normandie. Arch. de la Seine-Inférieure, Mémoriaux, 2e vol., fol. 91. 2 pages.

20906. Déclaration de l'hommage de Jean de Vieux-Pont, chevalier, pour le fief de la Cornillère, quart de fief de haubert sis à Vieux-Pont (bailliage de Caen, vicomté de Falaise). Saint-Julien, près Rouen, 3 mai 1535. 3 mai.

Expéd. orig. Arch. nat., P. 272^2, cote 5535.

20907. Déclaration de foi et hommage de Richard Guérard pour le fief des Loups (à la Haye- 3 mai.

Malherbe), mouvant de Pont-de-l'Arche. Saint-Julien, près Rouen, 3 mai 1535. 1535.

Original. Arch. nat., Chambre des Comptes de Paris, P. 265², n° 1449.

20908. Déclaration de l'hommage de Charles Cannart, écuyer, lieutenant général du vicomte de Falaise, pour le fief du château de Pouilly, quart de fief sis à Sassy, Olendon et environs (bailliage de Caen, vicomté de Falaise), jadis possédé par feu Pierre Le Porcher. Saint-Julien-lès-Rouen, 4 mai 1535. 4 mai.

Expéd. orig. Arch. nat., P. 272², cote 5527.

20909. Déclaration de foi et hommage de Jean Guérin, lieutenant général en la vicomté de Rouen, pour la seigneurie du Landin, mouvant de Pont-Audemer. Saint-Julien-lès-Rouen, 4 mai 1535. 4 mai.

Original. Arch. nat., Chambre des Comptes de Paris, P. 264², n° 949.

20910. Commission pour la recherche des fiefs nobles acquis et possédés en Bretagne par des roturiers et pour le payement des droits de francs-fiefs. Vatteville, 10 mai 1535. 10 mai.

Copies collat. du XVIe siècle. Arch. d'Ille-et-Vilaine, C. 3266, et série E (fonds Hévin).

20911. Mandement à M. de Châteaubriant, gouverneur du duché de Bretagne, d'exiger de tous roturiers, même gens d'église et de robe, la déclaration des terres nobles par eux acquises audit duché, de transiger avec ceux qui auront fait ladite déclaration, et d'opérer saisie sur les contrevenants. Vatteville, 10 mai 1535. 10 mai.

Transcription du temps. Arch. nat., K. 1152, n° 31, fol. 19. 8 pages.

20912. Commission à l'amiral Chabot, à Jacques de Genouilhac, dit Galyot, grand écuyer et maître de l'artillerie de France, à Guillaume Poyet, président au Parlement de Paris, et à Guillaume Bochetel, secrétaire du roi et de 11 mai.

ses finances, pour aller à Calais traiter avec les députés du roi d'Angleterre. Vatteville, 11 mai 1535. — 1535.

Trois pouvoirs de teneur différente et de même date.

Copies du XVIe siècle. Bibl. nat., ms. Moreau 790, fol. 215 v°, 217 v°.

20913. Don à Jean de Bonneval, seigneur dudit lieu, capitaine de quarante lances des ordonnances du roi, des deux tiers de la terre de Chatain et autres biens confisqués de Jean et Ambroise de Bonneval. 11 mai 1535. — 11 mai.

Enreg. à la Chambre des Comptes de Paris, anc. mém. 2 G, fol. 231 v°. *Arch. nat.*, PP. 119, p. 49. (*Mention.*)

Bibl. nat., ms. fr. 21405, p. 330. (*Mention.*)

20914. Lettres portant autorisation à Antoine Bohier, général des finances, condamné, comme fils aîné et héritier de Thomas Bohier, à payer au roi la somme de 190,000 livres, d'assigner devant la Cour des Aides de Paris tous les débiteurs dudit Thomas. 11 mai 1535. — 11 mai.

Enreg. à la Cour des Aides de Paris, le 22 juin 1535. Arch. nat., Recueil Cromo, U. 665, p. 264. (*Mention.*)

20915. Lettres autorisant les religieuses de la Trinité de Caen à ne pas faire vérifier l'aveu fourni par elles au roi, le 27 avril 1535, à condition qu'il soit reconnu conforme à ceux fournis en 1483 et 1496, et que l'un de ces deux derniers ait été vérifié. 15 mai 1535. — 15 mai.

Arch. nat., F^{12} 1838. (*Mention.*)

20916. Lettres ratifiant les indults accordés par le pape au cardinal de Clermont, légat d'Avignon, pour l'autoriser à conférer les bénéfices. Arques, 22 mai 1535. — 22 mai.

Enreg. au Parl. de Toulouse. Arch. de la Haute-Garonne, Édits, reg. 4, fol. 46. 2 pages.

20917. Mandement au sénéchal de Beaucaire de faire défense aux officiers de l'évêque de Mende de distraire les sujets de la ville de Florac et — 22 mai.

IMPRIMERIE NATIONALE.

autres habitants de la sénéchaussée de leurs juges ordinaires, conformément aux édits et ordonnances du royaume. 22 mai 1535. 1535.

Copie. Arch. départ. de la Lozère, série G. 96.

20918. Commission à [Jean de Rouvroy], seigneur de Sandricourt, pour procéder à la répartition, entre les villes de Beauvais, Chaumont-en-Vexin, Pontoise, Clermont-en-Beauvaisis et Pont-Sainte-Maxence, du logement de la moitié de la compagnie de cent lances commandée par M. le Grand maître. Beauvais doit en loger trente, Chaumont six, Pontoise sept, Clermont quatre, et Pont-Sainte-Maxence trois. Amiens, 10 juin 1535. 10 juin.

Présentée au conseil de ville de Beauvais, le 28 juin 1535. Arch. commun. de Beauvais, BB. 13, fol. 369 v°. 1 page.

20919. Lettres invitant les gens du Grand conseil à reprendre et à juger la cause pendante entre les consuls de Périgueux et les chanoines de Saint-Front, au sujet de la justice du célérier. Amiens, 11 juin 1535. 11 juin.

Arch. de la ville de Périgueux, FF. 59.

20920. Lettres en faveur du cardinal de Givry, évêque de Langres, portant mainlevée de son temporel et de celui du clergé de son diocèse, sur la promesse qu'il a faite au roi d'un don gratuit et caritatif de la valeur de trois décimes. Amiens, 13 juin 1535. 13 juin.

Copie notariée de 1535. Arch. départ. de l'Aube, fonds de Clairvaux, carton 3 H. 289.

20921. Déclaration portant que les biens ruraux de la sénéchaussée de Quercy sont sujets aux tailles, quelle que soit la qualité des tenanciers. 17 juin 1535. 17 juin.

Présentée au Grand conseil, le 12 novembre 1543.

Bibl. de l'Arsenal, ms. 5169, fol. 112 v°. (*Mention.*)

20922. Lettres enjoignant au sénéchal de Périgord d'informer dans le procès mu entre les 25 juin.

consuls de Périgueux et les chanoines de Saint-Étienne de la Cité, au sujet de la justice civile dans la paroisse de Champcevinel. Péronne, 25 juin 1535. 1535.

Arch. de la ville de Périgueux, FF. 60.

20923. Déclaration pour l'entérinement des lettres précédemment données en faveur des habitants du Hâvre (n° 7877). Saint-Quentin, 25 juin 1535. 25 juin.

Vérifiée par la Chambre des Comptes de Paris, le 23, et par les généraux des finances, le 25 juillet suivant.

Enreg. à la Cour des Aides de Normandie, le 5 août 1535. Arch. de la Seine-Inférieure, Mémoriaux, 2e vol., fol. 99. 1 page 1/2.

20924. Lettres assurant à Simon Burgensis la survivance de l'office de greffier de la Chambre des Comptes de Blois, possédé par son père Roland Burgensis. Saint-Quentin, 27 juin 1535. 27 juin.

Présentées à ladite Chambre, le 27 juillet suivant. Arch. nat., KK. 902, fol. 127. (*Mention.*)

20925. Lettres prorogeant pour six années l'exemption accordée, en 1526, aux habitants de Guise, du Nouvion et d'Hirson. La Fère-sur-Oise, 7 juillet 1535. 7 juillet.

Arch. commun. de Guise (Aisne).

20926. Commission pour faire remettre les clefs de la Rochelle à Charles Chabot, seigneur de Jarnac, maire et gouverneur de ladite ville, nonobstant le serment prêté par le corps municipal de ne remettre lesdites clefs qu'au roi ou à son héritier mâle. La Fère-sur-Oise, 8 juillet 1535. 8 juillet.

Original scellé. Arch. nat., K. 1223.

20927. Lettres ordonnant de mettre et de faire administrer sous la main du roi les places fortes, maisons et biens de l'évêché d'Albi, vacant par la mort du cardinal Du Prat, chancelier de France, archevêque de Sens, évêque 10 juillet.

d'Albi, etc., jusqu'à la nomination de son successeur. La Fère-sur-Oise, 10 juillet 1535. 1535.

Deux copies du XVIe siècle. Arch. nat., suppl. du Trésor des Chartes, J. 936, n°s 12² et 12⁴.

20928. Commission à Robert de Mahiel, s^r de Bonnebosc, de prendre dans les conciergeries des Parlements de Paris et de Rouen, et autres prisons de leurs ressorts, cent soixante criminels « qui ont desservy la mort, et pareillement gens oysifs, ruffiens, larrons, pillarts, et blasphémateurs », pour les faire servir sur la galère neuve l'*Arbalètière* du Hâvre-de-Grâce, dont ledit s^r de Bonnebosc a le commandement. Coucy, 13 juillet 1535. 13 juillet.

Enreg. au Parl. de Normandie. Arch. de la Cour, à Rouen, reg. dit Livre rouge, fol. 35. 2 pages.
Copie du XVIIe siècle. Arch. nat., U. 754, fol. 36 v°. 3 pages.

20929. Provisions en faveur de Charles Chabot, seigneur de Jarnac, gouverneur de la Rochelle, de l'état, érigé en office royal, de maire de ladite ville. Coucy, 13 juillet 1535. 13 juillet.

Copie collat. du 5 février 1537 n. s. Arch. nat., K. 1223.

20930. Lettres portant institution d'un tabellionnage et d'un sceau aux contrats au siège royal de la baronnie de Coucy. La garde dudit sceau est confiée à Jean Corville. Coucy, 18 juillet 1535. 18 juillet.

Copie. Cartulaire de la Chambre des Comptes de Blois. Arch. nat., KK. 896, fol. 463. 2 pages.

20931. Édit de réformation de l'organisation municipale de la Rochelle, portant qu'à l'avenir le maire ne sera plus élu, mais nommé par le roi, et que le nombre des échevins sera réduit de cent à vingt. La Fère-sur-Oise, juillet 1535. Juillet.

Copie collat. du 5 février 1537 n. s. Arch. nat., K. 1223.

20932. Lettres de naturalité en faveur de Perrette Juillet.

Pina, veuve d'Augustin d'Armes. La Fère-sur-Oise, juillet 1535. 1535.

Copie du XVI*e siècle. Arch. du Rhône, reg. des insinuations de la sénéchaussée,* Livre du roi, fol. 44.

20933. Mandement au bailli de Vermandois de ne pas comprendre la ville de Châlons au nombre de celles qui doivent remettre au roi la moitié de leurs deniers communs, mais de la laisser jouir de la totalité de ses deniers, dons et octrois, pour les employer à la réfection des remparts. Reims, 6 août 1535. 6 août.

Arch. de la ville de Châlons (Marne), EE. Fortifications.

20934. Lettres prorogeant, en faveur des habitants de Châlons, l'octroi de 10 sous 6 deniers tournois à prendre sur chaque minot de sel vendu au grenier de leur ville. Reims, 6 août 1535. 6 août.

Arch. de la ville de Châlons (Marne), CC. Octrois.

20935. Lettres relatives au compte d'une somme de 11725 livres tournois empruntée, par la ville de Troyes, pour réparer ses fortifications et subvenir aux dépenses de guerre, lors du siège de Dijon. Reims, 6 août 1535. 6 août.

Original. Arch. municipales de Troyes (Aube), AA. IX, 9e c., 2e l.

Copie. Id., ibid., D. 113, fol. 5.

20936. Déclaration fixant à deux pieds et demi la longueur de la bûche et à un pied et demi celle de la laigne, mesures pour le bois usitées à Dieppe et dans le bailliage de Caux. Reims, 7 août 1535. 7 août.

Rendue conformément à un avis du Grand conseil, en date du 27 juillet 1535.

Copie collat. du 8 avril 1558 n. s., par Rosne, secrétaire royal. Arch. commun. de Rouen, tiroir 174, n° 1.

20937. Mandement au Grand conseil de donner avis sur la requête de Jean de Montréal, tendant 8 août.

à obtenir le renvoi devant une autre cour d'un procès par lui soutenu au Parlement de Bordeaux. 8 août 1535. 1535.

Mention dans un arrêt du Grand conseil, en date du 30 mai 1536. Arch. nat., V[5] 1051.

20938. Mandement aux baillis de Vermandois, de Vitry et de Chaumont et aux élus de Vitry, de Vermandois et de Rethélois, pour le maintien des privilèges octroyés par les rois de France à la Chartreuse de Mont-Dieu. Bar-le-Duc, 21 août 1535. 21 août.

Copie collat. du 4 septembre 1573, signée Marchant et Le Beuf. Arch. des Ardennes, H. 277, fol. 431. 1 page 1/2.

20939. Déclaration portant que par l'édit de création de deux foires à Reims, en avril 1521 (n° 1346), le roi a entendu que ces foires soient franches. Bar-le-Duc, 22 août 1535. 22 août.

Enreg. à la Chambre des Comptes de Paris, le 19 janvier 1548 n. s. Arch. nat., P. 2308, p. 207. 4 pages.

20940. Commission au sénéchal d'Auvergne pour faire dresser le terrier de la baronnie de Mercœur, appartenant au duc et à la duchesse de Lorraine. Bar-le-Duc, 23 août 1535. 23 août.

Original. Bibl. nat., ms. Lorraine 469[1], fol. 205.

20941. Déclaration de l'hommage du connétable de Montmorency pour la seigneurie d'Arcy-Sainte-Restitue, au comté de Soissons. 24 août 1535. 24 août.

Anc. arch. de la Chambre des Comptes de Blois, lay. A. *Arch. nat.*, P. 1479, fol. 7. (*Mention.*)

20942. Mandement aux généraux des finances de donner des lettres d'attache aux patentes portant don de 2,700 livres tournois, accordées à Antoine de Boulliers, s[r] de Cental, attendu qu'il n'a pu faire vérifier ces lettres par le général des finances du Dauphiné, qui est à présent en prison. Saint-Dizier, 31 août 1535. 31 août.

Copie du XVIe siècle. Arch. départ. de l'Isère, B. 2909, cahier LVI. 3 pages.

20943. Lettres de naturalité accordées à Nicolas et Marie Topigoni, frère et sœur, et à Michel Paschipaudi, leur neveu, natifs de l'île de Rhodes, réfugiés en France après la conquête de l'île par les Turcs. Reims, août 1535. — 1535. Août.

Enreg. à la Chancellerie de France. Arch. nat., Trésor des Chartes, JJ. 249, n° 140, fol. 48.

20944. Lettres de garde-gardienne pour le prieuré du Mont-Dieu, de l'ordre des Chartreux, au bailliage de Vermandois. Mouzon, août 1535. — Août.

Copie collat. du 4 septembre 1473, signée Marchant et Le Beuf. Arch. des Ardennes, H. 277, fol. 382 v°. 2 pages 1/2.

20945. Lettres portant autorisation à François de Saint-André, commis, par lettres du 7 juin 1534, pour juger certains procès pendants entre le procureur du roi et Étienne de Montmirel, au cas où il ne pourrait s'adjoindre neuf des conseillers nommés par lesdites lettres, de prendre, pour compléter le nombre prescrit, des conseillers du Parlement non suspects de partialité. Joinville, 4 septembre 1535. — 4 septembre.

Enreg. aux Eaux et forêts. Arch. nat., Z[1e] 869, fol. 11 v°. 1 page 1/2.

20946. Déclaration de foi et hommage d'Anne de Montmorency, grand maître et maréchal de France, pour la terre et seigneurie de Méru, mouvant de Beaumont. Joinville, 5 septembre 1535. — 5 septembre.

Original. Arch. nat., Chambre des Comptes de Paris, P. 5, n° 1626.

20947. Provisions de l'office de châtelain de Saint-Symphorien-d'Ozon en Dauphiné, en faveur d'Antoine Tupin. Joinville, 9 septembre 1525. — 9 septembre.

Enreg. au Parl. de Grenoble, le 25 octobre 1535. Arch. de l'Isère, B. 3226, fol. 68. 5 pages.

20948. Provisions de l'office de grènetier du grenier à sel d'Évreux et de la chambre à sel de Conches en faveur de Thomas Rougeulle, sur la — 11 septembre.

résignation faite à son profit par Jean Hamel. Joinville, 11 septembre 1535. 1535.

Vérifiées le 17, par les généraux des finances.

Enreg. à la Cour des Aides de Normandie, le 24 novembre 1535. Arch. de la Seine-Inférieure, Mémoriaux, 2e vol., fol. 110 v°. 2 pages. — *Idem*, 3e vol., fol. 172. 2 pages.

20949. Lettres autorisant Thomas Rougeulle à se faire remplacer, à ses risques et périls, jusqu'à sa majorité, en l'office de grènetier du grenier à sel d'Évreux et de la chambre à sel de Conches, par Michel Philippe. Joinville, 11 septembre 1535. 11 septembre.

Vérifiées le 17, par les généraux des finances.

Enreg. à la Cour des Aides de Normandie, le 24 novembre 1535. Arch. de la Seine-Inférieure, Mémoriaux, 2e vol., fol. 111 v°. 1 page 1/3. — *Idem*, 3e vol., fol. 173. 1 page 1/3.

20950. Déclaration de foi et hommage de Jacques de Ligneris, lieutenant général du roi au bailliage d'Amiens, pour la terre et haute justice de Crosnes, mouvant de Corbeil. Joinville, 14 septembre 1535. 14 septembre.

Original. Arch. nat., Chambre des Comptes de Paris, P. 2, n° 799.

20951. Lettres portant que la somme de 1,300 livres, provenant de la moitié de la grande coutume de Bayonne, sera restituée à la ville, pour l'employer à la réparation de ses fortifications. Joinville, 18 septembre 1535. 18 septembre.

Original. Arch. de la ville de Bayonne, AA. 15.

20952. Don à François d'Anglure, vicomte d'Étoges, capitaine des gardes de la porte du roi et des mille hommes de pied de la légion de Champagne, de 900 livres tournois sur les droits seigneuriaux dus par sa femme, à cause de la succession de ses frères. 18 septembre 1535. 18 septembre.

Enreg. à la Chambre des Comptes de Paris, anc. mém. 2 G, fol. 269. *Arch. nat.*, PP. 119, p. 59. (*Mention.*)

Bibl. nat., ms. fr. 21405, p. 331. (*Mention.*)

20953. Lettres de réception du serment de fidélité de 19 septembre.

Jean de Bus, évêque de Meaux, pour le temporel de son évêché. Joinville, 19 septembre 1535. 1535.

Expéd. orig. Arch. nat., P. 166², cote 2603.

20954. Déclaration de foi et hommage de Geoffroy de Saint-Belin, écuyer, s^r de Milly, Mirbel et la Genevroye, pour lesdites seigneuries de Mirbel et de la Genevroye, mouvant de Chaumont-en-Bassigny. Chaumont-en-Bassigny, 21 septembre 1535. 21 septembre.

Original. Arch. nat., *Chambre des Comptes de Paris*, P. 170, n° 34.

20955. Lettres attribuant au Grand conseil la connaissance de tous les procès mus entre les consuls de Périgueux et les chanoines de Saint-Front. Langres, 25 septembre 1535. 25 septembre.

Arch. de la ville de Périgueux, FF. 59.

20956. Lettres portant défense de transporter des blés hors du duché de Bourgogne et de les vendre ailleurs qu'aux marchés publics. Is-sur-Tille, 6 octobre 1535. 6 octobre.

Vidimus du XVIe siècle. Arch. municip. de Dijon, G. 256.

20957. Lettres de don de deux cents arpents de futaie en la forêt de Laigle, fait au s^r de la Rochepot et d'Offémont, chevalier de l'ordre du roi, avec faculté de les enclore dans son parc. 7 octobre 1535. 7 octobre.

Enreg. à la Chambre des Comptes de Paris, anc. mém. 2 J, fol. 317 v°. *Arch. nat.*, PP. 119, p. 58. (*Mention.*)
Bibl. nat., ms. fr. 21405, p. 343. (*Mention.*)

20958. Mandement au sénéchal de Rouergue, à Étienne Du Bourg, procureur général au pays d'Auvergne, et à Jean Touillon, secrétaire de la reine de Navarre, de répartir et lever sur le haut et bas Rouergue et sur le comté de Rodez 65,922 livres 19 sous 9 deniers tournois, pour leur part de 3,061,000 livres imposées sur tout le royaume; 3,296 livres 3 sous de crue, à raison de 12 deniers pour livre; et 12 octobre.

6,828 livres 19 sous 6 deniers, pour portion de 30,000 livres imposées au pays de Guyenne; plus 485 livres pour les frais. Is-sur-Tille, 12 octobre 1535. 1535.

Copie du XVIe *siècle. Arch. départ. de l'Aveyron*, C. 1225, fol. 1.

20959. Provisions d'un office de notaire royal à Chambly en faveur de Nicolas Pollé. 18 octobre 1535. 18 octobre.

Mention dans un arrêt du Grand conseil, en date du 31 mai 1536. Arch. nat., V^5^ 1051.

20960. Mandement au sénéchal de Rouergue de lever la mainmise sur le temporel du clergé du diocèse de Rodez, qui a octroyé au roi un don gratuit et caritatif de la valeur de trois décimes, dont les deniers doivent être apportés à Paris aux dépens dudit clergé. Pont-de-Norges (auj. Norges-le-Pont), 21 octobre 1535. 21 octobre.

Original. Arch. départ. de l'Aveyron, G. 68.

20961. Lettres portant commission à Jean Vyon pour le payement des frais extraordinaires de l'artillerie, l'office vacant par la suspension d'Étienne Martineau. 25 octobre 1535. 25 octobre.

Enreg. à la Chambre des Comptes de Paris, anc. mém. 2 G, fol. 267. *Arch. nat.*, PP. 119, p. 59. (*Mention.*)
Bibl. nat., ms. fr. 21405, p. 331. (*Mention.*)

20962. Don à Louis de Clèves, chevalier de l'ordre, capitaine des cent gentilshommes de la maison du roi, de la confiscation des biens de Jean de Ruel. 25 octobre 1535. 25 octobre.

Enreg. à la Chambre des Comptes de Paris, anc. mém. 2 G, fol. 266. *Arch. nat.*, PP. 119, p. 58. (*Mention.*)
Bibl. nat., ms. fr. 21405, p. 331. (*Mention.*)

20963. Provisions de l'office de châtelain de Saint-Marcellin en Dauphiné, en faveur de Guy Vache. Dijon, 4 novembre 1535. 4 novembre.

Enreg. au Parl. de Grenoble, le 18 décembre 1535. Arch. de l'Isère, B. 3226, fol. 92. 4 pages 1/2.

20964. Mandement pour faire ajourner au Grand con- 15 novembre.

seil les chanoines de Saint-Étienne de la Cité de Périgueux, en procès contre les consuls de la ville touchant la justice de Champcevinel. Dijon, 15 novembre 1535. — 1535.

Arch. de la ville de Périgueux, FF. 60.

20965. Lettres portant bail à rente perpétuelle de cinq petites logettes construites au bout du pont au Change, du côté du Châtelet, fait à « Hance Hioncres » (Hans Yoncker), marchand orfèvre à Paris, à condition d'édifier à la place une maison semblable aux autres maisons du pont au Change et de payer chaque année douze deniers de cens et 50 livres de rente. Pagny, novembre 1535. — Novembre.

Enreg. à la Chancellerie de France. Arch. nat., Trésor des Chartes, JJ. 249[1], n° 25, fol. 9.

20966. Provisions en faveur d'Antoine de La Cour, docteur en droit, de l'office de lieutenant particulier du bailli de Viennois et terre de la Tour, juge supérieur du Viennois et son ressort. Pagny, 10 décembre 1535. — 10 décembre.

Copie du XVIe siècle. Arch. de l'Isère, B. 2334, fol. 207 v° 1 page.

20967. Lettres d'évocation d'un procès pendant entre Jean Bernard, clerc au greffe du Parlement de Bourgogne, et Philibert Berbis, conseiller en ladite cour. 10 décembre 1535. — 10 décembre.

Mention dans un arrêt du Grand conseil, en date du 24 mai 1536. Arch. nat., V[5] 1051.

20968. Lettres pour la confection d'un terrier, accordées au chapitre de Saint-Étienne de Troyes. Paris, 18 décembre 1535. — 18 décembre.

Original. Arch. départ. de l'Aube, G. 11, liasse 6.

20969. Provisions sur la présentation du roi et de la reine de Navarre, duc et duchesse d'Alençon, d'un office d'élu en l'élection dudit Alençon, en faveur de Jean Heudey, sur la résignation faite à son profit par Adrien de Launoy. Pagny, 21 décembre 1535. — 21 décembre.

Vérifiées le surlendemain, par les généraux des finances.

Enreg. à la Cour des Aides de Normandie, le 19 juillet 1538. Arch. de la Seine-Inférieure, Mémoriaux, 2ᵉ vol., fol. 169 v°. 2 pages. — 1535.

20970. Lettres d'évocation d'un procès pendant au Parlement de Bordeaux entre Vidal de La Font, curé de l'église paroissiale d'Arzac, au diocèse de Lescar, d'une part, et Arnaud Saux de Grièche, dit Bidart, et Roger d'Espes, d'autre part. 22 décembre 1535. — 22 décembre.

Mention dans un arrêt du Grand conseil, en date du 26 mai 1536. Arch. nat., V⁵ 1051.

20971. Mandement pour faire maintenir Françoise, fille mineure de Jean de La Baume, chevalier, comte de Montrevel, et de feu Françoise de Vienne, en possession de la moitié des biens de feu Bénigne de Granson, femme de feu François de Vienne. La Bruyère, 24 décembre 1535. — 24 décembre.

Original, Bibl. de l'Arsenal, ms. 7209.
Copie du temps. Bibl. de l'Arsenal, ms. 7327, 5 pages 1/2.

20972. Prorogation pour quatre ans de l'octroi précédemment concédé, les 9 décembre 1519 et 4 mars 1527 (nᵒˢ 17207 et 19064), aux habitants de Loches, de 300 livres par an à prélever sur la justice dudit lieu. 28 décembre 1535. — 28 décembre.

Imp. Mémoires de la Société archéologique de Touraine, année 1865, p. 86. *(Mention.)*

20973. Don à Méry de Poix, vice-amiral de Bretagne, de 1,000 écus sur les droits seigneuriaux recélés en Normandie. 29 décembre 1535. — 29 décembre.

Enreg. à la Chambre des Comptes de Paris, anc. mém. 2 G, fol. 283. *Arch. nat.,* PP. 119, p. 61. *(Mention.)*
Bibl. nat., ms. fr. 21405, p. 331.

1536. — Pâques, le 16 avril.

1536.

20974. Déclaration portant que la nomination du capitaine de la Rochelle appartient à Charles Chabot, seigneur de Jarnac, en sa qualité de — 1ᵉʳ janvier.

gouverneur de ladite ville, nonobstant l'opposition du corps municipal. Tournus, 1er janvier 1535. 1536.

Copie collat. du 5 février 1537 n. s. Arch. nat., K. 1223.

20975. Ordonnance faite par le roi, en son Conseil privé, sur le fait de la gendarmerie. 6 janvier 1535. 6 janvier.

Copie du XVIe siècle. Bibl. imp. de Vienne (Autriche), ms. 6979, fol. 190 v°.

20976. Mandement à Guillaume Prudhomme, trésorier de l'épargne, de payer à Guillaume Dupont, marchand à Paris, la somme de 1,125 livres tournois pour fourniture faite au roi de vingt-quatre grosses perles garnies d'or, « en façon de glands », et d'une ceinture d'or garnie de rubis et de diamants. Mâcon, 8 janvier 1535. 8 janvier.

Original. Arch. nat., K. 84, n° 32.

20977. Lettres de ratification de la vente faite par Antoine Bohier de 700 livres de rente sur la ville de Paris à Louis Picot, premier président de la Cour des Aides, moyennant 14,000 livres tournois que ledit Picot en devait payer au roi. 8 janvier 1535. 8 janvier.

Enreg. à la Chambre des Comptes de Paris, anc. mém. 2 G, fol. 291. *Arch. nat.*, PP. 119, p. 62. (*Mention.*)
Bibl. nat., ms. fr. 21405, p. 331. (*Mention.*)

20978. Lettres de don à Anne de Montmorency, grand maître et maréchal de France, de tout le droit d'hypothèque appartenant au roi sur un fief sis à Soisy et à Saint-Prix, près Montmorency, provenant du feu général Poncher. Lyon, 16 janvier 1535. 16 janvier.

Arch. du château de Chantilly, inventaire des titres de Montmorency (XVIe siècle), fol. 306. (*Mention.*)
Vérifiées à la Chambre des Comptes de Paris, anc. mém. 2 G, fol. 297 v°. *Arch. nat.*, PP. 119, p. 64. (*Mention.*)
Bibl. de Rouen, ms. Leber 5870, t. XIV, fol. 57 v°. (*Mention.*)

20979. Lettres de réception du serment de fidélité de François de Créquy, évêque de Thérouanne, pour le temporel dudit évêché. Lyon, 16 janvier 1535. 1536. 16 janvier.

Expéd. orig. Arch. nat., P. 725[2], cote 266.

20980. Mandement au bailli de Blois d'informer de commodo et incommodo sur la requête de Pierre Bourguignon, receveur des aides en l'élection d'Évreux, tendant à obtenir l'autorisation d'établir un colombier à Champigny. 26 janvier 1535. 26 janvier.

Mention dans un arrêt du Grand conseil, en date du 30 juin 1536. Arch. nat., V[5] 1051.

20981. Don de 2,000 livres tournois sur les amendes du Parlement à Michel de Vaudray, gentilhomme de la maison du roi. 29 janvier 1535. 29 janvier.

Enreg. à la Chambre des Comptes de Paris, anc. mém. 2 G, fol. 222 v°. *Arch. nat.*, PP. 119, p. 48. (*Mention.*)
Bibl. nat., ms. fr. 21405, p. 330. (*Mention.*)

20982. Lettres portant mainlevée du temporel de l'abbaye de Cherbourg. Lyon, 31 janvier 1535. 31 janvier.

Original. Arch. de la Manche, H. 2284.

20983. Lettres de légitimation accordées à Charles d'O, fils naturel d'Étienne d'O, prêtre. Cuisery, janvier 1535. Janvier.

Enreg. à la Chancellerie de France. Arch. nat., Trésor des Chartes, JJ. 249[1], n° 23, fol. 8 v°.

20984. Lettres de naturalité accordées à Marguerite Rat, native de Rhodes, réfugiée en France après la prise de l'île par les Turcs, retenue au service de Louise de Savoie, et depuis à celui de la reine Éléonore. Mâcon, janvier 1535. Janvier.

Enreg. à la Chancellerie de France. Arch. nat., Trésor des Chartes, JJ. 249[1], n° 1, fol. 1.

20985. Lettres de légitimation accordées à Sébastien et Arnaud de La Garde, fils naturels de François de La Garde, chevalier de Saint-Jean de Janvier.

Jérusalem, et de Marcelle de La Coste. Lyon, janvier 1535. 1536.

Enreg. à la Chancellerie de France. Arch. nat., Trésor des Chartes, JJ. 249¹, n° 4, fol. 2 v°.

20986. Lettres de légitimation accordées à Martin Sanondi, clerc marié, fils naturel de Léonard Sanondi, prêtre, de Meymac, et de Pernelle Achiessi. Lyon, janvier 1535. Janvier.

Enreg. à la Chancellerie de France. Arch. nat., Trésor des Chartes, JJ. 249¹, n° 6, fol. 3.

20987. Lettres de naturalité accordées à Antoine de Croso, notaire et praticien à Lyon, natif de Pont-de-Veyle en Bresse. Lyon, janvier 1535. Janvier.

Enreg. à la Chancellerie de France. Arch. nat., Trésor des Chartes, JJ. 249¹, n° 21, fol. 7 v°.

20988. Lettres de naturalité accordées à Léonard Spina, natif de Florence, établi depuis vingt-cinq ans à Lyon. Lyon, janvier 1535. Janvier.

Enreg. à la Chancellerie de France. Arch. nat., Trésor des Chartes, JJ. 249¹, n° 7, fol. 3.

20989. Mandement aux commissaires chargés des comptes des décimes et dons levés sur le clergé, de faire payer sur le produit du diocèse de Cahors à [Laurent Toscan], évêque de Lodève, pour ses voyages et ambassades, une somme de 3,000 livres tournois qui lui avait déjà été assignée sur ce revenu, par lettres d'acquit datées d'Orléans, le 30 novembre 1530 (n° 20111). Lyon, 1er février [1535 [1]]. 1er février.

Original. Bibl. nat., ms. fr. 25723, n° 1024.

20990. Lettres de rappel de ban en faveur de Zacharie Bertrand, avocat en Parlement, banni à perpétuité du royaume par sentence du lieutenant criminel de la prévôté de Paris, pour cause de religion. Lyon, 5 février 1535. 5 février.

Enreg. au Parl. de Paris, le 30 avril 1536. Arch. nat., X[2a] 86 (à la date).

[1] La pièce est déchirée; il ne reste plus trace du millésime ni de l'année du règne.

20991. Lettres d'évocation en faveur de Jean Le Comte, seigneur de Brancourt, d'un procès par lui soutenu aux Parlements de Paris et de Rouen. 5 février 1535. 1536. 5 février.

Mention dans un arrêt du Grand conseil, en date du 31 mai 1536. Arch. nat., V⁵ 1051.

20992. Provisions de l'office de prévôt de Belleville, Dracé et Hamorges (Beaujolais), en faveur de Guillaume Chevénechon (ou Chênevechon). 7 février 1535. 7 février.

Mention dans un arrêt du Grand conseil, en date du 26 mai 1536. Arch. nat., V⁵ 1051.

20993. Lettres d'évocation d'un procès pendant au Parlement de Bordeaux entre François de Bauquet et Amanieu Ferrand, écuyer, seigneur de Mauvoisin. 7 février 1535. 7 février.

Mention dans un arrêt du Grand conseil, en date du 9 août 1536. Arch. nat., V⁵ 1051.

20994. Provisions de l'office de procureur général au Parlement de Grenoble, en faveur de Claude Bellièvre, avocat du roi en la sénéchaussée de Lyon, en remplacement de François Faisan, nommé conseiller au même Parlement. Lyon, 10 février 1535. 10 février.

Original. Arch. départ. de l'Isère, B. 3296.

20995. Commission à François de Bourbon, duc d'Estouteville, comte de Saint-Pol, gouverneur du Dauphiné, pour mettre sous la main du roi Montmélian, Chambéry et Saint-Jean de Maurienne, en dédommagement des ville et comté de Nice usurpés par Charles, duc de Savoie, comme aussi d'une partie du marquisat de Saluces, usurpée par le même prince sur le marquis de Saluces, vassal du roi de France, et enfin à cause du refus d'hommage du duc de Savoie pour le Faucigny et autres terres de la mouvance du roi. Lyon, 11 février 1535. 11 février.

Arch. de l'Isère, inventaire ms. des titres de la Chambre des Comptes de Grenoble, Titres étrangers, Savoie. (*Mention.*)

20996. Lettres portant défenses à tous les sujets du royaume de prendre des armoiries sans l'autorisation du roi. 12 février 1535. — 1536. 12 février.

Imp. Dom Morice, *Hist. de Bretagne*, Preuves, t. III, col. 1021. (*Mention.*)

20997. Don à Louis de Bourbon, archevêque de Sens, de la moitié des revenus dudit archevêché tombés en régale depuis la mort de son prédécesseur, Antoine Du Prat. Lyon, 14 février 1535. — 14 février.

Arrêt d'enreg. de la Chambre des Comptes de Paris, anc. mém. 2 G, fol. 363, *en date du 1er septembre 1536. Arch. nat.*, P. 2306, fol. 331.

20998. Provisions de l'office de notaire royal en la sénéchaussée de Lyon pour Rambert de Saint-Pol, en remplacement de feu Jacques Fontfroide. Lyon, 17 février 1535. — 17 février.

Copie du XVIe siècle. Arch. du Rhône, reg. des insinuations de la sénéchaussée, Livre du roi, fol. 43.

20999. Provisions de l'office de maître de la Monnaie de Crémieu, données pour quatre ans à Jacques Pynatel, marchand changeur de Lyon. Lyon, 18 février 1535. — 18 février.

Enreg. au Parl. de Grenoble, le 15 mars 1536. Arch. départ. de l'Isère, B. 2832, fol. 397. 3 pages.

21000. Mandement au Grand conseil de donner avis sur la requête de Jean de Pellegrue, seigneur de Miremont, tendant à obtenir l'évocation audit Conseil d'un procès par lui soutenu au Parlement de Toulouse. 19 février 1535. — 19 février.

Mention dans un arrêt du Grand Conseil, en date du 30 mai 1536. Arch. nat., V5 1051.

21001. Lettres de maîtrise de « barberie, cirurgie, délocations de membres », en faveur de Benoît Favilhan et d'Anne, sa femme. Lyon, 20 février 1535. — 20 février.

Copie du XVIe siècle. Arch. du Rhône, reg. des insinuations de la sénéchaussée, Livre du roi, fol. 48 v°.

21002. Lettres par lesquelles le roi accorde au duc de — 21 février.

Guise l'échange de la terre de Saint-Dizier, aux charges y contenues. 21 février 1535. 1536.

Anc. arch. de la Chambre des Comptes de Joinville, pièce cotée 483. *Arch. nat.*, KK. 906, fol. 406 v°. (*Mention.*)

21003. Mandement à la Chambre des Comptes de procéder à la vérification du don fait à Anne de Montmorency, le 16 janvier précédent, du droit d'hypothèque appartenant au roi sur un fief à Soisy. Crémieu, 27 février 1535. 27 février.

Arch. du château de Chantilly, inventaire des titres de Montmorency (*XVIe siècle*), fol. 306. (*Mention.*)

21004. Commission au sénéchal de Lyon sur le fait des étapes, provisions de vivres et munitions nécessaires pour le passage des gens de guerre, tant de pied que de cheval, en ladite sénéchaussée. 28 février 1535. 28 février.

Mention dans un arrêt du Grand conseil, en date du 1er août 1536. Arch. nat., V⁵ 1051.

21005. Lettres de légitimation accordées à Catherine de Baufremont, fille naturelle de Pierre de Baufremont, chevalier, seigneur de Sennecey. Lyon, février 1535. Février.

Enreg. à la Chancellerie de France. Arch. nat., Trésor des Chartes, JJ. 249¹, n° 28, fol. 10.

21006. Lettres de légitimation accordées à Jean Bonnet, fils naturel de feu Me Annet Bonnet, notaire, et de Marguerite Mallet, du bailliage de Forez. Lyon, février 1535. Février.

Enreg. à la Chancellerie de France. Arch. nat., Trésor des Chartes, JJ. 249¹, n° 48, fol. 15.

21007. Lettres de légitimation accordées à François de La Brosse, fils naturel d'Eustache de La Brosse, écuyer, seigneur dudit lieu en Saintonge, et de Guillemette Marret. Lyon, février 1535. Février.

Enreg. à la Chancellerie de France. Arch. nat., Trésor des Chartes, JJ. 249¹, n° 55, fol. 17 v°.

21008. Lettres de légitimation accordées à Amédée de Condaille, fils naturel de Jean de Condaille Février.

et de Marguerite Grusellier, de Forez. Lyon, février 1535. 1536.

Enreg. à la Chancellerie de France. Arch. nat., Trésor des Chartes, JJ. 249[1], n° 35, fol. 11 v°.

21009. Lettres de légitimation accordées à Jean Eudes (Odo), prêtre de Freney-d'Oisans en Dauphiné, fils naturel de Jacques Eudes, prêtre, et d'Anne, veuve de Mathieu Payen. Lyon, février 1535. (Texte latin.) Février.

Enreg. à la Chancellerie de France. Arch. nat., Trésor des Chartes, JJ. 249[1], n° 44, fol. 14.

21010. Lettres de légitimation accordées à Jean Janny, dit Gaultier, prêtre du diocèse de Lyon, de la paroisse de Saint-Romain-la-Motte, fils naturel d'un prêtre et d'une fille. Lyon, février 1535. Février.

Enreg. à la Chancellerie de France. Arch. nat., Trésor des Chartes, JJ. 249[1], n° 47, fol. 14 v°.

21011. Lettres de légitimation accordées à Marie Thierry, fille naturelle de Pierre Thierry et de Françoise N., de la sénéchaussée d'Auvergne. Lyon, février 1535. Février.

Enreg. à la Chancellerie de France. Arch. nat., Trésor des Chartes, JJ. 249[1], n° 52, fol. 16.

21012. Lettres de légitimation accordées à Bertrand de Villars, natif du duché d'Angoumois, archer de la garde du roi sous le s[r] de Nançay, fils naturel de feu Jean de Villars et de Marie de Foyschappon. Lyon, février 1535. Février.

Enreg. à la Chancellerie de France. Arch. nat., Trésor des Chartes, JJ. 249[1], n° 57, fol. 18.

21013. Lettres de naturalité accordées à Jean Bonnet, natif de Savoie, demeurant à Orliénas dans le Lyonnais. Lyon, février 1535. Février.

Enreg. à la Chancellerie de France. Arch. nat., Trésor des Chartes, JJ. 249[1], n° 33, fol. 11.

21014. Lettres de naturalité accordées à Michel Himberlin et à Catherine Fischel, sa femme, natif des bords du Rhin, tenant une hôtellerie à Lyon. Lyon, février 1535. Février.

Enreg. à la Chancellerie de France. Arch. nat., Trésor des Chartes, JJ. 249[1], n° 29, fol. 10.

21015. Lettres de naturalité accordées à Antoine Lorben, natif de Trèves, marié et établi à Troyes depuis vingt-sept ans. Lyon, février 1535. 1536. Février.

Enreg. à la Chancellerie de France. Arch. nat., Trésor des Chartes, JJ. 249[1], n° 40, fol. 12 v°.

21016. Lettres de naturalité accordées à Melchior de Monchien, natif de Burgos en Espagne, demeurant à Rouen. Lyon, février 1535. Février.

Enreg. à la Chancellerie de France. Arch. nat., Trésor des Chartes, JJ. 249[1], n° 56, fol. 17 v°.

21017. Lettres de naturalité accordées à Louis Renoud, natif de Montréal en Savoie, marié et établi à Villefranche en Beaujolais. Lyon, février 1535. Février.

Enreg. à la Chancellerie de France. Arch. nat., Trésor des Chartes, JJ. 249[1], n° 60, fol. 19.

21018. Lettres de naturalité accordées à Gabriel de Soto, dit de Silva, natif de Tutela au royaume de Navarre, docteur en médecine de la faculté de Montpellier. Lyon, février 1535. Février.

Enreg. à la Chancellerie de France. Arch. nat., Trésor des Chartes, JJ. 249[1], n° 31, fol. 10 v°.

21019. Lettres de naturalité accordées à Claude Teste, marchand établi et demeurant à Lyon, natif de Moncalieri en Piémont. Lyon, février 1535. Février.

Enreg. à la Chancellerie de France. Arch. nat., Trésor des Chartes, JJ. 249[1], n° 74, fol. 23 v°.

21020. Lettres ordonnant la mainlevée du temporel de l'archevêché et du chapitre de Rouen, contre quittance, délivrée par Guillaume Prudhomme, trésorier de l'épargne, du montant des trois décimes octroyées au roi par l'archevêque et ledit chapitre à titre de don gratuit et caritatif. Crémieu, 1er mars 1535. 1er mars.

Vidimus de la vicomté de Rouen, en date du 24 juin 1536. Arch. de la Seine-Inférieure, G. 3620.

21021. Mandement à la Chambre des Comptes de Dauphiné de faire payer à Louis de Clèves, chevalier de l'ordre, une somme de 1,677 li- 11 mars.

vres sur les lods et ventes dus au roi par Jean Palmier, vice-bailli du Viennois, à cause de l'acquisition par lui faite des château et seigneurie de la Bâtie-Montgascon. Crémieu, 11 mars 1535. 1536.

Copie du XVIe siècle. Arch. de l'Isère, B. 2969, fol. 540. 4 pages.

21022. Lettres portant nomination de nouveaux commissaires pour la recherche des fiefs nobles acquis par des roturiers et le payement des droits de francs-fiefs en Bretagne. Crémieu, 12 mars 1535. 12 mars.

Copie. Arch. départ. d'Ille-et-Vilaine, série E. (fonds Hévin).

21023. Provisions de l'office de lieutenant du prévôt d'Orléans en faveur de Guillaume Boucher, licencié ès lois, au lieu de François Vaillant, décédé. 16 mars 1535. 16 mars.

Mention dans un arrêt du Grand conseil, en date du 29 juillet 1536, donné entre ledit Boucher et Jean de Mareau (voir ci-dessus au 16 juillet 1532, n° 20443), *portant adjudication dudit office à ce dernier. Arch. nat.,* V⁵ 1051.

21024. Mandement au bailli de Montferrand, l'autorisant à garder pour les réparations de la ville la moitié de la somme du revenu des aides, qu'il aurait dû envoyer en entier au Louvre, conformément à l'ordonnance. Crémieu, 21 mars 1535. 21 mars.

Original scellé. Arch. municip. de Clermont-Ferrand.

21025. Lettres portant concession pour un an à Claude de Lorraine, duc de Guise, des revenus des greniers à sel de Joinville, Guise, la Ferté-Bernard et Mayenne. 22 mars 1535. 22 mars.

Anc. arch. de la Chambre des Comptes de Joinville, pièce cotée 1169. *Arch. nat.,* KK. 906, fol. 407 v°. (*Mention.*)

21026. Don à Jean Franchet, dit Brazay, valet de chambre de [Philippe Chabot], comte de Buzançais, amiral de France, de 120 écus 25 mars.

d'or soleil, à prendre sur le receveur ordinaire de Montluel. 25 mars 1535. 1536.

Bibl. nat., ms. fr. 25722, n° 722. (*Mention.*)

21027. Provisions de l'office de greffier de l'élection de Rouen en faveur de Jean de Saledaigne, sur la résignation faite à son profit par Michel Deschamps. Crémieu, 27 mars 1535. 27 mars.

Vérifiées le 31, par les généraux des finances.

Enreg. à la Cour des Aides de Normandie, le 27 avril 1536. Arch. de la Seine-Inférieure, Mémoriaux, 2e vol., fol. 116. 1 page.

21028. Lettres renouvelant et prorogeant le don précédemment fait à Marie d'Albret, comtesse de Nevers, des revenus, profits et émoluments des greniers à sel de Nevers, Decize, Saint-Saulge, Clamecy, Moulins-Engilbert, Luzy et Dreux. 27 mars 1535. 27 mars.

Arch. départ. de la Nièvre, B. *Chambre des Comptes de Nevers* (n° 56 de l'invent. de M. Eysenbach).

21029. Édit portant création des bailliages de Chambéry et de la Maurienne, et de deux vice-baillis ou lieutenants des baillis de Savoie, un pour le bailliage de Chambéry et l'autre pour celui de Saint-Jean-de-Maurienne, d'un assesseur ou lieutenant particulier en chacun desdits sièges, et d'un châtelain en chaque château et ville, pour connaître au civil jusqu'à 60 sous et avoir chacun dans son ressort la recette des droits seigneuriaux; les appellations de ces châtelains devant être relevées par-devant lesdits baillis ou leurs lieutenants, et celles de ces derniers au Parlement de Grenoble. Crémieu, mars 1535. Mars.

Arch. de l'Isère, invent. ms. des titres de la Chambre des Comptes de Grenoble, Pays étrangers, Savoie. (*Mention.*)

21030. Lettres de légitimation accordées à Jean Joumard, dit de Suifferte, fils naturel de noble Charles Joumard, non marié, et de Pernelle Mars.

de Mazeau, veuve, de la sénéchaussée de Périgord. Crémieu, mars 1535. 1536.

Enreg. à la Chancellerie de France. Arch. nat., Trésor des Chartes, JJ. 249[1], n° 87, fol. 27 v°.

21031. Lettres de légitimation et de naturalité accordées à Gaspard de la Marche, né à Trino, près de Venise, fils naturel de Guillaume de la Marche et de Jeanne de la Couture. Crémieu, mars 1535. Mars.

Enreg. à la Chancellerie de France. Arch. nat., Trésor des Chartes, JJ. 249[1], n° 89, fol. 28.

21032. Lettres de légitimation accordées à Renée de Nouveau, fille naturelle de feu René de Nouveau et de Jeanne Hawert. Crémieu, mars 1535. Mars.

Enreg. à la Chancellerie de France. Arch. nat., Trésor des Chartes, JJ. 249[1], n° 76, fol. 25.

21033. Lettres de naturalité accordées à Étienne et Louis Boysot, frères, natifs de Lorraine, marchands poêliers établis à Bourges. Crémieu, mars 1535. Mars.

Enreg. à la Chancellerie de France. Arch. nat., Trésor des Chartes, JJ. 249[1], n° 93, fol. 29.

21034. Lettres de naturalité accordées à Jean Delachaulx, marchand établi à Lyon, natif de Chambéry en Savoie. Crémieu, mars 1535. Mars.

Enreg. à la Chancellerie de France. Arch. nat., Trésor des Chartes, JJ. 249[1], n° 82, fol. 26 v°.

21035. Lettres de naturalité accordées à François Navarre, docteur en médecine, natif du royaume de Navarre, attaché depuis quatorze ans au service du roi de Navarre. Crémieu, mars 1535. Mars.

Enreg. à la Chancellerie de France. Arch. nat., Trésor des Chartes, JJ. 249[1], n° 75, fol. 25.

21036. Lettres de naturalité accordées à Jean Riegre, marchand établi à Lyon, natif de Bavière. Crémieu, mars 1535. Mars.

Enreg. à la Chancellerie de France. Arch. nat., Trésor des Chartes, JJ. 249[1], n° 83, fol. 26 v°.

21037. Lettres de naturalité accordées à Lazare de « Unglys », natif de Rivoli en Piémont, demeurant à Anse dans le Lyonnais. Lyon, mars 1535. 1536. Mars.

Enreg. à la Chancellerie de France. Arch. nat., Trésor des Chartes, JJ. 249[1], n° 86, fol. 27 v°.

21038. Déclaration de l'hommage de Charles de Roye, comte de Roucy, gentilhomme de la chambre du roi, pour la seigneurie de Reuil et autres mouvant du château de Châtillon-sur-Marne, au bailliage de Vitry. Saint-Chef, 5 avril 1535. 5 avril.

Expéd. orig. Arch. nat., P. 162[1], cote 510.

21039. Provisions de l'office de lieutenant particulier du bailli de Grésivaudan, au siège de Grenoble, en faveur de Mathieu Chaléon. 7 avril 1535. 7 avril.

Mention dans un arrêt du Grand conseil, en date du 19 juin 1536. Arch. nat., V[5] 1051.

21040. Mandement au Grand conseil de donner avis sur une requête présentée au roi par la veuve de Noël Raoul, en son vivant fermier du greffe de la sénéchaussée d'Anjou à Angers[1]. 13 avril 1535. 13 avril.

Mention dans un arrêt du Grand conseil, en date du 30 mai 1536. Arch. nat., V[5] 1051.

21041. Mandement au Grand conseil de donner avis sur la requête de Jean Martin, fermier des acquêts distraits des héritages de feu Jacques de Beaune, tendant à obtenir sur ladite ferme, montant par an à 525 livres tournois, rabais de 120 livres, « pour raison du temps que certain moulin compris en ladite ferme avoit cessé à mouldre ». 14 avril 1535. 14 avril.

Mention dans un arrêt du Grand conseil, en date du 23 juin 1536. Arch. nat., V[5] 1051.

21042. Lettres déclarant valide le mariage contracté entre Raymond de Gontaut, s[r] de Cabrerets, et Anne d'Auriolle, bien qu'ils soient parents au Avril.

(1) Ledit Raoul avait, en date du 27 mai 1533, présenté une requête tendant à obtenir rabais du prix de ladite ferme.

quatrième degré, et légitimes les enfants qui en naîtront. Saint-Chef, avril 1535. | 1536.

Enreg. à la Chancellerie de France. Arch. nat., Trésor des Chartes, JJ. 249[1], n° 112, fol. 36.

21043. Lettres de légitimation accordées à Antoine, fils naturel de feu Roffert d'Espinchal, écuyer, du bailliage de Saint-Flour, et de Guinotte Soubert. Saint-Chef, avril 1535. | Avril.

Enreg. à la Chancellerie de France. Arch. nat., Trésor des Chartes, JJ. 249[1], n° 113, fol. 36 v°.

21044. Mandement au Grand conseil de donner avis sur la requête de Raymond de Laudun, chanoine et archidiacre d'Uzès, tendant à obtenir l'évocation audit Conseil d'un procès par lui soutenu au Parlement de Toulouse, pour raison du possessoire dudit archidiaconé. 19 avril 1536. | 19 avril.

Mention dans un arrêt du Grand conseil, en date du 16 août 1536. Arch. nat., V[5] 1051.

21045. Mandement au Grand conseil de donner avis sur la requête d'André Broche, official de Vabre, tendant à obtenir l'évocation audit Conseil d'un procès par lui soutenu au Parlement de Toulouse. 19 avril 1536. | 19 avril.

Mention dans un arrêt du Grand conseil, en date du 28 août 1536. Arch. nat., V[5] 1051.

21046. Déclaration de l'hommage de Gabriel de Vassy, écuyer, pour les seigneuries du Mesnil-Patry et de Martragny, au bailliage de Caen. Lyon, 20 avril 1536. | 20 avril.

Expéd. orig. Arch. nat., P. 272[2], cote 5539.

21047. Déclaration de foi et hommage de Guillaume Prudhomme, général des finances, secrétaire du roi, pour la seigneurie du Bourg-Baudouin, située en la paroisse de Nesles-la-Gilberte, mouvant de Melun. Montbrison, 29 avril 1536. | 29 avril.

Original. Arch. nat., Chambre des Comptes de Paris, P. 9, n° 2988.

21048. Déclaration de foi et hommage de Christophe | 30 avril.

de Lévis de Lavieu, protonotaire apostolique, prieur de Formigny, s[r] de Magny-l'Essart, pour la terre de Magny-l'Essart (auj. Magny-les-Hameaux), mouvant de la prévôté de Paris. Montbrison, 30 avril 1536. 1536.

Original. Arch. nat., Chambre des Comptes de Paris, P. 2, n° 801.

21049. Lettres de légitimation accordées à Gabriel, fils naturel de maître Jean Delisle et de feu Sibile de Lafite, de Montpellier. Lyon, avril 1536. Avril.

Enreg. à la Chancellerie de France. Arch. nat., Trésor des Chartes, JJ. 249[1], n° 99, fol. 32 v°.

21050. Lettres de naturalité accordées à Pierre Horlandin (Orlandini), natif de Florence, marchand établi à Lyon depuis quarante-deux ans. Lyon, avril 1536. Avril.

Enreg. à la Chancellerie de France. Arch. nat., Trésor des Chartes, JJ. 249[1], n° 106, fol. 34.

21051. Lettres réintégrant François, marquis de Saluces, en possession de plusieurs fiefs qui avaient été réunis au domaine de la couronne, par suite de la félonie de Jean-Louis de Saluces. Montbrison, 1er mai 1536. 1er mai.

Copie du XVI*e siècle. Turin, Arch. di Stato, Marchesato di Saluzzo*, 4e catégorie, mazzo 9. (Volume de « Titoli prodotti dal marchese Francesco di Saluzzo nella causa contra il duca di Savoia », fol. 33.)

21052. Lettres portant création d'un office de greffier en chacun des sièges particuliers des élus du Perche. Montbrison, 1er mai 1536. 1er mai.

Enreg. à la Cour des Aides de Normandie, le 1er juin 1536. Arch. de la Seine-Inférieure, Mémoriaux, 2e vol., fol. 118 v°. 1 page 1/4.

21053. Mandement au bailli de Dourdan de faire procéder à la confection du terrier des Granges, près Dourdan, appartenant aux religieuses de l'abbaye de Longchamp, près Saint-Cloud. Paris (*sic*), 1er mai 1536. 1er mai.

Copie collat. du XVI*e siècle. Arch. nat.*, R[4*] 479, fol. 3.

21054. Déclaration confirmative des lettres de Charles VIII, portant exemption du ban et de l'arrière-ban en faveur des habitants de Rouen, à la charge de pourvoir par eux à la garde de leur ville. Montbrison, 2 mai 1536. — 1536. 2 mai.

Deux expéditions originales, dont une en forme de charte, et l'autre scellée sur simple queue. Arch. commun. de Rouen, tiroir 6, n° 23.

Copie collat. du XVI*e siècle, signée Fautret, extraite des registres du greffe du bailliage de Rouen. Arch. de la Seine-Inférieure*, G. 3699.

21055. Commission donnée au duc d'Estouteville, gouverneur du Dauphiné, pour réduire sous l'obéissance du roi la haute et basse Tarentaise et autres dépendances du duché de Savoie, omises dans une première commission. Montbrison, 9 mai 1536. — 9 mai.

Arch. de l'Isère, Invent. ms. des titres de la Chambre des Comptes de Grenoble, Pays étrangers, Savoie. (*Mention.*)

21056. Mandement au Grand conseil de donner avis sur la requête présentée au roi par Gaspard de Villeneuve, curé de l'église paroissiale de Saint-Jacques de Muret, près Toulouse, pour obtenir l'évocation au Grand conseil d'un procès par lui soutenu au Parlement de Toulouse. 9 mai 1536. — 9 mai.

Mention dans un arrêt du Grand conseil, en date du 17 mai 1536. Arch. nat., V⁵ 1051.

21057. Mandement au Grand conseil de donner avis sur la requête présentée au roi par François d'Apcher et Marie de Castelnau, pour obtenir l'évocation de procès par eux soutenus aux Parlements de Paris et de Toulouse. 10 mai 1536. — 10 mai.

Mention dans un arrêt du Grand conseil, en date du 16 mai 1536, portant avis favorable à ladite évocation. Arch. nat., V⁵ 1051.

21058. Provisions de l'office de châtelain et receveur de la châtellenie de Frontenard-sur-le-Doubs, en faveur d'Antoine Landroul (*aliàs* Landrot), — 13 mai.

maire de Seurre, au lieu de Jean de Branc, décédé. 13 mai 1536. 1536.

Mentions dans des arrêts du Grand conseil, en date des 22 août 1536 et 1er février 1537 n. s. Arch. nat., V[5] 1051 [1].

21059. Mandement pour la convocation des nobles de la province de Berry à la montre du ban et de l'arrière-ban, le 6 juillet suivant. Montbrison, 15 mai 1536. 15 mai.

Original. Arch. municipales de Bourges, AA. 3.

21060. Provisions pour Jean Duthier de l'office de notaire et secrétaire du roi, laissé vacant par la résignation de Nicolas Robot. Saint-Rambert, 18 mai 1536. 18 mai.

Expéd. authentique. Bibl. nat., coll. du Parlement 453, p. 91.

21061. Lettres portant prorogation pour huit ans des continuations d'octrois accordées aux habitants de Beauvais, les 28 février 1515 n. s. et 3 septembre 1526 (nos 15790 et 18787). Lyon, 23 mai 1536. 23 mai.

Original. Arch. commun. de Beauvais, AA. 6.

21062. Mandement au Grand conseil de donner avis sur la requête de Pierre Du Noyer, tendant à obtenir l'évocation audit conseil d'un procès par lui soutenu au Parlement de Bordeaux. 26 mai 1536. 26 mai.

Mention dans un arrêt du Grand conseil, en date du 30 août 1536. Arch. nat., V[5] 1051.

21063. Commission à Charles de Mouy, chevalier, seigneur de la Meilleraye, capitaine de cinquante hommes d'armes, pour la lieutenance du gou- 29 mai.

[1] Ces deux arrêts déclarent faux l'acte en question. Dans le second, il est dit que ledit Landroul est «convaincu d'avoir falsifié et contrefaict le seing de maistre Jehan Barillon, notaire et secretaire du roy, sur le repply desdictes lettres et icelles faulcement dattées dudict treizeiesme de may, et apposé à la double queue d'icelles ung seel tiré d'unes lettres à simple queue».

vernement de Normandie, en l'absence de l'amiral Chabot. Lyon, 29 mai 1536. 1536.

Enreg. au Parl. de Rouen.

Copie du XVIIe siècle. Bibl. de Rouen, ms. Y. 214, t. I, p. 204. 3 pages 1/2.

21064. Lettres d'évocation d'un procès pendant entre Jean Floret, de Tournon, et Pierre Franconnet. 29 mai 1536. 29 mai.

Mention dans un arrêt du Grand conseil, en date du 9 septembre 1536. Arch. nat., V[5] 1051.

21065. Provisions en faveur d'André Chapperon, commissaire ordinaire de l'artillerie, de l'office, auparavant municipal, de capitaine de la petite tour de la Rochelle, ayant la garde de la chaîne pour laisser entrer et sortir hors du port tous navires, vaisseaux et marchandises. Lyon, 30 mai 1536. 30 mai.

Copie collat. du 20 décembre 1536. Arch. nat., K. 1223.

21066. Commission à Geoffroy de La Chassagne, conseiller au Parlement de Bordeaux, de se transporter vers les archevêques de Bordeaux et d'Auch, les évêques de Périgueux, Sarlat, Condom, Bazas, Lectoure, Tarbes, Dax, Bayonne, Agen, Comminges et Conserans, et le clergé de ces diocèses, pour leur mander au nom du roi de payer sans retard leurs cotisations des trois décimes octroyées au roi par le clergé de France. Lyon, 31 mai 1536. 31 mai.

Copie du XVIe siècle. Arch. nat., suppl. du Trésor des Chartes, J. 939, n° 20, fol. 1 v°, en tête du procès-verbal de la mission dudit de La Chassagne.

21067. Commission à Pierre Hotman, lieutenant général du grand maître des Eaux et forêts, pour procéder à la réformation des forêts de Marchenoir, Fréteval et Château-Renault. Mai 1536. Mai.

Mention dans des lettres de François Ier, du 27 novembre 1536. Arch. nat., Z[1e] 869, fol. 7 v° et 32.

21068. Lettres adressées au comte de Nevers, portant règlement pour les équipages des nobles et 2 juin.

de leurs vassaux, lors de leur départ pour le service du roi en la ville de Bourg-en-Bresse. Lyon, 2 juin 1536. 1536.

Arch. départ. de la Nièvre, B. Chambre des Comptes de Nevers (n° 58 de l'invent. de M. Eysenbach).

21069. Provisions pour Jacques Baudouin de l'office de vicomte et receveur ordinaire d'Orbec, vacant par la résignation faite en sa faveur par Philippe Le Tirant, bien qu'il y ait eu finance payée. Lyon, 5 juin 1536. 5 juin.

Copie du XVIe siècle. Bibl. imp. de Vienne (Autriche), ms. 6979, fol. 132.

21070. Lettres adressées au sénéchal de Limoges, portant consentement du roi à la sécularisation de l'abbaye de Saint-Martial de Limoges, et défenses d'y apporter aucun trouble. 6 juin 1536. 6 juin.

Arch. départ. de la Haute-Vienne, fonds Saint-Martial, répertoire n° 9470, p. 569. (*Mention.*)

21071. Mandement au Grand conseil de donner avis sur la requête des habitants du Lac, de Sigean, Portel, Roquefort-des-Corbières, Montpezat, La Palme, Fullon, Castelmaure, Saint-Jean de Barrou, Fraisses, Villesèque et Quintillan, sur la frontière de Roussillon, tendant à obtenir exemption pour six ans des impôts octroyés au roi par les États de Languedoc. 9 juin 1536. 9 juin.

Mention dans un arrêt du Grand conseil, en date du 14 juin 1536. Arch. nat., V⁵ 1051.

21072. Lettres donnant à Claude d'Apremont la charge et conduite de trois cents hommes de guerre à pied, avec commission de les lever le plus promptement possible. Crémieu, 15 juin 1536. 15 juin.

Mention dans des lettres de rémission octroyées audit d'Apremont, en septembre 1540. Arch. nat., JJ. 253², n° 287, fol. 103.

21073. Lettres de jussion à la Chambre des Comptes pour l'enregistrement du don fait à René de Mailly, sr dudit lieu, écuyer tranchant du 16 juin.

dauphin, de 2,250 livres tournois, moitié des droits seigneuriaux de la terre de Mailly. 16 juin 1536. 1536.

Enreg. à la Chambre des Comptes de Paris, anc. mém. 2 G, fol. 315. *Arch. nat.*, PP. 119, p. 71. (*Mention.*)

Bibl. nat., ms. fr. 21405, p. 331. (*Mention.*)

21074. Lettres portant que les gens d'église, nobles, conseillers et officiers du roi, docteurs ès lois et en médecine « et autres quelconques tenans biens ruraux et d'ancienne contribution » devront contribuer aux tailles. 18 juin 1536. 18 juin.

Enreg. au greffe de Toulouse, registre A. *Arch. nat.*, H. 748^{181 et 182}. (*Mentions.*)

21075. Mandement à Guillaume Prudhomme, trésorier de l'épargne, de verser 600 livres tournois entre les mains de Jean Breton, s^r de Villandry, contrôleur général des guerres, pour le fait de sa charge. 19 juin 1536. 19 juin.

Imp. *Catalogue des chartes du cabinet de M. de M.* (*Magny*). Vente 18-22 mars 1867, par Jacques Charavay, aîné, n° 1272. (*Mention.*)

21076. Lettres de neutralité octroyées au duc de Lorraine pour Marville, Arrancy et autres lieux de la terre commune appartenant par indivis audit duc et à l'Empereur. Lyon, 25 juin 1536. 25 juin.

Copie du temps, sur parchemin. Anc. Trésor des Chartes de Lorraine, lay. Neutralités, n° 2. *Bibl. nat., coll. de Lorraine*, vol. 232, fol. 2.

21077. Lettres portant abolition générale en faveur des Luthériens. Lyon, 30 juin 1536. 30 juin.

Copie du xvi*e siècle. Bibl. impériale de Vienne* (*Autriche*), ms. 6979, fol. 108 v°. 3 pages.

21078. Déclaration de foi et hommage de Jean Des Serpens, protonotaire du Saint-Siège apostolique et abbé commendataire de l'abbaye de Notre-Dame de Cormeilles (diocèse de Lisieux), pour le temporel de ladite abbaye. Lyon, 30 juin 1536. 30 juin.

Original. Arch. nat., Chambre des Comptes de Paris, P. 265[1], n° 1419.

21079. Lettres de don à James Coqueborne (Cockborn), archer de la garde écossaise, des biens meubles et immeubles de feu Thomas Coqueborne, aussi archer de la garde écossaise, échus au roi par droit d'aubaine, le défunt n'ayant pas obtenu de lettres de naturalité. Lyon, juin 1536. — 1536. Juin.

Enreg. à la Chancellerie de France. Arch. nat., Trésor des Chartes, JJ. 250, n° 84, fol. 29.

21080. Lettres de don à André de Rubery, archer de la garde royale dans la compagnie du s^r de Nançay, des biens de feu Bertrand Laqueulhe, prêtre, bâtard, fils de feu Pierre Laqueulhe et de Marguerite Duthiers, confisqués et adjugés au roi par sentence du sénéchal de Périgord. Crémieu, juin 1536. — Juin.

Enreg. à la Chancellerie de France. Arch. nat., Trésor des Chartes, JJ. 249[1], n° 135, fol. 46.

21081. Déclaration concernant les monnaies. 4 juillet 1536. — 4 juillet.

Bibl. de Rouen, ms. E. 57, fol. 7. (*Mention*, d'après les *Arch. du Parl. de Rouen.*)

21082. Commission pour contraindre le trésorier-receveur général d'Auvergne au payement des deniers dus au roi et à la duchesse de Lorraine, pour les termes de Noël 1535 et de la Saint-Jean 1536, en conséquence de l'assignation à eux faite d'une somme de 2,000 livres tournois par an à prendre sur ladite recette, en attendant le rachat par le roi des seigneuries de Fromental, Blesle et Gerzat. Lyon, 10 juillet 1536. — 10 juillet.

Original. Bibl. nat., ms. Lorraine 469[1], fol. 98.

21083. Lettres de neutralité octroyées au cardinal de Lorraine pour les évêchés de Metz, Toul et Verdun, l'abbaye de Gorze, et les châtellenies d'Hattonchâtel, Dombasle[-en-Argonne], Thilly, Mangiennes, Fresnes[-en-Woëvre], Dieulouard et Sampigny. Lyon, 12 juillet 1536. — 12 juillet.

Copie du temps. Bibl. nat., ms. Lorraine 469[1], fol. 150. 2 pages 1/2.

21084. Mandement à la Cour des Aides de Normandie et à la Chambre des Comptes de Bourgogne de procéder à la vérification de la commission précédemment décernée au sieur de La Forêt. Lyon, 13 juillet 1536. — 1536. 13 juillet.

Enreg. à ladite Cour des Aides, le 12 octobre 1536. Arch. de la Seine-Inférieure, Mémoriaux, 2e vol., fol. 121 v°. 1 page.

21085. Mandement pour le payement à Odinet Turquet, lapidaire demeurant à Paris, d'une somme de 1,912 livres. Lyon, 13 juillet 15[36][1]. — 13 juillet.

Original. Bibl. de la ville de Versailles, collection d'autographes, n° 136.

21086. Mandement aux maire et échevins de Bourges, les invitant, en raison des troubles, à faire soigneusement réparer les murailles de la ville, armer les habitants et se pourvoir d'artillerie. Lyon, 14 juillet 1536. — 14 juillet.

Original. Arch. municipales de Bourges, AA. 13.

21087. Déclaration de foi et hommage de François de Renty, écuyer, sr de Ribehem et de Missy-aux-Bois, pour la seigneurie de Baslieux-lès-Fismes, mouvant de Laon. Lyon, 18 juillet 1536. — 18 juillet.

Original. Arch. nat., Chambre des Comptes de Paris, P. 15, n° 5581.

21088. Lettres de réception du serment de fidélité du cardinal Du Bellay, évêque de Paris, pour le temporel dudit évêché, à cause de la régale ouverte par suite de sa promotion au cardinalat. Lyon, 20 juillet 1536. — 20 juillet.

Expéd. orig. Arch. nat., P. 725², cote 269.

21089. Lettres de réception de foi et hommage fait au roi par Macé Piéfort, pour une censive sise à «Plainvilliers», au comté de Blois. Lyon, 27 juillet 1536. — 27 juillet.

Présentées à la Chambre des Comptes de Blois, le 1er août suivant. Arch. nat., KK. 902, fol. 132 v°. *(Mention.)*

[1] Cette pièce est mutilée.

21090. Mandement [au trésorier de l'épargne] de payer la somme de 1,493 livres 15 sous tournois, pour achat de différentes tapisseries et pour leur transport de Paris à Lyon. Lyon, 31 juillet 1536. — 1536. 31 juillet.

Imp. Catalogue de lettres. Vente le 28 mars 1882, par Eugène Charavay, n° 138. (*Mention.*)

21091. Lettres de don à Laurent Du Brou, sommelier de paneterie du roi, des biens de feu Jeanne Morand, sa femme, échus au roi par droit d'aubaine, ladite Jeanne étant décédée bâtarde non légitimée. Lyon, juillet 1536. — Juillet.

Enreg. à la Chancellerie de France. Arch. nat., Trésor des Chartes, JJ. 250, n° 81, fol. 28 v°.

21092. Lettres de légitimation accordées à Guillaume Henauldeau, fils naturel de Simon Haulder (*sic*), prêtre, et de feu Jeanne Vimera, femme de Pierre Morin. Lyon, juillet 1536. — Juillet.

Enreg. à la Chancellerie de France. Arch. nat., Trésor des Chartes, JJ. 249[1], n° 134, fol. 46.

21093. Lettres de naturalité accordées à Jean de La Salle, pauvre gentilhomme de la vicomté de Mauléon de Soule, né au royaume d'Aragon, dans un séjour que ses parents avaient dû y faire, vingt-cinq ans auparavant, à cause dela famine qui régnait en ladite vicomté. Lyon, juillet 1536. — Juillet.

Enreg. à la Chancellerie de France. Arch. nat., Trésor des Chartes, JJ. 249[1], n° 129, fol. 44.

21094. Lettres d'anoblissement accordées à François Lamy, valet de chambre du roi, pour lui et sa postérité. Juillet 1536. — Juillet.

Enreg. à la Chambre des Comptes de Paris, anc. mém. 2 H, fol. 104. *Arch. nat.*, PP. 119, p. 13. (*Mention.*)

Bibl. de Rouen, ms. Leber 5870, t. XIV, fol. 59. (*Mention.*)

21095. Mandement au Grand conseil de donner avis sur la requête de Jacques de Pons, chevalier, et de Catherine de Biron, sa femme, seigneur et dame de Mirambeau, « tendant à ce que — 1er août.

delay luy soit prorogé d'un moys pour faire parachever d'executer les lettres d'evocation dont mencion est faicte en ladicte requeste ». 1er août 1536. 1536.

Mention dans un arrêt du Grand conseil, en date du 3 août 1536, portant avis favorable à ladite prorogation. Arch. nat., V5 1051.

21096. Mandement au trésorier de la charge d'Outre-Seine et Yonne d'informer sur la requête de Jacques Clivier, ex-fermier des ports et hauts passages des bailliages de Sens et de Chaumont, tendant à obtenir rabais de ladite ferme. 1er août 1536. 1er août.

Mention dans un arrêt du Grand conseil, en date du 12 janvier 1537 n. s. Arch. nat., V5 1051.

21097. Provisions de l'office de châtelain de Château-Dauphin, en faveur d'Antoine Escalin, dit le capitaine Poulain. Tournon, 7 août 1536. 7 août.

Enreg. au Parl. de Grenoble, le 27 février 1537. Arch. de l'Isère, B. 3226, fol. 122. 7 pages.

21098. Lettres demandant aux habitants de Troyes d'avancer au roi et de répartir sur les plus aisés de la ville une somme de 25,000 livres tournois, à titre de prêt, dont les intérêts leur seront payés au denier douze. Valence, 17 août 1536. 17 août.

Copie du XVIe siècle. Arch. municipales de Troyes, AAx, 21e carton, 1re liasse.

21099. Provisions de l'office de grènetier de Honfleur, en faveur de Claude Le Bignetier, sur la résignation de Laurent de Nantes. Valence, 20 août 1536. 20 août.

Vérifiées par les généraux des finances, le 29 août 1536.

Enreg. le 12 octobre suivant, à la Cour des Aides de Normandie. Arch. de la Seine-Inférieure, Mémoriaux, 2e vol., fol. 122. 1 page 1/2.

21100. Lettres de neutralité en faveur des maître-échevin et treize jurés de Metz. Valence, 25 août 1536. 25 août.

Original. Arch. communales de Metz, carton 85. (Classement provisoire donné par l'inventaire publié en 1880.)

21101. Mandement au Grand conseil de donner avis sur la requête d'Antoine de Saint-Salvadour, lieutenant général de la sénéchaussée de Guyenne, et de Pierre de Masparault, greffier de ladite sénéchaussée, tendant à obtenir l'évocation audit conseil d'un procès pendant au Parlement de Bordeaux entre eux et Guy de Maisonneuve, garde des sceau et contre-sceau aux contrats dudit Bordeaux, pour raisons de leurs offices. 25 août 1536. — 1536. 25 août.

Mention dans un arrêt du Grand conseil, en date du 10 novembre 1536. Arch. nat., V[5] 1051.

21102. Mandement à la Chambre des Comptes de passer et allouer aux comptes des maire et échevins de Bourges, comme s'ils les avaient employés aux fortifications de la ville, tous les deniers antérieurement dépensés pour subvenir aux ravages de la peste, à l'établissement d'un *sanitat*, à la construction de nouvelles écoles et à l'entretien des professeurs de l'Université. Valence, 26 août 1536. — 26 août.

Original. Arch. municipales de Bourges, CC. 126.

21103. Lettres de légitimation accordées à Mathieu Martinel, fils naturel de maître Gabriel Martinel et de Béatrix Bafford, du bailliage de Forez. Lyon, août 1536. — Août.

Enreg. à la Chancellerie de France. Arch. nat., Trésor des Chartes, JJ. 249[1], n° 132, fol. 45 v°.

21104. Lettres de légitimation accordées à Jacques de Silly, archer des toiles du roi, fils naturel de feu Jacques de Silly, prêtre, et de Guillemine Bourdin, du bailliage de Caen. Lyon, août 1536. — Août.

Enreg. à la Chancellerie de France. Arch. nat., Trésor des Chartes, JJ. 249[1], n° 131, fol. 45.

21105. Lettres de naturalité accordées à Bastien Ferrier, marchand, demeurant à Paris, natif de Quiers (Chieri) en Piémont. Lyon, août 1536. — Août.

Enreg. à la Chancellerie de France. Arch. nat., Trésor des Chartes, JJ. 249[1], n° 145, fol. 49 v°.

21106. Lettres de naturalité accordées à Edmond Savoye, marchand, demeurant à Paris, natif de Chambéry en Savoie. Lyon, août 1536. — 1536. Août.

Enreg. à la Chancellerie de France. Arch. nat., Trésor des Chartes, JJ. 249[1], n° 144, fol. 49 v°.

21107. Commission à Jacques Gentien, contrôleur du domaine, de dresser le terrier du domaine, en gardant pour lui la quatrième partie des droits seigneuriaux recélés par les intéressés. 1er septembre 1536. — 1er septembre.

Vérifiée à la Chambre des Comptes de Paris, anc. mém. 2 H, fol. 84. *Arch. nat.*, PP. 119, p. 10. (*Mention.*)

Bibl. de Rouen, ms. Leber 5870, t. XIV, fol. 59. (*Mention.*)

21108. Lettres donnant commission au sénéchal de Rouergue de faire faire les reconnaissances et le dénombrement des biens et droits qui relèvent du domaine du roi, en la sénéchaussée de Rouergue. Lyon, 2 septembre 1536. — 2 septembre.

Copie du XVIe siècle. Arch. départ. de l'Aveyron, C. 977, fol. 1.

21109. Mandement au gouverneur du Dauphiné de faire administrer et exercer la justice, en Savoie, par les magistrats créés par édit de mars 1536 n. s. (n° 21029), jusqu'à nouvel ordre. Valence, 4 septembre 1536. — 4 septembre.

Arch. de l'Isère, Invent. ms. des titres de la Chambre des Comptes de Grenoble, Pays étrangers, Savoie. (*Mention.*)

21110. Lettres confirmant les provisions données le 20 août précédent (n° 21099), en faveur de Claude Le Bignetier, bien qu'il n'ait pas été dit, dans ces dernières, que Laurent de Nantes avait été suspendu de ses fonctions de grènetier de Honfleur. Lyon, 4 septembre 1536. — 4 septembre.

Vérifiées le 24 par les généraux des finances.

Enreg. le 12 octobre suivant à la Cour des Aides de Normandie. Arch. de la Seine-Inférieure, Mémoriaux, 2e vol., fol. 123 v°. 2 pages 1/3.

21111. Lettres de ratification de la vente de biens do- — 5 septembre.

maniaux faite au nom du roi par Gabriel de La Châtre, seigneur de Nançay. 5 septembre 1536. 1536.

Enreg. à la Cour des Aides de Paris, le 20 avril 1537. Arch. nat., Recueil Cromo, U. 665, p. 274. (*Mention.*)

21112. Déclaration de foi et hommage de Gratien Lorin, comme procureur de Jean Allego de Sobremont, licencié ès lois, s[r] de Bertheaux, lieutenant général du bailliage de Dunois, pour la seigneurie de la Mandreuse, mouvant de Montfort-l'Amaury. Lyon, 6 septembre 1536. 6 septembre.

Original. Arch. nat., Chambre des Comptes de Paris, P. 7, n° 2367.

21113. Lettres portant échange, entre le roi et le s[r] de la Rochepot, de deux cents arpents de bois en la forêt de Laigle. 7 septembre 1536. 7 septembre.

Enreg. à la Chambre des Comptes de Paris, anc. mém. 2 J, fol. 317. *Arch. nat.*, PP. 119, p. 58. (*Mention.*)

Bibl. de Rouen, ms. Leber 5870, t. XIV, fol. 59. (*Mention.*)

21114. Concession à Marie de Luxembourg, duchesse douairière de Vendôme, de la jouissance, sous la main du roi, de diverses terres, en compensation de celles détenues à son préjudice par l'empereur. 8 septembre 1536. 8 septembre.

Commission à M. de Saveuses, maître des requêtes de l'hôtel, pour mettre ladite dame en possession desdites terres. Même date.

Arch. nat., Invent. des titres de la Fère, KK. 909, fol. 158. (*Mention.*)

21115. Lettres concernant un emprunt demandé par le roi aux principales villes de Bretagne, Nantes, Rennes, Vannes, Saint-Malo, etc., pour subvenir aux frais de la guerre. Au camp lès Avignon, 12 septembre 1536. 12 septembre.

Copie analytique. Arch. départ. d'Ille-et-Vilaine, série E. (fonds Hévin).

21116. Lettres adressées aux consuls de Bergerac, imposant à leur ville, sous forme d'emprunt, 533 livres tournois, pour s'opposer aux en- 12 septembre.

treprises de l'empereur contre le royaume. Du camp [près Avignon], 12 septembre 1536. — 1536.

Copie dans le compte rendu de la jurade, du 16 novembre 1536. Arch. de la ville de Bergerac, boîte 1, n° 46.

21117. Lettres autorisant les habitants de Rouen à prendre, en garantie des 30,000 livres qu'ils ont octroyées au roi, une rente de 2,000 livres, dont 839 livres 1 sou 10 deniers sur le domaine de leur ville, et le reste, montant à 1,960 livres 18 sous 2 deniers, sur les aides de ladite ville. Camp d'Avignon, 14 septembre 1536. — 14 septembre.

Copie collat. du 16 septembre 1603, par Josselin, greffier de la ville de Rouen, d'après le registre journal de l'hôtel de ville de Rouen. Arch. commun. de Rouen, tiroir 163, n° 1.

21118. Lettres de mainlevée, en faveur de Marie de Melun, veuve de Jacques de Chabannes, s[r] de La Palice, maréchal de France, de la terre de Chavroche. 16 septembre 1536. — 16 septembre.

Lettres de jussion pour l'entérinement.

Enreg. à la Chambre des Comptes de Paris, anc. mém. 2 H, fol. 330 et 331. *Arch. nat.,* PP. 119, p. 37. (*Mention.*)
Bibl. nat., ms. fr. 21405, p. 335. (*Mention.*)

21119. Lettres de sauvegarde octroyées à Jean-Jacques Tesi, gentilhomme romain. Lyon, 20 septembre 1536. — 20 septembre.

Copie du XVIe siècle. Florence, Archivio di Stato, Costantini.

21120. Lettres de don à Jean de Charasson des biens de feu Thomas de Cocquebourne (Cockborn), écossais, échus au roi en vertu du droit d'aubaine. Valence, septembre 1536. — Septembre.

Enreg. à la Chancellerie de France. Arch. nat., Trésor des Chartes, JJ. 249[1], n° 123, fol. 43.

21121. Lettres de don en faveur de Louis de Neuville, porte-enseigne de la compagnie du marquis de Rothelin, des biens confisqués de feu Alain de Mipont, seigneur d'Aubaine, près — Septembre.

Beaune, exécuté à mort par arrêt du Parlement de Dijon. Avignon, septembre 1536. 1536.

Enreg. à la Chancellerie de France. Arch. nat., Trésor des Chartes, JJ. 250, n° 22, fol. 9 v°.

21122. Lettres de légitimation accordées à Pierre de Précimart, fils naturel de Pierre de Précimart et de Péronne Marchand. Lyon, septembre 1536. Septembre.

Enreg. à la Chancellerie de France. Arch. nat., Trésor des Chartes, JJ. 249[1], n° 126, fol. 42 v°.

21123. Provisions, en faveur du cardinal de Tournon, de l'office de gouverneur et lieutenant général du roi en Lyonnais, Beaujolais, Dombes, Bresse, Bugey, Valromey, etc. Lyon, 2 octobre 1536. 2 octobre.

Copie du XVIIe siècle. Bibl. nat., ms. Clairambault 953, fol. 143.

21124. Déclaration de foi et hommage de Claude Jauffret, dit de Petit-Bois, comme procureur de Claude de La Guiche, abbé commendataire et administrateur perpétuel de l'abbaye de Notre-Dame de Beaubec, de l'ordre de Cîteaux (diocèse de Rouen), pour le temporel et les places fortes de ladite abbaye. Lyon, 2 octobre 1536. 2 octobre.

Original. Arch. nat., Chambre des Comptes de Paris, P. 265[1], n° 1417.

21125. Lettres accordant à François d'Orléans, duc de Longueville, délai jusqu'à sa majorité pour rendre l'hommage dû au roi pour ledit duché et ses dépendances (comté de Tancarville, seigneurie de Gournay, Gaillefontaine, Étrépagny, etc.), ainsi que pour ses états de chambellan et connétable héréditaire de Normandie. Lyon, 6 octobre 1536. 6 octobre.

Expéd. orig. Arch. nat., P. 267[2], cote 2551.

21126. Lettres accordant à François d'Orléans, duc de Longueville, délai jusqu'à sa majorité pour rendre l'hommage dû au roi pour les comté de Dunois, vicomté de Châteaudun et châ- 6 octobre.

tellenies de Marchenoir, Fréteval et dépendances. Lyon, 6 octobre 1536. 1536.

Vérifiées à la Chambre des Comptes de Blois, le 23 novembre 1536. Arch. nat., KK. 906, fol. 133. (*Mention.*)

Anc. arch. de la Chambre des Comptes de Blois, lay. D. *Arch. nat.*, P. 1479, fol. 104. (*Mention.*)

21127. Commission aux évêques de Paris et de Soissons et à Nicolas de Neufville, seigneur de Villeroy, pour l'aliénation des aides jusqu'à concurrence de 100,000 livres tournois. 6 octobre (*aliàs* octobre) 1536. 6 octobre.

Minute inachevée. Arch. nat., K. 954, n° 66.

21128. Mandement aux trésoriers généraux de laisser jouir sans empêchement Charlotte de Savoie, veuve du comte de Génevois, des revenus du duché de Nemours, des terres et seigneuries de Château-Landon, Nogent et Pont-sur-Seine, et des greniers à sel de Nemours et de Nogent-sur-Seine. Lyon, 7 octobre 1536. 7 octobre.

Copie collat. du 15 février 1537. Turin, Arch. di Stato, Princes de Génevois et Nemours, 5e catégorie, paquet 3, n° 2.

21129. Lettres attribuant au Grand conseil exclusivement la connaissance et le jugement d'un procès entre les consuls de Périgueux et les chanoines de Saint-Étienne de la Cité, touchant la justice de la paroisse de Champcevinel. Lyon, 7 octobre 1536. 7 octobre.

Arch. de la ville de Périgueux, FF. 60.

21130. Déclaration de l'hommage de Thomas d'« Oyllançon » (Oilliamson, Williamson), écuyer, archer de la garde écossaise, pour les seigneuries d'Esson et Bon, dit aussi Livet (bailliage de Caen, vicomté de Vire, paroisses de Montchamp, Vassy et Estry). Lyon, 9 octobre 1536. 9 octobre.

Expéd. orig. Arch. nat., P. 273[1], cote 5668.

21131. Commission au premier huissier du Parlement de Paris de contraindre le maire et gouverneur de la Rochelle à laisser André Chap- 10 octobre.

IMPRIMERIE NATIONALE.

peron en possession de l'office de capitaine de la petite tour de ladite ville. Lyon, 10 octobre 1536. 1536.

Copie du temps, signée G. Bourseguin. Arch. nat., K. 1223.

21132. Provisions de l'office de bailli de Charolais en faveur de Jean de Plaisance, seigneur de Verrey, au lieu de Claude de Salins, décédé. Lyon, 10 octobre 1536. 10 octobre.

Copie abrégée du XVIIIe siècle. Bibl. de Rouen, ms. Montbret 108, fol. 172.

21133. Mandement au Grand conseil de donner avis sur la requête de Pierre de Rouza, chanoine de Dax, tendant à obtenir l'évocation audit conseil d'un procès par lui soutenu au Parlement de Bordeaux, pour raison dudit canonicat. 10 octobre 1536. 10 octobre.

Mention dans un arrêt du Grand conseil, en date du 19 janvier 1537 n. s. Arch. nat., V[5] 1051.

21134. Lettres de présentation au Grand conseil d'un acte passé à Marseille, le 12 août 1535, attestant que Raphaël Lubia (*alias* de Lobbia), pourvu par le roi de l'office de consul à Alexandrie en Égypte, a prêté, ainsi qu'il lui était prescrit, en présence de quatre notables marchands français de ladite ville d'Alexandrie, le serment en tel cas requis. Lyon, 12 octobre 1536. 12 octobre.

Enreg. au Grand conseil. Arch. nat., V[5] 1051.

21135. Provisions de l'office de grènetier de Harfleur, en faveur de Jean Reffusse, au lieu de Louis Guillard, décédé. La Palisse, 16 octobre 1536. 16 octobre.

Vérifiées par les généraux des finances, le 19 novembre suivant.

Enreg. à la Cour des Aides de Normandie, le 15 juin 1537. Arch. de la Seine-Inférieure, Mémoriaux, 2e vol., fol. 155. 1 page 1/2.

21136. Lettres de naturalité accordées à Michau de Octobre

La Salle, natif du royaume d'Aragon, marié et établi à la Réole. Lyon, octobre 1536. 1536.

Enreg. à la Chancellerie de France. Arch. nat., Trésor des Chartes, JJ. 249[1], n° 152, fol. 54.

21137. Lettres de survivance, en faveur de Jean Le Roux, de l'office de contrôleur du grenier à sel du Hâvre, exercé par Nicolas Aubert. Châtellerault, 2 novembre 1536. 2 novembre.

Vérifiées par les généraux des finances, le 13 décembre 1536.

Enreg. à la Cour des Aides de Normandie, le 23 juillet 1538. Arch. de la Seine-Inférieure, Memoriaux, 2° vol., fol. 171 v°. 3 pages.

21138. Mandement à Guillaume Prudhomme, trésorier de l'épargne, de rembourser aux Prévôts des marchands et échevins de Paris la somme de 20,000 livres tournois qu'ils avaient prêtée au roi, le 29 juillet précédent. Châtellerault, 4 novembre 1536. 4 novembre.

Arch. nat., H. 1779, fol. 240. (*Mention.*)

IMP. *Registres des délibérations du Bureau de la ville de Paris*, Paris, gr. in-4°, t. II, 1886, p. 304. (*Mention.*)

21139. Lettres instituant le dauphin Henri, lieutenant général pour le roi et gouverneur du duché de Normandie, en remplacement de son frère aîné François, décédé. Loches, 10 novembre 1536. 10 novembre.

Enreg. au Parl. de Normandie.

Copie du XVIIe siècle. Arch. nat., U. 757, 2° partie, p. 179. 4 pages.

Bibl. nat., ms. fr. 20873, fol. 428 v°. (*Mention.*)

21140. Mandement au bailli de Valois d'informer de commodo et incommodo sur la requête du procureur du roi dudit bailliage au siège de la Ferté-Milon, tendant à obtenir l'établissement d'un ou deux nouveaux courtiers-auneurs en ladite ville de la Ferté. 13 novembre 1536. 13 novembre.

Mention dans un arrêt du Grand conseil, en date du 27 janvier 1537 n. s., portant avis opposé audit établissement. Arch. nat., V[5] 1051.

21141. Provisions de l'office de procureur du roi en l'élection d'Évreux, en faveur de Robert Le Vicomte, licencié ès lois, au lieu de Jean Le Chandelier, décédé. Amboise, 17 novembre 1536. — 1536. 17 novembre.

Enreg. le 27 à la Cour des Aides de Normandie. Arch. de la Seine-Inférieure, Mémoriaux, 2e vol., fol. 126. 1 page.

21142. Déclaration de foi et hommage de Jean Thibault, dit Bresseau, gentilhomme de la vénerie du roi, pour les seigneuries de Mosnes et de Thommeaux, mouvant d'Amboise. Amboise, 18 novembre 1536. — 18 novembre.

Original. Arch. nat., Chambre des Comptes de Paris, P. 12, n° 3975.

21143. Confirmation du don fait à Louis de Clèves, capitaine des cent gentilshommes de l'hôtel du roi, du revenu des loges de la foire de Guibray. 22 novembre 1536. — 22 novembre.

Enreg. à la Chambre des Comptes de Paris, anc. mém. 2 M, fol. 187 v°. *Arch. nat.*, PP. 119, p. 21. (*Mention.*)
Bibl. nat., ms. fr. 21405, p. 358. (*Mention.*)

21144. Lettres autorisant la ville de Troyes à lever, pendant huit ans, la maille ou obole sur le pain de provende qui se vend à Troyes et dans la banlieue, pour subvenir à l'entretien et aux réparations des fortifications. Blois, 23 novembre 1536. — 23 novembre.

Copie. Arch. municipales de Troyes, AA¹, 16e carton, 2e liasse.

21145. Commission à Augustin de Thou, président à la grand'chambre des enquêtes du Parlement de Paris, pour juger en dernier ressort, avec Pierre Hotman et dix conseillers du Parlement, les procès engagés par suite de la réformation des forêts de Marchenoir, Fréteval et Château-Renault. Blois, 27 novembre 1536. — 27 novembre.

Enreg. aux Eaux et forêts. Arch. nat., Z¹ᵉ 869, fol. 7 v° et 22. 2 pages 1/2.

21146. Lettres accordant à Thomas de Launay délai — 27 novembre.

jusqu'à sa majorité, pour rendre l'hommage par lui dû au roi pour la seigneurie de « Launay-Fournier [1] », au comté de Blois. 27 novembre 1536. — 1536.

Anc. arch. de la Chambre des Comptes de Blois, lay. L. *Arch. nat.*, P. 1479, fol. 179. (*Mention.*)

21147. Commission à Christophe Ripault, lieutenant général des Eaux et forêts de Champagne et Brie, pour procéder à la réformation des forêts de Ris, de Vassy et de la Montagne-de-Reims. 28 novembre 1536. — 28 novembre.

Mention dans des lettres du 19 février 1543 n. s. Arch. nat., Z^{1c} 870, fol. 16 v°.

21148. Lettres de création de trois foires annuelles à Cély, au bailliage de Melun, en faveur de Christophe de Thou, seigneur du lieu. Châtellerault, novembre 1536. — Novembre.

Enreg. à la Chancellerie de France. Arch. nat., *Trésor des Chartes*, JJ. 249^1, n° 174, fol. 61.

21149. Lettres de don à Jean Leprêtre, valet de chambre ordinaire et barbier du roi, et à Louis Billard, son valet de garde-robe, de la tierce partie d'une maison portant pour enseigne la Croix de fer, sise à Rouen, paroisse Saint-Vincent, confisquée sur Pierre Le Chandelier, condamné à mort et exécuté pour divers crimes. Bury, novembre 1536. — Novembre.

Enreg. à la Chancellerie de France. Arch. nat., *Trésor des Chartes*, JJ. 249^1, n° 180, fol. 63.

Enreg. à la Chambre des Comptes de Paris, anc. mém. 2 H, fol. 55 v°. *Arch. nat.*, PP. 119, p. 7. (*Mention.*)

21150. Lettres de légitimation accordées à Jean Deglane, fils naturel de feu maître Jean Dechaumes, prêtre, et de Catherine Ampérian, de la sénéchaussée de Périgord. Loches, novembre 1536. — Novembre.

Enreg. à la Chancellerie de France. Arch. nat., *Trésor des Chartes*, JJ. 254, n° 237, fol. 47.

[1] Paroisse de Tour-en-Sologne (P. 1479, fol. 180).

21151. Mandement au Grand conseil de donner avis sur la requête de Claude d'Angliers, chanoine de la cathédrale de Saintes, tendant à obtenir un nouveau délai pour terminer ses enquêtes « sur les suspicions, pors et faveurs mencionnés et plus à plain contenuz en la requeste d'evocation par luy presentée audit seigneur » le 24 septembre 1536. 3 décembre 1536. — 1536. 3 décembre.

Mention dans un arrêt du Grand conseil, en date du 14 décembre 1536. Arch. nat., V^5 1051.

21152. Déclaration de l'hommage de Michel Siclier, écuyer, pour la seigneurie de Poinson-lès-Nogent (bailliage de Chaumont, châtellenie de Nogent-le-Roi). Fontainebleau, 7 décembre 1536. — 7 décembre.

Expéd. orig. Arch. nat., P. 163^2, cote 1158.

21153. Lettres portant règlement pour la vente du bois à Paris. Fontainebleau, 9 décembre 1536. — 9 décembre.

Copie du temps. Arch. nat., KK. 1007, fol. 187 (nouvelle foliotation), 3 pages.

21154. Lettres octroyant aux habitants de Troyes la levée d'un droit de 3 sous 4 deniers par queue et de 5 sous par muid de vin entrant en ville ou en sortant, pour en employer le produit à leurs fortifications. Fontainebleau, 9 décembre 1536. — 9 décembre.

Copies. Arch. municipales de Troyes, D. 157, fol. 7, et F. 230, fol. 4.

21155. Déclaration portant qu'André Chapperon, nommé par le roi capitaine de la petite tour de la Rochelle, le 30 mai 1536 (n° 21065), jouira dudit office nonobstant l'opposition de M. de Jarnac, maire de ladite ville. Fontainebleau, 11 décembre 1536. — 11 décembre.

Copie collat. du 20 décembre 1536. Arch. nat., K. 1223.

21156. Mandement pour faire remettre Jean de La Baume, chevalier de l'ordre, comte de Montrevel, gouverneur des pays de Bresse, Bugey et Valromey, et Claude de Baufremont, sei- — 13 décembre.

gneur de Sombernon, en possession des biens provenant de la succession de feu François de Vienne, qu'occupe indûment M. de La Fayette, chambellan du roi et capitaine de cinquante lances de ses ordonnances. Fontainebleau, 13 décembre 1533. — 1536.

Original scellé. Bibl. de l'Arsenal, ms. 7210.

21157. Mandement au bailli de Mantes de faire procéder à la confection du terrier d'Aubergenville. Paris, 14 décembre 1536. — 14 décembre.

Copie du XVIe siècle. Arch. nat., S^r 753, fol. 1 v°.

21158. Lettres confirmant l'accord entre René, vicomte de Rohan, et Marie de Rohan, touchant le partage de ladite Marie. 15 décembre 1536. — 15 décembre.

Arch. départ. du Morbihan, Inventaire des titres de la principauté de Guémené (1591), fol. 8. (*Mention.*)

21159. Déclaration de foi et hommage de Séraphin du Tillet, s^r du Tillet, pour la seigneurie de Joux-sur-Tarare, mouvant du Beaujolais. Fontainebleau, 20 décembre 1536. — 20 décembre.

Original. Arch. nat., *Chambre des Comptes de Paris*, P. 14, n° 4949.

21160. Lettres chargeant le duc de Guise, lieutenant général et gouverneur de Champagne, de traiter, avec les généraux de l'Empereur et de la reine de Hongrie, touchant la rançon des prisonniers sur les bases contenues dans ladite commission. Fontainebleau, 22 décembre 1536. — 22 décembre.

Original. Archives de M. de Caraman, au château de Beaumont (*Belgique*), liasse 47.

21161. Provisions de l'office d'avocat du roi en l'élection de Caen, en faveur de Charles de Bourgueville, licencié ès lois, au lieu de Jean Bouzens, décédé. Fontainebleau, 22 décembre 1536. — 22 décembre.

Enreg. à la Cour des Aides de Normandie, le 15 janvier 1537 n. s. Arch. de la Seine-Inférieure, Mémoriaux, 2e vol., fol. 127 v°. 2 pages.

21162. Déclaration de foi et hommage de René Juvineau pour la seigneurie du Châtellier (paroisse Saint-Denis-Hors), mouvant d'Amboise. Paris, 29 décembre 1536. — 1536. 29 décembre.

Original. Arch. nat., Chambre des Comptes de Paris, P. 12, n° 3976.

1537. — Pâques, le 1er avril.

21163. Lettres de réception du serment de fidélité de Jacques de Bourbon, chevalier de Saint-Jean de Jérusalem, grand prieur de France, pour le temporel dudit grand prieuré et des commanderies qui en dépendent. Paris, 5 janvier 1536. — 1537. 5 janvier.

Original. Arch. nat., P. 725², cote 267.

21164. Ordonnance et règlement sur le fait de la gendarmerie. Paris, 6 janvier 1536. — 6 janvier.

Copie du XVIe siècle. Bibl. imp. de Vienne (Autriche), ms. 6979, fol. 190 v°.

21165. Provisions de l'office d'avocat du roi en l'élection de Rouen, en faveur de Thomas Baudouin, licencié ès lois, avocat au Parlement de Rouen, au lieu de Guillaume Hacquet, décédé. Paris, 7 janvier 1536. — 7 janvier.

Vérifiées par les généraux des finances, le 6 février 1537 n. s.

Enreg. à la Cour des Aides de Normandie, le 27 janvier 1537 n. s. Arch. de la Seine-Inférieure, Mémoriaux, 2e vol., fol. 131 v°. 2 pages.

21166. Lettres portant que les contrôleurs des recettes des aides et tailles, nommés depuis la création de ces offices et qui le seront à l'avenir, recevront 400 livres tournois de gages annuels dans les grandes recettes, montant à 50,000 livres et au-dessus, 300 livres dans les moyennes (de 36,000 à 50,000 livres), et 200 livres dans les petites (de 24,000 à 36,000 livres). Chantilly, 8 janvier 1536. — 8 janvier.

Enreg. à la Chambre des Comptes de Paris, le 12 juin 1537.

Copie du XVIe siècle. Bibl. nat., ms. fr. 2702, fol. 233 v°.

21167. Mandement à la Chambre des Comptes de Paris de remettre à Anne de Montmorency les titres des seigneuries de Montbron et de Fère-en-Tardenois. Paris, 10 janvier 1536. — 1537. 10 janvier.

Copie du XVIIe siècle. Arch. nat., PP. 44 *initio.* 3 pages.

21168. Lettres prorogeant en faveur des habitants de Châlons l'octroi de 10 sous 6 deniers tournois, à prendre sur chaque minot de sel vendu au grenier de leur ville. Paris, 11 janvier 1536. — 11 janvier.

Arch. de la ville de Châlons (Marne), CC. octrois.

21169. Commission à Augustin de Thou, président, et à plusieurs conseillers du Parlement de Paris, pour juger souverainement les procès relatifs aux forêts du Gault et de la Traconne, au bailliage de Sézanne, de Rets, au duché de Valois, de Nogent-sur-Seine, de Pont-sur-Seine et de Chinon. Paris, 11 janvier 1536. — 11 janvier.

Enreg. aux Eaux et forêts. Arch. nat., Z[1e] 869, fol. 8 v°. 2 pages. — *Ibid.*, fol. 73 v°. 2 pages.

21170. Lettres portant exemption de décimes en faveur des conseillers clercs du Parlement de Rouen. 11 janvier 1536. — 11 janvier

Bibl. de Rouen, ms. E. 57, fol. 7. (*Mention, d'après les arch. du Parl. de Rouen.*)

21171. Lettres permettant à Étienne Ferron, seigneur de Villecien, au comté de Joigny, de faire juger en première instance, par la Chambre des Eaux et forêts de France, les procès par lui intentés à certains habitants dudit Villecien et de Villevallier, au sujet de droits d'usage dans la forêt Joubert (forêt d'Othe). Paris, 13 janvier 1536. — 13 janvier.

Enreg. aux Eaux et forêts, le 20 janvier 1537 n. s. Arch. nat., Z[1e] 869, fol. 13. 2 pages.

21172. Lettres nommant des commissaires pour juger les procès pendants entre le procureur du roi et Étienne de Montmirel, seigneur de Fourqueux, au sujet de la forêt de Cruye, et sur lesquels les avis des commissaires précédem- — 17 janvier.

ment nommés étaient restés partagés. Paris, 17 janvier 1536. — 1537.

Enreg. aux Eaux et forêts, le 20 janvier 1537 n. s. Arch. nat., Z[1e] 869, fol. 15. 1 page 1/2.

21173. Déclaration de foi et hommage de Mesmin Morigot, comme procureur de Claude Brachet, baron de Magnac, pour la seigneurie de Palluau, mouvant de Châtillon-sur-Indre. Paris, 17 janvier 1536. — 17 janvier.

Original. Arch. nat., Chambre des Comptes de Paris, P. 13, n° 4428.

21174. Don à Philippe de Créquy, s[r] de Bernieulles, gouverneur et capitaine de Thérouanne, de quatre mesures de bois en la forêt de Desvres, pour le chauffage de sa maison. 17 janvier 1536. — 17 janvier.

Enreg. à la Chambre des Comptes de Paris, anc. mém. 2 H, fol. 34 v°. *Arch. nat.*, PP. 119, p. 4. (*Mention.*)

Bibl. nat., ms. fr. 21405, p. 332. (*Mention.*)

21175. Provisions en faveur de François Roigier, avec survivance pour Michel-Antoine Roigier, son fils, de l'office de capitaine de Montils, près Blois, vacant par la résignation qu'en a faite Albert de Rippe, valet de chambre du roi. Paris, 18 janvier 1536. — 18 janvier.

Présentées à la Chambre des Comptes de Blois, le lundi 5 février suivant. Arch. nat., KK. 902, fol. 134. (*Mention.*)

21176. Lettres ordonnant la remise à la fabrique de l'église Saint-Paul, à Paris, des ornements d'église qui avaient servi aux obsèques de la reine, encore détenus par les héritiers de Guillaume Tertereau, malgré le don fait par le roi à ladite fabrique, dès le mois de février 1531 n. s. (n° 3868). Paris, 18 janvier 1536. — 18 janvier.

Vérifiées à la Chambre des Comptes de Paris, le 30 janvier 1537 n. s., anc. mém. 2 H, fol. 49. *Arch. nat.*, PP. 119, p. 5. (*Mention.*)

Bibl. de Rouen, ms. Leber 5870, t. XV, fol. 77. (*Mention.*)

21177. Confirmation en faveur de Louis de Clèves, chevalier de l'ordre, d'un don de 1,677 livres à prendre sur les lods et ventes dus par Jean Palmier, vice-bailli de Viennois, à raison de l'acquisition faite par ce dernier de la terre de la Bâtie-Montgascon. Paris, 20 janvier 1536. — 1537. 20 janvier.

Copie du XVIe siècle. Arch. départ. de l'Isère, B. 2969, fol. 542. 4 pages 1/2.

21178. Provisions de l'office de procureur du roi près la Cour des Aides de Normandie, en faveur de Jean Frigard, au lieu de Jean d'Irlande, décédé. Paris, 20 janvier 1536. — 20 janvier.

Enreg. à la Cour des Aides de Normandie, le 5 février suivant. Arch. de la Seine-Inférieure, Mémoriaux, 2e vol., fol. 133. 1 page 1/2.

21179. Articles accordés entre le roi et le duc Christophe de Wurtemberg, auquel le roi a donné la charge et conduite de 10,000 lansquenets. Paris, 21 janvier 1536. — 21 janvier.

Copie du XVIe siècle. Arch. du château de Chantilly, ms. 750, n° 16, fol. 68.

21180. Lettres portant que, désormais, les habitants de Saint-Ouen-du-Bois, Nazelles, Chisseau, Chissé, Saint-Georges de la Chaise, Francueil, Epeigné, Saint-Martin-le-Beau et Montlouis, devront se pourvoir de sel à la chambre à sel d'Amboise. Paris, 22 janvier 1536. — 22 janvier.

Copie du XVIe siècle. Arch. municip. d'Amboise (Indre-et-Loire), CC. 36.

21181. Lettres portant que les commissaires chargés de connaître des procès engagés par suite de la réformation de la forêt de Rets jugeront sans appel certains malfaiteurs détenus au châtelet de la Ferté-Milon, pour voies de fait sur les témoins appelés à l'occasion de ladite réformation. Paris, 22 janvier 1536. — 22 janvier.

Enreg. aux Eaux et forêts. Arch. nat., Z1e 869, fol. 16. 2 pages.

21182. Lettres de survivance en faveur de Louis, fils — 22 janvier.

de Louis Dubosc, contrôleur du grenier à sel de Rouen. Paris, 22 janvier 1536. 1537.

Enreg. à la Cour des Aides de Rouen, le 15 février.

Vérifiées par les généraux des finances, le 6 février suivant. Arch. de la Seine-Inférieure, Mémoriaux, 2e vol., fol. 136. 2 pages.

21183. Confirmation du don fait à Marie de Luxembourg, duchesse douairière de Vendôme, du revenu du grenier à sel de Marle pendant quatre ans. 30 janvier 1536. 30 janvier.

Arch. nat., Invent. des titres de la Fère, KK. 909, fol. 158. (*Mention.*)

21184. Prorogation pour cinq ans de l'exemption de tailles et subsides précédemment accordée aux habitants de Mézières, le 7 janvier 1532 n. s. (no 20322). Saint-Germain-en-Laye, 31 janvier 1536. 31 janvier.

Vérifiée par la Chambre des Comptes de Paris, le 16 février; par les généraux des finances, le 21 février, et par les élus de Rethelois, le 10 mai 1537.

Original. Arch. comm. de Mézières, AA. 5.

21185. Lettres de survivance en faveur de Jacques de Croixmare, licencié ès lois, avocat au Parlement de Rouen, fils de Jean de Croixmare, conseiller à la Cour des Aides de Normandie. Saint-Germain-en-Laye, 31 janvier 1536. 31 janvier.

Enreg. à la Cour des Aides de Normandie, le 13 février 1537 n. s. Arch. de la Seine-Inférieure, Mémoriaux, 2e vol., fol. 134. 2 pages 1/2.

21186. Lettres de ratification du contrat de vente des aides, impositions et gabelles ayant cours à Lyon, faite aux échevins et à la communauté de la ville, moyennant 84,732 livres tournois, par François de Tournon, archevêque de Bourges, lieutenant général pour le roi en ses pays de Lyonnais, Auvergne, Forez, Beaujolais, etc. Janvier 1536. Janvier.

Enreg. à la Chambre des Comptes de Paris, anc. mém. 2 H, fol. 20 vo. *Arch. nat.,* PP. 119, p. 2. (*Mention.*)

Bibl. nat., ms. fr. 21405, p. 332. (*Mention.*)

21187. Lettres de don à « Lilio Philomarino », de Naples, en récompense de ses services de guerre et autres, de la terre et seigneurie de la Cavalière-Major (Cavallermaggiore), près Raconis (Racconigi) en Piémont. Paris, janvier 1536. — 1537. Janvier.

Enreg. à la Chancellerie de France. Arch. nat., Trésor des Chartes, JJ. 250, n° 6, fol. 2 v°.

21188. Lettres portant bail perpétuel, en faveur de Louis Le Vigneron, héraut d'armes du roi au titre de Normandie, d'une masure avec terrain, près l'église Saint-Paul à Paris, qui avait été engagée, l'an 1514, à feu André Porte, conseiller aux enquêtes du Parlement de Paris, par les commissaires chargés des aliénations du domaine. Paris, janvier 1536. — Janvier.

Enreg. à la Chancellerie de France. Arch. nat., Trésor des Chartes, JJ. 252, n° 37, fol. 12 v°.

21189. Lettres de légitimation accordées à Jean et Gabriel de Bar, fils naturels de Jean de Bar, prêtre, demeurant à Saint-Robert en Limousin, et de Marguerite Boissier. Paris, janvier 1536. — Janvier.

Enreg. à la Chancellerie de France. Arch. nat., Trésor des Chartes, JJ. 252, n° 24, fol. 8 v°.

21190. Lettres de légitimation accordées à Anne de Chassaignes, fille naturelle de François de Chassaignes, prêtre, et de Françoise Le Marchand. Paris, janvier 1536. — Janvier.

Enreg. à la Chancellerie de France. Arch. nat., Trésor des Chartes, JJ. 252, n° 7, fol. 3.

21191. Lettres de légitimation accordées à Étienne et Jean de Morissanes, fils naturels d'Étienne de Morissanes, prêtre, et de Catherine de Pluyes, du diocèse de Limoges. Paris, janvier 1536. — Janvier.

Enreg. à la Chancellerie de France. Arch. nat., Trésor des Chartes, JJ. 252, n° 52, fol. 18.

21192. Lettres de légitimation accordées à Lancelot Prévost, fils naturel de Jacques Prévost, prêtre, et de Jeanne Bouche, du bailliage de Chartres. Paris, janvier 1536. — Janvier.

Enreg. à la Chancellerie de France. Arch. nat., Trésor des Chartes, JJ. 252, n° 6, fol. 2 v°.

21193. Lettres de légitimation accordées à Jean de Vartus, du diocèse de Rouen. Paris, janvier 1536. — 1537. Janvier.

Enreg. à la Chancellerie de France. Arch. nat., Trésor des Chartes, JJ. 252, n° 51, fol. 18.

21194. Lettres de légitimation accordées à Florent de Villers, du diocèse de Beauvais, fils naturel de feu Guy de Villers, prêtre, abbé de Saint-Germer-de-Flaix, près Beauvais. Paris, janvier 1536. — Janvier.

Enreg. à la Chancellerie de France. Arch. nat., Trésor des Chartes, JJ. 252, n° 53, fol. 18 v°.

21195. Lettres de naturalité accordées à Dominique de Branques, natif de Milan, trompette ordinaire du roi, retiré à Beaulieu, près Loches. Paris, janvier 1536. — Janvier.

Enreg. à la Chancellerie de France. Arch. nat., Trésor des Chartes, JJ. 252, n° 25, fol. 9.

21196. Lettres de naturalité accordées à Robert Fresal, natif d'Écosse, demeurant depuis dix-sept ans à « Escandaillate », juridiction de Monflanquin Agénais. Paris, janvier 1536. — Janvier.

Enreg. à la Chancellerie de France. Arch. nat., Trésor des Chartes, JJ. 254, n° 29, fol. 8.

21197. Lettres de naturalité accordées à Jean et Hélène Pinel, résidant à Paris, nés en Angleterre, fils d'Henri Pinel, natif de Paris, et d'une Anglaise. Paris, janvier 1536. — Janvier.

Enreg. à la Chancellerie de France. Arch. nat., Trésor des Chartes, JJ. 250, n° 1, fol. 1.

21198. Lettres de naturalité accordées à Lucrèce « de Rodulphe », native de Florence, demoiselle de la maison de la dauphine. Paris, janvier 1536. — Janvier.

Enreg. à la Chancellerie de France. Arch. nat., Trésor des Chartes, JJ. 252, n° 36, fol. 12.

21199. Lettres ordonnant la réformation du prieuré — Janvier de la Ferté-les-Nonnains, auprès de Nevers. Paris, janvier 1536. 1537.

Imp. Le comte de Soultrait, *Inventaire des titres de Nevers de l'abbé de Marolles.* Nevers, 1873, in-4°, col. 406. (*Mention.*)

21200. Lettres de sauf-conduit pour la nef *Alphonsine.* L'Isle-Adam, 1er février 1536. 1er février.

Traduction italienne. Modène, Arch. di Stato, Camera ducale, cassa secreta, n° 325.

21201. Lettres de réception du serment de fidélité de René Le Roullié, évêque de Senlis, pour le temporel dudit évêché. Chantilly, 4 février 1536. 4 février.

Expéd. orig. Arch. nat., P. 725², cote 268.

21202. Mandement à la Cour des Aides de Paris d'informer des abus et de la diminution des deniers des aides du roi qui résultent des privilèges d'exemption prétendus par les monnayers, messagers, archers, arbalétriers et arquebusiers de la ville de Paris. Chantilly, 5 février 1536. 5 février.

Résultat de l'enquête susdite. Extrait des reg. de la Cour des Aides, du 9 juin 1537. Arch. nat., J. 963, n° 36. (*Mention.*)

21203. Lettres d'exemption pour le chapitre de Chartres du logement des gens d'armes dans le cloître et dans les maisons canoniales. Chantilly, 6 février 1536. 6 février.

Original. Arch. départ. d'Eure-et-Loir, G. 718.

21204. Mandement au Grand conseil de donner avis sur la requête de Louis Bourguignon, contrôleur du grenier à sel de Sainte-Menehould, tendant à obtenir que ses gages soient fixés à 60 livres tournois par an, comme ceux des contrôleurs des autres greniers à sel du royaume. 6 février 1536. 6 février.

Mention dans un arrêt du Grand conseil, en date du 13 février 1537 n. s. Arch. nat., V⁵ 1051.

21205. Lettres accordant la jouissance du comté de Porcien et du grenier à sel dudit lieu, à Charles de Croy, comte de Seinghen, gen- 18 février.

tilhomme de la chambre du roi. 18 février 1536. 1537.

Enreg. à la Chambre des Comptes de Paris, anc. mém. 2 H, fol. 85 v°. *Arch. nat.*, PP. 119, p. 10. (*Mention.*)

Bibl. nat., ms. fr. 21,405, p. 332. (*Mention.*)

21206. Lettres de survivance en faveur de Jean de Saint-Laurent, licencié ès lois, avocat au Parlement de Rouen, fils de Pierre de Saint-Laurent, général en la Cour des Aides de Normandie. Compiègne, 19 février 1536. 19 février.

Enreg. à ladite Cour des Aides, le 6 mars 1537 n. s. Arch. de la Seine-Inférieure, Mémoriaux, 2e vol., fol. 141. 2 pages 1/2.

21207. Provisions de l'office de gruyer et concierge des loges des forêts de Saint-Germain-en-Laye, Cruye (auj. Marly-le-Roi) et Fresnes (auj. Ecquevilly), en faveur de René du Buschet, sur la résignation faite à son profit par Jean du Buschet, gentilhomme de la vénerie, son père. Compiègne, 19 février 1536. 19 février.

Enreg. au greffe de la gruerie de Saint-Germain-en-Laye, le 12 avril 1537. Arch. de Seine-et-Oise, série B, fonds de la prévôté de Saint-Germain-en-Laye. 3 pages.

21208. Mandement au trésorier de l'épargne de payer 60 livres tournois à Jean Sanxon, valet de chambre du roi, nommé à la place de feu Jean Petit, pour ses gages du 1er octobre dernier au 31 décembre suivant. Compiègne, 19 février 1536. 19 février.

Original. Bibl. nat., Pièces orig., vol. 2631, Sanxon, p. 2.

21209. Provisions, sur la présentation du roi et de la reine de Navarre, duc et duchesse d'Alençon, comte et comtesse du Perche, d'un office d'élu en l'élection desdits duché et comté, en faveur de Charles de Courdemanche, sur la résignation faite à son profit par Jean Ferré. Compiègne, 26 février 1536. 26 février.

Vérifiées par les généraux des finances, le 26 août 1537.

Enreg. à la Cour des Aides de Normandie, le 21 février 1538 n. s. Arch. de la Seine-Inférieure, Mémoriaux, 2ᵉ vol., fol. 164. 2 pages. 1537.

21210. Lettres de survivance, en faveur de Melchior de Machault, pour l'office de clerc à la Chambre des Comptes de Paris, exercé par Simon de Machault, son père. Compiègne, 26 février 1536. 26 février.

Acte de la Chambre des Comptes, en date du 6 septembre 1538, attestant que ledit Melchior, après examen, a été déclaré apte à exercer ledit office, anc. mém. 2 J, fol. 54. *Arch. nat.*, P. 2306, fol. 657.

21211. Mandement pour faire remettre Jean de La Baume en possession des biens indûment occupés par M. de La Fayette, conformément aux lettres du 13 décembre 1536 (nº 21156). Compiègne, 28 février 1536. 28 février.

Original scellé. Bibl. de l'Arsenal, ms. 7210.

21212. Lettres de don à Louis Duboys, gentilhomme de la vénerie du roi, de la métairie de Bonnevaux, paroisse de Brigueil-le-Chantre en Poitou, échue au roi par confiscation. Chantilly, février 1536. Février.

Enreg. à la Chancellerie de France. Arch. nat., Trésor des Chartes, JJ. 250, nº 17, fol. 6 vº.

21213. Lettres de légitimation accordées à Étienne et Marguerite, enfants naturels de François de Bersac, prêtre, et de Catherine du Cluzeau, de la sénéchaussée de Limoges. Chantilly, février 1536. Février.

Enreg. à la Chancellerie de France. Arch. nat., Trésor des Chartes, JJ. 250, nº 9, fol. 4.

21214. Lettres de naturalité accordées à Paul[1] Canossa, natif de Venise, lecteur en langue hébraïque Février.

[1] Ce personnage bien connu sous le nom de Paul Canosse, ou Canossa, dit Paradis, est appelé Pierre, au début de cet acte, sans doute par suite d'une erreur de transcription; car, quelques lignes plus loin, on lui donne son véritable prénom, Paul.

à l'Université de Paris. Chantilly, février 1536. 1537.

Enreg. à la Chancellerie de France. Arch. nat., Trésor de Chartes, JJ. 250, n° 27, fol. 11 v°.

Imp. A. Lefranc, *Histoire du Collège de France*. Paris, 1893, in-8°, p. 406.

21215. Lettres de légitimation accordées à Jean, dit Janot de Puzilhon, de la ville de Nontron en Périgord, fils naturel de Louis de Puzilhon, prêtre, et de Catherine Fornoien, de Limoges. Compiègne, février 1536. Février.

Enreg. à la Chancellerie de France. Arch. nat., Trésor des Chartes, JJ. 250, n° 33, fol. 13.

21216. Lettres de naturalité accordées à Michel Daugier, natif de Piémont, archer des ordonnances du roi en la compagnie du s[r] de Saint-André, marié à Aigueperse en Auvergne. Compiègne, février 1536. Février.

Enreg. à la Chancellerie de France. Arch. nat., Trésor des Chartes, JJ. 250, n° 76, fol. 26 v°.

21217. Don pour dix ans du revenu des terres et châtellenies de Milly et de Troussures au comté de Clermont-en-Beauvaisis, à Jean de Sarcus, seigneur dudit lieu, conseiller et premier maître d'hôtel de la reine. 3 mars 1536. 3 mars.

Enreg. à la Chambre des Comptes de Paris, anc. mém. 2 H, fol. 62. *Arch. nat.*, PP. 119, p. 8. (*Mention.*)

Bibl. nat., ms. fr. 21405, p. 332. (*Mention.*)

21218. Mandement au s[r] d'Humières, lieutenant général du roi en Savoie, Piémont et marquisat de Saluces, et au sénéchal de Lyon, d'élargir de prison Balthazar de La Chaîne, seigneur de « Bosolens », près de Suze, natif de Turin, à condition de donner caution de se représenter chaque fois qu'il en sera requis. Compiègne, 6 mars 1536. 6 mars.

Copie du XVIe siècle. Arch. nat., Suppl. du Trésor des Chartes, JJ. 993, n° 2.

21219. Provisions pour Claude d'Annebaut, seigneur 7 mars.

et baron de Retz, de l'office de lieutenant général en Normandie. 7 mars 1536. 1537.

Bibl. nat., ms. fr. 20873, fol. 437. (*Mention.*)

21220. Mandement au Grand conseil de donner avis sur la requête des habitants de Fécamp, tendant à obtenir le droit de franc-salé, afin de fortifier leur bourg. 7 mars 1536. 7 mars.

Mention dans un arrêt du Grand conseil, en date du 10 mars 1537 n. s. Arch. nat., V[5] 1051.

21221. Provisions en faveur de M. d'Humières de l'office de lieutenant général du roi en Savoie et Piémont. Compiègne, 8 mars 1536. 8 mars.

Copie collat. du 27 juillet 1540. Turin, Arch. di Stato, provincia di Saluzzo, conti de tesorieri, n° 3, fol. 134.

21222. Déclaration portant pouvoir à l'ordre de Saint-Jean de Jérusalem de bénéficier du contenu des lettres patentes de mars 1524 n. s. (n° 1989), nonobstant les impositions mises sur le clergé. Compiègne, 8 mars 1536. 8 mars.

Copie collat. du 29 novembre 1598. Arch. nat., M. 9, n° 1[1].

21223. Déclaration de foi et hommage de René Jallon, écuyer, pour la seigneurie de Narbonne, mouvant d'Amboise. Compiègne, 8 mars 1536. 8 mars.

Original. Arch. nat., Chambre des Comptes de Paris, P. 12, n° 3974.

21224. Lettres conférant à Anne de Montmorency, grand maître et maréchal de France, les pouvoirs de lieutenant général de l'armée envoyée à la conquête des comtés d'Artois et de Saint-Pol. Monchy, 10 mars 1536. 10 mars.

Copie collat. du 30 avril 1537. Bibl. nat., Pièces orig., Montmorency, vol. 2031, p. 78.

21225. Provisions d'un office d'élu en l'élection de Vire, pour de Pierre Le Vieul, bourgeois dudit lieu, sur la résignation faite à son profit par Pierre Le Mière. Amiens, 16 mars 1536. 16 mars.

Vérifiées par les généraux des finances, le 18 avril 1537.

Enreg. à la Cour des Aides de Normandie, le 23 avril 1537. Arch. de la Seine-Inférieure, Mémoriaux, 2e vol., fol. 148 v°. 2 pages. 1537.

21226. Don des terres de Chamelet et Lay en Beaujolais à Philibert de Beaujeu, baron de Linières, et à Catherine d'Amboise, sa femme. 16 mars 1536. 16 mars.

Enreg. à la Chambre des Comptes de Paris, anc. mém. 2 H, fol. 108 v°. *Arch. nat.,* PP. 119, p. 14. (*Mention.*)

Bibl. nat., ms. fr. 21405, p. 333. (*Mention.*)

21227. Lettres prorogeant pour quatre ans celles du 12 avril 1532 qui autorisaient la mairie de Bourges à prélever pendant six ans 5 sous tournois sur chaque minot de sel vendu au grenier de la ville, à l'effet de pourvoir au traitement du docteur Alciat et des autres professeurs de l'Université. 24 mars 1536. 24 mars.

Arch. municipales de Bourges, GG. 10.

21228. Commission au grand maître des Eaux et forêts pour procéder à la réformation des forêts de Nogent et de Pont-sur-Seine, et mettre les procès auxquels elle doit donner lieu en état d'être jugés par les commissaires nommés à cet effet par lettres du 11 janvier précédent (n° 21169). Au camp près Hesdin, 25 mars 1536. 25 mars.

Enreg. aux Eaux et forêts. Arch. nat., Z1e 869, fol. 53. 2 pages 1/2.

21229. Lettres de naturalité accordées à Jean Bartholomé, natif du diocèse de Côme au duché de Milan, médecin ordinaire du duc de Lorraine. Compiègne, mars 1536. Mars.

Enreg. à la Chancellerie de France. Arch. nat., Trésor des Chartes, JJ. 250, n° 24, fol. 10.

21230. Lettres de légitimation accordées à Denis, Réné, Jean, Denise et Jeanne Goulard, enfants naturels de Baptiste Goulard, écuyer, seigneur du Bois-Bellefemme, et de Jacquette Baudet, damoiselle, non mariés. Amiens, mars 1536. Mars.

Enreg. à la Chancellerie de France. Arch. nat., Trésor des Chartes, JJ. 250, n° 32, fol. 13.

21231. Lettres de don à la veuve d'Étienne Delaforge, remariée à Jean Elleberg (*aliàs* Cleberg), marchand de Lyon, d'une maison sise à la Villette, près Paris, provenant de la confiscation de son premier mari, qui avait été exécuté à mort comme luthérien par arrêt du Parlement de Paris. Au camp près Hesdin, mars 1536. — 1537. Mars.

Enreg. à la Chancellerie de France. Arch. nat., Trésor des Chartes, JJ. 250, n° 59, fol. 21 v°.

21232. Lettres de légitimation accordées à Arnaud et Catherine Targier, enfants naturels de Pierre Targier, de la paroisse Saint-Martin de Chay, et de Marie Veillet. Au camp près Hesdin, mars 1536. — Mars.

Enreg. à la Chancellerie de France. Arch. nat., Trésor des Chartes, JJ. 250, n° 41, fol. 14 v°.

21233. Lettres indemnisant Antoine de Lamet, général des finances, d'une somme de 20,000 écus qu'il avait prise, sur l'ordre du roi, des deniers consignés pour la terre de Méru. 8 avril 1537. — 8 avril.

Lettres de jussion à la Chambre des Comptes pour l'enregistrement.

Enreg. à la Chambre des Comptes de Paris, anc. mém. 2 H, fol. 76 et 78. *Arch. nat.*, PP. 119, p. 9. (*Mention.*)
Bibl. nat., ms. fr. 21405, p. 382. (*Mention.*)

21234. Lettres commettant aux requêtes du Palais les causes de l'abbaye de Sainte-Geneviève-au-Mont de Paris. 9 avril 1537. — 9 avril.

Arch. nat., L. 879, n° 2. (*Mention*[1].)

21235. Déclaration de foi et hommage de Pierre de Voisines, écuyer, pour la seigneurie des Granges (paroisse de Cangy), mouvant d'Amboise. Amiens, 13 avril 1537. — 13 avril.

Original. Arch. nat., Chambre des Comptes de Paris, P. 12, n° 3977.

21236. Lettres de confirmation de Jean Michelet en — 27 avril.

(1) La pièce n° 2 du carton L. 879 est un inventaire de titres où sont mentionnées d'autres lettres de committimus en faveur de ladite abbaye, en date du 18 avril 1537.

l'office de clerc auditeur des comptes du roi en Piémont, dont il a été pourvu par Guigue Guiffrey, s[r] de Boutières, gouverneur de Turin, et Guérin d'Alzon, vice-président en Piémont. Camp de Pernes, 27 avril 1537. — 1537.

Copie collat., à Turin, le 21 octobre 1538. Arch. nat., J. 993, n° 7[8].

21237. Déclaration portant que les condamnations prononcées par les bailliages, sénéchaussées et juridictions ressortissant directement aux Parlements, à des amendes inférieures à 25 livres, seront exécutées nonobstant appel. Camp de Pernes, 29 avril 1537. — 29 avril.

Enreg. au Parl. de Rouen, le 19 juillet 1537. Arch. de la Cour à Rouen, reg. criminel dit Livre rouge, fol. 39 v°. 2 pages.

Copie du XVIIe siècle. Arch. nat., U. 754, fol. 41. 3 pages.

21238. Provisions pour Jacques Groslot, s[r] de Champbaudouin, conseiller au Grand conseil, de l'office de bailli d'Orléans. 30 avril 1537. — 30 avril.

Enreg. à la Chambre des Comptes de Paris, anc. mém. 2 J, fol. 153. *Bibl. nat.*, ms. fr. 21405, p. 339. (*Mention.*)

21239. Lettres de don à Guy de Maugiron, seigneur d'Ampuis, lieutenant du roi au gouvernement de Dauphiné, en l'absence du duc d'Estouteville, de la justice haute, moyenne et basse du moulin et du grand étang de Meyrieu en Dauphiné, en dédommagement de 2,400 livres d'arrérages de sa pension qui n'avaient pu encore lui être payées. Camp du Mesnil, près Hesdin, avril 1537. — Avril.

Enreg. à la Chancellerie de France. Arch. nat., Trésor des Chartes, JJ. 250, n° 77, fol. 27.

21240. Lettres de naturalité accordées à Madeleine de Boni, native de Florence, l'une des demoiselles de la dauphine. Camp du Mesnil, avril 1537. — Avril.

Enreg. à la Chancellerie de France. Arch. nat., Trésor des Chartes, JJ. 250, n° 74, fol. 26.

21241. Lettres de naturalité accordées à Jules de Pise, — Avril.

valet de chambre ordinaire du roi, natif du duché de Milan. Camp du Mesnil, avril 1537. | 1537.

Enreg. à la Chancellerie de France. Arch. nat., Trésor des Chartes, JJ. 250, n° 74 *bis*, fol. 26 v°.

21242. Lettres de naturalité accordées à Alfonse Fiesque, gentilhomme de Ferrare, officier domestique du cardinal de Lorraine. Au camp près Hesdin, avril 1537. | Avril.

Enreg. à la Chancellerie de France. Arch. nat., Trésor des Chartes, JJ. 250, n° 44, fol. 16 v°.

21243. Lettres de confirmation en faveur de Jean Lévêque, s[r] de Rogières, habitant d'Aix, d'un bail emphytéotique qui lui a été fait par la Chambre des Comptes de Provence de terrains vagues dans le diocèse de Fréjus, à condition de payer au baile ou clavaire de Fréjus le vingtième des fruits qu'il y récoltera. Hesdin, avril 1537. | Avril.

Enreg. à la Chancellerie de France. Arch. nat., Trésor des Chartes, JJ. 250, n° 46, fol. 17.

21244. Lettres de confirmation, en faveur d'Humbert Grillet, seigneur de Verney, des privilèges, franchises et exemptions accordés à son père, feu Girard Grillet, par Philippe, duc de Savoie. Amiens, avril 1537. | Avril.

Enreg. à la Chancellerie de France. Arch. nat., Trésor des Chartes, JJ. 250, n° 51, fol. 18 v°.

21245. Déclaration portant que le pays et quartier d'Entre-deux-Guiers et la Grande-Chartreuse ont toujours été et sont du pays de Dauphiné et du ressort du bailliage de Grésivaudan. Avril 1537. | Avril.

Arch. de l'Isère, Invent. ms. des titres de la Chambre des Comptes de Grenoble, Pays étrangers, Savoie. (*Mention.*)

21246. Lettres de survivance en faveur de Jean, fils de Julien Hédiart, élu en l'élection de Lisieux. Camp de Pernes, 2 mai 1537. | 2 mai.

Vérifiées le 14, par les généraux des finances. Enreg. le 17 à la Cour des Aides de Normandie. Arch. de la Seine-Inférieure, Mémoriaux, 2e vol., fol. 151.

21247. Déclaration de foi et hommage de Charles de Moyencourt, écuyer, s[r] de Léglantiers, pour la seigneurie de Léglantiers, mouvant du comté de Clermont. Amiens, 2 mai 1537. 1537. 2 mai.

Original. Arch. nat., Chambre des Comptes de Paris, P. 6, n° 1810.

21248. Déclaration portant que les amendes à provenir de la réformation de la forêt de Rets seront versées à Laurent de Boves, commis de Thomas Roullon, receveur des amendes des eaux et forêts, lequel Laurent en tiendra compte au roi jusqu'à ce que ledit Thomas Roullon ait rendu ses comptes à la Chambre des Comptes. Camp de Contes, 3 mai 1537. 3 mai.

Enreg. aux Eaux et forêts. Arch. nat., Z[1e] 869, fol. 54 v°, 2 pages 1/2.

21249. Lettres portant que les habitants de Toulon seront exempts de la fourniture des vivres et munitions pour le fait des gens de guerre, tant à pied qu'à cheval. Camp de Contes, 5 mai 1537. 5 mai.

Original. Arch. de la ville de Toulon (*Var*), série AA, n° 2.

Copie. Idem, série CC, n° 454 *bis*.

21250. Déclaration de foi et hommage de François du Fou, écuyer, s[r] du Vigean, pour la seigneurie de Saint-Mars-la-Pile (auj. Cinq-Mars), mouvant de Tours. Amiens, 5 mai 1537. 5 mai.

Original. Arch. nat., Chambre des Comptes de Paris, P. 13, n° 4429.

21251. Mandement au grand maître des Eaux et forêts de mettre les religieuses du prieuré de Hautes-Bruyères, au comté de Montfort-l'Amaury, en possession des droits d'usage à elles jadis concédés en la forêt de Montfort et d'Yvelines, et de leur accorder au besoin une augmentation desdits droits. Amiens, 6 mai 1537. 6 mai.

Copie collat. du XVIIIe siècle. Arch. nat., K. 180, n° 103.

21252. Lettres de réception du serment de fidélité de Pompilio de Livinio, protonotaire du Saint- 7 mai.

Siège apostolique, prieur commendataire du prieuré conventuel de Saint-Lô de Rouen, pour la temporalité dudit prieuré, mouvant des vicomtés de Rouen et de Caux. Amiens, 7 mai 1537. 1537.

Original. Arch. nat., Chambre des Comptes de Paris, P. 265[1], n° 1438.

21253. Déclaration de foi et hommage de Gilbert, comte de Ventadour, et de Suzanne de Laire, sa femme, dame de Cornillon, Envermeu, Guilmécourt, « Gonnourt et Darceny », pour lesdites seigneuries, mouvant de la vicomté d'Arques. Fontainebleau, 11 mai 1537. 11 mai.

Original. Arch. nat., Chambre des Comptes de Paris, P. 267[2], n° 2570.

21254. Don et remise à François du Fou, s[r] du Vigean, panetier ordinaire du roi, des droits seigneuriaux dus pour la terre de Saint-Mars-la-Pile (auj. Cinq-Mars). 17 mai 1537. 17 mai.

Enreg. à la Chambre des Comptes de Paris, anc. mém. 2 H, fol. 108. *Arch. nat.*, PP. 119, p. 14. (*Mention.*)

Bibl. nat., ms. fr. 21405, p. 333. (*Mention.*)

21255. Lettres portant augmentation de pension en faveur de Gervais du Moulinet, procureur général de la Chambre des Comptes de Paris; il lui est attribué 275 livres de plus par an pour porter ses gages et sa pension à 500 livres. 17 mai 1537. 17 mai.

Enreg. à la Chambre des Comptes, anc. mém. 2 H, fol. 324 v°. *Arch. nat.*, PP. 119, p. 36. (*Mention.*)

Bibl. de Rouen, ms. Leber 5870, t. XIV, fol. 59 v°. (*Mention.*)

21256. Provisions de l'office de maître-garde de la Monnaie de Crémieu en Dauphiné, vacant par la résignation de Thomas Lemaistre, en faveur de Pierre Lemaistre, son fils. La Fère-sur-Oise, 18 mai 1537. 18 mai.

Enreg. au Parl. de Grenoble, le 15 novembre 1537. Arch. de l'Isère, B. 2832, fol. 491. 4 pages.

21257. Déclaration de foi et hommage d'Esprit de Har- 18 mai.

ville, écuyer, s[r] de Palaiseau, pour la seigneurie de Palaiseau, mouvant du Châtelet de Paris, pour la moitié de la seigneurie de Courtabœuf, mouvant de Montlhéry, et pour les deux cinquièmes de la seigneurie de la Bretèche, mouvant de Neauphle-le-Château, et pour la seigneurie de la Mothe-d'Iversay, mouvant de la vicomté du Tremblay. La Fère, 18 mai 1537. 1537.

Original. Arch. nat., Chambre des Comptes de Paris, P. 16, n° 6035.

21258. Lettres ordonnant que Jacques Baudouin soit reçu à l'office de vicomte et receveur ordinaire d'Orbec, dont il a été pourvu sur la résignation de Philippe Le Tirant, nonobstant qu'il ait payé finance à ce dernier contrairement aux ordonnances. Lyon (*sic*), 20 mai 1537. 20 mai.

Copie du XVIe siècle. Bibl. impériale de Vienne (Autriche), ms. 6979, fol. 132. (Cf. le n° 21069.)

21259. Déclaration de foi et hommage de Pierre de La Brethonnière, dit de Warty, grand maître et général réformateur des Eaux et forêts, gentilhomme ordinaire de la chambre du roi, pour le fief de la tour de Warty, deux fiefs appelés Maimbeville et situés à Warty, et un fief appelé Duquesne, sis à Clermont, mouvant de Clermont, enfin pour un autre fief mouvant de Bulles, qui relève de Clermont. La Fère-sur-Oise, 21 mai 1537. 21 mai.

Original. Arch. nat., Chambre des Comptes de Paris, P. 6, n° 1814.

21260. Don de 4,500 livres tournois sur les exploits et amendes du Parlement de Toulouse, à Charles de Pierrevive, s[r] de Lésigny, conseiller du roi et trésorier de France. 24 mai 1537. 24 mai.

Enreg. à la Chambre des Comptes de Paris, anc. mém. 2 H, fol. 114. *Arch. nat.*, PP. 119, p. 15. (*Mention.*)

Bibl. nat., ms. fr. 21405, p. 333. (*Mention.*)

21261. Lettres de naturalité accordées à Georges Capussyment, capitaine des chevau-légers du Mai.

roi, à sa femme et à ses enfants. Camp de Saint-Martin de Bailleul, mai 1537. 1537.

Enreg. à la Chancellerie de France. Arch. nat., Trésor des Chartes, JJ. 250, n° 73, fol. 25 v°.

21262. Lettres de naturalité accordées à Pierre Du Fay, natif de Lorraine, fils d'Antoine Du Fay, seigneur de Bazoges, l'un des cent gentilshommes de l'hôtel. Camp de Contes, mai 1537. Mai.

Enreg. à la Chancellerie de France. Arch. nat., Trésor des Chartes, JJ. 250, n° 82, fol. 28 v°.

21263. Lettres de légitimation accordées à Charlotte du Chastenet, fille à marier, enfant naturel d'Abel du Chastenet, prêtre, et de Simonne Ganault. Corbie, mai 1537. Mai.

Enreg. à la Chancellerie de France. Arch. nat., Trésor des Chartes, JJ. 250, n° 62, fol. 23.

21264. Lettres de naturalité accordées à Marie de Dombes, l'une des demoiselles de la maison de la reine. Fère-en-Tardenois, mai 1537. Mai.

Enreg. à la Chancellerie de France. Arch. nat., Trésor des Chartes, JJ. 250, n° 67, fol. 24.

21265. Lettres de naturalité accordées à Jacques de Séron, écuyer, natif de la ville de Milan, venu en France à l'âge de quinze ans dans la bande du s^r de la Palice, à présent archer de la garde du corps. Mai 1537 [1]. Mai.

Enreg. à la Chancellerie de France. Arch. nat., Trésor des Chartes, JJ. 250, n° 87, fol. 30 v°.

21266. Déclaration de foi et hommage de François Dupré, conseiller au Grand conseil, s^r de Cossigny en Brie, pour la haute justice, moyenne et basse, les droits de voirie, etc., de la seigneurie de Cossigny, mouvant de Corbeil. Guignes, 2 juin 1537. 2 juin.

Original. Arch. nat., Chambre des Comptes de Paris, P. 3, n° 806.

21267. Lettres de réception du serment de fidélité du cardinal Le Veneur, évêque de Lisieux, pour 3 juin.

[1] Le lieu de la date manque.

le temporel de son évêché et des abbayes qu'il possède en France. Melun, 3 juin 1537. 1537.

Original. Arch. nat., Chambre des Comptes de Paris, P. 265², n° 1735.

21268. Lettres de réception de l'hommage rendu par procureur au nom de Gilbert, comte de Ventadour, et de Suzanne de Laire, sa femme, pour les seigneuries d'Envermeu et Guilmécourt, dans la vicomté d'Arques. Fontainebleau, 11 juin 1537. 11 juin.

Expéd. orig. Arch. nat., P. 267², cote 2570.

21269. Provisions en faveur de Georges d'Amboise, archevêque de Rouen, de l'office de lieutenant général en Normandie, pendant l'absence du roi et du dauphin. 12 juin 1537. 12 juin.

Bibl. nat., ms. fr. 20873, fol. 437. (*Mention.*)

21270. Déclaration de l'hommage de Jean Regnault et de Pierre Gallon pour la seigneurie de Villemanzy (paroisse de Villerbon, comté de Blois). 12 juin 1537. 12 juin.

Anc. arch. de la Chambre des Comptes de Blois, lay. V. *Arch. nat.*, P. 1479, fol. 426 v°. (*Mention.*)

21271. Lettres conférant au dauphin les pouvoirs de lieutenant général du roi à l'armée de Picardie. Fontainebleau, 15 juin 1537. 15 juin.

Copie du XVIIe siècle. Bibl. de l'Arsenal, ms. 3721, fol. 32. 13 pages.

Copie moderne. Bibl. nat., *Pièces orig.*, France, vol. 1233, p. 63.

21272. Déclaration de foi et hommage de Jean de La Chesnaye, notaire et secrétaire du roi, pour cinq portions de terre situées à Cheptainville et mouvant de Montlhéry. Fontainebleau, 16 juin 1537. 16 juin.

Original. Arch. nat., Chambre des Comptes de Paris, P. 3, n° 809.

21273. Provisions pour Robert de Boislévêque de l'office de greffier criminel du Parlement de Rouen, en remplacement et sur la résignation de Pierre Leclerc, nonobstant qu'il ne 19 juin.

soit notaire et secrétaire du roi. Fontainebleau, 19 juin 1537. 1537.

Enreg. au Parl. de Rouen. Arch. de la Cour à Rouen, reg. criminel dit Livre rouge, fol. 38. 3 pages.

Copie du XVIIe siècle. Bibl. nat., U. 754, fol. 40.

21274. Mandement à Guillaume Prudhomme, trésorier de l'épargne, de faire payer par le receveur de Toulouse, des deniers provenant de la vente des bois, 102 livres tournois à Grégoire de Rochefort, maître des Eaux et forêts en Languedoc, 368 livres 5 sous tournois à Pierre Potier, s^r de la Terrasse, notaire et secrétaire du roi, et 65 livres 5 sous tournois à Bernard Demay, substitut du greffier desdites Eaux et forêts, pour leurs salaires et vacations dans l'exercice de la commission qu'ils ont eue de faire quelques ventes de bois en Languedoc. Fontainebleau, 20 juin 1537. 20 juin.

Original. Bibl. nat., Nouv. acquisitions franç., ms. 1483, n° 60.

21275. Édit de création d'un clerc, quatre questeurs et quatre commissaires en la ferme du quatrième sur le vin à Rouen, et autant en la ferme du quatrième des menus boires; d'un clerc, deux questeurs et un commissaire en la ferme du gros des vins et en celle du gros des menus boires; d'un clerc et trois commissaires en la ferme des harengs, et d'un clerc en celle de l'imposition foraine; avec défenses aux élus d'y commettre, comme ils faisaient par le passé. Fontainebleau, juin 1537. Juin.

Copie du XVIIIe siècle. Arch. nat., AD IX. 1 *bis*, non folioté.

21276. Lettres de légitimation accordées à Pierre et Dominique de Lafite, frères, fils naturels de Jacques de Lafite et de Jeanne Gouselle, de la sénéchaussée de Toulouse. Fontainebleau, juin 1537. Juin.

Enreg. à la Chancellerie de France. Arch. nat., Trésor des Chartes, JJ. 250, n° 105, fol. 35.

21277. Lettres de légitimation accordées à Jean Dela- Juin.

porte, clerc, fils naturel de Jean Delaporte, prêtre, et de Marie de Cavaux, veuve, d'Estampures au diocèse de Tarbes. Fontainebleau, juin 1537. 1537.

Enreg. à la Chancellerie de France. Arch. nat., Trésor des Chartes, JJ. 250, n° 106, fol. 35.

21278. Lettres de légitimation accordées à Jean Dumas, autrement de Solmignac, clerc, fils naturel de noble Antoine de Solmignac et de Perrette Dumas, de Périgord. Fontainebleau, juin 1537. Juin.

Enreg. à la Chancellerie de France. Arch. nat., Trésor des Chartres, JJ. 250, n° 91, fol. 31 v°.

21279. Lettres de naturalité accordées à Jean de « la Val de Nuz », natif du diocèse de Plaisance, homme d'armes de la compagnie du s^r^ de Saint-Amand, sénéchal de Toulouse. Fontainebleau, juin 1537. Juin.

Enreg. à la Chancellerie de France. Arch. nat., Trésor des Chartes, JJ. 250, n° 98, fol. 33 v°.

21280. Lettres de naturalité accordées à Jean de Loqui [1], seigneur du lieu, l'un des cent gentilshommes de l'hôtel et capitaine de mille hommes de pied de la légion de Guyenne, natif du royaume de Navarre. Fontainebleau, juin 1537. Juin.

Enreg. à la Chancellerie de France. Arch. nat., Trésor des Chartes, JJ. 250, n° 107, fol. 35 v°.

21281. Lettres de naturalité accordées à Jean et Michel de Villela, frères, natifs de Catalogne, établis et mariés en France depuis plus de vingt-cinq ans. Fontainebleau, juin 1537. Juin.

Enreg. à la Chancellerie de France. Arch. nat., Trésor des Chartes, JJ. 250, n° 94, fol. 32 v°.

21282. Déclaration de foi et hommage de Pernelle Perdriel, veuve de Jean Brinon, premier président du Parlement de Normandie, pour la moitié des seigneuries de Remy, Gournay et 5 juillet.

[1] Cet acte figure au nom du s^r^ de « Holloqui » à la date du 15 juin 1537 (n° 9092).

Moyenneville, mouvant de Clermont en Beauvaisis. Paris, 5 juillet 1537. 1537.

Original. Arch. nat., Chambre des Comptes de Paris, P. 6, n° 1835.

21283. Lettres de souffrance de faire foi et hommage accordées à Pernelle Perdriel, veuve de Jean Brinon, premier président du Parlement de Normandie, comme tutrice de Jean et Marguerite Brinon, ses enfants mineurs, pour la moitié des seigneuries de Remy, Gournay et Moyenneville, mouvant de Clermont en Beauvaisis, jusqu'à ce qu'ils soient en âge. Paris, 5 juillet 1537. 5 juillet.

Original. Arch. nat., Chambre des Comptes de Paris, P. 716, n° 258.

21284. Déclaration de foi et hommage de Jacques de Mareuil, chevalier, s[r] du Fresnay, pour les seigneuries de Roye en Picardie, de Chaumont et de l'accroissement de Magny en Vexin, mouvant de la couronne. Paris, 5 juillet 1517. 5 juillet.

Original. Arch. nat., Chambre des Comptes de Paris, P. 15, n° 5582.

21285. Lettres imposant, pour subvenir aux frais de la guerre, sur les villes franches du royaume, une taxe à prélever sur les deniers communs et d'octroi, dans laquelle la ville de Bourges est comprise pour 6,000 livres. Chailly, 6 juillet 1537. 6 juillet.

Original. Arch. municipales de Bourges, AA. 87.

21286. Commission à l'archevêque de Rouen et à Pierre de Monfault, président au Parlement de Rouen, pour emprunter de ladite ville, au nom du roi, la somme de 50,000 livres, et, en cas de refus, recouvrer cette somme par saisie du revenu des octrois. Chailly, 6 juillet 1537. 6 juillet.

Copie collat. du XVIIe *siècle, par Féron, secrétaire royal*, d'après un registre commençant par ces mots : Ayde de cinq solz tournoys pour muid de vin venant et entrant en la ville et banlieue de

Rouen... *Arch. commun. de Rouen*, tiroir 149, n° 1. 9 pages. 1537.

Présentée au Parl. de Rouen, le 19 mars 1540 n. s. Arch. commun. de Rouen, tiroir 144, n° 1. (*Mention.*)

21287. Prorogation pour dix ans de l'octroi concédé par Louis XII aux habitants de Rouen, et déjà prorogé par lettres des 26 juillet 1515 et 22 juin 1527 (n° 19240). Chailly, 6 juillet 1537. 6 juillet.

Original. Arch. commun. de Rouen, tiroir 149, n° 1.

Copie collat. du 5 août 1547 n. s., par Coefier, secrétaire royal. Arch. commun. de Rouen, tiroir 150 *bis*, n° 1.

21288. Déclaration de foi et hommage d'Annet de Lamer, seigneur de Mathat (en Auvergne), l'un des cent gentilshommes de l'hôtel de la compagnie du s[r] de Canaples, pour la seigneurie du Bost, mouvant de la châtellenie de Vichy en Bourbonnais. Paris, 6 juillet 1537. 6 juillet.

Original. Arch. nat., Chambre des Comptes de Paris, P. 14, n° 4950.

21289. Commission pour contraindre le clergé du diocèse de Rouen au payement du don gratuit. Chailly, 8 juillet 1537. 8 juillet.

Duplicata délivré par la Chancellerie de Rouen, le 5 décembre suivant. Arch. de la Seine-Inférieure, G. 5490.

21290. Lettres portant pouvoir au cardinal de Tournon d'engager le domaine en Dauphiné jusqu'à concurrence de 50,000 livres tournois. 11 juillet 1537. 11 juillet.

Enreg. à la Chambre des Comptes de Paris, anc. mém. 2 H, fol. 274 v°. *Arch. nat.*, PP. 119, p. 23. (*Mention.*)

Bibl. de Rouen, ms. Leber 5870, t. XIV, fol. 59. (*Mention.*)

21291. Déclaration de foi et hommage de Jean de Francières pour le fief de Francières, mouvant de Clermont. Paris, 13 juillet 1537. 13 juillet.

Original. Arch. nat., Chambre des Comptes de Paris, P. 5, n° 1639.

21292. Provisions pour Jean Viole, fils de Nicolas Viole, de l'office de maître clerc ordinaire des comptes, en remplacement de son père. 16 juillet 1537. — 1537. 16 juillet.

Enreg. à la Chambre des Comptes de Paris, anc. mém. 2 H, fol. 156. *Arch. nat.*, PP. 119, p. 21. (*Mention.*)

Bibl. nat., ms. fr. 21405, p. 334. (*Mention.*)

21293. Déclaration de l'hommage de Jean Poulain, écuyer, pour la seigneurie de « Bellangues » (bailliage de Caux, vicomté de Caudebec). Paris, 17 juillet 1537. — 17 juillet.

Expéd. orig. Arch. nat., P. 267², cote 2548.

21294. Déclaration de foi et hommage de Charles Martin, chanoine de l'église de Beauvais et chapelain de la chapelle Saint-Jean de Warty, pour deux fiefs situés à Sailleville et Mogneville, appartenant à ladite chapelle, mouvant de Bulles et de Clermont. Paris, 18 juillet 1537. — 18 juillet.

Original. Arch. nat., Chambre des Comptes de Paris, P. 6, n° 1836.

21295. Déclaration de foi et hommage de François Parent, écuyer, comme fils aîné et procureur de Pierre Parent, son père, pour les fiefs de « Luzarches, Nicquet et Couroyeu », sis à la Neuville-en-Hez et environs, mouvant de Clermont. Paris, 19 juillet 1537. — 19 juillet.

Original. Arch. nat., Chambre des Comptes de Paris, P. 6, n° 1837.

21296. Déclaration de foi et hommage de François Parent, écuyer, pour le fief de Catillon, mouvant de Bulles, et pour deux fiefs sis à Thieux, mouvant également de Bulles. Paris, 19 juillet 1537. — 19 juillet.

Original. Arch. nat., Chambre des Comptes de Paris, P. 6, n° 1838.

21297. Déclaration de foi et hommage de François Parent, comme procureur d'Antoine de Hallwin, chevalier, s^r de Piennes, pour un fief mouvant de Clermont et pour les fiefs de — 20 juillet.

IMPRIMERIE NATIONALE.

Belloy, Villers-sur-Bonnières et Saint-Omer [-en-Chaussée], près Beauvais, mouvant de Milly. Paris, 20 juillet 1537. 1537.

Original. Arch. nat., Chambre des Comptes de Paris, P. 6, n° 1839.

21298. Lettres conférant l'investiture du marquisat de Saluces à Gabriel de Saluces, évêque nommé d'Aire. 21 juillet 1537. 21 juillet.

Arch. de l'Isère, Chambre des Comptes de Grenoble, Invent. ms. des titres du marquisat de Saluces. (*Mention.*)

21299. Lettres portant que Claude Gouffier, s^r de Boisy, premier gentilhomme de la chambre du roi, capitaine de cinquante hommes d'armes des ordonnances, jouira, comme engagiste de la terre de Sézanne, des amendes prononcées par les réformateurs des forêts de Sézanne. Meudon, 23 juillet 1537. 23 juillet.

Enreg. à la Chambre des Comptes de Paris, anc. mém. 2 H, fol. 187. *Arch. nat.*, PP. 119, p. 24. (*Mention.*)

Bibl. nat., ms. fr. 21405, p. 335. (*Mention.*)

Imp. Le P. Anselme, *Hist. généal.*, 3e édit., in-fol., t. VIII, p. 505^B^. (*Mention.*)

21300. Lettres autorisant Camille Ursin (Orsini), comte de Monopollo, à céder à qui bon lui semblera la jouissance de la terre de Marmande, pour le même temps qu'elle lui avait été engagée à lui-même par le roi. 28 juillet 1537. 28 juillet.

Enreg. à la Chambre des Comptes de Paris, anc. mém. 2 H, fol. 177. *Arch. nat.*, PP. 119, p. 23. (*Mention.*)

Bibl. de Rouen, ms. Leber 5870, t. XIV, fol. 59. (*Mention.*)

21301. Déclaration de foi et hommage de Denis d'Erquinvillers, comme procureur d'Olivier d'Erquinvillers, son père, pour les seigneuries d'Erquinvillers, Auvillers, Saint-Rimault et Litz, mouvant de Bulles et de Clermont. Paris, 29 juillet 1537. 29 juillet.

Original. Arch. nat., Chambre des Comptes de Paris, P. 6, n° 1840.

21302. Déclaration de foi et hommage de Guillaume Chastellier, procureur du roi au Parlement de Paris, comme procureur d'Adrien de Pisseleu, s^r d'Heilly et Bailleu-sur-Thérain, pour lesdites seigneuries, mouvant de Clermont. Paris, 29 juillet 1537. 1537. 29 juillet.

Original. Arch. nat., Chambre des Comptes de Paris, P. 6, n° 1841.

21303. Lettres portant que Jean Babou, conseiller du roi, bailli de Gien, maître de la garde-robe du dauphin, sera payé de ses gages de 365 livres sur l'ordinaire de Gien. 31 juillet 1537. 31 juillet.

Enreg. à la Chambre des Comptes de Paris, anc. mém. 2 H, fol. 186. *Arch. nat.*, PP. 119, p. 24. (*Mention.*)

Bibl. nat., ms. fr. 21405, p. 334. (*Mention.*)

21304. Déclaration interprétative d'une des clauses du testament de la reine Jeanne de Navarre, portant que les étudiants en théologie, boursiers au collège de Navarre, perdront les droits attachés à leur bourse après l'obtention du grade de docteur. Paris, 5 août 1537. 5 août.

Original. Arch. nat., M. 180, n° 31.

21305. Déclaration portant que le roi n'a point entendu déroger aux privilèges et prérogatives des bourgeois et habitants de Troyes, par l'édit ordonnant aux baillis de procéder aux assemblées générales et aux élections des échevins et consuls du royaume. Paris, 5 août 1537. 5 août.

Original. Arch. municipales de Troyes (Aube), 3e boîte, 1re liasse.

21306. Provisions de l'office de procureur du roi en l'élection de Coutances et Carentan, en faveur de Robert Deslandes, sur la résignation faite à son profit par Richard Lévêque. Paris, 6 août 1537. 6 août.

Vérifiées le 14, par les généraux des finances.

Enreg. à la Cour des Aides de Normandie, le 6 septembre 1537. Arch. de la Seine-Inférieure, Mémoriaux, 2e vol., fol. 157. 1 page.

21307. Déclaration de foi et hommage de François du Monceau, chevalier, porte-enseigne des cent 7 août.

gentilshommes de l'hôtel, pour la seigneurie d'Yèvre-le-Châtel, mouvant d'Orléans. Paris, 7 août 1537. 1537.

Original. Arch. nat., Chambre des Comptes de Paris, P. 10, n° 3486.

21308. Déclaration de foi et hommage de Guillaume Béraux, en son nom et au nom de sa femme, Barbe de La Tour, pour la seigneurie de « Champjar », mouvant de Provins, et celle du « Petit-Champjar », mouvant de Champgueffier en Brie. Paris, 7 août 1537. 7 août.

Original. Arch. nat., Chambre des Comptes de Paris, P. 9, n° 2991.

21309. Lettres portant échange en faveur de Jean de Monchy, s^r de Sénarpont, lieutenant de la compagnie du s^r de La Meilleraye, d'une somme de 1,000 livres tournois sur les droits seigneuriaux des terres de Longueval et de Ham. 11 août 1537. 11 août.

Enreg. à la Chambre des Comptes de Paris, anc. mém. 2 H, fol. 192 v°. *Arch. nat.*, PP. 119, p. 25. (*Mention.*)

Bibl. nat., ms. fr. 21405, p. 335. (*Mention.*)

21310. Déclaration de foi et hommage de Louis de La Rochefoucauld, s^r de Montendre et de Montguyon, pour la seigneurie de Roye en Picardie et l'accroissement de Magny en Vexin, mouvant de la couronne. Melun, 13 août 1537. 13 août.

Original. Arch. nat., Chambre des Comptes de Paris, P. 16, n° 6038.

21311. Déclaration de foi et hommage de Jean Pointet, écuyer, seigneur de Laugère et de Saint-Aignan-des-Noyers, contrôleur des postes et des chevaucheurs du roi, pour certains cens et tailles mouvant de Verneuil en Bourbonnais. Melun, 15 août 1537. 15 août.

Original. Arch. nat., Chambre des Comptes de Paris, P. 14, n° 4951.

21312. Déclaration de l'hommage de Richard Du Bois, chevalier, pour la seigneurie de Morigny (bailliage de Caen, vicomté de Bayeux), lui appartenant à cause de Françoise, sa femme, 27 août.

sœur de feu Jean de Maunourry. Fontainebleau, 27 août 1537. 1537.

Expéd. orig. Arch. nat., P. 272², cote 5531.

21313. Lettres portant règlement pour le payement des gages des officiers du Parlement et des généraux de la justice des Aides de Rouen, sur les greniers et chambres à sel du duché de Normandie, suivant l'ordonnance de juin 1537 (nº 9168). Fontainebleau, 29 août 1537. 29 août.

Enreg. au Parl. de Rouen, le 15 septembre suivant.

Copie du XVIIe siècle. Arch. nat., U. 757, 2e partie, p. 195. 5 pages.

21314. Lettres portant continuation pour dix ans du don fait à Robert de Pommereul, premier écuyer d'écurie du roi, de 700 livres de rente sur le grenier à sel du Pont-de-l'Arche. 30 août 1537. 30 août.

Enreg. à la Chambre des Comptes de Paris, anc. mém. 2 H, fol. 214. *Arch. nat.*, PP. 119, p. 28. (*Mention.*)

Bibl. nat., ms. fr. 21405, p. 335. (*Mention.*)

21315. Lettres de légitimation accordées à Sébastien Hocques, fils naturel de feu Luc Hocques et de Perrine Lesur, du bailliage d'Évreux et de Bayeux. Paris, août 1537. Août.

Enreg. à la Chancellerie de France. Arch. nat., *Trésor des Chartes*, JJ. 250, nº 121, fol. 40 vº.

21316. Lettres de naturalité accordées à Louis de Lénoncourt et à Catherine de Haraucourt, sa femme, demeurant au duché de Lorraine. Ablon, août 1537. Août.

Enreg. à la Chancellerie de France. Arch. nat., *Trésor des Chartes*, JJ. 250, nº 128, fol. 43.

21317. Lettres de légitimation accordées à Thomas et Jean Clouet, fils naturels de feu Guy Clouet, prêtre, et d'une femme non nommée, aussi défunte. Melun, août 1537. Août.

Enreg. à la Chancellerie de France. Arch. nat., *Trésor des Chartes*, JJ. 250, nº 119, fol. 40.

21318. Lettres de naturalité accordées à Émile Ferret, conseiller au Parlement de Paris, natif du pays de Toscane. Melun, août 1537. — 1537. Août.

Enreg. à la Chancellerie de France. Arch. nat., Trésor des Chartes, JJ. 250, n° 123, fol. 41.

21319. Lettres de don à Guillaume Poyet, chevalier, conseiller au Conseil privé, second président au Parlement de Paris, premier président du Parlement de Bretagne, des biens et rentes confisqués de Gaillard Spifame en la seigneurie des Clayes, et les fiefs de la Mairie, de Plaisir, des Petits-Prés, de l'Hébergerie, etc., près Villepreux, Neauphle et Monfort-l'Amaury. Fontainebleau, août 1537. — Août.

Arch. nat., Trésor des Chartes, JJ. 254, n° 351, fol. 66 v°. (*Mention*, dans une confirmation de septembre 1539.)

21320. Lettres de légitimation accordées à Esprit Verdot, clerc, fils naturel de Guillaume Verdot, prêtre, et de Léonore Perrin. Fontainebleau, août 1537. — Août.

Enreg. à la Chancellerie de France. Arch. nat., Trésor des Chartes, JJ. 250, n° 125, fol. 42.

21321. Lettres de naturalité accordées à Étienne Damars, né à Tolède, fils de Jacques Damars, natif de Dijon, sommelier de paneterie de bouche de la reine, et de Marie Fernandez, espagnole. Fontainebleau, août 1537. — Août.

Enreg. à la Chancellerie de France. Arch. nat., Trésor des Chartes, JJ. 254, n° 43, fol. 12.

21322. Lettres de légitimation accordées à Pierre Legonnyn, fils naturel de feu Pierre Legonnyn, prêtre, de la sénéchaussée de Limoges. ...[1]. Août 1537. — Août.

Enreg. à la Chancellerie de France. Arch. nat., Trésor des Chartes, JJ. 250, n° 120, fol. 40 v°.

21323. Lettres permettant à Augustin de Thou, commis par lettres du 11 janvier 1537 n. s. (n° 21169) — 3 septembre.

[1] Le nom du lieu est en blanc.

pour juger les procès relatifs aux forêts du Gault, de la Traconne, de Rets, de Nogent, de Pont-sur-Seine et de Chinon, au cas où il ne pourrait s'adjoindre neuf des conseillers nommés par lesdites lettres, de prendre, pour compléter ledit nombre, des conseillers du Grand conseil ou du Parlement. Fontainebleau, 3 septembre 1537. — 1537.

Enreg. aux Eaux et forêts. Arch. nat., Z[1e] 869, fol. 74 v°. 1 page 1/2.

21324. Lettres déchargeant Guillaume Tulles, Geoffroy de Manneville, Martin Hennequin, Raoul Boullenc et Etienne Belot, conseillers clercs au Parlement de Normandie, de leur quote-part (921 livres 10 sous tournois pour les cinq), des trois décimes imposées au clergé. Fontainebleau, 4 septembre 1537. — 4 septembre.

Enreg. au Parl. de Rouen.

Copie du XVIIe siècle. Arch. nat., U. 757, 2e partie, p. 201. 1 page 1/2.

21325. Lettres de jussion au Parlement de Grenoble pour l'enregistrement des provisions données, le 18 mai précédent (n° 21256), en faveur de Pierre Lemaistre, de l'office de maître-garde de la Monnaie de Crémieu. Fontainebleau, 5 septembre 1537. — 5 septembre.

Enreg. au Parl. de Grenoble. Arch. de l'Isère, B. 2832, fol. 493, 3 pages 1/2.

21326. Lettres portant réunion de la seigneurie de Tremblevif (auj. Saint-Viâtre) au domaine du comté de Blois. Fontainebleau, 5 septembre 1537. — 5 septembre.

Vérifiées à la Chambre des Comptes de Blois, le 10 juillet 1538. Arch. nat., KK. 902, fol. 138 v° et 146 v°. (*Mentions.*)

21327. Déclaration de l'hommage de Jean de Salazart, archidiacre de Sens, pour la seigneurie de Potangis (bailliage de Sézanne), à lui échue tant par don de son feu père que par arrêt du Parlement, et par transaction avec les — 5 septembre.

[Salazart], seigneurs de Marcilly. Fontainebleau, 5 septembre 1537. 1537.

Expéd. orig. Arch. nat., P. 165[2], cote 1984.

21328. Confirmation de la vente faite par le cardinal de Tournon à Pierre Bernod de la ferme du huitième du vin vendu dans le plat pays du Lyonnais. Fontainebleau, 6 septembre 1537. 6 septembre.

Copie du XVIe siècle. Bibl. nat., ms. fr. 2702, fol. 237 v°.

21329. Mandement à la Chambre des Comptes de Blois de donner avis sur la requête de Jean de La Grange, tendant à obtenir rabais d'une rente annuelle de 6 livres qu'il devait payer au roi, suivant les lettres du mois d'avril 1527 n. s. (n° 19130). Fontainebleau, 6 septembre 1537. 6 septembre.

Enreg. à la Chambre des Comptes de Blois, le 8 août 1555. Arch. nat., P. 2881[1], fol. 229 v°. 2 pages.

21330. Commission à Jean Gilbert, bachelier ès droits, à Jacques Siméon, greffier, et à Perrinet Vincent, receveur, au nom d'Antoine de Thiers, seigneur de Linac en partie, pour recevoir certains fiefs dépendant de la baronnie de Mercœur. 6 septembre 1537. 6 septembre.

Bibl. nat., ms. Lorraine 219, fol. 164. (*Mention.*)

21331. Lettres déclarant qu'il n'est rien dû aux habitants de Toulon qui réclamaient des indemnités pour les vivres qui leur avaient été enlevés par le sénéchal, afin d'empêcher l'empereur Charles-Quint de se ravitailler, s'il venait jusqu'à Toulon. 7 septembre 1537. 7 septembre.

Copie. Arch. de la ville de Toulon (Var), série EE, n° 9.

21332. Lettres de don à Nicolas Berthereau, précédemment nommé bailli et concierge du Palais, à Paris, de 600 livres parisis sur l'ordinaire de Paris, avec la jouissance des places, bancs et sièges des procureurs et avocats en la grande salle dudit Palais. 11 septembre 1537. 11 septembre.

Enreg. à la Chambre des Comptes de Paris, anc.

mém. 2 H, fol. 252 v°. *Arch. nat.*, PP. 119, p. 32. (*Mention.*) 1537.

Bibl. de Rouen, ms. Leber 5870, t. XIV [1], fol. 59 v°. (*Mention.*)

21333. Mandement aux baillis de Dijon, d'Auxois et de Châlon, de commettre des notaires pour recevoir les déclarations au terrier de la seigneurie de Comblanchien, appartenant à Étienne Jacqueron, écuyer, conseiller à la Chambre des Comptes de Dijon, échanson ordinaire du roi. 18 septembre 1537. 18 septembre.

Copie du XVIIe siècle. Arch. nat., R³ *133, fol. 4 v°.

21334. Lettres annulant la sentence de mort prononcée par contumace contre Morelet du Museau, fils, trésorier des pensions des Ligues suisses, notaire et secrétaire du roi, par les juges de la Tour carrée, et maintenant l'interdiction d'exercer des offices royaux. Fontainebleau, septembre 1537. Septembre.

Enreg. à la Chancellerie de France. Arch. nat., *Trésor des Chartes*, JJ. 254, n° 2, fol. 1.

21335. Lettres de naturalité accordées à Jean Barthélemy de « Soronea », chanoine de Saint-Sauveur de Blois et prieur de Boulogne, près Blois, natif d'Italie. Fontainebleau, septembre 1537. Septembre.

Enreg. à la Chancellerie de France. Arch. nat., *Trésor des Chartes*, JJ. 250, n° 138, fol. 46.

21336. Lettres de légitimation accordées à Pierre Guitard, fils naturel de Jean Guitard, prêtre, religieux profès de l'ordre de Saint-Benoît, curé des églises paroissiales de Landais (*de Landesio*) et de Saint-Pierre de Vic, et de Benoîte Giron, veuve d'Antoine Pourrat. Chevagnes, septembre 1537. Septembre.

Enreg. à la Chancellerie de France. Arch. nat., *Trésor des Chartes*, JJ. 250, n° 143, fol. 49. (Texte latin.)

[1] Le même ms. mentionne, d'après le mémorial 2 H, fol. 240 et 251, les provisions dudit Berthereau, aux gages de 600 livres, avec la date de 1536.

21337. Lettres portant remise aux enfants de Jean Lallemand, trésorier de Languedoc, des condamnations prononcées contre leur père par les commissaires de la Tour carrée, à condition qu'ils payeront une somme de 28,049 livres tournois. 5 octobre 1537. — 1537. 5 octobre.

Enreg. à la Chambre des Comptes de Paris, anc. mém. 2 J, fol. 237. *Arch. nat.*, PP. 119, p. 44. (*Mention.*)

Bibl. de Rouen, ms. Leber 5870, t. XIV, fol. 62. (*Mention.*)

21338. Mandement au sénéchal de Rouergue, à Étienne Du Bourg, procureur général en Auvergne, et à Jean-Bernard de Lacombe, contrôleur du domaine du roi en Agénais, de répartir et lever sur le haut et bas Rouergue et sur le comté de Rodez, la somme de 86,523 livres 18 sous 6 deniers tournois, pour leur quote-part de l'imposition de 4 millions de livres établie sur tout le royaume, plus 636 livres 11 sous 3 deniers pour les frais des commissaires. Lyon, 7 octobre 1537. — 7 octobre.

Copie du XVIe siècle. Arch. départ. de l'Aveyron, C. 1227, fol. 1 v°.

21339. Mandement au bailli et aux élus de Berry de maintenir les habitants d'Issoudun en leurs libertés et franchises, et spécialement de les laisser jouir de leur exemption des tailles et autres subsides de guerre, nonobstant qu'ils aient contribué aux chevaux d'artillerie, ce qui ne doit tourner à leur préjudice ni être invoqué contre eux à l'avenir. Lyon, 8 octobre 1537. — 8 octobre.

Copie collat. du 9 mars 1538 n. s. Arch. nat., suppl. du Trésor des Chartes, J. 749, n° 9.

21340. Lettres portant octroi aux habitants de Rouen d'un impôt de 5 sous sur chaque muid de vin entrant en leur ville et sa banlieue, jusqu'à concurrence de 30,000 livres tournois, montant de la somme qu'ils ont avancée au roi. Lyon, 9 octobre 1537. — 9 octobre.

Présentées au Parl. de Rouen, le 19 mars 1540 n. s.

Arch. commun. de Rouen, tiroir 144, n° 1. (*Mention.*) — 1537.

21341. Lettres de sauf-conduit octroyées à Francesco Revereto, habitant de Gênes. La Côte-Saint-André, 12 octobre 1537. — 12 octobre.

Copie du XVIe siècle. Arch. du Rhône, reg. des insinuations de la sénéchaussée, Livre du roi, fol. 57.

21342. Provisions de l'office de notaire royal en Beaujolais et sénéchaussée de Lyon, pour Benoît Thomas, en remplacement de feu Benoît Le Viste. Lyon, 27 octobre 1537. — 27 octobre.

Copie du XVIe siècle. Arch. du Rhône, reg. des insinuations de la sénéchaussée, Livre du roi, fol. 58 v°.

21343. Don à Antoine de Soissons, maître d'hôtel du comte de Saint-Pol, des biens d'André Clabault, échus au roi par droit d'aubaine. 27 octobre 1537. — 27 octobre.

Enreg. à la Chambre des Comptes de Paris, anc. mém. 2 H, fol. 344. *Arch. nat.*, PP. 119, p. 38. (*Mention.*)

Bibl. nat., ms. fr. 21405, p. 336. (*Mention.*)

21344. Lettres de don à Catherine Dollé des biens de feu son mari Hans de Mezambourg, échus au roi par droit d'aubaine, ledit Hans, allemand, n'ayant pas été naturalisé. Lyon, octobre 1537. — Octobre.

Enreg. à la Chancellerie de France. Arch. nat., Trésor des Chartes, JJ. 254, n° 230, fol. 45 v°.

21345. Lettres de légitimation accordées à Hector Rogier, fils naturel de Guigue Rogier, seigneur de la Bâtie, et de Benoîte Valier. Grenoble, octobre 1537. — Octobre.

Enreg. à la Chancellerie de France. Arch. nat., Trésor des Chartes, JJ. 254, n° 5, fol. 2.

21346. Lettres de naturalité accordées à Antoine Massias, natif de Rioseceo en Castille, établi et marié à Rouen. Grenoble, octobre 1537. — Octobre.

Enreg. à la Chancellerie de France. Arch. nat., Trésor des Chartes, JJ. 250, n° 188, fol. 53.

21347. Lettres de commission à Jean De Plas, évêque — 2 novembre.

de Bazas, François de Belcier, premier président du Parlement de Bordeaux, et Jean de La Rochebeaucourt, sénéchal d'Angoumois, pour assister au nom du roi à l'assemblée des États de Guyenne qui se tiendra à Bordeaux, pour délibérer sur l'exécution des ordonnances touchant le fait du sel dans ledit pays et les pays voisins. Lyon, 2 novembre 1537. 1537.

Copie collat. dans le procès-verbal des commissaires. Original. Arch. nat., J. 972, n° 5, fol. 3 v°.

21348. Lettres assurant à Claude Breton la survivance de l'office de général des finances du comté de Blois, exercé par son père Jean Breton, seigneur de Villandry. Briançon, 3 novembre 1537. 3 novembre.

Vérifiées à la Chambre des Comptes de Blois, le 31 mai 1538. Arch. nat., KK. 902, fol. 140 v°. 5 pages.

21349. Lettres attribuant au Grand conseil la connaissance des réclamations présentées par Robert de Rossi, argentier de Madame la Dauphine, à l'encontre de MM. de Montrevel, de La Fayette et de Sombernon, soi-disant héritiers de feu François de Vienne, seigneur de Listenois, touchant une somme de 517 livres 7 sous tournois dont ce dernier était débiteur envers lui. Lyon, 6 novembre 1537[1]. 6 novembre.

Copie du temps. Bibl. de l'Arsenal, ms. 7211.

21350. Mandement au Parlement de Provence de faire tenir quitte Guillaume Barbosse, docteur ès droits, juge de Draguignan, des deniers que prétendaient lui faire payer pour l'exercice dudit office les gens des États de Provence. Lyon, 10 novembre 1537. 10 novembre.

Enreg. à la Chancellerie de France. Arch. nat., Trésor des Chartes, JJ. 251, n° 192, fol. 54.

21351. Édit de création des commissaires pour exa- 15 novembre.

[1] Cet acte porte la mention : « Par le roy, en son privé conseil estably à Lyon. »

miner les comptes des tutelles. 15 novembre 1537. — 1537.

Bibl. de Rouen, ms. E. 57, fol. 7. (*Mention*, d'après les *Arch. du Parl. de Rouen*.)

21352. Provisions pour six ans de l'office de maître particulier de la Monnaie de Romans, en faveur de Louis Prost. Lyon, 20 novembre 1537. — 20 novembre.

Enreg. au Parl. de Grenoble. Arch. de l'Isère, B. 2832, fol. 534. 3 pages 1/2.

21353. Lettres à la Chambre des Comptes et aux généraux des Monnaies à Paris, leur mandant de recevoir Louis Prost en l'office de maître de la Monnaie de Romans et de le renvoyer devant la Chambre des Comptes de Grenoble, pour fournir caution. Montpellier, 24 novembre 1537. — 24 novembre.

Enreg. à la Chambre des Comptes de Grenoble, le 7 février 1538. Arch. de l'Isère, B. 2832, fol. 535 v°. 4 pages.

21354. Lettres en faveur de l'Hôtel-Dieu de Bourges, confirmant la charte de privilèges octroyée par le roi en 1517, et déclarant mettre cet établissement sous la protection et sauvegarde royales. Lyon, 28 novembre 1537. — 28 novembre.

Original. Arch. départ. du Cher, Hospices, Privilèges, liasse 1.

21355. Lettres de légitimation accordées à Jean et Perrette Villon, enfants naturels de Gouet Villon et de Marguerite Merle, de Dauphiné. Suzanne (Cesana Torinese), novembre 1537. — Novembre.

Enreg. à la Chancellerie de France. Arch. nat., *Trésor des Chartes*, JJ. 251, n° 193, fol. 54.

21356. Lettres de don à Paul de Cajare, chevalier, porte-enseigne de la compagnie du s^r de Montpezat, de la haute justice de la seigneurie de Vieux, confisquée par sentence du sénéchal de Toulouse sur Jean d'Aloière, seigneur du lieu. Carignan, novembre 1537. — Novembre.

Enreg. à la Chancellerie de France. Arch. nat., *Trésor des Chartes*, JJ. 251, n° 189, fol. 53.

21357. Commission à Pierre Porte, général des mon- — 4 décembre.

naies, pour se rendre dans tous les ateliers monétaires du Dauphiné, y faire clore toutes les boîtes de monnaies et les envoyer scellées à Paris, où elles seront vérifiées à la Chambre des Monnaies. Lyon, 4 décembre 1537. — 1537.

Enreg. à la Chambre des Comptes de Grenoble. Arch. de l'Isère, B. 2833, fol. 58. 2 pages 1/2.

21358. Lettres ratifiant la donation faite par Oudard du Biez, chambellan du roi, sénéchal et gouverneur du Boulonnais, capitaine de Boulogne, des terres d'Airaines, Argueil et Rouvray à Madeleine du Biez, sa fille, à cause de son mariage avec Jacques de Foucquesolles. 7 décembre 1537. — 7 décembre.

Enreg. à la Chambre des Comptes de Paris, anc. mém. 2 H, fol. 336 v° et 338 v°. *Arch. nat.*, PP. 119, p. 37. (*Mention.*)
Bibl. nat., ms. fr. 21405, p. 336. (*Mention.*)

21359. Lettres portant exemption, en faveur des habitants de Toulon, des péages et autres droits sur terre et sur mer. Aix, 21 décembre 1537. — 21 décembre.

Copie. Arch. de la ville de Toulon (Var), série CC, n° 454 *bis*.

21360. Déclaration confirmant l'octroi concédé, le 9 octobre précédent (n° 21340), aux habitants de Rouen, à la charge pour eux de produire devant le Parlement de Rouen les comptes de leur deniers communs pour les dix dernières années. Montpellier, 23 décembre 1537. — 23 décembre.

Présentée au Parl. de Rouen, les 1er février 1538 n. s. et 19 mars 1540 n. s. Arch. comm. de Rouen, tiroir 144, n° 1. (*Mention.*)

21361. Lettres exemptant les habitants de Toulon de divers droits, gabelles et autres subsides imposés et à imposer. Aix, 27 décembre 1537. — 27 décembre.

Copie. Arch. de la ville de Toulon (Var), série CC, n° 454.

21362. Lettres de légitimation accordées à Lyonnet de Barbezières, fils naturel de Pierre de Barbe- — Décembre.

zières et de Marguerite de Billotes, d'Angoumois. Montpellier, décembre 1537. — 1537.

Enreg. à la Chancellerie de France. Arch. nat., Trésor des Chartes, JJ. 250, n° 202, fol. 56.
Idem, JJ. 254, n° 17, fol. 5.

21363. Lettres de légitimation accordées à Raymond et Antoine Despons, fils naturels d'Olivier Despons et de Jeanne Cambon, de Montpellier. Montpellier, décembre 1537. — Décembre.

Enreg. à la Chancellerie de France. Arch. nat., Trésor des Chartes, JJ. 250, n° 196, fol. 55.

21364. Lettres de légitimation accordées à Philippe Marque, dit Briet, de Saint-Haon-le-Châtel, diocèse de Lyon, fils d'un prêtre, curé, et d'une femme non mariée. Montpellier, décembre 1537. — Décembre.

Enreg. à la Chancellerie de France. Arch. nat., Trésor des Chartes, JJ. 250, n° 205, fol. 57.

1538. — Pâques, le 21 avril.

1538.

21365. Provisions de l'office de greffier de l'élection de Rouen, en faveur de Jean Roussel, sur la résignation faite à son profit par Jean de Saldaigne. Montpellier, 5 janvier 1537. — 5 janvier.

Enreg. à la Cour des Aides de Normandie, le 14 mars 1538 n. s. Arch. de la Seine-Inférieure, Mémoriaux, 2e vol., fol. 168. 1 page 1/2.

21366. Commission au vice-bailli du Briançonnais de faire une enquête sur les dommages causés au village de Chaumont en Dauphiné par les Espagnols, qui l'ont pillé et incendié. Montpellier, 6 janvier 1537. — 6 janvier.

Copie du XVIe siècle. Arch. de l'Isère, B. 2994. 4 pages.

21367. Lettres autorisant les maire et échevins de Bourges à établir dans cette ville un grenier à salpêtre, dirigé par trois ouvriers ou plus, s'il est nécessaire, et devant produire dans le cours de la présente année et de la suivante — 8 janvier.

seize milliers de salpêtre. Montpellier, 8 janvier 1537. — 1538.

Original. Arch. municipales de Bourges, CC. 8.

21368. Lettres d'évocation à la personne du roi et renvoi au Parlement de Paris, par-devant Augustin de Thou, des causes d'appel produites par les habitants de Fréteval, Saint-Lubin-des-Prés et Saint-Hilaire-la-Gravelle contre les procédures de Pierre Hotman, lieutenant général du grand maître des Eaux et forêts. Montpellier, 10 janvier 1537. — 10 janvier.

Enreg. aux Eaux et forêts. Arch. nat., Z[1e] 869, fol. 173. 2 pages 1/2.

21369. Provisions de l'office de maître particulier de la Monnaie de Crémieu en faveur de Pierre Le Maistre, en remplacement et sur la résignation de Jacques Pynatel. Lyon, 28 janvier 1537. — 28 janvier.

Enreg. au Parl. de Grenoble, le 11 mars 1538 n. s. Arch. de l'Isère, B. 2833, fol. 1. 4 pages.

21370. Provisions de l'office de garde de la Monnaie de Crémieu, en faveur de Claude Gaige, dit Pétrement. Lyon, 29 janvier 1537. — 29 janvier.

Enreg. au Parl. de Grenoble. Arch. de l'Isère, B. 2833, fol. 15. 3 pages 1/2.

21371. Lettres de légitimation accordées à Jean Leyris, fils naturel de Jean Leyris et de Catherine Allègre, de la sénéchaussée de Beaucaire. Montpellier, janvier 1537. — Janvier.

Enreg. à la Chancellerie de France. Arch. nat., *Trésor des Chartes*, JJ. 254, n° 21, fol. 6.

21372. Lettres de légitimation accordées à Jean de Maumont, fils naturel de François de Maumont et de Françoise Davy, de la sénéchaussée de Saintonge. Montpellier, janvier 1537. — Janvier.

Enreg. à la Chancellerie de France. Arch. nat., *Trésor des Chartes*, JJ. 254, n° 9, fol. 3.

21373. Lettres de légitimation accordées à Antoine de Rions, fils naturel d'Antoine de Rions, chevalier de Saint-Jean de Jérusalem, et de Ma- — Janvier.

deleine Deidier, habitants de Nîmes. Montpellier, janvier 1537. 1538.

Enreg. à la Chancellerie de France. Arch. nat., Trésor des Chartes, JJ. 254, n° 1, fol. 1.

21374. Lettres de légitimation accordées à Jean de Rions, fils naturel d'Antoine de Rions, religieux de l'ordre de Saint-Jean de Jérusalem, et de Madeleine Deidier, habitants de Nîmes. Montpellier, janvier 1537. Janvier.

Enreg. à la Chancellerie de France. Arch. nat., Trésor des Chartes, JJ. 254, n° 3, fol. 1 v°.

21375. Lettres de légitimation accordées à Étienne Visian, fils naturel de Jean Visian, prêtre, et d'Agnès Gordane, d'Aigues-Mortes. Montpellier, janvier 1537. Janvier.

Enreg. à la Chancellerie de France. Arch. nat., Trésor des Chartes, JJ. 254, n° 12, fol. 4.

21376. Lettres de naturalité accordées à Simon de Montalli, natif du diocèse de Parme, marchand à Saint-Pons-de-Thomières. Montpellier, janvier 1537. Janvier.

Enreg. à la Chancellerie de France. Arch. nat., Trésor des Chartes, JJ. 254, n° 10, fol. 3 v°.

21377. Lettres de naturalité accordées à « Ouast Ynnes », natif d'Écosse, homme d'armes des ordonnances de la compagnie du s^r d'Aubigny, maréchal de France. Montpellier, janvier 1537. Janvier.

Enreg. à la Chancellerie de France. Arch. nat., Trésor des Chartes, JJ. 254, n° 22, fol. 6 v°.

21378. Provisions pour Jean de Lévis, s^r de Châteaumorant, de l'office de sénéchal d'Auvergne, en remplacement du s^r de Barbezieux. Saint-Vallier (*sic*), 14 février 1537. 14 février.

Enreg. à la Chambre des Comptes de Paris, anc. mém. 2 J, fol. 233 v°. *Arch. nat.*, PP. 119, p. 43. (*Mention.*)
Bibl. nat., ms. fr. 21405, p. 342. (*Mention.*)

21379. Lettres renouvelant pour dix ans, en faveur des habitants de Montferrand, la permission de 18 février.

lever un droit de barrage, taxe sur les bestiaux passant par la ville. Moulins, 18 février 1537. 1538.

Original scellé. Arch. de la ville de Clermont-Ferrand.

21380. Commission au s^r d'Asnières de visiter et de faire estimer la table d'or conservée à Saint-Étienne de Sens. Moulins, 21 février 1537. 21 février.

Mentionnée dans le procès-verbal de l'enquête faite par ledit d'Asnières, pièce qui était en vente, en novembre 1891, chez Saffroy, libraire au Pré-Saint-Gervais (n° 17498 du catalogue de novembre 1891).

21381. Déclaration de foi et hommage de Gilbert Bayard, secrétaire des finances, pour les seigneuries « du Parroy et de Julliers », mouvant de Billy et de Verneuil, ayant appartenu autrefois à Florimond Robertet. Moulins, 21 février 1537. 21 février.

Original. Arch. nat., Chambre des Comptes de Paris, P. 16, n° 6033.

21382. Déclaration de foi et hommage d'Antoine de Veyet, bachelier en décret, religieux profès de l'abbaye de Tournus, pour le temporel de son prieuré (non nommé), mouvant de Saumur. Moulins, 21 février 1537. 21 février.

Original. Arch. nat., Chambre des Comptes de Paris, P. 348², n° 1408¹¹.

21383. Édit portant attribution des appellations des juges de Savoie, Genève, Faucigny, la Maurienne et la Tarentaise au conseil de Chambéry, pour y être jugées en dernier ressort, et commission à Raymond Pellisson pour exercer la charge de président dudit conseil. Février 1537. Février.

Arch. de l'Isère, Invent. ms. des titres de la Chambre des Comptes de Grenoble, Pays étrangers, Savoie. (*Mention.*)

21384. Lettres de légitimation accordées à François Corgnon, fils naturel de Nicolas Corgnon. Moulins, février 1537. Février.

Enreg. à la Chancellerie de France. Arch. nat., Trésor des Chartes, JJ. 254, n° 56, fol. 15.

21385. Lettres de légitimation accordées à Anne de Kerles, femme de Jean Disque, fille naturelle de Jacques de Kerles et de Jeanne Largent. Moulins, février 1537. — 1538. Février.

Enreg. à la Chancellerie de France. Arch. nat., Trésor des Chartes, JJ. 254, n° 46, fol. 12 v°.

21386. Lettres de légitimation accordées à André d'Olivier, fils naturel d'Artus d'Olivier et de Marie Rode, de la sénéchaussée de Guyenne. Moulins, février 1537. — Février.

Enreg. à la Chancellerie de France. Arch. nat., Trésor des Chartes, JJ, 254, n° 64, fol. 16 v°.

21387. Lettres de naturalité accordées à « Perpetuo de Henriotis », chanoine de Reims, natif de la cité d'Asti. Moulins, février 1537. — Février.

Enreg. à la Chancellerie de France. Arch. nat., Trésor des Chartes, JJ. 254, n° 55, fol. 15.

21388. Lettres de naturalité accordées à Guillemin le Maure, et à son frère, amenés de Turquie en France et placés au service de P. de Mercoliano, ayant la charge des jardins du château de Blois. Moulins, février 1537. — Février.

Enreg. à la Chancellerie de France. Arch. nat., Trésor des Chartes, JJ. 254, n° 62, fol. 16.

21389. Commission à Pierre Secondat, général des finances en Guyenne, de faire répartir et lever les cotisations des villes de la sénéchaussée, pour les mois de mai, juin, juillet et août de cette année. Moulins, 4 mars 1537. — 4 mars.

Mandement dudit Secondat aux consuls de Rodez, les informant que cette ville est taxée à 1,200 livres par mois, soit 4,800 livres pour ces quatre mois. Rodez, 6 mai 1538. Arch. de la ville de Rodez, fonds du Bourg, BB. 8, fol. 142. (*Mention.*)

21390. Lettres touchant l'imposition d'une taille et la répartition sur la généralité de Languedoïl de la taxe destinée à l'entretien de 3,900 hommes de guerre, et dont la part pour Bourges est de 4,800 livres, qui devront être perçues par quarts. Moulins, 4 mars 1537. — 4 mars.

Original. Arch. municipales de Bourges, CC. 87.

21391. Lettres de confirmation et de prorogation pendant l'année courante de l'octroi accordé sur le sel, l'année précédente, à la mairie de Bourges. Moulins, 8 mars 1537. 1538. 8 mars.

Original. Arch. municipales de Bourges, CC. 87.

21392. Lettre portant prorogation pour six ans de l'octroi sur le portage et les marcs, accordé aux habitants de la ville de Beaune. Moulins, 10 mars 1537. 10 mars.

Original. Arch. municipales de Beaune (Côte-d'Or), Fortifications, n° 7.

21393. Lettres portant quittance générale à Marie de Beaune, veuve de Raoul Hurault, général des finances, de la somme de 100,000 livres, que feu son mari avait été condamné à payer, par arrêt. 10 mars 1537. 10 mars.

Enreg. à la Chambre des Comptes de Paris, anc. mém. 2 J, fol. 34. *Arch. nat.*, PP. 119, p. 4. (*Mention.*)

Bibl. de Rouen, ms. Leber 5870, t. XIV, fol. 60 v°. (*Mention.*)

21394. Lettres attribuant au Grand conseil la connaissance des réclamations présentées par Simon Cistel, marchand, demeurant à Clermont-en-Auvergne, à l'encontre des héritiers de feu François de Vienne, touchant une somme de 1,276 livres 16 sous 16 deniers tournois dont ce dernier lui était redevable. Moulins, 13 mars 1537. 13 mars.

Copie du temps. Bibl. de l'Arsenal, ms. 7329.

21395. Déclaration de foi et hommage de Charles de Tournon, évêque de Viviers, et prieur de Notre-Dame de Cunault en Anjou, pour le temporel dudit prieuré, mouvant de Saumur. Moulins, 13 mars 1537. 13 mars.

Original. Arch. nat., *Chambre des Comptes de Paris*, P. 348[4], n° 1408[12].

21396. Lettres commettant le Parlement de Grenoble pour recevoir le serment de Claude Gaige, pourvu de l'office de garde de la Monnaie de Crémieu, lequel ne pouvait prêter le ser- 16 mars.

ment à Paris, à raison de la distance. Moulins, 16 mars 1537. 1538.

Enreg. au Parl. de Grenoble, le 13 mai 1538. Arch. de l'Isère, B. 2833, fol. 16 v°. 5 pages.

21397. Provisions de l'office de châtelain de Granne en faveur de Louis d'Eurre, fils de Claude, l'un des cent gentilshommes ordinaires de l'hôtel du roi. Saint-Rambert, 29 mars 1537. 29 mars.

Copie du XVIe siècle. Arch. de l'Isère, B. 3226, fol. 155. 4 pages 1/2.

21398. Lettres confirmant les statuts de la communauté des tisserands en fil de Bourges, à eux accordés par Jean, duc de Berry, et depuis confirmés par les rois Charles VII et Louis XII. Moulins, mars 1537. Mars.

Original. Arch. municipales de Bourges, HH. 28.

21399. Lettres abolissant les procédures commencées contre Nicolas Mengeot, marchand, d'Arnay-le-Duc en Bourgogne, accusé d'avoir tenu des propos calomnieux contre le roi et sa mère. Moulins, mars 1537. Mars.

Enreg. à la Chancellerie de France. Arch. nat., Trésor des Chartes, JJ. 254, n° 8, fol. 3.

21400. Lettres de légitimation accordées à Philippe de Salins, fils naturel de feu Guy de Salins, chevalier, et de Perrette Prost. Moulins, mars 1537. Mars.

Enreg. à la Chancellerie de France. Arch. nat., Trésor des Chartes, JJ. 254, n° 78, fol. 19 v°.

21401. Lettres de naturalité accordées à Sébastien « Justiniani Rochetailler, dit Francoisin », gentilhomme génois, en récompense des services rendus au roi sous César Frégose. Moulins, mars 1537. Mars.

Enreg. à la Chancellerie de France. Arch. nat., Trésor des Chartes, JJ. 254, n° 79, fol. 20.

21402. Lettres de naturalité données en faveur de Pierre de Saint-Étienne, échanson ordinaire du roi et gentilhomme de son hôtel, natif Mars.

du royaume de Navarre. La Palisse, mars 1537. | 1538.

Enreg. à la Chancellerie de France. Arch. nat., Trésor des Chartes, JJ. 254, n° 160, fol. 34 v°.

21403. Lettres portant prorogation pour six ans de l'octroi de 2 sous parisis sur chaque minot de sel vendu au grenier à sel de Bar-sur-Aube, accordé aux habitants pour la réparation des fortifications de la ville. Lyon, 2 avril 1537. | 2 avril.

Original. Arch. municip. de Bar-sur-Aube, CC. 2.

21404. Provisions de l'office de notaire royal au bailliage de Mâcon et sénéchaussée de Lyon, pour Louis Daubein, en remplacement de feu Jean Bouyn. Lyon, 2 avril 1537. | 2 avril.

Copie du XVIe siècle. Arch. du Rhône, reg. des insinuations de la sénéchaussée, Livre du roi, fol. 58.

21405. Confirmation des privilèges des habitants de Chambéry, en vertu desquels ils sont exemptés de contribuer aux tailles, aux taxes des fortifications et au ravitaillement des places fortes du pays. Lyon, 3 avril 1537. | 3 avril.

Copie. Arch. de la ville de Chambéry (Savoie), AA. 34.

21406. Commission à François de Saint-André et à Augustin de Thou, présidents au Parlement de Paris, pour juger, avec dix conseillers, les procès engagés par suite de la réformation des forêts de Nogent et de Pont-sur-Seine, instruits par Jean Milles. Crémieu, 8 avril 1537. | 8 avril.

Enreg. aux Eaux et forêts. Arch. nat., Z[1e] 869, fol. 153 v°. 2 pages.

21407. Don à Louis Burgensis, premier médecin du roi, d'une rente viagère de 400 livres tournois par an, assignée sur la recette ordinaire de Blois, outre la rente de 600 livres dont le roi lui avait fait don précédemment. La Balme en Dauphiné, 15 avril 1537. | 15 avril.

Copie du temps. Bibl. nat., ms. fr. 5503, fol. 108 v°. 1 page 1/4.

21408. Lettres de légitimation accordées à Jean Azéar, fils naturel de Guillaume Azéar, de Bagnols-sur-Cèze au diocèse d'Uzès. Lyon, avril 1537. | 1538. Avril.

Enreg. à la Chancellerie de France. Arch. nat., Trésor des Chartes, JJ. 254, n° 120, fol. 28 v°.

21409. Lettres de naturalité accordées à Claude de Beauvau, maître d'hôtel du duc de Lorraine, marié en Normandie. La Côte-Saint-André, avril 1537. | Avril.

Enreg. à la Chancellerie de France. Arch. nat., Trésor des Chartes, JJ. 254, n° 117, fol. 28.

21410. Lettres portant que, chaque ville fournissant la somme à laquelle elle a été taxée pour la solde de 20,000 hommes de pied, il lui sera fait remise du prêt que le roi avait l'intention de demander. La Côte-Saint-André, 22 avril 1538. | 22 avril.

Vidimus du lieutenant du sénéchal d'Agénais et de Gascogne à Condom. Arch. de la ville de Rodez, fonds du bourg, EE. 2.

21411. Déclaration de foi et hommage de Claude Gouffier, s[r] de Boisy, chambellan et premier gentilhomme de la chambre du roi, pour les seigneuries de Beaugies, Guivry et Ognes, mouvant de Chauny. La Côte-Saint-André, 26 avril 1538. | 26 avril.

Original. Arch. nat., Chambre des Comptes de Paris, P. 5, n° 1642.

21412. Déclaration de foi et hommage de Claude Gouffier, chevalier de l'ordre, gentilhomme de la chambre du roi, s[r] de Boisy, pour la seigneurie de Fransart, mouvant de Roye. La Côte-Saint-André, 26 avril 1538. | 26 avril.

Original. Arch. nat., Chambre des Comptes de Paris, P. 15, n° 5585.

21413. Déclaration de foi et hommage de Claude Gouffier, chevalier, s[r] de Boisy, chambellan et premier gentilhomme de la chambre du roi, pour la baronnie de Passavant et la prévôté de | 26 avril.

Saint-Généroux, mouvant de Saumur. La Côte-Saint-André, 26 avril 1538. 1538.

Original. Arch. nat., Chambre des Comptes de Paris, P. 348[4], n° 1408[18].

21414. Lettres de légitimation accordées à Nicolas de Giry, prêtre, natif de Langres, recteur de l'hospice de Tronchoy, fils naturel de feu Pierre de Giry, religieux bénédictin, prieur de Saint-Amâtre de ladite ville de Langres, et de Marguerite Amiral. La Côte-Saint-André, avril 1538. Avril.

Enreg. à la Chancellerie de France. Arch. nat., Trésor des Chartes, JJ. 254, n° 108, fol. 26 v°.

21415. Provisions de l'office de procureur du roi en l'élection de Gisors, en faveur de Jacques de La Barre, sur la résignation faite à son profit par Pierre, son père. La Côte-Saint-André, 1er mai 1538. 1er mai.

Vérifiées par les généraux des finances, le 21 mars 1539 n. s.

Enreg. à la Cour des Aides de Normandie, le 9 février 1542 n. s. Arch. de la Seine-Inférieure, Mémoriaux, 2e vol., fol. 251 v°. 1 page 1/2.

21416. Lettres de jussion pour l'enregistrement à la Chambre des Comptes et à la Cour des Aides des lettres de vente à Pierre Bernod, marchand de Lyon, de la ferme du huitième du vin qui se vend dans le plat pays du Lyonnais. La Côte-Saint-André, 1er mai 1538. 1er mai.

Copie du XVIe siècle. Bibl. nat., ms. fr. 2702, fol. 238 v°.

21417. Lettres de don à Edmond de Lénoncourt de la trésorerie, chanoinie et prébende que tient en l'église de Reims son oncle, à présent gravement malade, la collation de ces bénéfices appartenant au roi par droit de régale. La Côte-Saint-André, 3 mai 1538. 3 mai.

Arch. nat., Acquits sur l'épargne, J. 962, fol. 15. (*Mention.*)

IMP. Cimber et Danjou, *Archives curieuses de l'histoire de France*. Paris, 1835, in-8°, 1re série, t. III, p. 91. (*Mention.*)

21418. Lettres portant pouvoir à Louis d'Angerant, maître d'hôtel du roi et son ambassadeur près les Ligues, de traiter avec le conseil du canton de Berne touchant les bénéfices. La Côte-Saint-André, 4 mai 1538. — 1538. 4 mai.

Copie insérée dans le traité du 11 juin 1539. Arch. nat., J. 935, n° 10.

21419. Lettres de renvoi à la table de marbre de Rouen des procès concernant les forêts dépendant du temporel de l'évêché de Bayeux. La Côte-Saint-André, 4 mai 1538. — 4 mai.

Copie du XVIe siècle. Arch. de la Seine-Inférieure, G. 1170.

21420. Provisions de l'office de châtelain de Moirans en Dauphiné, en faveur d'Aymar Sautereau. Valence, 11 mai 1538. — 11 mai.

Enreg. au Parl. de Grenoble, le 8 août 1538. Arch. de l'Isère, B. 3226. 5 pages.

21421. Lettres portant prorogation de l'octroi précédemment concédé aux habitants de Rouen, le 9 octobre 1537 (n° 21340), jusqu'au recouvrement des 36,000 livres qu'ils avaient payées au roi pour la solde de quinze cents fantassins. Valence, 11 mai 1538. — 11 mai.

Présentées au Parl. de Rouen, le 19 mars 1548 n. s. Arch. comm. de Rouen, tiroir 144, n° 1. (*Mention.*)

21422. Déclaration de foi et hommage de Jacques Hurault, audiencier de la chancellerie, notaire et secrétaire du roi, pour la seigneurie de Huriel mouvant de Hérisson, en Bourbonnais. Avignon, 15 mai 1538. — 15 mai.

Original. Arch. nat., Chambre des Comptes de Paris, P. 14, n° 4956.

21423. Lettres de légitimation accordées à Philibert et Pierre Barnoin, fils naturels d'Henri Barnoin, prêtre du lieu de la Rochette en Dauphiné, et de Catherine Jacques. Avignon, mai 1538. — Mai.

Enreg. à la Chancellerie de France. Arch. nat., Trésor des Chartes, JJ. 254, n° 138, fol. 31.

21424. Lettres de légitimation accordées à Jacques — Mai.

IMPRIMERIE NATIONALE.

Lamy, fils naturel de maître Antoine Lamy, de la sénéchaussée de Quercy. Fréjus, mai 1538. 1538.

Enreg. à la Chancellerie de France. Arch. nat., Trésor des Chartes, JJ. 254, nos 100 et 142, fol. 24 v° et 32.

21425. Lettres portant que les marchands dauphinois, qui se rendent aux marchés de Valence, ne pourront être emprisonnés pour dettes à la requête de leurs créanciers, pendant qu'ils iront auxdits marchés ou qu'ils en reviendront. Villeneuve, près Nice, 5 juin 1538. 5 juin.

Enreg. au Parl. de Grenoble, le 26 juin 1538. Arch. de l'Isère, B. 2987, cahier 1 ro. 5 pages.

21426. Provisions de l'office de grènetier du Hâvre en faveur de Jean de La Porte, sur la résignation faite à son profit par Louis Guillard. Antibes, 8 juin 1538. 8 juin.

Enreg. à la Cour des Aides de Normandie, le 9 août suivant. Arch. de la Seine-Inférieure, Mémoriaux, 2e vol., fol. 174. 2 pages.

21427. Provisions en faveur de Claude de Bourges, visiteur du Lyonnais et commissaire général des vivres en Piémont, de l'office de général des finances de Savoie et Piémont. Villeneuve de Tende, 13 juin 1538. 13 juin.

Copie collat. du 24 janvier 1540. Turin, Arch. di Stato, citta et provincia di Saluzzo, conti de tesorieri del re di Francia, n° 3, fol. 50.

21428. Déclaration concernant la chasse dans les forêts. 16 juin 1538. 16 juin.

Bibl. de Rouen, ms. E. 57. (*Mention*, d'après les *arch. du Parl. de Rouen.*)

21429. Déclaration de l'hommage de Bonne Cothereau, pour les fiefs de « Vauperreux et le Comtois », au comté de Blois. 17 juin 1538. 17 juin.

Anc. arch. de la Chambre des Comptes de Blois, lay. V. Arch. nat., P. 1479, fol. 409. (*Mention.*)

21430. Lettres déclarant que les habitants de Toulon ne seront point sujets ni contraints à fournir des vivres, provisions ou munitions, pour le 24 juin.

fait des gens de guerre, à condition qu'ils seront tenus de supporter les charges du port et territoire de la ville. Fréjus, 24 juin 1538. 1538.

Copie. Arch. de la ville de Toulon (Var), série CC. n° 454 *bis.*

21431. Lettres de légitimation accordées à Antoine de La Bolières, fils naturel de Jean de La Bolières, seigneur de Masfarges (de Maffargiis), et de Jeanne Dumas. Villeneuve-de-Tende, juin 1538. Juin.

Enreg. à la Chancellerie de France. Arch. nat., Trésor des Chartes, JJ. 254, n° 150, fol. 33. (Texte latin.)

21432. Don à Edme de Courtenay, s[r] de Bléneau, gentilhomme de la maison du roi et écuyer d'écurie du connétable, de tous les biens de feu Simon Lardy, échus au roi par droit d'aubaine. 1er juillet 1538. 1er juillet.

Enreg. à la Chambre des Comptes de Paris, anc. mém. 2 J, fol. 30. *Arch. nat.,* PP. 119, p. 3. (*Mention.*)

Bibl. nat., ms. fr. 21405, p. 337. (*Mention.*)

21433. Déclaration de foi et hommage de Charles, seigneur de Roye, comte de Roucy, pour la seigneurie de Conty, mouvant de Clermont. Tarascon, 6 juillet 1538. 6 juillet.

Original. Arch. nat., Chambre des Comptes de Paris, P. 6, n° 1867.

21434. Lettres de souffrance et délai accordées à Charles de Lorraine, archevêque de Reims, fils du duc de Guise, de prêter serment de fidélité pour le temporel de l'archevêché de Reims, jusqu'à ce qu'il ait atteint sa majorité. Vauvert, 12 juillet 1538. 12 juillet.

Original. Arch. nat., Chambre des Comptes de Paris, P. 716, n° 259.

21435. Lettres d'évocation au conseil du roi du procès criminel intenté à Guillaume Le Vavasseur, pour délits de chasse. Villeneuve, 16 juillet 1538. 16 juillet.

Présentées au Parl. de Rouen, le 13 août 1538 Bibl. de Rouen, ms. V. 32, t. I, fol. 29. (*Mention.*.

21436. Lettres prorogeant pour huit ans la permission accordée aux habitants de Nîmes de fournir le grenier à sel de la ville, en vue de créer des ressources pour l'entretien des fortifications. Nîmes, 18 juillet 1538. — 1538. 18 juillet.

Original. Arch. de la ville de Nîmes, JJ. 4, n° 4.

21437. Lettres prorogeant pour huit ans la levée à Nîmes du droit de souquet ou apetissement de la pinte de vin vendu en détail dans la ville, et portant que les deniers en provenant seront affectés aux fortifications. Nîmes, 18 juillet 1538. — 18 juillet.

Vidimus donné à Nîmes, le 5 août 1539. Arch. de la ville de Nîmes, MM. 3.

21438. Lettres de réception du serment de fidélité de [Charles Hémard de Denonville], cardinal de Mâcon, pour le temporel de l'évêché d'Amiens. Remoulins, 20 juillet 1538. — 20 juillet.

Expéd. orig. Arch. nat., P. 725², cote 270.

21439. Provisions de l'office de châtelain de Moras en Dauphiné, pour Pierre Pézauges, en remplacement et sur la résignation de François Pézauges, son père. Lyon, 30 juillet 1538. — 30 juillet.

Enreg. au Parl. de Grenoble, le 5 décembre 1538. Arch. de l'Isère, B. 3226, fol. 169. 7 pages 1/2.

21440. Commission à Aymard de Brochenu, chevalier, gouverneur et lieutenant général du roi dans les pays de Terreneuve et Barcelonette, et à Simon Dy, juge èsdits pays, pour faire une enquête sur les rébellions et désobéissances envers le roi commises par plusieurs habitants de ces pays. Lyon, 31 juillet 1538. — 31 juillet.

Copie collat. du 19 septembre suivant, à Embrun, dans le procès-verbal d'enquête. Arch. nat., J. 846, n° 11²⁴.

21441. Lettres de naturalité données en faveur d'Henri et Françoise Le Boutillier, nés en Lorraine, fils de Girard Le Boutillier, seigneur de Vineuil et Moussy-le-Neuf, et de Barbe de Houssy, — Juillet.

native du duché de Bar. Montélimart, juillet 1538. 1538.

Enreg. à la Chancellerie de France. Arch. nat., Trésor des Chartes, JJ. 254, n° 177, fol. 37.

21442. Provisions, en faveur de Lyon Maffolat, de l'office de premier huissier du Parlement de Piémont. Bourges, 17 août 1538. 17 août.

Copie collat. du 24 décembre 1539. Turin, Arch. di Stato, citta et provincia di Saluzzo, conti de tesorieri del re di Francia, n° 3, fol. 110.

21443. Lettres portant nomination de commissaires chargés de visiter la Bresse, le Bugey, la Savoie et le Piémont, à l'effet de s'enquérir sur le fait et exercice de la justice et de régler les impositions. Romorantin, 20 août 1538. 20 août.

Original scellé. Arch. nat., J. 1115, n° 18.

21444. Provisions en faveur de Jean-Jacques Tesi, gentilhomme romain et capitaine de deux cents chevau-légers, de l'état de gentilhomme de l'hôtel du roi. Contres, 21 août 1538. 21 août.

Copie du XVIe siècle. Florence, Arch. di Stato, Costantini.

21445. Déclaration de l'hommage de Marguerite de Château-Châlon pour la moitié de la seigneurie du Rouillis et des Granges (comté de Blois). 27 août 1538. 27 août.

Anc. arch. de la Chambre des Comptes de Blois, lay. R. *Arch. nat.*, P. 1479, fol. 348 v°. (*Mention.*)

21446. Déclaration de l'hommage d'Edme de La Rue pour la seigneurie de la Haye (comté de Blois), lui appartenant à cause de sa femme. 28 août 1538. 28 août.

Anc. arch. de la Chambre des Comptes de Blois, lay. H. *Arch. nat.*, P. 1479, fol. 158. (*Mention.*)

21447. Lettres de naturalité accordées à Thomas Grasset, prêtre, natif du duché de Bavière, neveu de Conrad Reinger, chantre et chanoine de la chapelle du roi. Blois, août 1538. Août.

Enreg. à la Chancellerie de France. Arch. nat., JJ. 254, n° 193, fol. 40.

21448. Provisions pour Sébastien Le Roullié, conseiller au Châtelet de Paris, de l'office de trésorier et garde des chartes du roi. Étampes, 6 septembre 1538. — 1538. 6 septembre.

Enreg. à la Chambre des Comptes, anc. mém. 2 J, fol. 40. *Arch. nat.*, PP. 119, p. 5. (*Mention.*) *Bibl. nat.*, ms. fr. 21405, p. 337. (*Mention.*)

21449. Mandement au sénéchal de Rouergue, à Étienne Du Bourg, procureur général en Auvergne, et à Jean Bernard de Lacombe, contrôleur du domaine du roi en Agénais, de répartir et lever 86,523 livres 18 sous 6 deniers tournois sur le haut et bas Rouergue et sur le comté de Rodez, pour leur part de l'imposition de 4 millions de livres tournois établie sur tout le royaume, plus 636 livres 11 sous 3 deniers pour les frais des commissaires. Saint-Germain-en-Laye, 8 septembre 1538. — 8 septembre.

Copie du XVIe siècle. Arch. départ. de l'Aveyron, C. 1228, fol. 1 v°.

21450. Commission à Jean Savoye, Nicolas Fayolle, Antoine de La Roche et Claude de Saint-Féréol, pour exercer les offices de châtelains de la Buissière et Bellecombe, Crest, Granne et Sauzet, jusqu'à la majorité de Louis d'Eurre, pourvu desdits offices. Saint-Germain-en-Laye, 12 septembre 1538. — 12 septembre.

Enreg. au Parl. de Grenoble. Arch. de l'Isère, B. 3226, fol. 158 v°. 4 pages.

21451. Déclaration de foi et hommage de Philippe de Roncherolles, baron de Heuqueville et du Pont-Saint-Pierre, pour la moitié et demie dudit Pont-Saint-Pierre, mouvant de Rouen. Saint-Germain-en-Laye, 12 septembre 1538. — 12 septembre.

Original. Arch. nat., Chambre des Comptes de Paris, P. 265², n° 1452.

21452. Lettres de réception du serment de fidélité de Charles de Lorraine pour le temporel de l'archevêché de Reims. Saint-Germain-en-Laye, 15 septembre 1538. — 15 septembre.

Expéd. orig. Arch. nat., P. 725², cote 271.

21453. Don à Alof de L'Hôpital, s^r de Choisy, capitaine de Fontainebleau, maître des Eaux et forêts et grand forestier de la forêt de Bière, de l'amende de 4,000 livres tournois prononcée contre Claude de Villiers, s^r de Chailly, et de celle de 400 livres prononcée contre Jean de La Boissière, grand louvetier. 16 septembre 1538. — 1538. 16 septembre.

Enreg. à la Chambre des Comptes de Paris, anc. mém. 2 J, fol. 55 v°. *Arch. nat.*, PP. 119, p. 8. (*Mention.*)
Bibl. nat., ms. fr. 21405, p. 338. (*Mention.*)

21454. Lettres de souffrance de faire foi et hommage et délai jusqu'à sa majorité, accordées au duc de Longueville pour ses seigneuries. Saint-Germain-en-Laye, 16 septembre 1538. — 16 septembre.

Original. Arch. nat., Chambre des Comptes de Paris, P. 265², n° 1450.

21455. Lettres de survivance de l'office d'avocat au Châtelet de Paris, exercé par Robert Piédefer, en faveur de Michel, son fils. Saint-Germain-en-Laye, 17 septembre 1538. — 17 septembre.

Enreg. au Châtelet de Paris, le 28 septembre 1538. Arch. nat., Bannières, Y. 9, fol. 113 v°. 2 pages.

21456. Lettres de survivance d'un office de conseiller au Châtelet de Paris, exercé par Robert Piédefer, en faveur de Michel, son fils. Saint-Germain-en-Laye, 17 septembre 1538. — 17 septembre.

Enreg. au Châtelet de Paris, le 28 septembre 1538. Arch. nat., Bannières, Y. 9, fol. 114 v°. 2 pages.

21457. Nouvelle prorogation, pour dix ans, du revenu accordé, par lettres du 19 mars 1518, aux religieuses de Poissy. Saint-Germain-en-Laye, 18 septembre 1538. — 18 septembre.

Arch. de Seine-et-Oise, série H, fonds de Poissy, Inventaire des titres de rentes sur le domaine, chapitre intitulé : *Titres d'Andely et Vernon*, cote 28, pièce 27. (*Mention.*)

21458. Mandement de payer à Milon Dane, charpentier, 11 livres 17 sous tournois pour travaux exé- — 19 septembre.

cutés aux château et parc de Saint-Germain-en-Laye. Saint-Germain-en-Laye, 19 septembre 1538. 1538.

Imp. Catalogue de la vente de feu le capitaine d'Hervilly, Paris, J. Charavay aîné. Vente du 14-16 avril 1872, n° 149. (*Mention.*)

21459. Déclaration de foi et hommage du duc de Guise, chevalier de l'ordre, pour les baronnies de Mayenne, la Ferté-Bernard et Sablé. Saint-Germain-en-Laye, 21 septembre 1538. 21 septembre.

Original. Arch. nat., Chambre des Comptes de Paris, P. 348^4, n° 1407^{27}.

21460. Lettres d'évocation au conseil du roi des contestations survenues entre le lieutenant du bailli de Rouen, d'une part, et Antoine Courcoul, Richard Fessard, Colin Gruel, Guillaume des Monts, Guillaume Roussel, dit Lamoureux, et leurs consorts, adjudicataires de plusieurs contrées de bois en Normandie. Chantilly, 27 septembre 1538. 27 septembre.

Copie collat. du 26 octobre 1538. Arch. de la ville de Rouen, tiroir 173, n° 1.

21461. Déclaration de foi et hommage d'Antoine de Lamet, s^r de Pinon, général des finances, pour ladite seigneurie mouvant de Laon. Prieuré de Saint-Nicolas-lès-Senlis, 28 septembre 1538. 28 septembre.

Original. Arch. nat., Chambre des Comptes de Paris, P. 15, n° 5586.

21462. Déclaration de foi et hommage d'Antoine de Lamet, général des finances, voyer et vicomte de Monchy-la-Gache, pour ladite seigneurie mouvant de Péronne. Prieuré de Saint-Nicolas-lès-Senlis, 28 septembre 1538. 28 septembre.

Original. Arch. nat., Chambre des Comptes de Paris, P. 15, n° 5587.

21463. Déclaration de foi et hommage d'Antoine de Lamet, général des finances, pour plusieurs fiefs (ils ne sont pas nommés dans l'acte) mouvant de Soissons. Prieuré de Saint-Nicolas-lès-Senlis, 28 septembre 1538. 28 septembre.

Original. Arch. nat., Chambre des Comptes de Paris, P. 5588.

21464. Lettres de légitimation accordées à François Bordier, notaire, habitant de Beauregard en la sénéchaussée de Périgord, fils de Jean Bordier et de Jeannette de Moudon, qu'il avait épousée, sa première femme vivant encore. Saint-Germain-en-Laye, septembre 1538. — 1538. Septembre.

Enreg. à la Chancellerie de France. Arch. nat., Trésor des Chartes, JJ. 254, n° 204, fol. 42.

21465. Lettres de légitimation accordées à Michau de La Brosse, fils de Pierre de La Brosse, prêtre, et de N. Barbereau, d'Angoumois. Saint-Germain-en-Laye, septembre 1538. — Septembre.

Enreg. à la Chancellerie de France. Arch. nat., Trésor des Chartes, JJ. 254, n° 208, fol. 42 v°.

21466. Lettres de légitimation accordées à Claude Favre, dit Béraud, de Saint-Martin-de-Boissy, au diocèse de Lyon. Saint-Germain-en-Laye, septembre 1538. — Septembre.

Enreg. à la Chancellerie de France. Arch. nat., Trésor des Chartes, JJ. 254, n° 196, fol. 40 v°.

21467. Lettres de légitimation accordées à Jean de Saint-Martin, habitant de Bèze au bailliage de Sens, fils naturel de feu Perrot de Saint-Martin, natif de Saint-Martin-d'Arberoue au diocèse de Bayonne, et de Jacquette d'Arnison, dudit lieu de Bèze. Saint-Germain-en-Laye, septembre 1538. — Septembre.

Enreg. à la Chancellerie de France. Arch. nat., Trésor des Chartes, JJ. 254, n° 198, fol. 41.

21468. Lettres de naturalité accordées à François « Encise », natif du royaume de Navarre, marchand établi à Bayonne. Saint-Germain-en-Laye, septembre 1538. — Septembre.

Enreg. à la Chancellerie de France. Arch. nat., Trésor des Chartes, JJ. 254, n° 211, fol. 43.

21469. Lettres de naturalité accordées à Marthe Ango, fille naturelle de feu Richard Ango, bourgeois et marchand de Rouen, femme d'Étienne — Septembre.

Luillier, conseiller au Parlement de Rouen. Saint-Germain-en-Laye, septembre 1538. 1538.

Enreg. à la Chancellerie de France. Arch. nat., *Trésor des Chartes*, JJ. 254, n° 205, fol. 42.

21470. Lettres d'exemption en faveur de Conrad Reinger, chantre de la chapelle du roi, des droits féodaux par lui dus à cause de certaines acquisitions de fiefs. Villers-Cotterets, 3 octobre 1538. 3 octobre.

Enreg. à la Chambre des Comptes de Blois, le 23 octobre 1544. Arch. nat., KK. 902, fol. 224. (*Mention.*) Cf. avec le n° 10331.

21471. Provisions d'un office d'élu en l'élection de Gisors, en faveur de Nicole Le Moine, licencié ès lois, sur la résignation faite à son profit par Eustache Jazon. La Fère-sur-Oise, 6 octobre 1538. 6 octobre.

Vérifiées le 12, par les généraux des finances.
Enreg. à la Cour des Aides de Normandie, le 16 janvier 1540 n. s. Arch. de la Seine-Inférieure, Mémoriaux, 2e vol., fol. 193 v°. 2 pages.

21472. Mandement au trésorier de l'épargne de mettre à la disposition du s[r] Vyon, commis au payement des frais de l'artillerie, la somme de 205 livres 1 sou 8 deniers tournois, pour la répartir entre les nommés Gilles Maillard, Jean Coquet et Philippe de Fontaines, canonniers établis à la garde de la ville de Thérouanne, pour fourniture d'engins et mortiers de guerre faites par eux, lors du siège de la ville. 17 octobre 1538. 17 octobre.

Imp. *Catalogue des chartes du cabinet de M. de M. (Magny)*. Vente du 18-22 mars 1867, par Jacques Charavay aîné, n° 1275. (*Mention.*)

21473. Confirmation, en faveur des enfants de feu Philippe de Calonne, du don fait à leur père des droits féodaux devant échoir au roi dans les seigneuries de Courtebourne, Balinghem, Alembon, Hermelinghem et Licques, au comté de Guines. Compiègne, 21 octobre 1538. 21 octobre.

Copie du temps. Bibl. nat., ms. fr. 5503, fol. 114 v°. 2 pages.

21474. Lettres de survivance en faveur de Louis, frère de Jean Richard, contrôleur du grenier à sel de Caen et de la chambre à sel de Bayeux. Noyon, 22 octobre 1538. — 1538. 22 octobre.

Vérifiées par les généraux des finances, le 14 novembre suivant.

Enreg. à la Cour des Aides de Normandie, le 13 mars 1539 n. s. Arch. de la Seine-Inférieure, Mémoriaux, 2e vol., fol. 179 v°. 2 pages 1/2.

21475. Lettres de naturalité données en faveur du comte Guy de Rangone, en récompense de ses services. Villers-Cotterets, octobre 1538. — Octobre.

Enreg. à la Chancellerie de France. Arch. nat., Trésor des Chartes, JJ. 254, n° 217, fol. 44.

21476. Lettres de légitimation accordées à Pierre Colomb, fils naturel de Pierre Colomb, prêtre, religieux de l'ordre de Saint-Augustin, et de Claire Delahaye, femme mariée. Saint-Quentin, octobre 1538. — Octobre.

Enreg. à la Chancellerie de France. Arch. nat., Trésor des Chartes, JJ. 254, n° 220, fol. 44 v°.

21477. Lettres de naturalité accordées à Charles de Jacque, natif de la ville de Pampelune en Navarre, marchand établi à la Rochelle depuis douze ans. Compiègne, octobre 1538. — Octobre.

Enreg. à la Chancellerie de France. Arch. nat., Trésor des Chartes, JJ. 254, n° 236, fol. 46 v°.

21478. Lettres de dispense d'âge accordées à Louis d'Eurre, âgé de quatorze ans, pour exercer les offices de châtelain de la Buissière, Bellecombe, Crest, Graune et Sauzet. Villers-Cotterets, 5 novembre 1538. — 5 novembre.

Enreg. au Parl. de Grenoble, le 11 décembre 1538. Arch. de l'Isère, B. 3226, fol. 160 v°. 5 pages.

21479. Mandement pour payer deux capitaines allemands, Jehan baron de Lekstein et Bastien de Wolgesperg. Crépy-en-Valois, 11 novembre 1538. — 11 novembre.

Original. Bibl. nat., Nouv. acquisitions latines, ms. 2315, n° 15.

21480. Déclaration de foi et hommage d'Eustache Le Picart, secrétaire du roi pour les fiefs « des Potez », situés tant à Clermont qu'à la Neuville-en-Hez, mouvant de Clermont. Paris, 18 novembre 1538. — 1538. 18 novembre.

Original. Arch. nat., Chambre des Comptes de Paris, P. 6, n° 1873.

21481. Déclaration de foi et hommage de Guillaume de La Lande, écuyer, comme procureur de Guillaume de Bouquetot, seigneur de Coquainvilliers, pour ladite seigneurie, mouvant en plain fief de haubert de la vicomté d'Auge. Paris, 19 novembre 1538. — 19 novembre.

Original. Arch. nat., Chambre des Comptes de Paris, P. 265[1], n° 1427.

21482. Provisions, en faveur de François Audricq, de l'office de conseiller au Parlement de Piémont. Chantilly, 20 novembre 1538. — 20 novembre.

Copie collat. Turin, Arch. di Stato, citta et provincia di Saluzzo, conti de tesorieri del re di Francia, n° 3, fol. 96 v°.

21483. Déclaration de foi et hommage de Guillaume de Launoy, écuyer, pour le fief de Brunoy, mouvant de Corbeil. Paris, 20 novembre 1538. — 20 novembre.

Original. Arch. nat., Chambre des Comptes de Paris, P. 3, n° 816.

21484. Déclaration de foi et hommage de Mathurin Moret, procureur de Jean d'Oinville, seigneur de Saint-Simon, pour les deux tiers de la seigneurie du Puiset, mouvant de Janville. Paris, 20 novembre 1538. — 20 novembre.

Original. Arch. nat., Chambre des Comptes de Paris, P. 10, n° 3491.

21485. Déclaration de foi et hommage de Nicolas Le Bennier, écuyer, pour la vavassorie de Hougerville, mouvant de Montivilliers. Paris, 20 novembre 1538. — 20 novembre.

Original. Arch. nat., Chambre des Comptes de Paris, P. 266[2], n° 2193.

21486. Déclaration de foi et hommage de Robert de — 21 novembre.

Lisle pour la seigneurie du Colombier, celle du Plessis et le fief aux Bouquets, mouvant de la vicomté de Pont-Audemer. Paris, 21 novembre 1538. — 1538.

Original. Arch. nat., Chambre des Comptes de Paris, P. 265[1], n° 1426.

21487. Déclaration concernant les monnaies. 21 novembre 1538. — 21 novembre.

Bibl. de Rouen, ms. E. 57, fol. 7. (*Mention*, d'après les *Arch. du Parl. de Rouen.*)

21488. Déclaration de foi et hommage de François Vigneron, seigneur de Monceaux-lès-Bulles, pour ladite seigneurie de Monceaux, mouvant de Bulles. Paris, 22 novembre 1538. — 22 novembre.

Original. Arch. nat., Chambre des Comptes de Paris, P. 6, n° 1874.

21489. Déclaration de foi et hommage de Marie Du Boys, veuve de Jean de Valans, seigneur de Montgareux et de Verneuil, pour le quart de la seigneurie de Verneuil, mouvant de Tournan en Brie. Paris, 22 novembre 1538. — 22 novembre.

Original. Arch. nat., Chambre des Comptes de Paris, P. 3, n° 817.

21490. Déclaration de foi et hommage de Barthélemy Serpin, procureur de Jacques de Dampierre, pour le fief « du Mesle » à Arques et aux environs, mouvant de la vicomté d'Arques. Paris, 23 novembre 1538. — 23 novembre.

Original. Arch. nat., Chambre des Comptes de Paris, P. 266[2], n° 2260.

21491. Provisions d'un office d'élu en l'élection d'Évreux en faveur de Mathieu Postis, écuyer, seigneur de Vieil-Évreux, au lieu de Jean du Souchey, décédé. Chantilly, 24 novembre 1538. — 24 novembre.

Vérifiées par les généraux des finances, le 24 décembre suivant.

Enreg. à la Cour des Aides de Normandie, le 27 janvier 1539 n. s. Arch. de la Seine-Inférieure, Mémoriaux, 2e vol., fol. 175. 2 pages.

21492. Déclaration de l'hommage de Jean Haëtte, écuyer, pour le sixième de fief de la Glasson- — 26 novembre.

nière (bailliage d'Évreux, vicomté de Beaumont-le-Roger), à lui échu par suite du décès d'Yvon, son père. Paris, 26 novembre 1538. 1538.

Expéd. orig. Arch. nat., P. 270², cote 4308.

21493. Déclaration de l'hommage de Jean de Baudre, écuyer, pour une franche verge et sergenterie fieffée en la grande forêt de la Verderie (bailliage de Caen, vicomté de Bayeux). Paris, 26 novembre 1538. 26 novembre.

Expéd. orig. Arch. nat., P. 272², cote 5533.

21494. Déclaration de l'hommage de Charles d'Achey, chevalier, pour la seigneurie de Serquigny, mouvant du comté de Beaumont-le-Roger (bailliage d'Évreux). Paris, 27 novembre 1538. 27 novembre.

Expéd. orig. Arch. nat., P. 270¹, cote 4124.

21495. Déclaration de foi et hommage de Charles d'Achey, s^r de Serquigny, comme procureur de Laurent d'Achey, seigneur de Bliquetuit, pour ladite seigneurie, mouvant de Pont-Audemer. Paris, 27 novembre 1538. 27 novembre.

Original. Arch. nat., Chambre des Comptes de Paris, P. 265², n° 1496.

21496. Déclaration de foi et hommage de Guillaume Cuiller, seigneur de Saint-Wulfran (paroisse de Saint-Paul-sur-Risle), prêté par procureur pour ladite seigneurie de Saint-Wulfran, mouvant de Pont-Audemer. Paris, 27 novembre 1538. 27 novembre.

Original. Arch. nat., Chambre des Comptes de Paris, P. 265², n° 1500.

21497. Déclaration de foi et hommage de Christophe Le Fèvre, comme procureur de Georges Mahiel, écuyer, pour le huitième du fief du Bosc en la paroisse de Valletot, mouvant de Pont-Audemer. Paris, 27 novembre 1538. 27 novembre.

Original. Arch. nat., Chambre des Comptes de Paris, P. 265², n° 1472.

21498. Déclaration de foi et hommage de Guillaume Godefroy, chanoine de l'église Saint-Louis de la Saussaye (diocèse d'Évreux), comme pro- 28 novembre.

cureur du chapitre de ladite église pour le fief de Corneilles et le reste de la temporalité de ladite église. Paris, 28 novembre 1538. 1538.

Original. Arch. nat., Chambre des Comptes de Paris, P. 265[2], n° 1453.

21499. Déclaration de foi et hommage d'Adrien de Moy, sénéchal de Vermandois, pour la seigneurie de Treslon, mouvant de Châtillon-sur-Marne, et pour la seigneurie de Tournoison, paroisse de Ribemont, mouvant dudit lieu. Paris, 29 novembre 1538. 29 novembre.

Original. Arch. nat., Chambre des Comptes de Paris, P. 16, n° 6041.

21500. Déclaration de foi et hommage de Pierre Guibert, dit d'Athis, écuyer, pour la seigneurie de Theuville-aux-Maillots, mouvant de Caudebec. Paris, 29 novembre 1538. 29 novembre.

Original. Arch. nat., Chambre des Comptes de Paris, P. 266[2], n° 2134.

21501. Déclaration de foi et hommage de Jean de Manheul, écuyer, seigneur d'Ymauville, pour un quart de fief nommé Launay en la paroisse Saint-Pierre-de-la-Chapelle, mouvant de Montfort. Paris, 29 novembre 1538. 29 novembre.

Original. Arch. nat., Chambre des Comptes de Paris, P. 264[2], n° 1176.

21502. Déclaration de l'hommage rendu par Claude Le Duchat jeune, écuyer, au nom de Claude Le Duchat aîné, écuyer, son père, pour la seigneurie de Miry, sise à Montpothier (bailliage de Meaux, châtellenie de Provins). Paris, 30 novembre 1538. 30 novembre.

Expéd. orig. Arch. nat., P. 165[1], cote 1715.

21503. Lettres de naturalité accordées à Georges de Charençonnay, écuyer tranchant du dauphin, natif de Savoie, diocèse de Genève. Chantilly, novembre 1538. Novembre.

Enreg. à la Chancellerie de France. Arch. nat., Trésor des Chartes, JJ. 251, n° 456, fol. 145.

21504. Lettres de naturalité accordées à Jean et Jacques Novembre.

de Charençonnay, natifs de Savoie, diocèse de Genève, en faveur des services rendus par leur frère, Georges de Charençonnay, écuyer tranchant du dauphin. Chantilly, novembre 1538. 1538.

Enreg. à la Chancellerie de France. Arch. nat., Trésor des Chartes, JJ. 251, n° 455, fol. 145.

21505. Lettres de légitimation accordées à Jérôme Gorin, fils naturel de Denis Gorin et de Jeanne Dubois. Paris, novembre 1538. Novembre.

Enreg. à la Chancellerie de France. Arch. nat., Trésor des Chartes, JJ. 251, n° 449, fol. 143.

21506. Lettres permettant aux habitants de Bayonne l'établissement de collecteurs au pays de Soule, Arzac, l'Arberoue et autres lieux, à cause des transports de marchandises qui s'y font pour éviter les droits dus à la ville de Bayonne. Paris, 1er décembre 1538. 1er décembre.

Original. Arch. de la ville de Bayonne, AA. 15.

21507. Déclaration de foi et hommage de Denis Du Hamel, comme procureur de Jean de Genouville, écuyer, pour le huitième de fief de la Poterie, en la paroisse de Foulbec, mouvant de Pont-Audemer. Paris, 1er décembre 1538. 1er décembre.

Original. Arch. nat., Chambre des Comptes de Paris, P. 265², n° 1720.

21508. Déclaration de foi et hommage d'Henri de Caumont, écuyer, pour le huitième de fief de « Ruffault », situé dans la paroisse du Grand-Quevilly et environs, mouvant de Rouen. Paris, 1er décembre 1538. 1er décembre.

Original. Arch. nat., Chambre des Comptes de Paris, P. 265², n° 1722.

21509. Déclaration de foi et hommage de Jean d'Orbec, écuyer, seigneur de Bibos, pour le fief de « Hameaux, dit le Jardin », mouvant de la vicomté d'Arques. Paris, 2 décembre 1538. 2 décembre.

Original. Arch. nat., Chambre des Comptes de Paris, P. 266², n° 2262.

21510. Déclaration de foi et hommage de Jean de Heu- 2 décembre.

gleville, écuyer, pour le fief de Heugleville, mouvant de Rouen. Paris, 2 décembre 1538. 1538.

Original. Arch. nat., Chambre des Comptes de Paris, P. 265², n° 1461.

21511. Déclaration de foi hommage de Louis Martel, écuyer, comme procureur de Guillaume Martel, son frère, pour le fief de Cretot (paroisse de Goderville), mouvant de Montivilliers. Paris, 3 décembre 1538. 3 décembre.

Original. Arch. nat., Chambre des Comptes de Paris, P. 266², n° 2258.

21512. Déclaration de l'hommage de Robert de Noël, écuyer, pour le fief de la Motte, à Saint-Loup-de-Buffigny (bailliage de Nogent et Pont-sur-Seine, châtellenie de Nogent-sur-Seine). Paris, 3 décembre 1538. 3 décembre.

Expéd. orig. Arch. nat., P. 166¹, cote 2270.

21513. Déclaration de l'hommage d'Antoine Du Val pour le quart de fief de Baigneville[1] (bailliage de Caux, vicomté de Montivilliers), acquis par lui d'Adrien Le Borgne, écuyer, et de Charlotte de Crique, sa femme. Paris, 3 décembre 1538. 3 décembre.

Expéd. orig. Arch. nat., P. 267², cote 2607.

21514. Déclaration de l'hommage rendu par Jean Bordeaux, au nom de Richard du Sollier, écuyer, seigneur d'Estrancourt, pour un sixième de fief noble appelé Saint-Cyr-d'Estrancourt ou la Coudre (bailliage d'Évreux, vicomté d'Orbec, baronnie de Pontchardon), échu audit Richard par suite du décès de Simon, son père. Paris, 3 décembre 1538. 3 décembre.

Expéd. orig. Arch. nat., P. 270², cote 4278.

21515. Déclaration de l'hommage de Claude Le Sénéchal, écuyer, pour la seigneurie de Jourcy (bailliage d'Évreux, vicomté d'Orbec, pa- 5 décembre.

[1] Ancienne paroisse rattachée à la commune du Bec-de-Mortagne (Seine-Inférieure, arrondissement du Hâvre, canton de Goderville).

IMPRIMERIE NATIONALE.

roisse de Saint-Vincent-du-Boulay et environs). Paris, 5 décembre 1538. 1538.

Expéd. orig. Arch. nat., P. 270[1], cote 4121.

21516. Déclaration de foi et hommage de Pierre Costart, procureur de Guillaume Costart, son père, pour la vavassorie de la Londe, située en la paroisse de Saint-Maclou-la-Campagne, mouvant de Pont-Audemer. Paris, 5 décembre 1538. 5 décembre.

Original. Arch. nat., Chambre des Comptes de Paris, P. 265[1], n° 1432.

21517. Déclaration de l'hommage d'Henri Filleul pour le quart de fief appelé le fief de Willerville (bailliage d'Évreux, vicomté d'Orbec, paroisse de Saint-Martin-le-Vieux et environs). Paris, 5 décembre 1538. 5 décembre.

Expéd. orig. Arch. nat., P. 270[1], cote 4122.

12518. Déclaration de l'hommage de Jean Le Roy, écuyer, pour le quart de fief dit « le fief d'Anière » (bailliage d'Évreux, vicomté d'Orbec, paroisses de Boisney, Berthouville, Plasnes et environs). Paris, 5 décembre 1538. 5 décembre.

Expéd. orig. Arch. nat., P. 270[1], cote 4123.

21519. Déclaration de foi et hommage de Thomas Picot, sergent héréditai de Couronne, pour ladite seigneurie, mouvant de la vicomté de Rouen. Paris, 6 décembre 1538. 6 décembre.

Original. Arch. nat., Chambre des Comptes de Paris, P. 265[1], n° 1447.

21520. Déclaration de foi et hommage de Nicolas Popillon pour le fief situé à Ansacq et appelé le fief « le Moigne », mouvant de Clermont. Paris, 6 décembre 1538. 6 décembre.

Original. Arch. nat., Chambre des Comptes de Paris, P. 6, n° 1876.

21521. Déclaration de foi et hommage de Nicolas Popillon, seigneur d'Ansacq, pour le fief de Gamache, dit aussi le fief Fleurent de Milly, 6 décembre.

situé au village de Boisicourt et mouvant de Clermont. Paris, 6 décembre 1538. 1538.

Original. Arch. nat., Chambre des Comptes de Paris, P. 6, n° 1875.

21522. Lettres portant autorisation aux habitants de Chartres de « remettre en son premier état » la navigation de l'Eure entre Chartres et Nogent-le-Roi, laquelle avait été interrompue pendant trente-cinq ans, et de lever à cet effet, tant sur eux-mêmes que sur les habitants de l'élection, la somme de 6,541 livres 10 sous tournois. 7 décembre 1538. 7 décembre.

Arch. d'Eure-et-Loir. (Mention.)
IMP. *Cartulaire de la ville de Louviers*, t. III, p. 75. (*Mention* (1).)

21523. Déclaration de l'hommage de Guillaume Guillebert pour le fief de Secqueville-en-Bessin (bailliage et vicomté de Caen). Paris, 7 décembre 1538. 7 décembre.

Expéd. orig. Arch. nat., P. 273[1], cote 5542.

21524. Déclaration de l'hommage de Pierre Hareng, écuyer, pour le huitième de fief du Gontier (bailliage d'Évreux, vicomté de Conches, paroisse de Vatot). Paris, 7 décembre 1538. 7 décembre.

Expéd. orig. Arch. nat., P. 270[2], cote 4279.

21525. Déclaration de foi et hommage d'Émond Le Tenneur, écuyer, pour le fief « Vieues » (fief Viels, à Ecaquélon), mouvant de la vicomté de Pont-Authou, à lui appartenant à cause de Catherine, fille de feu Jean Vipart, sa femme. Paris, 7 décembre 1538. 7 décembre.

Original. Arch. nat., Chambre des Comptes de Paris, P. 265[1], n° 1434.

21526. Déclaration de foi et hommage de Jacques Calais, écuyer, pour le fief de haubert appelé le fief de Manneville-la-Raoult, mou- 7 décembre.

(1) Ces lettres furent données conformément à un arrêt du Grand conseil, en date du 4 décembre 1538, publié dans le même Cartulaire, t. III, p. 72.

vant du comté de Montfort-sur-Risle, ou de la vicomté de Pont-Authou et Pont-Audemer. Paris, 7 décembre 1538. 1538.

Original. Arch. nat., Chambre des Comptes de Paris, P. 265[1], n° 1435.

21527. Déclaration de foi et hommage de Nicolas Abraham, seigneur du Bois-Gobey, pour ladite seigneurie mouvant de Mortain. Paris, 7 décembre 1538. 7 décembre.

Original. Arch. nat., Chambre des Comptes de Paris, P. 268[2], n° 3242.

21528. Déclaration de foi et hommage de Jean de La Chesnaye, notaire et secrétaire du roi, pour la seigneurie de Piffonds, mouvant de Sens. Paris, 10 décembre 1538. 10 décembre.

Original. Arch. nat., Chambre des Comptes de Paris, P. 14, n° 5149.

21529. Déclaration de foi et hommage de Jean de Quièvremont, licencié ès lois, pour la seigneurie de la Chaussée mouvant de Rouen et pour la seigneurie de Heudreville[-sur-Eure] mouvant de la terre d'Autheuil, appartenant au baron de la Ferté-Fresnel, dont le roi a la garde pendant sa minorité. Paris, 10 décembre 1538. 10 décembre.

Original. Arch. nat., Chambre des Comptes de Paris, P. 265[2], n° 1715.

21530. Déclaration de foi et hommage de Jean de Vimont, trésorier de la marine, comme procureur de Jean Tullon, avocat au Parlement de Rouen, pour le fief de haubert dit « le fief d'Autretot » et un autre demi-fief dit « la Mare », mouvant de Caudebec. Paris, 10 décembre 1538. 10 décembre.

Original. Arch. nat., Chambre des Comptes de Paris, P. 266[2], n° 2267.

21531. Déclaration de l'hommage d'Étienne Cotard pour la seigneurie de la Motte, mouvant de la vicomté de Caen, et la terre de la Chapelle, 10 décembre.

mouvant de la baronnie de Merri (bailliage de Caen). Paris, 10 décembre 1538. 1538.

Expéd. orig. Arch. nat., P. 272², cote 5541.

21532. Déclaration de foi et hommage de Jean de Trihan pour le fief de haubert de Douville, mouvant de la vicomté d'Auge. Paris, 11 décembre 1538. 11 décembre.

Original. Arch. nat., Chambre des Comptes de Paris, P. 265², n° 1454.

21533. Déclaration de foi et hommage d'Élie Le Bouteiller, écuyer, pour le quart de fief du Val, sis en la paroisse de Bourgeauville, mouvant de la vicomté d'Auge. Paris, 11 décembre 1538. 11 décembre.

Original. Arch. nat., Chambre des Comptes de Paris, P. 265², n° 1455.

21534. Déclaration donnée en faveur de Rostaing de Rocquart, aumônier du roi en l'église collégiale de Notre-Dame de Cléry, natif du Comtat-Venaissin, portant qu'il pouvait, sans solliciter de lettres de naturalité, acquérir dans le royaume et disposer de ses biens comme les autres sujets du roi. 12 décembre 1538. 12 décembre.

Mentionnée dans une confirmation du 26 août 1540, enreg. à la Chambre des Comptes de Paris. Arch. nat., P. 2537, fol. 330 v°.

21535. Déclaration de l'hommage de Robert Du Val pour le quart de fief noble à cour et usage de Ressancourt (bailliage d'Évreux, vicomté d'Orbec, paroisse de Berthouville), relevant de Beaumont-le-Roger. Paris, 12 décembre 1538. 12 décembre.

Expéd. orig. Arch. nat., P. 270¹, cote 4116.

21536. Déclaration de l'hommage de Jean Le Bis, écuyer, pour le fief de haubert de la Haye-Saint-Christophe (bailliage d'Évreux, vicomtés de Conches et de Breteuil, paroisse de la Haye-Saint-Sylvestre). Paris, 12 décembre 1538. 12 décembre.

Expéd. orig. Arch. nat., P. 270², cote 4289.

21537. Déclaration de foi et hommage de Jean Cottin, demeurant à Vallières-les-Grandes, pour la métairie de la Thomasserie, en ladite paroisse, mouvant d'Amboise. Paris, 13 décembre 1538. — 1538. 13 décembre.

Original. Arch. nat., Chambre des Comptes de Paris, P. 12, n° 3982.

21538. Provisions en faveur d'Antoine Arlier, lieutenant du sénéchal de Provence à Arles, de l'office de conseiller au Parlement de Piémont. Paris, 14 décembre 1538. — 14 décembre.

Copie collat. du 9 juillet 1540. Turin, Arch. di Stato, citta et provincia di Saluzzo, conti di tesorieri del re di Francia, n° 3, fol. 89.

21539. Déclaration de l'hommage de Jean Deschamps pour la seigneurie de Saint-Victor et celle de Hauzey, autrement dit le Tremblay (bailliage d'Évreux, vicomté d'Orbec). Paris, 14 décembre 1538. — 14 décembre.

Expéd. orig. Arch. nat., P. 270[1], cote 4117.

21540. Pouvoirs à Jean seigneur d'Humières, chevalier de l'ordre, gouverneur de Péronne, Montdidier et Roye, pour bailler à ferme à Marchion Borgarelli, natif de Chieri, les revenus du domaine de Piémont, d'Asti et de Montferrat. Paris, 15 décembre 1538. — 15 décembre.

Copie du temps. Bibl. nat., ms. fr. 5503, fol. 139 v°. 2 pages 1/2.

21541. Déclaration de foi et hommage de Jean Bigot, comme procureur de Jeanne de Richebourg, veuve de François de Tranchelion, pour la moitié du tiers de la seigneurie d'Orvilliers, mouvant de Montfort-l'Amaury. Paris, 15 décembre 1538. — 15 décembre.

Original. Arch. nat., Chambre des Comptes de Paris, P. 7, n° 2371.

21542. Déclaration de foi et hommage de Charles Richard, écuyer, seigneur de Troussures, pour — 16 décembre.

deux fiefs situés audit lieu de Troussures et mouvant de Milly. Paris, 16 décembre 1538. 1538.

Original. Arch. nat., Chambre des Comptes de Paris, P. 6, n° 1877.

21543. Déclaration de foi et hommage de Hutin de l'Espinay, écuyer, seigneur de la Neuville-Vault, pour ledit fief de la Neuville-Vault, mouvant de Milly. Paris, 16 décembre 1538. 16 décembre.

Original. Arch. nat., Chambre des Comptes de Paris, P. 6, n° 1878.

21544. Déclaration de foi et hommage de Jean de Hédouville, écuyer, archer de la garde du corps du roi, commandée par M. de Nançay, comme procureur de Waast de Hédouville, seigneur d'Ars, son père, pour le fief d'Ars, situé en la paroisse de Cambronne et mouvant de Clermont. Paris, 16 décembre 1538. 16 décembre.

Original. Arch. nat., Chambre des Comptes de Paris, P. 6, n° 1879.

21545. Lettres portant continuation pendant huit années de l'octroi du treizain accordé à la mairie de Bourges sur le vin vendu en détail dans la ville et les faubourgs. Paris, 17 décembre 1538. 17 décembre.

Original. Arch. municipales de Bourges, CC. 126.

21546. Mandement à [Jean Barthomier], bailli de Montfort-l'Amaury, de saisir le temporel de l'abbaye de Clairefontaine, vacante par le décès de Jean de Serre. Paris, 17 décembre 1538. 17 décembre.

Copie en tête de l'inventaire dressé en conséquence dudit mandement par ledit bailli. Arch. de Seine-et-Oise, série H, fonds de Clairefontaine, 1er carton.

21547. Provisions, en faveur de Marchion Bourgarel (Borgarelli), de l'office de garde des munitions de Turin et Moncalieri. Paris, 17 décembre 1538. 17 décembre.

Copie collat. Turin, Arch. di Stato, citta et provincia di Saluzzo, conti de tesorieri del re di Francia, n° 3, fol. 119 v°.

21548. Déclaration de foi et hommage d'Antoine Per- 17 décembre.

dinel, procureur à la Chambre des Comptes, comme procureur de Charles Malortye, écuyer, seigneur de la Varenne, pour ladite seigneurie mouvant de Pont-Audemer. Paris, 17 décembre 1538. 1538.

Original. Arch. nat., Chambre des Comptes de Paris, P. 265², n° 1466.

21549. Déclaration de l'hommage de Robert de Bois-l'Évêque, écuyer, pour le quart de fief de Saint-Léger-le-Gauthier et la huitième partie du fief d'Omonville, dans la paroisse du Tremblay (bailliage d'Évreux, vicomté de Beaumont-le-Roger), à lui échus par suite du décès de Robert de Bois-l'Évêque, son père. Paris, 17 décembre 1538. 17 décembre.

Expéd. orig. Arch. nat., P. 270¹, cote 4125.

21550. Déclaration portant que les légionnaires continueront à jouir de l'exemption de tailles à eux accordée, à l'exception toutefois des trois mille cantonnés en Basse-Normandie, sous la conduite des sieurs de Tracy, de Saint-Aubin et de Sallenelles. Paris, 18 décembre 1538. 18 décembre.

Enreg. à la Cour des Aides de Normandie, le 19 mars 1539 n. s. Arch. de la Seine-Inférieure, Mémoriaux, 2ᵉ vol., fol. 182. 2 pages.

21551. Déclaration portant que les marchands vendant du bois à brûler à Rouen devront se servir des mesures usitées dans ladite ville. Paris, 18 décembre 1538. 18 décembre.

Enreg. au bailliage de Rouen, le 26 février 1539 n. s., et publiée le lendemain par les carrefours de la ville.

Copie collat. du 25 octobre 1544, par A. de Civille, secrétaire royal, d'après les registres dudit bailliage. Arch. comm. de Rouen, tiroir 173, n° 1.

21552. Déclaration de l'hommage d'Antoine de La Ferrière, écuyer, pour la seigneurie du Plessis-Raoul (bailliage et vicomté de Caen), échue à Anne de Proudines, sa femme, par suite du décès d'Hector de Proudines, frère de celle-ci. Paris, 18 décembre 1538. 18 décembre.

Expéd. orig. Arch. nat., P. 272², cote 5526.

21553. Déclaration de foi et hommage de Pierre Restault, écuyer, seigneur de Colligny, comme procureur de Denis de Brevedent, conseiller au Parlement de Rouen et aumônier ordinaire du roi de Navarre, pour la seigneurie de Vannecrocq, mouvant de Pont-Audemer. Paris, 18 décembre 1538. — 1538. 18 décembre.

Original. Arch. nat., Chambre des Comptes de Paris, P. 265², n° 1483.

21554. Déclaration de foi et hommage de Pierre de Caumont, écuyer, seigneur de Froberville, pour ladite seigneurie mouvant de Montivilliers. Paris, 18 décembre 1538. — 18 décembre.

Original. Arch. nat., Chambre des Comptes de Paris, P. 266², n° 2174.

21555. Déclaration de foi et hommage de Philippe de Gasquerel, écuyer, seigneur de Baigneville, pour le tiers d'un fief dit le fief de Baigneville (paroisse du Bec-de-Mortagne), mouvant de Montivilliers. Paris, 18 décembre 1538. — 18 décembre.

Original. Arch. nat., Chambre des Comptes de Paris, P. 266², n° 2175.

21556. Déclaration de l'hommage de Gabriel Patry, écuyer, pour la seigneurie de Biville ou Bourguébus (bailliage de Caen, vicomté de Falaise, paroisses de Bourguébus, Emiéville et environs). Paris, 19 décembre 1538. — 19 décembre.

Expéd. orig. Arch. nat., P. 273¹, cote 5669.

21557. Déclaration de l'hommage de Jacques Postel, écuyer, pour la seigneurie des Minières, mouvant de Conches et de Breteuil, au bailliage d'Évreux, à lui échue par suite du décès de Thomas, son père. Paris, 19 décembre 1538. — 19 décembre.

Expéd. orig. Arch. nat., P. 270², cote 4280.

21558. Déclaration de foi et hommage d'Antoine de Clercy, écuyer, comme procureur de Charles de Clercy, chevalier, seigneur dudit lieu, pour ladite seigneurie de Clercy (paroisse de Bor- — 19 décembre.

IMPRIMERIE NATIONALE.

nambuse), mouvant en plein fief de haubert de Montivilliers. Paris, 19 décembre 1538. 1538.

Original. Arch. nat., Chambre des Comptes de Paris, P. 266², n° 2191.

21559. Déclaration de foi et hommage de Jean Le Normant, seigneur de Beaumont et de Tournetot, pour le fief de haubert qu'il possède à Beaumont, et les fiefs de Tournetot et la Bataille (à Bourneville), mouvant de Pont-Audemer. Paris, 19 décembre 1538. 19 décembre.

Original. Arch. nat., Chambre des Comptes de Paris, P. 265¹, n° 1433.

21560. Déclaration de foi et hommage de Pierre Du Quesne, écuyer, seigneur de Caillouet, pour ledit fief (sis à Bourneville), mouvant de Pont-Audemer. Paris, 19 décembre 1538. 19 décembre.

Original. Arch. nat., Chambre des Comptes de Paris, P. 265¹, n° 1429.

21561. Déclaration de foi et hommage d'Anne de Montmorency, connétable et grand maître de France, pour la baronnie de Préaux, mouvant de Rouen en fief de haubert. Saint-Germain-en-Laye, 19 décembre 1538. 19 décembre.

Original. Arch. nat., Chambre des Comptes de Paris, P. 265², n° 1476.

21562. Déclaration de foi et hommage de Richard de Pont-Audemer, écuyer, pour le fief de chevallier nommé le fief d'Aiguillon, paroisse de Blonville, mouvant de la vicomté d'Auge. Paris, 21 décembre 1538. 21 décembre.

Original. Arch. nat., Chambre des Comptes de Paris, P. 265¹, n° 1437.

21563. Déclaration de foi et hommage de Philippe de Roncherolles, baron de Heuqueville, du Pont-Saint-Pierre et de la Ferté en Ponthieu, pour la seigneurie de la Ferté, mouvant d'Amiens. Paris, 22 décembre 1538. 22 décembre.

Original. Arch. nat., Chambre des Comptes de Paris, P. 15, n° 5589.

21564. Déclaration de l'hommage de David Du But, 23 décembre.

écuyer, pour le quart de fief de Tournedos (bailliage et vicomté d'Évreux). Paris, 23 décembre 1538. 1538.

Expéd. orig. Arch. nat., P. 170², cote 4115.

21565. Commission à Philippe Le Tirant pour faire le recouvrement des deniers de la généralité d'Outre-Seine et Yonne, pendant l'année commençant au 1er janvier 1539 n. s. Saint-Germain-en-Laye, 26 décembre 1538. 26 décembre.

Vérifiée par les trésoriers de France, le 6, et par les généraux des finances, le 8 janvier 1539 n. s.
Copie du temps. Bibl. nat., ms. fr. 5503, fol. 133. 2 pages 1/2.

21566. Mandement au Parlement de Rouen et aux baillis et autres juges royaux de Normandie de délivrer au baron de Saint-Blancard deux cents prisonniers, criminels de droit commun, pour le service des galères placées sous son commandement. Saint-Germain-en-Laye, 27 décembre 1538. 27 décembre.

Enreg. au Parl. de Rouen, le 6 mars 1539 n. s. Arch. de la Cour à Rouen, reg. criminel, dit *Livre rouge*, fol. 42. 1 page 1/2.
Copie du XVIIe siècle. Arch. nat., U. 754, fol. 42 v°. 2 pages.

21567. Lettres portant nomination de Marguerite Pocquelin à l'administration de l'Hôtel-Dieu de Château-Thierry. Saint-Germain-en-Laye, 28 décembre 1538. 28 décembre.

Copie collat. du XVIIIe siècle. Arch. nat., K. 185, n° 225.

21568. Déclaration de foi et hommage de Thomas Le Sec, écuyer, pour la moitié du fief de Glos-sur-Risle, mouvant de Pont-Audemer, et pour la moitié du fief de la Cressonnière, mouvant d'Orbec. Paris, 28 décembre 1538. 28 décembre.

Original. Arch. nat., Chambre des Comptes de Paris, P. 265², n° 1468.

21569. Déclaration de foi et hommage d'Alexandre de Courcy, prêtre, écuyer, pour un quart de fief de haubert nommé le fief du Plessis de 28 décembre.

Bouquelon, mouvant de Pont-Audemer. Paris, 28 décembre 1538. 1538.

Original. Arch. nat., Chambre des Comptes de Paris, P. 264², n° 1160.

21570. Déclaration de foi et hommage de Pierre Baignard, héritier en partie de feu Jacqueline Du Buisson, son aïeule, pour la seigneurie de la Madeleine et la sergenterie héréditaire de la Haye-le-Comte (bailliage et vicomté d'Évreux). Paris, 30 décembre 1538. 30 décembre.

Expéd. orig. Arch. nat., P. 270¹, cote 4048.

21571. Déclaration de l'hommage rendu par Martin Labbey, prêtre, au nom d'Étienne Labbey, écuyer, son frère, pour le fief du Mesnil-au-Vicomte (bailliage d'Évreux, vicomté d'Orbec). Paris, 30 décembre 1538. 30 décembre.

Expéd. orig. Arch. nat., P. 270¹, cote 4120.

21572. Déclaration de foi et hommage d'Antoine Selles, écuyer, comme procureur de Françoise de Lisle, sa mère, pour la seigneurie des Essarts, mouvant en demi-fief de haubert de la vicomté de Montivilliers. Paris, 30 décembre 1538. 30 décembre.

Original. Arch. nat., Chambre des Comptes de Paris, P. 266², n° 2259.

21573. Lettres de don à Léonore « Bonnoie », demoiselle de la dauphine, de tous les biens meubles de feu Marc-Antoine de Cusan, adjugés au roi par sentence du prévôt de l'hôtel. Paris, décembre 1538. Décembre.

Enreg. à la Chancellerie de France. Arch. nat., Trésor des Chartes, JJ. 251, n° 520, fol. 165 v°.

21574. Lettres de don à Raffin, dit Poton, écuyer ordinaire de l'écurie du roi, des biens meubles et héritages, sis en la vicomté de Montivilliers, confisqués sur feu Jean Castel, de Tancarville, condamné, comme faux monnayeur, à être bouilli vif. Paris, décembre 1538. Décembre.

Enreg. à la Chancellerie de France. Arch. nat., Trésor des Chartes, JJ. 251, n° 505, fol. 161 v°.

21575. Lettres de légitimation accordées à Claude Corriolis, fils naturel de Jean Corriolis, prêtre, prévôt de l'église d'Aix, protonotaire du Saint-Siège apostolique, et d'Alix Roche. Paris, décembre 1538. — 1538. Décembre.

Enreg. à la Chancellerie de France. Arch. nat., Trésor des Chartes, JJ. 251, n° 509, fol. 162 v°.

21576. Lettres de légitimation accordées à Gaspard d'Espagne, fils naturel d'Arnaud d'Espagne et de Bonne Vernest. Paris, décembre 1538. — Décembre.

Enreg. à la Chancellerie de France. Arch. nat., Trésor des Chartes, JJ. 251, n° 502, fol. 160 v°.

21577. Lettres de légitimation accordées à Charles Lechat, d'Authon en Beauce, fils naturel d'Hubert Lechat, écuyer, et de Martine Pigé, du diocèse de Chartres. Paris, décembre 1538. — Décembre.

Enreg. à la Chancellerie de France. Arch. nat., Trésor des Chartes, JJ. 251, n° 467, fol. 149.

21578. Lettres de légitimation accordées à Nicolas de Salazar, étudiant en décret, Hector de Salazar, archer des ordonnances de la compagnie du gouverneur de Mouzon, Marie et Jean de Salazar, enfants naturels de Jean de Salazar, prêtre, et de Marie Guibert, du bailliage de Sens. Paris, décembre 1538. — Décembre.

Enreg. à la Chancellerie de France. Arch. nat., Trésor des Chartes, JJ. 251, n° 501, fol. 160 v°.

21579. Lettres de légitimation et de naturalité accordées à Jean Sauvaës, né à Anvers, fils naturel de Jean Sauvaës, marchand d'Albi, ayant exercé son commerce vingt ans avant dans les Flandres, le Hainaut et le Brabant. Paris, décembre 1538. — Décembre.

Enreg. à la Chancellerie de France. Arch. nat., Trésor des Chartes, JJ. 251, n° 504, fol. 161 v°.

21580. Lettres de légitimation accordées à Lambert Souday, fils naturel de Gilbert Souday, du diocèse de Nevers, et de Marie Girard. Paris, décembre 1538. — Décembre.

Enreg. à la Chancellerie de France. Arch. nat., Trésor des Chartes, JJ. 251, n° 519, fol. 165 v°.

21581. Lettres de naturalité accordées à Gilles Barré, natif de Bouillon, homme d'armes des ordonnances de la compagnie du s[r] de Jametz, à Catherine Jacob, sa femme, et à leur fille. Paris, décembre 1538. 1538. Décembre.

Enreg. à la Chancellerie de France. Arch. nat., Trésor des Chartes, JJ. 251, n° 512, fol. 163.

21582. Lettres de naturalité accordées à Pierre Bonacorsi, fils de Julien Bonacorsi, notaire et secrétaire du roi, né à Florence pendant le voyage fait en Italie par sa mère, qui accompagnait la duchesse d'Urbin. Paris, décembre 1538. Décembre.

Enreg. à la Chancellerie de France. Arch. nat., Trésor des Chartes, JJ. 251, n° 515, fol. 164 v°.

21583. Lettres de naturalité accordées à Antoine de Catalde, natif du royaume de Naples, qui était déjà au service du roi à la bataille de Marignan. Paris, décembre 1538. Décembre.

Enreg. à la Chancellerie de France. Arch. nat., Trésor des Chartes, JJ. 251, n° 472, fol. 150 v°.

21584. Lettres de naturalité accordées à Guillaume Pensson, seigneur de la Cantinière près Amboise, natif du royaume d'Écosse. Paris, décembre 1538. Décembre.

Enreg. à la Chancellerie de France. Arch. nat., Trésor des Chartes, JJ. 251, n° 522, fol. 166.

21585. Lettres de naturalité accordées à Guillaume Vieulx, natif de Lons-le-Saunier en Franche-Comté, résidant au bailliage de Senlis. Paris, décembre 1538. Décembre.

Enreg. à la Chancellerie de France. Arch. nat., Trésor des Chartes, JJ. 251, n° 511, fol. 163.

1539. — Pâques, le 6 avril.

21586. Déclaration de l'hommage d'Antoine Le Marchand, conseiller au Parlement de Rouen, pour la seigneurie du Grippon et la moitié 1539. 1er janvier.

du fief de Chavoy, mouvant d'Avranches en fief de haubert. Paris, 1er janvier 1538. 1539.

Original. Arch. nat., Chambre des Comptes de Paris, P. 268[3], n° 3300.

21587. Déclaration de l'hommage de Nicolas de La Chapelle pour l'office de sergent fieffé de la châtellenie de Lyons (bailliage et vicomté de Gisors). Paris, 1er janvier 1538. 1er janvier.

Original. Arch. nat., Chambre des Comptes de Paris, P. 274[2], n° 6303.

21588. Mandement de payer la somme de 1845 livres à Jean de Grain, marchand lapidaire, demeurant à Paris, pour fournitures au roi. Paris, 2 janvier 1538. 2 janvier.

Imp. Catalogue des chartes du cabinet de M. de M. (Magny). Vente des 18-22 mars 1867, par J. Charavay aîné, n° 1276. (Mention.)

21589. Déclaration de l'hommage de Jean de Warignier, écuyer, pour un quart de fief sis à Blainville (bailliage, vicomté et châtellenie de Caen). Paris, 4 janvier 1538. 4 janvier.

Expéd. orig. Arch. nat., P. 273[1], cote 5676.

21590. Lettres de prestation du serment de fidélité de Jacques de Saint-Julien pour le temporel de l'évêché d'Aire. Paris, 5 janvier 1538. 5 janvier.

Expéd. orig. Arch. nat., P. 557[1], cote 938.

21591. Provisions en faveur du s[r] Clérambault, notaire et secrétaire du roi, de l'office de receveur domanial dans les provinces de Languedoïl. Paris, 9 janvier 1538. 9 janvier.

Copie du XVIe siècle. Arch. municip. d'Orléans, B. 6, fol. 73.

21592. Déclaration de l'hommage de Jacques Jobert pour les seigneuries d'Aulnay-le-Château et d'Ablancourt (bailliage et châtellenie de Vitry), acquises par lui de Catherine de Sarrebruck, dame douairière de Roye et comtesse de Roucy. Paris, 9 janvier 1538. 9 janvier.

Expéd. orig. Arch. nat., P. 161[1], cote 96.

21593. Déclaration de l'hommage de Jean Jobert, sei- 9 janvier.

gneur de Soulanges (bailliage de Vitry), pour les deux tiers de ladite seigneurie, mouvant du château dudit Vitry, acquis par lui de Catherine de Sarrebruck, dame douairière de Roye, comtesse de Roucy. Paris, 9 janvier 1538. 1539.

Expéd. orig. Arch. nat., P. 161[1], cote 97.

21594. Déclaration de l'hommage rendu par Charles Le Verrier, au nom de Jean Thibout, malade, pour la seigneurie du Grais, demi-fief mouvant de la baronnie de la Ferté-Macé (bailliage de Caen, vicomté de Falaise). Paris, 9 janvier 1538. 9 janvier.

Expéd. orig. Arch. nat., P. 272[2], cote 5525.

21595. Déclaration de l'hommage de Jean de Mensignac, écuyer, archer de la garde du corps, pour la maison noble de la Pontie, sise à Bergerac, et pour le péage du sel sur la Dordogne, le tout appartenant à sa femme, et mouvant de la châtellenie de Bergerac (sénéchaussée de Périgord). Paris, 9 janvier 1538. 9 janvier.

Expéd. orig. Arch. nat., P. 557[1], cote 939.

21596. Déclaration de l'hommage rendu par Antoine Datz, religieux bénédictin, prévôt de Dampierre, au nom de René Johanneaux, enquêteur au gouvernement de la Rochelle, aumônier de l'Hôtel-Dieu Saint-Barthélemy de la Rochelle, pour une rente de 30 livres sur la recette ordinaire dudit lieu, appartenant à ladite aumônerie. Paris, 10 janvier 1538. 10 janvier.

Expéd. orig. Arch. nat., P. 557[1], cote 940.

21597. Déclaration de l'hommage rendu par Gilles de Sainte-Croix, écuyer, au nom de Jeanne de Corday, sa mère, veuve de Pierre de Sainte-Croix, écuyer, pour le membre de fief noble du Haut-Perreux (bailliage et vicomté de Caen, paroisse de Cléville). Paris, 10 janvier 1538. 10 janvier.

Expéd. orig. Arch. nat., P. 273[1], cote 5543.

21598. Déclaration de l'hommage de Guillaume Myée, 10 janvier.

écuyer, pour la seigneurie de la Motte (bailliage de Caen, vicomté de Falaise, baronnie et paroisse de Bazoches), à lui échue par suite du décès de Richard, son père. Paris, 10 janvier 1538. 1539.

Expéd. orig. Arch. nat., P. 273[1], cote 5544.

21599. Déclaration de l'hommage rendu par Nicolas Cardon, au nom de Pierre Cardon, son père, pour la seigneurie de la Chapelle-Bayvel (bailliage d'Évreux, vicomté et châtellenie d'Orbec), jadis possédée par Jean Baignard, et échue audit Pierre par suite du décès de Thomas Cardon, son père. Paris, 10 janvier 1538. 10 janvier.

Expéd. orig. Arch. nat., P. 269[2], cote 3947.

21600. Lettres de réception du serment de fidélité de frère Antoine d'Aux, religieux de l'ordre de Saint-Benoît, prévôt de Dampierre, membre dépendant de Saint-Pierre de Corbie, pour ladite prévôté de Dampierre, mouvant de la vicomté d'Arques. Paris, 10 janvier 1538. 10 janvier.

Original. Arch. nat., Chambre des Comptes de Paris, P. 266[1], n° 2265.

21601. Déclaration de foi et hommage de Richard Du Fay, écuyer, pour le huitième du fief de la Cour d'Elbeuf, mouvant du comté de Montfort. Paris, 10 janvier 1538. 10 janvier.

Original. Arch. nat., Chambre des Comptes de Paris, P. 265[2], n° 1465.

21602. Déclaration de foi et hommage de Robert Le Bourgeois, écuyer, seigneur de Grouchy, pour ladite seigneurie, mouvant de Valognes. Paris, 10 janvier 1538. 10 janvier.

Original. Arch. nat., Chambre des Comptes de Paris, P. 268[3], n° 3465.

21603. Déclaration de foi et hommage de Jacques Davy, écuyer, seigneur du Perron et de la Champagne, pour ladite seigneurie de la 10 janvier.

Champagne, mouvant de Saint-Sauveur-Lendelin. Paris, 10 janvier 1538. 1539.

Original. Arch. nat., Chambre des Comptes de Paris, P. 268³, n° 3466.

21604. Déclaration de l'hommage d'André de Hay, écuyer, pour les seigneuries de Savins et de Jutigny (bailliage de Meaux, châtellenie de Provins). Paris, 11 janvier 1538. 11 janvier.

Expéd. orig. Arch. nat., P. 165¹, cote 1710.

21605. Déclaration de foi et hommage de Guyon d'Ursue, écuyer, comme procureur de Guillaume d'Ursue, son père, capitaine de Bricquebec, pour la seigneurie de Lestre, mouvant de Valognes. Paris, 11 janvier 1538. 11 janvier.

Original. Arch. nat., Chambre des Comptes de Paris, P. 268³, n° 3382.

21606. Déclaration de foi et hommage d'Élie Dumont, chevalier, seigneur de Surville, comme procureur de Simon Vippard, prêtre, seigneur du Boshion, pour ladite seigneurie, mouvant de Pont-Audemer. Paris, 13 janvier 1538. 13 janvier.

Original. Arch. nat., Chambre des Comptes de Paris, P. 265², n° 1462.

21607. Déclaration de foi et hommage de Jean de Trousseauville, seigneur de Gournay, pour les fiefs de Bonnebosc, Bigars, Tillart et Poissi, mouvant de Pont-Audemer. Paris, 13 janvier 1538. 13 janvier.

Original. Arch. nat., Chambre des Comptes de Paris, P. 265², n° 1463.

21608. Déclaration de l'hommage de Marguerite Le Veneur, veuve d'Henri de Maunoury, pour le fief du Mesnil-Mauger (bailliage de Caen, vicomtés de Falaise et d'Auge). Paris, 14 janvier 1538. 14 janvier.

Expéd. orig. Arch. nat., P. 272², cote 5534.

21609. Déclaration de foi et hommage de Guillaume Alexandre, écuyer, pour le fief de la Mothe 14 janvier.

sis à Hannaches, mouvant de Clermont. Paris, 14 janvier 1538. 1539.

Original. Arch. nat., Chambre des Comptes de Paris, P. 6, n° 1842.

21610. Déclaration de foi et hommage de Jacques Petit, comme procureur de l'abbé d'Ourscamps, pour le fief de douze muids de grains, mesure de Compiègne, appartenant audit couvent, qui les prend chaque année sur la grange et cens de « Warnanvilliers », mouvant de Clermont. Paris, 14 janvier 1538. 14 janvier.

Original. Arch. nat., Chambre des Comptes de Paris, P. 6, n° 1853.

21611. Déclaration de foi et hommage d'Hervé de Milly, écuyer, seigneur de Saint-Arnoult en Beauvaisis, pour le fief de Saint-Arnoult, mouvant de Milly. Paris, 15 janvier 1538. 15 janvier.

Original. Arch. nat., Chambre des Comptes de Paris, P. 6, n° 1854.

21612. Déclaration de l'hommage de Charles Le Fèvre, écuyer, avocat royal en la vicomté de Pont-Audemer, pour le fief de Marolles (bailliage d'Évreux, vicomté d'Orbec), jadis possédé par feu Colin de Marolles, puis par Richard et Pierre dits de Cautelou, y compris le franc fief de « Vouart ». Paris, 16 janvier 1538. 16 janvier.

Expéd. orig. Arch. nat., P. 270², cote 4299.

21613. Déclaration de l'hommage rendu par Archambaud Le Prévost, au nom de Suzanne de Boissay, veuve de Louis de Gouvy, pour la seigneurie de la Cour-du-Bois, à Muids (bailliage, vicomté et châtellenie de Gisors). Paris, 17 janvier 1538. 17 janvier.

Expéd. orig. Arch. nat., P. 274², cote 6305.

21614. Déclaration de foi et hommage de Georges Le Roux, écuyer, pour le huitième de fief d'Iberville, mouvant de la vicomté d'Arques. Paris, 17 janvier 1538. 17 janvier.

Original. Arch. nat., Chambre des Comptes de Paris, P. 266², n° 2264.

21615. Déclaration de foi et hommage d'Adrien Dupuis, écuyer, pour le fief de Sandouville, mouvant de la vicomté de Montivilliers. Paris, 17 janvier 1538. — 1539. 17 janvier.

Original. Arch. nat., Chambre des Comptes de Paris, P. 266², n° 2266.

21616. Déclaration de foi et hommage de Jacques de Harlay, chevalier, en son nom et au nom de ses frères et sœurs, pour la seigneurie de Beaumont-le-Bois (Beaumont-du-Gâtinais) et de Barnonville, et six cents arpents de bois situés dans la forêt d'Orléans et mouvant de Nemours et de Château-Landon. Paris, 18 janvier 1538. — 18 janvier.

Original. Arch. nat., Chambre des Comptes de Paris, P. 10, n° 3186.

21617. Déclaration de l'hommage rendu par Jacques de Harlay, chevalier, tant en son nom qu'en celui de ses frères et sœurs, enfants de feu Germaine Cœur, pour la baronnie de Montglas et les seigneuries de Sancy et Augers (bailliage de Meaux, châtellenie de Provins). Paris, 18 janvier 1538. — 18 janvier.

Expéd. orig. Arch. nat., P. 165¹, cote 1711.

21618. Déclaration de foi et hommage de Jean Formaget, procureur en Parlement, comme procureur de Nicolas de Mouy, chevalier, pour la seigneurie de « Malvoisine », mouvant de Rouen, et pour la seigneurie de « Saulroy », mouvant d'Arques. Paris, 18 janvier 1538. — 18 janvier.

Original. Arch. nat., Chambre des Comptes de Paris, P. 265², n° 1459.

21619. Lettres autorisant et ratifiant le mariage de M. de Nevers, François de Clèves, comte d'Eu, avec Mademoiselle de Vendôme, Marguerite de Bourbon. Au Louvre, à Paris, 19 janvier 1538. — 19 janvier.

Copie du XVIe siècle. Bibl. imp. de Vienne (Autriche), ms. 6979, fol. 185.

21620. Déclaration de foi et hommage de François Bault, receveur des aides et tailles en l'élec- — 19 janvier.

tion de Berry, pour les seigneuries du Grand et Petit Charentais, situées dans la paroisse de Saint-Cyr-lès-Tours, mouvant de Tours. Paris, 19 janvier 1538. 1539.

Original. Arch. nat., Chambre des Comptes de Paris, P. 13, n° 4430.

21621. Déclaration de foi et hommage de Jean de La Tillaye, prêtre, comme procureur de dom Pierre Le Neveu, prieur de Notre-Dame de Royal-Pré (paroisse de Cricqueville, diocèse de Lisieux), de l'ordre de Saint-Benoît, pour la fiéferme d'Angoville (Cricqueville-Angoville), mouvant de Touques. Paris, 20 janvier 1538. 20 janvier.

Original. Arch. nat., Chambre des Comptes de Paris, P. 265[1], n° 1436.

21622. Déclaration de foi et hommage de Jacques de Manneville, écuyer, pour les seigneuries de Honneteville et Vironvay (à Martainville-en-Lieuvin), mouvant de Pont-Audemer. Paris, 20 janvier 1538. 20 janvier.

Original. Arch. nat., Chambre des Comptes de Paris, P. 265[2], n° 1456.

21623. Déclaration de foi et hommage d'Adrien de Gamaches, seigneur de Jussy, pour la vicomté de Raymond-la-Ville, mouvant d'Ainay-le-Château en Bourbonnais. Paris, 23 janvier 1538. 23 janvier.

Original. Arch. nat., Chambre des Comptes de Paris, P. 14, n° 4954.

21624. Lettres accordant au duc de Longueville délai jusqu'à sa majorité pour rendre l'hommage dû au roi pour ses fiefs. Paris, 24 janvier 1538. 24 janvier.

Vérifiées à la Chambre des Comptes de Blois, le 21 mars suivant. Arch. nat., KK. 902, fol. 147. (*Mention.*)

21625. Déclaration de l'hommage rendu par Claude Le Blanc, au nom de Marguerite de Clefmont, sa mère, pour partie des seigneuries de Sainte-Livière et la Petite-Ville (bailliage 24 janvier.

de Vitry, châtellenie de Saint-Dizier). Paris, 24 janvier 1538. — 1539.

Expéd. orig. Arch. nat., P. 163[1], cote 828.

21626. Déclaration de foi et hommage de Richard d'Elbène, bourgeois de Paris, pour la seigneurie de l'Épine, mouvant de Melun. Paris, 25 janvier 1538. — 25 janvier.

Original. Arch. nat., *Chambre des Comptes de Paris*, P. 9, n° 2992.

21627. Don de 400 écus d'or à Madeleine de Joyeuse, dame d'honneur de la duchesse de Vendôme. 25 janvier 1538. — 25 janvier.

Bibl. nat., ms. fr. 25723, fol. 810. (*Mention.*)

21628. Déclaration de l'hommage de Guillaume Raguier pour la seigneurie de Bricot-la-Ville et pour une portion de la forêt de l'Armée, dépendant de la seigneurie d'Esternay (bailliage et châtellenie de Sézanne), le tout à lui échu par suite du décès de Jean Raguier, abbé de Montieramey, son frère. Paris, 27 janvier 1538. — 27 janvier.

Expéd. orig. Arch. nat., P. 165[2], cote 1985.

21629. Lettres portant quittance générale de la composition faite avec feu Thomas Bohier, général des finances. 27 janvier 1538. — 27 janvier.

Enreg. à la Chambre des Comptes de Paris, anc. mém. 2 J, fol. 88 v°. *Arch. nat.*, PP. 119, p. 15. (*Mention.*)

Bibl. de Rouen, ms. Leber 5870, t. XIV, fol. 60 v°. (*Mention.*)

21630. Lettres portant subrogation de Jean Odoart, conseiller au Parlement de Rouen, au sieur Bachelet, conseiller au Grand conseil, commis à la réformation des limites du duché de Normandie. 29 janvier 1538. — 29 janvier.

Présentées au Parlement de Rouen, le 10 février 1539. Bibl. de Rouen, ms. Y. 32, t. 1, fol. 32. (*Mention.*)

21631. Déclaration de l'hommage de Philippe Herquambourc (*aliàs* d'Erquembourc), écuyer, pour le fief de Vitreville à Saint-Jouin (bail- — 31 janvier.

liage de Caux, vicomté de Montivilliers). Paris, 31 janvier 1538. 1539.

Expéd. orig. Arch. nat., P. 267², cote 2581.

21632. Déclaration de foi et hommage de Jean Regnault, écuyer, seigneur de Lisores, comme procureur de Laurent de La Rue, écuyer, pour le fief de Chopillart, situé en la paroisse de la Haye-Aubrée, et le fief du Valcoquin en la paroisse de Honguemare, mouvant de Pont-Audemer. Paris, 31 janvier 1538. 31 janvier.

Original. Arch. nat., Chambre des Comptes de Paris, P. 265², n° 1460.

21633. Confirmation des privilèges, franchises et statuts des bouchers de Saumur. Paris, janvier 1538. Janvier.

Enreg. à la Chancellerie de France. Arch. nat., Trésor des Chartes, JJ. 253¹, n° 55, fol. 17.

21634. Lettres de légitimation accordées à Sébastien et Claude de Gumyn, docteurs ès droits, et à Jean de Gumyn, prêtre, fils naturels de Humbert de Gumyn, écuyer, et d'Aliette Bilion, de Dauphiné. Paris, janvier 1538. Janvier.

Enreg. à la Chancellerie de France. Arch. nat., Trésor des Chartes, JJ. 253¹, n°s 75, 76 et 77, fol. 26 v° et 27.

21635. Lettres de légitimation accordées à Jean Marmegins, prêtre, chanoine de l'église cathédrale de Coutances, fils naturel de Renaud Marmegins, aussi prêtre, et de Mariette Lemoigne. Paris, janvier 1538. Janvier.

Enreg. à la Chancellerie de France. Arch. nat., Trésor des Chartes, JJ. 253¹, n° 12, fol. 4.

21636. Lettres de légitimation accordées à Jean Monnot, prêtre, fils naturel de feu Jean Monnot et de Renaude Roussot, du bailliage de Dijon. Paris, janvier 1538. Janvier.

Enreg. à la Chancellerie de France. Arch. nat., Trésor des Chartes, JJ. 253¹, n° 78, fol. 27.

21637. Lettres de légitimation accordées à François Trigori, fils naturel de maître François Tri- Janvier.

gori et de Renée Couriet, d'Anjou. Paris, janvier 1538. 1539.

Enreg. à la Chancellerie de France. Arch. nat., Trésor des Chartes, JJ. 253[1], n° 6, fol. 2 v°.

21638. Lettres de naturalité accordées à Gilles Boullenger, natif du Hainaut, marchand bonnetier à Paris. Paris, janvier 1538. Janvier.

Enreg. à la Chancellerie de France. Arch. nat., Trésor des Chartes, JJ. 253[1], n° 11, fol. 4.

21639. Lettres de naturalité accordées à Jean d'Honneur, natif de Mons en Hainaut, archer des ordonnances de la compagnie du comte de Tende. Paris, janvier 1538. Janvier.

Enreg. à la Chancellerie de France. Arch. nat., Trésor des Chartes, JJ. 253[1], n° 10, fol. 3 v°.

21640. Provisions d'un office d'élu en l'élection de Coutances et Carentan, en faveur de Nicole Le Maistre, écuyer, au lieu de Nicole de Cotentin, décédé. Fontainebleau, 1er février 1538. 1er février.

Vérifiées le 7, par les généraux des finances. Enreg. le 10 à la Cour des Aides de Normandie. Arch. de la Seine-Inférieure, Mémoriaux, 2e vol., fol. 177. 1 page 1/2.

21641. Déclaration de l'hommage d'Antoine d'Anglure, écuyer, pour les fiefs suivants, mouvant du roi à cause des châteaux de Montigny et de Nogent-le-Roi, au bailliage de Chaumont : 1° partie des seigneuries de Maulain et Ravennes-Fontaines; 2° la tour de Bonnecourt; 3° une rente de 50 livres tournois sur les seigneuries de Damphal et Lécourt; 4° toute la part dudit Antoine dans les seigneuries d'Andilly, Avrecourt et Provenchères[-sur-Meuse]. Paris, 2 février 1538. 2 février.

Expéd. orig. Arch. nat., P. 163[2], cote 1159.

21642. Déclaration de l'hommage d'Antoine Du Prat, seigneur de Nantouillet et de Précy, fils du feu cardinal de Sens, chancelier de France, pour la seigneurie d'Acy-en-Multien (bailliage et châtellenie de Meaux). Paris, 2 février 1538. 2 février.

Expéd. orig. Arch. nat., P. 164[2], cote 1503.

21643. Déclaration de foi et hommage d'Antoine Du Prat, seigneur de Nantouillet et de Précy, gentilhomme de la chambre du roi, pour la seigneurie de Maucreux, mouvant de Pierrefonds. Paris, 2 février 1538. | 1539. 2 février.

Original. Arch. nat., Chambre des Comptes de Paris, P. 7, n° 2231.

21644. Déclaration de l'hommage d'Antoine Du Prat, gentilhomme de la chambre, fils du feu chancelier, pour la baronnie de Thiers (sénéchaussée d'Auvergne). Paris, 2 février 1538. | 2 février.

Expéd. orig. Arch. nat., P. 557[1], cote 943.

21645. Déclaration de foi et hommage de Louis Du Bosc, écuyer, pour le fief de haubert appelé le Mesnil-Esnard, sis en la paroisse du même nom et aux environs, mouvant de Rouen. Paris, 3 février 1538. | 3 février.

Original. Arch. nat., Chambre des Comptes de Paris, P. 265[1], n° 1422.

21646. Provisions pour Antoine Minard, licencié ès droits, de l'office d'avocat du roi en la Chambre des Comptes. 4 février 1538. | 4 février.

Enreg. à la Chambre des Comptes de Paris, anc. mém. 2 J, fol. 117. *Arch. nat.*, PP. 119, p. 19. (*Mention.*)
Bibl. nat., ms. fr. 21405, p. 338. (*Mention.*)

21647. Déclaration de l'hommage rendu par Jean Du Micault, au nom de Rolland de Héricy, pour la seigneurie de Neuilly-le-Malherbe (bailliage et vicomté de Caen). Paris, 4 février 1538. | 4 février.

Expéd. orig. Arch. nat., P. 272[2], cote 5538.

21648. Déclaration de foi et hommage de Jean d'Amyrault, écuyer, seigneur de l'Épine et de Courcelles près Abbecourt, pour le fief de Courcelles, mouvant de Clermont. Paris, 4 février 1538. | 4 février.

Original. Arch. nat., Chambre des Comptes de Paris, P. 6, n° 1855.

21649. Déclaration du serment de fidélité de Georges | 8 février.

d'Armagnac, évêque de Rodez, administrateur perpétuel de l'évêché de Vabres, pour le temporel de ce dernier évêché. Fontainebleau, 8 février 1538. 1539.

Expéd. orig. Arch. nat., P. 557[1], cote 944.

21650. Provisions en faveur de François Errault, conseiller au Parlement de Paris, de l'office de président du Parlement de Piémont. Fontainebleau, 16 février 1538. 16 février.

Copie collationnée du 18 février 1541. Turin, Arch. di Stato, Citta et provincia di Saluzzo, Conti de tesorieri del re di Francia, n° 3, fol. 73.

21651. Provisions, en faveur de Nicolas Cabaret, de l'office de conseiller au Parlement de Piémont. Fontainebleau, 16 février 1538. 16 février.

Copie collationnée. Turin, Arch. di Stato, Citta et provincia di Saluzzo, Conti de tesorieri del re di Francia, n° 3, fol. 77.

21652. Provisions, en faveur d'Antoine Andreis, de l'office de conseiller au Parlement de Piémont. Fontainebleau, 16 février 1538. 16 février.

Copie collationnée. Turin, Arch. di Stato, Citta et provincia di Saluzzo, Conti de tesorieri del re di Francia, n° 3, fol. 81.

21653. Provisions, en faveur de Barthélemy Finé, de l'office de conseiller au Parlement de Piémont. Fontainebleau, 16 février 1538. 16 février.

Copie collationnée du 18 août 1548. Turin, Arch. di Stato, Citta et provincia di Saluzzo, Conti de tesorieri del re di Francia, n° 3, fol. 85.

21654. Provisions, en faveur de Jacques Marin, de l'office de conseiller au Parlement de Piémont. Fontainebleau, 16 février 1538. 16 février.

Copie collationnée du 17 juillet 1540. Turin, Arch. di Stato, Citta et provincia di Saluzzo, Conti de tesorieri del re di Francia, n° 3, fol. 93.

21655. Provisions, en faveur de Jean Jossault, de l'office de conseiller au Parlement de Piémont. Fontainebleau, 16 février 1538. 16 février.

Copie collationnée. Turin, Arch. di Stato, Citta et provincia di Saluzzo, Conti de tesorieri del re di Francia, n° 3, fol. 99 v°.

21656. Provisions, en faveur du sieur de Forges, de l'office de conseiller au Parlement de Piémont. Fontainebleau, 16 février 1538. 1539 16 février.

Copie collationnée du 23 février 1540. Turin, Arch. di Stato, Citta et provincia di Saluzzo, Conti de tesorieri del re di Francia, n° 3, fol. 103 v°.

21657. Provisions, en faveur de Martial Garret, de l'office de conseiller au Parlement de Piémont. Fontainebleau, 16 février 1538. 16 février.

Copie collationnée du 10 juin 1542. Turin, Arch. di Stato, Citta et provincia di Saluzzo, Conti de tesorieri del re di Francia, n° 3, fol. 107.

21658. Provisions, en faveur de Malfrey Grast, de l'office d'avocat général au Parlement de Piémont. Fontainebleau, 16 février 1538. 16 février.

Copie collationnée. Turin, Arch. di Stato, Citta et provincia di Saluzzo, Conti de tesorieri del re di Francia, n° 3, fol. 116 v°.

21659. Provisions, en faveur de Louis Jacquelot, de l'office de second huissier du Parlement de Piémont. Fontainebleau, 16 février 1538. 16 février.

Copie collationnée du 11 janvier 1540. Turin, Arch. di Stato, Citta et provincia di Saluzzo, Conti de tesorieri del re di Francia, n° 3, fol. 113 v°.

21660. Lettres de relief de surannation pour la vérification par les généraux des finances des lettres de survivance accordées, le 19 février 1537 (n° 21206), à Jean de Saint-Laurent. Paris, 19 février 1538. 19 février.

Vérifiées ainsi que lesdites lettres, par lesdits généraux, le 22 février 1539.

Enreg. à la Cour des Aides de Normandie, le 28. Arch. de la Seine-Inférieure, Mémoriaux, 2e vol., fol. 165 v°. 1 page 1/4.

21661. Déclaration de l'hommage rendu par Raymond Benoist, au nom de Jacques Gaillon, licencié ès droits, pour la seigneurie de Chermeneuil (gouvernement de la Rochelle, châtellenie de Rochefort, paroisse de Vandré). Paris, 19 février 1538. 19 février.

Expéd. orig. Arch. nat., P. 557[1], cote 948.

21662. Déclaration de l'hommage de Raymond Be- 19 février.

noist, licencié ès droits, pour la seigneurie de la Garde-aux-Valets (gouvernement de la Rochelle, châtellenie de Rochefort). Paris, 19 février 1538. 1539.

Expéd. orig. Arch. nat., P. 557[1], cote 950.

21663. Déclaration de foi et hommage de Jean Le Bouvier, avocat en cour laie, pour la sergenterie de Freneuse[-sur-Risle] en la vicomté du Pont-de-l'Arche. Paris, 19 février 1538. 19 février.

Original. Arch. nat., Chambre des Comptes de Paris, P. 265[2], n° 1664.

21664. Déclaration de foi et hommage de Jean de Mareuil, écuyer, seigneur de Rochehan-en-Vimeu, pour le fief de Fallencourt, sis au Vieux-Rouen, mouvant en huitième de fief de la châtellenie de Mortemer. Paris, 19 février 1538. 19 février.

Original. Arch. nat., Chambre des Comptes de Paris, P. 266[2], n° 2256.

21665. Déclaration de l'hommage rendu par Marin Le Prévost, au nom de Guillaume de Malleboue, pour la seigneurie de Bois-Nouvel (bailliage d'Évreux, châtellenie de Breteuil), lui appartenant à cause de Jeanne de La Noue, sa femme. Paris, 20 février 1538. 20 février.

Expéd. orig. Arch. nat., P. 170[2], cote 4296.

21666. Déclaration de foi et hommage de François Mallet, procureur du roi en la Chambre des Comptes, comme procureur de Jeanne et Marguerite de Conteville, filles de feu Jean de Conteville, pour la seigneurie de Conteville, mouvant du seigneur de Boufflers et du roi à cause de Milly. Paris, 20 février 1538. 20 février.

Original. Arch. nat., Chambre des Comptes de Paris, P. 6, n° 1856.

21667. Déclaration de foi et hommage de François Mallet, procureur du roi en la Chambre des Comptes, comme procureur d'Antoinette de Béthisy, veuve de Jean de Conteville, écuyer, pour le « fief Pouriel », mouvant du seigneur 20 février.

de Boufflers et du roi, à cause de Milly. Paris, 20 février 1538. 1539.

Original. Arch. nat., Chambre des Comptes de Paris, P. 6, n° 1857.

21668. Déclaration de foi et hommage de Nicole Avrillot, secrétaire du roi et maison de France, greffier des présentations au Parlement de Paris, pour le fief de Chanteprime en la paroisse Saint-Ambroise de Melun, mouvant de Melun. Paris, 20 février 1538. 20 février.

Original. Arch. nat., Chambre des Comptes de Paris, P. 9, n° 2993.

21669. Déclaration de foi et hommage de Jean Pointet, seigneur de l'Augère, contrôleur des postes et chevaucheurs ordinaires de l'écurie, pour ladite seigneurie et pour la terre appelée le « Mas de la Jarrie », située dans la paroisse de Saint-Germain-d'Entrevaux, mouvant du duché de Bourbonnais. Paris, 20 février 1538. 20 février.

Original. Arch. nat., Chambre des Comptes de Paris, P. 14, n° 4953.

21670. Déclaration de foi et hommage de François Mallet, procureur à la Chambre des Comptes, comme procureur de Robert de Pommereul, premier écuyer du roi, pour la seigneurie d'Auffreville-sur-Iton, mouvant de Pont-de-l'Arche. Paris, 20 février 1538. 20 février.

Original. Arch. nat., Chambre des Comptes de Paris, P. 265², n° 1457.

21671. Déclaration de foi et hommage de Marin Le Prévost, comme procureur de Jean de Belleville, seigneur de Belleville et de Morcamp, pour un huitième de fief dit le fief de Morcamp, sis à Belleville[-sur-Mer], et pour un quart de fief dit le fiéferme de « Gueutheville », sis à Ancourt, mouvant d'Arques. Paris, 20 février 1538. 20 février.

Original. Arch. nat., Chambre des Comptes de Paris, P. 266², n° 2170.

21672. Déclaration de foi et hommage de Marin Le 20 février.

Prévost, comme procureur de Jean de Milleville, écuyer, seigneur d'Etrimont, pour le fief du Pontrancart et la prévôté d'Etran et Brétigny, et pour la sergenterie héréditaire d'Envermeu, le tout mouvant d'Arques, et pour un huitième de fief dit le fief de Beaunay, assis à Pelvert, paroisse de Bailly-en-Rivière, mouvant de Mortemer. Paris, 20 février 1538. 1539.

Original. Arch. nat., Chambre des Comptes de Paris, P. 266[2], n° 2169.

21673. Lettres de réception du serment de fidélité de Jean Duchier, comme procureur de dom Imbert Iserand, abbé de Notre-Dame de Foucarmont, pour le fief de Fesques, mouvant de Neufchâtel. Paris, 20 février 1538. 20 février.

Original. Arch. nat., Chambre des Comptes de Paris, P. 266[2], n° 2168.

21674. Déclaration de foi et hommage de François Mallet, comme procureur de Baptiste Mourisse, seigneur de Taillepied, pour ladite seigneurie, mouvant de Saint-Sauveur-le-Vicomte. Paris, 20 février 1538. 20 février.

Original. Arch. nat., Chambre des Comptes de Paris, P. 268[3], n° 3461.

21675. Déclaration de l'hommage de Louis Fretel pour la seigneurie de Flaix en Brie (bailliage de Meaux, châtellenie de Provins), à lui échue par suite du décès de son père et de ses frères, Jean et François. Paris, 21 février 1538. 21 février.

Expéd. orig. Arch. nat., P. 165[1], cote 1712.

21676. Déclaration de l'hommage de Jean de Vignolles, seigneur du Jarrier, secrétaire du roi, l'un des quatre notaires du roi au Parlement de Paris, pour la seigneurie du Jarrier, mouvant du comté de Montfort-l'Amaury. Paris, 21 février 1538. 21 février.

Original. Arch. nat., Chambre des Comptes de Paris, P. 7, n° 2368.

21677. Déclaration de foi et hommage d'Olivier David, seigneur du Donjon, pour ladite seigneurie, 22 février.

mouvant de Montivilliers. Paris, 22 février 1538. 1539.

Original. Arch. nat., Chambre des Comptes de Paris, P. 266², n° 2261.

21678. Déclaration de l'hommage de Jean de Franqueville, écuyer, pour la seigneurie de Collandres (bailliage d'Évreux, vicomté d'Orbec), quart de fief de haubert. Paris, 24 février 1538. 24 février.

Expéd. orig. Arch. nat., P. 270², cote 4293.

21679. Déclaration de l'hommage de Pierre Le Hure, pour la portion de fief noble appelée le fief de Drucourt, dit Bosc-Drouet (bailliage d'Évreux, vicomté d'Orbec, paroisse de Drucourt). Paris, 24 février 1538. 24 février.

Expéd. orig. Arch. nat., P. 270², cote 4296.

21680. Mandement au Parlement de Normandie de faire traîner sur une claie par effigie et brûler publiquement, à Rouen, Gaucher de Dinteville, seigneur de Vanlay, condamné par contumace pour crime de lèse-majesté, l'arrêt ayant déjà été exécuté à Paris en la même forme. Fontainebleau, 25 février 1538. 25 février.

Enreg. au Parl. de Normandie, le 6 mars suivant. Arch. de la Cour à Rouen, reg. criminel dit *Livre rouge*, fol. 43. 1 page.

Copie du XVIIe siècle. Arch. nat., U. 754, fol. 44 v°. 2 pages.

21681. Déclaration de l'hommage de Renan Morel, écuyer, pour la seigneurie du Breuil (bailliage de Caen, vicomté et châtellenie de Falaise), acquise par lui de Jean de Falaise, écuyer. Paris, 25 février 1538. 25 février.

Expéd. orig. Arch. nat., P. 273¹, cote 5674.

21682. Déclaration de l'hommage de Jacques Martin pour la sergenterie héréditaire au Breton (bailliage de Caen, vicomté de Falaise), à lui échue par suite du décès de Pierre, son père. Paris, 25 février 1538. 25 février.

Expéd. orig. Arch. nat., P. 273¹, cote 5675.

21683. Déclaration de foi et hommage de Pierre Paisant pour les seigneuries de « Manvieux et Fontenailles », mouvant de la baronnie de Nehou en la vicomté de Saint-Sauveur-le-Vicomte. Paris, 25 février 1538. — 1539. 25 février.

Original. Arch. nat., Chambre des Comptes de Paris, P. 268³, n° 3419.

21684. Déclaration de foi et hommage de Méry Bouyn, licencié en lois, pour les seigneuries de « Nozyau, la Chesnaye et Chanlegrant », mouvant en un seul fief de Mehun-sur-Yèvre. Paris, 25 février 1538. — 25 février.

Original. Arch. nat., Chambre des Comptes de Paris, P. 14, n° 4905.

21685. Commission à Jacques d'Ancienville, échanson du roi, capitaine de ses galères, de prendre à la conciergerie du palais de Rouen et autres prisons du ressort du Parlement de Normandie, deux cents forçats pour le service des galères placées sous ses ordres. Fontainebleau, 26 février 1538. — 26 février.

Enreg. au Parl. de Rouen, le 16 avril 1539. Arch. de la cour à Rouen, reg. criminel dit *Livre rouge*, fol. 45. 2 pages 1/2.
Copie du XVIIe siècle. Arch. nat., U. 754, fol. 47. 5 pages.

21686. Déclaration de l'hommage fait entre les mains du roi par Louis de Bourbon, duc de Montpensier, pour la principauté de la Roche-sur-Yon et la seigneurie du Luc (sénéchaussée de Poitou). Fontainebleau, 26 février 1538. — 26 février.

Expéd. orig. Arch. nat., P. 557¹, cote 955.

21687. Déclaration de foi et hommage de Louis de Bourbon, duc de Montpensier, prince de la Roche-sur-Yon, pour la seigneurie de Champigny[-sur-Veude], mouvant de Chinon. Fontainebleau, 26 février 1538. — 26 février.

Original. Arch. nat., Chambre des Comptes de Paris, P. 13, n° 4431.

21688. Mandement au Parlement de Rouen pour — 26 février.

l'entérinement de la commission décernée à Jean Odoart, le 29 janvier précédent (n° 21630). Paris, 26 février 1538. 1539.

Présenté au Parl. de Rouen, le 12 mai 1539. Bibl. de Rouen, ms. Y. 32, t. I, fol. 33. (*Mention.*)

21689. Déclaration de l'hommage de René de Luré, chevalier, pour les seigneuries du Plessis-aux-Brébans, autrement dit le Plessis-Tournelles, et de Vulaines (bailliage de Meaux, châtellenie de Provins). Paris, 27 février 1538. 27 février.

Expéd. orig. Arch. nat., P. 165[1], cote 1713.

21690. Provisions pour Alexandre de Faulcon, greffier de la Chambre des Comptes de Languedoc, de l'office de général des monnaies à Paris. 28 février 1538. 28 février.

Enreg. à la Chambre des Comptes de Paris, anc. mém. 2 J, fol. 129, *Arch. nat.*, PP. 119, p. 20. (*Mention.*)
Bibl. nat., ms. fr. 21405, p. 339. (*Mention.*)

21691. Lettres accordant à François, Claude et Isabelle, enfants mineurs de feu Jacques Deschamps, seigneur de Fontaine, au bailliage de Vitry, et de Bonne d'Orgeault, délai jusqu'à leur majorité pour rendre l'hommage dû au roi pour ladite seigneurie. Paris, 28 février 1538. 28 février.

Expéd. orig. Arch. nat., P. 161[1], cote 98.

21692. Déclaration de l'hommage d'Henri Deschamps, écuyer, seigneur de Mont-Marin, pour la moitié de la seigneurie et haute justice de Vouziers (bailliage de Vitry, châtellenie de Sainte-Menehould), à lui appartenant, partie du chef de feu Guillemette de Sorbey, sa mère, partie par acquisition. Paris, 28 février 1538. 28 février.

Expéd. orig. Arch. nat., P. 161[1], cote 715.

21693. Déclaration de l'hommage rendu par Bertrand de Tournebu, prêtre, au nom de Perrette Hambart, veuve de Vigor Potier, seigneur 28 février.

IMPRIMERIE NATIONALE.

de Pierrepont, pour une sergenterie fieffée dans la ville et les faubourgs de Bayeux (bailliage de Caen), appelée la sergenterie de l'Épée et consistant en trois verges. Paris, 28 février 1538. 1539.

Expéd. orig. Arch. nat., P. 272 [2], cote 5466.

21694. Déclaration de foi et hommage d'Elie Barbes pour la moitié par indivis de la sergenterie du Taillis, mouvant de Rouen. Paris, 28 février 1538. 28 février.

Original. Arch. nat., Chambre des Comptes de Paris, P. 265 [1], n° 1430.

21695. Lettres portant création d'un Parlement en Piémont, siégeant à Turin. Fontainebleau, février 1538. Février.

Enreg. au Parl. de Turin, le 15 avril 1539.

Copie collationnée. Arch. di Stato, Citta et provincia di Saluzzo, Conti de tesorieri del re di Francia, n° 3, fol. 67.

21696. Lettres de légitimation pour Guillemette Cothereau, fille de Jean Cothereau, prêtre, et d'Anne Grenasie, célibataire. Fontainebleau, février 1538. Février.

Copie dans le cartulaire de la Chambre des Comptes de Blois. Arch. nat., KK. 896, fol. 465 v°. 1 page.

21697. Lettres de légitimation accordées à André Gallet, né à Rouen, fils naturel de Guillaume Gallet, écuyer, et de Charlotte Haquet. Fontainebleau, février 1538. Février.

Enreg. à la Chancellerie de France. Arch. nat., Trésor des Chartes, JJ. 253 [1], n° 116, fol. 40.

21698. Lettres de légitimation accordées à Pierre Lopital, fils naturel de Jean Lopital, prêtre, et de feu Jeanne de Rigal, de Limousin. Fontainebleau, février 1538. Février.

Enreg. à la Chancellerie de France. Arch. nat., Trésor des Chartes, JJ. 253 [1], n° 114, fol. 39 v°.

21699. Lettres de naturalité accordées à Jacques Ra- Février.

zal, natif de Bologne, en Italie, marchand à Lyon. Fontainebleau, février 1538. 1539.

Enreg. à la Chancellerie de France. Arch. nat., Trésor des Chartes, JJ. 253[1], n° 110, fol. 38.

Copie du XVIe siècle. Arch. du Rhône, reg. des insinuations de la sénéchaussée, Livre du roi, fol. 68.

21700. Mandement pour Jean Courtin, auditeur [à la Chambre des Comptes de Paris], relativement à certains usages en son fief de Madame Jeanne à Gournay-sur-Aronde. Février 1538. Février.

Enreg. à la Chambre des Comptes de Paris. Bibl. de Rouen, ms. Leber 5870, t. XIV, fol. 61. (*Mention*, d'après l'anc. mém. 2 J, fol. 115.)

21701. Déclaration de foi et hommage de Jean Piton, verdier de la forêt de Montfort, tant en son nom que pour sa femme et Jean de La Haye, pour la sergenterie de Montfort en la vicomté de Pont-Authou et de Pont-Audemer. Paris, 1er mars 1538. 1er mars.

Original. Arch. nat., Chambre des Comptes de Paris, P. 265[1], n° 1421.

21702. Déclaration de foi et hommage de Mathurin Moret, procureur de Jean d'Oinville, seigneur de Saint-Simon, pour les deux tiers de la seigneurie du Puiset, mouvant d'Oinville [-Saint-Liphard]. Paris, 1er mars 1538. 1er mars.

Original. Arch. nat., Chambre des Comptes de Paris, P. 10, n° 3487.

21703. Déclaration de l'hommage de Jean de La Luzerne, écuyer, pour le quart de fief de chevalier de la Luzerne (bailliage de Caen, vicomté de Bayeux), à lui échu par suite du décès de Gilles, son père, le fief de haubert de Soulles (bailliage de Cotentin, vicomté de Coutances), à lui échu par suite du décès de Bernardine de Percy, sa mère, et le fief de Bonfossé (même vicomté), lui appartenant par donation d'Arnaud, son frère. Paris, 2 mars 1538. 2 mars.

Expéd. orig. Arch. nat., P. 273[1], cote 5555.

21704. Déclaration de foi et hommage de Jean de La Luzerne, écuyer, comme procureur de Louis de La Luzerne, écuyer, son frère, pour un quart de fief de haubert nommé le fief de Ver, mouvant de Coutances. Paris, 2 mars 1538. — 1539. 2 mars.

Original. Arch. nat., Chambre des Comptes de Paris, P. 268[3], n° 3299.

21705. Déclaration de foi et hommage de François d'Argillières, seigneur de Valescourt, pour la seigneurie de Breuil-le-Vert, mouvant de Clermont. Paris, 3 mars 1538. — 3 mars.

Original. Arch. nat., Chambre des Comptes de Paris, P. 6, n° 1858.

21706. Déclaration de l'hommage de Jean Godet, écuyer pour la seigneurie de Moivre (bailliage et châtellenie de Vitry), à lui échue par le décès de Guillaume Godet, son père, le fief appelé le Grand-Oseray et saulsay d'Aulnay-sur-Marne (bailliage et châtellenie d'Épernay), à lui échu par le décès de Marguerite Le Folmarié, sa mère, la moitié de la seigneurie de Champoulain (même châtellenie), à lui échue par le décès de Jacques Le Folmarié, vidame de Châlons, son oncle, et la seigneurie de Mutigny (châtellenie de Vitry), à lui échue par le décès de Marguerite Le Folmarié, sa tante. Paris, 4 mars 1538. — 4 mars.

Expéd. orig. Arch. nat., P. 161[2], cote 249.

21707. Déclaration de foi et hommage d'Antoine Le Bascle, écuyer, comme procureur de Geoffroy de Marray, pour la seigneurie de Villevaut[1], mouvant d'Amboise. Paris, 4 mars 1538. — 4 mars.

Original. Arch. nat., Chambre des Comptes de Paris, P. 12, n° 3980.

21708. Déclaration de foi et hommage d'Antoine Le Bascle, comme procureur de Perrine Gue- — 4 mars.

[1] «Villenaut», paroisse de Nazelles, suivant M. Carré de Busserolles, *Dict. géogr., hist. et biogr. d'Indre-et-Loire.*

nant, veuve de Pierre de Marray, pour la seigneurie de Restigné, mouvant d'Amboise. Paris, 4 mars 1538. 1539.

Original. Arch. nat., Chambre des Comptes de Paris, P. 12, n° 3981.

21709. Déclaration de foi et hommage de Pierre de Maulde, écuyer, seigneur de Neuville, pour la seigneurie de Colembert, mouvant de Desvres, et la seigneurie de Condette, mouvant de Chocques en Boulonnais. Paris, 4 mars 1538. 4 mars.

Original. Arch. nat., Chambre des Comptes de Paris, P. 15, n° 5583.

21710. Provisions d'un office d'élu en l'élection de Coutances et Carentan, en faveur de Laurent Le Comte, sur la résignation faite à son profit par Jacques Davy. Paris, 5 mars 1538. 5 mars.

Vérifiées le 18, par les généraux des finances. Enreg. le 8 à la Cour des Aides de Normandie. Arch. de la Seine-Inférieure, Mémoriaux, 2e vol., fol. 178 v°. 1 page 1/3.

21711. Déclaration de foi et hommage de Georges de Morceng (Morsent), écuyer, en son nom et comme procureur de ses frères, pour le fief du Fossé-Eurry [à Saint-Étienne-l'Allier], mouvant de Montfort-sur-Risle. Paris, 5 mars 1538. 5 mars.

Original. Arch. nat., Chambre des Comptes de Paris, P. 265[1], n° 1439.

21712. Déclaration de foi et hommage de Jean, bâtard de Gicourt, fils naturel de feu Arthur du Breuil, seigneur de Gicourt, pour la seigneurie de « Coutance », mouvant de Clermont en Beauvaisis. Paris, 5 mars 1538. 5 mars.

Original. Arch. nat., Chambre des Comptes de Paris, P. 6, n° 1859.

21713. Déclaration de foi et hommage d'Évrard Douet pour les devoirs, cens et rentes qu'il a acquis de Jeanne Brinon, femme de René de Luré, 5 mars.

et mouvant du duché de Bourbonnais. Paris, 5 mars 1538. 1539.

Original. Arch. nat., Chambre des Comptes de Paris, P. 14, n° 4955.

21714. Déclaration de foi et hommage de Michel Gaillart, écuyer, pour les seigneuries de Chailly, Longjumeau, Fayel et Armancourt, mouvant du Louvre, du duché de Valois et du comté de Clermont. Paris, 5 mars 1538. 5 mars.

Original. Arch. nat., Chambre des Comptes de Paris, P. 16, n° 6039.

21715. Déclaration de foi et hommage de Thomas Bacquet, seigneur de Vaudreville, pour ladite seigneurie, mouvant de Valognes. Paris, 6 mars 1538. 6 mars.

Original. Arch. nat., Chambre des Comptes de Paris, P. 268³, n° 3301.

21716. Déclaration de foi et hommage de Richard Le Breton, écuyer, seigneur de Baubigny, pour le huitième de la vavassorerie dudit Baubigny, mouvant de Valognes. Paris, 6 mars 1538. 6 mars.

Original. Arch. nat., Chambre des Comptes de Paris, P. 268³ n° 3380.

21717. Déclaration de foi et hommage de Louis de Mesnilvery, prêtre, curé de Notre-Dame d'Alleaume, pour un huitième de fief, dit le fief d'Alleaume, mouvant de Valognes. Paris, 6 mars 1538. 6 mars.

Original. Arch. nat., Chambre des Comptes de Paris, P. 268³, n° 3312.

21718. Déclaration de foi et hommage de Thomas Bacquet, écuyer, seigneur de Surville, pour le quart de ladite seigneurie, mouvant de Valognes. Paris, 6 mars 1538. 6 mars.

Original. Arch. nat., Chambre des Comptes de Paris, P. 268³, n° 3305.

21719. Déclaration de l'hommage de Jacques Le Loutrel pour la seigneurie de Saint-Aubin-sur-Risle (bailliage d'Évreux, vicomté de Beaumont-le-Roger). Paris, 8 mars 1538. 8 mars.

Expéd. orig. Arch. nat., P. 270², cote 4294.

21720. Déclaration de l'hommage d'Adrien Le Loutrel pour la seigneurie des Jardins (bailliage d'Evreux, vicomté de Beaumont-le-Roger, paroisse de Thevray). Paris, 8 mars 1538. — 1539. 8 mars.

Expéd. orig. Arch. nat., P. 270^2, cote 4295.

21721. Déclaration de l'hommage de Mathurin de La Saussaye pour une dîme dit le Franc de Villenoyer, sise au comté de Blois. 8 mars 1538. — 8 mars.

Anc. arch. de la Chambre des Comptes de Blois, layette F. *Arch. nat.*, P. 1479, fol. 120. (*Mention.*)

21722. Déclaration de foi et hommage de Jacques de Montery, avocat au Parlement de Paris, pour la seigneurie de Gisy-les-Nobles, mouvant de Sens. Paris, 8 mars 1538. — 8 mars.

Original. Arch. nat., Chambre des Comptes de Paris, P. 14, n° 5148.

21723. Déclaration de l'hommage de Charles Brémont pour les fiefs possédés par lui dans les châtellenies de Cognac, Merpins et Bouteville. Paris, 9 mars 1538. — 9 mars.

Expéd. orig. Arch. nat., P. 557^1, cote 957.

21724. Déclaration de l'hommage de Charles Brémont, chevalier, panetier ordinaire des enfants de France, pour la seigneurie de Balanzac[1] (sénéchaussée de Poitou, châtellenie de Saintes). Paris, 9 mars 1538. — 9 mars.

Expéd. orig. Arch. nat., P. 557^1, cote 960.

21725. Déclaration de l'hommage de René, vicomte de Rohan, pour les fiefs possédés par lui et par Isabelle de Navarre, sa femme, dans l'étendue du royaume. Paris, 9 mars 1538. — 9 mars.

Expéd. orig. Arch. nat., P. 557^1, cote 962.

21726. Don à André, duc d'Atria, chevalier de l'ordre, — 10 mars.

[1] Charente-Inférieure, arrondissement de Saintes, canton de Saujon, commune de Corme-Royal.

de la châtellenie de Belleville en Beaujolais. 10 mars 1538. 1539.

Jussion pour l'entérinement.

Enreg. à la Chambre des Comptes de Paris, anc. mém. 2 J, fol. 124. *Arch. nat.*, PP. 119, p. 19. (*Mention.*)

Bibl. nat., ms. fr. 21405, page 339. (*Mention.*)

21727. Déclaration de l'hommage de François de Morant, écuyer, pour le fief d'Auquemesnil (bailliage de Caux, vicomté d'Arques), sis en la paroisse dudit lieu, et acquis par lui de Jacques de Haubeaulle, chevalier. Paris, 11 mars 1538. 11 mars.

Expéd. orig. Arch. nat., P. 267[1], cote 2398.

21728. Déclaration de l'hommage de Nicolas de Pimont, écuyer, pour le quart de fief de la Graverie, à Bailly-en-Rivière (bailliage de Caux, vicomté d'Arques), acquis par lui de Robert de Torcy. Paris, 11 mars 1538. 11 mars.

Expéd. orig. Arch. nat., P. 267[2], cote 2585.

21729. Déclaration de l'hommage rendu par Nicolas de Pimont, au nom de François du Merle, écuyer, seigneur de Couvrigny, et de Françoise de Sillans, sa femme, pour la sergenterie noble et héréditaire de Creully (bailliage et vicomté de Caen). Paris, 11 mars 1538. 11 mars.

Expéd. orig. Arch. nat., P. 272[2], cote 5529.

21730. Déclaration de l'hommage de Jean de Longaulnay, écuyer, pour le quart de fief noble de Damigny (bailliage de Caen, vicomté et châtellenie de Bayeux), à lui échu par suite du décès d'Hervé, son père. Paris, 11 mars 1538. 11 mars.

Expéd. orig. Arch. nat., P. 273[1], cote 5556.

21731. Déclaration de foi et hommage de Nicolas de Pimont, seigneur dudit lieu, pour la seigneurie de Tully, mouvant du comté de Ponthieu. Paris, 11 mars 1538. 11 mars.

Original. Arch. nat., *Chambre des Comptes de Paris*, P. 15, n° 5584.

21732. Déclaration de l'hommage rendu par Balthazar Lasne, au nom de Jean, comte de Salm, pour les seigneuries de Greux et Maxey-sur-Meuse (bailliage de Chaumont, châtellenie de Monteclaire). Paris, 12 mars 1538. — 1539. 12 mars.

Expéd. orig. Arch. nat., P. 164[1], cote 1331.

21733. Déclaration de l'hommage de Jean Ango, écuyer, pour le fief de la « Pourtebart », au bailliage de Caux, mouvant du duché de Normandie. Paris, 12 mars 1538. — 12 mars.

Expéd. orig. Arch. nat., P. 267[2], cote 2562.

21734. Déclaration de l'hommage de Jacques Bault, écuyer, seigneur de Tonneville, pour le fief du Roi, huitième de fief sis à Fontaine-le-Dun (bailliage de Caux, vicomté d'Arques). Paris, 12 mars 1538. — 12 mars.

Expéd. orig. Arch. nat., P. 267[2], cote 2571.

21735. Déclaration de l'hommage lige de Nicolas Roger pour le quart de fief du Berger, à Sotteville-sur-Mer (bailliage de Caux, vicomté et châtellenie d'Arques). Paris, 12 mars 1538. — 12 mars.

Expéd. orig. Arch. nat., P. 267[2], cote 2606.

21736. Lettres de relief de surannation pour la vérification à la Chambre des Comptes de Paris des lettres de réception de l'hommage de Guillaume de Livet pour Asnières et Giard, en date du 29 avril 1535 (n° 20901). Paris, 13 mars 1538. — 13 mars.

Expéd. orig. Arch. nat., P. 270[2], cote 4291.

21737. Déclaration de l'hommage rendu par Claude d'Ancienville, commandeur de Launoy[1], écuyer tranchant ordinaire du roi, au nom de Luce d'Autry, veuve d'Antoine d'Ancienville, chevalier, seigneur de Villiers, ayant la garde de ses enfants mineurs, pour les trois quarts de la seigneurie de Venteuil, — 14 mars.

[1] Ancienne commanderie de l'ordre de Saint-Jean, Yonne, arrondissement de Sens, canton de Sergines, commune de Saint-Martin-sur-Oreuse.

IMPRIMERIE NATIONALE.

mouvant du château de Châtillon-sur-Marne, au bailliage de Vitry. Paris, 14 mars 1538. 1539.

Expéd. orig. Arch. nat., P. 162[1], cote 511.

21738. Déclaration de l'hommage rendu par Philippe de Sarrebruck, vicomtesse de Louvois, dame de Commercy, en personne, pour les seigneuries de Corroy, Courcelles, le moulin de Marigny, le parc de Lachy, etc. (bailliage et châtellenie de Sézanne). Paris, 16 mars 1538. 16 mars.

Expéd. orig. Arch. nat., P. 165[2], cote 1986.

21739. Déclaration de l'hommage rendu par Philippe de Sarrebruck, vicomtesse de Louvois, en personne, pour les seigneuries de Commercy et le Breuil, mouvant de la couronne, Montmirail en Brie, Trosnay, Mont-Dauphin et Nesle, mouvant du château de Château-Thierry, au bailliage de Vitry. Paris, 16 mars 1538. 16 mars.

Expéd. orig. Arch. nat., P. 166[2], cote 2525.

21740. Déclaration de foi et hommage de Louis et Jacques de Silly, frères, seigneurs par indivis de la Roche-Guyon, pour ladite seigneurie, mouvant de Chaumont-en-Vexin. Paris, 16 mars 1538. 16 mars.

Original. Arch. nat., Chambre des Comptes de Paris, P. 5, n° 1640.

21741. Déclaration de foi et hommage de Louis et Jacques de Silly, seigneurs de la Roche-Guyon et de Rochefort-en-Yvelines, pour la seigneurie de Rochefort, mouvant de Montfort-l'Amaury. Paris, 16 mars 1538. 16 mars.

Original. Arch. nat., Chambre des Comptes de Paris, P. 7, n° 2369.

21742. Déclaration de foi et hommage de Louis et Jacques de Silly, frères, seigneurs de la Roche-Guyon et de Rochefort, pour les seigneuries d'Aunay[-sous-Auneau], Voise, Francour- 16 mars.

ville, etc., mouvant de Chartres. Paris, 16 mars 1538. 1539.

Original. Arch. nat., Chambre des Comptes de Paris, P. 8, n° 2625.

21743. Déclaration de l'hommage rendu par Olivier de Malfillâtre, au nom de Nicolas, son père, pour le demi-fief de chevalier de Martinbosc, le quart de fief noble de Fresnoy et le quart de fief de chevalier d'Argences (bailliage et vicomté de Caen, paroisses de Curcy-Malfillâtre, le Mesnil-au-Grain, Hamars et Ouffières). Paris, 18 mars 1538. 18 mars.

Expéd. orig. Arch. nat., P. 273[1], cote 5552.

21744. Déclaration de l'hommage rendu par Jean de Montois, écuyer, au nom de Geoffroy Ysnart, écuyer, pour les seigneuries de Landres, Sivry-lès-Buzancy, Sommerance, « Baldrange », Cornay, Fléville, Boureuilles et bois dudit lieu appelés les bois de Cornay (bailliage de Vitry, châtellenie de Sainte-Menehould). Paris, 18 mars 1538. 18 mars.

Expéd. orig. Arch. nat., P. 162[2], cote 716.

21745. Déclaration de foi et hommage de François Parent, écuyer, s[r] de Castillon, comme procureur de Françoise de Bourgogne, veuve de Philippe de Hallwin, chevalier, seigneur de Piennes, pour deux fiefs situés à Sacy [-le-Grand] et à Villers-lès-Catenoy, mouvant de Clermont. Paris, 19 mars 1538. 19 mars.

Original. Arch. nat., Chambre des Comptes de Paris, P. 6, n° 1860.

21746. Déclaration de l'hommage rendu par Guillaume Choisy, au nom de Simon Germain, écuyer, pour le grand fief de Rochefort, mouvant du château de Rochefort-sur-Charente. Paris, 20 mars 1538. 20 mars.

Expéd. orig. Arch. nat., P. 557[1], cote 964.

21747. Déclaration de l'hommage de Philippe Gohier pour la seigneurie de Banville (bailliage de 20 mars.

Caen, vicomté de Bayeux. Paris, 20 mars 1538. 1539.

Expéd. orig. Arch. nat., P. 273[1], cote 5550.

21748. Déclaration de l'hommage rendu par Marcel Onfroy, au nom de Marin, son frère, pour les seigneuries de Saint-Laurent-sur-Mer et de Ver (bailliage de Caen, vicomté de Bayeux). Paris, 20 mars 1538. 20 mars.

Expéd. orig. Arch. nat., P. 273[1], cote 5551.

21749. Déclaration de l'hommage de Louis Du Val, écuyer, pour les seigneuries du Val et de Beaumontel, mouvant du comté de Beaumont-le-Roger. Paris, 20 mars 1538. 20 mars.

Expéd. orig. Arch. nat., P. 270[2], cote 4302.

21750. Déclaration de l'hommage de Louis d'Argences, écuyer, pour la seigneurie d'Origny, mouvant du comté de Beaumont-le-Roger (bailliage d'Évreux) et celle de Beaubuisson, mouvant du comté de Montfort et de la vicomté de Pont-Audemer (bailliage de Rouen). Paris, 20 mars 1538. 20 mars.

Expéd. orig. Arch. nat., P. 270[2], cote 4373.

21751. Déclaration de foi et hommage d'André de Tracy, prêtre, pour le fief de Tracy, situé en la paroisse de Montataire et mouvant de Creil. Paris, 20 mars 1538. 20 mars.

Original. Arch. nat., *Chambre des Comptes de Paris*, P. 5, n° 1641.

21752. Déclaration de foi et hommage de Guillaume Mahé, seigneur des Loges, pour les seigneuries des Loges-sur-Brecey et de la Vallée, mouvant du comté de Mortain. Paris, 20 mars 1538. 20 mars.

Original. Arch. nat., *Chambre des Comptes de Paris*, P. 268[2], n° 3241.

21753. Déclaration de l'hommage de Guillaume Boujon, écuyer, pour un membre de fief noble sis à Ouilly-le-Tesson (bailliage de Caen, vicomté de Falaise). Paris, 21 mars 1538. 21 mars.

Expéd. orig. Arch. nat., P. 273[1], cote 5553.

21754. Déclaration de l'hommage rendu par Adrien Le Rouge, au nom de Jacques d'Avaugour, seigneur de Courtalain, malade, pour la seigneurie de Nully (bailliage de Chaumont, châtellenie de Bar-sur-Aube). Paris, 22 mars 1538. 1539. 22 mars.

Expéd. orig. Arch. nat., P. 163[2], cote 1058.

21755. Déclaration de foi et hommage de Nicolas Berthereau, bailli et concierge du palais royal à Paris, seigneur de Villiers-le-Sec, pour la seigneurie de Boissonnay, mouvant de Châteauneuf-sur-Loire, échue par succession paternelle à Marie de Saint-Mesmin, sa femme. Paris, 23 mars 1538. 23 mars.

Original. Arch. nat., Chambre des Comptes de Paris, P. 10, n° 3488.

21756. Mandement à la Chambre des Comptes de Blois d'accorder à René de Marolles un délai suffisant pour bailler aveu de la seigneurie des Granges (comté de Blois), appartenant à Anne de Château-Chalon, sa femme. 24 mars 1538. 24 mars.

Anc. arch. de la Chambre des Comptes de Blois, layette G. *Arch. nat.*, P. 1479, fol. 151 v°. (*Mention.*)

21757. Déclaration de l'hommage d'Antoine de Pardieu, écuyer, pour la seigneurie de Maucomble (bailliage de Caux, vicomté de Neufchâtel), à lui échue par suite du décès de Guillemette Du Crocq, sa mère. Paris, 26 mars 1538. 26 mars.

Expéd. orig. Arch. nat., P. 267[1], cote 2506.

21758. Déclaration de l'hommage rendu par Guillaume de La Lande, écuyer, au nom de Philippe Paysan (*aliàs* Paisant), écuyer, pour la seigneurie de Bouttemont (bailliage d'Évreux, vicomté d'Orbec). Cet hommage est reçu sans préjudice du procès pendant au Parlement de Rouen entre le procureur du roi, d'une part, et Marie de Cerisay et Robert Vippart, 26 mars.

d'autre part, touchant la tenure féodale dudit Bouttemont. Paris, 26 mars 1538. 1539.

Expéd. orig. Arch. nat., P. 270[2], cote 4292.

21759. Déclaration de l'hommage de Jacques Bénard, licencié ès lois, pour la sergenterie fieffée et héréditaire de la ville et des faubourgs de Conches, au bailliage d'Évreux. Paris, 26 mars 1538. 26 mars.

Expéd. orig. Arch. nat., P. 270[2], cote 4306.

21760. Déclaration de l'hommage de Noël Guillart pour la seigneurie de Berville (bailliage d'Évreux, vicomté et châtellenie de Conches), à lui échue par suite du décès de Jean, son frère. Paris, 26 mars 1538. 26 mars.

Expéd. orig. Arch. nat., P. 270[2], cote 4307.

21761. Déclaration de l'hommage d'Eustache Du Rouil pour le fief «du Douet» (bailliage d'Évreux, vicomté et châtellenie d'Orbec). Paris, 27 mars 1538. 27 mars.

Expéd. orig. Arch. nat., P. 270[2], cote 4300.

21762. Déclaration de l'hommage de Michel Le Chevalier pour le fief de Clouay (bailliage de Caen, vicomté de Bayeux). Paris, 28 mars 1538. 28 mars.

Expéd. orig. Arch. nat., P. 273[1], cote 5549.

21763. Déclaration de l'hommage de Jean Le Coustellier, écuyer, pour la sergenterie de Troarn (bailliage et vicomté de Caen), à lui échue par suite du décès de Richard, son père. Paris, 28 mars 1538. 28 mars.

Expéd. orig. Arch. nat., P. 273[1], cote 5786.

21764. Déclaration de l'hommage rendu par Pierre Du Fay, écuyer, au nom d'Edme Du Fay, écuyer, son père, pour les seigneuries de Thuillières, Monthureux-le-Sec et Valleroy-le-Sec (bailliage de Chaumont, châtellenie de Montigny-le-Roi). Paris, 28 mars 1538. 28 mars.

Expéd. orig. Arch. nat., P. 163[2], cote 1160.

21765. Déclaration de l'hommage de François de Da- 28 mars.

mas, seigneur de Brèves, pour la seigneurie de Livarot (bailliage d'Évreux, vicomté d'Orbec), échue à sa femme, Isabelle d'Arses, par suite du décès de François, frère de cette dernière. Paris, 28 mars 1538. 1539.

Expéd. orig. Arch. nat., P. 270[2], cote 4301.

21766. Déclaration de l'hommage rendu par Philippe Érart, au nom de Guillaume Érart, chevalier, seigneur de Cisai, son père, pour la seigneurie du Buisson (bailliage d'Évreux, vicomté d'Orbec, paroisse de Cisai-Saint-Aubin). Paris, 28 mars 1538. 28 mars.

Expéd. orig. Arch. nat., P. 270[2], cote 4305.

21767. Déclaration de foi et hommage de Jean Ravout, comme procureur de Robert Anquetil, écuyer, seigneur de Baudienville, pour ladite seigneurie, mouvant de Valognes. Paris, 28 mars 1538. 28 mars.

Original. Arch. nat., Chambre des Comptes de Paris, P. 268[2], n° 3202.

21768. Déclaration de foi et hommage de Julien Ravalet, écuyer, seigneur de Sideville, pour ladite seigneurie, mouvant de Valognes. Paris, 28 mars 1538. 28 mars.

Original. Arch. nat., Chambre des Comptes de Paris, P. 268[2], n° 3201.

21769. Lettres abandonnant à Raoul de Cahideuc, écuyer tranchant de la reine, le droit de rachat dû au roi par suite du décès de Françoise de Maillé, dame de la Benaste. Abbaye de Vauluisant, 29 mars 1538. 29 mars.

Visées dans des lettres de confirmation du 8 avril 1541 n. s. Bibl. nat., ms. fr. 10186, fol. 233. (*Mention.*)

21770. Lettres données sur la requête d'Honorat de Savoie, comte de Villars, seigneur de Gourdon, touchant les limites de cette seigneurie. 29 mars 1538. 29 mars.

Imp. *Catalogue des chartes du cabinet de M. de M. (Magny)*. Vente, 18-22 mars 1867, par Jacques Charavay aîné, n° 1274. (*Mention.*)

21771. Déclaration de l'hommage rendu par Antoine de Cicon, tant en son nom qu'en celui de ses frères encore mineurs, pour la seigneurie de Rançonnières (bailliage de Chaumont, châtellenie de Montigny-le-Roi), à eux échue par suite du décès de Nicolas de Cicon, leur père. Paris, 29 mars 1538. — 1539. 29 mars.

Expéd. orig. Arch. nat., P. 163², cote 1161.

21772. Déclaration de l'hommage rendu par Étienne Morise, procureur au Parlement de Paris, au nom de Laurent de Francières, pour les seigneuries du Plessis, de Bouillancy et de Fosse-Martin (bailliage et châtellenie de Meaux), échues audit Laurent par suite du décès d'Agnès de Vaulx, sa mère. Paris, 29 mars 1538. — 29 mars.

Expéd. orig. Arch. nat., P. 164², cote 1504.

21773. Déclaration du serment de fidélité prêté par Sulpice Bancelin, prieur de Montlhéry, au nom d'Aymar Maindron, pour le temporel du prieuré d'Yves, en Aunis, mouvant de la châtellenie de Rochefort. Paris, 30 mars 1538. — 30 mars.

Expéd. orig. Arch. nat., P. 557¹, cote 968.

21774. Déclaration de l'hommage rendu par Pierre de Novion, écuyer, au nom de Charles Saruq, écuyer, pour la seigneurie de « Boulligny » (*aliàs* Boussigny) et le fiéferme de la Cambe (bailliage de Caen, vicomté de Bayeux), vendu audit Charles par les commissaires députés pour l'aliénation du domaine. Ledit hommage est reçu sans préjudice du procès pendant au Parlement de Rouen, entre le procureur du roi et M. de La Luzerne, touchant la tenure féodale de ladite seigneurie de Boulligny. Paris, 31 mars 1538. — 31 mars.

Expéd. orig. Arch. nat., P. 273¹, cote 5554.

21775. Lettres de légitimation accordées à Antoine et Jean d'Oraison, fils naturels d'un évêque (sans doute Jean-Baptiste d'Oraison, évêque — Mars.

de Senez), et d'une dame veuve. Vauluisant, mars 1538. | 1539.

Enreg. à la Chancellerie de France. Arch. nat., Trésor des Chartes, JJ. 253[1], n° 148, fol. 53.

21776. Lettres d'anoblissement en faveur de Guillaume Denyau, d'Isabelle, sa femme, et de leur postérité née et à naître. Mars 1538. | Mars.

Mentionnées dans un arrêt de maintenue de noblesse pour le s[r] *Denyau, du 1*[er] *décembre 1700. Arch. nat.*, MM. 702, fol. 161.

Enreg. à la Chambre des Comptes de Paris, reg. 13, fol. 352. *Bibl. de l'Arsenal*, ms. 4903, page 124. (*Mention.*)

21777. Déclaration de l'hommage rendu par Jean Guignard, au nom de Denis Hurault, pour la seigneurie de Saint-Denis-sur-Loire. 1er avril 1538. | 1er avril.

Anc. arch. de la Chambre des Comptes de Blois, layette D. *Arch. nat.*, P. 1479, fol. 104 v°. (*Mention.*)

21778. Lettres de relief de surannation des lettres d'hommage d'Amaury Morin pour la seigneurie des Gouts (comté de Saintonge), en date du 29 juin 1528 (n° 19554). Paris, 3 avril 1538. | 3 avril.

Expéd. orig. Arch. nat., P. 557[1], cote 970.

21779. Déclaration de foi et hommage de Jean Berruyer, comme procureur de Nicolas Du Parc, seigneur de Crenay, et de Jacqueline de Crux, sa femme, pour les seigneuries de « Morferville et Thibouville », mouvant de Valognes. Paris, 3 avril 1538. | 3 avril.

Original. Arch. nat., Chambre des Comptes de Paris, P. 268[3], n° 3311.

21780. Lettres accordant délai de faire foi et hommage à François de Vendôme, vidame de Chartres, fils mineur de Louis de Vendôme, pour les terres et seigneuries dont il a hérité de son père, jusqu'à ce qu'il ait atteint sa majorité. Abbaye de Vauluisant, 7 avril 1539. | 7 avril.

Original. Arch. nat., Chambre des Comptes de Paris, P. 716, n° 260.

21781. Lettres nommant Jean Grossier contrôleur de la dépense des bâtiments de Chambord, au lieu de Pierre Trinqueau, décédé. 10 avril 1539. — 1539. 10 avril.

Imp. André Félibien, *Mémoires pour servir à l'histoire des maisons royales*. Paris, J. Baur, 1874, in-8°, page 30. (*Mention.*)

21782. Déclaration de l'hommage de Louis de Luxembourg, chevalier, comte de Roucy, pour la baronnie d'Ivry-la-Chaussée, mouvant du château d'Évreux. Paris, 12 avril 1539. — 12 avril.

Expéd. orig. Arch. nat., P. 270², cote 4276.

21783. Déclaration de l'hommage de Louis de Luxembourg, chevalier, comte de Roucy, pour la seigneurie de la Nonnelle[1] (bailliage de Vitry, châtellenie de Châtillon-sur-Marne). Paris, 12 avril 1539. — 12 avril.

Expéd. orig. Arch. nat., P. 162¹, cote 512.

21784. Déclaration de l'hommage rendu par Cleriadus Le Page, au nom de Jean Rose, écuyer, pour divers biens sis à Noyers (bailliage et châtellenie de Chaumont-en-Bassigny), jadis possédés par Jean, Agnès et Isabelle de Varennes, puis par Pierre Deschamps, écuyer, et puis acquis de ce dernier par ledit Rose. Paris, 14 avril 1539. — 14 avril.

Expéd. orig. Arch. nat., P. 163¹, cote 965.

21785. Déclaration de l'hommage de Geoffroy de Manneville, prêtre, pour le fief de « Boscaulton », quart de fief mouvant de la vicomté d'Orbec. Paris, 14 avril 1539. — 14 avril.

Expéd. orig. Arch. nat., P. 270², cote 4377.

21786. Déclaration de l'hommage de François d'Apcher pour la moitié des fiefs suivants, sis au bailliage de Chaumont : les villages de Semilly, Chalvraines, Orquevaux, Aillianville (châtellenie de Montéclaire), Choiseul et son châ- — 15 avril.

[1] La Nonnelle, château et église détruits, commune de Leuvrigny. (Longnon, *Dict. topogr. de la Marne.*)

teau, Pouilly, Breuvannes (châtellenie de Montigny-le-Roi); la prévôté de Grand, la seigneurie de Tourailles (châtellenie de Grand); la seigneurie de Colombey-les-Deux-Églises, la terre de Villeneuve-aux-Frênes, le péage de Bar-sur-Aube, une rente de 7 livres 10 sous tournois sur la recette ordinaire dudit lieu (châtellenie de Bar-sur-Aube); le village de Leschères (châtellenie de Vassy). Paris, 15 avril 1539. 1539.

Expéd. orig. Arch. nat., P. 164[1], cote 1399.

21787. Déclaration de l'hommage de Thomas Osmont, écuyer, archer de la compagnie de M. de Villebon, prévôt de Paris, pour le fief de Marmorin (bailliage d'Évreux, vicomté de Beaumont-le-Roger), lui appartenant à cause de Françoise Chevestre, sa femme, et échu à cette dernière par suite du décès de Florent Chevestre. Paris, 15 avril 1539. 15 avril.

Expéd. orig. Arch. nat., P. 270[2], cote 4293.

21788. Déclaration de l'hommage rendu par Artus de Champluisant, écuyer, au nom de Jacques de La Rochebaron, écuyer, et de Marie de Gouy, sa femme, pour le fief noble de haubert de Saint-Remy et pour un quart de fief de haubert sis à Heudelimont (bailliage de Caux, vicomté de Neufchâtel, paroisse de Saint-Remy, près Eu). Paris, 18 avril 1539. 18 avril.

Expéd. orig. Arch. nat., P. 267[1], cote 2399.

21789. Déclaration de l'hommage rendu par Nicolas de Silly, au nom d'Olive Nollent, sa mère, veuve de Clinet de Silly, pour la seigneurie des Fossés, demi-fief de haubert mouvant de Conches et de Breteuil (bailliage d'Évreux). Paris, 18 avril 1539. 18 avril.

Expéd. orig. Arch. nat., P. 270[2], cote 4333.

21790. Lettres commettant Pierre de Mareuil[1], aumô- 19 avril.

[1] Depuis évêque de Lavaur. Le ms. de la Bibl. de Vienne le nomme Pierre de Montmoreau.

nier ordinaire du roi, protonotaire du Saint-Siège, à l'administration de l'évêché d'Auxerre, vacant par suite de la trahison et de la fuite de François de Dinteville. Romilly, 19 avril 1539. 1539.

Copie du xvie siècle. Bibl. impériale de Vienne (Autriche), ms. 6979, fol. 189 v°. 2 pages.

Copie du xvie siècle. Bibl. nat., ms. fr. 5503, fol. 146 v°. 1 page 1/2.

21791. Lettres par lesquelles le roi s'engage à pourvoir de l'évêché d'Auxerre Pierre de Mareuil, protonotaire du Saint-Siège, au cas où François de Dinteville serait déclaré privé dudit évêché, pour complicité avec Gaucher et Guillaume, ses frères, coupables de félonie. Romilly, [19] avril 1539. 19 avril.

Copie du temps. Bibl. nat., ms. fr. 5503, fol. 147 v°. 1/3 de page.

21792. Lettres de relief de surannation pour la vérification à la Chambre des Comptes de Paris des lettres de réception de l'hommage d'Antoine de Luxembourg, comte de Brienne, Ligny et Roucy, pour la baronnie d'Ivry en Normandie[1]. Paris, 19 avril 1539. 19 avril.

Expéd. orig. Arch. nat., P. 270², cote 4332.

21793. Déclaration de foi et hommage de Jean Sorin, écuyer, seigneur de Thilly, pour la seigneurie de Thilly, dite la Bonneville, paroisse de Tourlaville, mouvant de Carentan par un sixième de fief de haubert. Paris, 21 avril 1539. 21 avril.

Original. Arch. nat., Chambre des Comptes de Paris, P. 268³, n° 3310.

21794. Déclaration de foi et hommage de Robert Jouhain, écuyer, seigneur de la Varengière, pour ladite seigneurie située en la paroisse de Picau- 21 avril.

[1] Cet hommage avait été fait, non entre les mains du chancelier, mais au bureau de la Chambre des Comptes de Paris, le 20 février 1538 n. s. (Arch. nat., P. 270², cote 4331.)

ville et mouvant de Valognes par un huitième de fief de haubert. Paris, 21 avril 1539. | 1539.

Original. Arch. nat., Chambre des Comptes de Paris, P. 268[2], n° 3309.

21795. Mandement aux baillis de Dijon, Chalon et Auxois, pour faire procéder à l'achèvement du terrier de la seigneurie de Comblanchien appartenant à Étienne Jacqueron, écuyer, conseiller à la Chambre des Comptes de Dijon, échanson du roi. Paris, 24 avril 1539. | 24 avril.

Copie du XVIIe siècle. Arch. nat., R[3] 133, fol. 21.

21796. Déclaration de foi et hommage de Mérault Du Fay, seigneur de Saint-Jean en Dauphiné, pour la seigneurie de Villethierry mouvant de Sens. Paris, 24 avril 1539. | 24 avril.

Original. Arch. nat., Chambre des Comptes de Paris, P. 14, n° 5150.

21797. Déclaration de l'hommage de Charles de Culant, écuyer, pour les fiefs suivants, sis au bailliage de Chaumont : la vingtième partie des villages de Semilly, Chalvraines, Orquevaux, Aillianville (châtellenie de Montéclaire), lui appartenant, partie à cause de Gabrielle d'Apcher, sa femme, partie par acquisition; la moitié des villages de Choiseul, Pouilly, Breuvannes, du château dudit Choiseul (châtellenie de Montigny-le-Roi), de la seigneurie de Colombey-les-Deux-Églises, de la terre de la Villeneuve-aux-Frênes, du péage de Bar-sur-Aube et d'une rente de 7 livres 10 sous tournois sur la recette ordinaire dudit lieu. Paris, 26 avril 1539. | 26 avril.

Expéd. orig. Arch. nat., P. 164[1], cote 1400.

21798. Déclaration de foi et hommage de Jean de Montblaru pour la seigneurie de Saint-Cyr et Romesnil (paroisse de la Villetertre), mouvant de Chaumont-en-Vexin. Paris, 26 avril 1539. | 26 avril.

Original. Arch. nat., Chambre des Comptes de Paris, P. 5, n° 1648.

21799. Mandement à Antoine Des Essarts, bailli de | 27 avril.

Chaumont, de recevoir les lettres de déclaration de foi et hommage de Jean d'Orges, écuyer, du 13 janvier 1519 n. s., et l'attache de la Chambre des Comptes, malgré leur surannation, et de lui donner mainlevée. Paris, 27 avril 1539. 1539.

Bibl. nat., Pièces orig., vol. 2149, n° 2. (*Mention.*)

21800. Lettres commettant Raymond Forget pour faire le payement des indemnités à donner aux propriétaires des terrains pris pour agrandir le parc de Chambord. 27 avril 1539. 27 avril.

Enreg. à la Chambre des Comptes de Paris, anc. mém. 2 J, fol. 149 v°. *Arch. nat.*, PP. 119, p. 25. (*Mention.*)

Bibl. nat., ms. fr. 21405, p. 339. (*Mention.*)

Bibl. de Rouen, ms. Leber 5870, t. XIV, fol. 61. (*Mention.*)

21801. Don à Anne de Montmorency, seigneur de Fère-en-Tardenois, des produits de la crue de 15 livres tournois imposée sur chaque muid de sel vendu en la chambre à sel dudit lieu de Fère, depuis l'établissement de cette crue, le 1er octobre 1537, jusqu'au 31 décembre 1538. Sens, 28 avril 1539. 28 avril.

Original. Bibl. nat., ms. fr. 6536, fol. 243.

21802. Déclaration de l'hommage rendu par Geoffroy Roland, écuyer, pour la portion de la seigneurie d'Etrepy (bailliage et châtellenie de Vitry), échue à Nicole Le Certain, sa femme, par suite du décès de Jean Le Certain, son père, seigneur en partie dudit lieu. Paris, 28 avril 1539. 28 avril.

Expéd. orig. Arch. nat., P. 161[1], cote 100.

21803. Déclaration de l'hommage rendu par André Des Champs, avocat au Parlement de Paris, au nom de Mathieu de Thourottes, écuyer, pour deux mottes sises à Blacy (bailliage et châtellenie de Vitry), et communément appelées, l'une Sorcy et l'autre France. 30 avril 1539. 30 avril.

Vérifiée à la Chambre des Comptes de Paris, le 10 juin 1539.

Mention dans les lettres d'Antoine Linage (12 septembre 1539), lieutenant du bailli de Vitry, portant mainlevée desdites mottes. Arch. nat., P. 179², cote 904. — 1539.

21804. Lettres de naturalité accordées à Jean Francisque, natif d'Italie, écuyer d'écurie du duc de Guise. Romilly, avril 1539. — Avril.

Enreg. à la Chancellerie de France. Arch. nat., Trésor des Chartes, JJ. 253¹, n° 228, fol. 82 v°.

21805. Déclaration de foi et hommage de Guillaume Beauharnais pour le lieu de la Chaussée et une censive située en la paroisse de Saint-Laurent des Orgerils[1], et une autre en la paroisse de Saint-Paul d'Orléans, mouvant d'Orléans. Paris, 2 mai 1539. — 2 mai.

Original. Arch. nat., Chambre des Comptes de Paris, P. 11, n° 3496.

21806. Déclaration de foi et hommage de Jacques Mazeline, écuyer, seigneur de Quetomare (auj. Hectomare), pour ladite seigneurie située en la vicomté du Pont-de-l'Arche. Paris, 2 mai 1539. — 2 mai.

Original. Arch. nat., Chambre des Comptes de Paris, P. 264², n° 1175.

21807. Déclaration de l'hommage rendu par Jacques Girard, au nom de Jean d'Auvergny, malade, pour la seigneurie d'Auvergny (bailliage d'Évreux, vicomté et châtellenie de Breteuil), fief de haubert. Paris, 6 mai 1539. — 6 mai.

Expéd. orig. Arch. nat., P. 270², cote 4274.

21808. Provisions de l'office de grand sénéchal de Guyenne en faveur de Gilbert de La Rochefoucauld, fils aîné de M. de Barbezieux. 10 mai 1539. — 10 mai.

Enreg. à la Chambre des Comptes de Paris, anc. mém. 2 J, fol. 148 v°. *Arch. nat.*, PP. 119, p. 25. (*Mention.*)

Bibl. nat., ms. fr. 21405, p. 339. (*Mention.*)

IMP. Le P. Anselme. *Hist. généal.*, 3ᵉ édit., t. IV, p. 438 A. (*Mention.*)

[1] Aujourd'hui paroisse Saint-Laurent en la ville d'Orléans.

21809. Déclaration de l'hommage rendu pour la seigneurie d'Étrepy (bailliage et châtellenie de Vitry), par Mathurin Lebeau, au nom d'Hector Le Certain, homme d'armes des ordonnances du roi sous la conduite du duc de Guise. Paris, 19 mai 1539. — 1539. 19 mai.

Expéd. orig. Arch. nat., P. 161[1], cote 101.

21810. Déclaration de foi et hommage de Philippe de La Loue, écuyer, valet tranchant ordinaire du roi, pour la seigneurie de la Loue mouvant de Mehun-sur-Yèvre. Fontainebleau, 22 mai 1539. — 22 mai.

Original. Arch. nat., Chambre des Comptes de Paris, P. 14, n° 4906.

21811. Déclaration de foi et hommage de Pierre Le Long, écuyer, seigneur de Chenillat, gentilhomme de l'hôtel du roi, pour ladite seigneurie située (paroisse de Cesset) dans les châtellenies de Chantelle et de Verneuil. Fontainebleau, 24 mai 1539. — 24 mai.

Original. Arch. nat., Chambre des Comptes de Paris, P. 14, n° 4958.

21812. Provisions pour le s[r] Chappuis, capitaine d'un des navires du roi, de l'office d'auneur mesureur de draps, toiles, blé, morues et charbons de la ville du Havre-de-Grâce. Fontainebleau, 25 mai 1539. — 25 mai.

Original. Arch. de la ville du Havre (Seine-Inférieure).

21813. Déclaration de l'hommage fait entre les mains du roi par le connétable de Montmorency, pour la seigneurie du Mesnil, mouvant du château d'Angers. Fontainebleau, 25 mai 1539. — 25 mai.

Expéd. orig. Arch. nat., P. 351, cote 71.

21814. Déclaration de foi et hommage de Mathurin de Gandeau, seigneur du Perray, maître d'hôtel du dauphin et du duc d'Orléans, pour la sei- — 28 mai.

gneurie du Perray, mouvant d'Amboise. Fontainebleau, 28 mai 1539. — 1539.

Original. Arch. nat., Chambre des Comptes de Paris, P. 12, n° 3984.

21815. Déclaration de foi et hommage de Georges Du Puy, seigneur du Coudray, panetier ordinaire du roi, pour la seigneurie de «Marsouvre», et un écu de rente assis sur Mareuil, mouvant d'Issoudun, et la seigneurie de «Dan», mouvant de Mehun-sur-Yèvre. Fontainebleau, 30 mai 1539. — 30 mai.

Original. Arch. nat., Chambre des Comptes de Paris, P. 14, n° 4908.

21816. Lettres de légitimation accordées à Hector de Fourneaulx, fils naturel de feu Hector de Fourneaulx, seigneur de Faverolles, et de Marguerite Hellouys. Châtillon-sur-Loing, mai 1539. — Mai.

Enreg. à la Chancellerie de France. Arch. nat., Trésor des Chartes, JJ. 253[1], n° 291, fol. 103.

21817. Lettres de légitimation accordées à Bernard Delarea, fils naturel de S. Delarea, prêtre, et d'Honorine Dupuy, de la sénéchaussée d'Armagnac. Fontainebleau, mai 1539. — Mai.

Enreg. à la Chancellerie de France. Arch. nat., Trésor des Chartes, JJ. 253[1], n° 288, fol. 102.

21818. Lettres de naturalité accordées à Dominique Guyon, prêtre, maître des enfants de chœur de la chapelle et église collégiale de Châteaudun. Fontainebleau, mai 1539. — Mai.

Enreg. à la Chancellerie de France. Arch. nat., Trésor des Chartes, JJ. 253[1], n° 278, fol. 99 v°.

21819. Lettres de naturalité accordées à Thomas de Thoé, natif de Grèce, homme d'armes de la compagnie du duc de Guise. Fontainebleau, mai 1539. — Mai.

Enreg. à la Chancellerie de France. Arch. nat., Trésor des Chartes, JJ. 253[1], n° 285, fol. 101.

21820. Déclaration de l'hommage rendu par François de La Rochefoucauld, au nom d'Anne de — 4 juin.

Polignac, sa mère, pour la châtellenie d'Onzain (comté de Blois). 4 juin 1539. 1539.

Anc. arch. de la Chambre des Comptes de Blois, lay. O. *Arch. nat.*, P. 1479, fol. 257. (*Mention.*)

21821. Lettres portant défenses d'entrer en France des draps de velours et de soie, sans les faire passer par le Piémont et Lyon, et les faire marquer à Suze par le fermier du grand péage, et à Lyon par l'officier à ce commis, de façon que les droits de péage puissent être perçus régulièrement. Paris, 8 juin 1539. 8 juin.

Copie du XVIe siècle. Arch. de l'Isère, B. 2910, cah. 127 v°. 3 pages 1/2.

21822. Déclaration de foi et hommage de Louis de Hédouville, chanoine de l'église collégiale de Notre-Dame de Clermont en Beauvaisis, comme procureur du chapitre de ladite église, pour un fief consistant dans le quart des grosses dîmes de la paroisse d'Erquinvillers, mouvant de Clermont. Paris, 10 juin 1539. 10 juin.

Original. Arch. nat., *Chambre des Comptes de Paris*, P. 6, n° 1882.

21823. Traité conclu par Louis d'Angerant, chevalier, au nom du roi, avec les avoyer et conseil du canton de Berne, touchant les bénéfices ecclésiastiques des pays conquis par les Français et les Bernois sur le duc de Savoie. Berne, 11 juin 1539. 11 juin.

Original. Arch. nat., *Suppl. du Trésor des Chartes*, J. 935, n° 10.

Copies du XVIIe siècle. Bibl. de l'Arsenal, ms. 4725, fol. 79. 3 pages. Ms. 4731, fol. 210. 5 pages 1/2.

21824. Déclaration de l'hommage de Claude de Montmorency, s^r^ de Fosseux, pour la seigneurie de Bailleul-sur-Esches [1], mouvant du comté de Beaumont. Paris, 11 juin 1539. 11 juin.

Original. Arch. nat., *Chambre des Comptes de Paris*, P. 5, n° 1649.

[1] Aujourd'hui Fosseuse, Oise, arrondissement de Beauvais, canton de Méru.

Arch. de Seine-et-Oise, A. 1432 (Invent. des titres de Beaumont et Chambly), p. 329. (*Mention.*) 1539.

21825. Déclaration de foi et hommage de Raoul Bouchery, seigneur de la Motte, pour ledit fief (sis à Notre-Dame-du-Vaudreuil, en la vicomté du Pont-de-l'Arche), mouvant du Vaudreuil. Paris, 11 juin 1539. 11 juin.

Original. Arch. nat., Chambre des Comptes de Paris, P. 264[2], n° 1174.

21826. Commission aux conseillers chargés du jugement des procès engagés par suite de la réformation de la forêt de Rets, de juger souverainement les causes d'appel produites par l'abbaye du Lieu-Restauré contre une sentence du grand maître des Eaux et forêts. Paris, 12 juin 1539. 12 juin.

Enreg. aux Eaux et forêts. Arch. nat., Z[1e] 869, fol. 199. 3 pages.

21827. Déclaration de foi et hommage fait, entre les mains du chancelier de France, par Jean Du Bois, pour les terres de la Cloye et du Bord-d'Arignan, sis en la paroisse de Ligny-le-Ribault, au comté de Blois. Paris, 13 juin 1539. 13 juin.

Original. Arch. nat., Chambre des Comptes de Paris, P. 16, n° 6045.

Mentionnée dans un arrêt de la Chambre des Comptes de Blois, en date du 24 février 1548. Arch. nat., KK. 902, fol. 267 v°.

21828. Déclaration de foi et hommage de Jean Du Bois, écuyer, seigneur de Filay, pour ladite seigneurie, mouvant du château et de la châtellenie de Grés au bailliage de Nemours. Paris, 13 juin 1539. 13 juin.

Original. Arch. nat., Chambre des Comptes de Paris, P. 10, n° 3189.

21829. Déclaration de foi et hommage de Gilles Philippes, écuyer, seigneur de Bavent, pour ladite seigneurie mouvant de Coutances. Paris, 13 juin 1539. 13 juin.

Original. Arch. nat., Chambre des Comptes de Paris, P. 268[3], n° 3313.

21830. Déclaration de foi et hommage de Pierre Hébert, pour un hôtel situé à Jonquières et mouvant de Clermont. Paris, 14 juin 1539. 1539. 14 juin.

Original. Arch. nat., Chambre des Comptes de Paris, P. 6, n° 1881.

21831. Provisions en faveur d'Oronce Finé, juge de Briançon, de l'office de président de la Chambre des Comptes de Piémont. Saint-Prix, 15 juin 1539. 15 juin.

Copie collationnée du 18 août 1540. Turin, Arch. di Stato, Citta et provincia di Saluzzo, conti de tesorieri del re di Francia, n° 3, fol. 6.

21832. Provisions, en faveur de Johannet Destra, de l'office de maître des comptes à la Chambre des Comptes de Piémont. Saint-Prix, 15 juin 1539. 15 juin.

Copie collationnée du 20 décembre 1539. Turin, Arch. di Stato, Citta et provincia di Saluzzo, conti de tesorieri del re di Francia, n° 3, fol. 10.

21833. Provisions, en faveur de Jean-André Du Boys, de l'office de maître des comptes à la Chambre des Comptes de Piémont. Saint-Prix, 15 juin 1539. 15 juin.

Copie collationnée du 20 décembre 1539. Turin, Arch. di Stato, Citta et provincia di Saluzzo, conti de tesorieri del re di Francia, n° 3, fol. 14.

21834. Provisions, en faveur du s[r] Coeffier, de l'office de maître des comptes à la Chambre des Comptes de Piémont. Saint-Prix, 15 juin 1539. 15 juin.

Copie collationnée du 18 décembre 1539. Turin, Arch. di Stato, Citta et provincia di Saluzzo, conti de tesorieri del re di Francia, n° 3, fol. 18.

21835. Provisions, en faveur de Simon Babou, de l'office de maître des comptes à la Chambre des Comptes de Piémont. Saint-Prix, 15 juin 1539. 15 juin.

Copie collationnée du 18 décembre 1539. Turin, Arch. di Stato, Citta et provincia di Saluzzo, conti de tesorieri del re di Francia, n° 3, fol. 23.

21836. Provisions, en faveur de Jean Peytière, de l'office 15 juin.

d'huissier à la Chambre des Comptes de Piémont. Saint-Prix, 15 juin 1539. 1539.

Copie collationnée du 18 août 1540. Turin, Arch. di Stato, Citta et provincia di Saluzzo, conti de tesorieri del re di Francia, n° 3, fol. 27.

21837. Déclaration de foi et hommage de Jeanne d'Assy, veuve de Jean Pasquier, marchand d'Amboise, pour le lieu du Clos-Patin, situé en la paroisse de Saint-Denis d'Amboise et mouvant d'Amboise. Paris, 15 juin 1539. 15 juin.

Original. Arch. nat., Chambre des Comptes de Paris, P. 12, n° 3985.

21838. Mandement donné à la requête de Claude Dorne, prieur commendataire de Saint-Laurent-en-Lyons (à Fleury-la-Forêt), et de Jean Bonjeu, curé de Saint-Eustache de la Feuillie, pour ajourner devant le Grand conseil les archevêque et chapitre de Rouen. Paris, 18 juin 1539. 18 juin.

Copie collat. du temps, signée Gendrot. Arch. de la Seine-Inférieure, G. 1748. 15 pages 1/2.

21839. Déclaration de foi et hommage de Jacques Labbé, écuyer tranchant du roi de Navarre, pour la seigneurie de Friardel, mouvant du comté d'Orbec, et lui appartenant à cause de Philippe de Senière, sa femme. Paris, 18 juin 1539. 18 juin.

Expéd. orig. Arch. nat., P. 270², cote 4277.

21840. Déclaration de foi et hommage de Nicolas Popillon, seigneur d'Ansacq, pour le fief noble du Plessis-Billebault (auj. Plessier-Billebault), qui consiste en 8 livres et 50 sous parisis de rente et sept arpents de bois près de la mare du Plessis, mouvant de Clermont. Paris, 18 juin 1539. 18 juin.

Original. Arch. nat., Chambre des Comptes de Paris, P. 6, n° 1883.

21841. Lettres confirmant la collation obtenue, le 25 avril 1529, par Antoine des Merliers, d'une prébende en l'église collégiale de Saint-Furcy de Péronne, et révoquant celle accordée, le 20 juin.

lendemain même, par inadvertance, à Jean Le Maçon, chantre ordinaire de la chapelle du roi. Meudon, 20 juin 1539. 1539.

Copie du temps. Bibl. nat., ms. fr. 5503, fol. 153 v°. 1 page 1/3.

Copie du XVIe siècle. Bibl. impériale de Vienne (Autriche), ms. 6979, fol. 204 v°. 1 page 1/2.

21842. Déclaration de l'hommage de Guillaume du Plessis, écuyer, maître d'hôtel ordinaire du dauphin, pour le fief dit de la Grange ou de Sercelles, à Gisors. Paris, 20 juin 1539. 20 juin.

Expéd. orig. Arch. nat., P. 274², cote 6306.

21843. Déclaration de foi et hommage d'Étienne Gommet, laboureur, pour la métairie de « Cheynes » et la moitié de ses appartenances, mouvant du Châtelet d'Orléans. Paris, 20 juin 1539. 20 juin.

Original. Arch. nat., Chambre des Comptes de Paris, P. 11, n° 3497.

21844. Déclaration de foi et hommage de Charles Quénard, procureur du roi en la châtellenie de Billy, pour plusieurs dîmes situées en la paroisse d'Yzeure, mouvant de Moulins. Paris, 20 juin 1539. 20 juin.

Original. Arch. nat., Chambre des Comptes de Paris, P. 14, n° 4959.

21845. Déclaration de foi et hommage d'Émond de Rouy, écuyer, seigneur de Coulanges, pour ladite seigneurie mouvant de Mehun-sur-Yèvre. Paris, 21 juin 1539. 21 juin.

Original. Arch. nat., Chambre des Comptes de Paris, P. 14, n° 4909.

21846. Déclaration de l'hommage de Georges Lassolut pour le quart de fief de haubert de Rosné (*aliàs* Rosney, Rosny ou Rony, bailliage d'Évreux, châtellenie de Pacy, paroisse de Boisset-Hennequin), lui appartenant conformément au traité de son mariage avec Gillette Loubert. Paris, 21 juin 1539. 21 juin.

Expéd. orig. Arch. nat., P. 270², cote 4297.

21847. Don à Raoul de Coucy, seigneur de Vervins, 25 juin.

sur le point d'épouser la fille de feu Charles d'Aubusson, baron de la Borne[1], des biens, jadis possédés par ledit d'Aubusson, qu'un arrêt du Grand conseil avait adjugés au roi. Paris, 25 juin 1539. — 1539.

Enreg. à la Chambre des Comptes de Paris, le 4 février suivant, anc. mém. 2 J, fol. 244. *Arch. nat.*, P. 2306, p. 795. (*Arrêt d'enregistrement.*)

21848. Déclaration portant que les lettres de grâce obtenues par Antoine de Marans et sa femme, condamnés aux Grands jours de Poitiers, celui-là à mort et celle-ci au bannissement, n'entraînent pas révocation du don fait à Guillaume, bâtard de La Marck, de l'amende de 4,000 livres parisis en laquelle ledit Antoine, sa femme et ses fils avaient été condamnés par le même arrêt. Vincennes, 28 juin 1539. — 28 juin.

Copie du temps. Bibl. nat., ms. fr. 5503, fol. 151. 2 pages 1/4.

Copie du XVIe siècle. Bibl. impériale de Vienne (*Autriche*), ms. 6979, fol. 203. 3 pages.

21849. Lettres de réception du serment de fidélité de Georges de Narbonne pour le temporel de l'abbaye bénédictine de Saint-Germer-de-Fly, au diocèse de Beauvais. Paris, 28 juin 1539. — 28 juin.

Expéd. orig. Arch. nat., P. 725², cote 272.

21850. Déclaration de foi et hommage de Marie de Montchenu, femme de Louis d'Harcourt, seigneur de Massy, pour la seigneurie de Guercheville mouvant de Nemours. Paris, 28 juin 1539. — 28 juin.

Original. Arch. nat., Chambre des Comptes de Paris, P. 10, n° 3190.

21851. Déclaration de foi et hommage de Guillaume de Bois-Jourdain, archer de la garde du corps du roi, pour la seigneurie du Plessis-Alais (paroisse de Cheillé), mouvant de Chinon. Paris, 28 juin 1539. — 28 juin.

Original. Arch. nat., Chambre des Comptes de Paris, P. 13, n° 4432.

[1] Ce mariage n'eut pas lieu.

21852. Déclaration de l'hommage de Jean de Morvillier, pour la seigneurie de Saint-Lubin et la terre de Sérouin, au comté de Blois. 29 juin 1539. — 1539. 29 juin.

Anc. arch. de la Chambre des Comptes de Blois, lay. L. *Arch. nat.*, P. 1479, fol. 178 et v°. (*Deux mentions.*)

21853. Déclaration de l'hommage de Guillaume Bochetel pour la seigneurie de Nezement (*aliàs* Nuisement[1]), au comté de Blois. 29 juin 1539. — 29 juin.

Anc. arch. de la Chambre des Comptes de Blois, lay. N. *Arch. nat.*, P. 1479, fol. 250. (*Mention.*)

21854. Mandement au roi de Navarre, gouverneur de Guyenne, de faire donner à Marthe d'Astarac, veuve de Gaston de Foix, comte de Candalle, ce qui lui est nécessaire pour son entretien. Paris, 30 juin 1539. — 30 juin.

Copie. Bibl. nat., fonds Duchesne, vol. 117, fol. 301.

21855. Lettres de don à Jean de Courteaux, valet de pied du roi, d'un terrain vague situé à Blois, rue du Puychastel, faisant face à une maison ayant appartenu à Gaillard Spifame, que le roi lui avait donnée déjà, en septembre 1538 (n° 10320). Corbeil, juin 1539. — Juin.

Enreg. à la Chancellerie de France. Arch. nat., *Trésor des Chartes*, JJ. 253[1], n° 416, fol. 118 v°.

21856. Lettres de don à Jean de Herville, s[r] de la Grange, et à Emond de Rissart, gentilshommes des maisons d'Annebaut et de Montpezat, des biens de Raphaël Boyneirs, médecin étranger, non naturalisé, décédé à Poitiers. Paris, juin 1539. — Juin.

Enreg. à la Chancellerie de France. Arch. nat., *Trésor des Chartes*, JJ. 253[1], n° 415, fol. 118 v°.

21857. Lettres portant bail perpétuel à Jean Hardouyn, bourgeois et marchand de Paris, d'un terrain sis entre la boucherie de Beauvais et le jeu de — Juin.

(1) A Saint-Jean-d'Oucques, dans la châtellenie de Marchenoir (P. 1479, fol. 252).

paume d'entre deux halles en ladite ville, à condition qu'il y fera bâtir d'ici un an. Paris, juin 1539. 1539.

Enreg. à la Chancellerie de France. Arch. nat., Trésor des Chartes, JJ. 253[1], n° 421, fol. 120.

21858. Lettres de légitimation accordées à Marie Bayasson, dite Sarre, fille de maître Jean Sarre et de Laurence Bayasson, du bailliage de Forez. Paris, juin 1539. Juin.

Enreg. à la Chancellerie de France. Arch. nat., Trésor des Chartes, JJ. 253[1], n° 429, fol. 122 v°.

21859. Lettres de légitimation accordées à Antoine de Bégin, fils naturel de Jacques de Bégin, marchand de la ville de Toulon, et de N. Bourdet. Paris, juin 1539. Juin.

Enreg. à la Chancellerie de France. Arch. nat., Trésor des Chartes, JJ. 253[1], n° 418, fol. 119.

21860. Lettres de légitimation accordées à Benoit, fils naturel de Guillaume Jal, dit d'Ardaine, du bailliage de Forez. Paris, juin 1539. Juin.

Enreg. à la Chancellerie de France. Arch. nat., Trésor des Chartes, JJ. 253[1], n° 419, fol. 119 v°.

21861. Lettres de légitimation accordées à Antoine Maître, fils naturel d'Antoine Maître, de Clermont-Ferrand. Paris, juin 1539. Juin.

Enreg. à la Chancellerie de France. Arch. nat., Trésor des Chartes, JJ. 253[1], n° 430, fol. 123.

21862. Lettres de légitimation accordées à Valérien Morant, écuyer, fils naturel de Jean Morant et de Catherine Bruslé, du bailliage de Montfort. Paris, juin 1539. Juin.

Enreg. à la Chancellerie de France. Arch. nat., Trésor des Chartes, JJ. 253[1], n° 407, fol. 116.

21863. Lettres de légitimation accordées à Pierre Vendese, notaire à Saint-Flour, fils naturel de Mathieu Vendese, curé de Paulhenc au diocèse de Saint-Flour, et de Marguerite Gasparet. Paris, juin 1539. Juin.

Enreg. à la Chancellerie de France. Arch. nat., Trésor des Chartes, JJ. 253[1], n° 408, fol. 116.

IMPRIMERIE NATIONALE.

21864. Lettres de naturalité accordées à Jean André d'Andresi, natif de Sienne en Italie, demeurant à Toulouse. Paris, juin 1539. | 1539. Juin.

Enreg. à la Chancellerie de France. Arch. nat., Trésor des Chartes, JJ. 253¹, n° 426, fol. 122.

21865. Lettres de naturalité accordées à Pierre Anselmi, prêtre, chanoine de Thérouanne, natif d'Avignon. Paris, juin 1539. | Juin.

Enreg. à la Chancellerie de France. Arch. nat., Trésor des Chartes, JJ. 253¹, n° 420, fol. 119 v°.

21866. Lettres de naturalité accordées à Guillaume « Bog », maître ès arts, régent de l'Université de Paris, natif du royaume d'Écosse. Paris, juin 1539. | Juin.

Enreg. à la Chancellerie de France. Arch. nat., Trésor des Chartes, JJ. 253¹, n° 406, fol. 115 v°.

21867. Lettres de naturalité accordées à Nicolas de Passano et à Augustin Ranachiero, Génois, neveux de Jean-Joachim de Passano, seigneur de Vaux, maître d'hôtel du roi. Paris, juin 1539. | Juin.

Enreg. à la Chancellerie de France. Arch. nat., Trésor des Chartes, JJ. 253¹, n° 428, fol. 122 v°.

21868. Lettres de naturalité accordées à Godefroy Thierry, maître ès arts, natif de Gorcum en Hollande. Paris, juin 1539. | Juin.

Enreg. à la Chancellerie de France. Arch. nat., Trésor des Chartes, JJ. 253¹, n° 409, fol. 116.

21869. Lettres de naturalité accordées à Allerain de Valperghe, qui avait cédé sa ville de Caorso en Piémont à François Ier, en échange des terres de Pisancon et de la Tour-du-Pin en Dauphiné. Paris, juin 1539. | Juin.

Enreg. à la Chancellerie de France. Arch. nat., Trésor des Chartes, JJ. 253¹, n° 413, fol. 117 v°.

21870. Nouvelle commission (voir n° 2496) pour informer des usurpations faites des îles du Rhône. 2 juillet 1539. | 2 juillet.

Arch. nat., K. 1219, cahier intitulé : *Extrait chronologique des principaux titres employés par le Languedoc et la Provence dans la contestation qui subsiste entre ces deux provinces sur la propriété du Rhône*, p. 11. (*Mention.*)

21871. Don à André d'Acquaviva, duc d'Atria des villages, terres et seigneuries de Dracé et Amorgues, voisines de Belleville-en-Beaujolais. 2 juillet 1539. — 1539. 2 juillet.

Jussion pour l'entérinement.

Enreg. à la Chambre des Comptes de Paris, anc. mém. 2 J, fol. 171 et 172. *Arch. nat.*, PP. 119, p. 29. (*Mention.*)

Mention dans un arrêt du Conseil d'État du 5 septembre 1646. Arch. nat., E. 1690, fol. 131.

Bibl. nat., ms. fr. 21405, p. 339. (*Mention.*)

21872. Déclaration de l'hommage de Charles de Barbançois pour la seigneurie « des Grans Maisons » (comté de Blois). 6 juillet 1539. — 6 juillet.

Anc. arch. de la Chambre des Comptes de Blois, lay. G. *Arch. nat.*, P. 1479, fol. 151. (*Mention.*)

21873. Don viager à doña Agnès de Velasco (*aliàs* Velasquez), demoiselle de chambre de la reine, à l'occasion de son mariage avec Jean d'Andoins, baron dudit lieu, du revenu de la châtellenie de Crécy-en-Brie. Paris, 8 juillet 1539. — 8 juillet.

Copie du temps. Bibl. nat., ms. fr. 5503, fol. 152 v°. 2 pages.

Enreg. à la Chambre des Comptes de Paris, anc. mém. 2 J, fol. 174. *Arch. nat.*, PP. 119, p. 30. (*Mention.*)

Bibl. nat., ms. fr. 21405, p. 339. (*Mention.*)

31874. Déclaration de l'hommage de Guillaume Bongars pour la métairie de Monceau, sise à Tremblevif (auj. Saint-Viâtre), appartenant à sa femme. 9 juillet 1539. — 9 juillet.

Anc. arch. de la Chambre des Comptes de Blois, lay. M. *Arch. nat.*, P. 1479, fol. 207. (*Mention.*)

21875. Déclaration de l'hommage d'Hervé Le Sommelier pour la moitié des étangs de « la Mothe Domblain », des bois de « Halicourt » et de l'étang de « la Rodonnière » dans la seigneurie de Tremblevif (comté de Blois). 9 juillet 1539. — 9 juillet.

Anc. arch. de la Chambre des Comptes de Blois, lay. M. *Arch. nat*, P. 1479, fol. 204 v°. (*Mention.*)

21876. Lettres portant ratification de la cession faite — 10 juillet.

par Jean de Coucy à Jean de Bonneval, gentilhomme ordinaire de la chambre du roi, moyennant la somme de 25,000 livres tournois, des biens jadis possédés par Charles d'Aubusson, baron de la Borne. Paris, 10 juillet 1539. 1539.

Enreg. à la Chambre des Comptes de Paris, le *4 février suivant*, anc. mém. 2 J, fol. 244. *Arch. nat.*, P. 2306, p. 795. (*Arrêt d'enregistrement.*)

21877. Déclaration en faveur de Jean d'Escoubleau, seigneur de la Chapelle-Bellouin en Loudunais, maître de la garde-robe, portant que les habitants de Claunay, Maulay et le Bouchet ressortiront en première instance devant le sénéchal ou juge châtelain de la Chapelle-Bellouin. 10 juillet 1539. 10 juillet.

Enreg. à la Chambre des Comptes de Paris, anc. mém. 2 J, fol. 200 v°. *Arch. nat.*, PP. 119, p. 35. (*Mention.*)

Bibl. nat., ms. fr. 21405, p. 341. (*Mention.*)

21878. Déclaration de foi et hommage de Jean de La Bouverande, écuyer, pour le fief de la Bouverande en la paroisse de Neufchelles, mouvant de la Ferté-Milon. Paris, 10 juillet 1539. 10 juillet.

Original. Arch. nat., *Chambre des Comptes de Paris*, P. 7, n° 2233.

21879. Déclaration de foi et hommage de Louis de Pougneul, seigneur du Jardin, pour ladite seigneurie mouvant en fief de haubert de la vicomté de Montivilliers. Paris, 23 juillet 1539. 23 juillet.

Original. Arch. nat., *Chambre des Comptes de Paris*, P. 266^2, n° 2160.

21880. Mandement au bailli des Montagnes d'Auvergne de désigner des notaires pour dresser le terrier de la seigneurie de Cheylade appartenant à Guillaume Du Prat, évêque de Clermont. Paris, 24 juillet 1539. 24 juillet.

Copie. Bibl. de Clermont-Ferrand, ms. 772, fol. 204.

21881. Déclaration de foi et hommage de Jacques Suhain, écuyer, comme procureur d'Olivier de 25 juillet.

Pirou, écuyer, pour la seigneurie de Néville, mouvant de Saint-Sauveur-le-Vicomte. Paris, 25 juillet 1539. 1539.

Original. Arch. nat., Chambre des Comptes de Paris, P. 268[3], n° 3314.

21882. Édit touchant les forges du pays de Périgord. 26 juillet 1539. 26 juillet.

Mention dans un arrêt du Grand conseil, en date du 30 août 1546. Arch. nat., V[5] 1052.

21883. Déclaration de l'hommage rendu par Rolin Barbès, au nom de Claude de Villebresme, pour le quart d'une dîme de blé et vins et autres biens sis à Cour-sur-Loire (comté de Blois). 26 juillet 1539. 26 juillet.

Anc. arch. de la Chambre des Comptes de Blois, lay. C. *Arch. nat.*, P. 1479, fol. 70 v°. (*Mention.*)

21884. Lettres de réception du serment de fidélité de Nicolas Dangu, évêque de Sées, pour le temporel de son dit évêché. Nantouillet, 29 juillet 1539. 29 juillet.

Expéd. orig. Arch. nat., P. 273[1], cote 5547.

21885. Déclaration de l'hommage de Nicolas Lallemant pour la seigneurie de la Motte[1] (comté de Blois). 6 août 1539. 6 août.

Anc. arch. de la Chambre des Comptes de Blois, lay. M. *Arch. nat.*, P. 1479, fol. 233. (*Mention.*)

21886. Commission à André Guillart, maître des requêtes de l'hôtel, et à Nicole Thibault, procureur général du roi, pour publier à Clermont en Beauvaisis, en présence des États du bailliage, les coutumes dudit bailliage. Villers-Cotterets, 14 août 1539. 14 août.

Arch. commun. de Beauvais, AA. 3.

IMP. *Les coustumes des duchez, contez et chastellenies du bailliage de Senlis. . .* Paris, Galiot du Pré et Jean André, 1540, in-4° goth. (fol. 63 v°, 1re pagination).

21887. Déclaration de l'hommage rendu par Jean de Sarçay, au nom de Payen d'Averton, pour 14 août.

(1) Paroisse de Seur (cf. P. 1479, fol. 239).

les seigneuries de Vienne et de « Chevigné » (comté de Blois). 14 août 1539. 1539.

Anc. arch. de la Chambre des Comptes de Blois, lay. V. *Arch. nat.*, P. 1479, fol. 439. (*Mention.*)

21888. Lettres accordant délai de six mois à Jean d'O, seigneur de Ménars, pour rendre hommage au roi de ladite seigneurie, à lui appartenant à cause d'Hélène d'Illiers, sa femme. Villers-Cotterets, 18 août 1539. 18 août.

Vérifiées à la Chambre des Comptes de Blois, le 19 septembre 1539. Arch. nat., KK. 902, fol. 149 v°. (*Mention.*)

21889. Commission à André Guillart, maître des requêtes de l'hôtel, et à Nicole Thibault, procureur général du roi, pour assembler à Crépy les États du duché de Valois et publier en leur présence les coutumes des bailliages de Senlis et de Clermont en Beauvaisis. Villers-Cotterets, 20 août 1539. 20 août.

Arch. commun. de Beauvais, AA. 3.

Imp. *Les coustumes des duchez, contez et chastellenies du bailliage de Senlis*... Paris, Galiot du Pré et Jean André, 1540, in-4° goth. (fol. 14 v°, 2e pagination).

21890. Lettres d'évocation au Conseil du roi des procès pendants entre le prieur d'Oulchy et les habitants de Cierges en Tardenois, au sujet de certains droits d'usage dans un bois voisin dudit Cierges. Villers-Cotterets, 21 août 1539. 21 août.

Enreg. aux Eaux et forêts. Arch. nat., Z1e 869, fol. 240. 2 pages 1/2.

21891. Lettres portant autorisation à Galiot Du Pré, libraire juré de l'Université de Paris, d'imprimer et mettre en vente l'ordonnance récemment promulguée sur le fait de la justice. Villers-Cotterets, 28 août 1539. 28 août.

Arch. commun. de Beauvais, AA. 3.

Imp. *Ordonnances royaulx sur le faict de la justice et abbreviation des procès par tout le royaume de France*... Paris, Galiot du Pré et Jean André, 1539, in-4° goth.

21892. Lettres permettant à Antoine Lemoyne, sr de 29 août.

Vaux et du Mesnil, contrôleur du Trésor, de faire dresser le terrier de sa terre et seigneurie de Vaux, près Maisons-sur-Seine. Paris, 29 août 1539. — 1539.

Original. Arch. nat., R[1] 25.

21893. Déclaration concernant les amendes prononcées par les juges subalternes. 29 août 1539. — 29 août.

Bibl. de Rouen, ms. E. 57, fol. 7 v°. (*Mention*, d'après les *Arch. du Parl. de Rouen.*)

21894. Don à Jean de Rumilly, huissier de salle, et à Jean de Rumilly, son fils, de 67 livres 10 sous tournois. Villers-Cotterets, dernier jour d'[août 1539 [1]]. — 31 août.

Original. Bibl. nat., ms. fr. 25723, n° 1028.

21895. Déclaration de foi et hommage de Gilles Escoullant, comme procureur d'Henri Felice, écuyer, seigneur de Vesly et de la sergenterie de Saint-Pair, pour ladite sergenterie, mouvant de Coutances. Paris, 31 août 1539. — 31 août.

Original. Arch. nat., Chambre des Comptes de Paris, P. 268[3], n° 3393.

21896. Lettres déclarant définitive la sentence prononcée par le prévôt des maréchaux contre le nommé Michel Le François pour délit de chasse, et non avenu le relief d'appel accordé par surprise audit Le François. Villers-Cotterets, 1er septembre 1539. — 1er septembre.

Enreg. au Parl. de Rouen. Arch. de la Cour, à Rouen, reg. crim. de 1539-1558, fol. 1. 1 page 1/2.

21897. Commission à François de Saint-André, président au Parlement, pour présider, en l'absence d'Augustin de Thou, le jugement des procès engagés entre le procureur du roi près la Table de marbre et les Chartreux de Bourgfontaine. Villers-Cotterets, 4 septembre 1539. — 4 septembre.

Enreg. aux Eaux et forêts. Arch. nat., Z[1e] 869, fol. 213 v°. 1 page 1/2.

(1) La fin de la date manque à l'original, par suite du mauvais état de cette pièce. Elle est restituée ici d'après l'itinéraire.

21898. Déclaration de l'hommage de Jean Sevin pour une métairie sise à Tour en Sologne. 9 septembre 1539. — 1539. 9 septembre.

Anc. arch. de la Chambre des Comptes de Blois, lay. T. *Arch. nat.*, P. 1479, fol. 390 v°. (*Mention.*)

21899. Commission au premier huissier du Grand conseil pour sommer Jean des Fossés, lieutenant du bailli de Berry, à Issoudun, de faire parvenir au Conseil privé les informations par lui faites contre André Chapperon. Villers-Cotterets, 12 septembre 1539. — 12 septembre.

Original scellé. Arch. nat., K. 1223.

21900. Déclaration de foi et hommage de Jean Louvet, licencié ès lois, avocat à Compiègne, pour le fief de Jean Prévost à Compiègne et pour le fief de Jean de Chepoix, mouvant de Pierrefonds. Compiègne, 15 septembre 1539. — 15 septembre.

Original. Arch. nat.; Chambre des Comptes de Paris, P. 16, n° 6046.

21901. Provisions d'un office d'élu en l'élection de Mortain en faveur de Jean Abraham, sur la résignation faite à son profit par Hector de Nantes. Villers-Cotterets, 18 septembre 1539. — 18 septembre.

Vérifiées par les généraux des finances, le 17 octobre suivant.

Enreg. à la Cour des Aides de Normandie, le 27 octobre 1539. Arch. de la Seine-Inférieure, Mémoriaux, 2e vol., fol. 188 v°. 1 page 1/2.

21902. Commission à Audebert Catin pour faire, conformément aux marchés conclus par Nicolas de Neufville, seigneur de Villeroy, secrétaire des finances, et Jean Grolier, trésorier de France, le payement des travaux entrepris pour l'édification à Paris, sur l'emplacement de l'hôtel de Nesle, du collège des Trois-Langues. Villers-Cotterets, 19 décembre (*corr.* septembre) 1539. — 19 septembre.

Copie du temps. Bibl. nat., ms. fr. 5503, fol. 155. 1 page 1/2.

21903. Déclaration de l'hommage rendu par Guillaume de Barbarre, au nom de Claude de Sury, sa — 25 septembre.

femme, et d'Anne de Sury, pour le fief de Mazère, sis à Nouan-le-Fuzelier, au comté de Blois. 25 septembre 1539. 1539.

Anc. arch. de la Chambre des Comptes de Blois, lay. M. *Arch. nat.*, P. 1479, fol. 204. (*Mention.*)

21904. Lettres de naturalité pour Frédéric de Gonzague, duc de Mantoue, pour sa femme et pour Francisque, Guillaume et Isabelle, leurs enfants. Villers-Cotterets, septembre 1539. Septembre.

Original. Mantoue, Archivio storico, Gonzaga, D. IX, 4.

21905. Provisions de l'office de juge de la vallée de Barcelonnette en faveur de Léger Cariolis. 8 octobre 1539. 8 octobre.

Vérifiées le 13 décembre 1539, au Parl. de Provence.

IMP. *Remontrances du Parl. de Provence pour la réunion de la vallée de Barcelonnette à son ressort* (pièce in-4° de 16 pages), p. 5. *Arch. nat.*, K. 551. (*Mention.*)

21906. Déclaration de l'hommage de Merry de Mineray, seigneur d'Ansonville, pour la part lui appartenant de la seigneurie du Tertre (comté de Blois). 11 octobre 1539. 11 octobre.

Anc. arch. de la Chambre des Comptes de Blois, lay. T. *Arch. nat.*, P. 1479, fol. 391 v°. (*Mention.*)

21907. Mandement au bailli de Sens d'enjoindre à tous les possesseurs de fiefs de son ressort, de fournir une déclaration de la valeur de leurs fiefs. Cette déclaration devra être faite par les ducs, comtes et barons dans les six mois, par les autres possesseurs de fiefs dans les trois mois. Compiègne, 15 octobre 1539. 15 octobre.

Copie collat. du 21 janvier 1540 n. s. Bibl. nat., coll. de Lorraine, vol. 50, fol. 61. 5 pages.

21908. Provisions d'un office d'élu en l'élection de Gisors en faveur de Robert Duvieu, sur la résignation faite à son profit par Charles de Fontaines. Compiègne, 18 octobre 1539. 18 octobre.

Vérifiées le lendemain par les généraux des finances.

Enreg. à la Cour des Aides de Normandie, le 10 janvier 1540 n. s. Arch. de la Seine-Inférieure, Mémoriaux, 2° vol., fol. 192. 1 page 1/2.

21909. Lettres autorisant François de Saint-André, commis par lettres du 4 septembre 1539 (n° 21897) pour juger les procès pendants entre le procureur du roi et les Chartreux de Bourgfontaine, au cas où il ne pourrait s'adjoindre quinze des conseillers nommés par lesdites lettres, à prendre, pour compléter ledit nombre, d'autres conseillers du Parlement de Paris. Compiègne, 18 octobre 1539. — 1539. 18 octobre.

Enreg. aux Eaux et forêts. Arch. nat., Z[1e] 869, fol. 214 v°. 1 page.

21910. Provisions de l'office de châtelain d'Upaix en Dauphiné, en faveur de François de Capris. Compiègne, 20 octobre 1539. — 20 octobre.

Copie du XVIe siècle. Arch. de l'Isère, B. 3226, fol. 289. 2 pages 1/2.

21911. Déclaration concernant les anciennes monnaies. 23 octobre 1539. — 23 octobre.

Bibl. de Rouen, ms. E. 57, fol. 7 v°. (*Mention*, d'après les *Arch. du Parl. de Rouen*.)

21912. Déclaration de foi et hommage de Jeanne de Pehu, veuve de Jean Aubry, pour la moitié des fiefs de Hemart et de Gannes, situés au village de Montmartin et mouvant de Clermont en Beauvaisis. Compiègne, 29 octobre 1539. — 29 octobre.

Original. Arch. nat., Chambre des Comptes de Paris, P. 6, n° 1884.

21913. Déclaration de foi et hommage de Louis de Piennes, seigneur de Rousseloy, en son nom et au nom de ses frères, enfants mineurs de feu Jacques de Piennes, pour les fiefs de Vaux et de Cambronne, mouvant de Clermont. Compiègne, 2 novembre 1539. — 2 novembre.

Original. Arch. nat., Chambre des Comptes de Paris, P. 6, n° 1885.

21914. Lettres de dispense accordées à Pierre Plouvier, pour exercer simultanément les offices de vice-président patrimonial de Piémont et de maître auditeur ordinaire en la Chambre des — 4 novembre.

Comptes de Dauphiné, nonobstant l'incompatibilité. Compiègne, 4 novembre 1539. | 1539.

Enreg. au Parl. de Grenoble, le 31 janvier 1540. Arch. de l'Isère, Invent. ms. des titres de la Chambre des Comptes du Dauphiné, Pays étrangers, Savoie. (*Mention.*)

21915. Provisions de l'abbaye de Saint-Germain d'Auxerre en faveur de Louis de Lorraine. 11 novembre 1539. | 11 novembre.

Anc. arch. de la Chambre des Comptes de Joinville, pièce cotée 1566. *Arch. nat.*, KK. 906, fol. 408. (*Mention.*)

21916. Déclaration de l'hommage rendu par Gilbert Poinsson, au nom de Jean Laurendeau, pour l'« aireau » du Rougeou, au comté de Blois. 12 novembre 1539. | 12 novembre.

Anc. arch. de la Chambre des Comptes de Blois, lay. R. *Arch. nat.*, P. 1479, fol. 350 v°. (*Mention.*)

21917. Mandement à la Chambre des Comptes de Blois de faire payer, dans le délai de six mois, par Jean d'Étampes, seigneur d'Autruy, à sa cousine Françoise, fille du feu comte Wolfgang, la somme de 6,000 livres tournois, à elle due à l'occasion du rachat de la terre de Tremblevif (auj. Saint-Viâtre, voir n° 381). Fontainebleau, 22 novembre 1539. | 22 novembre.

Enreg. à la Chambre des Comptes de Blois. Arch. nat., KK. 897, fol. 308, 6 pages, et KK. 902, fol. 147. 3 pages.

21918. Déclaration de foi et hommage de Pierre Malbois, licencié ès lois, conseiller du roi au bailliage d'Orléans, et de Martin Le Bas, procureur du roi audit bailliage, pour les deux huitièmes des terres et métairies de Roinvilliers, mouvant d'Étampes. Orléans, 28 novembre 1539. | 28 novembre.

Original. Arch. nat., Chambre des Comptes de Paris, P. 8, n° 2480.

21919. Déclaration de l'hommage de Jacques Hurault | 30 novembre.

pour la seigneurie de Saint-Denis-sur-Loire (comté de Blois). 30 novembre 1539. 1539.

Anc. arch. de la Chambre des Comptes de Blois, lay. D. *Arch. nat.*, P. 1479, fol. 104 v°. (*Mention.*)

21920. Déclaration de l'hommage de Louise Boudet pour la métairie de l'Aubépin, sise à Saint-Gervais, au comté de Blois. 30 novembre 1539. 30 novembre.

Anc. arch. de la Chambre des Comptes de Blois, lay. L. *Arch. nat.*, P. 1479, fol. 179 v°. (*Mention.*)

21921. Déclaration de l'hommage de Rolin Benoist pour divers héritages sis à Mer (comté de Blois). 2 décembre 1539. 2 décembre.

Anc. arch. de la Chambre des Comptes de Blois, lay. M. *Arch. nat.*, P. 1479, fol. 245 v°. (*Mention.*)

21922. Déclaration de foi et hommage de Jacques de Thère, seigneur de la Meauffe, comme procureur d'Olivier de Thère et de Gillette de Saint-Martin, sa femme, pour la seigneurie du Breuil, mouvant de Valognes. Chenonceaux, 5 décembre 1539. 5 décembre.

Original. Arch. nat., Chambre des Comptes de Paris, P. 268[2], n° 3264.

21923. Lettres accordant aux habitants de Troyes l'autorisation de se rembourser, sur la ferme des vins, d'une somme de 14,400 livres tournois qu'ils ont avancée au roi pour la solde des gens de guerre. Paris, 10 décembre 1539. 10 décembre.

Copie. Arch. municipales de Troyes, AA. x, 19e carton, 2e liasse.

21924. Déclaration de l'hommage de Louis Benoist pour la moitié de la seigneurie de la Mothe, sise à Mer, et pour le sixième de cinq arpents de prés sis « aux Joutaulx » et appelés « le Charnier ». 12 décembre 1539. 12 décembre.

Anc. arch. de la Chambre des Comptes de Blois, lay. M. *Arch. nat.*, P. 1479, fol. 232 v°. (*Mention.*)

21925. Déclaration de l'hommage rendu par Jean Dulant, au nom de Louis Dulant, pour une rente de deux muids de blé, mesure de Blois, sur 15 décembre.

la dîme de Saint-Lubin-en-Vergonois. 15 décembre 1539. 1539.

Anc. arch. de la Chambre des Comptes de Blois, lay. L. *Arch. nat.*, P. 1479, fol. 170 v°. (*Mention.*)

21926. Déclaration de l'hommage de Thibaut Gaudin (*aliàs* Chinon), pour son hébergement des Roches, sis à Noyers, et pour la moitié du terrage sis à Châtillon. 15 décembre 1539. 15 décembre.

Anc. arch. de la Chambre des Comptes de Blois, lay. R. *Arch. nat.*, P. 1479, fol. 349. (*Mention.*)

21927. Déclaration de l'hommage de Paul Pastoureau pour plusieurs terres sises à Aunay, au comté de Blois. 16 décembre 1539. 16 décembre.

Anc. arch. de la Chambre des Comptes de Blois, lay. A. *Arch. nat.*, P. 1479, fol. 7 v°. (*Mention.*)

21928. Déclaration de l'hommage de Jacquet Cosson pour plusieurs terres sises à Aunay, au comté de Blois. 16 décembre 1539. 16 décembre.

Anc. arch. de la Chambre des Comptes de Blois, lay. A. *Arch. nat.*, P. 1479, fol. 10. (*Mention.*)

21929. Déclaration de l'hommage rendu par Pierre Laurent, à cause de Jeanne Rossignol, sa femme, pour une minée de terre sise à Échelles, paroisse d'Aunay, au comté de Blois. 16 décembre 1539. 16 décembre.

Anc. arch. de la Chambre des Comptes de Blois, lay. A. *Arch. nat.*, P. 1479, fol. 10. (*Mention.*)

21930. Déclaration de l'hommage rendu par Nicolas Perserant, au nom de Catherine Escarpy, sa femme, pour le quart de la seigneurie de la Mothe, sise à Mer, au comté de Blois. 16 décembre 1539. 16 décembre.

Anc. arch. de la Chambre des Comptes de Blois, lay. M. *Arch. nat.*, P. 1479, fol. 206. (*Mention.*)

21931. Déclaration de l'hommage rendu par Jean Begnoux, à cause de sa femme, pour le quart de la seigneurie de la Mothe, sise à Mer, au comté de Blois. 16 décembre 1539. 16 décembre.

Anc. arch. de la Chambre des Comptes de Blois, lay. M. *Arch. nat.*, P. 1479, fol. 204 v°. (*Mention.*)

21932. Déclaration de l'hommage de Gillet Rou pour plusieurs terres sises à Mer et à Aunay (comté de Blois). 16 décembre 1539. — 1539. 16 décembre.

Anc. arch. de la Chambre des Comptes de Blois, lay. M. *Arch. nat.*, P. 1479, fol. 207. (*Mention.*)

21933. Provisions de l'office de notaire royal en la sénéchaussée de Lyon pour Robert Le Maistre, en remplacement de feu François Marco. Blois, 17 décembre 1539. — 17 décembre.

Copie du XVIe siècle. Arch. du Rhône, reg. des insinuations de la sénéchaussée, Livre du roi, fol. 61 v°.

21934. Lettres portant règlement touchant les foi et hommages et serments de fidélité dus au roi par les vassaux du comté de Poitou. 18 décembre 1539. — 18 décembre.

Enreg. à la Chambre des Comptes de Paris, anc. mém. 2 J, fol. 196 v°. *Arch. nat.*, PP. 119, p. 35. (*Mention.*)

Bibl. de Rouen, ms. Leber 5870, t. XIV, fol. 61 v°. (*Mention.*)

21935. Déclaration de l'hommage rendu par Sébastien Ruzé, au nom de Jacquette de Lambourg, pour les deux tiers de la dîme de Poudelas [1], sise à Tremblevif (auj. Saint-Viâtre). 18 décembre 1539. — 18 décembre.

Anc. arch. de la Chambre des Comptes de Blois, lay. P. *Arch. nat.*, P. 1479, fol. 282 v°. (*Mention.*)

21936. Déclaration de foi et hommage de Jean Hatte, secrétaire du roi, seigneur des Marets, pour la seigneurie de « la Nacquetière » et ses dépendances sises en la châtellenie de Janville, mouvant de Janville. Orléans, 19 décembre 1539. — 19 décembre.

Original. Arch. nat., Chambre des Comptes de Paris, P. 11, n° 3498.

21937. Lettres portant nomination de Nicolas Pelloquin à la charge de trésorier et payeur des — 26 décembre.

[1] A 1,400 mètres O. N. O. de Tremblevif (Cassini).

bâtiments de Chambord, au lieu de Raymond Forget. Fontainebleau, 26 décembre 1539. — 1539.

Impr. André Félibien, *Mémoires pour servir à l'histoire des maisons royales.* Paris, 1874, in-8°, p. 31. (*Mention.*)

21938. Déclaration de l'hommage rendu par Léger de Saint-Gobert, écuyer, homme d'armes des ordonnances sous la conduite de M. de Torcy, au nom d'Alpin de Béthune, baron de Baye, pour une rente annuelle de deux cents boisseaux de blé, à prendre le 1er janvier sur la seigneurie de Chapton (bailliage et châtellenie de Sézanne), assignée audit Alpin par Didier Le Béguin et Jeanne Le Riche, sa femme, en échange de certains héritages. Paris, 29 décembre 1539. — 29 décembre.

Expéd. orig. Arch. nat., P. 165², cote 1987.

21939. Déclaration de l'hommage d'Henri Jubert, écuyer, pour la seigneurie de la Fortelle-Brancart et partie de celle de Douains (bailliage et vicomté d'Évreux, châtellenie de Pacy). Paris, 29 décembre 1539. — 29 décembre.

Expéd. orig. Arch. nat., P. 269², cote 3942.

21940. Déclaration de foi et hommage de Pierre Le Sens, écuyer, avocat au Parlement de Rouen, pour la vavassorerie noble du Gros-Pommier, située dans les paroisses de Fourmetot et Corneville[-sur-Risle] et mouvant de la vicomté de Pont-Audemer. Paris, 30 décembre 1539. — 30 décembre.

Original. Arch. nat., Chambre des Comptes de Paris, P. 265², n° 1721.

21941. Déclaration de foi et hommage de Jacques de Pelletot, écuyer, seigneur de Verretot, gentilhomme de la fauconnerie du roi, pour ledit fief de « Verretot », situé à Étretat et mouvant de Montivilliers. Paris, 31 décembre 1539. — 31 décembre.

Original. Arch. nat., Chambre des Comptes de Paris, P. 266², n° 2154.

21942. Déclaration de foi et hommage de Nicolas Bonzens, prêtre, comme procureur de dom — 31 décembre.

Jean Du Fay, abbé de Notre-Dame de Corneville[-sur-Risle], pour ladite abbaye et les fiefs de la Vigne et de la Vacquerie, mouvant de Pont-Audemer. Paris, 31 décembre 1539. 1539.

Original. Arch. nat., Chambre des Comptes de Paris, P. 265[1], n° 1420.

1540. — Pâques, le 28 mars.

1540.

21943. Provisions en faveur de Jean Malingre, blessé au service du roi, de la place, réservée à la nomination royale, de religieux lai en l'abbaye de Saint-Euverte d'Orléans. Paris, 4 janvier 1539. 4 janvier.

Copie du temps. Bibl. nat., ms. fr. 5503, fol. 132. 1 page.

Copie du XVIe siècle, sans date. Bibl. imp. de Vienne (Autriche), ms. 6979, fol. 171. 1 page.

21944. Lettres fixant à 100 écus par an, sur la recette générale d'Outre-Seine et Yonne, les gages de Robert Estienne, imprimeur de lettres latines et hébraïques. 4 janvier 1539. 4 janvier.

Enreg. à la Chambre des Comptes de Paris, anc. mém. 2 J, fol. 235. *Arch. nat.*, PP. 119, p. 44. (*Mention.*)

Bibl. de Rouen, ms. Leber 5870, t. XIV, fol. 62. (*Mention.*)

21945. Déclaration de foi et hommage de Jean de Clères, fils de feu Georges de Clères, châtelain de Clères, pour ladite seigneurie, et les fiefs de Hugleville, Nezé, Mézières, Panilleuse et Pressagny-le-Val, mouvant du duché de Normandie, pour les terres de Berville et Beaumais, mouvant du duché de Normandie, pour la seigneurie de la Croix-Saint-Leufroy, mouvant du comté d'Évreux, pour la seigneurie de Goupillières, mouvant de Beaumont-le-Roger, et la châtellenie de Manneville-la-Pipard, mouvant de la vicomté d'Auge. Paris, 4 janvier 1539. 4 janvier.

Original. Arch. nat., Chambre des Comptes de Paris, P. 265[2], n° 1504.

21946. Déclaration de l'hommage d'Antoine, duc de Vendôme, pour les comtés de Marle et de Soissons, et les seigneuries de Vendeuil, Ham, Beaurevoir, Tingry et Hucqueliers. 5 janvier 1539. — 1540. 5 janvier.

Anciens titres de la Fère, cote D. 6. *Arch. nat.*, KK. 909, fol. 404 v°. (*Mention.*)

21947. Déclaration rendue à la requête des États de Normandie, portant que François Allamand ne percevra désormais aucune part des amendes par lui prononcées, et qu'il pourra être interjeté appel de ses jugements devant la Cour des Aides de Normandie. Paris, 6 janvier 1539. — 6 janvier.

Enreg. à ladite Cour, le 5 février 1540 n. s. Arch. de la Seine-Inférieure, Mémoriaux, 2e vol., fol. 196. 1 page 2/3.

21948. Lettres renvoyant au Parlement de Paris la connaissance d'un procès en matière criminelle, intenté par Jacques Duchesne, écuyer, sr de la Ragotière, et Jeanne Vachereau, sa femme, contre René de La Jaille, chevalier, sr de la Roche-Talbot, et René Bourré, sr de Cheviré. Paris, 8 janvier 1539. — 8 janvier.

Visées dans un arrêt du Parl. du 24 mars suivant. Arch. nat., X2a 89, à la date. (*Mention.*)

21949. Déclaration de foi et hommage d'André Simon, écuyer, seigneur de la Grange-Gaucheron, pour ladite seigneurie, mouvant de Tournan en Brie. Paris, 9 janvier 1539. — 9 janvier.

Original. Arch. nat., Chambre des Comptes de Paris, P. 3, n° 818.

21950. Lettres de relief de surannation pour la vérification, à la Chambre des Comptes de Paris, des lettres de l'hommage de Jacques de Beaufort, comte d'Alais, en date du 13 mai 1533 (n° 20579). Paris, 10 janvier 1539. — 10 janvier.

Copie collat. du 15 janvier 1540 n. s. Arch. nat., P. 5703, cote 3795 *quater*.

21951. Lettres autorisant les communes du Piémont à établir une contribution extraordinaire sur — 14 janvier.

les biens-fonds et sur les fortunes mobilières, destinée à fournir les 2,000 francs nécessaires à l'achat des vivres des garnisons du pays. Turin, 14 janvier 1539. 1540.

Original. Pignerol, Archives.

Imp. *Monumenta historiae patriae XIV (Comitiorum pars prior)*, col. 1288 et ss.

21952. Mandement au Parlement de Toulouse de procéder, toutes chambres assemblées, au jugement du procès pendant entre MM. d'Andoins et de Mirepoix. Saint-Quentin, 19 janvier 1539. 19 janvier.

Copie du temps. Bibl. nat., ms. fr. 5503, fol. 155 v°. 1/2 page.

21953. Déclaration de l'hommage de Claude de Beauvau, seigneur de Sandaucourt, pour la seigneurie de Meuse (bailliage de Chaumont, châtellenie de Montigny-le-Roi). Saint-Quentin, 19 janvier 1539. 19 janvier.

Expéd. orig. Arch. nat., P. 163[2], cote 1162.

21954. Déclaration de l'hommage d'Antoine, duc de Lorraine, pour la baronnie de Mercœur. La Fère-sur-Oise, 20 janvier 1539. 20 janvier.

Copie du XVIe siècle. Anc. Trésor des Chartes de Lorraine, cartulaire Mercœur. Arch. de Meurthe-et-Moselle, B. 410, fol. 38.

21955. Lettres portant remise à M. de Warty, réformateur général des Eaux et forêts de France, des droits féodaux dus au roi à cause de l'acquisition par lui faite des seigneuries de Fournival et du Plessier, mouvant de la salle de Montdidier, et de la châtellenie de Bulles, au comté de Clermont en Beauvaisis. La Fère-sur-Oise, 23 janvier 1539. 23 janvier.

Copie du temps. Bibl. nat., ms. fr. 5503, fol. 156 v°. 1 page.

21956. Mandement à Jean Duval, trésorier de l'épargne, de payer à Jean d'Humières, chambellan du roi, 3,000 livres pour ses gages. La Fère-sur-Oise, 23 janvier 1539. 23 janvier.

Imp. *Catalogue de livres rares et curieux*. Paris,

Claudin, 1892, n° 465. Vente du lundi 20 juin 1892 et suiv. (*Original mentionné.*) — 1540.

21957. Déclaration de foi et hommage de François d'Argy, seigneur de Mesvres et Baigneux, sommelier ordinaire de la paneterie de bouche du roi, pour les seigneuries de Mesvres et Baigneux (paroisse de Civray-sur-Cher), mouvant d'Amboise. La Fère-sur-Oise, 25 janvier 1539. — 25 janvier.

Original. Arch. nat., Chambre des Comptes de Paris, P. 12, n° 3983.

21958. Lettres portant défenses au Parlement de Rouen de juger l'appel interjeté par Jean Fontaine, demeurant à Saint-Sauveur-le-Vicomte, précédemment arrêté pour délits de chasse, à l'encontre de Jean Négault, lieutenant du prévôt des maréchaux en Normandie. La Fère-sur-Oise, 26 janvier 1539. — 26 janvier.

Enreg. au Parl. de Rouen. Arch. de la Cour, à Rouen, reg. crim. de 1539-1558, fol. 2 v°. 1 page 1/3.

21959. Lettres portant défenses au Parlement de Rouen de connaître du procès criminel intenté à Michel Le François pour délit de chasse, nonobstant le renvoi, obtenu par ledit Le François, d'une sienne requête à ladite cour. La Fère-sur-Oise, 29 janvier 1539. — 29 janvier.

Enreg. au Parl. de Rouen. Arch. de la Cour, à Rouen, reg. crim. de 1539-1558, fol. 1 v°. 1 page 1/4.

21960. Lettres de légitimation en faveur de Guillaume ou Guillot Du Breuil, fils naturel de Charles Du Breuil, écuyer, et de Jeanne des Meydes...[1] Janvier 1539. — Janvier.

Enreg. à la Chancellerie de France. Arch. nat., Trésor des Chartes, JJ. 254, n° 247, fol. 48 v°.

21961. Lettres de naturalité accordées à François Be- — Janvier.

[1] Le nom de lieu est resté en blanc.

noist, habitant de Bayonne, natif du royaume de Navarre. Paris, janvier 1539. 1540.

Enreg. à la Chancellerie de France. Arch. nat., Trésor des Chartes, JJ. 254, n° 242, fol. 47 v°. 1 page.

21962. Lettres de naturalité accordées à Jean d'Oste, natif de Pampelune, commerçant établi à Bayonne, à sa femme et à ses enfants. Paris, janvier 1539. Janvier.

Enreg. à la Chancellerie de France. Arch. nat., Trésor des Chartes, JJ. 254, n° 241, fol. 47 v°. 1 page.

21963. Déclaration de l'hommage de Claude de Bombelles pour les fiefs de la Brosse, au comté de Blois. 5 février 1539. 5 février.

Anc. arch. de la Chambre des Comptes de Blois, lay. B. *Arch. nat.,* P. 1479, fol. 28 v°. (*Mention.*)

21964. Déclaration de l'hommage rendu par Claude de Bombelles, au nom et comme ayant la garde de René, son frère, pour la seigneurie de Martignan (comté de Blois). 5 février 1539. 5 février.

Anc. arch. de la Chambre des Comptes de Blois, lay. M. *Arch. nat.,* P. 1479, fol. 234. (*Mention.*)

21965. Déclaration de l'hommage de Jean de Montdoucet pour un colombier sis à Monteaux (comté de Blois). 5 février 1539. 5 février.

Anc. arch. de la Chambre des Comptes de Blois, lay. M. *Arch. nat.,* P. 1479, fol. 206 v°. (*Mention.*)

21966. Lettres de survivance en faveur de Jean, fils d'Étienne de La Roche, élu en l'élection de Rouen. Saint-Fuscien, 6 février 1539. 6 février.

Vérifiées le 14, par les généraux des finances.
Enreg. à la Cour des Aides de Normandie, le 26 avril 1541. Arch. de la Seine-Inférieure, Mémoriaux, 2e vol., fol. 236. 2 pages.

21967. Lettres portant don et transport à Claude Le Blanc d'un quart et demi de la succession de Claude de Vaudray, franc-comtois. 10 février 1539. 10 février.

Enreg. à la Chambre des Comptes de Paris, anc.

mém. 2 J, fol. 250. *Arch. nat.*, PP. 119, p. 47. (*Mention.*) | 1540.

Bibl. de Rouen, ms. Leber 5870, t. XIV, fol. 62. (*Mention.*)

21968. Déclaration de foi et hommage d'Annet de Lamer, écuyer, échanson ordinaire du roi, pour la seigneurie de Mathat en Auvergne, et les seigneuries du Bost et de Champs en Bourbonnais. Amiens, 14 février 1539. | 14 février.

Original. Arch. nat., Chambre des Comptes de Paris, P. 16, n° 6043.

21969. Mandement aux commissaires chargés de juger en dernier ressort les procès engagés par suite de la réformation de la forêt d'Orléans, de connaître des réclamations élevées à l'encontre du procureur du roi par les chevaliers de Saint-Jean de Jérusalem du prieuré de France, touchant la forêt de Bondy et Livry. Amiens, 18 février 1539. | 18 février.

Enreg. aux Eaux et forêts. Arch. nat., Z[1e] 869, fol. 243.

21970. Commission pour assigner Jean Le Maçon à comparaître au Conseil du roi, afin de répondre sur le contenu d'une requête présentée par Antoine des Merliers, prébendé en l'église collégiale de Saint-Furcy de Péronne. Amiens, [18] février [1539] (1). | 18 février.

Copie du temps. Bibl. nat., ms. fr. 5503, fol. 156. 1/2 page.

21971. Lettres de relief de surannation des lettres données, le 11 mai 1538 (n° 21421), en faveur des habitants de Rouen. Abbeville, 19 février 1539. | 19 février.

Présentées au Parl. de Rouen, le 19 mars 1540 n. s. Arch. communales de Rouen, tiroir 144, n° 1. (*Mention.*)

21972. Lettres adressées à Marie d'Albret, comtesse de Nevers, pour obtenir la déclaration des fiefs | 24 février.

(1) Le ms. fr. 5503 n'indique pas l'année; mais on voit par l'itinéraire que l'année 1540 fut la seule où le roi se trouva à Amiens en février.

et arrière-fiefs existant dans le comté de Nivernais. Abbeville, 24 février 1539. 1540.

Arch. départ. de la Nièvre, B. *Chambre des Comptes de Nevers* (n° 59 de l'Invent. de M. Eysenbach).

21973. Lettres portant que les habitants de Troyes pourront se rembourser, avec les deniers provenant des octrois autorisés, de la somme de 14,400 livres tournois qu'ils ont fournie au roi pour subvenir à la solde et entretien de six cents hommes de pied pendant quatre mois. Amiens, février 1539. Février.

Copie. Arch. municipales de Troyes, D. 170, fol. 3, F. 230, fol. 6.

21974. Lettres de légitimation en faveur de Simon Vidault, fils naturel de Simon Vidault, bourgeois de Saint-Donat en Dauphiné, et d'Antonia Mirabelle. Amiens, février 1539. Février.

Enreg. à la Chancellerie de France. Arch. nat., Trésor des Chartes, JJ. 254, n° 260, fol. 50 v°. 1 page.

21975. Lettres de légitimation en faveur d'Antoine de Théolein, fils naturel d'Antoine de Théolein. Abbeville, février 1539. Février.

Enreg. à la Chancellerie de France. Arch. nat., Trésor des Chartes, JJ. 254, n° 258, fol. 50 v°. 1 page.

21976. Lettres données à la requête de Marie d'Albret, comtesse de Nevers, ayant la garde-noble de François de Clèves, comte d'Eu, son fils, touchant le don et octroi des revenus et profits des greniers à sel établis en Nivernais et dans le comté d'Eu, accordé précédemment à ladite dame au nom de son fils. Noyon, février 1539. Février.

Imp. Le comte de Soultrait, *Invent. des titres de Nevers de l'abbé de Marolles*. Nevers, 1873, in-4°, col. 581. (*Mention*.)

21977. Lettres de réception du serment de fidélité de [François de Laval], évêque de Dol, conseiller du roi, pour la seigneurie de Saint- 4 mars.

Samson-sur-Risle, mouvant de Rouen. Abbeville, 4 mars 1539. 1540.

Original. Arch. nat., Chambre des Comptes de Paris, P. 264[2], n° 1128.

21978. Déclaration de foi et hommage de Jean Dinet, conseiller et avocat du roi en Bourbonnais, pour la seigneurie de Lonzat (paroisse de Sanssat), mouvant de Billy en Bourbonnais. Abbeville, 7 mars 1539. 7 mars.

Original. Arch. nat., Chambre des Comptes de Paris, P. 14, n° 4957.

21979. Lettres portant remise au dauphin et à Catherine de Médicis, sa femme, des seigneuries appartenant à ladite Catherine, et dont le roi, à cause de leur minorité, avait gardé jusque-là l'administration. Noyon, 10 mars 1539. 10 mars.

Copie du temps. Bibl. nat., ms. fr. 5503, fol. 170 v°. 1 page 1/4.

21980. Mandement au bailli de Nemours et Châteaulandon de faire procéder à la déclaration de tous les fiefs et arrière-fiefs tenus dans sa juridiction, tant de la mouvance du duché que de celle d'autres seigneurs, pour l'arrière-ban ordonné en la présente année. Noyon, 10 mars 1539. 10 mars.

Copie du XVIIe siècle. Arch. nat., R[4*] 1050, fol. 1.

21981. Déclaration portant que les receveurs des octrois votés par les États des comté d'Auxonne, terres d'Outre-Saône et ressort de Saint-Laurent, rendront leurs comptes, non devant la Chambre des Comptes de Dijon, mais devant lesdits États. Noyon, 13 mars 1539. 13 mars.

Enreg. au Parl. de Dijon, le 5 mai 1542.

Copie du XVIIIe siècle d'après une autre copie collationnée du 6 août 1588. Arch. nat., K. 1149, n° 66. (Cf. *Catalogue*, n° 11426.)

21982. Commission pour sommer l'abbaye de Saint-Victor, près Paris, de produire devant le Grand conseil, avant six semaines, certaines provisions apostoliques par elle obtenues, et mentionnées dans une requête présentée au 19 mars.

roi par le chapitre cathédral de Paris. Boulogne, 19 mars 1539. 1540.

Original. Arch. nat., L. 533, n° 31.

21983. Lettres portant don à Marie d'Albret, comtesse de Nevers, pour l'aider à suivre et accompagner la reine et ses filles, de tous les revenus d'une année des greniers à sel de Nevers, Decize, Saint-Saulge, Clamecy, Moulins-Engilbert, Luzy et Dreux. 19 mars 1539. 19 mars.

Arch. départ. de la Nièvre, B. *Chambre des Comptes de Nevers* (n° 60 de l'Invent. de M. Eysenbach).

21984. Déclaration de foi et hommage de Nicolas Berthereau, bailli et concierge du palais royal à Paris, seigneur de Villiers-le-Sec, pour un jardin clos de murs, situé à Orléans devant l'église des Cordeliers. Paris (*sic*), 23 mars 1539. 23 mars.

Original. Arch. nat., *Chambre des Comptes de Paris*, P. 10, n° 3495.

21985. Lettres portant continuation pour six ans de l'octroi de 6 deniers tournois par livre sur toutes denrées et marchandises amenées, vendues et distribuées en la ville de Dax et dans les limites de sa juridiction, pour employer aux réparations, fortification et pavement de ladite ville. Noyon, 24 mars 1539. 24 mars.

Original. Arch. de la ville de Dax (*Landes*), CC. 1.

21986. Lettres confirmant l'autorisation donnée par le roi à la ville de Montreuil-sur-Mer de lever des « accises », pour employer les deniers qui en proviendront à la reconstruction de la maison de ville, des prisons, beffroi, horloge et autres travaux publics. Noyon, 27 mars 1539. 27 mars.

Original. Arch. départ. du Nord, B. 2411.

21987. Lettres de légitimation en faveur de Jean Digne, fils naturel de maître Gabriel Digne, clerc, Mars.

et d'une femme mariée. Boulogne, mars 1539. — 1540.

Enreg. à la Chancellerie de France. Arch. nat., Trésor des Chartes, JJ. 254, n° 265, fol. 51 v°. 1 page.

21988. Lettres de naturalité accordées à Louis de Gonnel, natif de Burgos en Espagne, marchand établi à Rouen. Noyon, mars 1539. — Mars.

Enreg. à la Chancellerie de France. Arch. nat., Trésor des Chartes, JJ. 254, n° 267, fol. 52. 1/2 page.

21989. Mandement aux trésoriers de France d'autoriser le payement au dauphin du reliquat des revenus des seigneuries appartenant audit dauphin et à sa femme, pour tout le temps de l'administration desdites seigneuries par le roi. Aumale, 2 avril 1540. — 2 avril.

Vérifié par les trésoriers de France, le 13 avril suivant.

Copie du temps. Bibl. nat., ms. fr. 5503, fol. 171. 1 page.

21990. Mandement à Jean Duval, trésorier de l'épargne, de payer à Georges de Selve, évêque de Lavaur, envoyé en ambassade auprès de l'empereur, la somme de 2,600 livres tournois, faisant le complément de celle de 3,600 livres à lui assignée, pour ses vacations et dépenses durant cent quatre-vingts jours, commençant au 7 avril 1540. Aumale, 3 avril 1540. — 3 avril.

Original. Était en vente chez Mme Vve Charavay. (Cf. *Revue des Autographes*, janvier 1893, n° 103.)

21991. Lettres enjoignant aux généraux sur le fait des aides à Paris, de procéder à la vérification et à la publication des lettres d'exemption accordées à l'Hôtel-Dieu de Reims. « Dernicourt », 3 avril 1540. — 3 avril.

Arch. hospitalières de Reims, fonds de l'Hôtel-Dieu, A. 2.

21992. Lettres contenant les instructions remises à [Georges de Selve], ambassadeur envoyé auprès de Charles-Quint, pour négocier l'échange du duché de Milan contre les Pays- — 4 avril.

Bas et la Franche-Comté, à l'occasion du mariage du duc d'Orléans avec l'infante d'Espagne. Aumale, 4 avril 1540. 1540.

Copie du temps ou minute. Bibl. de l'Institut de France, ms. Godefroy 73, fol. 121. 6 pages.

21993. Lettres portant que Charles, duc d'Orléans, doit jouir des revenus, échus depuis le 1er janvier 1540 n. s., de l'apanage constitué en sa faveur, bien que les lettres dudit apanage n'aient pas encore été vérifiées. Aumale, 4 avril 1540. 4 avril.

Copie du temps. Arch. nat., KK. 273, fol. 2 v°. 5 pages 1/2.

Copie du XVIe siècle. Bibl. impériale de Vienne (*Autriche*), ms. fr. 6979, fol. 289. 3 pages.

21994. Lettres en faveur de Jean, comte de La Chambre, des ecclésiastiques, nobles et autres personnes ayant juridiction en Savoie, qui prétendaient que les criminels ne pouvaient appeler qu'en cas de condamnation à mort des sentences des juges subalternes. Aumale, 6 avril 1540. 6 avril.

Arch. du Sénat de Savoie à Chambéry, reg. des édits, bulles, lettres patentes, t. I, fol. 101 v°.

21995. Déclaration de l'hommage lige de Nicolas Vauquelin, écuyer, pour la sergenterie héréditaire de Briouze (bailliage de Caen, vicomté et châtellenie de Falaise). Rouville, 9 avril 1540. 9 avril.

Expéd. orig. Arch. nat., P. 272², cote 5471.

21996. Mandement de payer 675 livres tournois à Vincent « Dymagy », gentilhomme de Brescia, pour son voyage d'Elbeuf à Constantinople, où il va porter au sr de Rincon des lettres de la plus grande importance. Elbeuf, 10 avril 1540. 10 avril.

IMP. *Revue des autographes* de Gabriel Charavay, mars 1877, n° 48. (*Mention.*)

21997. Lettres portant prorogation pour un an de la concession faite à Claude de Lorraine, duc de Guise, du droit de gabelle des greniers à 15 avril.

sel d'Arnay-le-Duc et de Pouilly. 15 avril 1540. 1540.

Anc. arch. de la Chambre des Comptes de Joinville, pièce cotée 1422. *Arch. nat.*, KK. 906, fol. 410, et KK. 908, fol. 36. (*Mentions.*)

21998. Lettres portant instructions sur la manière dont les baillis et sénéchaux devront recevoir la déclaration des fiefs et arrière-fiefs. Bonport, 17 avril 1540. 17 avril.

Enreg. au Châtelet de Paris. Arch. nat., Bannières, Y. 9, fol. 169. 2 pages. (Cf. le nº 11467 du *Catalogue.*)

21999. Lettres d'évocation à la Chambre des Eaux et forêts des procès pendants entre Jacqueline d'Estouteville, dame de Moyon et de Trie-Château, et Charles Pellent, seigneur de la Tour-au-Bègue, d'une part, et divers particuliers, d'autre part, touchant certains droits d'usage dans la forêt de Thelle. Bonport, 18 avril 1540. 18 avril.

Enreg. aux Eaux et forêts. Arch. nat., Z[1e] 869, fol. 160. 4 pages 1/2.

22000. Mandement au Parlement de Rouen de terminer dans les deux mois le procès pendant entre Gilles Bourlay et Marin Bravement, en appel du bailli de Longueville. Rouen, 19 avril 1540. 19 avril.

Enreg. au Parl. de Rouen. Arch. de la Cour, à Rouen, reg. crim. de 1539-1558, fol. 3. 1 page 1/2.

22001. Mandement au Parlement de Rouen de donner satisfaction, dans les deux mois, à la requête de François Le Bas, tendant à obtenir le recouvrement d'un procès par lui soutenu à ladite cour contre Nicolas Le Vennier, écuyer, touchant le fief d'Ancretteville, lequel procès s'est trouvé « adiré ou perdu. » Brionne, 21 avril 1540. 21 avril.

Enreg. au Parl. de Rouen. Arch. de la Cour, à Rouen, reg. crim. de 1539-1558, fol. 4 vº. 1/2 page.

22002. Commission à Guillaume Prudhomme, seigneur 21 avril.

de Fontenay-en-Brie, pour vérifier les titres des soi-disant privilégiés de la généralité de Normandie. Abbaye du Bec-Hellouin, 21 avril 1540. 1540.

Copie en tête du procès-verbal de ladite vérification en l'élection de Bayeux. Bibl. de Rouen, ms. Martainville 107, fol. 1. 3 pages.

22003. Lettres contenant les instructions pour [Georges de Selve], évêque de Lavaur, et Antoine Hesselin (*aliàs* Hélin), envoyés en ambassade auprès de Charles-Quint. Abbaye du Bec, 24 avril 1540. 24 avril.

Copie du XVIIe siècle. Bibl. de l'Institut de France, ms. Godefroy 73, fol. 117. 8 pages.

Traduction espagnole. Arch. nat., K. 1642 (anc. cote D. 5), n° 40.

22004. Lettres de survivance en faveur de Mathurin, fils de Louis Du Bosc, contrôleur du grenier à sel de Rouen. Évreux, 26 avril 1540. 26 avril.

Vérifiées par les généraux des finances, le 4 juin 1540.

Enreg. à la Cour des Aides de Normandie, le 28 juillet 1540. Arch. de la Seine-Inférieure, Mémoriaux, 2e vol., fol. 200.

22005. Lettres de légitimation accordées à Jean Prudhomme, cordonnier, fils naturel de Jean Prudhomme, alors marié, et d'une servante. Aumale, avril 1540. Avril.

Enreg. à la Chancellerie de France. Arch. nat., Trésor des Chartes, JJ. 254, n° 394, fol. 72 v°. 1 page.

22006. Lettres de légitimation accordées à Jean Thouet, fils naturel de Jacques Thouet et de Catherine Savye. Abbaye de Bonport, avril 1540. Avril.

Enreg. à la Chancellerie de France. Arch. nat., Trésor des Chartes, JJ. 254, n° 392, fol. 72 v°. 1 page.

22007. Lettres relatives à la légitimation de Jacques d'Albret, évêque de Nevers et abbé de Saint-Bâle, décédé en 1539, à Saint-Amand en Bourbonnais, fils bâtard de Jean d'Albret, s[r] d'Orval. Condé, [avril] 1540. Avril.

Imp. Le comte de Soultrait, *Inventaire des*

titres de Nevers de l'abbé de Marolles. Nevers, 1873, in-4°, col. 26. (*Mention.*) 1540.

22008. Lettres de légitimation accordées à Jean de Perde, fils naturel de feu Jean de Perde, du diocèse de Rouen, et de Perrette Delalande. . . .[1] avril 1540. Avril.

Enreg. à la Chancellerie de France. Arch. nat., *Trésor des Chartes*, JJ. 254, n° 393, fol. 72 v°. 1 page.

22009. Lettres permettant l'exécution des bulles qui confèrent l'abbaye de Notre-Dame de Beaumont en Argonne, vacante par le décès de Pierre Maillart, à Jérôme Burgensis, aumônier du roi, abbé de Saint-Pierre de Châlons. Évreux, 1er mai 1540. 1er mai.

Copie du XVIe siècle. Bibl. impériale de Vienne (*Autriche*), ms. 6979, fol. 206. 2 pages.

22010. Commission à Nicole Corbin, conseiller au Grand conseil, à Pierre Marret, maître des requêtes du dauphin, et à Pierre d'Argentré, sénéchal de Rennes, pour procéder au fait de la réduction et limitation du nombre des notaires en Bretagne[2]. Évreux, 1er mai 1540. 1er mai.

Copie du temps. Bibl. nat., ms. fr. 5503, fol. 173. 2 pages 1/2.

22011. Lettres de survivance en faveur de Jacques, fils de Jacques de Coquigny, contrôleur du grenier à sel de Fécamp. Anet, 5 mai 1540. 5 mai.

Vérifiées par les généraux des finances, le 25 novembre 1540.
Enreg. à la Cour des Aides de Normandie, le 10 février 1541 n. s. Arch. de la Seine-Inférieure, *Mémoriaux*, 2e vol., fol. 231. 2 pages.

22012. Déclaration portant que tous sergents, y compris ceux des hauts justiciers, pourront, comme par le passé, exploiter en matière d'aides et de gabelles, nonobstant les dispo- 7 mai.

(1) Le nom de lieu est resté en blanc.
(2) Cf. acte du 20 décembre 1540 (ci-dessous, n° 22090).

sitions contraires de l'édit d'octobre 1539 (n° 11261). Anet, 7 mai 1540. 1540.

Enreg. à la Cour des Aides de Normandie, le 23 décembre 1540. Arch. de la Seine-Inférieure, Mémoriaux, 2e vol., fol. 220 v°. 1 page 2/3.

22013. Provisions pour Antoine Blondel, fils de Jacques Blondel, de l'office de sénéchal de Ponthieu. 14 mai 1540. 14 mai.

Enreg. à la Chambre des Comptes de Paris, anc. mém. 2 J, fol. 270. *Arch. nat.*, PP. 119, p. 50. (*Mention.*)

Bibl. nat., ms. fr. 21405, p. 342. (*Mention.*)

22014. Lettres contenant les instructions pour [Georges de Selve], évêque de Lavaur, et Antoine Hélin, envoyés en ambassade auprès de Charles-Quint. Limours, 20 mai 1540. 20 mai.

Traduction officielle en espagnol. Arch. nat., K. 1482 (ancienne cote B. 1), n° 64.

22015. Lettres de légitimation accordées à Jean de Beaulieu, fils naturel de Pierre de Beaulieu et de Jeanne Salomon. Fontainebleau, avril (*corr.* mai) 1540. Mai.

Enreg. à la Chancellerie de France. Arch. nat., Trésor des chartes, JJ. 254, n° 395, fol. 73. 1 page.

22016. Lettres portant qu'Augustin de Thou et François de Montholon doivent assister au jugement des procès engagés entre le procureur du roi et l'abbaye de Bourgfontaine, nonobstant toute allégation fondée sur la teneur des lettres du 4 septembre et du 18 octobre 1539 (nos 21897 et 21909). Fontainebleau, 2 juin 1540. 2 juin.

Enreg. aux Eaux et forêts. Arch. nat. Z1e 869, fol. 246 v°. 2 pages.

22017. Provisions, en faveur de François de La Colombière, de l'office de trésorier et receveur général en Savoie et en Piémont. Fontainebleau, 6 juin 1540. 6 juin.

Copie du XVIe siècle. Turin, Arch. di Stato, Citta et provincia di Saluzzo, conti de tesorieri, n° 3, fol. 55.

22018. Déclaration de l'hommage rendu par Jacques des Loges, au nom de François Du Bellay et de Louise de Clermont, sa femme, pour la seigneurie de Selles en Berry (Selles-sur-Cher, comté de Blois). 6 juin 1540. — 1540. 6 juin.

Anc. arch. de la Chambre des Comptes de Blois, lay. S. *Arch. nat.*, P. 1479, fol. 370 v°. (*Mention.*)

22019. Mandement de payer sur les recettes du Languedoc la somme de 22,585 livres 10 sous tournois à Jean Godet, trésorier des guerres, pour la solde des troupes. 11 juin 1540. — 11 juin.

Imp. Catalogue des chartes du cabinet de M. de M. (*Magny*). Vente des 18-22 mars 1867, par Jacques Charavay aîné, n° 1278. (*Mention.*)

22020. Lettres touchant la répartition d'une imposition de 5,021 livres 18 sous 6 deniers sur les diocèses du Languedoc, pour les fortifications de la ville de Narbonne. Fontainebleau, 17 juin 1540. — 17 juin.

Copie du XVIe siècle. Arch. de la ville de Nîmes, NN. 4, n° 13.

22021. Mandement au Parlement de Paris de livrer à Christophe de La Forêt, prévôt des maréchaux de France, Julien de Malestroit et Louis Drouet, l'un de ses complices, prisonniers à la conciergerie du palais, pour les conduire à Nantes, où ils auront à répondre des meurtres, attaques à main armée, fabrication de fausse monnaie et autres crimes par eux commis en Bretagne. Fontainebleau, 19 juin 1540. — 19 juin.

Enreg. au Parl. de Paris, le 1er juillet 1540. Arch. nat., X[1a] 89, à cette dernière date. 2 pages.

22022. Lettres de réception du serment de fidélité, prêté à la suite de sa promotion à la pourpre, par le cardinal de Meudon [Antoine Sanguin], pour le temporel de l'évêché d'Orléans et les autres bénéfices par lui possédés dans le royaume. Fontainebleau, 20 juin 1540. — 20 juin.

Expéd. orig. Arch. nat., P. 725[2], cote 273.

22023. Lettres portant que les gens tenant la Chambre — 20 juin.

des Comptes de Savoie et Piémont seront tenus de résider une partie de l'année à Chambéry. 20 juin 1540. 1540.

Arch. du Sénat de Savoie, à Chambéry, reg. des arrêts criminels, t. VII, fol. 228 r°. (*Mention.*)

22024. Déclaration de foi et hommage de Bonne Cottereau, dame de la maison de la reine, comme procuratrice de Jacques de Beaune, son fils, seigneur de Semblançay et vicomte de Tours, pour la seigneurie de Semblançay, mouvant de Tours. Paris, 28 juin 1540. 28 juin.

Original. Arch. nat., Chambre des Comptes de Paris, P. 13, n° 4435.

22025. Lettres de légitimation accordées à Jean Clusel, fils naturel de Luc Clusel, sans enfant de sa femme légitime, et de Catherine Jallain. Fontainebleau, juin 1540. Juin.

Enreg. à la Chancellerie de France. Arch. nat., Trésor des Chartes, JJ. 254, n° 440, fol. 80. 1 page.

22026. Lettres de naturalité pour Jacob David, orfèvre, marié et demeurant à Paris, natif de Bâle en Suisse. Fontainebleau, juin 1540. Juin.

Enreg. à la Chancellerie de France. Arch. nat., Trésor des Chartes, JJ. 254, n° 438, fol. 80. 1 page.

22027. Lettres de naturalité pour Imbert Ducrest, natif de Savoie, fixé depuis quarante ans et marié à Arles en Provence .... [1] [juin] 1540. Juin.

Enreg. à la Chancellerie de France. Arch. nat., Trésor des Chartes, JJ. 254, n° 436, fol. 79 v°. 1 page.

22028. Lettres d'anoblissement en faveur de Jean « Gruvot », vicomte du Perche, châtelain de Sablé, médecin ordinaire du roi. Juin 1540. Juin.

Enreg. à la Chambre des Comptes de Paris, reg. 14. *Bibl. de l'Arsenal*, ms. 4903, fol. 124. (*Mention.*)

[1] Les noms de lieu et de mois sont restés en blanc. Les actes qui précèdent et qui suivent sont de juin 1540.

22029. Lettres ordonnant la tenue des Grands jours à Coutances, du 1er septembre au 15 octobre 1540. Paris, 3 juillet 1540. — 1540. 3 juillet.

Enreg. au Parl. de Rouen, le 13 juillet 1540. Arch. de la Cour, à Rouen, reg. des Grands jours de 1540, fol. 1. 3 pages 1/2.

22030. Déclaration de foi et hommage de Claude de La Fayette, écuyer, seigneur de Saint-Romain, pour la moitié de la seigneurie de Laversine, mouvant de Creil; pour la moitié indivise de trois cents arpents de bois en la forêt de Chantilly, mouvant de Senlis; pour la moitié de la terre de Noisy, mouvant de Beaumont-sur-Oise; et pour la moitié de la terre de Trye, mouvant du Châtelet de Paris. Paris, 3 juillet 1540. — 3 juillet.

Original. Arch. nat., Chambre des Comptes de Paris, P. 16, n° 6049.

22031. Déclaration de l'hommage de Philibert de Beaujeu, seigneur de Landres et de Chaumont-sur-Loire, pour les seigneuries dudit Chaumont, des Rochettes et de la Borde[1], au comté de Blois. Paris, 5 juillet 1540. — 5 juillet.

Vérifiée à la Chambre des Comptes de Blois, le 2 août suivant. Arch. nat., KK. 902, fol. 168. (*Mention.*)

22032. Déclaration de l'hommage rendu par Martin Bergerot, au nom de Philibert de Beaujeu, seigneur de Linières, pour la seigneurie de Chaumont (comté de Blois). 5 juillet 1540. — 5 juillet.

Anc. arch. de la Chambre des Comptes de Blois, lay. C. *Arch. nat.*, P. 1479, fol. 71. (*Mention.*)

22033. Déclaration de l'hommage rendu par Jean d'O, au nom d'Hélène d'Illiers, sa femme, pour la seigneurie de Ménars, au comté de Blois. 9 juillet 1540. — 9 juillet.

Anc. arch. de la Chambre des Comptes de Blois, lay M. *Arch. nat.*, P. 1479, fol. 203 v°. (*Mention.*)

(1) Cette seigneurie est peut-être la même que celle de la Borde ou la Bourde, située « alternativement ès paroisses de Cour-lez-Chiverny et de Tour ». (*Arch. nat.*, KK. 902, fol. 168.)

22034. Mandement au trésorier de l'épargne de payer 200 écus soleil à François Bastonneau, notaire au Châtelet de Paris, pour avoir fait l'inventaire des papiers trouvés dans les coffres du feu chancelier de France [le cardinal Du Prat]. Anet, 18 juillet 1540. — 1540. 18 juillet.

Imp. Catalogue d'autographes de M. A.-P. Dubrunfaut, 1re série, n° 11. Vente des 29 et 30 janvier 1883, par Et. Charavay. (*Mention.*)

22035. Déclaration de foi et hommage de Jacques de La Haye, écuyer, seigneur de Lintot, maréchal des logis du roi, pour ledit fief de Lintot, mouvant de Caudebec. Vatteville, 2 août 1540. — 2 août.

Original. Arch. nat., Chambre des Comptes de Paris, P. 266², n° 2155.

22036. Provisions d'un office d'élu en l'élection de Mortain en faveur de Julien Guilloches, au lieu de Jean Guilloches, décédé. Vatteville, 3 août 1540. — 3 août.

Vérifiées le 13, par les généraux des finances. Enreg. le 14, à la Cour des Aides de Normandie. Arch. de la Seine-Inférieure, Mémoriaux, 2e vol., fol. 202, 1 page 2/3.

22037. Déclaration de l'hommage de Georges de Mainemares, seigneur de Bellegarde, pour un fief de haubert appelé le fief de Tranchevilliers (bailliage d'Évreux, châtellenie de Nonancourt), et deux huitièmes de fief appelés, l'un le fief de Raimbertot, l'autre le fief de la Franchetable (bailliage de Caux, vicomté de Montivilliers). Vatteville, 4 août 1540. — 4 août.

Expéd. orig. Arch. nat., P. 270¹, cote 4014.

22038. Déclaration de foi et hommage d'Alonce de Civille, écuyer, vicomte de Rouen, pour le fief de haubert de Bouville, mouvant de la châtellenie et vicomté de Caudebec. Vatteville, 5 août 1540. — 5 août.

Original. Arch. nat., Chambre des Comptes de Paris, P. 266², n° 2143.

22039. Provisions en faveur d'Antoine-Louis de Sa- — 10 août.

voie, comte de Pancalieri, de l'office de conseiller de robe courte au Parlement de Piémont, dont il avait été investi provisoirement par le maréchal de Montjean (*alias* Montejan), gouverneur de Piémont. Watteville, 10 août 1540. | 1540.

Original. Turin, Arch. di Stato, Pinerolo, mazzo 11, n° 9.

Copie collationnée du 12 avril 1541. Turin, Arch. di Stato, Città et provincia di Saluzzo, conti di tesorieri del re di Francia, n° 3, fol. 123 v°.

22040. Lettres de naturalité en faveur de Jean de Barremi, natif d'Espagne, demeurant à Tarascon depuis vingt-cinq ans. Août 1540 (1). | Août.

Enreg. à la Chancellerie de France. Arch. nat., Trésor des Chartes, JJ. 254, n° 445, fol. 81 v°. 1 page.

22041. Lettres de naturalité en faveur de Michau Chaulet, laboureur, natif de la Moute près Chambéry en Savoie, demeurant à Tarascon. Août 1540 (2). | Août.

Enreg. à la Chancellerie de France. Arch. nat., Trésor des Chartes, JJ. 254, n° 446, fol. 81 v°. 1 page.

22042. Provisions pour Jean d'Haussonville, chevalier, seigneur dudit lieu, de la charge et office de capitaine et garde de l'abbaye de Gorze au diocèse de Metz, en remplacement et sur la résignation de Nicolas de La Tour. Mauny, 3 septembre 1540. | 3 septembre.

Copie collat. à Metz, le 30 juin 1625. Arch. nat., J. 979, n° 14[3].

22043. Déclaration de foi et hommage de Robert Du Bosc, écuyer, pour le plein fief de haubert nommé le Mesnil-Esnard, mouvant de la vicomté de Rouen. Rouen, 5 septembre 1540. | 5 septembre.

Original. Arch. nat., Chambre des Comptes de Paris, P. 265[2], n° 1502.

22044. Mandement au général des finances du Dau- | 8 septembre.

(1) Le nom de lieu manque.
(2) Même observation.

phiné et au trésorier de l'épargne de procéder à l'enregistrement des lettres de don de 200 livres tournois, datées du 23 février 1539 n. s. (n° 10839), en faveur d'Antoine Escalin, dit le Poulain, capitaine du Château-Dauphin. Rouen, 8 septembre 1540. 1540.

Copie du XVIe siècle. Arch. de l'Isère, B. 2910, cah. 135.

22045. Lettres portant autorisation à Mathurin Châtelain, marchand habitant Nantes, de faire venir des duchés de Bretagne, d'Anjou et d'Orléans, jusqu'à cent quarante tonneaux de vin et de les vendre à l'étranger, sauf chez les Génois. Rouen, 11 septembre 1540. 11 septembre.

Copie du temps. Bibl. nat., ms. fr. 5503, fol. 188. 1 page.

22046. Lettres de relief de surannation des lettres de juillet 1515, confirmant les privilèges des habitants de Rouen.....[1], 11 septembre 1540. 11 septembre.

Original. Arch. comm. de Rouen, tiroir 27, n° 1.
Copie collat. du 2 août 1542. Arch. comm. de Rouen, tiroir 9, n° 16, fol. 9 v°. 1 page 1/2.

22047. Déclaration portant que les assises des Grands jours auront lieu, nonobstant la fermeture du Parlement de Rouen; elles s'ouvriront le 23 septembre, et se tiendront à Bayeux à cause de la peste régnant à Coutances. Rouen, 12 septembre 1540. 12 septembre.

Transcrite en tête du registre des Grands jours de 1540, fol. 2 v°. *Arch. de la Cour, à Rouen.* (Cf. lettres du 3 juillet, ci-dessus, n° 22029).

22048. Lettres portant nomination des officiers du Parlement de Rouen appelés à tenir les Grands jours, à Bayeux : François de Marcillac, premier président; Guillaume Tulles, Martin Hennequin, Raoul Boullenc, René Becdelièvre, Baptiste Le Chandelier, Étienne Luillier, Nicolas Panigarola, Jacques Daniel, Robert de Croixmare, Louis Petremol, Jean de 12 septembre.

[1] Le nom de lieu est resté en blanc.

Bauquemare, Nicole Le Sueur, Guillaume Auber, Richard Mansel, conseillers; Laurent Bigot, avocat du roi; Isambert Busquet, substitut du procureur général; Robert de Boislévesque, greffier criminel; Jean Sureau, greffier civil; Anselme Faucon et Robert Schensc, huissiers. Rouen, 12 septembre 1540. 1540.

Transcrites en tête du registre des Grands jours de 1540, fol. 3 v°. *Arch. de la Cour à Rouen.*

22049. Commission à Jean Feu, président au Parlement de Rouen, pour terminer, durant la vacance de ladite cour, les procès des prisonniers détenus à la conciergerie du palais de Rouen. Évreux, 17 septembre 1540. 17 septembre.

Enreg. au Parl. de Rouen. Arch. de la Cour, à Rouen, reg. crim. de 1539-1558, fol. 5. 1 page.

22050. Lettres de renvoi devant la commission présidée par Jean Feu d'un procès pendant entre Gabriel de Limoges, gentilhomme de la vénerie, et Olivier de Limoges, écuyer, seigneur du Mouchel, tuteurs des enfants de feu Roger de Lassay, seigneur de Baubrun, d'une part, et Raoul, Nicolas et Laurent Le Comte, d'autre part, procès précédemment évoqué au Conseil du roi. Anet, 22 septembre 1540. 22 septembre.

Enreg. au Parl. de Rouen. Arch. de la Cour, à Rouen, reg. crim. de 1539-1558.

22051. Commission à Guillaume Du Plessis, seigneur de Liancourt, écuyer tranchant du roi, et à Jacques Le Lieur, maître des eaux et forêts d'Île-de-France, Brie et Champagne, pour vendre des bois de haute futaie. Anet, 22 septembre 1540. 22 septembre.

Mentions dans les états dressés par lesdits commissaires des ventes faites par eux, en conséquence de ladite commission[1]. *Arch. nat.*, K. 905, n°s 48 à 51.

22052. Mandement au vicomte de Beaumont-le-Roger 23 septembre.

[1] Les forêts dans lesquelles ces ventes furent faites sont celles de «Pommeroye» près Creil, Halatte, Fresnes et Cruye, Montfort,

touchant la levée de certaines aides en Normandie. Anet, 23 septembre 1540. 1540.

Original. Bibl. nat., ms. fr. 20436, fol. 44.

22053. Déclaration de l'hommage de Michel Granger pour les trois seizièmes d'une dîme sise à Châtillon-sur-Cher (comté de Blois). 23 septembre 1540. 23 septembre.

Anc. arch. de la Chambre des Comptes de Blois, lay. C. *Arch. nat.*, P. 1479, fol. 86. (*Mention.*)

22054. Provisions, en faveur de Raymond Le Seurin, de l'office de grènetier du grenier à sel nouvellement créé à Bayeux (n° 11623). Mantes, 26 septembre 1540. 26 septembre.

Vérifiées par les généraux des finances, le 1er octobre suivant.

Enreg. à la Cour des Aides de Normandie, le 28 avril 1541. Arch. de la Seine-Inférieure, Mémoriaux, 2e vol., fol. 240. 1 page.

22055. Mandement de payer comptant la somme de 200 écus, à prendre sur la vente de l'office de sergent à cheval au Châtelet de Paris, vacant par le décès de H. de Chaulne. Mantes, 26 septembre 1540. 26 septembre.

Imp. *Catalogue de lettres, etc. d'Auguste Laverdet* à Paris, janvier-mars 1860, n° 4987. (*Mention.*)

22056. Mandement à la Chambre des Comptes et aux trésoriers de France, leur enjoignant de procéder à la vérification et à l'entérinement des lettres d'octobre 1538 (n° 10403), autorisant Guillaume Prudhomme, seigneur de Fontenay-en-Brie, à conserver et entretenir la clôture de pierre protégeant une source dite la Fontaine-Morin, entre Marle et Fontenay. Mantes, 27 septembre 1540. 27 septembre.

Copie du XVIe siècle. Arch. du château de M. Péreire à Armainvilliers (Seine-et-Marne).

22057. Provisions de l'office de gardier de Vienne en Dauphiné pour François Costaing, en remplacement de feu Hector Costaing, son père. Saint-Germain-en-Laye, 9 octobre 1540. 9 octobre.

Copie du XVIe siècle. Arch. de l'Isère, B. 3226, fol. 224. 3 pages.

22058. Lettres de dispense d'âge en faveur de François Costaing, pourvu de l'office de gardier de Vienne par lettres de ce jour. Saint-Germain-en-Laye, 9 octobre 1540. — 1540. 9 octobre.

Copie du XVIe siècle. Arch. de l'Isère, B. 3226, fol. 234. 3 pages.

22059. Mandement de payer à Jean Duval, changeur du Trésor, la somme de 360 livres tournois, pour être employée à la solde des douze mortes-payes établies pour la garde et défense du château de la Bastille. Saint-Prix, 11 octobre 1540. — 11 octobre.

IMP. *Catalogue de lettres autographes.* Vente du 2 mars 1883, par Eug. Charavay, n° 45. (*Mention.*)

22060. Mandement à la Cour des Aides de Normandie de procéder à la publication et à l'enregistrement de l'ordonnance du roi Charles VIII (Paris, 28 mars 1492 n. s.) sur les monnayers de France. Sannois, 15 octobre 1540. — 15 octobre.

Enreg. à ladite cour, le 12 novembre 1540. Arch. de la Seine-Inférieure, Mémoriaux, 2° vol., fol. 207. 1 page.

22061. Lettres commettant Jean Legier à la recette des exploits et amendes de la Cour des Aides de Normandie, en attendant que Guillaume Le Sueur, titulaire de ladite recette, ait rendu ses comptes et versé son cautionnement. Saint-Prix, 18 octobre 1540. — 18 octobre.

Vérifiées par les généraux des finances, le 21 décembre 1540.

Enreg. à la Cour des Aides de Normandie, le 12 janvier 1541 n. s. Arch. de la Seine-Inférieure, Mémoriaux, 2° vol., fol. 222. 1 page 1/2.

22062. Lettres d'assignation sur la recette des exploits et amendes de la Cour des Aides de Normandie d'une somme de 1,000 livres tournois, destinée à l'achèvement des bâtiments occupés par ladite cour et par l'élection de Rouen. Saint-Prix, 18 octobre 1540. — 18 octobre.

Vérifiées par les généraux des finances, le 22 dé-

cembre 1540, et par Jean Duval, trésorier de l'épargne, le 7 janvier 1541 n. s. 1540.

Enreg. à ladite Cour, le 12 janvier 1541 n. s. Arch. de la Seine-Inférieure, Mémoriaux, 2e vol., fol. 223, 1 page 1/4.

22063. Commission à la Chambre des Comptes de Blois pour recevoir des habitants de ladite ville et de sa banlieue la déclaration de leurs maisons et hébergements, destinée à assurer le recouvrement du droit de festage, établi par Thibaut, comte de Blois, en janvier 1213 n. s. Maisons, 26 octobre 1540. 26 octobre.

Transcription en tête du registre desdites déclarations. Arch. nat., Q[1] 450[6], fol. 7.

22064. Mandement à Claude de Bourges, général des finances en Piémont, de payer à Antoine-Louis de Savoie, comte de Pancalieri, les gages attachés à l'office de conseiller chevalier au Parlement de Piémont, dont il a été investi. Maisons, 26 octobre 1540. 26 octobre.

Copie collationnée du 12 avril 1541. Turin, Arch. di Stato, Citta et provincia di Saluzzo, conti de tesorieri del re di Francia, n° 3, fol. 131.

22065. Prorogation pour cinq ans de l'exemption de tailles et subsides précédemment accordée, le 31 janvier 1537 n. s. (n° 21184), aux habitants de Mézières. Maisons, 26 octobre 1540. 26 octobre.

Vérifiée par la Chambre des Comptes de Paris, le 24 septembre 1541, par les généraux des finances, le 8 novembre 1540, et par les élus de Rethelois, le 22 août 1541.

Original. Arch. comm. de Mézières, AA. 5.

22066. Déclaration de foi et hommage de Jean de La Chesnaye, notaire et secrétaire du roi, pour 400 livres tournois de rente assise sur la terre de Villethierry, mouvant de Sens. Paris, 27 octobre 1540. 27 octobre.

Original. Arch. nat., Chambre des Comptes de Paris, P. 14, n° 5151.

22067. Lettres de réception du serment de fidélité du 30 octobre.

cardinal de Givry, pour le temporel de l'évêché d'Amiens. Paris, 30 octobre 1540. | 1540.

Expéd. orig. Arch. nat., P. 725[2], cote 274.

22068. Lettres de naturalité en faveur de Raymond Sac, natif de Casal au duché de Milan, marchand établi et marié à Paris. Saint-Prix, octobre 1540. | Octobre.

Enreg. à la Chancellerie de France. Arch. nat., Trésor des Chartes, JJ. 254, n° 427, fol. 77 v°. 1 page.

22069. Déclaration interprétative de l'ordonnance du 19 juin 1539 (n° 11062) sur l'imposition du bétail à pied fourché. Paris, 2 novembre 1540. | 2 novembre.

Copie du XVIe siècle[1]. *Arch. nat., Cartulaire de l'Hôtel de Ville de Paris*, KK. 1012, fol. 5.

22070. Mandement aux baillis, sénéchaux, etc. de faire défense de vendre du salpêtre à qui que ce soit, de s'informer de ceux qui en ont trafiqué malgré les prohibitions, et de faire commandement à ceux qui en détiennent de l'apporter incontinent dans les greniers établis à cet effet. Paris, 3 novembre 1540. | 3 novembre.

Copie sur l'original présenté aux États tenus à Villefranche-de-Rouergue, le 7 décembre 1540. Arch. de la ville de Rodez, fonds de la cité, EE. 5.

22071. Provisions, en faveur de Jacques Cartier, de l'état de capitaine général de l'expédition envoyée aux « pays de Canada et Ochillagua, et jusques à la terre de Saguenay ». Paris, 3 novembre 1540. | 3 novembre.

Enreg. au Parl. de Rouen. Arch. de la Cour, à Rouen, reg. crim. de 1539-1558, fol. 6 v°.

22072. Mandement aux baillis d'Amiens, de Vermandois et de Senlis, aux sénéchaux de Ponthieu et du Boulonnais, au gouverneur de Péronne, Montdidier et Roye, de faire droit sur la requête de René de Laubier, protonotaire du | 3 novembre.

(1) Cette copie, qui occupait les feuillets 5 à 8, se trouve tronquée par suite de la lacération du feuillet 7.

Saint-Siège, pourvu de l'abbaye de Saint-Jean-au-Mont-lès-Térouanne, en remplacement de Pierre Disque, demandant la restitution des terres et possessions de l'abbaye situées dans l'Artois, la Flandre et le Hainaut, qui avaient été saisies au nom de l'empereur pendant les dernières guerres. Paris, 3 novembre 1540. — 1540.

Original, Arch. nat., supp. du Trésor des Chartes, J. 809, n° 4.

22073. Lettres de renvoi au Grand conseil d'un procès pendant au Parlement de Rouen, entre l'archevêque et le chapitre dudit lieu, d'une part, et les bourgeois, d'autre part, touchant les droits prétendus par lesdits archevêque et chapitre sur la ferme et l'amodiation de la vicomté de Rouen. Paris, 6 novembre 1540. — 6 novembre.

Copie du temps. Arch. de la Seine-Inférieure, G. 3716.

22074. Déclaration de l'hommage rendu par Jean de La Marche, au nom de Joachim de Sévigné et de Marie de Quénellec, sa femme, pour un tiers de fief de la baronnie de Crépon (bailliage et vicomté de Caen). Paris, 6 novembre 1540. — 6 novembre.

Expéd. orig. Arch. nat., P. 273[1], cote 5691.

22075. Déclaration de l'hommage de Jean d'Escoubleau pour la châtellenie de Châteaufort, acquise par lui de Nicolas de Poncher. 12 novembre 1540. — 12 novembre.

Vérifiée à la Chambre des Comptes de Paris, le 12 novembre 1540. Arch. de Seine-et-Oise, série D, fonds de Saint-Cyr, 18e carton de Chevreuse, inventaire des titres de Châteaufort et Jouy-en-Josas, dressé en 1549, fol. 4 v°. (*Mention.*)

22076. Lettres portant confirmation en faveur de François d'Agoult, seigneur de Sault, et de ses successeurs seigneurs de Sault et de la vallée du même nom, des privilèges contenus dans un contrat passé en 1291, entre Charles II, roi de Sicile et de Jérusalem, comte de Provence, — 15 novembre.

et Isnard d'Entraunes, seigneur souverain du pays de Sault, et entre autres du droit d'instituer à Sault des notaires pour y recevoir tous contrats. Fontainebleau, 15 novembre 1540. — 1540.

Enreg. au Parl. de Provence.
Imp. L'abbé Expilly, *Dictionnaire géogr., hist., etc. des Gaules et de la France.* Amsterdam et Paris, in-fol., t. VII, 1770, p. 659.

22077. Lettres de réception du serment de fidélité de Charles de Bourbon, pour le temporel de l'évêché de Nevers. Fontainebleau, 24 novembre 1540. — 24 novembre.

Expéd. orig. Arch. nat., P. 725², cote 275.

22078. Édit portant qu'en exécution des bulles des papes Léon X (1515) et Clément VII (1525) accordées au duc de Savoie, les appellations des sentences des juges temporels des évêques, prélats et autres ecclésiastiques, en matière civile et criminelle, doivent ressortir au Parlement de Savoie, lesdits prélats prétendant ne relever que de la cour de Rome. Fontainebleau, 30 novembre 1540. — 30 novembre.

Arch. du Sénat de Savoie, à Chambéry, Reg. des édits, bulles, lettres patentes, t. I, fol. 1 r°.

22079. Commission à Raymond Pelisson, président du Parlement de Savoie, pour recueillir et envoyer à la Chambre des Comptes de Grenoble tous les titres, chartes et autres documents des archives de Chambéry, qui font mention de la rivière du Guiers, servant de limite entre la Savoie et le Dauphiné. Fontainebleau, 30 novembre 1540. — 30 novembre.

Copie du XVIe siècle. Arch. de l'Isère, B. Chambre des Comptes, fonds de Savoie. 1 page 1/4.

22080. Mandement au bailli de Vermandois de faire restituer à Jean de Ligne, marchand danois, la somme de 373 écus d'or, produit de la vente de chevaux qu'il avait amenés à Paris, laquelle somme avait été saisie sur lui à Saint-Quentin, en exécution de la récente ordonnance (n° 11637), lorsqu'il repartait — Novembre.

pour le Danemark. Fontainebleau, .. novembre 1540. 1540.

Copie du temps. Bibl. nat., ms. fr. 5503, fol. 193. 3/4 de page.

22081. Déclaration de l'hommage de Guy, comte de Laval, pour ledit comté, mouvant de la tour du Louvre. Fontainebleau, 4 décembre 1540. 4 décembre.

Expéd. orig. Arch. nat., P. 351, cote 45.

22082. Déclaration de l'hommage de Guy, comte de Laval, pour la vicomté de Saint-Florentin et les châtellenies d'Ervy-le-Châtel, Dannemoine, Séant-en-Othe (auj. Bérulles), etc., mouvant de la grosse tour de Troyes et échues audit Guy et à Claude de Foix, sa femme, par suite du décès d'Henri de Foix, seigneur de Lautrec, leur beau-frère et frère. Fontainebleau, 4 décembre 1540. 4 décembre.

Expéd. orig. Arch. nat., p. 166[1], cote 2132.

22083. Déclaration de foi et hommage de Guy, comte de Laval, pour les seigneuries d'Orval et de Bruyères, mouvant d'Ainay-le-Château, pour la seigneurie d'Épineuil, mouvant d'Hérisson, et pour la seigneurie de Châteaumeillant, mouvant d'Issoudun. Fontainebleau, 4 décembre 1540. 4 décembre.

Original. Arch. nat., Chambre des Comptes de Paris, P. 16, n° 6050.

22084. Déclaration de foi et hommage de Guy, comte de Laval, à cause de sa femme, Claude de Foix, pour la seigneurie de Champ-de-Vaux, mouvant d'Auxerre. Fontainebleau, 4 décembre 1540. 4 décembre.

Original. Arch. nat., Chambre des Comptes de Paris, P. 14, n° 5152.

22085. Déclaration de foi et hommage de Guy, comte de Laval, pour les seigneuries de Radepont, Pont-Saint-Pierre et du Bourg-Beaudoin, mouvant du duché de Normandie. Fontainebleau, 4 décembre 1540. 4 décembre.

Original. Arch. nat., Chambre des Comptes de Paris, P. 265[2], n° 1501.

22086. Déclaration de l'hommage de Marguerite de Clefmont, veuve d'Artus Le Blanc, pour les biens possédés par elle et Claude Le Blanc, écuyer, son fils, dans les seigneuries de Minot et Thorey (bailliage de la Montagne) et à Odival (bailliage de Chaumont, châtellenie de Nogent-le-Roi). Fontainebleau, 7 décembre 1540. — 1540. 7 décembre.

Expéd. orig. Arch. nat., P. 163[2], cote 1166.

22087. Déclaration de l'hommage de Claude Le Blanc, écuyer, pour la part lui appartenant des terres de Minot et Thorey (bailliage de la Montagne), et Odival (bailliage de Chaumont). Fontainebleau, 7 décembre 1540. — 7 décembre.

Expéd. orig. Arch. nat., P. 166[2], cote 2528.

22088. Déclaration de l'hommage d'Edme de Regnier, seigneur de Guercy (*aliàs* Quercy), porte-enseigne de la compagnie de M. de Piennes, pour le quart par indivis de la seigneurie de la Ferté-Imbault, mouvant du château de Blois, et lui appartenant à cause de Françoise d'Étampes, sa femme. Fontainebleau, 12 décembre 1540. — 12 décembre.

Expéd. orig. Arch. nat., P. 1472[2], cote 12.
Anc. arch. de la Chambre des Comptes de Blois, lay. F. *Arch. nat.*, P. 1479, fol. 120. (*Mention*, sous la date du 12 septembre 1540.)

22089. Mandement à Jean Duval, trésorier de l'épargne, de rembourser à Catherine de Saint-Aubin, demoiselle de la maison de Madame la Dauphine et de Marguerite de France, la somme de 67 livres 10 sous tournois, qu'elle avait avancée au roi, au mois de juin précédent, pour l'achat d'une bordure de collet d'or émaillée de rouge. Fontainebleau, 13 décembre 1540. — 13 décembre.

Original. Arch. nat., K. 87, n° 13.

22090. Commission à François Callon, seigneur de la Porte, conseiller au Parlement de Bretagne, et à Gilles, seigneur de Boisguéméné, procureur des États dudit pays, pour procéder au fait de la réduction et limitation du nombre — 20 décembre.

des notaires en Bretagne. Fontainebleau, 20 décembre 1540. | 1540.

Copie du temps. Bibl. nat., ms. fr. 5503, fol. 173. 2 pages 1/2.

22091. Provisions de l'office de procureur du roi en l'élection de Valognes en faveur de Martin Quidebarge, sur la résignation faite à son profit par Robert Pinel. Fontainebleau, 20 décembre 1540. | 20 décembre.

Vérifiées par les généraux des finances, le 21 février 1541 n. s.

Enreg. à la Cour des Aides de Normandie, le 14 mars 1544 n. s. Arch. de la Seine-Inférieure, Mémoriaux, 2e vol., fol. 380. 2 pages.

22092. Déclaration de l'hommage de Jean de La Porte, écuyer, seigneur des Deux-Lions, pour le quart par indivis de la baronnie de la Ferté-Imbault, au bailliage de Blois, lui appartenant à cause de Claude, fille de feu Jean d'Etampes, sa femme. Fontainebleau, 29 décembre 1540. | 29 décembre.

Expéd. orig. Arch. nat., P. 1472[2], cote 13. *Arch. nat.*, P. 1479, fol. 129 v°. (*Mention.*)

22093. Déclaration de foi et hommage de René de Prunelé, seigneur d'Herbault, pour la vidamie et baronnie d'Esneval, mouvant du duché de Normandie, qu'il tenait à cause de sa femme, Anne de Dreux. Fontainebleau, 31 décembre 1540. | 31 décembre.

Original. Arch. nat., Chambre des Comptes de Paris, P. 265[2], n° 1729.

22094. Lettres de naturalité en faveur de Pierre Lauffrin, marchand, demeurant à Forcalquier, natif du Comtat-Venaissin. Fontainebleau, décembre 1540. | Décembre.

Enreg. à la Chancellerie de France. Arch. nat., Trésor des Chartes, JJ. 255[1], n° 52, fol. 21 v°. 1 page.

22095. Lettres de naturalité en faveur de Pierre Rousset, natif du Comtat-Venaissin, marchand hôte- | Décembre.

lier, demeurant à Manosque. Fontainebleau, décembre 1540. 1540.

Enreg. à la Chancellerie de France. Arch. nat., Trésor des Chartes, JJ. 255[1], n° 51, fol. 21. 1 page.

22096. Lettres de naturalité en faveur de Bernard de Gallesia (*aliàs* Galisia), natif du marquisat de Montferrat, marié et fixé à Castellane en Provence depuis trente ans. Fontainebleau, décembre 1540. Décembre.

Enreg. à la Chancellerie de France. Arch. nat., Trésor des Chartes, JJ. 255[1], n°s 6, fol. 2 v°, et 40, fol. 18 v°. 1 page. (Double.)

22097. Mandement à Jean Duval, changeur du trésor, de payer 7,552 livres 6 sous 8 deniers tournois à François Chefdebien, payeur des compagnies de quatre-vingts lances des ordonnances en la sénéchaussée de Toulouse. 1540. 1540.

Imp. *Catalogue des chartes du cabinet de M. de M. (Magny)*. Vente des 18-22 mars 1867, par Jacques Charavay aîné, n° 1279. (*Mention.*)

22098. Mandement à Jean Laguette, receveur général des finances, de payer pour deux années d'appointements 1,200 livres tournois à Baptiste d'Auvergne, tireur d'or. 1540. 1540.

Imp. *Catalogue des chartes du cabinet de M. de M. (Magny)*. Vente du 18-22 mars 1867, par Jacques Charavay aîné, n° 1277. (*Mention.*)

1541. — Pâques, le 17 avril.

1541.

22099. Lettres prorogeant pour six ans, en faveur des habitants de Chalons, l'octroi du quatrième denier sur le vin vendu en détail, pour en appliquer le revenu aux travaux des fortifications. Fontainebleau, 7 janvier 1540. 7 janvier.

Arch. de la ville de Châlons (Marne), CC. Octrois.

22100. Déclaration de foi et hommage de Pierre Perreau, docteur en médecine, demeurant à Moulins, pour une maison située sur la pa- 8 janvier.

roisse de Saint-Bonnet et mouvant de Moulins. Melun, 8 janvier 1540. 1541.

Original. Arch. nat., Chambre des Comptes de Paris, P. 14, n° 4960.

22101. Lettres de naturalité pour Laurent Pucci, sous-doyen de l'église de Florence. Fontainebleau, 9 janvier 1540. 9 janvier.

Original. Florence, Archivio di Stato, Strazziane Uguccioni.

22102. Lettres portant don viager à Nicolas de Bernay et à Anne d'Alençon, sa femme, de la maison seigneuriale de Tremblevif (auj. Saint-Viâtre) et du jardin y attenant. 12 janvier 1540. 12 janvier.

Présentées à la Chambre des Comptes de Blois, le 7 avril 1541 n. s. Arch. nat., KK. 902, fol. 177 v°. (*Mention.*)

22103. Mandement à Jean Duval, trésorier de l'épargne, de payer à Charles Artus la somme de 45 livres tournois, à lui allouée en récompenses de ses services militaires, et « pour luy ayder à soy faire mediciner » d'une blessure qu'il avait reçue en Piémont. Fontainebleau, 13 janvier 1540. 13 janvier.

Original. Arch. nat., K. 87, n° 15.

22104. Lettres autorisant Anne de Montmorency, connétable de France, capitaine de Saint-Malo, à faire transporter, pour l'approvisionnement du château dudit lieu, la quantité de deux pipes de vin, sans payer aucun impôt. Fontainebleau, 24 janvier 1540. 24 janvier.

Copie du temps. Bibl. nat., ms. fr. 5503, fol. 198 v°. 1 page.

22105. Mandement à Jean Duval, trésorier de l'épargne, de payer à Emmanuel Riccio, marchand à Anvers, la somme de 139,500 livres tournois pour fourniture faite au roi d'un grand diamant enchâssé dans un anneau d'or. Fontainebleau, 26 janvier 1540. 26 janvier.

Original. Arch. nat., K. 87, n° 16.

22106. Lettres de naturalité en faveur de Berthomier Janvier.

Susse, natif de Vintimille (Rivière de Gênes), demeurant à Marseille avec femme et enfants. Fontainebleau, janvier 1540. 1541.

Enreg. à la Chancellerie de France. Arch. nat., Trésor des Chartes, JJ. 255¹, n° 19, fol. 10 v°. 1 page.

22107. Lettres de don à Jean Torino, colonel des gens de guerre à pied, du droit d'habitation dans le château de Stupinigi, près Turin. Fontainebleau, 6 février 1540. 6 février.

Copie du XVIᵉ siècle. Turin, Arch. di Stato, Torino, mazzo 20, n° 8.

22108. Déclaration de foi et hommage de Guillaume Guérin, comme procureur de Pierre Perdriel, notaire et secrétaire du roi, pour la seigneurie de la Trompaudière (paroisse de Coussay-les-Bois), mouvant de Loches, ayant appartenu à feu Marc Le Groing. Fontainebleau, 6 février 1540. 6 février.

Original. Arch. nat., Chambre des Comptes de Paris, P. 13, n° 4433.

22109. Lettres ordonnant l'exécution d'un arrêt rendu par le Parlement de Grenoble, en faveur d'Hugues Bompart, écuyer, sʳ de Magnan. Fontainebleau, 8 février 1540. 8 février.

Copie du XVIᵉ siècle. Arch. de l'Isère, B. 2334, fol. 74. 1 page 1/2.

22110. Provisions d'un office d'élu en l'élection de Caudebec, en faveur de Michel Pinel, au lieu de Pierre Doulcet, décédé. Cléry, 14 février 1540. 14 février.

Vérifiées par les généraux des finances, le 2, et enreg. à la Cour des Aides de Normandie, le 7 mars 1541 n. s. Arch. de la Seine-Inférieure, Mémoriaux, 2ᵉ vol., fol. 233. 1 page 1/2.

22111. Déclaration de foi et hommage de Robert Briselet, licencié ès lois, pour la terre et prévôté de Tournedos-sur-Seine, mouvant du Vaudreuil. Cléry, 17 février 1540. 17 février.

Original. Arch. nat., Chambre des Comptes de Paris, P. 265², n° 1495.

22112. Provisions d'un office d'élu en l'élection d'Arques, en faveur de Robert Boullon, au lieu de Jean Duval, décédé. Chambord, 21 février 1540. — 1541. 21 février.

Vérifiées par les généraux des finances, le 8 mars 1541 n. s.

Enreg. à la Cour des Aides de Normandie, le 11 mars 1541 n. s. Arch. de la Seine-Inférieure, Mémoriaux, 2e vol., fol. 234 v°. 1 page 1/2.

22113. Déclaration de l'hommage de Robert d'Étampes, écuyer, pour le quart de la baronnie de la Ferté-Imbault, au bailliage de Blois. Chambord, 24 février 1540. — 24 février.

Expéd. orig. (duplicata). Arch. nat., P. 1472², cote 14.

Anc. arch. de la Chambre des Comptes de Blois, lay. F. *Arch. nat.*, P. 1479, fol. 127 v° et 128. (*Mentions.*)

22114. Déclaration de l'hommage rendu par Robert d'Étampes au nom de Jean, son frère, pour le quart de la baronnie de la Ferté-Imbault. Chambord, 24 février 1540. — 24 février.

Expéd. orig. Arch. nat., P. 1472², cote 15.

Anc. arch. de la Chambre des Comptes de Blois, lay. F. *Arch. nat.*, P. 1479, fol. 120 v°. (*Mention.*)

22115. Déclaration de foi et hommage de Bertaut Jallon, seigneur de Narbonne (paroisse de Joué-lès-Tours), pour ladite terre mouvant d'Amboise. Blois, 27 février 1540. — 27 février.

Original. Arch. nat., Chambre des Comptes de Paris, P. 12, n° 3986.

22116. Lettres de naturalité en faveur d'Andrieu Franciscot, natif du diocèse de Turin, établi et marié à Marseille. Fontainebleau, février 1540. — Février.

Enreg. à la Chancellerie de France. Arch. nat., Trésor des Chartes, JJ. 255¹, n° 24, fol. 13. 1 page.

22117. Lettres de naturalité en faveur de Nicolas Giannis, natif de Florence en Italie, demeu- — Février.

rant à Arles en Provence depuis cinquante ans. Fontainebleau [février 1540[1]]. 1541.

Enreg. à la Chancellerie de France. Arch. nat., Trésor des Chartes, JJ. 255[1], n° 16, fol. 9, 1 page.

22118. Lettres de naturalité en faveur de François Peyran, tonnelier, natif de Savone, demeurant à Marseille avec sa femme et ses enfants. Fontainebleau, février 1540. Février.

Enreg. à la Chancellerie de France. Arch. nat., Trésor des Chartes, JJ. 255[1], n° 12, fol. 6, 1 page 1/2.

22119. Lettres de naturalité en faveur de Jean Curon, natif d'Espagne, marié et demeurant à Rouen. Fontainebleau, février 1540. Février.

Enreg. à la Chancellerie de France. Arch. nat., Trésor des Chartes, JJ. 255[1], n° 11, fol. 5 v°. (*Mention.*)

22120. Déclaration concernant les gages des conseillers du Parlement de Rouen. 1er mars 1540. 1er mars.

Enreg. au Parl. de Rouen, le 29 mars 1541 n. s. Bibl. de Rouen, ms. E. 57, fol. 7 v°. (*Mention.*)

22121. Déclaration de foi et hommage de Payen d'Averton, chevalier, seigneur de Tollevast, pour la seigneurie de Tollevast et la sergenterie héréditaire dudit lieu, mouvant de Saint-Sauveur-le-Vicomte. Blois, 3 mars 1540. 3 mars.

Original. Arch. nat., Chambre des Comptes de Paris, P. 268[3], n° 3400.

22122. Déclaration de l'hommage de Bonne Cottereau pour le fief de la Borde-Blanche et le seizième de la dîme de Montlivault, au comté de Blois. 3 mars 1540. 3 mars.

Anc. arch. de la Chambre des Comptes de Blois, lay. B. *Arch. nat.*, P. 1479, fol. 44. (*Mention.*)

22123. Déclaration de l'hommage de Pierre de Montalais pour sa part de la seigneurie de Cour-sur-Loire, au comté de Blois. 3 mars 1540. 3 mars.

Anc. arch. de la Chambre des Comptes de Blois, lay. C. *Arch. nat.*, P. 1479, fol. 69 v°. (*Mention.*)

[1] La seconde partie de la date est en blanc; elle est complétée ici d'après les actes enregistrés avant et après dans le registre.

22124. Provisions de l'office de sergent royal au bailliage de Pontvallain, dans le Maine, en faveur de Michel Louel, sur la résignation faite à son profit par Guérin Renoul. Blois, 5 mars 1540. 1541. 5 mars.

Enreg. aux Assises royales du Mans. Arch. nat., Z[2] 1305 (non folioté).

22125. Déclaration de foi et hommage de Catherine Regnart, veuve d'Antoine Fedeau, et d'André Fedeau, licencié ès lois, son fils, pour la seigneurie de Rochefort mouvant du duché de Bourbonnais. Blois, 8 mars 1540. 8 mars.

Original. Arch. nat., Chambre des Comptes de Paris, P. 14, n° 4961.

22126. Déclaration de foi et hommage de Pierre Perreau, docteur en médecine, demeurant à Moulins, pour douze setiers et huit boisseaux de froment (mesure de Bourbon), mouvant de Bourbon-l'Archambault. Blois, 10 mars 1540. 10 mars.

Original. Arch. nat., Chambre des Comptes de Paris, P. 14, n° 4962.

22127. Mandement au dauphin de convoquer le ban et l'arrière-ban du duché de Bretagne pour en faire la montre le 15 septembre suivant. Blois, 19 mars 1540. 19 mars.

Enreg. au Parl. de Bretagne.

Imp. Dom Morice, *Histoire de Bretagne*, Preuves, t. III, col. 1041.

22128. Mandement aux commissaires députés pour faire la réduction du nombre des notaires et tabellions en Bretagne, nommés le 20 décembre 1540 (n° 22090), de passer outre au fait de ladite réduction, nonobstant les oppositions et appels, lesquels seront évoqués au Conseil privé. Blois, 19 mars 1540. 19 mars.

Copie du temps. Bibl. nat., ms. fr. 5503, fol. 200. 2 pages 1/2.

22129. Déclaration de foi et hommage de Guillaume Poyet, chancelier de France, seigneur de Beynes, pour la seigneurie du Chêne-Ro- 19 mars.

gneux mouvant de Montfort-l'Amaury. Blois, 19 mars 1540. 1541.

Original. Arch. nat., Chambre des Comptes de Paris, P. 7, n° 2373.

22130. Déclaration de foi et hommage de Charles de Maillé, écuyer, seigneur de l'Islette, pour ladite seigneurie (sise à Cheillé), mouvant de Chinon. Blois, 21 mars 1540. 21 mars.

Original. Arch. nat., Chambre des Comptes de Paris, P. 13, n° 4434.

22131. Déclaration de l'hommage de Charles de Maillé pour le tiers de la seigneurie du quartier de Blois. 21 mars 1540. 21 mars.

Anc. arch. de la Chambre des Comptes de Blois, lay. Q. *Arch. nat.*, P. 1479, fol. 328 v°. (*Mention.*)

22132. Déclaration de l'hommage de Jacqueline de Bailly, veuve de Jean Budé, trésorier et garde des chartes, pour un dixième de la seigneurie d'Yerres, acquis de Dreux Budé, écuyer, et pour trois arpents trois quartiers de bois sis audit lieu, acquis de Jacques Budé, écuyer, le tout mouvant du château de Corbeil. 28 mars 1540. 28 mars.

Vérifiée à la Chambre des Comptes de Paris, le 14 juin 1541. Arch. de Seine-et-Oise, A. 898. (*Mention.*)

22133. Lettres de légitimation accordées à Renaud Raymond, fils naturel de m^e Ponce Raymond et de Jeanne Dunoir, et à Anne Raymond, fille naturelle dudit Arnaud (*sic*) Raymond et de Jeanne de Corbie. Blois, mars 1540. Mars.

Enreg. à la Chancellerie de France. Arch. nat., Trésor des Chartes, JJ. 255[1], n° 74, fol. 26. 1 page.

22134. Lettres de naturalité en faveur de Laurent Alys, natif de Piémont, demeurant à Marseille. Blois, mars 1540. Mars.

Enreg. à la Chancellerie de France. Arch. nat., Trésor des Chartes, JJ. 255[1], n° 36, fol. 17. 1 page.

22135. Lettres de naturalité en faveur de Gilles Breton, natif d'Avignon. Blois, mars 1540. Mars.

Enreg. à la Chancellerie de France. Arch. nat.,

Trésor des Chartes, JJ. 255[1], n° 38, fol. 18. 1/2 page. 1541.

22136. Lettres de naturalité en faveur de Bernard Olivier, natif du marquisat de Montferrat, fixé depuis vingt ans à Draguignan. Blois, mars 1540. Mars.

Enreg. à la Chancellerie de France. Arch. nat., Trésor des Chartes, JJ. 255[1], n° 68, fol. 25. 1/2 page.

22137. Lettres de naturalité en faveur d'Antoine Tulle, écuyer, natif d'Avignon et y demeurant avec sa femme et ses enfants. Blois, mars 1540. Mars.

Enreg. à la Chancellerie de France. Arch. nat., Trésor des Chartes, JJ. 255[1], n° 26, fol. 13 v°. 1 page.

22138. Lettres de naturalité en faveur de Jean Guillon, natif d'Avignon. Amboise, mars 1540. Mars.

Enreg. à la Chancellerie de France. Arch. nat., Trésor des Chartes, JJ. 255[1], n° 34, fol. 16 v°. 1 page.

22139. Lettres de naturalité en faveur de François Malvetis, natif du duché de Milan, demeurant à Aix en Provence. Amboise, mars 1540. Mars.

Enreg. à la Chancellerie de France. Arch. nat., Trésor des Chartes, JJ. 255[1], n° 30, fol. 15 v°. 1 page.

22140. Lettres de naturalité en faveur de Jean Martin, laboureur, demeurant à Auriol en Provence, natif de Sicile. Amboise, mars 1540. Mars.

Enreg. à la Chancellerie de France. Arch. nat., Trésor des Chartes, JJ. 255[1], n° 31, fol. 15 v°. 1 page.

22141. Mandement au Parlement de Grenoble de faire une enquête sur la prétention de Guigue de Morges, seigneur de la Motte-Saint-Martin, de faire construire un pont sur le Drac entre la Motte-Saint-Martin et Avignonet. Amboise, 11 avril 1540. 11 avril.

Enreg. au Parl. de Grenoble. Arch. de l'Isère, B. 2952, cah. 71. 4 pages 1/2.

22142. Déclaration de foi et hommage de Bertrand de 11 avril.

Bailleul, valet de chambre ordinaire du roi, pour le plain fief de haubert dit le fief aux Maillots (Theuville-aux-Maillots), mouvant de Caudebec. Amboise, 11 avril 1540. 1541.

Original. Arch. nat., Chambre des Comptes de Paris, P. 266², n° 2147.

22143. Lettres portant réduction à 2,000 écus d'or soleil de la somme de 4,000 écus d'or soleil, montant de la cotisation du chapitre cathédral de Paris, pour les emprunts faits par le roi au clergé de France, en 1537 et 1538. Amboise, 15 avril 1540. 15 avril.

Original. Anciennes archives dudit chapitre, Privilèges, liasse 17, cote 579. *Arch. nat.*, L. 466, n° 62 (anc. L. 445, n° 65).

22144. Lettres de don à Charlotte Pelé, nourrice de feu la reine Claude, d'une pension annuelle de 200 livres tournois, à prendre pendant quatre années consécutives sur la recette ordinaire de Blois. Amboise, 15 avril 1540. 15 avril.

Mention au journal de la Chambre des Comptes de Blois. Arch. nat., KK. 902, fol. 190.

22145. Provisions de l'office de censier du domaine du comté de Blois, en faveur de Simon Creste. 16 avril 1540. 16 avril.

Vérifiées à la Chambre des Comptes de Blois, le 5 novembre 1545. Arch. nat., KK. 902, fol. 238 v°. (*Mention.*)

22146. Lettres de naturalité en faveur de Macé Dollé, natif de « la Boigne en Terreneuve », marié et établi à Fréjus. Blois, avril 1540. Avril.

Enreg. à la Chancellerie de France. Arch. nat., Trésor des Chartes, JJ. 255¹, n° 29, fol. 14 v°. 1 page.

22147. Lettres de naturalité en faveur de Rodrigue Ruprelle, marchand, natif d'Avignon et y demeurant. Blois, avril 1540. Avril.

Enreg. à la Chancellerie de France. Arch. nat., Trésor des Chartes, JJ. 255¹, n° 27, fol. 14. 1 page.

22148. Déclaration de foi et hommage de Claude Berruyer, seigneur des Gardes, pour ladite sei- 3 mai.

gneurie (sise en la paroisse Saint-Ours de Loches), mouvant de Loches. Amboise, 3 mai 1541. 1541.

Original. Arch. nat., Chambre des Comptes de Paris, P. 13, n° 4437.

22149. Déclaration de foi et hommage de Louise Mignet, veuve d'Antoine Sorée, en son nom et comme tutrice de son fils, Antoine Sorée, pour la seigneurie de la Michelinière, mouvant d'Amboise. Amboise, 4 mai 1541. 4 mai.

Original. Arch. nat., Chambre des Comptes de Paris, P. 12, n° 3987.

22150. Lettres d'évocation à la personne du roi et renvoi au grand maître des Eaux et forêts, assisté des conseillers commis au jugement des procès engagés par suite de la réformation de la forêt de Thelle, des procès intervenus entre le procureur du roi, d'une part, et Jean de Brunaulieu, dit Baudot, écuyer, et ses consorts, les seigneurs de la Neuville-sur-Auneuil et de la Houssaye, d'autre part. Châtellerault, 26 mai 1541. 26 mai.

Enreg. aux Eaux et forêts. Arch. nat., Z[1e] 869, fol. 288. 3 pages 1/2.

22151. Déclaration de l'hommage de Jean de Refuge pour une « mouée » de terre sise au Villiers-Saint-Martin (paroisse de la Chapelle-Saint-Martin), au comté de Blois. 27 mai 1541. 27 mai.

Anc. arch. de la Chambre des Comptes de Blois, lay. V. *Arch. nat.*, P. 1479, fol. 408 v°. (*Mention.*)

22152. Lettres accordant à Jacques d'Astarac (*aliàs* Estrac), s[r] de Fontrailles, condamné à 6,000 livres tournois d'amende envers le roi par arrêt du Parlement de Toulouse, un délai de six mois pour se procurer cette somme, et son élargissement pendant ce temps. Châtellerault, 31 mai 1541. 31 mai.

Entérinées au Parl. de Paris, le 28 novembre 1541. Arch. nat., X[2a] 92, à la date (non folioté). (*Mention.*)

22153. Lettres de naturalité en faveur de Lucain Eseldrant, natif de Quier (Chieri) en Piémont, demeurant à Aix en Provence. Amboise, mai 1541. — 1541. Mai.

Enreg. à la Chancellerie de France. Arch. nat., Trésor des Chartes, JJ. 255[1], n° 47, fol. 20. 1/2 page.

22154. Mandement à la Cour des Aides de Normandie de prononcer sur la requête de Charles Dubois, de Pierre Mercardey, de Guillaume Lemoine et de Nicolas de Bordeaux, marchands demeurant à Vernon, tendant à obtenir pour trois ans la grande ferme de la vicomté de l'eau de Rouen, moyennant la somme de 1,000 livres tournois. Châtellerault, 2 juin 1541. — 2 juin.

Enreg. à la Cour des Aides de Normandie, le 27 juillet 1541. Arch. de la Seine-Inférieure, Mémoriaux, 2e vol., fol. 242. 1 page.

22155. Lettres portant rétablissement de Raymond Forget en la charge de trésorier et payeur des bâtiments de Chambord. 9 juin 1541. — 9 juin.

Imp. André Félibien, *Mémoires pour servir à l'histoire des maisons royales*. Paris, J. Baur, 1874, in-8°, p. 31. (*Mention.*)

22156. Mandement aux gouverneur, échevins et receveur communal d'Avallon, de verser entre les mains de Jean Laguette, receveur général des parties casuelles, la somme de 763 livres 7 sous 6 deniers tournois, montant annuel, déduction faite de toutes charges, des deniers communs d'octroi de ladite ville, pour la réparation des places frontières. Châtellerault, 16 juin 1541. — 16 juin.

Original scellé. Arch. comm. d'Avallon, CC. 40, n° 1.

22157. Mandement aux consuls de Nîmes de verser entre les mains de Jean Laguette, receveur général des finances extraordinaires et parties casuelles, la somme de 573 livres 6 sous 8 deniers sur les deniers communs et d'octroi de ladite ville pour l'année courante, destinée — 16 juin.

IMPRIMERIE NATIONALE.

aux réparations et fortifications des places frontières du royaume. Châtellerault, 16 juin 1541. 1541.

Original. Arch. de la ville de Nîmes, JJ. 4, n° 5.

22158. Mandement aux échevins, gouverneur et receveur des deniers communs de la ville de Troyes, de verser entre les mains du receveur général des finances la somme de 8,508 livres 11 sous 6 deniers tournois, sur les deniers communs de d'octroi de ladite ville, pour aider aux réparations et fortifications des villes menacées par l'ennemi. Châtellerault, 16 juin 1541. 16 juin.

Original scellé. Arch. municipales de Troyes, vitrine.

22159. Mandement au trésorier de l'épargne de payer 225 livres tournois à Sébastien Roquetaillade, dit Francoisin, serviteur de César Fregoso, pour son retour en Italie. 16 juin 1541. 16 juin.

Imp. Catalogue des chartes du cabinet de M. de M. (Magny). Vente des 18-22 mars 1867, par Jacques Charavay aîné, n° 1280. (*Mention.*)

22160. Lettres portant commission de surintendant des fortifications et bâtiments du Hâvre-de-Grâce pour Jérôme Bellarmato. Châtellerault, 18 juin 1541. 18 juin.

Enreg. à la Cour des Aides de Normandie, le 2 mars 1543 n. s. Arch. de la Seine-Inférieure, Mémoriaux, 2e vol., fol. 272 v°. 3 pages.

Arch. de Sienne (Italie), Registro A. delle Pergamene, n° 797.

Imp. Milanesi, *Documenti per la storia dell' arte Senese.* Sienne, 1856, t. III, p. 318.

22161. Lettres ratifiant la nomination de Maurice de Commacre comme coadjuteur de l'abbé de Landevennec. Châtellerault, 19 juin 1541. 19 juin.

Enreg. aux Grands jours ou Parlement de Bretagne. Arch. d'Ille-et-Vilaine, B. 1 (anc. B. 224), fol. 62 v°.

22162. Déclaration de l'hommage rendu par François de Lavardin, au nom de sa femme, pour les 20 juin.

seigneuries du Rouillis et des Granges (comté de Blois). 20 juin 1541. 1541.

Anc. arch. de la Chambre des Comptes de Blois, lay. G. *Arch. nat.*, P. 1479, fol. 155. (*Mention.*)

22163. Lettres portant prorogation pour six ans, en faveur des marchands fréquentant la Loire et ses affluents, de la permission de lever certaines aides déterminées sur les marchandises et denrées transportées par ces rivières. Chauvigny, 25 juin 1541. 25 juin.

Copie du XVIIIe siècle. Arch. nat., AD IX. 1 *bis*, non folioté.

22164. Lettres autorisant l'archevêque et le chapitre de Rouen à faire faire une enquête sur les droits par eux prétendus dans la forêt de Lyons. 1541, 27e année du règne[1]. Av. le 29 juin.

Projet d'expédition. Arch. de la Seine-Inférieure, G. 1748.

22165. Provisions de l'office de notaire royal à l'Arbresle, en faveur de Pierre Munard. Laleu, 29 juin 1541. 29 juin.

Copie du XVIe siècle. Arch. du Rhône, Reg. des insinuations de la sénéchaussée, Livre du roi, fol. 66.

22166. Lettres de naturalité en faveur d'Antoine Berlongne, laboureur, natif du marquisat de Saluces, établi en Provence depuis trente-six ans. Châtellerault, juin 1541[2]. Juin

Enreg. à la Chancellerie de France. Arch. nat., *Trésor des Chartes*, JJ. 255^1, n° 136, fol. 36 v°. (*Mention.*)

22167. Lettres de naturalité en faveur de Richard Brun, laboureur, natif de Pignerol, établi en Provence depuis cinquante ans. Châtellerault, juin 1541. Juin.

Enreg. à la Chancellerie de France. Arch. nat., *Trésor des Chartes*, JJ. 255^1, n°s 137 et 138, fol. 37. (*Mentions.*)

[1] Le lieu, le quantième et le mois de la date ont été laissés en blanc, et la pièce porte l'apostille : «Refusée par monsieur le chancelier, le pénultième jour de juing XLI».

[2] Double, sous la date : «Decize, août 1541» (JJ. 255^1, n° 144, fol. 37 v°).

22168. Lettres de naturalité en faveur de Jean Choin, laboureur, natif d'Antessan (Andezzeno) au diocèse de Turin, demeurant en Provence depuis soixante ans. Châtellerault, juin 1541. — 1541. Juin.

Enreg. à la Chancellerie de France. Arch. nat., Trésor des Chartes, JJ. 255[1], n° 135, fol. 36 v°. (*Mention.*)

22169. Lettres de naturalité en faveur de Jean Franquin, marié et demeurant à Marseille depuis quarante ans. Châtellerault, juin 1541. — Juin.

Enreg. à la Chancellerie de France. Arch. nat., Trésor des Chartes, JJ. 255[1], n° 132, fol. 36 v°. (*Mention.*)

22170. Mandement à la Connétablie de France de procéder à l'entérinement des lettres de rémission données par l'empereur Charles-Quint, à Poitiers, le 9 décembre 1539, en faveur d'Hilaire Sorcin, lieutenant du prevôt des maréchaux de Thouarsais. Laleu, 2 juillet 1541. — 2 juillet.

Enreg. à la Connétablie, avec lesdites lettres de Charles-Quint. Arch. nat., Z[1e] 5, fol. 9. 1 page.

22171. Déclaration de foi et hommage de Guillaume Poyet, chevalier, seigneur de Beynes et de Sauchay, chancelier de France, pour la terre de Sauchay mouvant de la vicomté d'Arques. Le Bouchet, 14 juillet 1541. — 14 juillet

Original. Arch. nat., Chambre des Comptes de Paris, P. 266[4], n° 2152.

22172. Mandement de payer la somme de 225 livres tournois à Salvador Desguerres, capitaine de gens de pied, pour frais d'un voyage en Piémont. 19 juillet 1541. — 19 juillet

Imp. *Catalogue des chartes du cabinet de M. de M.* (*Magny*). Vente des 18-22 mars 1867, par Jacques Charavay aîné, n° 1282. (*Mention.*)

22173. Déclaration de l'hommage de Robert d'Étampes, écuyer, pour la huitième partie de la seigneurie de la Ferté-Imbault, à lui échue par — 22 juillet.

suite du décès de Jean d'Étampes, son frère. Saint-Amand, 22 juillet 1541. — 1541.

Expéd. orig. Arch. nat., P. 1472², cote 18.
Autre. Ibid., cote 19.
Anc. arch. de la Chambre des Comptes de Blois, lay. F. *Arch. nat.*, P. 1479, fol. 119 et 129 v°. (*Deux mentions.*)

22174. Déclaration de l'hommage rendu par Robert d'Etampes, au nom de Louis, son frère, pour la huitième partie de la seigneurie de la Ferté-Imbault, échue audit Louis, par suite du décès de Jean, son frère. Saint-Amand, 22 juillet 1541. — 22 juillet.

Expéd. orig. Arch. nat., P. 1472², cote 16.
Autre (duplicata). Ibid., cote 17.
Anc. arch. de la Chambre des Comptes de Blois, lay. F. *Arch. nat.*, P. 1479, fol. 119 v° et 128 v°. (*Deux mentions.*)

22175. Mandement au général des finances de Piémont de tenir quitte les habitants de Moncalieri d'un cens annuel de 40 ducats établi sur cinq fours, dont le roi leur a fait remise pour quatre ans. La Chaussière, 26 juillet 1541. — 26 juillet.

Copie collationnée du 15 mai 1544. Turin, Arch. di Stato, Torino, mazzo 20, n° 39.

22176. Mandement à Antoine de Narbonne, évêque de Sisteron, de faire assembler le clergé de son diocèse et de lui demander, au nom du roi, un don gratuit équivalant à une décime des revenus de tous ses bénéfices, payable d'ici à la fin de l'année. Moulins, 31 juillet 1541. — 31 juillet.

Copie du XVIe siècle. Arch. nat., Suppl. du Trésor des Chartes, J. 939, n° 29.

22177. Lettres de naturalité en faveur de Baptiste Sarut, natif de San Remo au diocèse d'Albenga, habitant de Fréjus depuis vingt ans. Châtellerault, juillet 1541. — Juillet

Enreg. à la Chancellerie de France. Arch. nat., Trésor des Chartes, JJ. 255¹, n° 119, fol. 35. (*Mention.*)

22178. Lettres de naturalité en faveur de Pierre Carrier, — Juillet.

dit Poncier, laboureur, habitant d'Arles depuis trente ans, natif de Savoie. Châtellerault, juillet 1541. 1541.

Enreg. à la Chancellerie de France. Arch. nat., Trésor des Chartes, JJ. 255[1], n° 127, fol. 36, et n° 142, fol. 37. (*Mentions.*)

22179. Lettres de naturalité en faveur de Guillaume et Siffrein Boys, frères, originaires d'Entraunes en Terreneuve (comté de Nice). Châtellerault, juillet 1541. Juillet.

Enreg. à la Chancellerie de France. Arch. nat.; Trésor des Chartes, JJ. 255[1], n° 133, fol. 36 v°. (*Mention.*)

22180. Lettres portant souffrance à Philippe de Becherel, veuve de Jacques de Château-Chalon, ayant la garde-noble de Jacqueline de Saintray, sa nièce, de rendre hommage pour la seigneurie de « Breviende », au comté de Blois. Moulins, 2 août 1541. 2 août.

Vérifiées à la Chambre des Comptes de Blois, le 2 mars 1542 n. s. Arch. nat., KK. 902, fol. 191 v°. (*Mention.*)

Anc. arch. de la Chambre des Comptes de Blois, lay. B. *Arch. nat.*, P. 1479, fol. 44 v°. (*Mention*, sous la date du 20 mai 1541.)

22181. Mandement à Jean Duval, trésorier de l'épargne, de payer à Gaspard Camahieu, truchement en langue germanique, la somme de 67 livres tournois pour le voyage qu'il fait à la suite de René « de Gueulff », envoyé au pays de Gueldres et autres lieux d'Allemagne, pour le service du roi. Moulins, 5 août 1541. 5 août.

Original. Bibl. de Rouen, ms. Leber 5719.

22182. Mandement de tenir la somme de 2,000 livres tournois à la disposition du s[r] d'Annebaut, gouverneur et lieutenant général au pays de Piémont. 5 août 1541. 5 août.

IMP. *Catalogue des chartes du cabinet de M. de M. (Magny)*. Vente des 18-22 mars 1867, par Jacques Charavay aîné, n° 1281. (*Mention.*)

22183. Déclaration de foi et hommage de Guillaume 5 août.

Poyet, chevalier, chancelier de France, baron de Beynes, pour la seigneurie de Champroux mouvant du duché de Bourbonnais. Moulins, 5 août 1541. 1541.

Original. Arch. nat., Chambre des Comptes de Paris, P. 14, n° 4965.

22184. Commission à Jérôme Bellarmato pour accorder les prix et marchés et ordonner le payement des travaux des fortifications du Hâvre-de-Grâce, qui seront payés par Claude Guyot, secrétaire du roi. Moulins, 6 août 1541. 6 août.

Archives de Sienne (Italie), Registro A delle Pergamene, n° 796.

Imp. Milanesi, *Documenti per la storia dell' arte Senese.* Sienne, 1856, t. III, p. 321.

22185. Provisions de l'office de notaire royal à Lyon pour J. Moyssan. Moulins, 7 août 1541. 7 août.

Copie du XVIe siècle. Arch. du Rhône, reg. des insinuations de la sénéchaussée, Livre du roi, fol. 66 v°.

22186. Déclaration de foi et hommage de Marie de Montchenu, dame de Guercheville, pour la seigneurie de Guercheville au bailliage de Nemours. Chevagnes, 10 août 1541. 10 août.

Original. Arch. nat., Chambre des Comptes de Paris, P. 16, n° 6051.

22187. Lettres de commission adressées à François de Saint-André, président au Parlement de Paris, à Jean Cotel, maître des requêtes de l'hôtel, et à dix-huit conseillers de la cour, cinq clercs et treize lais, pour tenir les Grands jours convoqués à Poitiers, le 9 septembre. Chevagnes, 11 août 1541. 11 août.

Copie du XVIIIe siècle. Bibl. nat., Coll. du Parlement, ms. 320, fol. 220 v°. (Cf. les n°s 12032, 12057.)

22188. Provisions d'un office d'élu en l'élection de Rouen, en faveur de Guillaume Boullant, au lieu d'Almin Duval, décédé. Chevagnes, 11 août 1541. 11 août.

Vérifiées par les généraux des finances, le 24 août 1541.

Enreg. à la Cour des Aides de Normandie, le 1er septembre 1541. Arch. de la Seine-Inférieure, Mémoriaux, 2e vol., fol. 244 v°. 1 page 1/2. 1541.

22189. Mandement à Pierre Bon, capitaine de la Garde-lès-Marseille, de remettre cette place avec tout ce qu'elle renferme entre les mains du seigneur de Grignan, gouverneur de Marseille. Chevagnes, 12 août 1541. 12 août.

Imp. *Catalogue d'autographes de M. Baylé*. Vente du 22 avril 1882, par Étienne Charavay, n° 75. (*Mention.*)

22190. Déclaration de l'hommage de Georges de Créquy pour les seigneuries de Chaumont et des Rochettes et le fief de la Borde (comté de Blois). 13 août 1541. 13 août.

Anc. arch. de la Chambre des Comptes de Blois, lay. C. *Arch. nat.*, P. 1479, fol. 85 v°. (*Mention.*)

22191. Lettres portant exemption du guet en faveur des orfèvres de Paris, et confirmation de leurs privilèges. Paris (*sic*), 16 août 1541. 16 août.

Copie. Archives de la Monnaie à Paris, ms. in-4°, 26.

22192. Provisions de l'office de concierge des prisons du vieux palais de Rouen, en faveur de Charles Langlois, au lieu de Jean de La Salle, décédé. Bourbon-Lancy, 19 août 1541 (1). 19 août.

Enreg. à la Cour des Aides de Normandie, le 21 janvier 1542 n. s. Arch. de la Seine-Inférieure, Mémoriaux, 2e vol., fol. 249.

22193. Déclaration de foi et hommage de Gaspard Caux, procureur d'office en la châtellenie d'Ussel, pour soixante-quatorze setiers de froment, trois setiers de seigle, soixante sous tournois, trois poinçons de vin, de cens et de rente, assis dans les châtellenies d'Ussel, Chantelle, Bellenaves et Ecole, mouvant de Chantelle. Prieuré de Saint-Nazaire-du-Bourg, près Bourbon-Lancy, 19 août 1541. 19 août.

Original. Arch. nat., Chambre des Comptes de Paris, P. 14, n° 4966.

(1) Voir ci-après, au 5 juin 1543.

22194. Déclaration de foi et hommage de Gilbert d'Oyron, écuyer, seigneur des Montets, pour quatre-vingts setiers de terre, huit setiers de seigle, trois setiers d'avoine et vingt-trois sous huit deniers tournois de cens et de rente mouvant des châtellenies de Murat et de Villebret en Bourbonnais. Decize, 22 août 1541. — 1541. 22 août.

Original. Arch. nat., Chambre des Comptes de Paris, P. 14, n° 4967.

22195. Déclaration de foi et hommage d'Antoine Myart, écuyer, seigneur de Chezelle et de « Ressye », pour lesdites seigneuries, mouvant des château et châtellenie de Moulins. Chevagnes, 26 août 1841. — 26 août.

Original. Arch. nat., Chambre des Comptes de Paris, P. 14, n° 4968.

22196. Déclaration de foi et hommage de Jean de Larzat, écuyer, seigneur dudit lieu, archer de la garde du roi, pour la seigneurie de Larzat (paroisse de Chirat-l'Église), mouvant de Chantelle. Chevagnes, 26 août 1541. — 26 août.

Original. Arch. nat., Chambre des Comptes de Paris, P. 14, n° 4969.

22197. Déclaration de foi et hommage de Denis Moncel pour dix-sept setiers de froment (mesure de Charroux-d'Allier), deux setiers neuf coupes de seigle, trois cartes d'avoine (mesure de Saint-Pourçain), deux jars et deux gélines, mouvant de Chantelle. Chevagnes, 26 août 1541. — 26 août.

Original. Arch. nat., Chambre des Comptes de Paris, P. 14, n° 4970.

22198. Déclaration de foi et hommage de Jean Héraud pour une dîme de blé mouvant de Murat et Montluçon. Chevagnes, 27 août 1541. — 27 août.

Original. Arch. nat., Chambre des Comptes de Paris, P. 14, n° 4976.

22199. Déclaration de foi et hommage de Simon Vernes pour vingt setiers de terre et un moulin, mouvant de Chantelle. Chevagnes, 27 août 1541. — 27 août.

Original. Arch. nat., Chambre des Comptes de Paris, P. 14, n° 4974.

22200. Déclaration de foi et hommage de Claude Bonger, père, pour neuf setiers de blé méteil, mouvant du duché de Bourbonnais. Chevagnes, 27 août 1541. — 1541. 27 août.

Original. Arch. nat., Chambre des Comptes de Paris, P. 14, n° 4972.

22201. Lettres de confirmation pour Gabriel, baron de Lech (Lecce), gentilhomme du royaume de Naples et maître d'hôtel du roi, du droit d'exiger les lods, amendes et confiscations dans les seigneuries de Montbonnot et de Nyons, précédemment affermés par lui, nonobstant les lettres de don du produit de ces droits à la ville de Grenoble, pour être employé aux fortifications de cette ville. Chevagnes, 28 août 1541. — 28 août.

Enreg. à la Chambre des Comptes de Grenoble, le 21 novembre 1541. Arch. de l'Isère, B. 2908, cah. 336. 2 pages 1/2.

22202. Déclaration de foi et hommage de Julien de Lyon, seigneur de Quinssaines, pour ladite seigneurie mouvant de Montluçon. Chevagnes, 28 août 1541. — 28 août.

Original. Arch. nat., Chambre des Comptes de Paris, P. 14, n° 4975.

22203. Déclaration de foi et hommage de Pierre Du Chapt, comme procureur d'Antoine Coeffier et d'Anne Terris, seigneurs par moitié de « la Mothe-Mazerier », mouvant de Gannat. Chevagnes, 28 août 1541. — 28 août.

Original. Arch. nat., Chambre des Comptes de Paris, P. 14, n° 4977.

22204. Déclaration de foi et hommage de Louis Jacquinet, écuyer, pour les seigneuries de Fontignoux et de la Verpillière, mouvant de Bourbon-l'Archambault. « Breulhes[1] », 28 août 1541. — 28 août.

Original. Arch. nat., Chambre des Comptes de Paris, P. 14, n° 4973.

(1) Peut-être le château de Breuil (commune de Lusigny), à deux ou trois kilomètres de Chevagnes, sur la route de Moulins.

22205. Déclaration de foi et hommage de Gilbert de Chapettes, écuyer, seigneur dudit lieu et du Cluseau, pour lesdites seigneuries, mouvant des château et châtellenie de Murat et Chantelle. « Breulhes », 28 août 1541. — 1541. 28 août.

Original. Arch. nat., Chambre des Comptes de Paris, P. 14, n° 4976.

22206. Déclaration de foi et hommage d'Antoine de Combetes, écuyer, seigneur du Plaix en la paroisse de Target, pour ladite seigneurie, mouvant de la châtellenie de Chantelle en Bourbonnais. Jaligny, 29 août 1541. — 29 août.

Original. Arch. nat., Chambre des Comptes de Paris, P. 14, n° 4978.

22207. Mandement à Jean Duval, trésorier de l'épargne, de payer à Jean Piretoux, maître charpentier, la somme de 1,000 livres tournois pour travaux faits au manoir royal de Chevagnes. Jaligny, 30 août 1541. — 30 août.

Original. Arch. nat., K. 87, n° 19.

22208. Mandement au bailli de Troyes, l'invitant à envoyer le rôle de toutes les villes closes de son bailliage. Jaligny, 31 août 1541. — 31 août.

Original. Collection de M. Deullin, à Épernay.

22209. Lettres de naturalité en faveur d'Antoine Ayner, natif du Puget-Théniers (comté de Nice), demeurant à Grasse. Moulins, août 1541. — Août.

Enreg. à la Chancellerie de France. Arch. nat., Trésor des Chartes, JJ. 255[1], n° 116, fol. 35. (*Mention.*)

22210. Lettres de naturalité en faveur de Baptiste Marent, natif du diocèse d'Albenga en Italie, habitant de Roquebrune en Provence. Moulins, août 1541. — Août.

Enreg. à la Chancellerie de France. Arch. nat., Trésor des Chartes, JJ. 255[1], n° 117, fol. 35. (*Mention.*)

22211. Lettres de naturalité en faveur de Girard — Août.

Araysso, natif du pays de Gênes, demeurant à Antibes. Decize, août 1541. 1541.

Enreg. à la Chancellerie de France. Arch. nat., Trésor des Chartes, JJ. 255[1], n° 113, fol. 34 v°. (*Mention.*)

22212. Lettres de naturalité en faveur de Barthélemy Aubert, natif du pays de Gênes, demeurant à Antibes. [Decize], août 1541. Août.

Enreg. à la Chancellerie de France. Arch. nat., Trésor des Chartes, JJ. 255[1], n° 112, fol. 34 v°. (*Mention.*)

22213. Lettres de naturalité en faveur de Nicolas Durbert, natif du pays de Gênes, demeurant à Antibes. Decize, août 1541. Août.

Enreg. à la Chancellerie de France. Arch. nat., Trésor des Chartes, JJ. 255[1], n° 114, fol. 34 v°. (*Mention.*)

22214. Lettres de naturalité en faveur d'Antoine Gigo, natif de «Rès en Terreneuve» (peut-être Riez), demeurant à Saint-Paul-de-Vence en Provence. Decize, août 1541. Août.

Enreg. à la Chancellerie de France. Arch. nat., Trésor des Chartes, JJ. 255[1], n° 102, fol. 34. (*Mention.*)

22215. Lettres de naturalité en faveur d'Antoine Jubert, natif du comté de Tende, demeurant à Grasse. Decize, août 1541. Août.

Enreg. à la Chancellerie de France. Arch. nat., Trésor des Chartes, JJ. 255[1], n° 101, fol. 34. (*Mention.*)

22216. Lettres de naturalité en faveur de François Masin, natif de Piémont, demeurant à Grasse en Provence. Decize, août 1541. Août

Enreg. à la Chancellerie de France. Arch. nat., Trésor des Chartes, JJ. 255[1], n° 100, fol. 33 v°. (*Mention.*)

22217. Lettres de naturalité en faveur d'Étienne Masso, natif du comté de Tende, demeurant à Antibes. [Decize], août 1541. Août.

Enreg. à la Chancellerie de France. Arch. nat., Trésor des Chartes, JJ. 255[1], n° 110, fol. 34 v°. (*Mention.*)

22218. Lettres de naturalité en faveur de Sébastien Niel, natif de Saint-Paul de Barcelonne (Barcelonette) en Terreneuve, demeurant à Grasse en Provence. Decize, août 1541. — 1541. Août.

Enreg. à la Chancellerie de France. Arch. nat., Trésor des Chartes, JJ. 255[1], n° 99, fol. 33 v°. (*Mention.*)

22219. Lettres de naturalité en faveur de Barthélemy Pont, natif de Breil au comté de Nice, demeurant à Antibes. Decize, août 1541. — Août.

Enreg. à la Chancellerie de France. Arch. nat., Trésor des Chartes, JJ. 255[1], n° 108, fol. 34 v°. (*Mention.*)

22220. Lettres de naturalité en faveur de Baptiste Tulon, natif du comté de Tende, demeurant à Antibes. Decize, [août] 1541. — Août.

Enreg. à la Chancellerie de France. Arch. nat., Trésor des Chartes, JJ. 255[1], n° 103, fol. 34. (*Mention.*)

22221. Lettres de naturalité en faveur de Nicolas Tulon, natif du comté de Tende, demeurant à Antibes. Decize, août 1541. — Août.

Enreg. à la Chancellerie de France. Arch. nat., Trésor des Chartes, JJ. 255[1], n° 104, fol. 34. (*Mention.*)

22222. Lettres de naturalité en faveur de Pierre Valeto, natif de Saint-Étienne (ou Saint-Estève) en Terreneuve, demeurant à Antibes. Decize, août 1541. — Août.

Enreg. à la Chancellerie de France. Arch. nat., Trésor des Chartes, JJ. 255[1], n° 111, fol. 34 v°. (*Mention.*)

22223. Lettres de naturalité en faveur de Jean Merisan, natif de « Maro », établi à Toulon depuis sa jeunesse. « Breulhes », août 1541. — Août.

Enreg. à la Chancellerie de France. Arch. nat., Trésor des Chartes, JJ. 255[1], n° 156, fol. 38 v°. (*Mention.*)

22224. Lettres de naturalité en faveur de Raphélan Ambarestin, natif d'« Asles », en la Rivière de — Août.

Gênes, établi à Toulon depuis sa jeunesse. « Breulhes », août 1541. 1541.

Enreg. à la Chancellerie de France. Arch. nat., Trésor des Chartes, JJ. 255[1], n° 157, fol. 38 v°. (*Mention.*)

22225. Déclaration de foi et hommage de François de Bussière, écuyer, seigneur de la Couture, pour la seigneurie de « Maucly », mouvant de Montluçon. Cluny, 4 septembre 1541. 4 septembre.

Original. Arch. nat., Chambre des Comptes de Paris, P. 14, n° 4979.

22226. Provisions d'un office d'élu en l'élection de Gisors, en faveur de Jean de La Porte, sur la résignation faite à son profit par Nicolas Le Pelletier. L'Abergement, 11 septembre 1541. 11 septembre.

Vérifiées par les généraux des finances, le 29 septembre 1541.

Enreg. à la Cour des Aides de Normandie, le 9 février 1542 n. s. Arch. de la Seine-Inférieure, Mémoriaux, 2e vol., fol. 250. 2 pages.

22227. Déclaration de foi et hommage de Claude de Lyon, écuyer, seigneur de Passat, pour ladite seigneurie (sise à Saint-Victor), mouvant de Hérisson. Châtillon en Bresse, 14 septembre 1541. 14 septembre.

Original. Arch. nat., Chambre des Comptes de Paris, P. 14, n° 4980.

22228. Provisions de l'office de général des finances en la généralité d'Outre-Seine et Yonne, et Picardie, pour Jean d'Estourmel, chevalier, conseiller et maître d'hôtel ordinaire du roi, chambellan du duc d'Orléans. Pont-d'Ain, 19 septembre 1541. 19 septembre.

Reçu le 22 octobre suivant à la Chambre des Comptes de Paris, anc. mém. 2 K, fol. 58. *Arch. nat.*, PP. 119, p. 12. (*Mention.*)

Bibl. nat., ms. fr. 21405, p. 345. (*Mention.*)

22229. Commission à Augustin de Thou, président de la Chambre des Enquêtes au Parlement de Paris, pour aller présider les Grands jours siégeant à Poitiers, en remplacement de Fran- 24 septembre.

çois de Saint-André, empêché. Lyon, 24 septembre 1541. | 1541.

Copie du XVIIIe siècle. Bibl. nat., Coll. du Parlement, ms. 320, fol. 222 v°. (Cf. les n°s 12032, 12057 et 22187.)

22230. Mandement au trésorier de l'épargne de délivrer à Pierre Ouyn, payeur de la compagnie de quarante lances des ordonnances du comte d'Aumale, la somme de 7,699 livres 7 sous 6 deniers pour la solde de ladite compagnie. [Lyon], 24 septembre 1541. | 24 septembre.

Imp. Catalogue des chartes du cabinet de M. de M. (Magny). Vente des 18-22 mars 1867, par Jacques Charavay aîné, n° 1283. (*Mention.*)

22231. Mandement à Jean Duval, trésorier de l'épargne, de payer à Simon Cotières, joaillier, la somme de 450 livres tournois pour fourniture de divers objets précieux. Lyon, 24 septembre 1541. | 24 septembre.

Original. Arch. nat., K. 87, n° 21.

22232. Lettres portant confirmation des privilèges et franchises de la ville de Chambéry. Lyon, 27 septembre 1541. | 27 septembre.

Original. Arch. commun. de Chambéry, AA. 25.

22233. Déclaration de l'hommage rendu au roi, comme dauphin de Viennois, par Jean de Buffevent, seigneur de Bozancieux, pour ladite seigneurie sise en Dauphiné. Lyon, 27 septembre 1541. | 27 septembre.

Enreg. à la Chambre des Comptes de Grenoble. Arch. de l'Isère, B. 2969, fol. 834 v°. 2 pages.

22234. Lettres d'anoblissement en faveur de Louis Jourdain, seigneur de Forges, poitevin. Septembre 1541. | Septembre.

Enreg. à la Chambre des Comptes de Paris, reg. 14, fol. 140. *Bibl. de l'Arsenal*, ms. 4903, p. 124. (*Mention.*)

22235. Lettres de naturalité en faveur de Jacques de Begni, natif de Renaix en Hainaut, habitant | Septembre.

Toulon depuis cinquante ans. Mâcon, septembre 1541. 1541.

Enreg. à la Chancellerie de France. Arch. nat., Trésor des Chartes, JJ. 255[1], n° 147, fol. 37 v°. (*Mention.*)

22236. Lettres de naturalité en faveur d'Honorat Chasot, laboureur, natif du comté de Nice, demeurant à Marseille. Mâcon, septembre 1541. Septembre.

Enreg. à la Chancellerie de France. Arch. nat., Trésor des Chartes, JJ. 255[1], n° 239, fol. 72 v°. (*Mention.*)

22237. Lettres de naturalité en faveur de Baptiste Manarelle, marinier, natif de Sion, demeurant à Marseille. Mâcon, septembre 1541. Septembre.

Enreg. à la Chancellerie de France. Arch. nat., Trésor des Chartes, JJ. 255[1], n° 238, fol. 72 v°. (*Mention.*)

22238. Lettres de naturalité en faveur de Jean de Rennes, teinturier, natif du comté d'Asti, marié et établi à Marseille. Mâcon, septembre 1541. Septembre.

Enreg. à la Chancellerie de France. Arch. nat., Trésor des Chartes, JJ. 255[1], n° 242, fol. 73. (*Mention.*)

22239. Lettres de naturalité en faveur de Philippe Félix et de Madeleine Dabay, sa femme, natifs d'Avignon, établis à Marseille. Bourg, septembre 1541. Septembre.

Enreg. à la Chancellerie de France. Arch. nat., Trésor des Chartes, JJ. 255[1], n° 178, fol. 48. 1 page.

22240. Confirmation de certaines fondations et concessions faites par les ducs de Savoie au couvent des Célestins de Lyon. Lyon, septembre 1541. Septembre.

Arch. du Sénat de Savoie, à Chambéry, Reg. des édits, bulles, lettres patentes, t. I, fol. 85 r°.

22241. Confirmation, en faveur des Célestins de Lyon, du don à eux fait par les ducs de Savoie, comtes de Bresse et Bugey, d'une somme de 50 florins à percevoir chaque année, à la Septembre.

Saint-Michel, sur les cens, profits et revenus du lac des Échets près Miribel, au pays de Bresse. Lyon, septembre 1541. | 1541.

Arch. du Sénat de Savoie, à Chambéry, Reg. des édits, bulles, lettres patentes, t. I, fol. 99 v°.

22242. Lettres de naturalité en faveur de François Garin, natif de Bourg en Bresse, marié et établi à Lyon. Lyon, septembre 1541. | Septembre.

Enreg. à la Chancellerie de France. Arch. nat., Trésor des Chartes, JJ. 255[1], n° 166, fol. 42 v°. 1 page.

22243. Lettres de naturalité en faveur de Claude Derné, natif du Petit-Moustier près Montmélian en Savoie, demeurant à Viens près Apt. Lyon, septembre 1541. | Septembre.

Enreg. à la Chancellerie de France. Arch. nat., Trésor des Chartes, JJ. 255[1], n° 245, fol. 73. 1 page.

22244. Lettres de naturalité en faveur de Pierre Bontemps, serrurier, établi à Apt en Provence, natif du diocèse de Genève. Lyon, septembre 1541. | Septembre.

Enreg. à la Chancellerie de France. Arch. nat., Trésor des Chartes, JJ. 255[1], n° 246, fol. 73 v°. 1/2 page.

22245. Mandement à Jean Duval, trésorier de l'épargne, de payer à Denis de Bonnaire, orfèvre à Paris, la somme de 225 livres tournois pour fourniture de joyaux. Pagny, 15 octobre 1541. | 15 octobre.

Original. Arch. nat., K. 87, n° 22.

22246. Provisions pour Nicolas Hennequin de l'office d'élu des aides et tailles en l'élection de Paris, en remplacement d'Adam Lormier, décédé. Pagny, 17 octobre 1541. | 17 octobre.

Original. Bibl. nat., ms. fr. 5269, fol. 14.

22247. Mandement aux commissaires chargés de juger en dernier ressort les procès engagés par suite de la réformation de la forêt d'Orléans, de juger les procès pendants entre le chapitre de Notre-Dame de Noyon et les habitants de Grandru et de Pont-l'Évêque, instruits par | 17 octobre.

IMPRIMERIE NATIONALE.

le grand maître des Eaux et forêts (voir n° 11393). Pagny, 17 octobre 1541. | 1541.

Enreg. aux Eaux et forêts. Arch. nat., Z[1e] 869, fol. 307 v°, 1 page 1/2.

22248. Mandement à Jean Duval, trésorier de l'épargne, de payer à Marin d'Eusterego, sujet grec, marchand d'oiseaux « de leurre », la somme de 2,574 livres tournois pour fourniture faite au roi de cinquante-neuf sacres et de vingt-cinq sacrets. Pagny, 24 octobre 1541. | 24 octobre.

Original. Arch. nat., K. 87, n° 24.

22249. Mandement au sénéchal de Beaucaire de faire de nouveau exprès commandement aux gouverneur, échevins et receveur des deniers communs de Nîmes, de verser entre les mains de Jean Laguette, trésorier et receveur général des finances extraordinaires et parties casuelles, la somme de 573 livres 6 sous 8 deniers tournois, dans le délai d'un mois après la présentation des présentes. Auxonne, 25 octobre 1541. | 25 octobre.

Original et copie du XVIe siècle. Arch. de la ville de Nîmes, FF. 13 et JJ. 4, n° 5.

22250. Lettres de naturalité en faveur de Baptiste Can, natif de « Prebrune » en la Rivière de Gênes, demeurant à Tourves en Provence. Pagny, 27 octobre 1541. | 27 octobre.

Enreg. à la Chancellerie de France. Arch. nat., Trésor des Chartes, JJ. 255[1], n° 188, fol. 52 v°. 1/2 page.

22251. Lettres de naturalité en faveur de Pierre de Res, natif de Catalogne, demeurant à Tourves en Provence. Pagny, 27 octobre 1541. | 27 octobre.

Enreg. à la Chancellerie de France. Arch. nat., Trésor des Chartes, JJ. 255[1], n° 189, fol. 52 v°. (*Mention.*)

22252. Déclaration de l'hommage rendu par Jean Lambert, capitaine d'Aigremont, au nom d'Anne de Saint-Amadour, dame de Beaupré, veuve de Pierre de Choiseul, capitaine dudit Aigre- | 28 octobre.

mont, pour la seigneurie de Meuse (bailliage de Chaumont, châtellenie de Montigny-le-Roi), par elle acquise de Claude de Beauvau, chevalier, seigneur de Sandaucourt, et de Barbe Choiseau, sa femme, en échange de la portion de la seigneurie de Domjulien, en Lorraine, qui lui appartenait. Dijon, 28 octobre 1541. 1541.

Expéd. orig. Arch. nat., P. 163², cote 1167.

22253. Déclaration de foi et hommage de Jean de Bueil, chevalier, seigneur de Fontaines et de la Roche-Buard, pour la seigneurie de la Roche-Buard (à Charentilly), mouvant de Tours. Dijon, 28 octobre 1541. 28 octobre.

Original. Arch. nat., Chambre des Comptes de Paris, P. 13, n° 4438.

22254. Lettres accordant aux habitants d'Avallon prorogation pour six ans, à commencer après l'expiration des précédentes, de l'octroi du huitième du vin vendu en détail dans leur ville. Dijon, 29 octobre 1541. 29 octobre.

Original. Arch. commun. d'Avallon, CC. 40, n° 8.

22255. Provisions d'un office d'huissier à la Connétablie de France en faveur de Pierre Ravel, au lieu et sur la résignation de Louis Barbier. Dijon, 29 octobre 1541. 29 octobre.

Enreg. à la Connétablie, le 5 novembre suivant. Arch. nat., Z¹ᵉ 5, fol. 37. 1 page.

22256. Déclaration de foi et hommage de Louis de Silly, seigneur de la Roche-Guyon, pour les seigneuries du Trait et de Sainte-Marguerite, mouvant de Caudebec. Dijon, 31 octobre 1541. 31 octobre.

Original. Arch. nat., Chambre des Comptes de Paris, P. 266², n° 2146.

22257. Déclaration de foi et hommage de Louis de Silly, seigneur de la Roche-Guyon, pour les seigneuries d'Acquigny et de Crèvecœur, 31 octobre.

mouvant du Pont-de-l'Arche. Dijon, 31 octobre 1541. 1541.

Original. Arch. nat., Chambre des Comptes de Paris, P. 265², n° 1489.

22258. Lettres portant souffrance de bailler aveu et dénombrement pour les seigneuries du Trait et de Sainte-Marguerite, mouvant de Caudebec, accordées à Louis de Silly, seigneur de la Roche-Guyon. Dijon, 31 octobre 1541. 31 octobre.

Original. Arch. nat., Chambre des Comptes de Paris, P. 266², n° 2146 *bis*.

22259. Lettres portant souffrance de bailler aveu et dénombrement pendant six mois, accordées à Louis de Silly, seigneur de la Roche-Guyon, pour les terres d'Acquigny et de Crèvecœur. Dijon, 31 octobre 1541. 31 octobre.

Original. Arch. nat., Chambre des Comptes de Paris, P. 265², n° 1490.

22260. Lettres nommant Guy Breslay, conseiller au Grand conseil, président en ladite cour et fixant ses gages à 2,400 livres. Octobre 1541. Octobre.

Enreg. à la Chambre des Comptes de Paris, anc. mém. 2 K, fol. 61 v°. *Arch. nat.*, PP. 119, p. 12. (*Mention.*)

Bibl. de Rouen, ms. Leber 5870, t. XIV, fol. 63. (*Mention.*)

22261. Déclaration de l'hommage rendu par Guillaume Hudie, au nom de François Du Bellay, pour les deux neuvièmes [1] de la seigneurie de Selles-sur-Cher (comté de Blois). 1er novembre 1541. 1er novembre.

Anc. arch. de la Chambre des Comptes de Blois, lay. S. *Arch. nat.*, P. 1479, fol. 370 v°. (*Mention.*)

22262. Mandement pour faire jouir le duc de Guise des octrois à lui concédés. 3 novembre 1541. 3 novembre.

Anc. arch. de la Chambre des Comptes de Joinville, pièce cotée 586. *Arch. nat.*, KK. 906, fol. 381 v°. (*Mention.*)

[1] Voir ci-après, au 31 juillet 1542.

22263. Provisions de l'office de contrôleur des deniers communs de la ville de Beaune, en faveur de Guichard Dumay. Fontainebleau, 16 novembre 1541. — 1541. 16 novembre.

Original. Archives communales de Beaune (Côte-d'Or).

22264. Lettres commettant Raymond Pelisson, président du Parlement de Savoie, pour nommer aux offices de notaires et sergents dans les pays de Savoie, Bresse, Bugey et Valromey, après s'être informé des capacités de chacun. Fontainebleau, 17 novembre 1541. — 17 novembre.

Arch. du Sénat de Savoie, à Chambéry, Reg. des édits, bulles, lettres patentes, t. I, fol. 21 v°.

22265. Mandement à [Jacques Leroy], archevêque de Bourges, de répartir sur son clergé deux décimes qui devront être levées, par égales portions, à Pâques et à la Saint-Jean. Fontainebleau, 19 novembre 1541. — 19 novembre.

Copie du 18 janvier 1544 n. s. Arch. nat., K. 87, n° 26.

22266. Mandement à Jean Duval, trésorier de l'épargne, de payer à Guillaume Louf, marchand d'oiseaux « de leurre », habitant en Allemagne, la somme de 162 livres tournois pour fourniture faite au roi de deux gerfauts et de quatre tiercelets de gerfauts. Fontainebleau, 19 novembre 1541. — 19 novembre.

Original. Arch. nat., K. 87, n° 24. (Musée AE II. 620.)

22267. Déclaration de foi et hommage de Claude de Clermont, seigneur de Dampierre, gentilhomme de la chambre du dauphin, pour les seigneuries de Louâtre, Troësnes, Châtillon et Chouy, mouvant de la Ferté-Milon. Fontainebleau, 21 novembre 1541. — 21 novembre.

Original. Arch. nat., Chambre des Comptes de Paris, P. 7, n° 2236.

22268. Déclaration de l'hommage de Claude de Clermont, seigneur de Dampierre, gentilhomme de la chambre du dauphin, pour la vicomté — 21 novembre.

de Berzy, au comté de Soissons, à lui cédée par Jeanne de Saint-Seine, sa tante. Fontainebleau, 21 novembre 1541. 1541.

Vérifiée à la Chambre des Comptes de Blois, le 3 février 1542 n. s. Arch. nat., KK. 902, fol. 188 v°. (*Mention.*)

Idem, P. 1479, fol. 29. (*Mention.*)

22269. Lettres d'exemption du logement des gens de guerre accordées au chapitre de l'église collégiale d'Avallon. 29 novembre 1541. 29 novembre.

Arch. commun. d'Avallon (Yonne), GG. 71, n° 7, fol. 5 v°. (*Mention.*)

22270. Commission adressée à l'archevêque de Bordeaux et à Jehannot d'Andoins, capitaine et gouverneur de Bayonne, pour informer sur la commodité ou incommodité « du boucault ». Fontainebleau, 2 décembre 1541. 2 décembre.

Original. Arch. de la ville de Bayonne, AA. 15.

22271. Mandement au bailli de Troyes, lui enjoignant de fournir l'état de l'arrière-ban de son bailliage, conformément à la nouvelle ordonnance. Fontainebleau, 4 décembre 1541. 4 décembre.

Original. Collection de M. Deullin, à Épernay (Marne).

22272. Lettres ordonnant de faire brûler les pailles de l'« arto mairo » (maïs), pour obvier au dommage qu'elles peuvent causer aux ponts, affûts et chaînes de la ville de Bayonne, en s'arrêtant aux arches des ponts, quand les eaux sont hautes. Fontainebleau, 5 décembre 1541. 5 décembre.

Original. Arch. de la ville de Bayonne, AA. 15.

22273. Commission à Thibaut de Longuejoue, maître des requêtes de l'hôtel, et à Antoine Pétremol, maître des comptes, pour procéder à l'évaluation du comté de Chaumont en Vexin. Fontainebleau, 10 décembre 1541. 10 décembre.

Procès-verbal d'évaluation. Copie du XVIIIe siècle. Arch. nat., R³* 138, fol. 1. (*Mention.*)

22274. Mandement à Jean Duval, trésorier de l'épargne, 10 décembre.

de payer à Geoffroy Raffin, dit le jeune Poton, écuyer d'écurie du roi, la somme de 225 livres tournois. Fontainebleau, 10 décembre 1541. — 1541.

Original. En vente chez M. Eug. Charavay, en mars 1891. Cf. *Revue des Autographes*, 26e année, n° 135.

22275. Lettres portant cession à Claude de Lorraine, duc de Guise, du droit qu'a le roi sur le fief dit « de messire Andrieu », à Joinville. 11 décembre 1541. — 11 décembre.

Anc. arch. de la Chambre des Comptes de Joinville, pièce cotée 1158. *Arch. nat.*, KK. 906, fol. 407 v°. (*Mention.*)

22276. Lettres portant assignation, sur la recette des amendes et exploits de la Cour des Aides de Normandie, d'une somme de 1,200 livres tournois destinée à l'achèvement des bâtiments occupés par ladite cour et l'élection de Rouen. Fontainebleau, 12 décembre 1541. — 12 décembre.

Vérifiées par les généraux des finances, le 18 décembre 1541, et par Jean Duval, le 4 février 1542 n. s.

Enreg. à ladite cour, le 9 février 1542 n. s. Arch. de la Seine-Inférieure, Mémoriaux, 2e vol., fol. 253. 1 page 1/2.

22277. Mandement à Jean Duval, trésorier de l'épargne, de rembourser à Nicolas de Neufville, sr de Villeroy, secrétaire des finances, 450 livres tournois qu'il a avancées pour payer deux « tracquenars » et deux haquenées, achetés, pour l'écurie du roi, d'Henri Guyot, marchand de chevaux. Fontainebleau, 13 décembre 1541. — 13 décembre.

Original. Arch. nat., K. 87, n° 27.

22278. Commission aux gouverneur et prévôt de la Rochelle pour procéder à la restitution d'une caravelle espagnole saisie par les habitants de la Rochelle. Fontainebleau, 15 décembre 1541. — 15 décembre.

Copie du XVIe siècle. Arch. imp. de Vienne (Autriche), rep. P, a. 41.

22279. Commission au Parlement de Rouen pour juger le procès criminel du nommé de l'Eschange, seigneur de Tinqueville, détenu à la conciergerie du palais de Rouen, « pour aucuns grans et énormes cas, crimes et delictz par luy commis et parolles scandalleuses qu'il a proferez, qui sont dignes de très grande et griefve punicion ». Fontainebleau, 22 décembre 1541. — 1541. 22 décembre.

Enreg. au Parl. de Rouen. Arch. de la Cour, à Rouen, Reg. crim. de 1539-1558, fol. 12. 1 page.

22280. Lettres de rappel de ban en faveur de Nicolas de Chardon, seigneur de Richebourg, condamné par arrêt du Parlement de Paris, du 12 janvier précédent, à neuf ans de bannissement pour le meurtre de Charles de Sabrenois. Fontainebleau, 27 décembre 1541. — 27 décembre.

Enreg. au Parl., le 17 février 1542 n. s. Arch. nat., X[1a] 92, non folioté, à la date. 2 pages.

22281. Provisions de l'état de capitaine de six galères en faveur de [Léon] Strozzi, prieur [de Capoue], commandeur de l'ordre de Saint-Jean de Jérusalem, à la charge de prêter serment au gouverneur de Provence. Fontainebleau, 28 décembre 1541. — 28 décembre.

Enreg. au Parl. de Rouen. Arch. de la Cour, à Rouen, Reg. crim. de 1539-1558, fol. 14. 2 pages.

22282. Lettres portant permission aux prévôt des marchands et échevins de Paris de constituer rentes au denier douze sur le domaine de la ville, pour payer 35,899 livres 17 sous tournois au roi pour les réparations des places frontières. 28 décembre 1541. — 28 décembre.

Enreg. à la Chambre des Comptes de Paris, anc. mém. 2 K, fol. 82. *Arch. nat.*, PP. 119, p. 15. (*Mention.*)
Bibl. de Rouen, ms. Leber 5870, t. XIV, fol. 63 v°. (*Mention.*)

22283. Lettres portant révocation des assignations faites sur les greniers à sel, avec permission toutefois aux marchands de faire vendre et distribuer leur sel, en acquittant préalablement — 30 décembre.

un droit de 45 livres par muid. Fontainebleau, 30 décembre 1541. 1541.

Présentées au conseil de ville de Rouen, le 7 janvier 1542 n. s. Arch. commun. de Rouen, A. 15, fol. 6 v°. (Mention.)

22284. Déclaration de foi et hommage de Jean Verrier, dit de Nîmes, seigneur de Villemartin, pour le lieu et la métairie de Chassagne en la paroisse de Chevagnes, mouvant de Moulins. Fontainebleau, 31 décembre 1541. 31 décembre.

Original. Arch. nat., Chambre des Comptes de Paris, P. 14, n° 4981.

22285. Lettres de naturalité en faveur de Laurent Cayrast, natif de Final (Finale Pia) en la Rivière de Gênes, établi et marié à Marseille. Fontainebleau, décembre 1541. Décembre.

Enreg. à la Chancellerie de France. Arch. nat., Trésor des Chartes, JJ. 255[1], n° 263, fol. 77 v°. 1 page.

22286. Lettres de naturalité en faveur de Jean Ferrier, natif de Nice, et d'Auguste Bestagno, natif de la Rivière de Gênes, demeurant à Saint-Tropez en Provence. Fontainebleau, décembre 1541. Décembre.

Enreg. à la Chancellerie de France. Arch. nat., Trésor des Chartes, JJ. 256[1], n° 56, fol. 24.

22287. Lettres de naturalité en faveur de Jacques Fleandri, natif « du Tret en Terreneuve ». Fontainebleau, décembre 1541. Décembre.

Enreg. à la Chancellerie de France. Arch. nat., Trésor des Chartes, JJ. 255[1], n° 154 bis, fol. 38. (Mention.)

22288. Lettres de naturalité en faveur de Gaspard Peyronet, natif de Breil en Terreneuve (comté de Nice). Fontainebleau, décembre 1541. Décembre.

Enreg. à la Chancellerie de France. Arch. nat., Trésor des Chartes, JJ. 255[1], n° 152, fol. 38. (Mention.)

22289. Lettres de naturalité en faveur de Jean-An- Décembre.

IMPRIMERIE NATIONALE.

toine Salvi, natif du duché de Milan. Fontainebleau, décembre 1541. 1541.

Enreg. à la Chancellerie de France. Arch. nat., Trésor des Chartes, JJ. 255[1], n° 153, fol. 38. (*Mention.*)

22290. Lettres de naturalité en faveur de Jean-Jacques Salvi, natif du duché de Milan. Fontainebleau, décembre 1541. Décembre.

Enreg. à la Chancellerie de France. Arch. nat., Trésor des Chartes, JJ. 255[1], n° 154, fol. 38. (*Mention.*)

22291. Mandement de payer à Guillaume Du Bellay, lieutenant du roi en Piémont, la somme de 5,500 livres tournois pour les services qu'il lui a rendus dans ce pays. 1541. 1541.

IMP. *Revue des Autographes*, par Eug. Charavay fils, avril 1883, n° 65. (*Mention.*)

1542. — Pâques, le 9 avril.

1542.

22292. Lettres ordonnant la révocation des sergents généraux et des sergents d'armes de Bretagne. Fontainebleau, 4 janvier 1541. 4 janvier.

Enreg. aux Grands jours ou Parlement de Bretagne. Arch. d'Ille-et-Vilaine, B. 1 (anc. B. 224), fol. 82.

22293. Lettres portant commission à l'ingénieur Jérôme Bellarmato pour la construction, fortification et embellissement de la Ville-Françoise-de-Grâce (le Hâvre). Paris, 18 janvier 1541. 18 janvier.

Original. Arch. de la ville du Hâvre (Seine-Inférieure).

22294. Mandement au Parlement de Rouen de mettre à la disposition des capitaines des galères nouvellement armées les condamnés à mort détenus à la conciergerie du palais de Rouen. Paris, 18 janvier 1541. 18 janvier.

Enreg. au Parl. de Rouen. Arch. de la Cour à Rouen, Reg. crim. de 1539-1558, fol. 13. 1 page.

22295. Mandement au Parlement de Chambéry de faire 19 janvier.

délivrer aux capitaines des galères tous les criminels détenus dans les prisons de son ressort, qui ont été condamnés à mort. Paris, 19 janvier 1541. — 1542.

Arch. du Sénat de Savoie, à Chambéry, Reg. des édits, bulles, lettres patentes, t. I, fol. 25 r°.

22296. Lettres par lesquelles le roi, pour mettre fin aux contestations survenues entre les habitants d'Avallon et le chapitre dudit lieu, révoque l'exemption du logement des gens de guerre qu'il avait précédemment accordée audit chapitre, sans savoir que ledit chapitre avait été de tout temps dans l'obligation de contribuer audit logement. Paris, 20 janvier 1541. — 20 janvier.

Original. Arch. communales d'Avallon (*Yonne*), GG. 71, n° 8.

22297. Déclaration de l'hommage de Louise des Essarts, dame de Vauchamps en Brie, ayant la garde des enfants de feu Jacques Piédefer, avocat du roi au Châtelet de Paris, son mari, pour la seigneurie de Saint-Mards (bailliage et châtellenie de Chaumont-en-Bassigny). Paris, 20 janvier 1541. — 20 janvier.

Expéd. orig. Arch. nat., P. 163[1], cote 966.

22298. Lettres de réception du serment de fidélité de Nicolas Le Roux, abbé de Notre-Dame du Val-Richer (diocèse de Bayeux), pour le temporel de ladite abbaye mouvant de la vicomté d'Auge. Paris, 21 janvier 1541. — 21 janvier.

Original. Arch. nat., Chambre des Comptes de Paris, P. 265[2], n° 1487.

22299. Déclaration de foi et hommage de Jean de Vimont, écuyer, seigneur de « Menil-Tade », pour les fiefs du « Château-Sohier », de la Tourelle et de Saint-Aubin, mouvant de la vicomté de Montivilliers. Paris, 21 janvier 1541. — 21 janvier.

Original. Arch. nat., Chambre des Comptes de Paris, P. 266[2], n° 2142.

22300. Mandement au trésorier de l'épargne de payer à Philippe Chabot, chevalier de l'ordre, — 22 janvier.

comte de Buzançais et de Charny, amiral de France, Guyenne et Bretagne, 300 livres tournois pour ses gages de l'amirauté de Bretagne durant le dernier trimestre de l'année 1539. Paris, 22 janvier 1541. — 1542.

Original. Bibl. nat., fonds Clairambault, vol. 27, p. 24.

22301. Lettres de réception du serment de fidélité du cardinal de Ferrare, archevêque de Lyon, primat des Gaules, abbé de Saint-Pierre de Jumièges au diocèse de Rouen, pour le temporel de ladite abbaye. Paris, 22 janvier 1541. — 22 janvier.

Original. Arch. nat. Chambre des Comptes de Paris, P. 265², n° 1495.

22302. Provisions d'un office de conseiller lai au Parlement de Rouen en faveur d'Isambert Busquet, licencié ès lois, au lieu d'Antoine Marchant, destitué pour ses démérites. Paris, 25 janvier 1541. — 25 janvier.

Vérifiées au Parl. de Rouen, le 9 novembre 1542.
Original. Arch. comm. de Rouen, tiroir 440.

22303. Déclaration de l'hommage rendu par Charles Du Val, écuyer, au nom de Jacques Aubert, pour la seigneurie de Biéville (bailliage de Caen, vicomté et châtellenie de Falaise). Paris, 26 janvier 1541. — 26 janvier.

Expéd. orig. Arch. nat., P. 273², cote 5830.

22304. Déclaration de foi et hommage de Philippe Vippart, dame de Brévedent et de Launay, pour lesdites seigneuries mouvant de la vicomté d'Auge. Paris, 28 janvier 1541. — 28 janvier.

Original. Arch. nat., Chambre des Comptes de Paris, P. 265², n° 1480.

22305. Déclaration portant défenses au Parlement de Rouen de connaître des procès relatifs aux bénéfices étant à la nomination du cardinal de Lorraine. 31 janvier 1541. — 31 janvier.

Bibl. de Rouen, ms. E. 57, fol. 7 v°. (*Mention*, d'après les *Arch. du Parl. de Rouen.*)

22306. Lettres de légitimation accordées à Jacques Depoix, né à Gimont, fils naturel de Verdelet Depoix, et de Bertrande Delacroix. Paris, janvier 1541. — 1542. Janvier.

Enreg. à la Chancellerie de France. Arch. nat., Trésor des Chartes, JJ. 254, n° 481, fol. 88 v°.

22307. Lettres de naturalité en faveur de Laurent Garin, natif de Maurin au diocèse d'Embrun, marié en France et demeurant à Salernes en Provence. Paris, janvier 1541. — Janvier.

Enreg. à la Chancellerie de France. Arch. nat., Trésor des Chartes, JJ. 254, n° 472, fol. 87. 1 page.

22308. Lettres de naturalité en faveur de Jacques de Roa, natif de Burgos en Espagne, demeurant à Rouen. Paris, janvier 1541. — Janvier.

Enreg. à la Chancellerie de France. Arch. nat., Trésor des Chartes, JJ. 256¹, n° 77, fol. 31. 1 page.

22309. Lettres de naturalité pour François de Taramone, natif de Biscaye, demeurant à Marssac, près Albi. Paris, janvier 1541. — Janvier.

Enreg. à la Chancellerie de France. Arch. nat., Trésor des Chartes, JJ. 254, n° 468, fol. 87. 1 page.

22310. Lettres en faveur des maîtres de poste du Dauphiné tenant les postes en Savoie. Saint-Germain-en-Laye, 4 février 1541. — 4 février.

Arch. du Sénat de Savoie, à Chambéry, Reg. des édits, bulles, lettres patentes, t. I, fol. 30 r°.
Idem. Reg. des audiences civiles et criminelles, t. I, fol. 60. (*Mention.*)

22311. Déclaration de foi et hommage de Gilles Le Marguetel, écuyer, seigneur de Saint-Denis-de-Gast et de Montfort, pour la châtellenie de Saint-Denis mouvant en fief de haubert de Coutances. Montfort-l'Amaury, 9 février 1541. — 9 février.

Original. Arch. nat., Chambre des Comptes de Paris, P. 268², n° 3206.

22312. Mandement au prévôt de Paris de s'informer, dans l'étendue de sa juridiction, de tous les — 11 février.

bénéfices électifs vacants qui sont à la nomination du roi. Rambouillet, 11 février 1541. — 1542.

Copie collat. du XVIIIe siècle. Arch. nat., Châtelet de Paris, Y. 17263.

22313. Don du revenu des greniers à sel de Decize, Saint-Sauge, Moulins-Engilbert, Luzy, Clamecy, Dreux, le Tréport, Saint-Vallery et Mers-en-Vimeu, à Marie d'Albret, duchesse de Nevers, comtesse de Dreux, en son nom et comme ayant la garde-noble de François de Clèves, comte d'Eu, son fils. 14 février 1541. — 14 février.

Enreg. à la Chambre des Comptes de Paris, anc. mém. 2 K, fol. 99 v°. *Arch. nat.*, PP. 119, p. 18. (*Mention.*)

Bibl. nat., ms. fr. 21405, p. 346. (*Mention.*)

22314. Déclaration de foi et hommage de Côme Clausse, secrétaire du roi, pour partie des fiefs d'« Origny et de Thorigny », mouvant des châtellenies de Corbeil et de Montlhéry. Paris, 18 février 1541. — 18 février.

Original. Arch. nat., Chambre des Comptes de Paris, P. 3, n° 843.

22315. Mandement au Parlement de Chambéry de recevoir et entériner les lettres patentes accordées à Jean, comte de La Chambre, pour lui et les ecclésiastiques, nobles et autres personnes ayant juridiction en Savoie. Paris, 21 février 1541. — 21 février.

Arch. du Sénat de Savoie, à Chambéry, Reg. des édits, bulles, lettres patentes, t. I, fol. 102 v°.

22316. Commission au grand maître des Eaux et forêts de s'enquérir au sujet des plaintes de Jacques Hurault, seigneur de Vibraye, secrétaire du roi, contre les habitants dudit Vibraye, au sujet de coupes de bois faites indûment par eux dans ladite seigneurie. Paris, 22 février 1541. — 22 février.

Enreg. aux Eaux et forêts. Arch. nat., Z1e 869, fol. 353. 2 pages 1/2.

22317. Mandement au bailli de Troyes de faire dresser — 23 février.

un état général des fiefs et arrière-fiefs situés dans le ressort de son bailliage et d'enjoindre aux seigneurs desdits fiefs, sujets au ban et à l'arrière-ban, de s'armer et équiper et de se tenir prêts pour le 15 avril prochain. Paris, 23 février 1541. — 1542.

Original. Arch. municipales de Troyes (Aube), 2e boîte, 11e liasse.

22318. Déclaration de foi et hommage de Jean Le Normant, seigneur de Beaumont, pour la seigneurie de Vincelottes mouvant d'Auxerre. Paris, 24 février 1541. — 24 février.

Original. Arch. nat., Chambre des Comptes de Paris, P. 14, n° 5153.

22319. Provisions, en faveur de Philibert de La Forêt, de l'office de grand châtelain de Rossillon au pays de Bugey. Paris, 25 février 1541. — 25 février.

Arch. du Sénat de Savoie, à Chambéry, Reg. des édits, bulles, lettres patentes, t. I, fol. 36 r°.

22320. Lettres d'évocation à la personne du roi et renvoi à la Chambre des Eaux et forêts du procès engagé entre Georges d'Amboise, archevêque de Rouen, et Robert de Pommereul, maître des Eaux et forêts de Normandie, au sujet de la saisie opérée par ledit Robert sur ledit archevêque des forêts d'Aliermont, Croixdalle et Louviers et du droit de pêcherie du hâvre de Dieppe. Paris, 26 février 1541. — 26 février.

Enreg. aux Eaux et forêts. Arch. nat., Z1e 869, fol. 380. 1 page 1/2.

22321. Provisions, en faveur de Louis Martine, de l'office de procureur du roi au Châtelet de Paris, vacant par la résignation de Jacques Chambret. Paris, 26 février 1541. — 26 février.

Enreg. au Châtelet de Paris, Bannières IV, fol. 4 (reg. en déficit). *Bibl. nat.*, nouv. acquisitions franç., ms. 3651, p. 706. (*Mention.*)

22322. Lettres de naturalité en faveur de Pierre Grois, natif du marquisat de Finale (État de Gênes), — Février.

demeurant au Luc en Provence. Saint-Germain-en-Laye, février 1541. 1542.

Enreg. à la Chancellerie de France. Arch. nat., Trésor des Chartes, JJ. 256¹, n° 13, fol. 4.

22323. Lettres de naturalité en faveur de Pierre Dupin, maître calfat, demeurant à Marseille, natif de San Remo, dans la rivière de Gênes. Saint-Germain-en-Laye, février 1541. Février.

Enreg. à la Chancellerie de France. Arch. nat., Trésor des Chartes, JJ. 256¹, n° 11, fol. 4. 1 page.

22324. Lettres de naturalité en faveur de Claude Astée, natif de Rimplas au comté de Nice, demeurant à Ollioules en Provence. Saint-Arnoult-[en-Yvelines], février 1541. Février.

Enreg. à la Chancellerie de France. Arch. nat., Trésor des Chartes, JJ. 256¹, n° 5, fol. 3. 1 page.

22325. Lettres de naturalité en faveur de Jean Audebert, natif du Puget-Théniers au comté de Nice, demeurant à Régusse en Provence. Saint-Arnoult, février 1541. Février.

Enreg. à la Chancellerie de France. Arch. nat., Trésor des Chartes, JJ. 256¹, n° 4, fol. 3. 1 page.

22326. Édit de création d'un office d'enquêteur examinateur dans tous les bailliages, sénéchaussées, prévôtés et vicomtés du royaume. Paris, février 1541. Février.

Arch. du Sénat de Savoie, à Chambéry, Reg. des édits, bulles, lettres patentes, t. I, fol. 111 r°.

22327. Lettres de légitimation accordées à Jacques Bresle, fils naturel de Jacques Bresle. Paris, février 1541. Février.

Enreg. à la Chancellerie de France. Arch. nat., Trésor des Chartes, JJ. 256¹, n° 22, fol. 8 v°. 1 page.

22328. Lettres de naturalité en faveur de Jean Cochie, natif de Chambéry en Savoie, établi depuis vingt ans en Provence. Paris, février 1541. Février.

Enreg. à la Chancellerie de France. Arch. nat., Trésor des Chartes, JJ. 256¹, n° 31, fol. 12 v°. 1 page.

22329. Lettres de naturalité en faveur d'Antoine Flos, Février.

marchand, demeurant à Marseille, originaire du Piémont. Paris, février 1541. | 1542.

Enreg. à la Chancellerie de France. Arch. nat., Trésor des Chartes, JJ. 256[1], n° 143, fol. 51.

22330. Lettres de naturalité en faveur de François Gervais, natif de Pont-de-Veyle en Savoie, établi en Provence depuis environ quarante ans. Paris, février 1541. | Février.

Enreg. à la Chancellerie de France. Arch. nat., Trésor des Chartes, JJ. 256[1], n° 35, fol. 14. 1 page.

22331. Lettres de naturalité en faveur de Pantaléon d'Olguière, natif de Savoie, établi à Hyères en Provence. Paris, février 1541. | Février.

Enreg. à la Chancellerie de France. Arch. nat., Trésor des Chartes, JJ. 256[1], n° 38, fol. 15. 1 page.

22332. Lettres de naturalité en faveur de Gaspard de Philleboug, originaire du Piémont, établi en Provence. Paris, février 1541. | Février.

Enreg. à la Chancellerie de France. Arch. nat., Trésor des Chartes, JJ. 256[1], n° 34, fol. 13 v°. 1 page.

22333. Mandement à la Chambre des Comptes de Piémont d'enregistrer les lettres patentes du 26 juillet 1541 (n° 22175), portant remise aux habitants de Moncalieri d'un cens annuel de 40 ducats établi sur cinq fours. Paris, 4 mars 1541. | 4 mars.

Enreg. à la Chambre des Comptes de Turin, le 20 janvier 1543.
Copie collat. du 15 mai 1544. Turin, Arch. di Stato, Torino, mazzo 20, n° 39.

22334. Déclaration portant que les lettres de survivance accordées à Claude Le Breton, le 3 novembre 1537 (n° 21348), ne sont pas annulées par l'édit, récemment publié, portant révocation de toutes les survivances. Paris, 4 mars 1541. | 4 mars.

Vérifiée à la Chambre des Comptes de Blois, le 30 mars 1542 n. s. Arch. nat., KK. 902, fol. 194. (*Mention.*)

22335. Déclaration de foi et hommage de Guillaume | 4 mars.

Golaffre, écuyer, seigneur de Gassart, pour ladite seigneurie et le fief d'Ymer-Alain (à Saint-Hymer), mouvant des château et châtellenie de Touques. Paris, 4 mars 1541. 1542.

Original. Arch. nat., Chambre des Comptes de Paris, P. 265[2], n°s 1485 et 1486. (*Double.*)

22336. Lettres ordonnant la confection du terrier des seigneuries appartenant au dauphin, à cause de sa femme. Vincennes, 12 mars 1541. 12 mars.

Copie du temps[(1)]. *Bibl. nat.*, ms. de Lorraine 469[1], fol. 208. 9 pages 1/2.

22337. Mandement aux Parlements de Paris et de Rouen de remettre à [Léon Strozzi], prieur de Capoue, pour ramer sur ses galères, non seulement les condamnés à mort, mais tous ceux qui ont encouru des peines corporelles. Villeneuve-le-Comte, 16 mars 1541[(2)]. 16 mars.

Enreg. au Parl. de Rouen. Arch. de la Cour, à Rouen, Reg. crim. de 1539-1558, fol. 17 v°. 2/3 de page.

Enreg. à la Cour des Aides de Normandie, le 26 du même mois. Arch. de la Seine-Inférieure, Mémoriaux, 2e vol., fol. 255 v°. 1 page 1/4.

22338. Mandement au Sénat de Savoie de délivrer aux capitaines des galères non seulement les criminels qui ont mérité la mort, mais encore ceux qui ont été condamnés à des peines corporelles. Villeneuve-le-Comte, 16 mars 1541. 16 mars.

Arch. du Sénat de Savoie, à Chambéry, Reg. des édits, bulles, lettres patentes, t. I, fol. 35 r°.

22339. Lettres ratifiant la nomination du cardinal de Lorraine en qualité d'abbé de Blanche-Couronne. Chaumes en Brie, 22 mars 1541. 22 mars.

Enreg. aux Grands jours ou Parlement de Bretagne. Arch. d'Ille-et-Vilaine, B. 1 (anc. B. 224), fol. 23.

(1) Cette copie, qui a servi à préparer des lettres de terrier pour la baronnie de Mercœur, est surchargée de corrections faites dans ce but.

(2) Après avoir été présenté au Parlement, ce mandement fut rendu au prieur, le 22 mars 1543, comme en fait foi une attestation qui se trouve au folio 18 du même registre, avec la signature : Leone Strozzi, priore di Capua.

22340. Lettres adressées au Sénat de Savoie touchant certains biens échus au roi par droit d'aubaine, à la mort du bâtard Michel Carrel, biens que les officiers de l'archevêque de Lyon prétendaient aussi devoir leur appartenir, en vertu de certains privilèges. Chaumes en Brie, 22 mars 1541. 1542. 22 mars.

Arch. du Sénat de Savoie, à Chambéry, Reg. des édits, bulles, lettres patentes, t. I, fol. 37 r°.

22341. Déclaration portant que les procès intentés par Georges d'Amboise, archevêque de Rouen, à Robert de Pommereul, dont la connaissance avait été attribuée, par lettres du 26 février 1542 n. s. (n° 22320), à la Chambre des Eaux et forêts, devront être jugés par les conseillers de ladite Chambre commis à la réformation de la forêt d'Orléans. Chaumes, 22 mars 1541. 22 mars.

Enreg. aux Eaux et forêts. Arch. nat., Z[1e] 869, fol. 380 v°. 1 page 1/2.

22342. Confirmation de la survivance de l'office de capitaine du château de Mauléon de Soule, en faveur de Perrot de Ruthie et de Jean de Tardes. Chaumes, 23 mars 1541. 23 mars.

Enreg. à la Chambre des Comptes de Paris, anc. mém. 2 K, fol. 140. *Arch. nat.,* PP. 119, p. 24. (*Mention.*)
Bibl. nat., ms. fr. 21405, p. 347. (*Mention.*)
Cf. le n° 12401 du *Catalogue.*

22343. Lettres d'intermédiat pour René de Sanzay, écuyer, seigneur dudit lieu, maître des Eaux et forêts du duché d'Anjou. 28 mars 1541. 28 mars.

Enreg. à la Chambre des Comptes de Paris, anc. mém. 2 K, fol. 111. *Arch. nat.,* PP. 119, p. 21. (*Mention.*)
Bibl. nat., ms. fr. 21405, fol. 346. (*Mention.*)

22344. Mandement aux commissaires chargés de juger en dernier ressort les procès engagés par suite de la réformation de la forêt d'Orléans, de connaître des appels de Robert de Pommereul, seigneur du Moulin-Chappel, commis 31 mars.

à la réformation des forêts de Normandie. Vauluisant, 31 mars 1541. 1542.

Enreg. aux Eaux et forêts. Arch. nat., Z[1e] 869, fol. 327. 2 pages.

22345. Lettres de naturalité en faveur de François Demonnet, natif d'Avignon. Bois-de-Vincennes, mars 1541. Mars.

Enreg. à la Chancellerie de France. Arch. nat., Trésor des Chartes, JJ. 256[1], n° 66, fol. 28 v°.

22346. Lettres de naturalité en faveur de Marc «Bellessine», natif de la Rivière de Gênes, établi à Saint-Paul en Provence. Bois-de-Vincennes, mars 1541. Mars.

Enreg. à la Chancellerie de France. Arch. nat., Trésor des Chartes, JJ. 256[1], n° 70, fol. 29. 1 page.

22347. Lettres de naturalité en faveur de Jacques «Bellisme», natif de la Rivière de Gênes, demeurant à Saint-Paul en Provence. Bois-de-Vincennes, mars 1541. Mars.

Enreg. à la Chancellerie de France. Arch. nat., Trésor des Chartes, JJ. 256[1], n° 139, fol. 49.

22348. Lettres de naturalité en faveur de Pierre «Bellisme», natif de la Rivière de Gênes, demeurant à Saint-Paul en Provence. Conflans, mars 1541. Mars.

Enreg. à la Chancellerie de France. Arch. nat., Trésor des Chartes, JJ. 256[1], n° 71, fol. 29 v°. 1 page.

22349. Lettres de naturalité en faveur d'Antoine Gouste, natif de Sainte-Cécile au Comtat-Venaissin, établi à Aix en Provence depuis vingt-cinq ans. La Guette en Brie, mars 1541. Mars.

Enreg. à la Chancellerie de France. Arch. nat., Trésor des Chartes, JJ. 256[1], n° 80, fol. 32. 1 page.

22350. Lettres de naturalité en faveur de Jacques Laugier, né à Dampierre-sur-Salon en Franche-Comté, demeurant à Arles depuis soixante ans. [Mars 1541]. Mars.

Enreg. à la Chancellerie de France. Arch. nat.,

Trésor des Chartes, JJ. 256[1], n° 82, fol. 33. 1 page. 1542.

22351. Mandement aux commissaires chargés de juger en dernier ressort les procès engagés par suite de la réformation des forêts d'Orléans, de connaître des réclamations élevées par le duc de Guise, au nom de son petit-fils le duc de Longueville, contre Robert de Pommereul, maître des Eaux et forêts de Normandie, au sujet de certains droits d'usage exercés dans la forêt de Lyons par ledit duc de Longueville, comme seigneur d'Étrépagny. Abbaye de Vauluisant, 3 avril 1541. 3 avril.

Enreg. aux Eaux et forêts. Arch. nat., Z[1e] 869, fol. 350. 1 page 1/2.

22352. Mandement aux commissaires chargés de juger en dernier ressort les procès engagés par suite de la réformation des forêts d'Orléans, de connaître de l'opposition mise par l'abbaye de Saint-Wandrille à certaines saisies faites sur elle par Robert de Pommereul, maître des Eaux et forêts de Normandie. Abbaye de Vauluisant, 3 avril 1541. 3 avril.

Enreg. aux Eaux et forêts. Arch. nat., Z[1e] 869, fol. 347 v°. 1 page 1/2.

22353. Mandement au premier huissier du Parlement d'ajourner, par-devant les commissaires chargés de juger les procès engagés par suite de la réformation des forêts d'Orléans, Robert de Pommereul, maître des Eaux et forêts de Normandie, lequel avait mis empêchement aux droits d'usage exercés par le duc de Longueville dans les bois de ses seigneuries de Gournay, la Ferté-en-Bray et Gaillefontaine. Vauluisant, 3 avril 1541. 3 avril.

Enreg. aux Eaux et forêts. Arch. nat., Z[1e] 869, fol. 351. 2 pages.

22354. Mandement aux commissaires chargés de juger en dernier ressort les procès engagés par suite de la réformation de la forêt de Rets, de connaître des réclamations élevées par l'abbaye 3 avril de Longpont contre le procureur du roi, qui, malgré un arrêt desdits commissaires en date du 13 septembre 1540, avait fait saisir les porcs de ladite abbaye paissant dans ladite forêt. Vauluisant, 3 avril 1541. — 1542.

Enreg. aux Eaux et forêts. Arch. nat., Z[1e] 869, fol. 330. 2 pages 1/2.

22355. Lettres portant renvoi par-devant le Parlement de Chambéry du procès intenté dans le pays de Savoie pour raison du lac des Échets près Miribel en Bresse (n° 22241). Vauluisant, 6 avril 1541. — 6 avril.

Arch. du Sénat de Savoie, à Chambéry, Reg. des édits, bulles, lettres patentes, t. I, fol. 46 v°.

22356. Déclaration de l'hommage rendu par René de Saint-Germain, au nom d'Antoine, son frère, pour la seigneurie de la Cour-Saint-Brisson, sise à Mer (comté de Blois). 6 avril 1541. — 6 avril.

Anc. arch. de la Chambre des Comptes de Blois, lay. C. *Arch. nat.*, P. 1479, fol. 69 v°. (*Mention.*)

22357. Mandement aux gens du Parlement de Bretagne d'enregistrer et entériner les lettres d'avril 1517 n. s. (n° 16537) et du 8 mars 1518 n. s. (n° 16628), portant confirmation des privilèges de la ville de Rennes. Villeneuve-l'Archevêque, 8 avril 1541. — 8 avril.

Copie collat. de 1575. Arch. départ. d'Ille-et-Vilaine, C. 3325.

22358. Lettres de naturalité en faveur de Jacques Baroncini, florentin, demeurant à Lyon. Vauluisant, avril 1541. — Avril.

Enreg. à la Chancellerie de France. Arch. nat., Trésor des Chartes, JJ. 256[1], n° 220, fol. 78 v°.

22359. Lettres de naturalité en faveur de Jean Bouet, couturier, natif du marquisat de Saluces, établi à Noyers en Provence depuis quarante ans. Villeneuve-l'Archevêque, avril 1541. — Avril.

Enreg. à la Chancellerie de France. Arch. nat., Trésor des Chartes, JJ. 256[1], n° 97, fol. 86 v°. 1 page.

22360. Lettres de naturalité en faveur de Guillaume Carbonet, natif de Cavaillon, marié et établi en Provence. Villeneuve-l'Archevêque, avril 1541. — 1542. Avril.

Enreg. à la Chancellerie de France. Arch. nat., Trésor des Chartes, JJ. 256[1], n° 65, fol. 28. 1 page.

22361. Lettres de naturalité en faveur de Barthélemy Fanhan, originaire de Piémont, demeurant à Sisteron en Provence. Villeneuve-l'Archevêque, avril 1541. — Avril.

Enreg. à la Chancellerie de France. Arch. nat., Trésor des Chartes, JJ. 256[1], n° 93, fol. 36. 1 page.

22362. Lettres de naturalité en faveur de Barthélemy Larchier, charpentier, né à Suze en Piémont, habitant de Sisteron en Provence. Villeneuve-l'Archevêque, avril 1541. — Avril.

Enreg. à la Chancellerie de France. Arch. nat., Trésor des Chartes, JJ. 256[1], n° 95, fol. 36 v°. 1 page.

22363. Lettres de naturalité en faveur de maître Claude Melbesqui, natif du comté de Nice, marié et établi à Aix en Provence. Villeneuve-l'Archevêque, avril 1541. — Avril.

Enreg. à la Chancellerie de France. Arch. nat., Trésor des Chartes, JJ. 256[1], n° 92, fol. 36. 1 page.

22364. Lettres de naturalité en faveur d'Antoine Rousset, natif de la paroisse de Saint-Silvestre au diocèse de Genève, demeurant à Vaux en Provence depuis trente-huit ans. Villeneuve-l'Archevêque, avril 1541. — Avril.

Enreg. à la Chancellerie de France. Arch. nat., Trésor des Chartes, JJ. 256[1], n° 122, fol. 47. 1 page.

22365. Lettres d'exemption en faveur d'Antoine de Saint-Germain, écuyer, des droits féodaux par lui dus au roi pour la moitié de la terre de la Cour-Saint-Brisson au comté de Blois, acquise — 11 avril.

par Françoise de Saintray, sa femme. Coulours, 11 avril 1541. 1542.

Vérifiées à la Chambre des Comptes de Blois, le 1er décembre 1542. Arch. nat., KK. 902, fol. 200. (*Mention.*)

22366. Commission pour la mise à exécution de l'édit sur les gabelles en Bretagne. Tonnerre, 21 avril 1542. 21 avril.

Enreg. aux Grands jours ou Parlement de Bretagne. Arch. d'Ille-et-Vilaine, B. 1 (anc. B. 224), fol. 11.

22367. Déclaration portant que les précédents édits relatifs à l'importation des denrées venant du Levant (nos 11248, 11720 et 12347) désignent par ce mot « denrée » toute espèce de marchandise, comestible ou non. Châtel-Gérard, 23 avril 1542. 23 avril.

Enreg. au Châtelet de Paris, Bannières IV, fol. 1 (reg. en déficit). *Bibl. nat.*, nouv. acquisitions franç., ms. 3651, p. 705. (*Mention.*)

22368. Provisions de l'office d'avocat du roi au Parlement de Savoie en faveur de Jean Thiercé, licencié ès lois, avocat au Grand conseil du roi. Châtel-Gérard, 25 avril 1542. 25 avril.

Arch. du Sénat de Savoie, à Chambéry, Reg. des édits, bulles, lettres patentes, t. I, fol. 51 v°.

22369. Lettres de don au prince de Melphe d'une amende de 200 livres tournois à laquelle Jean Sauvaire, dit de la Grâce, de Berre, a été condamné. Châtel-Gérard, 25 avril 1542. 25 avril.

Arch. de l'Isère. Chambre des Comptes du Dauphiné, B. 2907, cah. 123. 3 pages.

22370. Lettres accordant aux habitants de Chaource, afin de les aider à rétablir une partie des murailles de leur ville qui est tombée par suite des grandes eaux, prorogation pour six ans de l'apetissement ou quatrième denier du vin vendu en détail en ladite ville, et de l'octroi de 12 deniers tournois sur chaque queue 26 avril.

de vin vendu en gros. Montréal, 26 avril 1542. — 1542.

Original. Arch. municip. de Chaource (Aube), CC. 4.

IMP. D'Arbois de Jubainville, *Voyage paléographique, etc.*, p. 44 et 45. (*Analyse.*)

22371. Lettres de naturalité en faveur d'Antoine Alard, natif de Barcelonne (auj. Barcelonette) au diocèse d'Embrun, demeurant à Viens en Provence. Tonnerre, avril 1542. — Avril.

Enreg. à la Chancellerie de France. Arch. nat., Trésor des Chartes, JJ. 256[1], n° 228, fol. 79 v°, et n° 242, fol. 80 v°. (*Double.*)

22372. Lettres de naturalité en faveur d'Honoré Alard, natif de Barcelonne (auj. Barcelonette) en Terre-Neuve, demeurant à Apt en Provence. Tonnerre, avril 1542. — Avril.

Enreg. à la Chancellerie de France. Arch. nat., Trésor des Chartes, JJ. 256[1], n° 239, fol. 80.

22373. Lettres de naturalité en faveur de Jean Alard, natif de Barcelonne (Barcelonette) au diocèse d'Embrun, demeurant à Viens en Provence. Tonnerre, avril 1542. — Avril.

Enreg. à la Chancellerie de France. Arch. nat., Trésor des Chartes, JJ. 256[1], n° 235, fol. 80.

22374. Lettres de naturalité en faveur de Martin et Antoine Alard, natifs de Barcelonne (Barcelonette) au diocèse d'Embrun, établis à Salon en Provence depuis vingt ans. Tonnerre, avril 1542. — Avril.

Enreg. à la Chancellerie de France. Arch. nat., Trésor des Chartes, JJ. 256[1], n° 234, fol. 80.

22375. Lettres de naturalité en faveur de Paul Alard, natif de Barcelonne (Barcelonette) au diocèse d'Embrun, demeurant à Saint-Savournin en Provence. Tonnerre, avril 1542. — Avril.

Enreg. à la Chancellerie de France. Arch. nat., Trésor des Chartes, JJ. 256[1], n° 227, fol. 79 v°, et n° 241, fol. 80 v°. (*Double.*)

22376. Lettres de naturalité en faveur de Maurice — Avril.

Alègre, natif de la Rivière de Gênes, demeurant en Provence. Tonnerre, avril 1542. 1542.

Enreg. à la Chancellerie de France. Arch. nat., Trésor des Chartes, JJ. 256[1], n° 243, fol. 80 v°.

22377. Lettres de naturalité en faveur de François Calvi, natif de la Rivière de Gênes, demeurant à Cannes. Tonnerre, avril 1542. Avril.

Enreg. à la Chancellerie de France. Arch. nat., Trésor des Chartes, JJ. 256[1], n° 246, fol. 81.

22378. Lettres de naturalité en faveur d'Honoré Canasso, natif de la Rivière de Gênes, demeurant à Antibes en Provence. Tonnerre, avril 1542. Avril.

Enreg. à la Chancellerie de France. Arch. nat., Trésor des Chartes, JJ. 256[1], n° 251, fol. 81.

22379. Lettres de naturalité en faveur d'Aubert Carussi, natif de la Rivière de Gênes, demeurant à Cannes en Provence. Tonnerre, avril 1542. Avril.

Enreg. à la Chancellerie de France. Arch. nat., Trésor des Chartes, JJ. 256[1], n° 245, fol. 80 v°.

22380. Lettres de naturalité en faveur d'Anne de « Cenepolle », damoiselle, originaire du Comtat-Venaissin, demeurant à Arles. Tonnerre, avril 1542. Avril.

Enreg. à la Chancellerie de France. Arch. nat., Trésor des Chartes, JJ. 256[1], n° 208, fol. 77 v°.

22381. Lettres de naturalité en faveur d'Antoine Conte, natif du comté de Genève, demeurant à Arles. Tonnerre, avril 1542. Avril.

Enreg. à la Chancellerie de France. Arch. nat., Trésor des Chartes, JJ. 256[1], n° 207, fol. 77.

22382. Lettres de naturalité en faveur de Séraphin Corbonnière, natif de la Rivière de Gênes, demeurant à Cannes en Provence. Tonnerre, avril 1542. Avril.

Enreg. à la Chancellerie de France. Arch. nat., Trésor des Chartes, JJ. 256[1], n° 244, fol. 80 v°.

22383. Lettres de naturalité en faveur de Constant et de Jean Defaulcon, frères, natifs de Jausiers près Barcelonne en Terre-Neuve (auj. Barce- Avril.

lonette), demeurant à Viens en Provence. Tonnerre, avril 1542. 1542.

Enreg. à la Chancellerie de France. Arch. nat., Trésor des Chartes, JJ. 256[1], n° 238, fol. 80.

22384. Lettres de naturalité en faveur d'Antoine Ducoert, natif du comté de Genève, demeurant à Arles. Tonnerre, avril 1542. Avril.

Enreg. à la Chancellerie de France. Arch. nat., Trésor des Chartes, JJ. 256[1], n° 210, fol. 77 v°.

22385. Lettres de naturalité en faveur de Thomas Dufour, natif de Bonvillard en Savoie, demeurant à Arles. Tonnerre, avril 1542. Avril.

Enreg. à la Chancellerie de France. Arch. nat., Trésor des Chartes, JJ. 256[1], n° 205, fol. 77.

22386. Lettres de naturalité en faveur d'Honoré « Engeillarde », natif du comté de Nice, habitant de Manosque en Provence. Tonnerre, avril 1542. Avril.

Enreg. à la Chancellerie de France. Arch. nat., Trésor des Chartes, JJ. 256[1], n° 128, fol. 48.

22387. Lettres de naturalité en faveur de Jean-Louis Fulconis, natif de Saint-Étienne en Terre-Neuve[(1)], demeurant à Cucuron en Provence. Tonnerre, avril 1542. Avril.

Enreg. à la Chancellerie de France. Arch. nat., Trésor des Chartes, JJ. 256[1], n° 237, fol. 80.

22388. Lettres de naturalité en faveur de Jacques Hadrosy, natif de Saint-Gervais au comté de Genève, demeurant à Arles. Tonnerre, avril 1542. Avril.

Enreg. à la Chancellerie de France. Arch. nat., Trésor des Chartes, JJ. 256[1], n° 209, fol. 77 v°.

22389. Lettres de naturalité en faveur d'Étienne Hardouin, natif de la Rivière de Gênes, établi en Provence. Tonnerre, avril 1542. Avril.

Enreg. à la Chancellerie de France. Arch. nat., Trésor des Chartes, JJ. 256[1], n° 249, fol. 81.

(1) Sans doute Saint-Étienne, arr. de Puget-Théniers (Alpes-Maritimes).

22390. Lettres de naturalité en faveur de Ponce Ligno, natif de « Bride en Terre-Neuve », demeurant à Arles. Tonnerre, avril 1542. 1542. Avril.

Enreg. à la Chancellerie de France. Arch. nat., Trésor des Chartes, JJ. 256[1], n° 206, fol. 77.

22391. Lettres de naturalité en faveur de Michel Marie, natif du comté de Genève, demeurant à Viens en Provence. Tonnerre, avril 1542. Avril.

Enreg. à la Chancellerie de France. Arch. nat., Trésor des Chartes, JJ. 256[1], n° 236, fol. 80.

22392. Lettres de naturalité en faveur de Pierre Payen, natif de Saint-Martin-d'Entraunes en Terre-Neuve, demeurant à Arles. Tonnerre, avril 1542. Avril.

Enreg. à la Chancellerie de France. Arch. nat., Trésor des Chartes, JJ. 256[1], n° 211, fol. 77 v°.

22393. Lettres de naturalité en faveur d'Antoine Richault, natif de Barcelonne (auj. Barcelonnette) au diocèse d'Embrun, demeurant à Viens en Provence. Tonnerre, avril 1542. Avril.

Enreg. à la Chancellerie de France. Arch. nat., Trésor des Chartes, JJ. 256[1], n° 229, fol. 79 v°.

22394. Lettres de naturalité en faveur de Jean-Antoine Robin, natif de la Rivière de Gênes, demeurant à Antibes en Provence. Tonnerre, avril 1542. Avril.

Enreg. à la Chancellerie de France. Arch. nat., Trésor des Chartes, JJ. 256[1], n° 248, fol. 81.

22395. Mandement à Jean Laguette, trésorier des finances extraordinaires et parties casuelles, de rembourser au s[r] de Montet la somme de 20 écus avancée par ce dernier pour l'institution d'un office de notaire dans la paroisse de « Vantajoul » en Gévaudan. 1er mai 1542. 1er mai.

IMP. *Catalogue des chartes du cabinet de M. de M. (Magny)*. Vente des 18-22 mars 1867, par Jacques Charavay aîné, n° 1287. (*Mention.*)

22396. Provisions de l'office de procureur général au Parlement de Grenoble, en faveur de Jean de 4 mai.

Lautier, licencié ès lois, avocat au Parlement de Paris. Montréal, 4 mai 1542. 1542.

Enreg. au Parl. de Grenoble. Arch. de l'Isère, B. 2334, fol. 97. 2 pages.

22397. Provisions de l'office de notaire royal à Lyon pour Claude Cassonel. Rochefort[-sur-Armançon], 8 mai 1542. 8 mai.

Copie du XVIe siècle. Arch. du Rhône, reg. des insinuations de la sénéchaussée, Livre du roi, fol. 69.

22398. Lettres ordonnant de faire défenses à certaines personnes ecclésiastiques dénommées dans l'acte d'entrer en procès avec les consuls du bourg de Rodez, à raison de la cotisation des tailles royales, par-devant la Cour des Aides de Montpellier. Nuits[-sous-Ravière], 8 mai 1542. 8 mai.

Copie collat. du XVIe siècle. Arch. de la ville de Rodez, fonds de la cité, FF. 16.

22399. Lettres portant relief d'adresse au Parlement de Chambéry des lettres patentes touchant la dégradation des prêtres faux-monnayeurs (n° 12461). Montieramey, 16 mai 1542. 16 mai.

Arch. du Sénat de Savoie, à Chambéry, Reg. des édits, bulles, lettres patentes, t. I, fol. 51 r°.

22400. Lettres d'évocation au Grand conseil d'un procès pendant au Parlement de Dijon entre Philippe Chabot, amiral de France, et Léonor, son fils, d'une part, et René de Châlon, comte de Nassau, d'autre part, touchant le comté de Charny, en Bourgogne. Brienne, 21 mai 1542. 21 mai.

Signifiées au Parl. de Dijon, le 25 mai 1542.

Original. Arch. de Seine-et-Oise, série D, fonds de Saint-Cyr, 3e liasse de Charny, n° 32.

22401. Lettres de naturalité en faveur de D. Millo, natif de la Rivière de Gênes, habitant de Saint-Tropez en Provence. Saint-Dizier, mai 1542. Mai.

Enreg. à la Chancellerie de France. Arch. nat., Trésor des Chartes, JJ. 256¹, n° 216, fol. 78.

22402. Lettres de naturalité en faveur d'Honoré Alard de Barcelonne en Terre-Neuve (auj. Barcelonnette), établi depuis vingt-cinq ans en Provence. Éclaron, mai 1542. — 1542. Mai.

Enreg. à la Chancellerie de France. Arch. nat., Trésor des Chartes, JJ. 256[1], n° 262, fol. 82 v°.

22403. Lettres de naturalité en faveur de Jacques Arbaud, natif d'Arbigno (Rivière de Gênes), demeurant à Martigues en Provence. Éclaron, mai 1542. — Mai.

Enreg. à la Chancellerie de France. Arch. nat., Trésor des Chartes, JJ. 256[1], n° 265, fol. 82 v°.

22404. Lettres de naturalité en faveur de Vincent Mino, natif de Puget en Terre-Neuve (s. d. Puget-Théniers), demeurant en l'île de Martigues. Éclaron, mai 1542. — Mai.

Enreg. à la Chancellerie de France. Arch. nat., Trésor des Chartes, JJ. 256[1], n° 267, fol. 82 v°.

22405. Lettres de naturalité en faveur de Barthélemy Seret, natif du diocèse de Sienne, demeurant à Salon-de-Crau en Provence. « Eschelon » (*lisez* Éclaron), mai 1542. — Mai.

Enreg. à la Chancellerie de France. Arch. nat., Trésor des Chartes, JJ. 256[1], n° 260, fol. 82.

22406. Lettres de naturalité en faveur de Louis Servet, natif de « Carquarès au marquisat de Frioul », demeurant à Trets en Provence. Éclaron, mai 1542. — Mai.

Enreg. à la Chancellerie de Franc. Arch. nat., Trésor des Chartes, JJ. 256[1], n° 259, fol. 82.

22407. Mandement à Jean Laguette, receveur général des finances extraordinaires et parties casuelles, de payer à Thomas Guillebert, barbier et valet de chambre ordinaire du dauphin, 50 écus soleil dont le roi lui fait don sur les deniers provenant de la vente de l'un des quarante offices de sergents royaux en la sénéchaussée de Guyenne, à Bordeaux, vacant par le décès d'Antoine Douzeau. Éclaron, 1er juin 1542. — 1er juin.

Original annexé à un reg. de la Chambre des

Comptes de Paris. Arch. nat., P. 2306, dernier feuillet. 1542.

22408. Lettres d'évocation et renvoi au Parlement de Grenoble d'un procès pendant au Parlement de Chambéry, entre le procureur général du roi à Chambéry et Jacques Godran, conseiller et président au Parlement de Dijon. Éclaron, 5 juin 1542. 5 juin.

Arch. du Sénat de Savoie, à Chambéry, Reg. des édits, bulles, lettres patentes, t. I, fol. 84 r°.

22409. Lettres portant rejet de la requête présentée par Jean Dupont, ex-grènetier de Fécamp, pour l'évocation d'un procès par lui soutenu à la Cour des Aides de Normandie. Saint-Dizier, 6 juin 1542. 6 juin.

Données conformément à un avis du Grand conseil, prononcé à Auxerre le 31 mai 1542.

Enreg. à ladite Cour des Aides. Arch. de la Seine-Inférieure, Mémoriaux, 2e vol., fol. 261 (*sans date d'enregistrement*), 1 page.

22410. Mandement au bailli d'Étampes de procéder à la vente des bois de Chantropin [1], nonobstant le procès pendant entre le procureur du roi audit Etampes et le vidame de Chartres, et sans préjudice des droits desdites parties. Épineuseval, 9 juin 1542. 9 juin.

Copie du temps, signée Moynerie. Arch. de Seine-et-Oise, série D, fonds de Saint-Cyr, 19e carton de la Saussaye.

22411. Mandement à [Jean Laguette], trésorier des parties casuelles, de payer la somme de 20 écus à Artaud Manissier, garde-vaisselle du roi, pour le récompenser de ses services. 9 juin 1542. 9 juin.

IMP. *Catalogue des chartes du cabinet de M. de M. (Magny)*. Vente des 18-22 mars 1867, par Jacques Charavay aîné, n° 1285. (*Mention.*)

22412. Provisions de l'office de procureur du roi à 10 juin.

(1) Communes de Saint-Chéron et de Breux (Seine-et-Oise), arrondissement de Rambouillet, canton de Dourdan.

Barcelonette en faveur d'Honoré Pascalis. 10 juin 1542. 1542.

Enreg. au Parl. de Provence.

IMP. *Remontrances du Parlement de Provence pour la réunion de la vallée de Barcelonette à son ressort* (pièce in-4° de 16 pages), p. 5. *Arch. nat.*, K. 551. (*Mention.*)

22413. Lettres portant extension aux habitants de Barcelonette des privilèges accordés à ceux du comté de Provence. 11 juin 1542. 11 juin.

IMP. *Remontrances du Parlement de Provence pour la réunion de la vallée de Barcelonette à son ressort* (pièce in-4° de 16 pages), p. 6. *Arch. nat.*, K. 551. (*Mention.*)

22414. Lettres de neutralité octroyées à Antoine, duc de Lorraine et de Bar, pour sesdits duchés. Éclaron, 12 juin 1542. 12 juin.

Copie. Arch. départ. de la Meuse, B. 2931.

Vidimus du 11 juillet 1542, sous le sceau aux contrats de la prévôté de Vitry. Bibl. nat., Coll. de Lorraine, vol. 469[1], fol. 185.

22415. Lettres de neutralité accordées à Antoine, duc de Lorraine, pour les seigneuries possédées par indivis entre lui et l'empereur. Eclaron, 12 juin 1542. 12 juin.

Copie collat. signée Duthier. Ancien Trésor des Chartes de Lorraine, lay. Marville, n° 53. *Bibl. nat.*, ms. 4883, p. 7571. (*Mention* de Dufourny.)

22416. Provisions de l'office de concierge de la maison royale de la Gabillière[(1)], en faveur de Jean de Courteaux. 16 juin 1542. 16 juin.

Mention dans un arrêt de la Chambre des Comptes de Blois, en date du 10 novembre 1547. Arch. nat., KK. 902, fol. 261.

22417. Provisions de l'abbaye du Paraclet en faveur de Renée de Lorraine, abbesse de Fontevrault. 20 juin 1542. 20 juin.

Anc. arch. de la Chambre des Comptes de Joinville, pièce cotée 1154. Arch. nat., KK. 906, fol. 407, et KK. 908, fol. 74. (*Mentions.*)

(1) Métairie située dans le parc de Chambord (indication fournie au fol. 261 du même registre).

22418. Lettres d'évocation d'un procès pendant entre Jean Le Mennechier aîné et Jean Le Mennechier jeune, bourgeois de Fécamp, d'une part, et Jean Du Pont, ex-grènetier dudit lieu. 21 juin 1542. — 1542. 21 juin.

Présentées à la Cour des Aides de Normandie, le 9 août 1543. Arch. de la Seine-Inférieure, Mémoriaux, 2e vol., fol. 292. (*Mention.*)

22419. Déclaration de l'hommage de Jean Hennequin, conseiller à la Cour des Aides de Paris, pour la seigneurie de Rezy sur Morin (bailliage de Meaux, châtellenie de Crécy, paroisse de Tigeaux). Éclaron, 23 juin 1542. — 23 juin.

Expéd. orig. Arch. nat., P. 165[1], cote 1849.

22420. Déclaration de l'hommage rendu par Nicolas Bienaimé, écuyer, tant en son nom qu'en celui de Louis, son frère, pour la moitié de la seigneurie de Rosson, mouvant du roi à cause des comté de Champagne et ville de Troyes, et échue à eux par suite du décès d'Emond Bienaimé, leur oncle. Éclaron, 23 juin 1542. — 23 juin.

Expéd. orig. Arch. nat., P. 166[1], cote 2133.

22421. Nouvelles lettres de neutralité en faveur des maître-échevin et treize jurés de Metz. Joinville, 25 juin 1542. — 25 juin.

Original. Arch. comm. de Metz, carton 85 (classement provisoire donné par l'inventaire publié en 1880).

22422. Mandement au bailli de Troyes de convoquer le ban et l'arrière-ban de son bailliage à Reims, pour la Toussaint prochaine. Joinville, 26 juin 1542. — 26 juin.

Original. Arch. municipales de Troyes (*Aube*), 2e boîte, 11e liasse.

22423. Lettres ordonnant la mainlevée des marchandises saisies à Dieppe sur les marchands écossais, conformément au privilège à eux octroyé — 28 juin.

au mois de mai 1518. Montiers-sur-Saulx, 28 juin 1542. 1542.

Vérifiées par les généraux des finances, le 19 juillet, et à l'élection d'Arques, le 2 août suivant.
Enreg. en juillet 1553, à la Cour des Aides de Normandie. Arch. de la Seine-Inférieure, Mémoriaux, 3e vol., fol. 335 v°. 2 pages 1/2.

22424. Lettres de naturalité en faveur de Justin Blanchard, natif de Valréas au Comtat-Venaissin, demeurant à Montélimart en Dauphiné. Éclaron, juin 1542. Juin.

Enreg. à la Chancellerie de France. Arch. nat., Trésor des Chartes, JJ. 256[1], n° 273, fol. 83 v°.

22425. Lettres de naturalité en faveur de Simon Damane, natif du comté d'Avignon, établi à Arles avec sa femme, native de Valréas au même pays. Éclaron, juin 1542[(1)]. Juin.

Enreg. à la Chancellerie de France. Arch. nat., Trésor des Chartes, JJ. 256[1], n° 276, fol. 83 v°.

22426. Lettres de naturalité en faveur d'Antoine Vellerant, natif de la Rivière de Gênes, demeurant en Provence. Éclaron, juin 1542. Juin.

Enreg. à la Chancellerie de France. Arch. nat., Trésor des Chartes, JJ. 256[1], n° 275, fol. 83 v°.

22427. Lettres de naturalité en faveur de Polo Calvi, natif de la Rivière de Gênes, demeurant à Cannes en Provence. Saint-Dizier-en-Perthois, juin 1542. Juin.

Enreg. à la Chancellerie de France. Arch. nat., Trésor des Chartes, JJ. 256[1], n° 268, fol. 83.

22428. Lettres de naturalité en faveur de Pierron Calvi, natif de la Rivière de Gênes, demeurant à Cannes en Provence. Saint-Dizier, juin 1542. Juin.

Enreg. à la Chancellerie de France. Arch. nat., Trésor des Chartes, JJ. 256[1], n° 269, fol. 83.

22429. Lettres de naturalité en faveur de Jacques Men, Juin.

(1) Les mêmes lettres, datées de « Saint-Dizier, juin 1542 », sont transcrites sur le même registre JJ. 256[1], n° 213, fol. 77 v°.

natif de la Rivière de Gênes, marié et établi en Provence. Saint-Dizier, juin 1542. 1542.

Enreg. à la Chancellerie de France. Arch. nat., Trésor des Chartes, JJ. 256[1], n° 115, fol. 44. 1 page.

22430. Lettres de naturalité en faveur de Barthélemy Pisserat, natif de la Rivière de Gênes, demeurant au Canet en Provence. Saint-Dizier, juin 1542. Juin.

Enreg. à la Chancellerie de France. Arch. nat., Trésor des Chartes, JJ. 256[1], n° 116, fol. 44. 1 page.

22431. Lettres de naturalité en faveur de Jean et Antoine Tranchau, natifs de Savoie, demeurant à Arles. Saint-Dizier, juin 1542. Juin.

Enreg. à la Chancellerie de France. Arch. nat., Trésor des Chartes, JJ. 256[1], n° 214, fol. 77 v°.

22432. Lettres de naturalité en faveur d'Adrien et Pierre Calvi, demeurant à Cannes en Provence, originaires de la Rivière de Gênes. Joinville, juin 1542. Juin.

Enreg. à la Chancellerie de France. Arch. nat., Trésor des Chartes, JJ. 256[1], n°s 171, 172, fol. 61.

22433. Lettres de naturalité en faveur de Michel Galli, maréchal, fils de Jacques Galli, natif de Monte Alto, établi depuis quarante ans à Draguignan. Joinville, juin 1542. Juin.

Enreg. à la Chancellerie de France. Arch. nat., Trésor des Chartes, JJ. 256[1], n° 224, fol. 79.

22434. Lettres de naturalité en faveur de François Sapy, natif de la « Brigne en Terre-Neuve », demeurant à Meyrargues en Provence. Joinville, juin 1542. Juin.

Enreg. à la Chancellerie de France. Arch. nat., Trésor des Chartes, JJ. 256[1], n° 271, fol. 83.

22435. Lettres portant règlement nouveau et spécial à la Bretagne, relativement aux gabelles. Montiers-sur-Saulx, juin 1542. Juin.

Enreg. aux Grands jours ou Parlement de Bretagne. Arch. d'Ille-et-Vilaine, B. 1 (anc. B. 224), fol. 28.

22436. Commission à la Chambre des Comptes de Savoie et de Piémont de faire prêter hommage aux nobles desdits pays. 1er juillet 1542. — 1542. 1er juillet.

Arch. de l'Isère, Invent. ms. des titres de la Chambre des Comptes de Grenoble, Pays étrangers, Savoie. (*Mention.*)

22437. Traité d'alliance entre François Ier et Gustave Wasa, roi de Suède, conclu par Guillaume Poyet, chancelier, et Philippe Chabot, amiral, pour le roi de France, et Conrad Pihy, chancelier de Suède, Steno Erixson, conseiller suprême, frère de la reine de Suède, Canut Anderson et Georges Norman, pour le roi de Suède. Montiers-sur-Saulx, 2 juillet 1542. — 2 juillet.

Original. Arch. de la Côte-d'Or.

Imp. *Musée des Archives départementales.* Paris, Imp. nat., 1878, in-4°, p. 334. (Cf. le n° 12615 du *Catalogue.*)

22438. Mandement au Parlement de Rouen de recevoir Nicolas Cordier en l'office de vicomte d'Évreux, dont le roi l'a pourvu. 3 juillet 1542. — 3 juillet.

Présenté au Parl. de Rouen, le 18 juillet 1542. Bibl. de Rouen, ms. V. 32, t. I, fol. 76. (*Mention.*)

22439. Lettres ordonnant la tenue des Grands jours à Lisieux, du 1er septembre au 31 octobre 1542, et désignant pour y siéger les officiers suivants du Parlement de Rouen : Jean Vialart, Étienne Tournebulle, présidents; Guillaume Tulles, Martin Hennequin, André Maillart, conseillers clercs; Étienne Luillier, Nicole Panigarola, Jacques Daniel, Robert de Croixmare, Louis Petremol, Nicole Le Sueur, Jacques de Brèvedent, Guillaume Auber, conseillers lais; Jean de Longuejoue, avocat général; Morelon, procureur général; Thomas Sureau, greffier civil; Adrien Toustain, greffier criminel; Jourdain Alexandre et Thomas Moisy, huissiers. Montiers-sur-Saulx, 4 juillet 1542. — 4 juillet.

Enreg. au Parl. de Rouen, le 13. Arch. de la Cour à Rouen, Reg. du Parl. pour juin-juillet 1542. 4 pages.

22440. Déclaration portant exemption du ban et de l'arrière-ban en faveur du clergé de Normandie. Montiers-sur-Saulx, 4 juillet 1542. 1542. 4 juillet.

Copie collat. du 27 octobre suivant. Arch. de la Seine-inférieure, G. 3699. 2 pages.

22441. Lettres autorisant la ville de Châlons à s'imposer d'une somme de 1,600 livres tournois pour les travaux des fortifications. Ligny[-en-Barrois], 8 juillet 1542. 8 juillet.

Arch. de la ville de Châlons (Marne), CC. Impositions.

22442. Mandement aux Chambres des Comptes de Paris et de Dijon d'allouer aux comptes de Jean Duval, trésorier de l'épargne, les dépenses par lui faites pour le remboursement dans les neuf mois des deniers empruntés par le roi en Bourgogne. Saulx-le-Duc, 19 juillet 1542. 19 juillet.

Copie collat. du 1er août 1542. Arch. comm. d'Avallon (Yonne), DD. 25, n° 4.

22443. Déclaration de l'hommage d'Étienne Baudry pour une censive à cher prix sise à Villelevry, paroisse de Mulsans (comté de Blois). 19 juillet 1542. 19 juillet.

Anc. arch. de la Chambre des Comptes de Blois, lay. V. *Arch. nat.*, P. 1479, fol. 426. (*Mention.*)

22444. Commission à François Boucquelon, sergent au Neufbourg en Normandie, pour exécuter le mandat d'arrêt donné à la sénéchaussée d'Anjou contre Jean Le Comte, pour raison de l'homicide commis sur la personne de Jacques Chevrier, bourgeois d'Angers. Argilly, 25 juillet 1542. 25 juillet.

Bibl. nat., ms. fr. 5503, fol. 211. (*Mention.*)

22445. Déclaration portant que l'hommage de François Du Bellay, reçu par le roi le 1er novembre 1541 (n° 22261), a été rendu pour les deux sixièmes de la seigneurie de Selles, et non pour les deux neuvièmes, comme il est dit 31 juillet.

dans les lettres de déclaration dudit hommage. 31 juillet 1542. 1542.

Anc. arch. de la Chambre des Comptes de Blois, lay. S. *Arch. nat.*, P. 1479, fol. 371. (*Mention.*)

22446. Lettres de naturalité en faveur de Jeanne Comunat, veuve d'Antoine Delamer, native d'Avignon, établie à Saint-Rémy en Provence. Joinville, juillet 1542. Juillet.

Enreg. à la Chancellerie de France. Arch. nat., Trésor des Chartes, JJ. 256[1], n° 287, fol. 86.

22447. Lettres de naturalité en faveur de Perrin Creté et de sa femme, originaires du diocèse de Genève, demeurant au château de Saint-Cannat en Provence. Joinville, juillet 1542. Juillet.

Enreg. à la Chancellerie de France. Arch. nat., Trésor des Chartes, JJ. 256[1], n° 298, fol. 88.

22448. Lettres de naturalité en faveur de Georges de Nouvel, natif du marquisat de Saluces, établi à Sisteron en Provence depuis cinquante ans. Joinville, juillet 1542. Juillet.

Enreg. à la Chancellerie de France. Arch. nat., Trésor des Chartes, JJ. 256[1], n° 297, fol. 88.

22449. Lettres de naturalité en faveur de Raoulet Bègue, charpentier, natif du diocèse de Genève, demeurant à Saint-Cannat en Provence. Joinville, juillet 1542. Juillet.

Enreg. à la Chancellerie de France. Arch. nat., Trésor des Chartes, JJ. 256[1], n° 289, fol. 86 v°.

22450. Lettres de naturalité en faveur de Louis Rosse, maréchal, originaire du Piémont, demeurant à Saint-Cannat en Provence. Joinville, juillet 1542. Juillet.

Enreg. à la Chancellerie de France. Arch. nat., Trésor des Chartes, JJ. 256[1], n° 292, fol. 87.

22451. Lettres de naturalité en faveur de Pierre Simon, natif de Puget, au comté de Nice, demeurant à Marseille. Joinville, juillet 1542. Juillet.

Enreg. à la Chancellerie de France. Arch. nat., Trésor des Chartes, JJ. 256[1], n° 286, fol. 86, et n° 296, fol. 88. (Double.)

22452. Lettres de naturalité en faveur d'Honorat Locho, prêtre, natif de la Tourette en Terre-Neuve, demeurant à Hyères en Provence. Argilly, juillet 1542. — 1542. Juillet.

Enreg. à la Chancellerie de France. Arch. nat., Trésor des Chartes, JJ. 256[1], n° 254, fol. 81 v°.

22453. Lettres de naturalité en faveur de Donat Tourrin, natif de Lantosque au comté de Nice, demeurant à Hyères en Provence. Argilly, juillet 1542. — Juillet.

Enreg. à la Chancellerie de France. Arch. nat., Trésor des Chartes, JJ. 256[1], n° 255, fol. 81 v°.

22454. Lettres de naturalité en faveur de Thomas Sertini, natif de Florence, habitant de Lyon. Lyon (*sic*), juillet 1542. — Juillet.

Enreg. à la Chancellerie de France. Arch. nat., Trésor des Chartes, JJ. 256[1], n° 294, fol. 87 v°.

22455. Provisions en faveur de Claude de Châteauvieux, conseiller et maître d'hôtel du roi, de l'office de bailli de Bresse et capitaine des grandes châtellenies de Bourg-en-Bresse et de Châtillon-en-Dombes. Argilly, 1er août 1542. — 1er août.

Arch. du Sénat de Savoie, à Chambéry, Reg. des édits, bulles, lettres patentes, t. I, fol. 117 r°.

22456. Lettres accordant à Louis de Clèves, comte d'Auxerre, délai de trois mois pour rendre hommage des seigneuries de Chaumont-sur-Loire, des Rochettes et de la Borde, au comté de Blois, lui appartenant par suite de son récent mariage avec Catherine d'Amboise, dame de Linières. Lyon, 10 août 1542. — 10 août.

Présentées à la Chambre des Comptes de Blois, le 28 septembre 1542. Arch. nat., KK. 902, fol. 199. (*Mention.*)

22457. Mandement de payer la somme de 40 livres tournois à Hector Marchant, l'un des fauconniers du roi. 21 août 1542. — 21 août.

Imp. *Catalogue des chartes du cabinet de M. de M.* (*Magny*). Vente des 18-22 mars 1867, par Jacques Charavay aîné, n° 1286. (*Mention.*)

22458. Lettres de don au duc de Guise de 200 livres — 31 août.

de rente et des arrérages qu'il devait sur la terre d'Elbeuf au sieur de Mallebert, pendant les guerres de l'empereur. 31 août 1542. 1542.

Anc. arch. de la Chambre des Comptes de Joinville, pièce cotée 322. *Arch. nat.*, KK. 906, fol. 406. (*Mention.*)

22459. Provisions pour Nicolas de Poncher de l'office de vice-président de la Chambre des Comptes de Paris, en remplacement d'Octavien Grimaldi. Béziers, 31 août 1542. 31 août.

Enreg. à la Chambre des Comptes, anc. mém. 2 K, vol. 147 v°. *Arch. nat.*, PP. 119, p. 26. (*Mention.*)

Bibl. nat., ms. fr. 21405, p. 347. (*Mention.*)

22460. Lettres de naturalité en faveur de Marc Alamant, laboureur, natif de Saint-Pons près Barcelonette en Terre-Neuve, résidant en Provence depuis cinquante ans. Lyon, août 1542. Août.

Enreg. à la Chancellerie de France. Arch. nat., *Trésor des Chartes*, JJ. 256[1], n° 316, fol. 91.

22461. Lettres de naturalité en faveur de Bertrand Juge, originaire du comté de Nice, établi en Provence depuis cinquante ans. Lyon, août 1542. Août.

Enreg. à la Chancellerie de France. Arch. nat., *Trésor des Chartes*, JJ. 256[1], n° 325, fol. 92.

22462. Lettres de naturalité en faveur de Laurent Juge, serrurier, habitant de Cucuron en Provence, originaire du comté de Nice. Lyon, août 1542. Août.

Enreg. à la Chancellerie de France, Arch. nat., *Trésor des Chartes*, JJ. 256[1], n° 321, fol. 91 v°.

22463. Lettres de naturalité en faveur de Louis Juge, natif du comté de Nice, établi à Cucuron en Provence. Lyon, août 1542. Août.

Enreg. à la Chancellerie de France. Arch. nat., *Trésor des Chartes*, JJ. 256[1], n° 320, fol. 91 v°.

22464. Lettres enjoignant aux gens des États de Languedoc de réitérer la publication de l'édit de 1534, obligeant les évêques et autres prélats, 2 septembre.

les comtes, vicomtes et barons d'assister en personne auxdits États, et, en cas d'empêchement, de déléguer à leur place des personnes de qualité. Lyon, 2 septembre 1542. 1542.

Enreg. au Parl. de Toulouse. Arch. de la Haute-Garonne, Édits, reg. 5, fol. 57. 1 page 1/3.

22465. Mandement au Parlement de Rouen de faire conduire à Marseille les condamnés à mort détenus à la conciergerie du palais de Rouen, pour les faire ramer sur les nouvelles galères du comte dell' Anguillara, capitaine général de l'armée de mer du Levant. Béziers, 4 septembre 1542. 4 septembre.

Enreg. au Parl. de Rouen Arch. de la Cour, à Rouen, Reg. crim. de 1539-1558, fol. 20. 1 page 1/3.

22466. Provisions de l'office de clavaire et receveur en la ville de Montélimart, en faveur de Justin Blanchard. Saint-Just-sur-Lyon, 7 septembre 1542. 7 septembre.

Copie du XVIe siècle. Arch. départ. de l'Isère, B. 3226, fol. 310. 4 pages.

22467. Lettres d'évocation du Parlement de Chambéry au Conseil privé du roi du procès entre Jean-Philibert de Challes, évêque de Maurienne, et le procureur général du roi à Chambéry, pour le fait de juridiction. Ledit évêque prétendait avoir une souveraineté absolue en matière de juridiction temporelle, criminelle et civile. Saint-Just-sur-Lyon, 7 septembre 1542. 7 septembre.

Arch. du Sénat de Savoie, à Chambéry, Reg. des édits, bulles, lettres patentes, t. I, fol. 138 v°.

22468. Mandement de payer à Ulrich Cheluis, docteur en médecine, demeurant à Strasbourg, la somme de 50 écus pour ses frais d'un voyage de Strasbourg à Aix en Allemagne, concernant les affaires secrètes du roi. Sallèles, 10 septembre 1542. 10 septembre.

IMP. *Catalogue de lettres autographes de M. le baron C. de M... Vente du 8 mars 1884, par Eugène Charavay*, n° 87. (*Mention.*)

22469. Confirmation en faveur de Charlotte d'Orléans, duchesse de Nemours, tutrice de Jacques de Savoie, duc de Nemours, son fils, de certains droits, privilèges et prérogatives qui lui appartiennent à cause du comté de Génevois et de la seigneurie de Faucigny. Saint-Just-sur-Lyon, 11 septembre 1542. — 1542. 11 septembre.

Arch. du Sénat de Savoie, à Chambéry, Reg. des édits, bulles, lettres patentes, t. I, fol. 93 r°.

22470. Provisions de l'office d'élu en l'élection de Paris en faveur de Geoffroy Luillier. 11 septembre 1542. — 11 septembre.

Enreg. à la Cour des Aides de Paris. Arch. nat., U. 665, recueil Cromo, p. 294. (*Mention.*)

22471. Lettres portant mandement au Parlement de Savoie séant à Chambéry, à la requête de Charlotte d'Orléans, duchesse de Nemours, agissant au nom et comme tutrice de Jacques de Savoie, son fils, duc de Nemours, comte de Génevois et seigneur de Faucigny, de ne point troubler dans l'exercice de leurs fonctions les notaires et sergents de Génevois et de Faucigny, créés par le comte de Génevois. Saint-Just-sur-Lyon, 12 septembre 1542. — 12 septembre.

Original. Turin, arch. di Stato, Princes de Génevois et Nemours, 2e catégorie, paquet 4, n° 4.
Arch. du Sénat de Savoie, à Chambéry, Reg. des édits, bulles, lettres patentes, t. I, fol. 91 r°.

22472. Lettres de réception par le roi du serment prêté par André Guillart, seigneur du Mortier, maître des requêtes, élu prévôt des marchands de Paris. Sallèles, 14 septembre 1542. — 14 septembre.

Enreg. à l'Hôtel de Ville de Paris, le 25 septembre 1542. Arch. nat., Registre des offices de la ville de Paris, KK. 1009, fol. 21 v°.

22473. Lettres ordonnant au prévôt de Paris de faire conduire à Amiens le ban et l'arrière-ban de sa prévôté. Saint-Just-sur-Lyon, 23 septembre 1542. — 23 septembre.

Enreg. au Châtelet de Paris, Bannières, IV, fol. 2 (reg. en déficit). *Bibl. nat.,* nouv. acquisitions fr., ms. 3651, p. 705. (*Mention.*)

22474. Nouvelles lettres de committimus en faveur de l'abbaye de Sainte-Geneviève-au-Mont de Paris. 30 septembre 1542. 1542. 30 septembre.

Arch. nat., L. 879, n° 2. (*Mention.*)

22475. Déclaration donnée en faveur d'Antoine de Gondi, receveur ordinaire de Lyon, portant que les frais de conduite des prisonniers de Lyon à la conciergerie du palais à Paris et de la conciergerie à Lyon seront assignés sur le receveur des amendes, et non sur la recette dudit de Gondi. Septembre 1542. Septembre.

Enreg. à la Chambre des Comptes de Paris, anc. mém. 2 M, fol. 202. *Arch. nat.*, PP. 119, p. 24. (*Mention.*)

Bibl. nat., ms. fr. 21405, p. 358. (*Mention.*)

22476. Don à Claude de Lorraine, duc de Guise, pour le temps de la durée de la guerre contre l'empereur, des revenus de la terre de Buzancy. 1er octobre 1542. 1er octobre.

Anc. arch. de la Chambre des Comptes de Joinville, pièce cotée 1157. *Arch. nat.*, KK. 906, fol. 407 v°, et KK. 908, fol. 30. (*Mentions.*)

22477. Lettres de jussion au Parlement de Grenoble, lui prescrivant d'enregistrer les lettres de confirmation des privilèges de la ville de Romans, données à Lyon, en juillet 1516 (n° 16185). Saint-Just-sur-Lyon, 6 octobre 1542. 6 octobre.

Enreg. au Parl. de Grenoble, le 19 janvier 1543 n. s. Arch. de l'Isère, B. 2980, fol. 722 v°. 3 pages 1/2.

22478. Lettres portant que la connaissance des procès que peut avoir le cardinal de Ferrare, archevêque de Lyon, relativement à la collation et disposition des bénéfices dépendant de son archevêché, appartient aux gens du Grand conseil à Paris. Montpellier, 9 octobre 1542. 9 octobre.

Arch. du Sénat de Savoie, à Chambéry, Reg. des édits, bulles, lettres patentes, t. I, fol. 120 r°.

22479. Déclaration de l'hommage fait, entre les mains de François de Montholon, président au Parlement de Paris, garde des sceaux de la Chancellerie, par Charles de Roye, seigneur dudit 17 octobre.

lieu, pour le comté de Roucy (bailliage de Vitry, châtellenie de Châtillon-sur-Marne). Colombiers, 17 octobre 1542. — 1542.

Expéd. orig. Arch. nat., P. 162[1], cote 514.

22480. Déclaration de foi et hommage de Charles de Roye, gentilhomme ordinaire de la chambre, pour la seigneurie de Nizy-le-Comte mouvant de Laon. Colombiers, 17 octobre 1542. — 17 octobre.

Original. Arch. nat., Chambre des Comptes de Paris, P. 15, n° 5593.

22481. Lettres portant convocation du ban et arrière-ban du pays de Nivernais. 27 octobre 1542. — 27 octobre.

Arch. départ. de la Nièvre, B. *Chambre des Comptes de Nevers* (n° 62 de l'Invent. de M. Eysenbach).

22482. Lettres portant confirmation du péage accordé par Louis XI, étant encore dauphin, à la ville de Romans, pour l'entretien du pont de ladite ville. Lyon, octobre 1542. — Octobre.

Enreg. au Parl. de Grenoble, le 16 janvier 1543. Arch. de l'Isère, B. 2980, fol. 765 v°. 5 pages 1/2.

22483. Lettres accordant certains privilèges, franchises et libertés à Claude Nicolas, docteur en médecine. Octobre 1542. — Octobre.

Arch. du Sénat de Savoie, à Chambéry, Reg. des audiences civiles et criminelles du Parlement de Savoie, t. I, fol. 153 r°. (*Mention.*)

22484. Lettres prorogeant de dix ans le délai accordé à Adrien de Bréauté, s[r] de Neuville, pour racheter la terre de Manneville en la vicomté d'Orbec, que Roger de Bréauté, son bisaïeul, avait vendue, l'an 1424, au comte d'Harcourt, moyennant 8,000 livres, pour subvenir aux dépenses qu'il faisait au service de Charles VII. Angoulême, 7 novembre 1542. — 7 novembre.

Enreg. à la Chambre des Comptes de Paris, anc. mém. 2 K, fol. 183. *Arch. nat.*, PP. 119, p. 33. (*Mention.*)

Bibl. nat., ms. fr. 21405, p. 347. (*Mention.*)

22485. Mandement aux trésoriers de France de faire effectuer par le vicomte et receveur du Pont-de-l'Arche, jusqu'à la somme de 400 livres — 8 novembre.

tournois, les payements ordonnés par Jacques de Pommereul, maître des Eaux et forêts de Normandie, pour subvenir aux frais de divers procès. Angoulême, 8 novembre 1542. — 1542.

Enreg. aux Eaux et forêts. Arch. nat., Z[1e] 870, fol. 17. 1 page 1/2.

22486. Lettres d'évocation au bailliage des Montagnes d'Auvergne d'un procès soutenu par Hugues de Lanoye, écuyer, porte-enseigne de cinquante lances des ordonnances, et renvoyé par arrêt du Parlement de Paris à la sénéchaussée d'Auvergne. Angoulême, 8 novembre 1542. — 8 novembre.

Copie du temps. Bibl. nat., ms. Lorraine 469[1], fol. 160. 1 page 1/2.

22487. Lettres ratifiant la nomination d'Hippolyte d'Este, cardinal de Ferrare, à l'évêché de Tréguier. Angoulême, 9 novembre 1542. — 9 novembre.

Enreg. aux Grands jours ou Parlement de Bretagne. Arch. d'Ille-et-Vilaine, B. 1 (anc. B. 224), fol. 69.

22488. Provisions d'un office de conseiller lai au Parlement de Rouen en faveur de Guy de Cailly, avocat au Parlement de Paris, au lieu de Jean de Bauquemare, décédé. Angoulême, 10 novembre 1542. — 10 novembre.

Enreg. au Parl. de Rouen, le 16 février 1543 n. s. Arch. de la Cour à Rouen, Reg. du Parl. pour février-mars 1543 n. s. 2 pages.

22489. Mandement à la Chambre des Comptes de Blois de remettre au procureur du roi près le Parlement de Paris les titres conservés à ladite Chambre, qui peuvent servir audit procureur dans un procès relatif à la seigneurie de Beaugency soutenu contre le marquis de Rothelin. Angoulême, 11 novembre 1542. — 11 novembre.

Enreg. à ladite Chambre, le 2 janvier suivant. Arch. nat., KK. 902, fol. 201. 1 page.

22490. Provisions d'un office d'élu en l'élection de Mon- — 17 novembre.

tivilliers, en faveur de Raoul de Rogy, contrôleur des bâtiments du Hâvre, en remplacement d'Étienne Mainel, décédé. Angoulême, 17 novembre 1542. 1542.

Vérifiées par les généraux des finances, le 15 janvier 1543 n. s.

Enreg. à la Cour des Aides de Normandie, le 10 février 1543 n. s. Arch. de la Seine-Inférieure, Mémoriaux, 2e vol., fol. 267 v°. 2 pages.

22491. Déclaration de foi et hommage de Louis Du Bois, seigneur des Arpentis, panetier du dauphin, pour les seigneuries des Arpentis, Givray (paroisse de Saint-Règle) et la Vallinière (ou la Valnière, paroisse Saint-Denis-Hors), mouvant d'Amboise. Angoulême, 17 novembre 1542. 17 novembre.

Copie du XVIe siècle. Arch. nat., Chambre des Comptes de Paris, P. 12, n° 3990.

22492. Lettres de naturalité en faveur de C. Carbonnel, natif du Piémont, résidant en Provence depuis vingt ans. Angoulême, novembre 1542. Novembre.

Enreg. à la Chancellerie de France. Arch. nat., Trésor des Chartes, JJ. 256[1], n° 360, fol. 101.

22493. Lettres de naturalité en faveur de Louis Fabre, natif d'Entraunes au comté de Nice, demeurant depuis quarante ans à Apt en Provence. Angoulême, novembre 1542. Novembre.

Enreg. à la Chancellerie de France. Arch. nat., Trésor des Chartes, JJ. 256[1], n° 362, fol. 101.

22494. Lettres ordonnant aux baillis et sénéchaux de faire publier l'interdiction du recel, du trafic et de l'exportation des poudres et salpêtres, lesquels devront être déposés, contre payement, à Paris, entre les mains du trésorier-receveur des salpêtres. Cognac, 6 décembre 1542. 6 décembre.

Enreg. au Châtelet de Paris, Bannières, IV, fol. 5 (reg. en déficit). *Bibl. nat.*, nouv. acquisitions fr., ms. 3651, p. 706. (*Mention.*)

22495. Mandement de payer à François de Caumont, seigneur de Lauzun, gentilhomme de la 10 décembre.

chambre du roi, 200 livres tournois pour ses gages. 10 décembre 1542. 1542.

Imp. Catalogue des chartes du cabinet de M. de M. (Magny). Vente des 18-22 mars 1867, par Jacques Charavay aîné, n° 1284. (*Mention.*)

22496. Édit portant que les gens taillables et de mainmorte qui se seront affranchis et voudront s'affranchir, dans le ressort du Parlement de Savoie, verseront au trésor du roi la même somme qu'ils auront payée à leur seigneur, avec pouvoir pour le procureur du roi de les contraindre par l'emprisonnement de leur personne et la saisie de leurs biens. Cognac, 11 décembre 1542. 11 décembre.

Enreg. audit Parlement, le 27 janvier 1543.
Arch. du Sénat de Savoie, à Chambéry, Reg. des édits, bulles, lettres patentes, t. I, fol. 132 r°.
Copie du XVIe siècle. Turin, ancien Archivio camerale (aujourd'hui 3e section de l'*Archivio di Stato*, sezione III[a], Invent. 4, seria 1[a], fol. 3. (Communiqué par M. le baron de Saint-Pierre.)

22497. Édit portant abolition des compositions pour crimes, en Savoie. Cognac, 11 décembre 1542. 11 décembre.

Arch. du Sénat de Savoie, à Chambéry, Reg. des édits, bulles, lettres patentes, t. I, fol. 129 v°.

22498. Lettres maintenant le chapitre de la cathédrale d'Amiens en possession provisoire de la juridiction sur la Somme et sur les moulins, pendant le procès pendant à ce sujet entre le chapitre et l'hôtel de ville d'Amiens. Chizé, 22 décembre 1542. 22 décembre.

Original. Arch. de la Somme, chapitre d'Amiens, armoire II, liasse 15, n° 11.

22499. Lettres de naturalité en faveur d'Antoine « d'Ynarre », natif de Portugal. Angoulême, décembre 1542. Décembre.

Enreg. à la Chancellerie de France. Arch. nat., Trésor des Chartes, JJ. 256[1], n° 397, fol. 109.

1543. — Pâques, le 25 mars.

1543.

22500. Confirmation en faveur de l'archevêque de Lyon du droit de justice et juridiction en matière purement ecclésiastique, qu'il a sur plusieurs personnes résidant dans les ressorts des Parlements de Paris, Toulouse, Dijon, Grenoble, Chambéry, Dombes et Dôle, sous la réserve que ces Parlements pourront connaître, chacun en ce qui le concerne, des appels comme d'abus. La Rochelle, 1er janvier 1542. 1er janvier.

Arch. du Sénat de Savoie, à Chambéry, Reg. des édits, bulles, lettres patentes, t. I, fol. 160 r°.

22501. Lettres touchant la réformation des notaires et des sergents, en Savoie. 10 janvier 1542. 10 janvier.

Arch. du Sénat de Savoie, à Chambéry, Reg. des audiences civiles et criminelles du Parlement de Savoie, t. I, fol. 4 v°. (*Mention.*)

22502. Déclaration de foi et hommage d'Anne Gédoyn, veuve de Jean Breton, secrétaire des finances, gouverneur et bailli de Blois, contrôleur général des guerres, pour un fief sis à Challuau, mouvant du Louvre. Coulombiers[1], 17 janvier 1542. 17 janvier.

Original. Arch. nat., Chambre des Comptes de Paris, P. 3, n° 849.

22503. Déclaration de foi et hommage de Pierre de Houdan, écuyer, seigneur des Landes, homme d'armes des ordonnances, pour ladite terre et seigneurie des Landes (paroisse de Vernou), mouvant d'Amboise. Amboise, 19 janvier 1542. 19 janvier.

Original. Arch. nat., Chambre des Comptes de Paris, P. 12, n° 3988.

22504. Provisions, en faveur de Nicolas Canivet, de l'office nouvellement créé de contrôleur de 21 janvier.

[1] Ancien nom de Villandry, arr. et canton de Tours (Indre-et-Loire), château de Jean Le Breton, conseiller et secrétaire de François Ier.

l'élection d'Arques. Amboise, 21 janvier 1542. 1543.

Vérifiées le 6 février suivant, par les généraux des finances.

Enreg. à la Cour des Aides de Normandie, le 27 janvier 1550 n. s. Arch. de la Seine-Inférieure, Mémoriaux, 3e vol., fol. 183 v°. 3 pages.

22505. Provisions en faveur de Celse Morin, docteur en droit, de l'office de conseiller au Parlement de Chambéry. Amboise, 21 janvier 1542. 21 janvier.

Arch. du Sénat de Savoie, à Chambéry, Reg. des édits, bulles, lettres patentes, t. I, fol. 133 v°.

22506. Déclaration de foi et hommage de Jean Grosbois pour six arpents de terre situés au lieu dit le Carroi-Barré ou le Souchay, en la paroisse de Limeray, mouvant d'Amboise. Amboise, 21 janvier 1542. 21 janvier.

Original. Arch. nat., Chambre des Comptes de Paris, P. 12, n° 3989.

22507. Lettres ordonnant que tous les capitaines, hommes d'armes et archers des ordonnances, sans exception, devront se trouver et rendre pour tenir garnison et faire leurs montres générales en armes, le 1er mars prochain, dans les provinces y déclarées. Paris, 31 janvier 1542. 31 janvier.

Imp. En caractères gothiques. Modène, Arch. di Stato, Bibliothèque.

22508. Confirmation pour huit ans, en faveur des habitants d'Amboise, du droit d'apetissement de la huitième partie du vin et autres breuvages vendus en détail. Paris, 2 février 1542. 2 février.

Copie du XVIe siècle. Arch. municipales de la ville d'Amboise (Indre-et-Loire), reg. CC. 143, fol. 1.

22509. Provisions, en faveur de Jean Volland, de l'office nouvellement créé (n° 12847) de receveur général des diocèses, élections et vicomtés de Rouen, Pont-de-l'Arche, Caudebec, Montivilliers, Arques, Neufchâtel, Gisors, Évreux, Conches, Breteuil, Beaumont-le-Roger, Ber- 4 février.

IMPRIMERIE NATIONALE.

nay, Lisieux, Orbec, Auge, Pont-Audemer, Alençon, Argentan, Domfront, Verneuil et le Perche. Paris, 4 février 1542. 1543.

Vérifiées le 7, par François de Montholon, garde des sceaux, et par les trésoriers de France, et le 8, par les généraux des finances et par Jean Duval, trésorier de l'épargne.

Enreg. à la Cour des Aides de Normandie, le 15. Arch. de la Seine-Inférieure, Mémoriaux, 2e vol., fol. 270. 1 page 1/2.

22510. Lettres portant nomination de commissaires pour juger souverainement divers procès soutenus par le duc de Longueville. Paris, 5 février 1542. 5 février.

Enreg. aux Eaux et forêts. Arch. nat., Z1e 870, fol. 19. 3 pages.

22511. Mandement au premier huissier du Parlement de Chambéry de signifier aux conseillers du Parlement et de la Chambre des Comptes l'évocation et le renvoi, par-devant le Conseil privé du roi, de tous les procès intentés par-devant le Parlement de Chambéry, pour le fait de la juridiction temporelle de l'évêque de Maurienne. Paris, 6 février 1542. 6 février.

Arch. du Senat de Savoie, à Chambéry, Reg. des édits, bulles, lettres patentes, t. I, fol. 141 r°.

22512. Mandement au bailli d'Auxois de procéder à la répartition, entre les villes closes de son bailliage, de la somme de 1,200 livres tournois, montant de leur cotisation pour le payement, à effectuer par toutes les villes closes du royaume, de la solde de cinquante mille fantassins, pendant quatre mois, à raison de 6,000 livres par mois et par bande de mille hommes. Paris, 7 février 1542. 7 février.

Publié dans les carrefours d'Avallon (Yonne), le 18 mars 1543 n. s.

Copie du XVIe siècle. Arch. commun. d'Avallon, BB. 1, fol. 112 v°. 1 page 1/2.

22513. Déclaration portant que le délai de neuf mois fixé pour le remboursement par Jean Duval, trésorier de l'épargne, des sommes emprun- 7 février.

tées en vertu des lettres de juin 1542, doit être compté, pour chaque somme, à partir de la date de la quittance remise en échange par Jean Laguette, trésorier de l'épargne. Paris, 7 février 1542. 1543.

Transcription du temps. Arch. commun. d'Avallon (Yonne), BB. 1, fol. 112. 3/4 de page.

22514. Mandement au bailli de Rouen pour la répartition et la levée de 96,000 livres à laquelle ont été taxées les villes closes de son bailliage, pour leur part de la solde de cinquante mille fantassins. Paris, 7 février 1542. 7 février.

Mentionné dans les lettres d'octroi du 11 juin 1543, en faveur des habitants de Rouen, indiquées ci-après.

22515. Provisions, en faveur de Pierre de Caux, de l'office de receveur des deniers communs de la ville d'Amboise, pour en jouir, avec les prérogatives attachées à ce titre, aux gages de 6 deniers tournois par livre de la recette. Paris, 10 février 1542. 10 février.

Copie du XVIe siècle. Arch. municipales d'Amboise (Indre-et-Loire), reg. CC. 143, fol. 3.

22516. Lettres portant mainlevée des terres et possessions de l'abbaye de Saint-Jean-au-Mont, près Thérouanne, situées dans l'Artois, la Flandre et le Hainaut, confisquées au nom de l'empereur pendant les guerres, lesdites lettres accordées à la requête de l'abbé René de Laubier, successeur de Pierre Disque. Paris, 10 février 1542. 10 février.

Original. Arch. nat., Suppl. du Trésor des Chartes, J. 809, n° 3.

22517. Lettres portant transport au duc d'Estouteville des droits acquis au roi en conséquence de l'arrêt du Parlement, en date du 30 août 1524, donné entre le procureur du roi et plusieurs maîtres-bouchers de la grande boucherie de Paris. Fontainebleau, 18 février 1542. 18 février.

Original. Bibl. de l'Arsenal à Paris, ms. 6937.

22518. Commission aux conseillers chargés du jugement des procès de la réformation des forêts de Montfort, de Rets et de Sézanne, de juger les procès qu'a instruits Christophe Ripault, en procédant à la réformation des forêts de Rye, de Vassy et de la Montagne de Reims. Fontainebleau, 19 février 1542. — 1543. 19 février.

Enreg. aux Eaux et forêts. Arch. nat., Z[1e] 870, fol. 16 v°. 1 page 1/2.

22519. Lettres levant la défense faite au Parlement de Chambéry de juger le procès pendant entre le cardinal de Ferrare, archevêque de Lyon, et le procureur général du roi à Chambéry, au sujet de la succession d'un prêtre de Bresse que ledit archevêque revendiquait, en vertu d'un privilège attaché à son église; et mandement au Parlement de procéder au jugement dudit procès. Fontainebleau, 21 février 1542. — 21 février.

Arch. du Sénat de Savoie, à Chambéry, Reg. des édits, bulles, lettres patentes, t. I, fol. 158 v°.

22520. Lettres portant règlement du péage de Suse, avec un tarif. Paris, 22 février 1542. — 22 février.

Original. Turin, Arch. di Stato, Materie economiche, Dacito di Susa, mazzo 2, n° 1.

22521. Lettres de renvoi par-devant le Parlement de Grenoble du procès criminel, pendant au Parlement de Chambéry, du sieur Baptendier, de Saint-Jean-de-Maurienne, pourvu de l'office de courrier audit lieu, l'évocation ayant été demandée par suite du différend existant entre l'évêque de Maurienne et le procureur général du roi à Chambéry, pour le fait de la juridiction. Fontainebleau, 22 février 1542. — 22 février.

Arch. du Sénat de Savoie, à Chambéry, Reg. des édits, bulles, lettres patentes, t. I, fol. 150 r°.

22522. Commission aux gens du Conseil et de la Chancellerie de Bretagne, pour reviser la taxe et la répartition des décimes sur les béné- — 23 février.

fices du diocèse de Nantes. Fontainebleau, 23 février 1542. — 1543.

Enreg. aux Grands jours ou Parlement de Bretagne. Arch. d'Ille-et-Vilaine, B. 1 (anc. B. 224), fol. 143 v°.

22523. Provisions de l'office d'enquêteur au bailliage et en la sénéchaussée de Lyon pour Antoine Virieu, en remplacement de feu Pierre Boyronnet. Fontainebleau, 24 février 1542. — 24 février.

Copie du XVIe siècle. Arch. du Rhône, reg. des insinuations de la sénéchaussée, Livre du roi, fol. 78.

22524. Lettres portant remise à Louis de Clèves, comte d'Auxerre, des droits de rachat dus à l'occasion de son mariage avec Catherine d'Amboise, dame de Linières, pour les seigneuries de Chaumont-sur-Loire, de la Borde et des Rochettes. Fontainebleau, 1er mars 1542 (1). — 1er mars.

Présentées à la Chambre des Comptes de Blois, le 17 mai 1543. Arch. nat., KK. 902, fol. 206 v°. (*Mention.*)

22525. Provisions de l'office de juge-mage et de vice-bailli de Savoie, au siège de Chambéry, en faveur de François Aynauld, docteur en droit, en remplacement de Geoffroy Aynauld, son père. Fontainebleau, 2 mars 1542. — 2 mars.

Arch. du Sénat de Savoie, à Chambéry, Reg. des édits, bulles, lettres patentes, t. I, fol. 146 r°.

22526. Provisions, sur la présentation de Robert Stuart, seigneur d'Aubigny, de l'office de vicomte de Beaumont-le-Roger, en faveur de Robert de Boislévêque, licencié ès lois, au lieu de Jacques Bellenger, décédé. Fontainebleau, 5 mars 1542. — 5 mars.

Enreg. au Parl. de Rouen, le 15 mars 1543 n. s. Arch. de la Cour, à Rouen, Reg. du Parl. pour février-mars 1543 n. s. 2 pages.

(1) Le registre KK. 902 donne la date du 1er mai 1542, que nous corrigeons pour les raisons suivantes : 1° François Ier était à Montréal-en-Auxois le 1er mai 1542, tandis qu'il était bien à Fontainebleau le 1er mars 1543 n. s.; 2° ces lettres ne pouvaient être accordées qu'après hommage rendu par Louis de Clèves. Or cet hommage n'était pas encore fait le 10 août 1542 (voir, ci-dessus, le n° 22456).

22527. Provisions pour Guyon de Groslieu de l'office de garde de la héronnerie du roi et de sa maison de la fauconnerie à Fontainebleau. Fontainebleau, 5 mars 1542. 1543. 5 mars.

Enreg. à la Chambre des Comptes de Paris, le 21 mai suivant, anc. mém. 2 L, fol. 60. *Arch. nat.*, PP. 119, p. 10. (*Mention.*)
Bibl. nat., ms. fr. 21405, fol. 348. (*Mention.*)
(Cf. le n° 12908 du *Catalogue.*)

22528. Commission au duc d'Estouteville, comte de Saint-Pol, pour le gouvernement de la Normandie en l'absence du dauphin [1]. Fontainebleau, 6 mars 1542. 6 mars.

Enreg. au Parl. de Rouen, le 2 avril 1543. Arch. de la Cour, à Rouen, Reg. du Parl. pour avril-mai 1543. 2 pages.

22529. Provisions pour Charles Chaufourneau de l'office de receveur des deniers communs de la ville de Montargis. 9 mars 1542. 9 mars.

Enreg. à la Chambre des Comptes de Paris, anc. mém. 2 L, fol. 32. *Arch. nat.*, PP. 119, p. 7. (*Mention.*)
Bibl. nat., ms. fr. 21405, p. 348. (*Mention.*)

22530. Déclaration de foi et hommage de Louis Burgensis, premier médecin du roi, pour la seigneurie de la Crouzillère (paroisse de Joué-lès-Tours), mouvant de Tours. Fontainebleau, 10 mars 1542. 10 mars.

Original. Arch. nat., Chambre des Comptes de Paris, P. 13, n° 4439.

22531. Lettres exemptant les habitants du Piémont du grand péage de Suse. Fontainebleau, 11 mars 1542. 11 mars.

Original. Arch. de Turin, Sezione III. Extrait des statuts d'Avigliona. (Communiqué par M. de Saint-Pierre.)

22532. Mandement au Parlement de Savoie d'envoyer le double de la charte appelée « Philippine », 12 mars.

[1] Le n° 12961 du *Catalogue* paraît n'être qu'une indication inexacte de cet acte, donnée par le ms. fr. 20873 de la Bibl. nat., sous la date du 2 avril 1543, qui est, comme on le voit, celle de l'enregistrement au Parl. de Rouen.

en vertu de laquelle les officiers du cardinal de Ferrare, archevêque de Lyon, prétendent que ce dernier a droit de régale « en certain aubeyne qui est echeu [au roi] au païs de Bresse par le trepas d'un nommé Michel Carrel ». Fontainebleau, 12 mars 1542. 1543.

Arch. du Sénat de Savoie, à Chambéry, Reg. des édits, bulles, lettres patentes, t. I, fol. 149 r°.

22533. Lettres données à la requête de Louise de Bourbon, abbesse de Fontevrault, mandant au Grand conseil de se prononcer sur l'exécution d'un bail de quatre-vingt-dix-neuf ans que le procureur du prieuré du Charme[1] en Soissonnais, membre dépendant de Fontevrault, avait fait de certaine terre et cense appelée Clinchamp. Paris (*sic*), 12 mars 1542. 12 mars.

Imp. *Catalogue des archives du Collège héraldique de France*, 1re partie, Picardie, n° 379. Vente des 20-23 mai 1866, par J.-L. Téchener. (*Mention.*)

22534. Provisions pour Pierre Baschet de l'office de lieutenant général du bailli de Bresse. Fontainebleau, 12 mars 1542. 12 mars.

Arch. du Sénat de Savoie, à Chambéry, Reg. des édits, bulles, lettres patentes, t. I, fol. 169 r°.

22535. Lettres accordant mainlevée aux marchands de douze cents arpents de bois de haute futaie, appartenant au prieur de la Charité, vendus par Nicole Berruyer, conseiller au Parlement, suivant la permission de vendre des bois de haute futaie accordée aux ecclésiastiques, pour satisfaire à l'emprunt que le roi leur demandait. Fontainebleau, 17 mars 1542. 17 mars.

Enreg. au Châtelet de Paris, Bannières, IV, fol. 11 (reg. en déficit). *Bibl. nat.*, nouv. acquisitions fr., ms. 3651, p. 709. (*Mention.*)

22536. Lettres portant réintégration de Pierre Le Lieur en son office de conseiller au Parlement de 18 mars.

[1] Commune de Grisolles, canton de Neuilly-Saint-Front, Aisne.

Rouen, dont il avait été suspendu. Fontainebleau, 18 mars 1542. 1543.

Enreg. audit Parl., le 2 avril 1543. Arch. de la Cour, à Rouen, Reg. du Parl. pour avril-mai 1543. 2 pages 1/2.

22537. Provisions d'un office d'huissier à la Connétablie de France, en faveur de Pierre David, en remplacement et sur la résignation de Pierre Ravel. Fontainebleau, 20 mars 1542. 20 mars.

Enreg. à la Connétablie, le 22 mai 1543. Arch. nat., Z^{1c} 5, fol. 224. 1 page 1/2.

22538. Mandement pour faire jouir le duc de Guise de certains octrois à lui concédés, notamment sur le grenier à sel de Bar-sur-Aube. 21 mars 1542. 21 mars.

Vérifié à la Chambre des Comptes de Paris, le 21 mai 1543.

Anc. arch. de la Chambre des Comptes de Joinville, pièce cotée 585. *Arch. nat.*, KK. 906, fol. 381 v°. (*Mention.*)

22539. Lettres portant confirmation des privilèges et coutumes de la commune de Marano en Frioul. Fontainebleau, mars 1542. Mars.

Arch. de Venise, Patti, seria I^a, n° 868.

22540. Déclaration de foi et hommage de Jacques de Brèvedent, conseiller au Parlement de Rouen, pour la seigneurie de Vannecrocq, mouvant de Pont-Audemer. Fontainebleau, 27 mars 1543. 27 mars.

Original. Arch. nat., Chambre des Comptes de Paris, P. 265^2, n° 1499.

22541. Lettres de réception du serment de fidélité prêté devant François de Montholon, président au Parlement de Paris, garde des sceaux, par Marguerin de La Bigne, pour le temporel de son abbaye de Notre-Dame d'Ardennes (diocèse de Bayeux), de l'ordre de Prémontré. Fontainebleau, 28 mars 1543. 28 mars.

Expéd. orig. Arch. nat., P. 272^2, cote 5487.

22542. Lettres portant réintégration d'Étienne Belot en son office de conseiller au Parlement de 29 mars.

Rouen, dont il avait été suspendu. Fontainebleau, 29 mars 1543. 1543.

Enreg. au Parl. de Rouen, le 23 avril 1543. Arch. de la Cour, à Rouen, Reg. du Parl. pour avril-mai 1543. 1 page 1/2.

22543. Lettres portant réintégration de Robert Raoulin en son office de conseiller au Parlement de Rouen, dont il avait été suspendu. Fontainebleau, 29 mars 1543. 29 mars.

Enreg. au Parl. de Rouen, le 19 avril 1543. Arch. de la Cour, à Rouen, Reg. du Parl. pour avril-mai 1543. 1 page 1/2.

22544. Lettres déchargeant les habitants de Ville-Françoise-de-Grâce (le Hâvre) de la solde et entretien de cinquante mille hommes de pied. Fontainebleau, 30 mars 1543. 30 mars.

Mentionnées dans une déclaration du garde des sceaux aux obligations de la vicomté de Montivilliers, du 27 juin 1543. Arch. de la ville du Havre (Seine-Inférieure).

22545. Provisions de l'office de vicomte de Caudebec en faveur de Michel Le Bacquelier, sur la résignation faite à son profit par Odet de Baillon. Fontainebleau, 30 mars 1543. 30 mars.

Enreg. au Parl. de Rouen, le 24 avril 1543. Arch. de la Cour, à Rouen, Reg. du Parl. pour mars-avril 1543. 2 pages.

22546. Lettres nommant Nicolas Morin jardinier du roi en son palais à Paris, et fixant ses gages à 30 livres tournois. Mars 1543. Mars.

Enreg. à la Chambre des Comptes de Paris, anc. mém. 2 L, fol. 31. *Arch. nat.*, PP. 119, p. 7. (*Mention.*)

Bibl. de Rouen, ms. Leber 5870, t. XIV, fol. 65. (*Mention.*)

22547. Confirmation en faveur de Claude de Châteauvieux, bailli de Bresse, de la charge de capitaine et châtelain de Bourg et de Châtillon. 1er avril 1543. 1er avril.

Copie du XVIIe siècle. Bibl. de la ville de Bourg (Ain), ms. 5, fol. 1.

22548. Provisions, en faveur de Christophe Ripault, 2 avril.

d'un des huit nouveaux offices de conseillers lais au Parlement de Rouen. Paris, 2 avril 1543. 1543.

Enreg. audit Parl., le 2 mai 1543. Arch. de la Cour, à Rouen, Reg. du Parl. pour avril-mai 1543. 1 page 1/2.

22549. Lettres d'intermédiat pour Guillaume Millet, pourvu de l'office d'élu en l'élection de Senlis. 2 avril 1543. 2 avril.

Enreg. à la Chambre des Comptes de Paris, anc. mém. 2 L, fol. 21 v°. *Arch. nat.*, PP. 119, p. 4. (*Mention.*)

Bibl. nat., ms. fr. 21405, p. 348. (*Mention.*)

22550. Provisions en faveur de Jean Bouzons, seigneur de Couronne, licencié ès lois, avocat au Parlement de Rouen, d'un des huit nouveaux offices de conseillers lais à ladite Cour. Chaumes en Brie, 4 avril 1543. 4 avril.

Enreg. au Parl. de Rouen, le 2 mai 1543. Arch. de la Cour, à Rouen, Reg. du Parl. pour avril-mai 1543. 2 pages 1/3.

22551. Déclaration de foi et hommage de Jean, seigneur de Rambures, échanson ordinaire du roi, pour la seigneurie du Bourg-Dun en la vicomté d'Arques, mouvant de ladite vicomté. Paris, 7 avril 1543. 7 avril.

Original. Arch. nat., Chambre des Comptes de Paris, P. 266², n° 2149.

22552. Provisions, en faveur de Jacques de Bauquemare, d'un des huit nouveaux offices de conseillers lais au Parlement de Rouen. Villemomble, 8 avril 1543. 8 avril.

Enreg. audit Parl., le 2 mai 1543. Arch. de la Cour, à Rouen, Reg. du Parl. pour avril-mai 1543. 2 pages.

22553. Provisions en faveur de Louis Le Roux, licencié ès lois, d'un des huit nouveaux offices de conseillers lais au Parlement de Rouen. Vincennes, 9 avril 1543. 9 avril.

Enreg. audit Parl., le 2 mai 1543. Arch. de la Cour, à Rouen, Reg. du Parl. pour avril-mai 1543. 2 pages 1/4.

22554. Provisions en faveur de Robert Boiselet, licencié ès lois, d'un des huit nouveaux offices de conseillers lais au Parlement de Rouen. Vincennes, 9 avril 1543. — 1543. 9 avril.

Enreg. audit Parl., le 5 mai 1543. Arch. de la Cour, à Rouen, Reg. du Parl. pour avril-mai 1543. 2 pages.

22555. Provisions en faveur de Jean de Quièvremont, licencié ès lois, d'un des huit nouveaux offices de conseillers lais au Parlement de Rouen. Vincennes, 9 avril 1543. — 9 avril.

Enreg. audit Parl., le 5 mai 1543. Arch. de la Cour, à Rouen, Reg. du Parl. pour avril-mai 1543. 2 pages.

22556. Provisions en faveur de Jean Thorel, prêtre, licencié ès droits, d'un des sept nouveaux offices de conseillers clercs au Parlement de Rouen. Vincennes, 9 avril 1543. — 9 avril.

Enreg. au Parl., le 2 mai 1543. Arch. de la Cour, à Rouen, Reg. du Parl. pour avril-mai 1543. 2 pages.

22557. Provisions, en faveur de Claude Le Georgelier, d'un des huit nouveaux offices de conseillers lais au Parlement de Rouen. Paris, 10 avril 1543. — 10 avril.

Enreg. audit Parl., le 2 mai 1543. Arch. de la Cour, à Rouen, Reg. du Parl. pour avril-mai 1543. 2 pages 1/4.

22558. Provisions en faveur de Claude Pascal, docteur en droit, de l'un des quatre offices de conseillers nouvellement créés au Parlement de Grenoble. Paris, 10 avril 1543. — 10 avril.

Enreg. audit Parl. Arch. de l'Isère, B. 2334, fol. 200 v°. 1 page 1/2.

22559. Déclaration de foi et hommage de Robert Tallon, écuyer, seigneur de Rouvray en Brie, pour ladite seigneurie de Rouvray (bailliage de Melun), mouvant du château de Melun. Paris, 10 avril 1543. — 10 avril.

Original. Arch. nat., Chambre des Comptes de Paris, P. 9, n° 3002.

22560. Provisions en faveur de Guillaume de La Cour, docteur en droit, de l'un des quatre offices de conseillers nouvellement créés au Parlement de Grenoble. Paris, 11 avril 1543. — 1543. 11 avril.

Enreg. audit Parl. Arch. de l'Isère, B. 2334, fol. 219 v°. 1 page 1/2.

22561. Provisions, en faveur de Jacques Centsols, d'un des sept nouveaux offices de conseillers clercs au Parlement de Rouen. Paris, 11 avril 1543. — 11 avril.

Enreg. audit Parl., le 2 mai 1543. Arch. de la Cour, à Rouen, Reg. du Parl. pour avril-mai 1543. 3 pages.

22562. Provisions en faveur de Nicole de La Place, licencié ès lois, d'un des sept nouveaux offices de conseillers clercs au Parlement de Rouen. Paris, 11 avril 1543. — 11 avril.

Enreg. audit Parl., le 10 mai 1543. Arch. de la Cour, à Rouen, Reg. du Parl. pour avril-mai 1543. 2 pages.

22563. Provisions en faveur de Georges Le Brun, licencié ès lois, d'un des sept nouveaux offices de conseillers clercs au Parlement de Rouen. Paris, 11 avril 1543. — 11 avril.

Enreg. audit Parl., le 2 mai 1543. Arch. de la Cour, à Rouen, Reg. du Parl. pour avril-mai 1543. 2 pages 1/2.

22564. Provisions en faveur de Robert Le Roux, licencié ès lois, d'un des sept nouveaux offices de conseillers clercs au Parlement de Rouen. Paris, 11 avril 1543. — 11 avril.

Enreg. audit Parl., le 2 mai 1543. Arch. de la Cour, à Rouen, Reg. du Parl. pour avril-mai 1543. 2 pages 1/2.

22565. Provisions en faveur de Pierre de Médine[1], licencié ès lois, d'un des sept nouveaux offices — 11 avril.

[1] Ce personnage était vraisemblablement parent de Thomas de Médine, espagnol, établi à Rouen et naturalisé, mentionné par M. E. Gosselin, dans ses *Documents... pour servir à l'histoire de la marine Normande...* (Rouen, 1876, in-8°), p. 67.

de conseillers clercs au Parlement de Rouen. Paris, 11 avril 1543. 1543.

Enreg. audit Parl., le 5 mai 1543. Arch. de la Cour, à Rouen, Reg. du Parl. pour avril-mai 1543. 2 pages.

22566. Provisions, en faveur de François de Sédille, d'un des sept nouveaux offices de conseillers clercs au Parlement de Rouen. Paris, 11 avril 1543. 11 avril.

Enreg. au Parl. de Rouen, le 2 mai 1543. Arch. de la Cour, à Rouen, Reg. du Parl. pour avril-mai 1543. 1 page 1/2.

22567. Provisions pour Claude Rubentel de l'office de receveur des deniers communs et octrois de la ville de Moret. 11 avril 1543. 11 avril.

Enreg. à la Chambre des Comptes de Paris, anc. mém. 2 L, fol. 27 *bis. Arch. nat.*, PP. 119, p. 5. (*Mention.*)

Bibl. nat., ms. fr. 21405, p. 348. (*Mention.*)

22568. Provisions en faveur de Jean Lalemant, docteur ès droits, d'un des huit nouveaux offices de conseillers lais au Parlement de Rouen. Paris, 13 avril 1543. 13 avril.

Enreg. audit Parl., le 2 mai 1543. Arch. de la Cour, à Rouen, Reg. du Parl. pour avril-mai 1543. 3 pages.

22569. Déclaration portant que l'avance de 2,000 écus faite au roi par Jean Bouzons, à la suite de sa nomination comme conseiller clerc au Parlement de Rouen, le 4 avril 1543 (nº 22550), ne constitue pas une infraction aux ordonnances contre la vénalité des offices. Paris, 13 avril 1543. 13 avril.

Enreg. au Parl. de Rouen, le 2 mai 1543. Arch. de la Cour, à Rouen, Reg. du Parl. pour avril-mai 1543. 1 page 1/2.

22570. Lettres portant pouvoirs au cardinal de Tournon, au maréchal d'Annebaut, au trésorier de l'épargne et à Martin de Troyes, d'emprunter de l'argent pour le roi à Lyon. 13 avril 1543. 13 avril.

Enreg. à la Chambre des Comptes de Paris (anc.

mém. 2 L, fol. 33. *Arch. nat.*, PP. 119, p. 7. (*Mention.*) 1543.

Bibl. de Rouen, ms. Leber 5870, t. XIV, fol. 65. (*Mention.*)

22571. Déclaration portant que la transaction pécuniaire intervenue entre Odet de Baillon et Michel Le Bacquelier, pour la cession à ce dernier de l'office de vicomte de Caudebec, ne constitue pas une infraction aux ordonnances contre la vénalité des offices de judicature, attendu que l'office en question est mixte, étant joint à la recette de la vicomté et aux émoluments du greffe, et que le quart de la somme convenue a été attribué au roi. Paris, 14 avril 1543. 14 avril.

Enreg. le 24, au Parl. de Rouen. Arch. de la Cour, à Rouen, Reg. du Parl. pour mars-avril 1543. 1 page 1/2.

22572. Déclaration portant que l'avance de 2,000 écus faite au roi par Jacques de Bauquemare, à la suite de sa nomination comme conseiller lai au Parlement de Rouen, le 8 avril 1543 (n° 22552), ne constitue pas une infraction aux ordonnances contre la vénalité des offices. Paris, 14 avril 1543. 14 avril.

Enreg. au Parl. de Rouen, le 2 mai 1543. Arch. de la Cour, à Rouen, Reg. du Parl. pour avril-mai 1543. 1 page.

22573. Pareille déclaration touchant Robert Boiselet, nommé conseiller lai le 9 avril précédent (n° 22554). Paris, 14 avril 1543. 14 avril.

Enreg. au Parl. de Rouen, le 5 mai 1543. Arch. de la Cour, à Rouen, Reg. du Parl. pour avril-mai 1543. 1 page 1/2.

22574. Pareille déclaration touchant Jacques Centsols, nommé conseiller clerc le 11 avril précédent (n° 22561). Paris, 14 avril 1543. 14 avril.

Enreg. au Parl. de Rouen, le 2 mai 1543. Arch. de la Cour, à Rouen, Reg. du Parl. pour avril-mai 1543. 2 pages.

22575. Pareille déclaration touchant Nicole de La Place, 14 avril.

nommé conseiller clerc le 11 avril précédent (n° 22562). Paris, 14 avril 1543. 1543.

Enreg. au Parl. de Rouen, le 10 mai 1543. Arch. de la Cour, à Rouen, Reg. du Parl. pour avril-mai 1543. 1 page.

22576. Pareille déclaration touchant Georges Le Brun, nommé conseiller clerc le 11 avril précédent (n° 22563). Paris, 14 avril 1543. 14 avril.

Enreg. au Parl. de Rouen, le 2 mai 1543. Arch. de la Cour, à Rouen, Reg. du Parl. pour avril-mai 1543. 1 page 1/2.

22577. Pareille déclaration touchant Claude Le Georgelier, nommé conseiller lai le 10 avril précédent (n° 22557). Paris, 14 avril 1543. 14 avril.

Enreg. au Parl. de Rouen, le 2 mai 1543. Arch. de la Cour, à Rouen, Reg. du Parl. pour avril-mai 1543. 1 page 1/2.

22578. Pareille déclaration touchant Robert Le Roux, nommé conseiller clerc le 11 avril précédent (n° 22564). Paris, 14 avril 1543. 14 avril.

Enreg. au Parl. de Rouen, le 2 mai 1543. Arch. de la Cour, à Rouen, Reg. du Parl. pour avril-mai 1543. 1 page 1/4.

22579. Pareille déclaration touchant Pierre de Médine, nommé conseiller clerc le 11 avril précédent (n° 22565). Paris, 14 avril 1543. 14 avril.

Enreg. au Parl. de Rouen, le 5 mai 1543. Arch. de la Cour, à Rouen, Reg. du Parl. pour avril-mai 1543. 1 page.

22580. Pareille déclaration touchant Jean de Quiévremont, nommé conseiller lai le 9 avril précédent (n° 22555). Paris, 14 avril 1543. 14 avril.

Enreg. au Parl. de Rouen, le 5 mai 1543. Arch. de la Cour, à Rouen, Reg. du Parl. pour avril-mai 1543. 1 page.

22581. Déclaration de l'hommage d'Anne Gaillard, veuve de Jean Boudet, pour divers biens sis à Montlivault (comté de Blois). 15 avril 1543. 15 avril.

Anc. arch. de la Chambre des Comptes de Blois, lay. M. *Arch. nat.*, P. 1479, fol. 233 v°. (*Mention.*)

22582. Lettres d'évocation au Parlement de Paris du procès pendant entre le chapitre de la cathédrale et l'hôtel de ville d'Amiens, touchant la justice sur la Somme et sur les moulins. Paris, 16 avril 1543. 1543. 16 avril.

Original. Arch. de la Somme, chapitre d'Amiens, armoire II, liasse 15, n° 13.

22583. Lettres portant défenses aux juges de décerner aucunes taxes sur les deniers du domaine pour le jugement des procès criminels. 16 avril 1543. 16 avril.

Enreg. au Parl. de Rouen, le 5 octobre 1543. Bibl. de Rouen, ms. E. 57, fol. 8. (*Mention.*)

22584. Déclaration portant que l'avance de 2,000 écus faite au roi par Jean Lalemant, à la suite de sa nomination comme conseiller lai au Parlement de Rouen, le 13 avril 1543 (n° 22568), ne constitue pas une infraction aux ordonnances contre la vénalité des offices. Paris, 16 avril 1543. 16 avril.

Enreg. au Parl. de Rouen, le 2 mai 1543. Arch. de la Cour, à Rouen, Reg. du Parl. pour avril-mai 1543. 2 pages 1/2.

22585. Pareille déclaration touchant Louis Le Roux, nommé conseiller lai le 9 avril précédent (n° 22553). Paris, 16 avril 1543. 16 avril.

Enreg. au Parl. de Rouen, le 2 mai 1543. Arch. de la Cour, à Rouen, Reg. du Parl. pour avril-mai 1543. 1 page 1/2.

22586. Pareille déclaration touchant François de Sédille, nommé conseiller clerc le 11 avril précédent (n° 22566). Paris, 16 avril 1543. 16 avril.

Enreg. au Parl. de Rouen, le 2 mai 1543. Arch. de la Cour, à Rouen, Reg. du Parl. pour avril-mai 1543. 1 page.

22587. Pareille déclaration touchant Jean Thorel, nommé conseiller clerc le 9 avril précédent (n° 22556). Paris, 16 avril 1543. 16 avril.

Enreg. au Parl. de Rouen, le 2 mai 1543. Arch. de la Cour, à Rouen, Reg. du Parl. pour avril-mai 1543. 1 page.

22588. Mandement au premier huissier du Parlement de Chambéry de notifier aux conseillers du Parlement et de la Chambre des Comptes de Savoie l'arrêt du Conseil privé du roi au sujet du procès pendant entre l'évêque de Maurienne et le procureur général du roi à Chambéry, pour le fait de juridiction. Paris, 17 avril 1543. — 1543. 17 avril.

Arch. du Sénat de Savoie, à Chambéry, Reg. des édits, bulles, lettres patentes, t. I, fol. 179 r°.

22589. Lettres ordonnant de faire commandement aux notaires, greffiers, tabellions, etc., de délivrer au syndic des chanoines de Rodez les pièces qui peuvent leur servir dans le procès qu'ils ont avec les consuls de la cité de Rodez, au sujet de la contribution des tailles. Paris, 18 avril 1543. — 18 avril.

Copie du XVIe siècle. Arch. de la ville de Rodez, fonds de la cité, FF. 16.

22590. Lettres de création et provisions, en faveur d'Étienne Mégret, de l'office de contrôleur du domaine en la baronnie de Coucy. Paris, 18 avril 1543. — 18 avril.

Enreg. à la Chambre des Comptes de Blois, le 12 mai 1543. Arch. nat., KK. 902, fol. 205. 2 pages.

22591. Déclaration de l'hommage rendu par Martin Le Berruyer, au nom de Jeanne Le Berruyer, sa femme, pour un septième du fief de Rougeou et les deux cinquièmes de la dîme des Tresseaux. 18 avril 1543. — 18 avril.

Anc. arch. de la Chambre des Comptes de Blois, lay. R. *Arch. nat.*, P. 1479, fol. 349. (*Mention.*)

22592. Déclaration portant que l'avance de 2,000 écus faite au roi par Christophe Ripault, à la suite de sa nomination comme conseiller lai au Parlement de Rouen, ne constitue pas une infraction aux ordonnances contre la vénalité des offices. Saint-Germain-en-Laye, 20 avril 1543. — 20 avril.

Enreg. au Parl. de Rouen, le 2 mai 1543. Arch. de la Cour, à Rouen, Reg. du Parl. pour avril-mai 1543. 1 page.

IMPRIMERIE NATIONALE.

22593. Provisions en faveur de Guillaume de Portes, official de Grenoble, de l'un des quatre offices de conseillers nouvellement créés au Parlement de Grenoble. Saint-Germain-en-Laye, 23 avril 1543. — 1543. 23 avril.

Enreg. audit Parl. Arch. de l'Isère, B. 2334, fol. 204. 2 pages.

22594. Mandement aux élus de Châlons de lever sur les habitants de la ville la somme de 3,000 livres tournois pour les travaux des fortifications. Saint-Germain-en-Laye, 25 avril 1543. — 25 avril.

Arch. de la ville de Châlons (Marne), CC. Impositions.

22595. Lettres de relief de surannation pour l'enregistrement, à la Cour des Aides de Normandie, des provisions de Martin Quidebarge du 20 décembre 1540 (n° 22091). Saint-Germain-en-Laye, 25 avril 1543. — 25 avril.

Enreg. à ladite Cour, le 14 mars 1544 n. s. Arch. de la Seine-Inférieure, Mémoriaux, 2e vol., fol. 381. 1 page 1/2.

22596. Provisions en faveur de Guy Duvache, licencié en droit, de l'un des quatre offices de conseillers récemment créés au Parlement de Grenoble. Saint-Germain-en-Laye, 27 avril 1543. — 27 avril.

Enreg. audit Parl. Arch. de l'Isère, B. 2334, fol. 221. 2 pages.

22597. Lettres enjoignant au Parlement de Grenoble de recevoir Guillaume de La Cour, récemment pourvu d'un office de conseiller, nonobstant toute cause d'opposition. Saint-Germain-en-Laye, 28 avril 1543. — 28 avril.

Enreg. audit Parl. Arch. de l'Isère, B. 2334, fol. 219 v°. 1 page.

22598. Lettres de relief d'appel pour les habitants d'Avallon, au sujet de la répartition des 1,200 livres tournois imposées sur le bailliage d'Auxois pour la solde des gens de guerre, Hugues Cossard, lieutenant dudit bailliage à Arnay-le-Duc, les ayant taxés à une — 30 avril.

somme trop élevée. Saint-Germain-en-Laye, 1543.
30 avril 1543.

Copie du temps, Arch. commun. d'Avallon (Yonne), EE. 34, n° 5.

22599. Provisions en faveur de François Mistral, docteur en droit, de l'un des quatre offices de conseillers nouvellement créés au Parlement de Grenoble. Saint-Germain-en-Laye, 30 avril 1543. 30 avril.

Enreg. audit Parl. Arch. de l'Isère, B. 2334, fol. 213 v°. 2 pages 1/2.

22600. Provisions en faveur de Félix de La Croix, dit Guerre, licencié en droit, de l'un des quatre offices de conseillers nouvellement créés au Parlement de Grenoble. Saint-Germain-en-Laye, 30 avril 1543. 30 avril.

Enreg. audit Parl. Arch. de l'Isère, B. 2334, fol. 210. 2 pages 1/2.

22601. Mandement au Parlement de Grenoble de recevoir Félix de La Croix et de le mettre en possession de son office de conseiller, nonobstant qu'il ait prêté au roi, pour l'obtenir, une somme de 1,000 écus soleil. Saint-Germain-en-Laye, 30 avril 1543. 30 avril.

Enreg. audit Parl. Arch. de l'Isère, B. 2334, fol. 211. 2 pages.

22602. Lettres de noblesse pour Geoffroy Des Hayes, seigneur de la Cauvinière-Launay et de la Chapelle. Avril 1543. Avril.

Enreg. à la Chambre des Comptes de Paris, le 15 juillet 1543, Bibl. de l'Arsenal, ms. 4939, fol. 134 v°. (Mention.)

IMP. *Dict. des ennoblissements. . . Paris, 1788, 2 vol. in-8°, t. I, p. 83. (Mention.)*

22603. Lettres portant octroi aux habitants de Rouen d'un impôt de 5 sous sur chaque muid de vin entrant en leur ville, jusqu'à concurrence de 50,000 livres tournois, et à dater du jour de l'expiration d'un semblable octroi qui leur avait été précédemment concédé pour le re- 2 mai.

couvrement d'une somme de 36,000 livres. Saint-Germain-en-Laye, 2 mai 1543. 1543.

Copie collat. du 5 avril 1547 n. s., par Coefier, secrétaire royal. Arch. comm. de Rouen, tiroir 144, n° 2.

Copie coll. du 3 avril 1554. Arch. commun. de Rouen, tiroir 145, n° 2.

22604. Provisions en faveur de Jean Boyer, docteur en droit, de l'office de conseiller au Parlement de Chambéry. Saint-Germain-en-Laye, 12 mai 1543. 12 mai.

Arch. du Sénat de Savoie, à Chambéry, Reg. des édits, bulles, lettres patentes, t. I, fol. 177 r°.

22605. Mandement à la Chambre des Comptes de Blois de tenir Pierre Ducreux quitte de la moitié des sommes qu'il doit au roi pour la ferme des deux «brayes» destinées à la pêche du poisson sous le pont de Blois, et de procéder au bail de ladite ferme. Saint-Germain-en-Laye, 13 mai 1543. 13 mai.

Vérifié à la Chambre des Comptes de Blois, le 23 août suivant. Arch. nat., KK. 902, fol. 212 et 213. *(Mentions.)*

22606. Mandement au bailli de Blois de réunir les nobles vassaux de son bailliage, soumis au ban et à l'arrière-ban, et de les conduire à Amiens pour le 1er août. Saint-Germain-en-Laye, 15 mai 1543. 15 mai.

Copie du XVIe siècle. Bibl. nat., collect. Joursanvault, Provinces diverses, Blois, vol. 207, fol. 27.

22607. Lettres réglant l'entretien, le logement et les déplacements des garnisons des gens de guerre et archers, leur itinéraire et leur façon de vivre en Languedoc. Saint-Germain-en-Laye, 16 mai 1543. 16 mai.

Vidimus du XVIe siècle. Arch. de la ville de Nîmes, NN. 4, n° 15.

22608. Provisions de l'office de receveur des deniers communs, dons et octrois de la ville de Lyon, 16 mai.

pour Jacques Caulard. Saint-Germain-en-Laye, 16 mai 1543. 1543.

Copie du XVIe siècle. Arch. du Rhône, reg. des insinuations de la sénéchaussée, Livre du roi, fol. 73 v°.

22609. Déclaration de l'hommage de Guillaume Bochetel pour la seigneurie de Saint-Lubin et de Sérouin (comté de Blois). 17 mai 1543. 17 mai.

Anc. arch. de la Chambre des Comptes de Blois, lay. S. *Arch. nat.*, P. 1479, fol. 378 v°. (*Mention.*)

22610. Provisions pour Hugues de Champagne de l'office de receveur des deniers communs de la ville de Châlons-sur-Marne. 18 mai 1543. 18 mai.

Enreg. à la Chambre des Comptes de Paris, anc. mém. 2 L, fol. 42. *Arch. nat.*, PP. 119, p. 9. (*Mention.*)

Bibl. nat., ms. fr. 21405, p. 348. (*Mention.*)

22611. Déclaration de l'hommage fait entre les mains de François de Montholon, président au Parlement de Paris, garde des sceaux, par Prudent de Porresson, seigneur de Provenchères-sur-Marne, au nom de François de Gennes, écuyer, seigneur de Montier-en-l'Isle, pour la moitié du quart de la seigneurie d'Arrentières (bailliage de Chaumont, châtellenie de Bar-sur-Aube) et pour tous les biens sis audit lieu appartenant audit François de Gennes et à Colette Le Gruyer, sa femme, par suite du don à eux fait par Anne de Saint-Yrieix, dame dudit Arrentières en partie. Saint-Germain-en-Laye, 18 mai 1543. 18 mai.

Expéd. orig. Arch. nat., P. 163², cote 1059.

22612. Lettres portant exemption du ban et de l'arrière-ban en faveur des gouverneurs et capitaines des villes et châteaux et des capitaines et officiers des légions. Saint-Germain-en-Laye, 19 mai 1543. 19 mai.

Enreg. au Châtelet de Paris, Bannières IV (reg. en déficit), entre le fol. 210 et le fol. 216. *Bibl. nat.*, nouv. acquisitions fr., ms. 3651, p. 746. (*Mention.*)

22613. Déclaration de foi et hommage de Louis de Melun, seigneur de Beugnon, en son nom et au nom de ses frères Georges et Loup, pour la seigneurie de Dannemois et le fief de la Motte-de-Nesles, mouvant du château de Melun. Paris, 22 mai 1543. — 1543. 22 mai.

Original. Arch. nat., Chambre des Comptes de Paris, P. 9, n° 3003.

22614. Déclaration portant que les membres du clergé d'Autun ne sont tenus au payement des impôts établis en Bourgogne, pour la solde des gens de guerre, qu'en raison de leurs biens non ecclésiastiques. Paris, 25 mai 1543. — 25 mai.

Copie du temps, signée Lombart. Arch. commun. d'Avallon (Yonne), EE. 34, n° 6.

22615. Lettres permettant d'acheter et de conduire librement les vivres et aliments nécessaires pour l'abbaye de Cluny. Paris, 25 mai 1543. — 25 mai.

Bibl. de la Chambre des députés, à Paris, B[11] 89, t. I, n° 50.

22616. Déclaration de foi et hommage de Guillaume Auber, notaire et secrétaire du roi, seigneur de Daubeuf-le-Sec, pour la seigneurie de Theuville-aux-Maillots, mouvant de Caudebec, en plein fief de haubert. Paris, 26 mai 1543. — 26 mai.

Original. Arch. nat., Chambre des Comptes de Paris, P. 266[2], n° 2164.

22617. Déclaration de foi et hommage de Bertrand de Bailleur (Bailleul), valet de chambre ordinaire du roi, seigneur de Sainte-Marie et de Vattetot, pour la seigneurie de Vinemesnil (auj. Annouville-Vilmesnil), mouvant de Montivilliers, en quart de fief de haubert. Paris, 26 mai 1543. — 26 mai.

Original. Arch. nat., Chambre des Comptes de Paris, P. 266[2], n° 2163.

22618. Déclaration de foi et hommage de Baudouin Eude, écuyer, seigneur de Bosc-le-Comte, pour ladite seigneurie, mouvant en fief de — 28 mai.

haubert de la vicomté d'Arques. Paris, 28 mai 1543. 1543.

Original. Arch. nat., Chambre des Comptes de Paris, P. 266², n° 2157.

22619. Confirmation des lettres de privilèges accordées aux habitants de Rouen par les rois Louis XI, Charles VIII et Louis XII, bien qu'elles n'aient pas été produites au Conseil dans les délais fixés par l'ordonnance. Saint-Germain-en-Laye, mai 1543. Mai.

Enreg. au Parl. de Rouen, le 6 juillet 1543.
Copie collat. du XVIᵉ siècle. Bibl. de l'Arsenal, ms. 3895, fol. 78 v°. 6 pages.

22620. Lettres portant confirmation des statuts des serruriers de Paris. Saint-Germain-en-Laye, mai 1543. Mai.

Enreg. au Châtelet de Paris, Bannières IV (reg. en déficit), fol. 18. *Bibl. nat.*, nouv. acquisitions fr., ms. 3651, p. 709. (*Mention.*)

22621. Lettres de noblesse pour Richard Rigoult, de Granville. Mai 1543. Mai.

Enreg. à la Chambre des Comptes de Paris, le 28 novembre suivant. Bibl. de l'Arsenal, ms. 4939, fol. 130. (*Mention.*)
Imp. *Dictionnaire des ennoblissements...* Paris, 1788, 2 vol. in-8°, t. I, p. 116. (*Mention.*)

22622. Lettres de mainlevée pour Catherine de Pilhouet, veuve de Michel d'Albert, receveur des deniers communs de la ville de Poitiers, des biens de son feu mari. 2 juin 1543. 2 juin.

Enreg. à la Chambre des Comptes de Paris, anc. mém. 2 L, fol. 107. *Arch. nat.*, PP. 119, p. 13. (*Mention.*)
Bibl. nat., ms. fr. 21405, p. 349. (*Mention.*)

22623. Lettres adressées aux baillis de Sens, Auxerre et Berry, ordonnant la confection du terrier des seigneuries de Vatan, Bonnilly, Saint-Valérien et la Croix, données à la requête de Vincent Du Puy, seigneur desdits lieux, maître d'hôtel du roi. Paris, 4 juin 1543. 4 juin.

Copie du XVIIIᵉ siècle, en tête du terrier de Bonnilly. Arch. nat., P. 1471, *initio*. 4 pages.
Copie du XVIIIᵉ siècle. Arch. nat., R¹* 165, fol. 1.

22624. Provisions de l'office de concierge des prisons de la Cour des Aides de Normandie, en faveur de Roger de La Salle, au lieu de Jean de La Salle, son père, décédé. Villers-Cotterets, 5 juin 1543[1]. 1543. 5 juin.

Enreg. à ladite Cour, le 14 janvier 1544 n. s. Arch. de la Seine-Inférieure, Mémoriaux, 2ᵉ vol., fol. 357. 1 page.

22625. Confirmation et prorogation pour dix ans du droit accordé le 23 novembre 1536 (nº 21144), à la ville de Troyes, de lever la maille ou obole sur le pain de provende qui se vend à Troyes et dans la banlieue. Villers-Cotterets, 7 juin 1543. 7 juin.

Copie. Arch. municip. de Troyes, AA. x, 16ᵉ cart., 2ᵉ liasse.

22626. Lettres portant octroi aux habitants de Rouen de divers impôts sur l'entrée dans leur ville et sa banlieue du bétail à pied fourché, du pastel et de la garance, pour les aider à payer la somme de 89,000 livres, montant de la cotisation de leur ville pour la solde des 50,000 hommes entretenus par tout le royaume. Villers-Cotterets, 11 juin 1543. 11 juin.

Original. Arch. commun. de Rouen, tiroir 144, nº 2.

22627. Provisions d'un office de conseiller à la Cour des Aides de Normandie, en faveur d'Arnoul Le Goupil, au lieu de Pierre Valles, nommé général à ladite Cour. Villers-Cotterets, 11 juin 1543. 11 juin.

Vérifiées par les généraux des finances, le 1ᵉʳ août suivant.

Enreg. à la Cour des Aides de Normandie, le 27 juillet 1543. Arch. de la Seine-Inférieure, Mémoriaux, 2ᵉ vol., fol. 289. 1 page.

22628. Mandement à Jean Morin, lieutenant criminel de la prévôté de Paris, de faire restituer aux 12 juin.

[1] Charles Langlois, qui avait été pourvu du même office, le 19 août 1541, se désista de toute prétention à l'encontre dudit La Salle, par transaction en date du 1ᵉʳ janvier 1544 (Mémorial cité, fol. 358).

merciers de Paris les biens de la confrérie par eux fondée en l'église du Saint-Sépulcre de la rue Saint-Denis, lesquels avaient été saisis en vertu du décret d'abolition des confréries d'artisans. Villers-Cotterets, 12 juin 1543. 1543.

Enreg. au Châtelet de Paris, Livre jaune grand, le 20 juin suivant. Arch. nat., Y. 6[5], fol. 86. 3 pages 1/2.

22629. Lettres accordant aux habitants de Gondrecourt réduction de la somme de 70 livres tournois, à laquelle le bailli de Chaumont les a cotisés. Villers-Cotterets, 12 juin 1543. 12 juin.

Bibl. nat., ms. Lorraine 469[1], fol. 176. (*Mention.*)

22630. Provisions d'un office de conseiller à la Cour des Monnaies en faveur d'Antoine Alesme, en remplacement et sur la résignation de Jean Bérard. Villers-Cotterets, 12 juin 1543. 12 juin.

Enreg. à la Cour des Monnaies, le 20 juin 1543. Arch. nat., Z[1b] 63, fol. 106. 2 pages.

22631. Provisions, en faveur de Pierre Eynat, d'un office de conseiller au Parlement de Grenoble, vacant par le décès d'Honoré d'Herbeys, s[r] de Châteauneuf. Villers-Cotterets, 12 juin 1543. 12 juin.

Enreg. audit Parl. Arch. de l'Isère, B. 2334, fol. 230. 1 page 1/2.

22632. Lettres de renvoi au Parlement de Chambéry de la requête adressée au roi par Jean, comte de La Chambre, avec mandement de le laisser jouir des droits, franchises et libertés dont jouissaient les comtes de La Chambre, ses prédécesseurs, et pour lesquels il est en procès au Parlement. Paris, 15 juin 1543. 15 juin.

Arch. du Sénat de Savoie, à Chambéry, Reg. des édits, bulles, lettres patentes, t. I, fol. 183 r°.

22633. Déclaration confirmative de l'octroi fait aux habitants du Hâvre d'un impôt sur les bois- 16 juin.

sons vendues en détail dans leur ville. Paris, 16 juin 1543. 1543.

Vérifiée le lendemain par les généraux des finances. Enreg. à la Cour des Aides de Normandie. Arch. de la Seine-Inférieure, Mémoriaux, 3e vol., fol. 90. 2 pages.

22634. Mandement à Jean Moges, lieutenant général en la ville de Rouen, et à Guillaume de Noble, maître des ports de Lyon, de procéder à l'exécution de l'ordonnance sur l'imposition foraine, conformément à une précédente commission donnée à Fontainebleau, le 18 mars précédent. Paris, 21 juin 1543. 21 juin.

Enreg. à la Cour des Aides de Normandie, le 1er février 1544 n. s. Arch. de la Seine-inférieure, Mémoriaux, 2e vol., fol. 361. 2 pages 1/2.

22635. Lettres portant que sur les vingt-quatre archers, dont douze nouvellement créés, placés sous les ordres de Claude L'Hoste, prévôt des maréchaux de France au gouvernement de Champagne et Brie, il en résidera six dans la ville de Troyes pour surveiller les gens oisifs et vagabonds. Maroilles, 21 juin 1543. 21 juin.

Original. Arch. municipales de Troyes (Aube), 65e boîte.

22636. Mandement au bailli de Sens de ne pas lever sur le Barrois l'impôt établi pour la solde des cinquante mille hommes de pied. Maroilles, 22 juin 1543. 22 juin.

Copie du XVIe siècle. Anc. trésor des chartes de Lorraine, cartulaire France, répits, hommes de pied. Arch. de Meurthe-et-Moselle, B. 404, fol. 59.

22637. Provisions en faveur de Guillaume Aoustin, licencié ès lois, du nouvel office de général des Aides à Rouen. Camp de Maroilles, 22 juin 1543. 22 juin.

Vérifiées par les généraux des finances, le 1er août suivant.

Enreg. à la Cour des Aides de Normandie, le 27 juillet 1543. Arch. de la Seine Inférieure, Mémoriaux, 2e vol., fol. 288. 1 page 1/4.

22638. Lettres accordant une pension de 200 livres 30 juin.

tournois à François de Montbron, outre ses gages de capitaine du château de Blaye. 30 juin 1543. — 1543.

Enreg. à la Chambre des Comptes de Paris, anc. mém. 2 L, fol. 106. *Arch. nat.*, PP. 119, p. 13. (*Mention.*)

Bibl. nat., ms. fr. 21405, p. 349. (*Mention.*)

22639. Lettres confirmant la création faite, en novembre 1520, d'une élection à Châtellerault, et au besoin l'instituant de nouveau, en faveur du duc d'Orléans, d'Angoulême et de Châtellerault, fils du roi. Juin 1543. — Juin.

Arch. nat., inventaire manuscrit des titres de Châtellerault, T. 1051[67-68], cote 795. (*Mention.*)

22640. Déclaration de foi et hommage de Claude Jubert, conseiller au Parlement de Rouen, pour le fief du Val, mouvant de Pont-Audemer. Paris, 1er juillet 1543. — 1er juillet.

Original. Arch. nat., Chambre des Comptes de Paris, P. 265[2], n° 1477.

22641. Provisions d'un office d'élu en l'élection de Caen en faveur d'André Lesens, sur la résignation faite à son profit par Thomas Arthur. Paris[(1)], 2 juillet 1543. — 2 juillet.

Vérifiées par les généraux des finances, le 9 août suivant.

Enreg. à la Cour des Aides de Normandie, le même jour. Arch. de la Seine-Inférieure, Mémoriaux, 2e vol., fol. 290. 2 pages.

22642. Déclaration de l'hommage de Robert Denis, licencié ès lois, lieutenant général des Eaux et forêts en Normandie, pour la châtellenie d'Avernes, mouvant du château d'Orbec, au bailliage d'Évreux. Paris, 4 juillet 1543. — 4 juillet.

Expéd. orig. Arch. nat., P. 269[2], cote 3948.

22643. Déclaration de l'hommage de Valérien de Montalles pour partie de la seigneurie de Cour-sur-Loire (comté de Blois). 5 juillet 1543. — 5 juillet.

Anc. arch. de la Chambre des Comptes de Blois, lay. C. *Arch. nat.*, P. 1479, fol. 93 v°. (*Mention.*)

(1) La souscription porte : « *Par le roy en son conseil estably à Paris* ».

22644. Déclaration de l'hommage de Simon de La Boucque pour la seigneurie du Moulin-Noël, à Bernay (bailliage d'Évreux, châtellenie d'Orbec). Paris, 6 juillet 1543. — 1543. 6 juillet.

Expéd. orig. Arch. nat., P. 269², cote 3950.

22645. Lettres portant exemption, en faveur du clergé de Lyon, de toute contribution pour la solde de cinquante hommes de pied imposée sur la ville. Paris, 7 juillet 1543. — 7 juillet.

Copie du XVIe siècle. Arch. du Rhône, reg. des insinuations de la Sénéchaussée, Livre du roi, fol. 78 v°.

22646. Mandement au Parlement de Chambéry d'instruire promptement le procès du comte de La Chambre audit Parlement, au sujet de la jouissance de certains droits et privilèges, ledit comte ayant adressé au roi une requête aux fins d'évocation et de renvoi devant un autre Parlement, à cause des soupçons qu'il avait contre certains conseillers. Paris, 13 juillet 1543. — 13 juillet.

Arch. du Sénat de Savoie, à Chambéry, Reg. des édits, bulles, lettres patentes, t. I, fol. 187 r°.

22647. Mandement au bailli de Senlis de faire faire par deux notaires de Pontoise, en présence du procureur du roi, la copie authentique du cartulaire des Frères mineurs de l'Observance dudit lieu. Paris, 21 juillet 1543. — 21 juillet.

Copie en tête du cartulaire dressé en conséquence dudit mandement, par les notaires Gérard Ledru et Pierre Moreau. Arch. de Seine-et-Oise, série H, Cordeliers de Pontoise. (Double exemplaire.)

22648. Déclaration en faveur du duc d'Orléans, fils du roi, portant qu'il peut et pourra à l'avenir présenter et nommer à tous les offices qui ont été ou seront créés dans son apanage. Camp de Câtillon, 24 juillet 1543. — 24 juillet.

Copie du XVIe siècle. Bibl. imp. de Vienne (*Autriche*), ms. 6979, fol. 293 v°.

22649. Lettres convoquant à Reims une partie du ban — 24 juillet.

et de l'arrière-ban. Camp de Câtillon, 24 juillet 1543. 1543.

Original. Bibl. nat., fonds Joursanvault, vol. 207, fol. 83.

22650. Lettres de jussion au Parlement de Grenoble, lui prescrivant d'enregistrer les lettres de naturalité accordées, en juin 1542 (n° 12613), à André de Pierre, s[r] de Chamel, maréchal des logis de Marguerite de France. La Fère-sur-Oise, 2 août 1543. 2 août.

Enreg. à la Chambre des Comptes de Grenoble. Arch. de l'Isère, B. 2911, cah. 31. 4 pages.

22651. Lettres de jussion au Parlement de Grenoble, lui prescrivant d'enregistrer les lettres de naturalité accordées, en juin 1542 (n° 12614), à Jean de Pierre, prêtre, natif de Tulette au diocèse de Vaison. La Fère-sur-Oise, 2 août 1543. 2 août.

Enreg. à la Chambre des Comptes de Grenoble. Arch. de l'Isère, B. 2911, cah. 31. 1 page 1/2.

22652. Provisions de l'office de garde des sceaux de la chancellerie royale de Rouen, vacant par le décès du cardinal Le Veneur, en faveur de Georges d'Amboise, archevêque de Rouen. Folembray, 8 août 1543. 8 août.

Original. Arch. de la Seine-Inférieure, G. 1142.

22653. Lettres autorisant Roger de La Salle à se faire remplacer en son office de concierge des prisons de la Cour des Aides de Normandie, en attendant sa majorité. Paris, 12 août 1543. 12 août.

Enreg. à ladite Cour, le 14 janvier 1544 n. s. Arch. de la Seine-Inférieure, Mémoriaux, 2e vol., fol. 357 v°. 1 page.

22654. Lettres de don à Gabrielle d'Harcourt, veuve de Charles de Couesmes, s[r] de Lucé, gentilhomme ordinaire de la chambre du roi, de la garde-noble de ses enfants. 12 août 1543. 12 août.

Enreg. à la Chambre des Comptes de Paris, anc. mém. 2 M, fol. 289 v°. *Arch. nat.*, PP 119, p. 33. (*Mention.*)
Bibl. nat., ms. fr. 21405, p. 359. (*Mention.*)

22655. Lettres portant commission au grand maître des Eaux et forêts ou à son lieutenant de se prononcer sur la requête adressée au roi par Ogier de Faultray, seigneur d'Isoré et de Forges, maréchal des logis du roi, touchant certains droits sur ladite seigneurie de Forges. Reims, 20 août 1543. 1543. 20 août.

Enreg. aux Eaux et forêts, le 15 novembre 1543. Arch. nat., Z^{1e} 328, fol. 269 v°. 1/2 page.

22656. Lettres portant suppression de l'office de receveur des deniers communs de la ville d'Orléans, restituant aux échevins le droit de pourvoir à cette charge, de deux ans en deux ans, ainsi qu'ils avaient toujours fait auparavant, et ordonnant que la personne par eux élue ne sera comptable desdits deniers que devant le bailli et les officiers d'Orléans, moyennant la somme de 2,250 livres tournois que la ville sera tenue de payer au duc d'Orléans. Reims, 20 août 1543. 20 août.

Original. Arch. municipales d'Orléans (Loiret), Bb. 62.

22657. Lettres de convocation des consuls d'Alais pour les États de Languedoc qui se tiendront au Puy, le 30 septembre prochain. Avenay, 24 août 1543. 24 août.

Original. Arch. municip. d'Alais (Gard), liasse 3, n° 26.

22658. Lettres touchant les commissaires à nommer par le lieutenant général du roi en Provence, pour recevoir les 45,000 ânées ou charges de blé qui devaient être fournies et voiturées à Marseille par les provinces de Languedoc, Dauphiné, Lyonnais et Bourgogne, pour l'approvisionnement de l'armée navale des côtes de Provence. Avenay, 25 août 1543. 25 août.

Copie du XVIe siècle. Arch. de la ville de Nîmes, NN. 4, n° 17.

22659. Déclaration portant que les édits ordonnant l'érection en offices des greffes, notariats et tabellionnages du royaume, et l'aliénation de 26 août.

portions du domaine, ne sont pas applicables au comté de Blois. Louvois, 26 août 1543. 1543.

Enreg. à la Chambre des Comptes de Blois, le 5 septembre suivant. Arch. nat., KK. 902, fol. 212 v°. (*Mention.*)

22660. Commission au bailli de Rouen de procéder, après enquête, à la réduction du montant de la cotisation de la ville de Rouen pour la solde de cinquante mille fantassins. Reims, 4 septembre 1543. 4 septembre.

Original. Arch. commun. de Rouen, tiroir 144, n° 2.

22661. Lettres de don à Madeleine de Chavagnac, femme de Jean de Ulmo, président au Parlement de Toulouse, et à ses enfants, des biens confisqués de son mari. 6 septembre 1543. 6 septembre.

Enreg. à la Chambre des Comptes de Paris, anc. mém. 2 L, fol. 232 v°. *Arch. nat.*, PP. 119, p. 29. (*Mention.*)
Bibl. nat., ms. fr. 21405, p. 352. (*Mention.*)

22662. Provisions de l'office de correcteur en la Chambre des Comptes de Dauphiné, en faveur de Pierre Chapelain. Sainte-Menehould, 9 septembre 1543. 9 septembre.

Original. Arch. de l'Isère, B. 3190. (Cf. le n° 13330 du *Catalogue.*)

22663. Lettres de jussion à la Chambre des Comptes de Paris, lui enjoignant d'enregistrer les lettres du 20 août précédent (n° 22656), portant suppression de l'office de receveur des deniers communs de la ville d'Orléans. Sainte-Menehould, 11 septembre 1543. 11 septembre.

Original. Arch. municipales d'Orléans (*Loiret*), Bb. 62.

22664. Lettres relatives à la répartition sur toute la généralité du pays de Languedoc des « foules » souffertes par chaque diocèse de la province, à l'occasion du passage des troupes royales de l'armée de Roussillon. Sainte-Menehould, 13 septembre 1543. 13 septembre.

Vidimus du XVIe siècle. Arch. de la ville de Nîmes, NN. 4, n° 16.

22665. Mandement aux évêques de Bretagne, portant que le taux des cinq décimes accordées au roi pour l'année 1543 ne devra pas être inférieur à celui de la décime de 1516. Reims, 14 septembre 1543. — 1543. 14 septembre.

Copie du XVIe siècle. Arch. du Morbihan, G. chapitre de Vannes (Clergé, décimes).

22666. Lettres d'assignation à la veuve et aux enfants de Jean Compain, élu d'Orléans, et à ses ayants cause, d'une somme de 258 livres de rente sur les aides de Châteaudun. Sainte-Menehould, 15 septembre 1543. — 15 septembre.

(A substituer au n° 13343 du Catalogue.)

Enreg. à la Chambre des Comptes de Paris, anc. mém. 2 L, fol. 238 v°. *Arch. nat.*, PP. 119, p. 30. (*Mention.*)

Bibl. nat., ms. fr. 21405, p. 352. (*Mention.*)

22667. Déclaration de foi et hommage de Pierre Roger pour plusieurs fiefs mouvant du duché de Bourbonnais. Sainte-Menehould, 15 septembre 1543. — 15 septembre.

Original. Arch. nat., Chambre des Comptes de Paris, P. 14, n° 4984.

22668. Lettres prescrivant une enquête sur la noblesse de Bermond Royboux, de Tullins. Sainte-Menehould, 17 septembre 1543. — 17 septembre.

Enreg. à la Chambre des Comptes de Grenoble. Arch. de l'Isère, B. 2982, fol. 537. 3 pages 1/2.

22669. Mandement au prévôt de Paris d'informer sur la requête des maîtres jurés fourbisseurs et garnisseurs d'épées et autres « bastons au faict d'armes » de la ville de Paris, tendant à obtenir homologation de leurs statuts. 18 septembre 1543. — 18 septembre.

Mention dans le visa desdits statuts par ledit prévôt, enreg. au Châtelet de Paris. Arch. nat., Y. 85, fol. 4 v°.

22670. Lettres de don de 40 livres tournois de pension à Hugues Chareton, trésorier et receveur ordinaire du pays de Beaujolais et de Dombes, — 18 septembre.

à prendre sur les deniers de sa recette. 18 septembre 1543. 1543.

Enreg. à la Chambre des Comptes de Paris, anc. mém. 2 L, fol. 206. *Arch. nat.*, PP. 119, p. 27. (*Mention.*)
Bibl. nat., ms. fr. 21405, p. 352. (*Mention.*)

22671. Provisions de l'office de châtelain de Saint-Symphorien-d'Ozon, en faveur d'Antoine Tussin, écuyer. Reims, 24 septembre 1543. 24 septembre.

Enreg. au Parl. de Grenoble, le 17 octobre 1543.
Arch. de l'Isère, B. 3226, fol. 329. 3 pages.

22672. Lettres portant augmentation de 260 livres tournois de gages pour Nectaire de Senneterre, écuyer d'écurie du dauphin, bailli d'Aurillac et des Montagnes d'Auvergne. 26 septembre 1543. 26 septembre.

Enreg. à la Chambre des Comptes de Paris, anc. mém. 2 L, fol. 205 v°. *Arch. nat.*, PP. 119, p. 27. (*Mention.*)
Bibl. nat., ms. fr. 21405, p. 352. (*Mention.*)

22673. Provisions de l'office de châtelain de la Marche d'Entremont, en faveur de Georges Galliffet, en remplacement et sur la résignation de Georges Galliffet, son père. Reims, 27 septembre 1543. 27 septembre.

Enreg. au Parl. de Grenoble, le 7 novembre 1543.
Arch. de l'Isère, B. 3226, fol. 337. 3 pages 1/2.

22674. Lettres d'anoblissement, moyennant 900 écus d'or soleil, pour Étienne Blanchard, seigneur de Coigny. Sainte-Menehould, septembre 1543. Septembre.

Enreg. à la Chambre des Comptes, le 26 septembre 1543, et à la Cour des Aides de Normandie, le 30 avril 1544. Arch. de la Seine-Inférieure, Mémoriaux, 2e vol., fol. 407. 6 pages.

22675. Lettres d'anoblissement, moyennant 1,200 écus, pour Robert Guillotte, vicomte de Carentan, et Thomas, son frère, greffier de l'élection de Coutances, demeurant tous deux à Carentan. Sainte-Menehould, septembre 1543. Septembre.

Enreg. à la Chambre des Comptes, le 26 septembre

1543, et à la Cour des Aides de Normandie, le 16 mai 1576. Arch. de la Seine-Inférieure, Mémoriaux, 6e vol., fol. 258 v°. 5 pages. 1543.

Bibl. de l'Arsenal à Paris, ms. 4939, fol. 128. (*Mention.*)

Imp. *Dict. des ennoblissements*... Paris, 1788, 2 vol. in-8°, t. I, p. 82. (*Mention.*)

22676. Lettres d'anoblissement, moyennant 900 écus d'or soleil, pour Guillaume d'Irlande, avocat en cour laïe, seigneur du Mesnil-Godement [1], demeurant à Bernay. Sainte-Menehould, septembre 1543. Septembre.

Vérifiées à la Chambre des Comptes de Paris, le 26 septembre 1543.

Enreg. à la Cour des Aides de Normandie, le 11 octobre 1543. Arch. de la Seine-Inférieure, Mémoriaux, 2e vol., fol. 304 v°. 5 pages.

22677. Lettres d'anoblissement, moyennant 500 écus d'or soleil et à la charge d'indemniser les habitants de Saint-Germain-le-Vasson, pour Philippe Lalougny, demeurant audit lieu, seigneur du Mesnil-Toufray, fief à lui donné par le conservateur des privilèges de Caen, son oncle. Sainte-Menehould, septembre 1543. Septembre.

Vérifiées à la Chambre des Comptes de Paris, le 26 septembre 1543.

Enreg. à la Cour des Aides de Normandie, le 11 octobre 1543. Arch. de la Seine-Inférieure, Mémoriaux, 2e vol., fol. 302. 4 pages.

Bibl. de l'Arsenal à Paris, ms. 4939, fol. 112. (*Mention*, sous la date de 1534.)

22678. Lettres d'anoblissement, moyennant 750 écus d'or soleil, pour Laurent Le Comte, élu en l'élection de Coutances, demeurant à Varenguebec. Sainte-Menehould, septembre 1543. Septembre.

Enreg. à la Chambre des Comptes de Rouen, le 26 septembre 1543, et à la Cour des Aides de Normandie, le 27 mars 1544 n. s. Arch. de la Seine-Inférieure, Mémoriaux, 2e vol., fol. 387 v°. 5 pages.

Bibl. de l'Arsenal à Paris, ms. 4939, fol. 114. (*Mention*, sous la date de 1534.)

[1] Eure, canton de Thiberville, cne de Fontaine-la-Louvet.

22679. Lettres d'anoblissement, moyennant 900 écus d'or soleil et à la charge d'indemniser les habitants de Carentan, pour Michel Leloup, marchand, demeurant à Gréville. Sainte-Menehould, septembre 1543. — 1543. Septembre.

Vérifiées à la Chambre des Comptes de Paris, le 26 septembre 1543.

Enreg. à la Cour des Aides de Normandie, le 22 octobre 1543. Arch. de la Seine-Inférieure, Mémoriaux, 2ᵉ vol., fol. 312. 5 pages.

Bibl. de l'Arsenal à Paris, ms. 4939, fol. 110. (*Mention*, sous la date de 1534.)

22680. Lettres d'anoblissement, moyennant 750 écus et à la charge d'indemniser les paroissiens de Saint-Gervais de Falaise, pour Philippe Marguerite, receveur de l'élection de Falaise. Sainte-Menehould, septembre 1543. — Septembre.

Vérifiées à la Chambre des Comptes de Paris, le 26 septembre 1543.

Enreg. à la Cour des Aides de Normandie, le 4 octobre 1543. Arch. de la Seine-Inférieure, Mémoriaux, 2ᵉ vol., fol. 297 vᵒ. 5 pages.

Bibl. de l'Arsenal, ms. 4939, fol. 129. (*Mention.*)

IMP. *Dict. des ennoblissements*... Paris, 1788, in-8ᵒ, t. II, p. 99. (*Mention.*)

22681. Lettres d'anoblissement, moyennant 750 écus d'or soleil (1,687 livres 10 sous), pour Pierre Pillon, seigneur du Breuil, grènetier de Pont-Audemer. Sainte-Menehould, septembre 1543[1]. — Septembre.

Vérifiées à la Chambre des Comptes de Paris, le 26 septembre 1543.

Enreg. à la Cour des Aides de Normandie, le 4 octobre 1543. Arch. de la Seine-Inférieure, Mémoriaux, 2ᵉ vol., fol. 295. 4 pages.

Bibl. de l'Arsenal, ms. 4939, fol. 127 vᵒ. (*Mention.*)

IMP. *Dict. des ennoblissements*... Paris, 1788, in-8ᵒ, t. I, p. 110.

22682. Lettres d'anoblissement pour Simon de Brie, seigneur de Neuville. Septembre 1543. — Septembre.

Enreg. à la Chambre des Comptes de Paris, le

[1] Le millésime ne se voit plus, le feuillet ayant été lacéré à cet endroit dans le registre de Rouen. Le ms. de l'Arsenal permet de le restituer.

2 juin 1544. *Bibl. de l'Arsenal*, ms. 4939, fol. 127. (*Mention.*) 1543.

Imp. *Dict. des ennoblissements*... Paris, 1788, 2 vol., in-8°, t. I, p. 48. (*Mention*, sous la date du 12 novembre.)

22683. Lettres d'anoblissement pour Jean d'Ylles, seigneur de Ravenoville. Septembre 1543. Septembre.

Enreg. à la Chambre des Comptes de Paris, en juillet 1544. Bibl. de l'Arsenal, ms. 4939, fol. 126 v°. (*Mention.*)

Imp. *Dict. des ennoblissements*... Paris, 1788, 2 vol. in-8°, t. I, p. 154. (*Mention*, sous la date du 6 décembre 1543.)

22684. Mandement aux baillis de Dijon, de Châlon, d'Autun, d'Auxois, de la Montagne, d'Auxerre, de Mâcon, de Charolais et de Bar-sur-Seine, de procéder à la répartition, entre les contribuables de leurs bailliages respectifs, de 10,000 ânées de blé que doit fournir le duché de Bourgogne, pour le ravitaillement de la flotte du Levant en croisière sur les côtes de Provence, laquelle quantité de blé a été déjà répartie par les élus entre lesdits bailliages. Laon, 6 octobre 1543. 6 octobre.

Copie collat. du 26 octobre 1543. Arch. commun. d'Avallon (Yonne), EE. 34, n° 9.

22685. Déclaration confirmative des lettres du 12 septembre 1543, portant mandement au bailli de Chaumont de ne pas contraindre à se rendre au ban et à l'arrière-ban les nobles et hommes de fief de la prévôté de Gondrecourt, appartenant au duc de Lorraine. Coucy, 13 octobre 1543. 13 octobre.

Copie du temps. Bibl. nat., ms. Lorraine 469[1], fol. 179. 3 pages.

22686. Commission pour informer contre divers habitants de Morlaix qui s'étaient opposés à l'exécution d'une sentence rendue en faveur de Pierre de Gennes, marchand, pour l'indemniser des grandes pertes faites par lui en Angleterre. Folembray, 13 octobre 1543. 13 octobre.

Enreg. aux Grands jours ou Parlement de Bretagne. Arch. d'Ille-et-Vilaine, B. 1 (anc. B. 224), fol. 145 v°.

22687. Lettres accordant à Françoise de Longwy, veuve de l'amiral Chabot, nonobstant le dernier édit de réunion générale du domaine, mainlevée des seigneuries de Pouilly et d'Arnay-le-Duc, pour en jouir par provision pendant le procès par elle soutenu au Parlement de Paris contre la princesse d'Orange. Folembray, 16 octobre 1543. — 1543. 16 octobre.

Original. Arch. de Seine-et-Oise, série D, fonds de Saint-Cyr, 13e liasse de Charny, n° 96.
Arrêt de vérification desdites lettres à la Chambre des Comptes de Dijon. Même liasse, n° 90.

22688. Lettres concédant à Jean de Longueil, seigneur de Maisons-sur-Seine, le droit, part et portion du roi sur les pontonnage, péage et acquits dudit lieu de Maisons, avec les droits y afférents, qui avaient été depuis vendus par Louis de Clermont à André Marais, ledit péage tenu et mouvant du roi à cause de la châtellenie de Poissy. La Fère-sur-Oise, 22 octobre 1543. — 22 octobre.

Original. Arch. nat., R^1 24.

22689. Mandement au prévôt de Paris de s'informer des soldats qui ont déserté, et de marcher contre eux s'ils se sont assemblés en troupe. La Fère-sur-Oise, 23 octobre 1543. — 23 octobre.

Enreg. au Châtelet de Paris, Bannières IV (reg. en déficit), fol. 35. *Bibl. nat.,* nouv. acquisitions fr., ms. 3651, p. 714. *(Mention.)*

22690. Lettres accordant à Thomasse Le Lorrain, veuve, et aux héritiers de Jean Hotman, mainlevée des biens et du sel saisis sur eux, à condition qu'ils payeront au roi la somme de 76,000 livres tournois pour droit de gabelle. 29 octobre 1543. — 29 octobre.

Mention dans un arrêt du Grand conseil, en date du 16 août 1546. Arch. nat., V^5 1052.

22691. Lettres d'anoblissement, moyennant 500 écus d'or soleil et à la charge d'indemniser les habitants de Fontenay-le-Marmion, pour Jean — Octobre.

Aubert, demeurant audit lieu. Coucy, octobre 1543. — 1543.

Vérifiées à la Chambre des Comptes de Paris, le 19 octobre 1543.

Enreg. à la Cour des Aides de Normandie, le 7 décembre 1543. Arch. de la Seine-Inférieure, Mémoriaux, 2e vol., fol. 338. 6 pages.

22692. Édit portant établissement de nouveaux impôts sur la traite foraine, destinés à couvrir les frais nécessaires au fonctionnement de la Chambre des Comptes de Rouen. La Fère-sur-Oise, octobre 1543. — Octobre.

Vérifiées au Parl. de Rouen, les 31 octobre et 13 novembre 1543.

Copie collat. du XVIIe *siècle. Bibl. de Rouen,* ms. Y. 33, t. I, fol. 23. 2 pages.

22693. Lettres de jussion adressées à la Chambre des Comptes, ordonnant la vérification et l'entérinement de l'édit du 20 août 1543 (n° 22656), portant suppression de l'office de receveur des deniers communs de la ville d'Orléans. Coucy, 15 novembre 1543. — 15 novembre.

Original. Arch. municipales d'Orléans (*Loiret*), Bb. 62.

22694. Confirmation du don de la terre de Saint-Sauveur-le-Vicomte en faveur de Baptiste de Villequier, gentilhomme de la chambre du roi et lieutenant des cent gentilshommes de l'hôtel. 23 novembre 1543. — 23 novembre.

Enreg. à la Chambre des Comptes de Paris, anc. mém. 2 L, fol. 239 v°. *Arch. nat.,* PP. 119, p. 31. (*Mention.*)

Bibl. nat., ms. fr. 21405, p. 352. (*Mention.*)

22695. Provisions d'un office de vendeur de poisson de mer à Paris, en faveur de Denis Le Gras. Paris, 23 novembre 1543. — 23 novembre.

Enreg. au Châtelet de Paris, Bannières IV (reg. en déficit), fol. 50. *Bibl. nat.,* nouv. acquisitions fr., ms. 3651, p. 718. (*Mention.*)

22696. Lettres portant établissement de nouveaux tueurs et écorcheurs dans les boucheries de Paris et — Novembre.

des faubourgs. La Fère-sur-Oise, novembre 1543. 1543.

Enreg. au Châtelet de Paris, Bannières IV (reg. en déficit), fol. 66. *Bibl. nat.*, nouv. acquisitions fr., ms. 3651, p. 719. (*Mention.*)

22697. Lettres d'anoblissement, moyennant 500 écus d'or soleil, pour Thomas Bouquet, seigneur de Surville, demeurant à Valognes. La Fère-sur-Oise, novembre 1543. Novembre.

Vérifiées à la Chambre des Comptes, le 19 novembre 1543.

Enreg. à la Cour des Aides de Normandie, le 5 février 1544 n. s. Arch. de la Seine-Inférieure, Mémoriaux, 2e vol., fol. 362 v°. 5 pages.

Bibl. de l'Arsenal à Paris, ms. 4939, fol. 129 v°. (*Mention.*)

22698. Lettres d'anoblissement, moyennant 600 écus d'or soleil, pour Charles Hauchemal, titulaire de la sergenterie héréditaire de Sainte-Marie-du-Mont, demeurant audit lieu. La Fère-sur-Oise, novembre 1543. Novembre.

Vérifiées à la Chambre des Comptes de Paris, le 19 novembre 1543.

Enreg. à la Cour des Aides de Normandie, le 5 mars 1544 n. s. Arch. de la Seine-Inférieure, Mémoriaux, 2e vol., fol. 367 v°. 5 pages 1/2.

Bibl. de l'Arsenal à Paris, ms. 4939, fol. 87 v° et 124. (*Mentions*, sous la date de 1534.)

22699. Lettres d'anoblissement, moyennant 500 écus d'or soleil, pour Jean Le Fèvre, receveur de l'élection de Valognes, demeurant audit lieu. La Fère-sur-Oise, novembre 1543. Novembre.

Enreg. à la Chambre des Comptes de Paris, le 19 novembre 1543, et à la Cour des Aides de Normandie (s. d. d'enreg.). Arch. de la Seine-Inférieure, Mémoriaux, 2e vol., fol. 392. 5 pages 1/2.

Bibl. de l'Arsenal à Paris, ms. 4939, fol. 88 v°. (*Mention*, sous la date de 1534.)

22700. Lettres d'anoblissement, moyennant 600 écus d'or soleil et à la charge d'indemniser les habitants de Fresville, pour Simon Leloué, seigneur de Beauchamps, demeurant audit Novembre.

lieu de Fresville. La Fère-sur-Oise, novembre 1543. — 1543.

Vérifiées à la Chambre des Comptes de Paris, le 19 novembre 1543.

Enreg. à la Cour des Aides de Normandie, le 13 décembre suivant. Arch. de la Seine-Inférieure, Mémoriaux, 2ᵉ vol., fol. 341 v°. 6 pages.

22701. Lettres d'anoblissement, moyennant 550 écus d'or soleil, pour Robert Mercade, demeurant à Sainte-Mère-Église. La Fère-sur-Oise, novembre 1543. — Novembre.

Vérifiées à la Chambre des Comptes de Paris, le 19 novembre 1543.

Enreg. à la Cour des Aides de Normandie, le 11 juillet 1544. Arch. de la Seine-Inférieure, Mémoriaux, 2ᵉ vol., fol. 449 v°. 5 pages.

Bibl. de l'Arsenal à Paris, ms. 4939, fol. 66 v°. (*Mention*, sous la date de 1534.)

22702. Lettres d'anoblissement, moyennant 650 écus d'or soleil, pour Jacques Rozette, seigneur de Vatteville, demeurant audit lieu. La Fère-sur-Oise, novembre 1543. — Novembre.

Enreg. à la Chambre des Comptes de Paris, le 19 novembre 1543, et à la Cour des Aides de Normandie, le 12 décembre 1555. Arch. de la Seine-Inférieure, Mémoriaux, 4ᵉ vol., fol. 147 v. 4 pages[1].

22703. Lettres d'anoblissement, moyennant 550 écus d'or soleil et à la charge d'indemniser les habitants de Savigny, pour Henri Yvelin, seigneur de la Mancellière, demeurant audit Savigny. La Fère-sur-Oise, novembre 1543. — Novembre.

Vérifiées à la Chambre des Comptes de Paris, le 19 novembre 1543.

Enreg. à la Cour des Aides de Normandie, le 18 décembre 1543. Arch. de la Seine-Inférieure, Mémoriaux, 2ᵉ vol., fol. 344 v°. 6 pages.

22704. Lettres d'anoblissement en faveur de Pierre Bouguier, seigneur de Villaines, d'Écharcon — Novembre.

[1] Le 8ᵉ volume de la même collection, lequel correspond aux années 1582-1584, renferme (fol. 164 v°) une autre copie du même acte, accompagnée de cette note marginale : « Le present enregistrement ne vault rien, car il a esté autres fois enregistré. »

et du fief de Senoville, avocat au Parlement. Novembre 1543. 1543.

Enreg. à la Chambre des Comptes de Paris, reg. 14, fol. 276.
Bibl. de l'Arsenal, ms. 4903, p. 124. (*Mention.*)

22705. Lettres d'anoblissement, moyennant 500 écus d'or soleil, pour Nicolas Le Poitevin, demeurant à Valognes. Fontainebleau, novembre 1543. Novembre.

Enreg. à la Chambre des Comptes de Paris, le 1er décembre 1543, et à la Cour des Aides de Normandie, le 13 juillet 1584. Arch. de la Seine-Inférieure, Mémoriaux, 8e vol., fol. 185 v°. 8 pages.
Bibl. de l'Arsenal à Paris, ms. 4939, fol. 87 et 123 v°. (*Mentions*, sous la date de 1534.)

22706. Lettres portant défenses à Léonnet de Laube, marchand lyonnais, et à tous autres marchands ayant du sel à Paris, de mettre ce sel en vente avant que celui de Thomasse Le Lorrain, veuve, et des héritiers de Jean Hotman ait été complètement vendu. Fontainebleau, 3 décembre 1543. 3 décembre.

Enreg. au Châtelet de Paris, Bannières IV (reg. en déficit), fol. 46. *Bibl. nat.*, nouv. acquisitions fr., ms. 3651, p. 706. (*Mention.*)
Présentées au Grand conseil, le 16 août 1546. Arch. nat., V5 1052. (*Mention.*)

22707. Lettres de don à Jean Torino du château de Stupinigi, en Piémont, sa vie durant. Fontainebleau, 4 décembre 1543. 4 décembre.

Enreg. au Parlement de Piémont, le 15 février 1544.
Original. Turin, Arch. di Stato, Torino, mazzo 28, n° 14.

22708. Mandement à la Chambre des Comptes de porter à la dépense d'Antoine Le Maçon, trésorier de l'extraordinaire des guerres, la somme de 13,084 livres tournois, qu'il avait payée de ses propres deniers pour la guerre en Champagne. 4 décembre 1543. 4 décembre.

Imp. *Catalogue des chartes du Cabinet de M. de M. (Magny)*. Vente des 18-22 mars 1867, par Jacques Charavay aîné, n° 1289. (*Mention.*)

22709. Provisions de l'office de premier président au Parlement de Rouen, en faveur de Pierre Remon, au lieu de François de Marcillac, décédé. Fontainebleau, 8 décembre 1543. — 1543. 8 décembre.

Enreg. à ladite Cour, le 20 décembre 1543. Arch. de la Cour, à Rouen, Reg. du Parlement pour novembre-décembre 1543. 2 pages 1/2.

22710. Mandement au bailli de Rouen de remettre en la main du roi le domaine forain sis en ladite ville. Fontainebleau, 10 décembre 1543. — 10 décembre.

Enreg. au bailliage de Rouen, le 21 janvier 1544 n. s.

Copie collat. du temps, signée Fautret, d'après les registres dudit bailliage. Arch. comm. de Rouen, tiroir 9, n° 8.

22711. Provisions d'un office de vendeur de poisson de mer à Paris, en faveur de Jean Luce. Fontainebleau, 10 décembre 1543. — 10 décembre.

Enreg. au Châtelet de Paris, Bannières IV (reg. en déficit), fol. 49. *Bibl. nat.*, nouv. acquisitions fr., ms. 3651, p. 717. (*Mention.*)

22712. Provisions d'un des offices de garde du poisson de mer aux halles de Paris, en faveur de Nicolas Pintour. Fontainebleau, 10 décembre 1543. — 10 décembre.

Enreg. au Châtelet de Paris, Bannières IV (reg. en déficit), fol. 52. *Bibl. nat.*, nouv. acquisitions fr., ms. 3651, p. 718. (*Mention.*)

22713. Provisions d'un des offices de garde du poisson de mer aux halles de Paris, en faveur de Nicolas Rome. Fontainebleau, 10 décembre 1543. — 10 décembre.

Enreg. au Châtelet de Paris, Bannières IV (reg. en déficit), *entre les fol. 52 et 55. Bibl. nat.*, nouv. acquisitions fr., ms. 3651, p. 719. (*Mention.*)

22714. Provisions pour Martin Pousset de l'office de contrôleur du domaine et de la recette ordinaire du Maine. 11 décembre 1543. — 11 décembre.

Enreg. à la Chambre des Comptes de Paris, anc. mém. 2 L, fol. 337 v°. *Arch. nat.*, PP. 119, p. 41. (*Mention.*)

Bibl. nat., ms. fr. 21405, p. 354. (*Mention.*)

22715. Commission aux maîtres des requêtes de l'hôtel pour juger le procès criminel intenté à Jean Fourrier, dit le seigneur d'Othie, et à Jean Le Sueur, lapidaire, convaincus d'avoir fabriqué deux sceaux aux armes du roi, imités de ceux de la chancellerie de Paris, et d'avoir scellé avec ces sceaux un grand nombre de lettres. Fontainebleau, 12 décembre 1543. — 1543. 12 décembre.

Copie du 4 juillet 1548. Arch. nat., K. 956, n° 24.

22716. Lettres de décharge en faveur de Dreux Hennequin et de Jean Luillier, présidents des Comptes, fils et gendre de Michel Hennequin, en son vivant marchand à Troyes, de toutes les poursuites qui pourraient être faites contre eux, pour raison du trafic du sel dont s'était entremis ledit Michel Hennequin. 12 décembre 1543. — 12 décembre.

Enreg. à la Chambre des Comptes de Paris, anc. mém. 2 L, fol. 249. *Arch. nat.*, PP. 119, p. 32. (*Mention.*)

Bibl. nat., ms. fr. 21405, p. 353. (*Mention.*)

22717. Lettres portant que Léonnet de Laube vendra son sel avant tous autres marchands ayant acheté du sel aux commissaires du roi. 13 décembre 1543. — 13 décembre.

Mention dans un arrêt du Grand conseil, en date du 16 août 1546. Arch. nat., V⁵ 1052.

22718. Lettres portant rétablissement de Guillaume Le Sueur en l'office de receveur des amendes et exploits de la Cour des Aides de Normandie, dont il avait été suspendu le 18 octobre 1540. Fontainebleau, 14 décembre 1543. — 14 décembre.

Vérifiées par les généraux des finances, le 20 du même mois.

Enreg. à la Cour des Aides de Normandie, le 10 mars 1544 n. s. Arch. de la Seine-Inférieure, Mémoriaux, 2ᵉ vol., fol. 354 v°. 1 page 1/2.

22719. Prorogation pour six années de l'autorisation accordée, à plusieurs reprises, aux habitants de la Charité-sur-Loire, de prélever divers — 14 décembre.

impôts destinés à subvenir à l'entretien de leurs fortifications. Fontainebleau, 14 décembre 1543. 1543.

Copie collat. du XVIIIe siècle. Arch. nat., K. 176, n° 41.

22720. Lettres maintenant Hugues de La Fontaine en l'office de vendeur du poisson de mer, à Paris. Fontainebleau, 15 décembre 1543. 15 décembre.

Enreg. au Châtelet de Paris, Bannières IV (reg. en déficit), fol. 55. *Bibl. nat.*, nouv. acquisitions fr., ms. 3651, p. 719. (*Mention.*)

22721. Lettres confirmant la permission accordée pour dix ans à Jacques de Thomassin, s^r de Montmartin, écuyer ordinaire de l'écurie du roi, de faire entrer en la ville de Lyon, à chacune des quatre foires de l'année, quatre charges de draps de soie en toute franchise. 17 décembre 1543. 17 décembre.

Enreg. à la Chambre des Comptes de Paris, anc. mém. 2 L, fol. 343 v°. *Arch. nat.*, PP. 119, p. 43. (*Mention.*)

Bibl. nat., ms. fr. 21405, p. 354. (*Mention.*)

22722. Provisions en faveur de Guillaume Gouin de l'office, nouvellement créé, d'élu au siège particulier de Nogent-le-Rotrou (élection d'Alençon). Fontainebleau, 18 décembre 1543. 18 décembre.

Vérifiées par les généraux des finances, le 20 avril 1544.

Enreg. à la Cour des Aides de Normandie, le 21 avril 1544. Arch. de la Seine-Inférieure, Mémoriaux, 2e vol., fol. 397 v°. 2 pages 1/2.

22723. Lettres portant affranchissement de tailles et exemption des contributions pour les gens de guerre, en faveur des habitants de Toulon. Fontainebleau, 20 décembre 1543. 20 décembre.

Copie. Arch. de la ville de Toulon (Var), série AA, n° 96, Livre rouge, et série EE, n° 18.

22724. Lettres portant que Léonnet de Laube vendra le sel qui lui avait été délivré à Paris avant que les veuve et héritiers de Jean Hotman ne vendent le leur, mais que ces derniers ven- 22 décembre.

dront leur sel avant que ledit de Laube ne vende celui qui lui avait été délivré ailleurs qu'à Paris. 22 décembre 1543. | 1543.

Mention dans un arrêt du Grand conseil, en date du 16 août 1546. Arch. nat., V[5] 1052.

22725. Commission pour faire une enquête sur une réclamation des habitants de Saint-Malo, qui se prétendaient surchargés dans la répartition de deux emprunts octroyés au roi par la Bretagne. Fontainebleau, 27 décembre 1543. | 27 décembre.

Enreg. aux Grands jours ou Parlement de Bretagne. Arch. d'Ille-et-Vilaine, B. 1 (anc. B. 224), fol. 148.

22726. Lettres permettant aux habitants de Faremoutiers en Brie de se clore de murailles. Fontainebleau, décembre 1543. | Décembre.

Enreg. au Châtelet de Paris, Bannières IV (reg. en déficit), fol. 56. *Bibl. nat.*, nouv. acquisitions fr., ms. 3651, p. 719. (*Mention.*)

22727. Édit touchant les prises sur mer. Décembre 1543. | Décembre.

Enreg. au Parl. de Rouen, le 7 juin 1543. Bibl. de Rouen, ms. E. 57, fol. 8. (*Mention.*)

22728. Lettres d'anoblissement, moyennant 650 écus d'or soleil, pour Olivier Du Hamel, avocat du roi à Mortain, seigneur du Boisferrand et de Villechien, demeurant audit Villechien. Fontainebleau, décembre 1543. | Décembre.

Enreg. à la Chambre des Comptes de Paris, le 10 décembre 1543, et à la Cour des Aides de Normandie, le 2 juillet 1556. Arch. de la Seine-Inférieure, Mémoriaux, 4e vol., fol. 239 v°. 5 pages.

22729. Lettres d'anoblissement, moyennant 600 écus, pour Marin Auvray, seigneur de Villy, avocat en cour laie, demeurant à Biéville (vicomté de Bayeux). Fontainebleau, décembre 1543. | Décembre.

Enreg. à la Chambre des Comptes de Paris, le 10 décembre 1543, et à la Cour des Aides de Normandie, le 18 avril 1556. Arch. de la Seine-Inférieure, Mémoriaux, 4e vol., fol. 190. 5 pages 1/2.

Bibl. de l'Arsenal à Paris, ms. 4939, fol. 76. (*Mention*, sous la date de 1534.)

22730. Lettres d'anoblissement, moyennant 600 écus d'or soleil, pour Renaud Hébert, fils de Pierre Hébert, seigneur de Grosmesnil, demeurant à Biéville (vicomté de Coutances[1]). Fontainebleau, décembre 1543. — 1543. Décembre.

Enreg. à la Chambre des Comptes de Paris, le 10 décembre 1543, et à la Cour des Aides de Normandie, le 18 avril 1556. Arch. de la Seine-Inférieure, Mémoriaux, 4e vol., fol. 183. 5 pages.

22731. Commission au réformateur général des Eaux et forêts pour procéder à la réformation de la forêt d'Aliermont, autrement dit Croixdalle, dans la vicomté d'Arques, faisant partie du temporel de l'archevêché de Rouen. S. l. n. d.[2]. — 1543.

Projet d'expédition, dépourvu de date, de signature et de sceau. Arch. de la Seine-Inférieure, G. 934.

1544. — Pâques, le 13 avril.

22732. Commission au bailli de Troyes pour le rétablissement du garde du beffroi de la ville, vacant depuis l'incendie. Fontainebleau, 3 janvier 1543. — 1544. 3 janvier.

Copie. Arch. municipales de Troyes (Aube), BB, v, 18e carton, 6e liasse.

22733. Provisions de l'office de concierge et garde du beffroi de la ville de Troyes, avec logement sa vie durant, pour Charles Pittet, sommelier de paneterie du dauphin. Fontainebleau, 3 janvier 1543. — 3 janvier.

Original. Arch. municipales de Troyes (Aube), 2e boîte, 14e liasse.

22734. Confirmation des lettres du 9 décembre 1536 (n° 21154), octroyant à la ville de Troyes un droit de 20 deniers à prélever sur chaque — 5 janvier.

[1] *Sic.* Voir ci-après au 29 avril 1544 (n° 22808).

[2] 1543, d'après l'analyse ancienne écrite au dos de la pièce.

queue de vin entrant dans la ville ou en sortant. Fontainebleau, 5 janvier 1543. 1544.

Copie. Arch. municipales de Troyes (Aube), D. 157, fol. x.

22735. Provisions d'un office d'élu en l'élection de Rouen en faveur de Robert de Manneville, sur la résignation faite à son profit par Guillaume Boullent. Fontainebleau, 5 janvier 1543. 5 janvier.

Vérifiées par les généraux des finances, le 7 du même mois.

Enreg. le 14, à la Cour des Aides de Normandie. Arch. de la Seine-Inférieure, Mémoriaux, 2e vol., fol. 255 v°. 2 pages.

22736. Mandement à l'archevêque de Rouen de réclamer du clergé de son diocèse un don gratuit de 2,812 livres tournois, en vue de parer aux entreprises des Impériaux, sur lesquels ont été prises les places de Landrecies et de Luxembourg. Fontainebleau, 6 janvier 1543. 6 janvier.

Copie collat. du temps. Arch. de la Seine-Inférieure, G. 5663, fol. 2. 3 pages.

22737. Provisions d'un office de conseiller à la Cour des Monnaies en faveur d'Antoine de La Primaudaye, en remplacement et sur la résignation de Pierre Porte. Fontainebleau, 9 janvier 1543. 9 janvier.

Enreg. à la Cour des Monnaies, le 11 janvier 1544 n. s. Arch. nat., Z1b 63, fol. 102. 3 pages.
Reçu à la Chambre des Comptes de Paris, le 26 juillet suivant. Arch. nat., P. 2307, p. 743.

22738. Déclaration de foi et hommage de Charles Quenard, procureur du roi en la châtellenie de Billy, pour divers cens qu'il a acquis de Péronnelle Millet, dame de Bonnefond, dans les paroisses de Lonzat et de Paray en Bourbonnais, etc. Fontainebleau, 9 janvier 1543. 9 janvier.

Original. Arch. nat., Chambre des Comptes de Paris, P. 14, n° 4982.

22739. Commission à Jean Ango pour l'avitaillement de l'armée de mer. 11 janvier 1543. 11 janvier.

IMP. E. Gosselin, *Documents authentiques et*

inédits pour servir à l'histoire de la marine normande... Rouen, 1876, in-8°, p. 25 [1]. (*Mention.*) 1544.

22740. Mandement au Parlement et à la Chambre des Comptes de Dauphiné de remettre Guillaume de Poitiers, seigneur de Saint-Vallier, en possession des comtés d'Albon et de Pinet. Nemours, 12 janvier 1543. 12 janvier.

Original. Turin, Arch. di Stato, Princes de Genevois et Nemours, 7e catégorie, paquet 2, n° 3.

22741. Commission pour contraindre les détenteurs des terres assises dans le royaume, « chargées des deniers du retour de mariage » de la princesse de Chimai [2], d'en payer les arrérages au duc de Guise. 18 janvier 1543. 18 janvier.

Anc. arch. de la Chambre des Comptes de Joinville, pièce cotée 601. Arch. nat., KK. 906, fol. 414. (*Mention.*)

22742. Lettres ordonnant à la duchesse de Nevers de convoquer le ban et l'arrière-ban de ses duché, terres et seigneuries du Nivernais, pour le mois de mars suivant, afin de servir le roi contre ses ennemis d'Angleterre. Fontainebleau, 20 janvier 1543. 20 janvier.

Arch. départ. de la Nièvre, B. *Chambre des Comptes de Nevers* (n° 66 de l'Invent. de M. Eysenbach).

22743. Confirmation, en faveur des habitants de Rouen, de l'exemption du domaine forain durant les foires de la Chandeleur et de la Pentecôte, exemption dont ils avaient été privés en vertu des lettres du 10 décembre précédent (n° 22710). Fontainebleau, 21 janvier 1543. 21 janvier.

Publiée à son de trompe par les carrefours et les quais de Rouen, le 9 février 1544 n. s.

Original scellé. Arch. comm. de Rouen, tiroir 9, n° 8.

[1] Le même ouvrage cite (*ibid.*) des lettres déclarant légale la prise par ledit Ango du navire flamand *Le Petit Coq d'Anvers* (enreg. au Parl. de Rouen, le 14 juin 1543).

[2] Louise de Lorraine, fille de Claude, duc de Guise, mariée à Charles de Croy, prince de Chimai, par contrat de février 1541 n. s.

Copie collat. du XVIe siècle. Bibl. de l'Arsenal, ms. 3895, fol. 81 v°. 3 pages. | 1544.

Copie collat. du XVIIIe siècle, signée de la Housse. Arch. comm. de Rouen, tiroir 93, n° 2. 5 pages 1/2.

22744. Provisions d'un office d'élu en l'élection d'Avranches en faveur d'Hervé de La Fresnaye, sur la résignation faite à son profit par Christophe de Ciresmes. Fontainebleau, 22 janvier 1543. — 22 janvier.

Vérifiées par les généraux des finances, le lendemain.

Enreg. à la Cour des Aides de Normandie, le 30 janvier 1544 n. s. Arch. de la Seine-Inférieure, Mémoriaux, 2e vol., fol. 359 v°. 2 pages.

22745. Déclaration de l'hommage rendu par Hector de La Chesnaye, au nom de Madeleine Scolin, sa femme, pour un sixième du moulin de Gombalain[1], au comté de Blois. 29 janvier 1543. — 29 janvier.

Anc. arch. de la Chambre des Comptes de Blois, lay. G. *Arch. nat.*, P. 1479, fol. 145. (*Mention.*)

22746. Lettres portant augmentation des gages de Jacques des Ortyes, écuyer, capitaine de la ville de Laon, de 200 livres tournois par an sur la recette des aides dudit lieu. 30 janvier 1543. — 30 janvier.

Enreg. à la Chambre des Comptes de Paris, anc. mém. 2 L, fol. 358 v°. *Arch. nat.*, PP. 119, p. 45. (*Mention.*)

Bibl. nat., ms. fr. 21405, p. 354. (*Mention.*)

22747. Lettres d'anoblissement, moyennant 400 écus, pour Marin Anfroy (*aliàs* Onfroy), seigneur de Saint-Laurent et de Véret, demeurant à Véret (vicomté de Bayeux). Fontainebleau, janvier 1543. — Janvier.

Enreg. à la Chambre des Comptes de Paris, le 16 décembre 1544, et à la Cour des Aides de Normandie, le 24 avril 1556. Arch. de la Seine-Inférieure, Mémoriaux, 4e vol., fol. 208 v°. 7 pages.

Bibl. de l'Arsenal, ms. 4939, fol. 131. (*Mention.*)

IMP. *Dict. des ennoblissements*... Paris, 1788, 2 vol. in-8°, t. I, p. 105. (*Mention.*)

(1) A Cour-Cheverny, sur le Conon. (P. 1479, fol. 141 v°.)

22748. Lettres d'anoblissement, moyennant 700 écus d'or soleil, pour Pierre et Alain dits Frollet, demeurant à la Vaquerie (vicomté de Bayeux). Fontainebleau, janvier 1543. — 1544. Janvier.

Enreg. à la Chambre des Comptes de Paris, le 17 juin suivant, et à la Cour des Aides de Normandie, le 18 avril 1556. Arch. de la Seine-Inférieure, Mémoriaux, 4e vol., fol. 186 v°. 5 pages 1/2.

22749. Lettres de mainlevée données en faveur d'Oudart Hennequin, contrôleur général des finances en la généralité d'Outre-Seine, fils de feu Michel Hennequin, marchand de Troyes, et décharge de toutes poursuites qui pourraient être exercées contre lui pour raison du trafic du sel fait par son père. Janvier 1543. — Janvier.

Enreg. à la Chambre des Comptes de Paris, anc. mém. 2 L, fol. 280 v°. *Arch. nat.,* PP. 119, p. 35. (*Mention.*)

Bibl. nat., ms. fr. 21405, p. 353. (*Mention.*)

22750. Lettres portant ordre aux autorités militaires de faire respecter la neutralité octroyée par le roi au duc de Lorraine. Fontainebleau, 3 février 1543. — 3 février.

Vidimus sous le sceau de la prévôté de Sainte-Menehould, en date du 5 février suivant. Anc. Trésor des Chartes de Lorraine, lay. Neutralités, n° 9. *Bibl. nat.,* coll. de Lorraine, vol. 232, fol. 10.

Autres copies, id. ibid., vol. 253, fol. 6, et vol. 469[1], fol. 191.

22751. Confirmation, nonobstant l'édit de novembre 1542 (n° 12815), du privilège accordé par le roi Philippe VI aux chapelains de la chapelle royale du Gué-de-Mauny, dans le Maine, d'avoir la garde des sceaux du Mans et de Bourgneuf et de nommer les notaires et tabellions auxdits lieux. Fontainebleau, 10 février 1543[(1)]. — 10 février.

Copie collationnée du XVIII*e siècle. Arch. nat.,* K. 186, n° 147.

(1) La copie porte la date 1541, que contredisent l'indication de la 30e année du règne, l'indication de lieu et la mention de l'édit sur les notaires.

22752. Lettres portant cession au duc d'Estouteville, comte de Saint-Pol, des actions que le roi possédait contre les maîtres bouchers jurés de la grande boucherie de Paris et autres, « pretendans les esta[ulx d'ice]lle estre hereditaulx », pour le payement des amendes auxquelles ils ont été condamnés par arrêt du Parlement du 30 août 1524. Fontainebleau, 18 février 1543. — 1544. 18 février.

Original. Bibl. de l'Arsenal, à Paris, ms. 6937, p. 17.

22753. Mandement au bailli d'Auxois de procéder à la répartition, entre les villes closes de son bailliage, de la somme de 1,200 livres tournois, montant de leur cotisation pour le payement à effectuer, par toutes les villes closes du royaume, de la solde de cinquante mille fantassins pendant quatre mois, à raison de 6,000 livres par mois et par bande de mille hommes. Paris, 22 février 1543. — 22 février.

Copie authentique. Arch. communales d'Avallon (Yonne), EE. 34, n° 1.

22754. Provisions, en faveur de Jean Le Maistre, de l'office nouvellement créé d'élu au siège particulier de la prévôté de Chaumont et de l'accroissement de Magny (élection de Gisors). Paris, 23 février 1543. — 23 février.

Vérifiées par les généraux des finances, le 5 mars 1544 n. s.

Enreg. le 6, à la Cour des Aides de Normandie. Arch. de la Seine-Inférieure, Mémoriaux, 2ᵉ vol., fol. 376. 2 pages 1/2.

22755. Provisions de l'office de notaire royal en la sénéchaussée de Lyon pour Barthélemy Bruyas, en remplacement de feu Étienne Paparin. Paris, 24 février 1543. — 24 février.

Copie du XVIᵉ siècle. Arch. du Rhône, reg. des insinuations de la sénéchaussée, Livre du roi, fol. 81 v°.

22756. Déclaration de l'hommage fait entre les mains de François Errault, seigneur de Chemans, garde des sceaux, par Étienne de Piel, écuyer, — 24 février.

pour la seigneurie de la Rivière, à Amécourt et Fourges (bailliage de Gisors), dans le Vexin normand, à lui cédée par bail à rente par l'abbaye de Saint-Germain-des-Prés. Paris, 24 février 1543. 1544.

Deux expéditions originales. Arch. nat., P. 274², cotes 6308 et 6308 *bis*.

22757. Lettres d'anoblissement, moyennant 400 écus, pour Nicolas Du Perron, de Dieppe. Fontainebleau, février 1543. Février.

Enreg. à la Chambre des Comptes de Rouen, le 27 février, et à la Cour des Aides de Normandie, le 28 mars 1544 n. s. Arch. de la Seine-Inférieure, Mémoriaux, 2ᵉ vol., fol. 386 (1).

Bibl. de l'Arsenal, ms. 4939, fol. 130 v°. (*Mention.*)

IMP. *Dict. des ennoblissements*... Paris, 1788, 2 vol. in-8°, t. I, p. 108. (*Mention.*)

22758. Lettres d'anoblissement, moyennant 400 écus d'or soleil et à la charge de payer aux habitants de Saint-Victor-la-Campagne une rente annuelle de 15 livres, pour Jean Le Fèvre, seigneur de Bautot. Fontainebleau, février 1543. Février.

Enreg. à la Chambre des Comptes de Rouen, le 24, et à la Cour des Aides de Normandie, le 28 mars 1544. Arch. de la Seine-Inférieure, Mémoriaux, 2ᵉ vol., fol. 382 v°. 5 pages.

22759. Lettres d'anoblissement, moyennant 400 écus d'or soleil, pour Blaise, fils de Godefroy Loubert, seigneur de Martainville, Neuilly et Longuehaye, demeurant à Pacy (élection d'Évreux). Fontainebleau, février 1543. Février.

Enreg. à la Chambre des Comptes de Rouen, le 16 février 1544 n. s., et à la Cour des Aides de Normandie, le 11 juillet suivant. Arch. de la Seine-Inférieure, Mémoriaux, 2ᵉ vol., fol. 428 v°. 9 pages.

22760. Lettres d'anoblissement, moyennant 400 écus d'or soleil, pour Richard Rigoult, demeurant Février.

(1) Le feuillet 385, qui contenait le commencement de cet acte, a été lacéré, ce qui ne permet pas de développer davantage l'analyse.

à Grainville-la-Louvet (bailliage de Caux). Fontainebleau, février 1543. 1544.

Enreg. à la Cour des Aides de Normandie, le 5 février 1544 n. s. Arch. de la Seine-Inférieure, Mémoriaux, 2e vol., fol. 370 v°. 5 pages.

22761. Lettres d'anoblissement pour Alain Du Follet. Fontainebleau, février 1543. Février.

Autres, de même date, pour Pierre Du Follet, son frère.

Enreg. à la Chambre des Comptes de Paris, le 17 juillet 1544. Bibl. de l'Arsenal, ms. 4939, fol. 70 v° et 125. (*Mentions.*)

Imp. *Dict. des ennoblissements...* Paris, 1788, 2 vol. in-8°, t. I, p. 70. (*Mentions.*)

22762. Ordonnance touchant le droit d'aubaine, dans le Milanais. Paris, février 1543. Février.

Enreg. au Parlement de Piémont, le 9 juillet 1544, et à la Chambre des Comptes, le 13 juillet 1544.

Traduction italienne du XVIe siècle. Modène, Arch. di Stato, Cancellaria ducale, documenti di Stati esteri.

22763. Édit de suppression de six offices de conseillers créés au bailliage de Caen. Février 1543. Février.

Enreg. au Parl. de Rouen, le 4 mars 1544 n. s. Bibl. de Rouen, ms. E. 57, fol. 8. (*Mention.*)

22764. Provisions pour Jean de Maupin, naguère maïeur d'Abbeville, de l'office de contrôleur du domaine et des aides, traites et équivalents de la sénéchaussée de Ponthieu. 1er mars 1543. 1er mars.

Enreg. à la Chambre des Comptes de Paris, anc. mém. 2 L, fol. 361. *Arch. nat.*, PP. 119, p. 46. (*Mention.*)

Bibl. nat., ms. fr. 21405, p. 354. (*Mention.*)

22765. Lettres défendant : 1° pendant dix ans, d'imiter les caractères grecs que le roi a fait fondre; 2° pendant cinq ans, de publier les ouvrages grecs imprimés par Robert Estienne. Paris, 3 mars 1543. 3 mars.

Enreg. au Châtelet de Paris, Bannières IV (reg. en déficit), fol. 89. *Bibl. nat.*, nouv. acquisitions fr., ms. 3651, p. 725. (*Mention.*)

22766. Lettres de don au roi de Navarre des biens confisqués d'Étienne de Laval, dit Le Filleul, et de plusieurs autres faux monnayeurs. 4 mars 1543. 1544. 4 mars.

Enreg. à la Chambre des Comptes de Paris, anc. mém. 2 L, fol. 372. *Arch. nat.*, PP. 119, p. 48. (*Mention.*)

Bibl. de Rouen, ms. Leber 5870, t. XV, fol. 81. (*Mention.*)

22767. Provisions, en faveur d'Étienne Gouhier, de l'office nouvellement créé d'élu ausiège particulier de Domfront (élection d'Alençon). Paris, 6 mars 1543. 6 mars.

Vérifiées le lendemain par les généraux des finances. Enreg. le 8, à la Cour des Aides de Normandie. Arch. de la Seine-Inférieure, Mémoriaux, 2e vol., fol. 378, 2 pages 1/2.

22768. Lettres ordonnant de faire commandement aux greffiers du Parlement de Toulouse et de la Cour des Aides de Montpellier de délivrer aux consuls et habitants de la cité de Rodez les lettres, titres, pièces, etc. qui peuvent leur servir dans le procès qu'ils ont avec le syndic du chapitre cathédral de Rodez, au sujet de la contribution des tailles. Paris, 8 mars 1543. 8 mars.

Original. Arch. de la ville de Rodez, fonds de la cité, FF. 16.

22769. Lettres d'anoblissement accordées à Thibaut, Roland et Jean, fils de Michel Le Mercier, demeurant à Avranches, le premier élu en l'élection d'Avranches, en récompense des services rendus par Pierre Le Mercier, leur aïeul, aux rois Charles VII et Louis XI, notamment sous Tanneguy du Châtel. Paris, 10 mars 1543. 10 mars.

Enreg. à la Chambre des Comptes de Rouen, le 8 avril 1544 n. s., et à la Cour des Aides de Normandie. Arch. de la Seine-Inférieure, Mémoriaux, 2e vol., fol. 514 v°. 2 pages 1/2.

22770. Lettres portant octroi pour six ans aux habitants de Châteaudun, Saint-Avit, Jallans et la 12 mars.

Chapelle-du-Noyer, de l'impôt du dixième sur chaque pinte de vin vendu au détail dans leurs paroisses, à l'effet de subvenir aux frais d'entretien des fortifications de la ville de Châteaudun. Paris, 12 mars 1543. 1544.

Copie collationnée du 23 avril 1750. Arch. nat., K. 178, n° 103.

22771. Provisions pour Guillaume Lymandas, licencié ès lois, de l'office de conseiller en la sénéchaussée de Lyon. Paris, 12 mars 1543. 12 mars.

Copie du XVIe siècle. Arch. du Rhône, reg. des insinuations de la sénéchaussée, Livre du roi, fol. 101 v°.

22772. Confirmation du don octroyé à Adrien de Pisseleu, s[r] de Heilly, écuyer d'écurie du roi et capitaine de cinquante hommes d'armes des ordonnances, de l'office de gouverneur, capitaine et bailli des ville, place et château de Hesdin. 14 mars 1543. 14 mars.

Enreg. à la Chambre des Comptes de Paris, anc. mém. 2 L, fol. 393 v°. *Arch. nat.*, PP. 119, p. 52. (*Mention.*)
Bibl. nat., ms. fr. 21405, p. 354. (*Mention.*)

22773. Lettres portant que les officiers du Parlement de Toulouse seront payés de leurs gages et pensions sur les deniers qui proviendront des amendes. Saint-Germain-en-Laye, 18 mars 1543. 18 mars.

Enreg. au Parl. de Toulouse, le 30 avril 1544. Arch. de la Haute-Garonne, Édits, reg. 5, fol. 92. 1 page 3/4.

22774. Provisions, en faveur de Nicole Thierrée, de l'office nouvellement créé d'élu au siège particulier de Gournay (élection de Gisors). Montfort-l'Amaury, 23 mars 1543. 23 mars.

Enreg. à la Cour des Aides de Normandie, le 28 mars 1544 n. s. Arch. de la Seine-Inférieure, Mémoriaux, 2e vol., fol. 390 v°. 2 pages 1/3.

22775. Lettres relatives à une imposition de 60,000 livres sur les villes closes du duché de Bre- 25 mars.

tagne, pour l'entretien des gens de guerre. Anet, 25 mars 1543. 1544.

Enreg. aux Grands jours ou Parlement de Bretagne. Arch. d'Ille-et-Vilaine, B. 1 (anc. B. 224), fol. 160 v°.

22776. Provisions en faveur de Jacques Louvet, garde des sceaux de la vicomté de Carentan et contregarde de la Monnaie de Saint-Lô, de l'office nouvellement créé d'élu au siège particulier de Saint-Lô (élection de Coutances). Anet, 26 mars 1543. 26 mars.

Vérifiées le 30 avril 1544, par les généraux des finances.

Enreg. à la Cour des Aides de Normandie, le 2 mai 1544. Arch. de la Seine-Inférieure, Mémoriaux, 2e vol., fol. 410 v°, 2 pages 1/2.

22777. Provisions de l'office de contrôleur de l'élection nouvellement créée à Chaumont et Magny en Vexin, en faveur de Nicolas Le Clerc. Anet, 26 mars 1543. 26 mars.

Vérifiées par les généraux des finances, le 4 avril 1544 n. s.

Enreg. à la Cour des Aides de Normandie, le 16 novembre 1549. Arch. de la Seine-Inférieure, Mémoriaux, 3e vol., fol. 146. 4 pages.

22778. Commission à Anne Gédoin, veuve de Jean Breton, seigneur de Villandry, pour faire les devis et marchés des bâtiments de Chambord, de concert avec le contrôleur desdits bâtiments et le maître-maçon Jacob Coquereau. Anet, 27 mars 1543. 27 mars.

Imp. André Félibien, *Mémoires pour servir à l'histoire des maisons royales.* Paris, 1874, in-8°, p. 31. (*Mention.*)

22779. Lettres de don à Giovanni Caraccioli, prince de Melphe, grand sénéchal de Naples, de la vicomté de Martigues et de la baronnie de Berre, en Provence, et de la seigneurie de Châteauneuf, près d'Orléans, pour le dédommager de la perte de sa principauté dans les guerres d'Italie. Évreux, 30 mars 1543. 30 mars.

Imp. *Catalogue de lettres autographes.* Vente du 31 janvier 1884, par Eugène Charavay, n° 96. (*Mention.*)

22780. Lettres portant règlement pour la manière dont se doivent conduire tous ceux qui sont sujets au ban et à l'arrière-ban. Évreux, 31 mars 1543. — 1544. 31 mars.

Arch. municipales de Troyes (Aube), 2e boîte, 11e liasse.

22781. Déclaration confirmative des privilèges de la ville du Hâvre, nonobstant ceux concédés aux autres villes de Normandie. Paris, mars 1543. — Mars.

Enreg. à la Cour des Aides de Normandie. Arch. de la Seine-Inférieure, Mémoriaux, 3e vol., fol. 92. 6 pages.

22782. Lettres supprimant l'office de receveur des deniers communs de la ville du Hâvre-de-Grâce, moyennant le remboursement par les habitants au sr Delaporte de ses frais d'acquisition dudit office. Paris, mars 1543. — Mars.

Original. Arch. de la ville du Havre (Seine-Inférieure).

22783. Lettres permettant aux habitants de Cussy-les-Forges, au bailliage d'Auxois, de se clore de murs, et autorisant l'établissement audit lieu de quatre foires annuelles et d'un marché hebdomadaire. Paris, mars 1543. — Mars.

Copie du XVIIIe siècle. Arch. comm. d'Avallon (Yonne), HH. 17, n° 2.

22784. Lettres portant autorisation à Étienne Charlet, conseiller au Parlement de Paris, de faire construire un pont-levis sur les fossés de sa maison de Tourvoye, près Bourg-la-Reine. Paris, mars 1543. — Mars.

Enreg. au Châtelet de Paris, Bannières IV (reg. en déficit), fol. 116. *Bibl. nat.*, nouv. acquisitions fr., ms. 3651, p. 736. (*Mention.*)

22785. Lettres portant don perpétuel à Marie de Montchenu, demoiselle de Massy, dame de la maison de la reine, de la moitié de la seigneurie de Gandelu, précédemment acquise par le roi, par l'entremise de feu Guillaume Prudhomme, de [Philippe Chabot], comte de Bu- — Mars.

zançais, amiral de France, moyennant la somme de 20,000 livres tournois. Paris, mars 1543. 1544.

Vérifiées par la Chambre des Comptes de Paris, le 19, et par les trésoriers de France, le 22 mars 1544 n. s.

Imp. *Annales de la Société archéologique de Château-Thierry (Aisne)*, année 1869, p. 53.

22786. Lettres de légitimation accordées à Claude Montaignac. Paris, mars 1543. Mars.

Copie du XVIe siècle. Arch. du Rhône, reg. des insinuations de la sénéchaussée, Livre du roi, fol. 89 v°.

22787. Lettres de don à Françoise de Longwy, veuve de Philippe Chabot, comte de Buzançais, amiral de France, de trois maisons à Paris, qui furent au général Morelet du Museau, l'une dite l'hôtel de Savoisy, rue du Roi-de-Sicile, les deux autres rue des Juifs et rue Saint-Antoine. Mars 1543. Mars.

Enreg. à la Chambre des Comptes de Paris, anc. mém. 2 N, fol. 78. *Arch. nat.*, PP. 119, p. 12. (*Mention.*)

Bibl. de Rouen, ms. Leber 5870, t. XIV, fol. 68. (*Mention.*)

22788. Lettres d'anoblissement, moyennant 400 écus d'or soleil, pour Guillaume Canivet, demeurant à Englesqueville (bailliage de Caen, vicomté de Bayeux). Évreux, mars 1543. Mars.

Enreg. à la Chambre des Comptes, le 4 septembre 1544, et à la Cour des Aides de Normandie, le 15 mai 1556. Arch. de la Seine-Inférieure, Mémoriaux, 4e vol., fol. 214 v°. 4 pages.

Bibl. de l'Arsenal à Paris, ms. 4939, fol. 131 v°. (*Mention.*)

22789. Lettres d'anoblissement pour Jean Roullan, dit Le Mercier, d'Avranches. Mars 1543. Mars.

Enreg. à la Chambre des Comptes de Paris, en avril 1545. Bibl. de l'Arsenal, ms. 4939, fol. 125 v°. (*Mention.*)

Imp. *Dict. des ennoblissements*... Paris, 1788, 2 vol. in-8°, t. I, p. 120. (*Mention*, sous la date du 6 mars.)

22790. Lettres d'anoblissement pour Thibaut Roullan, Mars.

dit Le Mercier, d'Avranches, frère de Jean Roullan. Mars 1543. 1544.

Enreg. à la Chambre des Comptes de Paris, en avril 1545. Bibl. de l'Arsenal, ms. 4939, fol. 126. (*Mention.*)

Imp. *Dict. des ennoblissements*... Paris, 1788, 2 vol. in-8°, t. I, p. 120. (*Mention*, sous la date du 6 mars).

22791. Confirmation pour Jean Thignat de l'office de juge civil et criminel en la juridiction ordinaire de Lyon. Évreux, 2 avril 1543. 2 avril.

Copie du XVIe siècle. Arch. du Rhône, reg. des insinuations de la sénéchaussée, Livre du roi, fol. 83.

22792. Lettres attribuant au Grand conseil la connaissance des procès soutenus par Pierre et Guillaume Guirail. 2 avril 1543. 2 avril.

Mention dans un arrêt du Grand conseil, en date du 19 août 1546. Arch. nat., V5 1052.

22793. Lettres portant pouvoirs pour le cardinal de Ferrare, nommé ambassadeur du roi auprès de la Ligue composée du pape, de la république de Venise et du duc de Ferrare. Conches, 5 avril 1543. 5 avril.

Original (2 expéditions). Modène, Arch. di Stato, Archivio ducale secreto, Stato.

22794. Mandement à la Chambre des Comptes de Rouen de procéder à la vérification des lettres de noblesse des enfants de Michel Le Mercier, du 10 mars 1544 n. s. (n° 22769), moyennant le payement par eux de 600 écus d'or soleil au trésor, et d'une rente de 4 livres 15 sous à la paroisse de leur domicile. Conches, 5 avril 1543. 5 avril.

Vérifié à ladite Chambre, le 8 du même mois. Arch. de la Seine-Inférieure, Mémoriaux de la Cour des Aides de Normandie, 2e vol., fol. 515 v°. (*Mention.*)

22795. Lettres de convocation des consuls d'Alais pour les États de Languedoc, qui se tiendront à Béziers le 1er juin prochain. Le Bec-Hellouin, 9 avril 1543. 9 avril.

Original. Arch. municipales d'Alais (Gard), liasse 3, n° 26.

22796. Lettres portant révocation de celles obtenues par Artus Berthier, pour enquêter en la vierie (mairie) d'Autun. Le Bec-Hellouin, 9 avril 1543. — 1544. 9 avril.

Copie. Arch. de la ville d'Autun, Livre noir (cartulaire municipal), fol. 116.

22797. Lettres portant création et provisions de l'office de lieutenant du maître enquêteur des Eaux et forêts aux pays d'Île-de-France, Brie et Champagne, en faveur de Nicole de Carbonnais, avocat au Parlement de Paris. Abbaye du Bec, 9 avril 1543. — 9 avril.

Enreg. aux Eaux et forêts, le 28 avril 1544. Arch. nat., Z^{1e} 1, fol. 1 v°. 1 page.

22798. Provisions en faveur de Gilles Le Jeune, vicomte de Gaillefontaine, au duché de Longueville, de l'office nouvellement créé d'élu en chef au siège particulier de Neufchâtel-en-Bray (élection d'Arques). Brionne, 10 avril 1543. — 10 avril.

Enreg. le 21, à la Cour des Aides de Normandie. Arch. de la Seine-Inférieure, Mémoriaux, 2e vol., fol. 395. 2 pages.

22799. Lettres ordonnant que les procès seront vidés en la manière accoutumée, et non par commissaires. Le Bec-Hellouin, 11 avril 1543. — 11 avril.

Copie. Arch. de la ville d'Autun, Livre noir (cartulaire municipal), fol. 117.

22800. Lettres portant ratification des statuts des drapiers d'or et de soie des ville et bailliage de Rouen. Conches, avril 1543. — Avril.

Copie collat. du 12 janvier 1545 n. s., signée Fautret. Cartulaire de ladite corporation, fol. 16 v°. 2 pages 1/2.
Arch. comm. de Rouen, tiroir 297, n° 2.

22801. Lettres portant que les villes closes du bailliage de Troyes seront déchargées de la somme de 3,600 livres, montant des cotisations des villes de Nogent et Pont-sur-Seine; lesdites villes ayant été distraites du bailliage de Troyes, cette somme doit être diminuée — 18 avril.

sur la taxe imposée audit bailliage pour la solde et entretien de cinquante mille hommes de pied. Montfort[-sur-Risle], 18 avril 1544. 1544.

Original. Arch. municipales de Troyes (Aube), 63e boîte, 1re liasse.

22802. Lettres portant commission à Claude Genton, sr des Brosses, prévôt des maréchaux en la ville, vicomté et élection de Paris, de résider à la suite de la cour, sans diminution des autres droits de son office. 18 avril 1544. 18 avril.

Enreg. à la Chambre des Comptes de Paris, anc. mém. 2 M, fol. 7 v°. *Arch. nat.*, PP. 119, p. 1. (*Mention.*)

Bibl. nat., ms. fr. 21405, p. 355. (*Mention.*)

22803. Lettres de relief d'adresse pour l'enregistrement au Parlement de Rouen et à la Cour des Aides de Normandie, des lettres du 16 avril précédent (n° 13793). Grestain, 20 avril 1544. 20 avril.

Enreg. le surlendemain à ladite Cour des Aides. Arch. de la Seine-Inférieure, Mémoriaux, 2e vol., fol. 402. 1/2 page.

22804. Lettres concernant l'office de contrôleur du domaine. Vatteville, 23 avril 1544. 23 avril.

Copie. Arch. municipales de Troyes, BB. v, 18e carton, 4e liasse.

22805. Confirmation du don de la terre de Montrichard, fait à Jacques de Genouilhac, dit Galyot, grand écuyer de France, maître de l'artillerie. 26 avril 1544. 26 avril.

Enreg. à la Chambre des Comptes de Paris, anc. mém. 2 M, fol. 23. *Arch. nat.*, PP. 119, p. 2. (*Mention.*)

Bibl. nat., ms. fr. 21405, p. 355. (*Mention.*)

22806. Provisions, en faveur de Pierre Jombault, de l'office nouvellement créé de procureur du roi près le grenier à sel de Pont-Audemer. Rouen, 28 avril 1544. 28 avril.

Enreg. à la Cour des Aides de Normandie, le 17 juillet 1544. Arch. de la Seine-Inférieure, Mémoriaux, 2e vol., fol. 463. 2 pages.

22807. Commission au bailli de Vienne, donnée à la requête de François Le Comte, natif de Normandie, fils de feu Denis Le Comte, natif du Dauphiné, pour informer s'il est vrai que la seigneurie de Serrières, en Dauphiné, ait appartenu à la famille Le Comte, et que des membres de cette famille soient allés s'établir en Normandie. Rouen, 29 avril 1544. — 1544. 29 avril.

Enreg. à la Cour des Aides de Normandie. Arch. de la Seine-Inférieure, Mémoriaux, 2e vol., fol. 425 v°. 2 pages.

22808. Lettres rectifiant l'erreur commise dans les lettres d'anoblissement de Renaud Hébert, du mois de décembre 1543 (n° 22730), où il est dit que la paroisse de Biéville, située en réalité dans la vicomté de Bayeux, appartenait à celle de Coutances. Rouen, 29 avril 1544. — 29 avril.

Enreg. à la Cour des Aides de Normandie, le 18 avril 1556. Arch. de la Seine-Inférieure, Mémoriaux, 4e vol., fol. 186. 1 page.

22809. Lettres confirmant Thomas Prudhomme en l'office de contregarde de la Monnaie de Romans. Rouen, 29 avril 1544. — 29 avril.

Enreg. à la Chambre des Comptes de Grenoble. Arch. de l'Isère, B. 2374. 8 pages 1/2.

22810. Édit de suppression de la Chambre des Comptes de Rouen. Le Bec-Hellouin, avril 1544. — Avril.

Enreg. au Parl. de Rouen.

Copie collat. du XVIIe siècle. Bibl. de Rouen, ms. Y. 33, t. I, fol. 19. 3 pages.

22811. Confirmation du don fait par la reine Claude à Jean Poiffille, sommelier ordinaire de la paneterie du roi, d'une pièce de terre sise au buisson de Russy, dans la paroisse de Cellettes. Le Bec-Hellouin, avril 1544. — Avril.

Enreg. à la Chambre des Comptes de Blois, le 8 mai suivant. Arch. nat., KK. 898, fol. 3 v°.

22812. Lettres d'anoblissement, moyennant 300 écus d'or soleil, pour Philippe Le Fillastre, demeurant à Saint-Christophe (diocèse de Coutances). Vatteville, avril 1544. — Avril.

Enreg. à la Chambre des Comptes, le 28 mai sui-

vant, et à la Cour des Aides de Normandie, le 4 mars 1556 n. s. Arch. de la Seine-Inférieure, Mémoriaux, 4ᵉ vol., fol. 166. 4 pages. 1544.

22813. Lettres d'anoblissement, moyennant 350 écus d'or soleil, pour Jacques, fils de Thomassin Baudouin, seigneur de la Quesne, au Bois-Héroult, vicomte de la Ferté-en-Bray pour le duc de Longueville, demeurant à Nolleval (élection de Gisors). Rouen, avril 1544. Avril.

Enreg. à la Chambre des Comptes le 19, et à la Cour des Aides de Normandie, le 27 mai 1544. Arch. de la Seine-Inférieure, Mémoriaux, 2ᵉ vol., fol. 415 vᵒ. 6 pages.

22814. Déclaration de l'hommage, fait par procureur, pour cause de maladie, entre les mains de M. de Chemans, président au Parlement de Turin, garde des sceaux, de Louis d'Aussonvilliers pour la baronnie de Courcy (bailliage de Caen, vicomté et châtellenie de Falaise). Gaillon, 2 mai 1544. 2 mai.

Expéd. orig. Arch. nat., P. 273¹, cote 5692.

22815. Déclaration de foi et hommage de François d'Orléans, marquis de Rothelin, pour la seigneurie de Château-Chinon, mouvant de Saint-Pierre-le-Moutier. Vernon, 2 mai 1544. 2 mai.

Original. Arch. nat., Chambre des Comptes de Paris, P. 14, nᵒ 4985.

22816. Lettres portant cession à Adrien de Pisseleu, sʳ d'Heilly, gouverneur, capitaine et bailli de Hesdin, de tout le revenu du domaine dudit lieu. 5 mai 1544. 5 mai.

Enreg. à la Chambre des Comptes de Paris, anc. mém. 2 M, fol. 36. *Arch. nat.*, PP. 119, p. 4. (*Mention.*)

Bibl. nat., ms. fr. 21405, p. 356. (*Mention.*)

22817. Lettres de jussion pour l'enregistrement du don d'une pension annuelle de 2,400 livres octroyée à Jean d'Estouteville, sʳ de Villebon, gouverneur de la ville de Thérouanne et bailli de Rouen. 5 mai 1544. 5 mai.

Enreg. à la Chambre des Comptes de Paris, anc.

mém. 2 M., fol. 36 v°. *Arch. nat.*, PP. 119, p. 4. (*Mention.*) 1544.

Bibl. nat., ms. fr. 21405, p. 356. (*Mention.*)

22818. Lettres d'anoblissement, moyennant 350 écus d'or soleil, pour Thomas, fils de Guillaume Le Prévost, demeurant au Mesnil-Mauger (vicomté et élection de Falaise). Saint-Germain-en-Laye, 7 mai 1544. 7 mai.

Enreg. le 24 à la Chambre des Comptes, sous certaines réserves.

Enreg. à la Cour des Aides de Normandie, le 7 janvier 1545 n. s. Arch. de la Seine-Inférieure, Mémoriaux, 2e vol., fol. 492. 3 pages.

Bibl. de l'Arsenal, ms. 4939, fol. 75 et 117 v°. (*Mentions, à la date de 1534.*)

22819. Lettres d'anoblissement, moyennant 700 écus d'or soleil, pour Jean et Pierre, fils de Robert du Monchel, le premier monnayeur, le second ouvrier à la Monnaie de Rouen. Saint-Germain-en-Laye, 9 mai 1544. 9 mai.

Enreg. à la Chambre des Comptes de Paris, le 19 mai, et à la Cour des Aides de Normandie, le 24 octobre 1544. Arch. de la Seine-Inférieure, Mémoriaux, 2e vol., fol. 484 v°. 3 pages 1/2.

22820. Mandement à la Chambre des Comptes de Dijon d'autoriser les habitants d'Avallon, après enquête établissant que leur ville ne possède pas de deniers patrimoniaux, à se servir de leurs deniers communs pour le logement des gens de guerre en garnison audit lieu et à la construction d'un Hôtel-Dieu. Saint-Germain-en-Laye, 13 mai 1544. 13 mai.

Original. Arch. comm. d'Avallon, CC. 40, n° 3.

22821. Provisions de l'office de lieutenant particulier civil et criminel au Châtelet de Paris, en faveur de Martin de Bragelongne, licencié ès lois. Saint-Germain-en-Laye, 14 mai 1544. 14 mai.

Enreg. au Châtelet de Paris, Bannières IV (reg. en déficit), fol. 94. *Bibl. nat.*, nouv. acquisitions fr., ms. 3651, p. 727. (*Mention.*)

22822. Lettres confirmant, en faveur de l'abbaye de Notre-Dame-la-Royale, dite de Maubuisson, 17 mai.

le don de trente muids d'avoine à la mesure de Paris, porté dans l'acte de leur fondation par le roi saint Louis et la reine Blanche, sa mère, que les religieuses avaient accoutumé de prendre, chaque année, sur le domaine de Valois, à la recette de Crépy-en-Valois et par les mains du receveur des grains à Crépy. Saint-Germain-en-Laye, 17 mai 1544. — 1544.

Original scellé. Arch. de Seine-et-Oise, série H, fonds de Maubuisson, 42ᵉ carton.

Enreg. à la Chambre des Comptes de Paris, le 9 décembre 1740.

Vidimus du 4 juin suivant. Arch. nat., R⁴ 84.

Copie collat. du XVIIIᵉ siècle. Arch. nat., K. 191, n° 199.

22823. Lettres de règlement touchant le remplacement de ceux qui ne peuvent se rendre au ban et à l'arrière-ban. Saint-Germain-en-Laye, 19 mai 1544. — 19 mai.

Enreg. au Châtelet de Paris, Bannières IV (reg. en déficit), fol. 131. *Bibl. nat.*, nouv. acquisitions fr., ms. 3651, p. 731. (*Mention.*)

22824. Don à la duchesse d'Étampes des biens de feu l'évêque de Béziers, 22 mai 1544. — 22 mai.

Bibl. de Rouen, ms. Leber 5870, t. XIV, fol. 67. (*Mention*, d'après les *Mémoriaux de la Chambre des Comptes de Paris.*)

22825. Déclaration ordonnant le versement aux receveurs des finances des sommes déposées aux greffes. 25 mai 1544. — 25 mai.

Bibl. de Rouen, ms. E. 57, fol. 9. (*Mention*, d'après les *Arch. du Parl. de Rouen.*)

22826. Lettres prescrivant des mesures pour la garde et sûreté des villes de Méry-sur-Seine et de Troyes. Saint-Germain-en-Laye, 27 mai 1544. — 27 mai.

Vidimus. Arch. municipales de Troyes, AA. IX, 9ᵉ carton, 3ᵉ liasse.

22827. Commission à [Louis], seigneur de Rabodanges, valet tranchant ordinaire du roi, pour pourvoir à la fortification des villes de Beauvais — 27 mai.

et de Gisors. Saint-Germain-en-Laye, 27 mai 1544. 1544.

Présentée au conseil de ville de Beauvais, le 29 mai 1544. Arch. comm. de Beauvais, BB. 15, fol. 98 v°. 2 pages.

22828. Lettres ordonnant que les prisonniers condamnés à des peines afflictives par le conseil des maire et échevins de Bayonne seront conduits à la juridiction d'appel aux frais du domaine du roi. Paris, 29 mai 1544. 29 mai.

Original. Arch. de la ville de Bayonne, AA. 15. (Cf. le n° 13881 du *Catalogue*).

22829. Commission touchant la levée de 60,000 livres sur les villes closes du duché de Bretagne, pour l'entretien des gens de guerre. Paris, 29 mai 1544. 29 mai.

Enreg. aux Grands jours ou Parlement de Bretagne. Arch. d'Ille-et-Vilaine, B. 1 (anc. B. 224), fol. 172 v°.

22830. Commission pour la levée de six décimes sur le clergé du diocèse de Bretagne. Paris, 29 mai 1544. 29 mai.

Enreg. aux Grands jours ou Parlement de Bretagne. Arch. d'Ille-et-Vilaine, B. 1 (anc. B. 224), fol. 174.

22831. Lettres permettant aux habitants de Fontenay-en-Brie de se clore de murs et de fossés. Saint-Germain-en-Laye, mai 1544. Mai.

Enreg. au Châtelet de Paris, Bannières IV (reg. en déficit), fol. 90. *Bibl. nat.*, nouv. acquisitions fr., ms. 3651, p. 726. (*Mention.*)

22832. Lettres permettant aux habitants de Sucy-en-Brie de se clore de murs et établissant une foire annuelle audit lieu, le 1er mai, à la condition qu'à cette date il n'y ait aucune foire à quatre lieues à la ronde. Saint-Germain-en-Laye, mai 1544. Mai.

Enreg. au Châtelet de Paris, Bannières IV (reg. en déficit), fol. 121. *Bibl. nat.*, nouv. acquisitions fr., ms. 3651, p. 730. (*Mention.*)

22833. Lettres d'anoblissement, moyennant 350 écus d'or soleil, pour Nicolas de Montailles, enquêteur en la vicomté d'Orbec, demeurant audit lieu, fils de feu Nicolas de Montailles, avocat en cour laie, et de Marguerite de La Mondière. Saint-Germain-en-Laye, mai 1544. | 1544. Mai.

Enreg. à la Chambre des Comptes le 26, et à la Cour des Aides de Normandie, le 29 mai 1544. Arch. de la Seine-Inférieure, Mémoriaux, 2e vol., fol. 419. 5 pages.

Bibl. de l'Arsenal, à Paris, ms. 4939, fol. 73. (*Mention*, sous la date de 1534.)

22834. Lettres d'anoblissement, moyennant 200 écus d'or soleil, pour Denis, fils de feu François du Valpontrel (*alias* Valpontel), seigneur du fief du Vivier, autrement dit Vaunoise, demeurant à Saint-Pierre de Gassay (élection de Lisieux). Saint-Germain-en-Laye, mai 1544. | Mai.

Enreg. à la Chambre des Comptes, le 28 mai, et à la Cour des Aides de Normandie, le 9 juin 1544. Arch. de la Seine-Inférieure, Mémoriaux, 2e vol., fol. 422. 6 pages.

Bibl. de l'Arsenal, à Paris, ms. 4939, fol. 132. (*Mention.*)

22835. Lettres portant nomination du duc de Nevers comme lieutenant général du roi en la ville de Châlons, « ayant advertissement que nos ennemys ont délibéré de la venir assaillir ». Paris, 1er juin 1544. | 1er juin.

Arch. départ. de la Nièvre, B. *Chambre des Comptes de Nevers* (no 69 de l'Invent. de M. Eysenbach).

22836. Commission au prévôt de Paris, conservateur des privilèges royaux de l'Université, pour examiner les réclamations présentées par Jean de Maubuisson, prieur des Bonshommes d'Aulnay, près Provins, étudiant en ladite Université, contre l'aliénation qu'un de ses prédécesseurs audit prieuré avait faite d'une pièce de terre sise à Mortery, lieu dit la Pillaude, et de faire droit auxdites réclamations | 1er juin.

au cas où elles seraient fondées. Paris, 1er juin 1544.[1] 1544.

Copie du XVIIe siècle. Arch. nat., LL. 1575, fol. 25 v°. 2 pages 1/2.

22837. Lettres de jussion pour l'enregistrement sans condition à la Chambre des Comptes des lettres d'anoblissement de Thomas Le Prévost, en date du 7 mai 1544 (n° 22818). Paris, 7 juin 1544. 7 juin.

Enreg. à la Cour des Aides de Normandie, le 7 janvier 1545 n. s. Arch. de la Seine-Inférieure, Mémoriaux, 2e vol., fol. 494. 1 page 1/2.

22838. Lettres de prorogation pour trois ans de l'exemption de tailles et subsides précédemment accordée aux habitants de Mézières, le 26 octobre 1540 (n° 22065). Paris, 11 juin 1544. 11 juin.

Vérifiées à la Chambre des Comptes de Paris, le 26 juillet 1544, et à l'élection de Rethélois, le 16 juillet 1545.

Original. Arch. comm. de Mézières (Ardennes), AA. 5.

22839. Déclaration qui exempte les officiers du Parlement [de Rouen] de contribuer à la cotisation de la Chambre des Comptes. 11 juin 1544. 11 juin.

Bibl. de Rouen, ms. E. 57, fol. 9. (*Mention*, d'après les *Arch. du Parl. de Rouen.*)

22840. Confirmation en faveur de François, duc de Lorraine, des lettres de neutralité accordées au feu duc Antoine, son père. Villeneuve-le-Comte, 16 juin 1544. 16 juin.

Exécutoire, de même date.

Originaux scellés. Anc. Trésor des Chartes de Lorraine, lay. Neutralités, nos 10 et 11. *Bibl. nat., coll. de Lorraine*, vol. 233, fol. 1 et 2.

Copie du temps. Bibl. nat., coll. de Lorraine, vol. 469[1], fol. 232. 1 page 1/2.

22841. Lettres de survivance de l'office d'auditeur au siège d'en haut du Châtelet de Paris, exercé 18 juin.

[1] Cette copie fort négligée donne la date du 1er juin 1543, 30e année du règne. La 30e année de François Ier est 1544.

par Claude Daniel, en faveur de Jean, son fils. Paris, 18 juin 1544. 1544.

Enreg. au Châtelet de Paris, Bannières IV (reg. en déficit), fol. 108. *Bibl. nat.*, nouv. acquisitions fr., ms. 3651, p. 729. (*Mention.*)

22842. Commission au bailli d'Amiens pour faire exécuter le jugement rendu en faveur des pauvres clercs du diocèse d'Amiens, représentés par Jean des Marquis, écolâtre du chapitre d'Amiens, contre Françoise de Luxembourg, en sa qualité d'héritière de Jean, baron d'Auxy-le-Château. Paris, 20 juin 1544. 20 juin.

Copie du XVIe siècle. Arch. impériales de Vienne (*Autriche*), Rep. P, a. 55.

22843. Déclaration de foi et hommage d'Olivier Du Vivier, comme procureur de Jean Sénéchal, licencié ès lois, avocat du roi au bailliage de Blois, pour plusieurs parties de la dîme des Servans, paroisse de Cour Cheverny, mouvant d'Amboise. Paris, 20 juin 1544. 20 juin.

Original. Arch. nat., Chambre des Comptes de Paris, P. 12, n° 3992.

22844. Déclaration de foi et hommage de Jean Jacquelot, prieur de Bernières, comme procureur d'Antoinette de Courtenay, pour la seigneurie de Courquetaine, mouvant de Brie-Comte-Robert. Paris, 21 juin 1544. 21 juin.

Original. Arch. nat., Chambre des Comptes de Paris, P. 3, n° 863.

22845. Ordonnance réglant en faveur de Charles, duc d'Orléans, les droits du grand chambrier et des maîtres visiteurs des merciers. Paris, juin 1544. Juin.

Enreg. à la Prévôté de Blois. Arch. départ. de Loir-et-Cher, reg. de la Prévôté, fol. 186 v°.

IMP. A. Bourgeois. *Les métiers de Blois*, in-8°, 1892.

22846. Lettres permettant aux habitants de Charly-sur-Marne de se clore de murs. Paris, juin 1544. Juin.

Enreg. au Châtelet de Paris, Bannières IV (reg.

en déficit), fol. 107. *Bibl. nat.*, nouv. acquisitions fr., ms. 3651, p. 728. (*Mention.*) 1544.

22847. Lettres de naturalité accordées à Laurent Strozzi, de Florence. Paris, juin 1544. Juin.

Copie du XVIe siècle. Arch. du Rhône, reg. des insinuations de la sénéchaussée, Livre du roi, fol. 85 v°.

22848. Lettres de naturalité accordées à Palla Strozzi, de Florence. [Paris, juin] 1544. Juin.

Copie du XVIe siècle. Arch. du Rhône, reg. des insinuations de la sénéchaussée, Livre du roi, fol. 85.

22849. Lettres de naturalité accordées à Robert Strozzi, de Florence. Paris, juin 1544. Juin.

Copie du XVIe siècle. Arch. du Rhône, reg. des insinuations de la sénéchaussée, Livre du roi, fol. 83.

22850. Lettres d'anoblissement pour Blaise Joubert, seigneur de Milly et de Montainville. Juin 1544. Juin.

Enreg. à la Chambre des Comptes de Paris, en 1544. Bibl. de l'Arsenal, ms. 4939, fol. 132 v°. (*Mention.*)

IMP. *Dict. des ennoblissements*... Paris, 1788, 2 vol. in-8°, t. I, p. 86. (*Mention*, sous la date du 12 juin.)

22851. Déclaration portant que les membres du chapitre cathédral de Rouen ne sont tenus de contribuer à la solde des cinquante mille fantassins qu'en raison de leurs biens roturiers situés dans les villes closes et leurs faubourgs. Paris, 1er juillet 1544. 1er juillet.

Original. Arch. de la Seine-Inférieure, G. 3682.

Copie du temps. Arch. de la Seine-Inférieure, G. 3700.

22852. Déclaration attribuant au bailli de Caux, commis aux travaux de fortification de Rouen, la fixation du montant de la contribution du chapitre cathédral dudit Rouen auxdits travaux. Paris, 1er juillet 1544. 1er juillet.

Original. Arch. de la Seine-Inférieure, G. 3699.

22853. Déclaration de l'hommage de Charles de Melun, seigneur de Normanville, pour la seigneurie 1er juillet.

de Caer (bailliage et vicomté d'Évreux), et la baronnie de Landres (même bailliage, vicomté de Beaumont-le-Roger). Paris, 1er juillet 1544. — 1544.

Expéd. orig. Arch. nat., P. 269², cote 3929.

22854. Mandement relatif à la perception des décimes du diocèse de Vannes, fixant pour l'avenir à 3,544 livres 18 sous 2 deniers tournois le chiffre de sa cotisation, suivant les rôles des années 1532 et 1533, vu la disparition du rôle de 1516, et réservant au conseil et à la chancellerie de Bretagne, à l'exclusion de toute autre juridiction, la connaissance des litiges relatifs à ladite perception. Paris, 2 juillet 1544. — 2 juillet.

Copie du XVIe siècle. Arch. du Morbihan, G. *Chapitre de Vannes.* (Clergé, décimes.)

22855. Lettres ratifiant la sécularisation de l'abbaye de Saint-Martial de Limoges et l'union de ses bénéfices, suivant le contenu de la bulle pontificale. 3 juillet 1544. — 3 juillet.

Arch. départ. de la Haute-Vienne, fonds Saint-Martial, répertoire n° 9470, p. 570. (*Mention.*)

22856. Mandement à la Cour des Aides de procéder à la vérification et à l'enregistrement des lettres de privilèges données, le mois précédent, aux habitants de Montreuil sous le bois de Vincennes. Saint-Maur-les-Fossés, 11 juillet 1544. — 11 juillet.

Copie du XVIe siècle. Arch. nat., J. 941, n° 8.

22857. Don à Pierre Secondat, général des finances en Guyenne, d'une somme de 4,000 livres tournois, montant d'une amende prononcée contre les deux Jean d'Armagnac, frères, dits « Camycans ». 11 juillet 1544. — 11 juillet.

Enreg. à la Chambre des Comptes de Paris, anc. mém. 2 M, fol. 165. *Arch. nat.*, PP. 119, p. 17. (*Mention.*)
Bibl. nat., ms. fr. 21405, p. 357. (*Mention.*)

22858. Lettres autorisant les habitants de Beauvais à répartir entre eux la somme de 6,000 livres — 15 juillet.

tournois nécessaire à la fourniture et à la livraison des cent muids de blé et des cinquante muids d'orge destinés à l'avitaillement de la ville de Boulogne-sur-Mer. Charentonneau, 15 juillet 1544. 1544.

Présentées au conseil de ville de Beauvais, le 25 août 1544. Arch. comm. de Beauvais, BB. 15, fol. 135 v°. 2 pages.

22859. Lettres portant restitution, en faveur de Benvenuto Cellini, d'une maison avec jardin, attenante au Petit Nesle et comprise dans le don qui lui avait été fait de cet hôtel par le roi, qui depuis avait été cédée, malgré son opposition, à un tuilier nommé Jean Le Roux. Saint-Maur-les-Fossés, 15 juillet 1544. 15 juillet.

IMP. A. de Montaiglon, *Lettres de François Ier en faveur de Benedict Clesze et de Benvenuto Cellini. Arch. de l'art. français*, 2e série, t. II, 1862, in-8°, p. 8. (*Mention.*)

22860. Commission à Nicole Le Comte et à Antoine Postel, conseillers au Parlement de Rouen, pour instruire, en s'adjoignant six autres conseillers, le procès criminel de Christophe de Saint-Pierre, seigneur de Lachy, dont le roi s'est réservé le jugement définitif. Saint-Maur-les-Fossés, 16 juillet 1544. 16 juillet.

Enreg. au Parl. de Rouen. Arch. de la Cour, à Rouen, reg. crim. de 1539-1558, fol. 25. 1 page 1/2.

22861. Provisions de l'office de capitaine de La Ferté-Alais, garde des sceaux de la châtellenie et maître des Eaux et forêts du lieu, en faveur de Guillaume de Beauseffant, au lieu de Guillaume de Marmos, décédé. Saint-Maur-les-Fossés, 18 juillet 1544. 18 juillet.

Enreg. aux Eaux et forêts, le 2 mars 1545 n. s. Arch. nat., Z1e 1, fol. 18. 1 page 1/2.

22862. Lettres d'exemption de péages et impositions pour les marchands qui portent des vivres aux armées de Picardie et de Champagne. Saint-Maur-les-Fossés, 19 juillet 1544. 19 juillet.

Enreg. au Châtelet de Paris, Bannières IV (reg. en déficit), fol. 123. *Bibl. nat.*, nouv. acquisitions fr., ms. 3651, p. 730. (*Mention.*)

22863. Déclaration de foi et hommage de Jean Guyot pour la prévôté de Limeray, mouvant d'Amboise. Saint-Maur-les-Fossés, 21 juillet 1544. — 1544. 21 juillet.

Original. Arch. nat., Chambre des Comptes de Paris, P. 12, n° 3993.

22864. Lettres d'évocation au Grand conseil d'un procès criminel intenté à Sancho de Mena, dit Angailo, marchand, demeurant à Toulouse, et à Vidal Ferveil (*aliàs* Verfueil), son serviteur. 22 juillet 1544. — 22 juillet.

Mention dans un arrêt du Grand conseil, en date du 10 juin 1546. Arch. nat., V[5] 1052.

22865. Commission à Nicolas Viole, seigneur de Noiseau-en-Brie, pour s'enquérir de la valeur des terrains nécessaires à la résidence royale d'Yerres, pour estimer le montant des indemnités à accorder aux expropriés, et pour dresser l'état des biens appartenant au roi dans les duché de Valois, comté de Brie-Comte-Robert, seigneurie de Dourdan et prévôté de Paris, sur lesquels pourront être prélevées lesdites indemnités. Saint-Maur-les-Fossés, 29 juillet 1544. — 29 juillet.

Enreg. au Châtelet de Paris, le 4 octobre 1544, Bannières IV (reg. en déficit), fol. 138. *Bibl. nat.*, nouv. acquisitions fr., ms. 3651, p. 732. (*Mention.*)

Transcription authentique du 13 décembre 1544. Arch. de Seine-et-Oise, série H, fonds d'Yerres, subdivision intitulée : Le Plessis, chap. I, art. 23.

22866. Commission pour saisir le temporel des bénéfices du diocèse de Paris, afin d'en contraindre les titulaires au payement des deux décimes que le roi fait lever sur les gens d'église du royaume. Saint-Prix, 31 juillet 1544. — 31 juillet.

Copie du XVIe siècle. Bibl. de l'Arsenal, à Paris, ms. 5752, fol. 39. 3 pages.

22867. Mandement à l'archevêque de Rouen de réclamer du clergé de son diocèse un don gratuit de 31,406 livres. Saint-Prix, 31 juillet 1544. — 31 juillet.

Copie collat. du temps. Arch. de la Seine-Inférieure, G. 5663, fol. 62. 2 pages.

IMPRIMERIE NATIONALE.

22868. Lettres d'anoblissement, moyennant 200 écus d'or soleil, pour Jean Gambier, seigneur du Saussay, demeurant à Savigny (vicomté de Coutances). Paris, juillet 1544. — 1544. Juillet.

Vérifiées à la Chambre des Comptes, le 12, et enreg. à la Cour des Aides de Normandie, le 14 juillet 1544. Arch. de la Seine-Inférieure, Mémoriaux, 2e vol., fol. 455. 5 pages.

22869. Lettres d'anoblissement, moyennant 100 écus, pour Jacques Le Coq, vicomte de Saint-Sauveur-Lendelin, demeurant audit lieu. Paris, juillet 1544. — Juillet.

Enreg. à la Chambre des Comptes, le 12, et à la Cour des Aides de Normandie, le 14 juillet 1544. Arch. de la Seine-Inférieure, Mémoriaux, 2e vol., fol. 457 v°. 2 pages.

Bibl. de l'Arsenal, à Paris, ms. 4939, fol. 122. (*Mention*, sous la date de 1534.)

22870. Lettres d'anoblissement, moyennant 150 écus d'or soleil, pour Georges Yvelin, seigneur du Valdécie, demeurant à Savigny (vicomté de Coutances). Paris, juillet 1544. — Juillet.

Enreg. à la Chambre des Comptes, le 12, et à la Cour des Aides de Normandie, le 14 juillet 1544. Arch. de la Seine-Inférieure, Mémoriaux, 2e vol., fol. 460. 5 pages.

Bibl. de l'Arsenal, à Paris, ms. 4939, fol. 94. (*Mention*, sous la date de 1534.)

22871. Confimation en faveur de Martin Du Bellay, chevalier, seigneur de Langey, gentilhomme ordinaire de la chambre, et d'Isabelle Chenu, sa femme, des privilèges de la principauté d'Yvetot. Saint-Maur-les-Fossés, juillet 1544. — Juillet.

Original. Arch. du château d'Ailly, près Falaise, appartenant à M. le baron de Vauquelin.

IMP. L.-A. Beaucousin, *Histoire de la principauté d'Yvetot*. Rouen et Yvetot, 1884, in-8°, p. 317.

22872. Lettres d'anoblissement, moyennant 450 livres, pour Thomas Gargaste, seigneur de Roinville (*aliàs* Rouville), demeurant à Bricquebec (élection et vicomté de Valognes), au service — Juillet.

du roi dans la compagnie du duc d'Estouteville. Saint-Maur-les-Fossés, juillet 1544. 1544.

Enreg. à la Chambre des Comptes, le 17 avril 1545, et à la Cour des Aides de Normandie en 1557. *Arch. de la Seine-Inférieure, Mémoriaux*, 5e vol., fol. 12 v°. 5 pages 1/2.

Bibl. de l'Arsenal, à Paris, ms. 4939, fol. 133. (*Mention.*)

22873. Lettres d'anoblissement, moyennant 200 écus d'or soleil, pour Jean Le Neveu, seigneur de Varneville, demeurant à Bacqueville (élection d'Arques). Saint-Maur-les-Fossés, juillet 1544. Juillet.

Enreg. à la Chambre des Comptes, le 23 juillet, à la Cour des Aides de Normandie, le 2 août 1544. *Arch. de la Seine-Inférieure, Mémoriaux*, 2e vol., fol. 470 v°. 4 pages.

Bibl. de l'Arsenal, à Paris, ms. 4939, fol. 120. (*Mention*, sous la date de 1534.)

22874. Lettres d'anoblissement, moyennant 250 écus, pour Nicolas de Martinbos, seigneur du Bus à Bosc-Hyon, procureur fiscal pour le duc de Longueville de la seigneurie de Gournay et de la Ferté-en-Bray, fils de feu Guillaume de Martinbos et de Colette Pillon. Saint-Maur-les-Fossés, juillet 1544. Juillet.

Enreg. à la Chambre des Comptes, le 11 juillet 1544, et à la Cour des Aides de Normandie, le 18. *Arch. de la Seine-Inférieure, Mémoriaux*, 2e vol., fol. 464. 5 pages.

Bibl. de l'Arsenal, à Paris, ms. 4939, fol. 117. (*Mention*, sous la date de 1534.)

22875. Lettres de don à Jacques Galyot de Genouilhac, grand écuyer, et à Jean d'Escoubleau, sr de Sourdis, maître de la garde-robe du roi, des château et justice de Romefort, et de 8,000 livres parisis d'amende sur les biens de Jean de Sully, sr de Romefort. Juillet 1544. Juillet.

Enreg. à la Chambre des Comptes de Paris, anc. mém. 2 M, fol. 312. *Arch. nat.*, PP. 119, p. 37. (*Mention.*)

Bibl. de Rouen, ms. Leber 5870, t. XIV, fol. 67 v°. (*Mention.*)

Bibl. nat., ms. fr. 21405, p. 360. (*Mention*, sous la date du 19 mars 1544 a. s.).

22876. Lettres autorisant les conseillers et échevins de la ville de Lyon à prélever un impôt sur les draps d'or, d'argent et de soie vendus à Lyon par les marchands florentins et lucquois, pour les rembourser d'un prêt de 20,000 livres qu'ils ont fait au roi. Villers-Cotterets, [10-21] août 1544. — 1544. 10-21 août.

Imp. Catalogue de lettres autographes. Vente du 2 mars 1883, par Eugène Charavay, n° 44. (*Mention.*)

22877. Provisions de l'office d'élu en la vicomté de Pont-de-l'Arche en faveur de Robert d'Escambose, avocat en cour laie, demeurant à Louviers, sur la résignation faite à son profit par Jacques Challenge. Villers-Cotterets, 13 août 1544. — 13 août.

Vérifiées par les généraux des finances et enreg. à la Cour des Aides de Normandie, le 21 août 1544. Arch. de la Seine-Inférieure, Mémoriaux, 2e vol., fol. 476 v°. 1 page.

22878. Provisions, en faveur de François Ventolet, d'un office nouvellement créé de conseiller-maître en la Chambre des Comptes de Dauphiné. Coincy-l'Abbaye, 24 août 1544. — 24 août.

Enreg. à la Chambre des Comptes de Grenoble. Arch. de l'Isère, B. 2334, fol. 283 v°. 1 page 1/2. (Cf. le n° 14121 du *Catalogue.*)

22879. Lettres ordonnant qu'il soit délivré à Jean Boniface tout le bois nécessaire pour faire un parc en la forêt de Compiègne, pour les haras du roi. 26 août 1544. — 26 août.

Enreg. à la Chambre des Comptes de Paris, anc. mém. 2 M, fol. 189 v°. *Arch. nat.*, PP. 119, p. 22. (*Mention.*)
Bibl. nat., ms. fr. 21405, p. 358. (*Mention.*)

22880. Déclaration en faveur d'Athiot Hennequin, élu sur le fait des tailles en la ville et doyenné de Crépy, bailliage de Valois, siège particulier de l'élection de Senlis, portant qu'il ne pourra dans la suite être établi audit lieu d'autre élu que lui. 30 août 1544. — 30 août.

Enreg. à la Chambre des Comptes de Paris, anc.

mém. 2 M, fol. 190 v°. *Arch. nat.*, PP. 119, p. 22. (*Mention.*) 1544.

Bibl. nat., ms. fr. 21405, p. 358. (*Mention.*)

22881. Lettres d'anoblissement, moyennant 300 écus d'or soleil, pour Robert, fils de Nicolas Thirel (*aliàs* Tirel) et de Marguerite d'Escrepintot, marié avec Catherine de La Roue, femme noble. Saint-Prix, août 1544. Août.

Enreg. à la Chambre des Comptes, le 5 août 1544, et à la Cour des Aides de Normandie, le 12 décembre 1560. Arch. de la Seine-Inférieure, Mémoriaux, 5e vol., fol. 315. 4 pages.

22882. Lettres d'anoblissement, moyennant 120 écus, pour Pierre André, lieutenant général au bailliage de Caux, né à Valognes, marié à Jeanne Le Landois, demeurant à Bayeux. Villers-Cotterets, août 1544. Août.

Enreg. à la Chambre des Comptes, le 20 août 1544, et à la Cour des Aides de Normandie, le 24 juillet 1545. Arch. de la Seine-Inférieure, Mémoriaux, 2e vol., fol. 528 v°. 2 pages 1/2.

22883. Lettres d'anoblissement, moyennant 400 écus d'or soleil, pour Pierre Raoult, avocat, seigneur du fief du Bourg-Dun et de la Gaillarde, comprenant lesdites paroisses, avec extension sur celles de Saint-Pierre-le-Vieux, Sotteville-sur-Mer et la Chapelle (bailliage de Caux, élection d'Arques), demeurant à Dieppe. Villers-Cotterets, août 1544. Août.

Enreg. à la Chambre des Comptes, le 21, et à la Cour des Aides de Normandie, le 28 août 1544. Arch. de la Seine-Inférieure, Mémoriaux, 2e vol., fol. 481. 4 pages 1/2.

Bibl. de l'Arsenal, à Paris, ms. 4939, fol. 116 v°. (*Mention*, sous la date de 1534.)

22884. Lettres d'anoblissement, moyennant 250 écus d'or soleil, pour Robert Collardin, seigneur du Bois-Olivier, demeurant à Sept-Frères (bailliage de Caen, élection de Vire). Villers-Cotterets, août 1544. Août.

Enreg. à la Chambre des Comptes, le 21, et à la

Cour des Aides de Normandie, le 28 août 1544. Arch. de la Seine-Inférieure, Mémoriaux, 2ᵉ vol., fol. 478. 5 pages. 1544.

22885. Lettres d'anoblissement, moyennant 200 écus d'or soleil, pour Guillaume Perceval, seigneur du Clos, demeurant à Gueron, fils de Thomas Perceval et de Michelle de La Motte, marié à Anne d'Esteville. Villers-Cotterets, août 1544. Août.

Vérifiées à la Chambre des Comptes, le 20 août 1544.

Enreg. à la Cour des Aides de Normandie, le 31 juillet 1545. Arch. de la Seine-Inférieure, Mémoriaux, 2ᵉ vol., fol. 530. 3 pages.

Bibl. de l'Arsenal, à Paris, ms. 4939, fol. 121 v°. (*Mention*, sous la date de 1534.)

22886. Lettres d'anoblissement, moyennant 200 écus d'or soleil, pour Claude et Auguste Scot, dits Des Noes, natifs du Mesle-sur-Sarthe (duché d'Alençon). Villers-Cotterets, août 1544. Août.

Enreg. à la Chambre des Comptes, le 7 avril 1546 n. s., et à la Cour des Aides de Normandie, le 24 mars 1547 n. s. Arch. de la Seine-Inférieure, Mémoriaux, 3ᵉ vol., fol. 39. 3 pages.

22887. Provisions en faveur de Pierre de La Porte, avocat en cour laie, de l'office nouvellement créé d'avocat du roi au siège de Saint-Lô (vicomté de Carentan). Étoges, 2 septembre 1544. 2 septembre.

Enreg. le 11, à la Cour des Aides de Normandie. Arch. de la Seine-Inférieure, Mémoriaux, 2ᵉ vol., fol. 483 v°. 2 pages.

22888. Mandement à la Chambre des Comptes de Blois de concéder une partie des prés du parc de Chambord et des maisons qui avoisinent le château dudit lieu à celui qui est chargé de l'entretien du bétail du roi. Paris, 15 septembre 1544. 15 septembre.

Présenté à la Chambre des Comptes de Blois, le 4 décembre suivant, et y vérifié le 11. Arch. nat., KK. 902, fol. 227 v° et 228 v°. (*Mentions.*)

22889. Lettres d'évocation d'un procès pendant au Parlement de Provence entre le syndic des habitants de «Torrenes (peut-être Thorenc), 15 septembre.

Soysson et Gaillet», d'une part, et Gaspard de Marcelle, seigneur d'Ollioules, et Anne d'Arcussia, sa femme, d'autre part. 15 septembre 1544. 1544.

Mention dans un arrêt du Grand conseil, en date du 28 juin 1546. Arch. nat., V[5] 1052.

22890. Mandement de payer la somme de 58 livres 10 sous tournois à Nicolas de Bernay pour treize postes qu'il a courues en deux voyages faits vers la reine, pour l'avertir de la conclusion du traité de paix entre le roi et l'empereur (à Crépy), et lui mander de venir incontinant trouver le roi à Meudon. [19 ou 20] septembre 1544[(1)]. 19 septembre.

Imp. *Catalogue de M. de Courcelles, 1834*, p. 66. Vente par Leblanc, libraire. (*Mention.*)

22891. Lettres accordant aux habitants de Beauvais exemption du logement des gens de guerre, pour tout le temps de la durée des travaux de réparation de leurs murs. Amiens, 23 septembre 1544. 23 septembre.

Présentées au conseil de ville de Beauvais, le 2 octobre 1544. Arch. comm. de Beauvais, BB. 15, fol. 151 v°. 1 page.

22892. Déclaration de l'hommage de François Oudine pour une censive sise à Chouzy (comté de Blois). 30 septembre 1544. 30 septembre.

Anc. arch. de la Chambre des Comptes de Blois, lay. C. *Arch. nat.*, P. 1479, fol. 86 v°. (*Mention.*)

22893. Lettres d'anoblissement, moyennant 100 écus d'or soleil, pour Jean, fils de feu Thomas Dubosc, demeurant à Cherbourg (bailliage de Cotentin, élection de Valognes). Paris, septembre 1544. Septembre.

Enreg. à la Chambre des Comptes de Paris, le 2 mars 1549 n. s., et à la Cour des Aides de Normandie, le 22 mai 1556. Arch. de la Seine-Inférieure, Mémoriaux, 4° vol., fol. 219. 5 pages.

Bibl. de l'Arsenal, à Paris, ms. 4903, p. 126. (*Mention.*)

(1) On voit par l'itinéraire que François Ier était, le 19 septembre, à Meudon (n°s 14147 et 14148 du *Catalogue*).

22894. Lettres d'anoblissement, moyennant 200 écus d'or soleil, pour Jean des Persons (*aliàs* Du Parois), seigneur de la Fosse, avocat à la vicomté d'Orbec, demeurant à Courtonne-la-Meurdrac. Paris, septembre 1544. — 1544. Septembre.

Enreg. à la Chambre des Comptes, le 1er, et à la Cour des Aides de Normandie, le 7 juillet 1545. Arch. de la Seine-Inférieure, Mémoriaux, 2e vol., fol. 525 v°. 3 pages.

Enreg. à la Chambre des Comptes de Paris, en avril 1545. Bibl. de l'Arsenal, ms. 4939, fol. 135. (*Mention.*)

Imp. Dict. des ennoblissements... Paris, 1788, 2 vol. in-8°, t. I, p. 107. (*Mention*, sous la date du 12 novembre.)

22895. Lettres d'anoblissement pour Hugues Le Verrier, licencié en droit, demeurant à Valognes. Septembre 1544. — Septembre

Enreg. à la Chambre des Comptes de Paris, reg. 16, fol. 111.

Bibl. de l'Arsenal, à Paris, ms. 4903, p. 130. (*Mention.*)

22896. Déclaration portant qu'Antoine Postel et Nicole Le Comte continueront de vaquer à leur commission[1], nonobstant la vacance du Parlement de Rouen, et que Jean Enteler, seigneur du Vivier, remplacera auprès d'eux le procureur du roi. Amiens, 4 octobre 1544. — 4 octobre.

Enreg. au Parl. de Rouen. Arch. de la Cour, à Rouen, reg. crim. de 1539-1558, fol. 25 v°. 1 page 1/2.

22897. Déclaration donnée à la requête de Salmon Duval, receveur des aides de l'élection d'Arques, sur les attributions respectives des receveurs des aides et des receveurs des tailles. Amiens, 5 octobre 1544. — 5 octobre.

Enreg. à la Cour des Aides de Normandie, le 23 décembre 1544. Arch. de la Seine-Inférieure, Mémoriaux, 2e vol., fol. 491. 2 pages.

22898. Provisions en faveur de Jacques Langlois, moyennant 750 livres, de l'office de receveur des aides en l'élection d'Évreux, mis aux en- — 17 octobre.

[1] Voir ci-dessus, au 16 juillet 1544 (n° 22860).

chères par suite de la destitution de Robert du Saffray. Arques, 17 octobre 1544. | 1544.

Vérifiées par les généraux des finances, le 9 novembre 1544.

Enreg. à la Cour des Aides de Normandie (s. d. d'enreg.). Arch. de la Seine-Inférieure, Mémoriaux, 2e vol., fol. 495 v°. 2 pages.

22899. Confirmation de la nomination, faite par Nicolas de Poncher, président à la Chambre des Comptes de Paris, et Louis Prudhomme, général des finances de Normandie, commissaires députés en Normandie pour l'exécution de l'édit sur les gabelles, de Thomas Rougeulle à l'office de receveur du magasin à sel d'Évreux et de la chambre à sel de Conches, remplaçant l'office supprimé de grènetier desdits lieux. Vernon, 25 octobre 1544. | 25 octobre.

Enreg. à la Cour des Aides de Normandie (s. d. d'enreg.). Arch. de la Seine-Inférieure, Mémoriaux, 3e vol., fol. 175 v°. 3 pages.

22900. Confirmation de la nomination, faite par Nicolas de Poncher et Louis Prudhomme, de Guillaume Le Preux à l'office de contrôleur du magasin à sel de Caudebec, au lieu de Roger Le Preux, contrôleur de l'ancien grenier dudit lieu, qui n'avait pu payer la somme de 250 livres pour augmentation de 20 livres de gages. Mantes, 26 octobre[1] 1544. | 26 octobre.

Vérifiée par les généraux des finances, le 24 juillet 1545.

Enreg. à la Cour des Aides de Normandie, le 13 janvier 1546 n. s. Arch. de la Seine-Inférieure, Mémoriaux, 2e vol., fol. 542. 2 pages 1/2.

22901. Confirmation de la nomination, faite par Nicolas de Poncher et Louis Prudhomme, d'Olivier Goddu à l'office de greffier du magasin à sel de Caen. Saint-Germain-en-Laye, 28 octobre 1544. | 28 octobre.

Enreg. à la Cour des Aides de Normandie, le 12 décembre 1544. Arch. de la Seine-Inférieure, Mémoriaux, 2e vol., fol. 486 v°.

(1) Le registre porte novembre, mais, le 26 novembre 1544, François Ier paraît avoir été à Paris.

22902. Lettres de convocation des consuls d'Alais pour les États de Languedoc qui se tiendront à Béziers, le 25 novembre prochain. Saint-Germain-en-Laye, 28 octobre 1544. — 1544. 28 octobre.

Original. Arch. municipales d'Alais (Gard), liasse 3, n° 26.

22903. Confirmation de la nomination, faite par Nicolas de Poncher et Louis Prudhomme, de Nicolas Le Bienvenu à l'office de receveur du magasin à sel de Pont-Audemer et de la chambre à sel de Quillebeuf, remplaçant, avec 50 livres d'augmentation de gages, l'office supprimé de grènetier de Pont-Audemer et de la chambre de Quillebeuf. Saint-Germain-en-Laye, 30 octobre 1544. — 30 octobre.

Vérifiée par les généraux des finances, le 3 novembre 1544.

Enreg. le 14, à la Cour des Aides de Normandie. Arch. de la Seine-Inférieure, Mémoriaux, 2e vol., fol. 534 v°.

22904. Édit de suppression, moyennant la somme de 1,500 écus d'or soleil offerte par les habitants de Rouen, de l'office de contrôleur des deniers communs de ladite ville, devenu vacant par suite du décès d'Antoine Morelon. Arques, octobre 1544. — Octobre.

Copie collat. du 14 février 1578, par Pierre Chenance, tabellion héréditaire à Rouen, et Maurice Le Lièvre, son adjoint. Arch. commun. de Rouen, tiroir 98, division C, n° 2. 5 pages.

22905. Lettres de surannation adressées au Parlement et au bailli de Troyes, pour l'entérinement des lettres de février 1517 (n° 609), données en faveur des pauvres filles pénitentes de l'ordre de la Madeleine en la ville de Troyes. Paris, octobre 1544. — Octobre.

Copie. Arch. départ. de l'Aube, fonds Saint-Abraham, non numéroté.

22906. Lettres autorisant Thomas Rougeulle à se faire remplacer en son office de receveur du — 1er novembre.

magasin à sel d'Évreux par Michel Philippe. Saint-Germain-en-Laye, 1er novembre 1544. 1544.

Enreg. à la Cour des Aides de Normandie (s. d. d'enreg.). Arch. de la Seine-Inférieure, Mémoriaux, 3e vol., fol. 178. 2 pages 1/3.

22907. Confirmation de la nomination, faite par Nicolas de Poncher et Louis Prudhomme, de Jean Vasagnes à l'office de receveur du magasin à sel de Neufchâtel-en-Bray, au lieu de Martin Noyer, ci-devant grènetier dudit lieu, qui n'avait pu payer la somme de 500 livres pour augmentation de 50 livres de gages. Fresnes, 8 novembre 1544. 8 novembre.

Vérifiée par les généraux des finances, le 25 juin 1545.

Enreg. à la Cour des Aides de Normandie, le 17 juillet 1545. Arch. de la Seine-Inférieure, Mémoriaux, 2e vol., fol. 527. 1 page 1/2.

22908. Commission à François de Saint-André, président au Parlement de Paris, ou au premier maître des requêtes de l'hôtel, pour juger en dernier ressort les procès engagés par suite de la réformation de la forêt d'Arthies. Saint-Germain-en-Laye, 10 novembre 1544. 10 novembre.

Enreg. aux Eaux et forêts. Arch. nat., Z^{1e} 870, fol. 67. 1 page 1/2.

22909. Déclaration de foi et hommage de Jean de Vieux-Pont, seigneur dudit lieu, pour la seigneurie de Talmontier, mouvant de Chaumont-en-Vexin. Saint-Germain-en-Laye, 10 novembre 1544. 10 novembre.

Original. Arch. nat., Chambre des Comptes de Paris, P. 5, n° 1657.

22910. Déclaration de l'hommage fait entre les mains de François Olivier, président au Parlement de Paris, garde des sceaux, par Jean de Vieux-Pont, pour la demi-baronnie dudit lieu (bailliage de Caen, vicomté de Falaise). Saint-Germain-en-Laye, 10 novembre 1544. 10 novembre.

Expéd. orig. Arch. nat., P. 273^2, cote 5805.

22911. Lettres accordant au chapitre de Rouen délai 12 novembre.

jusqu'au lendemain des Rois 1545 n. s., pour payer les décimes demandées par le roi pour le mois de septembre 1544. Saint-Germain-en-Laye, 12 novembre 1544. 1544.

Vidimus de la vicomté de Rouen, en date du 4 février 1545 n. s. Arch. de la Seine-Inférieure, G. 3703.

22912. Lettres de collation pour Jacques Doudet du prieuré de Saint-Martin-de-Miséré près Grenoble, vacant par la mort de l'évêque de Glandèves. Saint-Germain-en-Laye, 14 novembre 1544. 14 novembre.

Copie du XVIe siècle. Arch. de l'Isère, B. 2374, fol. 9. 4 pages 1/2.

22913. Commission à Nicolas Viole, conseiller à la Chambre des Comptes, pour s'enquérir de la valeur des terrains de l'abbaye d'Yerres destinés à être compris dans le parc que le roi fait faire audit lieu, et pour indemniser ladite abbaye au moyen d'un lot équivalent de terres domaniales sises dans le voisinage. Saint-Germain-en-Laye, 16 novembre 1544. 16 novembre.

Original. Arch. de Seine-et-Oise, fonds d'Yerres, subdivision intitulée: Le Plessis, chap. 1, art. 23.

22914. Don à Antoine de Lomagne, baron de Larodde, écuyer ordinaire de l'écurie du roi, des biens confisqués d'Antoine et Jehannot de Tamesan, père et fils. 18 novembre 1544. 18 novembre.

Enreg. à la Chambre des Comptes de Paris, anc. mém. 2 M, fol. 210 v°. *Arch. nat.*, PP. 119, p. 25. (*Mention.*)

Bibl. nat., ms. fr. 21405, p. 359. (*Mention.*)

22915. Lettres de réception du serment de fidélité de Verdon Du Mas, dit de Genouilhac, pour le temporel de l'abbaye du Mont-Saint-Quentin, près Péronne, au diocèse de Noyon. Saint-Germain-en-Laye, 18 novembre 1544. 18 novembre.

Expéd. orig. Arch. nat., P. 725², cote 276.

22916. Déclaration portant que la commission de juger souverainement les procès de la réformation de la forêt d'Arthies a été donnée à François 20 novembre.

de Saint-André, ou au premier maître des requêtes de l'hôtel, par lettres du 10 novembre 1544 (n° 22908), nonobstant la récente érection de la Chambre du domaine. Saint-Germain-en-Laye, 20 novembre 1544. — 1544.

Enreg. aux Eaux et forêts. Arch. nat., Z[1e] 870, fol. 67 v°. 1 page.

22917. Déclaration de foi et hommage de Guillaume de Recusson, seigneur du fief noble de Mont-Canisy (paroisse de Tourgéville-en-Auge) et du fief de la sergenterie de Honfleur, pour ladite sergenterie mouvant de la vicomté d'Auge. Paris, 23 novembre 1544. — 23 novembre.

Original. Arch. nat., Chambre des Comptes de Paris, P. 265[2], n° 1497.

22918. Mandement à Louis Prudhomme, général des finances de Normandie, de procéder à la réception de Jacques Langlois, nommé receveur des aides en l'élection d'Évreux. Paris, 24 novembre 1544. — 24 novembre.

Enreg. à la Cour des Aides de Normandie (s. d. d'enreg.). Arch. de la Seine-Inférieure, Mémoriaux, 2e vol., fol. 497. 1 page.

22919. Lettres portant établissement d'une salpêtrière en la ville de Pontoise, pour fournir des poudres à l'artillerie. Paris, 25 novembre 1544. — 25 novembre.

Original. Archives municipales de Pontoise (Seine-et-Oise), HH. 1.

22920. Lettres imposant à la ville de Grenoble une contribution de 3,500 livres de salpêtre, à fournir en trois mois. Corbeil, 29 novembre 1544. — 29 novembre.

Arch. de la ville de Grenoble, BB. 13, fol. 326 v°. (*Mention.*)

22921. Lettres enjoignant aux consuls de Périgueux de faire chercher du salpêtre aux environs de leur ville et d'en procurer au roi le plus promptement possible deux milliers, au prix — 29 novembre.

de 5 écus soleil le cent. Corbeil, 29 novembre 1544. 1544.

Arch. de la ville de Périgueux, EE. 21.

22922. Lettres permettant à Jean-Jacques de Mesmes, seigneur de Roissy-en-France, d'élever des fourches patibulaires audit lieu et d'y établir une foire annuelle et un marché hebdomadaire. Saint-Germain-en-Laye, novembre 1544. Novembre.

Enreg. au Châtelet de Paris, Bannières IV (reg. en déficit), fol. 145. *Bibl. nat.*, nouv. acquisitions franç., ms. 3651, p. 734. (*Mention.*)

22923. Lettres permettant aux habitants d'Argenteuil, près Paris, de se clore de murs et de fortifier leur bourg, pour la protection du reliquaire de la Sainte-Robe. Paris, novembre 1544. Novembre.

Enreg. au Châtelet de Paris, le 12 janvier 1545 n. s. Bannières IV (reg. en déficit), fol. 158. *Bibl. nat.*, nouv. acquisitions franç., ms. 3651, p. 735. (*Mention.*)

Copie du 29 mars 1651, collationnée sur une autre copie du 17 septembre 1618. Arch. de Seine-et-Oise, série H, fonds de Notre-Dame d'Argenteuil, 18e carton.

Imp. L'abbé Lebeuf, *Hist. de la ville et de tout le diocèse de Paris.* Nouv. édit., Paris, Féchoz, in-8°, t. II, 1883, p. 14. (*Mention.*)

22924. Lettres d'anoblissement en faveur de Jean Bouguier. Novembre 1544. Novembre.

Enreg. à la Chambre des Comptes de Paris, reg. 14. *Bibl. de l'Arsenal*, ms. 4903, p. 124. (*Mention.*)

22925. Lettres d'anoblissement pour Georges et Jean Eustache, lieutenants de l'amirauté de France. Novembre 1544. Novembre.

Enreg. à la Chambre des Comptes de Paris, le 10 juin 1555. Bibl. de l'Arsenal, ms. 4939, fol. 133 v° et 134. (*Mentions.*)

Imp. *Dict. des ennoblissements*... Paris, 1788, 2 vol. in-8°, t. I, p. 66. (*Mention.*)

22926. Lettres ordonnant le payement des gages et pensions d'Oudart Hennequin, contrôleur or- 3 décembre.

dinaire des finances en la charge d'Outre-Seine. 3 décembre 1544. 1544.

Enreg. à la Chambre des Comptes de Paris, anc. mém. 2 M, fol. 261. *Arch. nat.*, PP. 119, p. 28. (*Mention.*)
Bibl. nat., ms. fr. 21405, p. 359. (*Mention.*)

22927. Commission à la Cour [des Aides de Paris] pour la connaissance de ceux qui prétendent droit sur le sel. 3 décembre 1544. 3 décembre.

Enreg. à la Cour des Aides de Paris. Arch. nat., recueil Cromo, U. 665, p. 316. (*Mention.*)

22928. Lettres portant que les enfants mineurs du feu duc François d'Estouteville, comte de Saint-Pol, en attendant que l'information prescrite sur l'état et valeur actuels dudit comté de Saint-Pol soit faite, demeureront en jouissance de la terre et seigneurie de Sézanne et du comté de Chaumont-en-Vexin avec l'accroissement de Magny, qui avaient été cédés à leur père en échange dudit comté de Saint-Pol. Fontainebleau, 6 décembre 1544. 6 décembre.

Copie collationnée du 15 janvier 1545 n. s. Arch. nat., *suppl. du Trésor des Chartes*, J. 796, n° 2.

22929. Mandement au Parlement de Rouen d'extraire de ses prisons les condamnés à mort pour les faire ramer sur les six galères nouvelles de la côte de Normandie. Fontainebleau, 10 décembre 1544. 10 décembre.

Enreg. au Parl. de Rouen, le 8 janvier 1545 n. s. Arch. de la Cour à Rouen, reg. crim. de 1539-1558, fol. 27 et v° (2 copies). 1 page 1/4.

22930. Mandement à la Cour des Aides de Normandie de procéder à la réception de Jacques Langlois, nommé receveur des aides en l'élection d'Évreux. Fontainebleau, 10 décembre 1544. 10 décembre.

Enreg. à la Cour des Aides de Normandie (s. d. d'enreg.). Arch. de la Seine-Inférieure, Mémoriaux, 2e vol., fol. 497 v°. 1 page 1/2.

22931. Déclaration de l'hommage fait entre les mains de François Olivier, président au Parlement 12 décembre.

de Paris, garde des sceaux, par Gaucher de Foissy, écuyer, fils de feu Henri de Foissy, tant en son nom qu'en celui de Bertrand, son frère puîné, pour la seigneurie de Creney (bailliage et châtellenie de Troyes). Fontainebleau, 12 décembre 1544. 1544.

Expéd. orig. Arch. nat., P. 166[1], cote 2135.

22932. Commission à Jean Luillier, président, et à Antoine Pétremol, maître ordinaire à la Chambre des Comptes de Paris, de procéder à une enquête sur les « ruynes, degradations et deteriorations » du comté de Saint-Pol, restitué aux héritiers de François, duc d'Estouteville, par le traité de Crépy. Fontainebleau, 14 décembre 1544. 14 décembre.

Original. Arch. nat., suppl. du Trésor des Chartes, J. 796, n° 2[8].

22933. Confirmation de la nomination faite, moyennant 2,000 livres, par Nicolas de Poncher et Louis Prudhomme, de Jacques de Boislichausse à l'office de receveur du magasin à sel de Falaise, au lieu de Léonard Connart, décédé. Fontainebleau, 17 décembre 1544. 17 décembre.

Vérifiée par les généraux des finances, le 2 janvier 1545 n. s.

Enreg. à la Cour des Aides de Normandie, le 21 avril 1545. Arch. de la Seine-Inférieure, Mémoriaux, 2e vol., fol. 518. 1 page 1/2.

22934. Mandement à la Chambre des Comptes de Paris de procéder à la vérification des lettres de sauvegarde précédemment données en faveur du chapitre Notre-Dame de Paris (n° 13900). Fontainebleau, 17 décembre 1544. 17 décembre.

Original. Arch. nat., K. 88, n° 1[5].

Copie collationnée du XVIIIe siècle. Arch. nat., K. 180, n° 34.

22935. Confirmation de la nomination, faite par Nicolas de Poncher et Louis Prudhomme, de Renaud Cacherat à l'office de greffier du magasin à sel de Fécamp, remplaçant l'ancien grenier 18 décembre.

dudit lieu. Fontainebleau, 18 décembre 1544. | 1544.

Vérifiée le surlendemain par les généraux des finances.

Enreg. à la Cour des Aides de Normandie, le 26 janvier 1545 n. s. Arch. de la Seine-Inférieure, Mémoriaux, 2ᵉ vol., fol. 500 vᵒ. 2 pages.

22936. Commission au capitaine Renouard pour réunir trois cents fantassins sous une enseigne, et « les tenir prests, sans faire aucune assemblée ny sonner tabourin ». Fontainebleau, 22 décembre 1544. | 22 décembre.

Enreg. au Châtelet de Paris, Bannières, IV (reg. en déficit), fol. 174. *Bibl. nat.*, nouv. acquisitions franç., ms. 3651, p. 738. (*Mention.*)

22937. Commission au capitaine Serf pour réunir trois cents fantassins sous une enseigne, et les conduire à Honfleur. Fontainebleau, 22 décembre 1544. | 22 décembre.

Enreg. au Châtelet de Paris, Bannières IV (reg. en déficit), fol. 175. *Bibl. nat.*, nouv. acquisitions franç., ms. 3651, p. 738. (*Mention.*)

22938. Lettres de jussion au Parlement de Grenoble, lui ordonnant de procéder à l'enregistrement des provisions de l'office de maître des comptes à la Chambre des Comptes de Dauphiné, données en faveur de François Ventolet et de l'installer dans sa charge. Fontainebleau, 23 décembre 1544. | 23 décembre.

Enreg. à la Chambre des Comptes de Grenoble, le 15 janvier 1545. Arch. de l'Isère, B. 2334, fol. 284. 2 pages 1/2. (Cf. le nᵒ 14279 du *Catalogue.*)

22939. Lettres ordonnant au Parlement de Grenoble d'enregistrer le traité conclu à Crépy, le 18 septembre précédent, avec l'empereur Charles-Quint. Fontainebleau, 24 décembre 1544. | 24 décembre.

Arch. de l'Isère, B. 2334, fol. 280 vᵒ. 1 page 1/2.

22940. Déclaration confirmative de la rente de deux muids de sel appartenant au chapitre cathédral de Rouen, conformément aux lettres du | 24 décembre.

16 août 1517. Fontainebleau, 24 décembre 1544. 1544.

Vérifiée à la Chambre des Comptes de Paris, le 10 janvier 1545 n. s.

Original. Arch. de la Seine-Inférieure, G. 3696.

IMP. *Charte du roy Louis XII, d'heureuse mémoire, portant donation de deux muids de sel aux doyen, chanoine et chapitre de l'église de Rouen pour la fondation d'un obit solennel, avec les vérifications et confirmations d'icelle. S. l. n. d.* 16 pages in-fol., p. 9. *Arch. de la Seine-Inférieure*, G. 3696.

22941. Déclaration de foi et hommage de Louis de Broullart, s[r] de Montjay, guidon de la compagnie des ordonnances de M. de Montmorency, connétable de France, pour le fief du Chenoy sous May-en-Multien, mouvant du château de Crépy-en-Valois, le fief de Laître à Lizy-sur-Ourcq, mouvant du château de Meaux, le fief de Saint-Gobert, mouvant de Brie-Comte-Robert, et le fief de Montpinson, sis au Breuil, près Condé[-sur-Vègre], mouvant du château de Gambais au comté de Montfort-l'Amaury, à lui advenus par le décès de Charles de Broullart, son père. Fontainebleau, 29 décembre 1544. 29 décembre.

Original. Arch. du château de M. Péreire, à Armainvilliers (Seine-et-Marne).

Autre expéd. orig. Arch. nat., Chambre des Comptes de Paris, P. 16, n° 6054.

22942. Lettres permettant aux habitants de la Ferté-sur-Aube de fortifier leur ville. Fontainebleau, décembre 1544. Décembre.

IMP. Ph. G. (Philippe Guignard, archiviste de l'Aube), *Choix de pièces pour servir à l'histoire de la Ferté-sur-Aube (Haute-Marne)*, publié dans l'*Annuaire de l'Aube* pour 1850 (analyse d'après un inventaire de 1754).

22943. Confirmation des privilèges concédés aux évêques de Bellay par lettres de l'empereur Frédéric Barberousse, en date du 18 mars 1175. Décembre 1544. Décembre.

Présentée au Conseil d'État, le 27 février 1703. Arch. nat., E. 729, n° 147. (*Mention.*)

22944. Lettres d'anoblissement pour Jean et Remy Breban. 1544. 1544.

Bibl. de l'Arsenal, ms. 4903, p. 265. (*Mention.*)

1545. — Pâques, le 5 avril.

1545.

22945. Confirmation de la nomination, faite par Nicolas de Poncher et Louis Prudhomme, de Mathieu Le Prévost à l'office de contrôleur du magasin à sel de Falaise, au lieu de Jacques de Boislichausse, ci-devant contrôleur du grenier dudit lieu, qui n'avait pu payer la somme de 250 livres pour augmentation de 25 livres de gages. Fontainebleau, 2 janvier 1544. 2 janvier.

Vérifiée le 9, par les généraux des finances. Enreg. à la Cour des Aides de Normandie, le 21 mai 1545. Arch. de la Seine-Inférieure, Mémoriaux, 2e vol., fol. 522 v°. 2 pages 1/4.

22946. Déclaration de l'hommage fait entre les mains de François Olivier, président au Parlement de Paris, garde des sceaux, par Jean Gaingnon, au nom de Louis de La Haye, chevalier, pour la seigneurie de Beaumanoir (bailliage de Caen, vicomté de Vire, paroisse de Sainte-Marie-Laumont). Fontainebleau, 4 janvier 1544. 4 janvier.

Expéd. orig. Arch. nat., P. 272², cote 5491.

22947. Déclaration complémentaire de celle du 1er juillet précédent (n° 22851), portant que les membres du chapitre cathédral de Rouen ne sont pas tenus, à cause de leurs bénéfices, de contribuer au payement de la solde des gens de guerre. Fontainebleau, 5 janvier 1544. 5 janvier.

Original. Arch. de la Seine-Inférieure, G. 3682.

22948. Lettres adressées au dauphin, duc de Bretagne, portant que des contraintes et saisies seront exercées contre ceux qui refusent de payer 9 janvier l'impôt de guerre et les décimes ou don gratuit. Fontainebleau, 9 janvier 1544. 1545.

Enreg. aux Grands jours ou Parlement de Bretagne. Arch. d'Ille-et-Vilaine, B. 1 (anc. B. 224), fol. 182.

22949. Lettres exemptant les membres du chapitre cathédral de Rouen de l'obligation d'accepter la charge municipale de trésorier des pauvres de ladite ville. Fontainebleau, 9 janvier 1544. 9 janvier.

Original. Arch. de la Seine-Inférieure, G. 3703.

22950. Ordonnance concernant la levée des gens de guerre appelés aventuriers français. Fontainebleau, 20 janvier 1544. 20 janvier.

Enreg. aux Grands jours ou Parlement de Bretagne. Arch. d'Ille-et-Vilaine, B. 1 (anc. B. 224), fol. 178.

22951. Ordonnance interdisant le port des arquebuses. Seuls les marchands allant par pays sont autorisés à porter de petites arquebuses, appelées pistolets d'Allemagne. Fontainebleau, 25 janvier 1544. 25 janvier.

Enreg. aux Grands jours ou Parlement de Bretagne. Arch. d'Ille-et-Vilaine, B. 1 (anc. B. 224), fol. 177 v°.

22952. Provisions de l'office de sergent et garde du bois de Boulogne, près Paris, en faveur de Nicolas Vacquette, en remplacement et sur la résignation de Geoffroy Putois. Fontainebleau, 25 janvier 1544. 25 janvier.

Enreg. aux Eaux et forêts de France, le 4 février 1545 n. s. Arch. nat., Z[1e] 1, fol. 15. 2 pages.

22953. Déclaration qui exempte les officiers du Parlement [de Rouen] de l'emprunt demandé par le roi. 31 janvier 1544. 31 janvier.

Bibl. de Rouen, ms. E. 57, fol. 8 v°. (*Mention*, d'après les *Arch. du Parl. de Rouen.*)

22954. Lettres permettant aux habitants de Villepreux de se clore de murs et de reporter au 27 septembre la date, auparavant fixée au 31 juillet, de la foire annuelle dudit lieu, et établissant Janvier.

une autre foire annuelle le 26 janvier. Fontainebleau, janvier 1544. 1545.

Enreg. au Châtelet de Paris, Bannières IV (reg. en déficit), fol. 184. *Bibl. nat.*, nouv. acquisitions franç., ms. 3651, p. 740. (*Mention.*)

22955. Lettres de légitimation pour Geneviève Bullioud, fille de Bullioud, secrétaire du roi, et de Jeanne de La Porte. Fontainebleau, janvier 1544. Janvier.

Enreg. à la Chambre des Comptes de Paris, moyennant 200 écus d'or soleil, et au Châtelet, Bannières IV (reg. en déficit), fol. 186. *Bibl. nat.*, nouv. acquisitions franç., ms. 3651, p. 740. (*Mention.*)

22956. Lettres de noblesse pour Louis Bonnet, de Caen, seigneur de « Cantebrun ». Janvier 1544. Janvier.

Enreg. à la Chambre des Comptes de Paris, en avril 1545. Bibl. de l'Arsenal, à Paris, ms. 4939, fol. 135 v°. (*Mention.*)

IMP. *Dict. des ennoblissements*... Paris, 1788, 2 vol. in-8°, t. I, p. 45. (*Mention*, sous la date du 12 janvier.)

22957. Provisions d'un office d'élu en l'élection d'Évreux en faveur de Pierre de Postis, licencié ès lois, sur la résignation faite à son profit par Gilles de Lieurey. Fontainebleau, 1er février 1544. 1er février.

Vérifiées le 10, par les généraux des finances.

Enreg. le 13, à la Cour des Aides de Normandie. Arch. de la Seine-Inférieure, Mémoriaux, 2e vol., fol. 500 v°. 2 pages.

22958. Commission à la Chambre des Comptes de Grenoble de donner au sr de Grignan, lieutenant général du roi en Provence, une évaluation comparative de la livre viennoise, pour lui servir à l'exécution d'un arrêt du Parlement de Provence lui adjugeant, à lui et à ses successeurs, dans la seigneurie de Grignan, une rente annuelle de 50 livres viennoises. Cléry, 19 février 1544. 19 février.

Archives de l'Isère, invent. ms. des titres de la Chambre des Comptes de Dauphiné, Pays étrangers. (*Mention.*)

22959. Confirmation de la donation faite à Jeanne Rabat, fille bâtarde de Roger de Foix, chanoine de l'église collégiale de Foix, à l'occasion de son mariage avec Guillaume Cabarelli, en faveur de leur fils Roger Cabarelli. 19 février 1544. — 1545. 19 février.

Enreg. à la Chambre des Comptes de Paris, anc. mém. 2 M, fol. 292. *Arch. nat.*, PP. 119, p. 34. (*Mention.*)

Bibl. nat., ms. fr. 21405, p. 360. (*Mention.*)

22960. Lettres accordant à Françoise de La Roche, veuve de François Foyal, délai jusqu'à la majorité de son fils, pour rendre l'hommage dû au roi pour les seigneuries de Foux, de l'Île-Marin et des Châtelliers, l'usage du bois mort et du mort-bois dans la forêt de Boulogne, et la paisson de cinquante porcs dans ladite forêt. 26 février 1544. — 26 février.

Anc. arch. de la Chambre des Comptes de Blois, lay. F. *Arch. nat.*, P. 1479, fol. 121 v°. (*Mention.*)

22961. Provisions pour Jacques de Gouzolles, écuyer ordinaire de l'écurie du roi, de l'office de bailli de Saint-Pierre-le-Moutier. 26 février 1544. — 26 février.

Reçu à la Chambre des Comptes, le 8 août 1545, anc. mém. 2 N, fol. 35. *Arch. nat.*, PP, 119, p. 9. (*Mention.*)

Bibl. nat., ms. fr. 21405, p. 361. (*Mention.*)

22962. Édit de création d'un prévôt à Gisors, Andely, Vernon et Neufmarché. Février 1544. — Février.

Enreg. au Parl. de Rouen, le 12 mai 1545.

Bibl. de Rouen, ms. E. 57, fol. 9. (*Mention.*)

22963. Lettres portant union des terres de Maillebois et de Blévy en faveur de Jean d'O, chevalier, avec établissement d'une foire par an et d'un marché, le vendredi de chaque semaine, à Blévy. Paris, février 1544. — Février.

Enreg. à la Chambre des Comptes, anc. mém. 2 M, fol. 167. *Arch. nat.*, PP. 119, p. 17. (*Mention.*)

Bibl. nat., ms. fr. 21405, p. 357. (*Mention.*)
Cf. le n° 14360 du *Catalogue*.

22964. Lettres d'anoblissement pour Jean Tiremois, seigneur des Marais. Février 1544. — 1545. Février.

Enreg. à la Chambre des Comptes de Paris, en avril suivant. Bibl. de l'Arsenal, ms. 4939, fol. 136 v°. (*Mention.*)

22965. Lettres d'anoblissement pour Gratien d'Argentan, seigneur de Pacy. Février 1544. — Février.

Enreg. à la Chambre des Comptes de Paris, en avril 1545 n. s. Bibl. de l'Arsenal, à Paris, ms. 4939, fol. 136. (*Mention.*)

IMP. *Dict. des ennoblissements*... Paris, 1788, 2 vol. in-8°, t. I, p. 80. (*Mention*, sous la date du 6 février.)

22966. Lettres donnant commission au duc d'Orléans, fils du roi, lieutenant général en Champagne, de faire restituer, conformément au traité de paix de Crépy, la ville de Stenay au duc de Lorraine. Chambord, 4 mars 1544. — 4 mars.

Original. Arch. du château de Chantilly, K. 39, n° 24.

22967. Déclaration de foi et hommage de Tristan de Rostaing, gentilhomme de la chambre du duc d'Orléans, pour la seigneurie de Villemomble, mouvant du Châtelet de Paris. Chambord, 5 mars 1544. — 5 mars.

Original. Arch. nat., Chambre des Comptes de Paris, P³, n° 862.

22968. Lettres portant qu'à l'avenir la ville de Vitré sera séparée de la juridiction de Rennes pour la taxe et la répartition des impositions. Chambord, 10 mars 1544. — 10 mars.

Enreg. aux Grands jours ou Parlement de Bretagne. Arch. d'Ille-et-Vilaine, B. 1 (anc. B. 224), fol. 242.

22969. Provisions de l'office de sergent royal en la sénéchaussée de Lyon pour François de Villeneuve, en remplacement et sur la résignation de N. Billard. Blois, 16 mars 1544. — 16 mars.

Copie du XVI*e siècle. Arch. du Rhône, reg. des insinuations de la sénéchaussée*, Livre du roi, fol. 90.

22970. Provisions de l'office de greffier des inventaires — 17 mars.

à Lyon pour Henri Nachard, en remplacement et sur la résignation de Jean Guillaud. Blois, 17 mars 1544. 1545.

Copie du XVIe siècle. Arch. du Rhône, reg. des insinuations de la sénéchaussée, Livre du roi, fol. 90 v°.

22971. Déclaration de l'hommage rendu par Étienne Godé au nom de Perrette Potin, veuve de Jean de Visel, pour la moitié par indivis du lieu de Pezé, dans la paroisse de Mont (comté de Blois). 20 mars 1544. 20 mars.

Anc. arch. de la Chambre des Comptes de Blois, lay. P. *Arch. nat.*, P. 1479, fol. 286. (*Mention.*)

22972. Lettres de survivance de l'office de prévôt et sous-bailli de Poissy, Triel, Saint-Germain-en-Laye et Sainte-Jame (ou Saint-Gemmes), en faveur de Pierre Cheverel. Amboise, 22 mars 1544. 22 mars.

Enreg. au Châtelet de Paris, Bannières IV (reg. en déficit), fol. 173. *Bibl. nat.*, nouv. acquisitions franç., ms. 3651, p. 738. (*Mention.*)

22973. Lettres de don à Louis du Perreau, s[r] de Castillon, gentilhomme ordinaire de la chambre du roi, grand veneur et général réformateur des Eaux et forêts du duché de Bretagne, de la terre de Villers-lès-Guise et autres biens de Gilles et Girard de Pousseur, échus au roi par droit d'aubaine. 30 mars 1544. 30 mars.

Enreg. à la Chambre des Comptes de Paris, anc. mém. 2 M, fol. 313 v°. *Arch. nat.*, PP. 119, p. 38. (*Mention.*)
Bibl. nat., ms. fr. 21405, p. 360. (*Mention.*)

22974. Provisions de l'office de sergent dangereux[1] de la maîtrise des Eaux et forêts de France au siège de la conciergerie du palais, en faveur de Pierre Boutin, sur la résignation faite en sa faveur par Jacques Le Voyer. La Bourdaisière, 1er avril 1544. 1er avril.

Enreg. aux Eaux et forêts, le 21 avril 1545. Arch. nat., Z[1e] 1, fol. 24. 1 page.

[1] Chargé d'inspecter les forêts où le roi avait le droit de tiers et danger.

22975. Nomination de ...., gentilhomme de la chambre, comme capitaine et gardien général des forêts d'Andely et de Vernon, sous l'autorité de l'amiral d'Annebaut, avec autorisation de s'adjoindre quatre gardes de son choix. La Bourdaisière, [1 ou 2] avril 1544 avant Pâques[1]. — 1545. 1er ou 2 avril.

Original. Arch. de Seine-et-Oise, E. 3261.

22976. Provisions de l'office de procureur du roi près l'élection et le magasin à sel de Rouen, en faveur de Jean Dufour, au lieu de Jacques Bellier, nommé conseiller au Parlement de Rouen. Le Plessis-lès-Tours, 4 avril 1544. — 4 avril.

Enreg. à la Cour des Aides de Normandie, le 15 avril 1545. Arch. de la Seine-Inférieure, Mémoriaux, 2e vol., fol. 516 v°. 1 page 1/2.

22977. Déclaration de foi et hommage de Pierre Forget, seigneur d'Avisé (paroisse de Limeray), et de la Dorée (paroisse d'Esvres), pour ses pêcheries en la rivière de Cisse sur la paroisse de Limeray, mouvant d'Amboise. Tours, 8 avril 1545. — 8 avril.

Original. Arch. nat., Chambre des Comptes de Paris, P. 12, n° 3994.

22978. Provisions de l'office de prévôt et capitaine du guet de la ville de Lyon pour P. Thierry, en remplacement de feu Humbert Coreau. Chenonceaux, 14 avril 1545. — 14 avril.

Copie du XVIe siècle. Arch. du Rhône, reg. des insinuations de la sénéchaussée, Livre du roi, fol. 92 v°.

22979. Provisions de l'office de notaire royal en la sénéchaussée de Lyon pour Étienne Carrel, en remplacement de feu Jean Carrel. Amboise, 12 avril 1545. — 12 avril.

Copie du XVIe siècle. Arch. du Rhône, reg. des insinuations de la sénéchaussée, Livre du roi, fol. 91.

22980. Lettres portant que toutes les recettes des do- — 21 avril.

[1] L'humidité a endommagé l'écriture de cette pièce, sur laquelle on ne peut plus lire le nom du titulaire ni le quantième de la date.

maine et duché d'Auvergne et Carladès, cens, rentes, etc., et toutes les dépenses ordinaires et extraordinaires seront contrôlées par Jean Forget ou ses commis et députés. 21 avril 1545. 1545.

Enreg. à la Chambre des Comptes de Paris, anc. mém. 2 M, fol. 305. *Arch. nat.*, PP. 119, p. 36. (*Mention.*)

Bibl. nat., ms. fr. 21405, p. 360. (*Mention.*)

22981. Lettres de relief de surannation de la déclaration du mois de mai 1543 (n° 13108), en faveur des habitants de Rouen. Romorantin, 22 avril 1545. 22 avril.

Vérifiées par Jean d'Estourmel, général de Picardie, le 16 octobre 1545, et par les généraux des finances, le 19 janvier 1546.

Original. Arch. comm. de Rouen, tiroir 9, n° 8.

22982. Déclaration de foi et hommage de Girard Acarie, seigneur de Fontenay-sur-Oise, contrôleur général des finances en Normandie, pour le fief du « Port-au-Pain », mouvant de Senlis. Romorantin, 23 avril 1545. 23 avril.

Original. Arch. nat., Chambre des Comptes de Paris, P. 5, n° 1659.

22983. Provisions de l'office de contrôleur de l'élection de Montivilliers en faveur de Mathurin Richer, sur la résignation faite à son profit par Michel Chapuis. Romorantin, 29 avril 1545. 29 avril.

Vérifiées par les généraux des finances, le 20 juillet 1545.

Enreg. à la Cour des Aides de Normandie, le 17 novembre 1545. Arch. de la Seine-Inférieure, Mémoriaux, 2e vol., fol. 538. 1 page.

22984. Commission à Charles de Chantecler, conseiller au Parlement de Paris, pour faire la levée de 60,000 livres imposées en Bretagne pour l'entretien des gens de guerre. Romorantin, 30 avril 1545. 30 avril.

Enreg. aux Grands jours ou Parlement de Bretagne. Arch. d'Ille-et-Vilaine, B. 1 (anc. B. 224), fol. 219.

22985. Commission au même conseiller, pour la levée des décimes et dons gratuits sur le clergé de Bretagne. Romorantin, 30 avril 1545. — 1545. 30 avril.

Enreg. aux Grands jours ou Parlement de Bretagne. Arch. d'Ille-et-Vilaine, B. 1 (anc. B 224), fol. 224.

22986. Lettres prolongeant à huit jours la durée des quatre foires qui se tiennent à Châlons, les vendredi et samedi avant les Brandons et avant la Pentecôte, après la Saint-Denis et après la Saint-Martin d'hiver. Romorantin, avril 1545. — Avril.

Arch. de la ville de Châlons (Marne), HH. foires.

22987. Provisions de l'office de notaire royal en la sénéchaussée de Lyon pour Jacques Gontal, en remplacement de feu Benoît Bergeret. Romorantin, 1er mai 1545. — 1er mai.

Copie du XVIe siècle. Arch. du Rhône, reg. des insinuations de la sénéchaussée, Livre du roi, fol. 91 v°.

22988. Commission pour informer, à la requête de François de Mauny, abbé commendataire de Coëtmalouen, contre frère Louis Guynement, élu au même bénéfice. Romorantin, 1er mai 1545. — 1er mai.

Enreg. aux Grands jours ou Parlement de Bretagne. Arch. d'Ille-et-Vilaine, B. 1 (anc. B. 224), fol. 214.

22989. Provisions, en faveur d'Antoine Regnault, de l'office d'huissier et messager ordinaire de la Chambre des Comptes de Paris, vacant par la résignation de Jean Savart. 4 mai 1545. — 4 mai.

Enreg. à la Chambre des Comptes et à la Cour des Aides de Paris. Arch. nat., recueil Cromo, U. 665, p. 317. (*Mention.*)

22990. Déclaration de foi et hommage de Germain de Lisle, comme procureur de François d'Orléans, marquis de Rothelin, pour la seigneurie de Noyelles-sur-Mer, mouvant du comté de Ponthieu. Blois, 5 mai 1545. — 5 mai.

Original. Arch. nat., Chambre des Comptes de Paris, P. 15, n° 5594.

22991. Déclaration de foi et hommage de Jacqueline de Rohan, marquise de Rothelin, pour la seigneurie de Noyelles-sur-Mer, mouvant du comté de Ponthieu. [1] [Blois, 5] mai 1545. — 1545. 5 mai.

Original. Arch. nat., Chambre des Comptes, P. 15, n° 5595.

22992. Commission au sieur d'Estourmel, général des finances d'Outre-Seine et Yonne, pour inviter les villes de son ressort, possédant des magasins à sel, à pourvoir à l'approvisionnement desdits magasins. Blois, 7 mai 1545. — 7 mai.

Présentée au conseil de ville de Beauvais, le 23 juin 1545. Arch. comm. de Beauvais, BB. 15, fol. 215, numéroté à tort VI^{xx} XV.

22993. Provisions, en faveur de Pierre Lavotte, de l'office de contrôleur du magasin à sel de Fécamp, substitué à l'office de receveur du grenier à sel dudit lieu, qu'exerçait Nicole Boucheron, nommé depuis contrôleur du magasin à sel de Dreux. Blois, 8 mai 1545. — 8 mai.

Vérifiées par les généraux des finances, le 30 juin 1545.

Enreg. à la Cour des Aides de Normandie, le 18 novembre 1545. Arch. de la Seine-Inférieure, Mémoriaux, 2e vol., fol. 539. 1 page 1/2.

22994. Lettres déchargeant les habitants du Hâvre-de-Grâce de la cotisation des gens de guerre, en considération des grandes charges qu'ils ont supportées les années précédentes. Bury, 9 mai 1545. — 9 mai.

Attache du Trésorier de l'épargne.

Original. Arch. de la ville du Havre (Seine-Inférieure).

22995. Lettres d'évocation au Conseil du roi des contestations survenues, au sujet des aumônes réclamées de l'archevêque et du chapitre cathédral de Rouen par la municipalité, pour l'entretien des pauvres de ladite ville. Pezou, 14 mai 1545. — 14 mai.

Original. Arch. de la Seine-Inférieure, G. 3664.

[1] Pièce mutilée.

22996. Provisions de l'office de notaire royal à Lyon pour Floris Giraud, en remplacement de feu Jean Beaucherin. Pezou, 14 mai 1545. — 1545. 14 mai.

Copie du XVIe siècle. Arch. du Rhône, reg. des insinuations de la sénéchaussée, Livre du roi, fol. 92.

22997. Provisions de l'office nouvellement créé d'élu au siège particulier de Brezolles (élection d'Alençon), dans la baronnie de Châteauneuf-en-Thimerais, en faveur de François Viron, licencié ès lois, sur la résignation faite à son profit par Adrien Bérault. Morée, 18 mai 1545. — 18 mai.

Vérifiées par les généraux des finances, le 21 juillet 1545.

Enreg. à la Cour des Aides de Normandie, le 23 février 1546 n. s. Arch. de la Seine-Inférieure, 2e vol., fol. 552. 1 page 1/2.

22998. Ratification d'un contrat de constitution de 3,000 livres tournois de rente au profit des aisés du diocèse d'Albi, passé par Charles du Plessis, sr de Savonnières, général des finances en Languedoc, Lyonnais, Forez, et François de Connan, maître des requêtes de l'hôtel, commissaires députés par le roi à faire des emprunts particuliers sur les habitants aisés de la généralité de Languedoc. 13 mai 1545. — 18 mai.

Enreg. à la Chambre des Comptes de Paris, anc. mém. 2 N, fol. 257 vo. *Arch. nat.*, PP. 119, p. 44. (*Mention.*)

Bibl. nat., ms. fr. 21405, p. 364. (*Mention.*)

22999. Lettres enjoignant au Parlement de Toulouse et à tous autres officiers de justice d'adjuger, au profit des fournisseurs des marchands, les dommages et intérêts qui pourraient leur être dus par ces derniers, faute d'avoir payé leurs marchandises aux termes convenus. Châteaudun, 22 mai 1545. — 22 mai.

Enreg. au Parl. de Toulouse. Arch. de la Haute-Garonne, Édits, reg. 5, fol. 161. 1 page 1/2. (Cf. le no 14454 du *Catalogue*.)

23000. Mandement à la duchesse de Nevers pour la convocation du ban et de l'arrière-ban de la — 23 mai.

noblesse du Nivernais. Châteaudun, 23 mai 1545. 1545.

Arch. départ. de la Nièvre, B. Chambre des Comptes de Nevers (n° 70 de l'inventaire de G. Eysenbach).

Imp. Le comte de Soultrait, *Invent. des titres de Nevers de l'abbé de Marolles.* Nevers, 1873, in-4°, col. 40. (*Mention.*)

23001. Don à Anne Gédoin, veuve de Jean Breton, seigneur de Villandry, de la conciergerie, charge et garde des chambres du château de Chambord. Châteaudun, 23 mai 1545. 23 mai.

Imp. André Félibien, *Mémoires pour servir à l'histoire des maisons royales.* Paris, 1874, in-8°, p. 31. (*Mention.*)

23002. Lettres d'exemption pour le chapitre de Chartres de payer aucune taille, subside ou contribution pour les gens de guerre. Pontgouin, 28 mai 1545. 28 mai.

Original. Arch. départ. d'Eure-et-Loir, G. 718.

23003. Lettres d'évocation au Grand conseil des procès intentés à Pierre de Mareuil, évêque de Lavaur, abbé de Brantôme et aumônier du dauphin, pour raison des bénéfices dépendant desdits évêché et abbaye, situés, celui-là dans le ressort du Parlement de Toulouse, celle-ci dans le ressort du Parlement de Bordeaux. Argentan, 5 juin 1545. 5 juin.

Enreg. au Grand conseil, le 30 août 1546. Arch. nat., V⁵ 1052. 1 page.

23004. Mandement au premier huissier ou sergent requis d'enjoindre aux abbés, chapitres, prieurs et curés du diocèse de Troyes de payer le don gratuit équivalant à quatre décimes, pour subvenir aux frais de la guerre. Argentan, 8 juin 1545. 8 juin.

Copie du XVIe siècle. Arch. départ. de l'Aube, G. 151, pièce 1.

23005. Déclaration de l'hommage rendu par Bertrand Millet, écuyer, au nom de René de Beauvau, écuyer, malade, pour le membre de fief de 9 juin.

Cramesnil (bailliage de Caen, vicomté de Falaise). Argentan, 9 juin 1545. — 1545.

Expéd. orig. Arch. nat., P. 273[1], cote 5633.

23006. Provisions de l'office de notaire royal en la sénéchaussée de Lyon pour Jean Gaillat, en remplacement de Jacques Trevenuz. Argentan, 14 juin 1545. — 14 juin.

Copie du XVIe siècle. Arch. du Rhône, reg. des insinuations de la sénéchaussée, Livre du roi, fol. 93.

23007. Déclaration de l'hommage de Jean de La Chesnaye pour la seigneurie de Cauverville (vicomté d'Orbec), provenant de la succession de Jean Mallet et adjugée audit de La Chesnaye et à Françoise, fille dudit Mallet, sa femme, par un arrêt du Conseil privé rendu entre eux, d'une part, la veuve et les héritiers de feu Jacques Du Mesnil et leurs consorts, d'autre part. Argentan, 14 juin 1545. — 14 juin.

Expéd. orig. Arch. nat., P. 270[2], cote 4369.

23008. Déclaration de foi et hommage de Jean d'Erquembourc pour la seigneurie de Tourville, mouvant de Pont-Audemer. Touques, 29 juin 1545. — 29 juin.

Original. Arch. nat., Chambre des Comptes de Paris, P. 265[2], n° 1717.

23009. Déclaration de foi et hommage d'Olivier Nolent, écuyer, pour le fief de Tourville, dit Fatouville, mouvant de Touques, et pour le fief de Couillerville, mouvant de Conches. Touques, 1er juillet 1545. — 1er juillet.

Original. Arch. nat., Chambre des Comptes de Paris, P. 265[1], n° 1412.

23010. Lettres évoquant au Grand conseil une procédure entre le cardinal de Ferrare, évêque de Tréguier, et Thomas Vecchio, trésorier de l'église cathédrale, d'une part, et Pierre Couetnevenoy, d'autre part. Touques, 3 juillet 1545. — 3 juillet.

Enreg. aux Grands jours ou Parlement de Bretagne. Arch. d'Ille-et-Vilaine, B. 1 (anc. B. 224), fol. 249.

23011. Mandement pour le payement à Prieur Cambi, marchand florentin de Lyon, d'une somme qui restait due à François Mazzei, dit Galletto, autre marchand florentin, débiteur dudit Cambi. Paris (*sic*), 9 juillet 1545. 1545. 9 juillet.

Original. Florence, Archivio di Stato, Costantini.

23012. Déclaration de foi et hommage de Charles de Cossé, s[r] de Brissac, pour le fief de Buglise, appelé le fief de Brilly, mouvant de la vicomté de Montivilliers, et pour le fief des Selles, situé à Ricarville, mouvant de la vicomté de Caudebec. Harfleur, 11 juillet 1545. 11 juillet.

Original. Arch. nat., Chambre des Comptes de Paris, P. 266², n° 2135.

23013. Mandement à la Chambre des Comptes de Paris, au trésorier de l'épargne et au général des finances du Dauphiné d'enregistrer les lettres du 6 juillet 1544 (n° 14016), augmentant le crédit affecté aux menues nécessités du Parlement et de la Chambre des Comptes du Dauphiné. Harfleur, 12 juillet 1545. 12 juillet.

Enreg. à la Chambre des Comptes de Grenoble. Arch. de l'Isère, B. 2911, cahier 45. 2 pages 1/2.

23014. Mandement, donné à la requête de Richard Dabeine, bourgeois de Paris, de « mettre à execution une obligation au pays de Limousin ». Harfleur, 14 juillet 1545. 14 juillet.

Enreg. au Châtelet de Paris, Bannières IV (reg. en déficit), fol. 192. *Bibl. nat.,* nouv. acquisitions franç., ms. 3651, p. 741. (*Mention.*)

23015. Déclaration portant que les membres du chapitre de Rouen ne sont tenus de contribuer au payement des 800,000 livres destinées à la solde des gens de guerre à pied, qu'en raison des biens roturiers qu'ils possèdent dans ladite ville. Harfleur, 15 juillet 1545. 15 juillet.

Original. Arch. de la Seine-Inférieure, G. 3682.

23016. Lettres interdisant au Parlement de Bretagne la connaissance du procès entre le cardinal de Ferrare, évêque de Tréguier, et Thomas Vec- 23 juillet.

chio, d'une part, et Pierre Gouetnevenoy, d'autre. Vatteville, 23 juillet 1545. 1545.

Enreg. aux Grands jours ou Parlement de Bretagne. Arch. d'Ille-et-Vilaine, B. 1 (anc. B. 224), fol. 245.

23017. Mandement à la Chambre des Comptes de Blois de procéder à la vérification des lettres d'office de censier du domaine du comté de Blois, données en faveur de Simon Creste, le 16 avril 1541 n. s. (n° 22145). 29 juillet 1545. 29 juillet.

Mentionné dans l'acte de vérification desdites lettres. Arch. nat., KK. 902, fol. 238 v°.

23018. Lettres de relief d'adresse à la Cour des Aides de la confirmation des privilèges des habitants de Montreuil-sous-le-bois-de-Vincennes, donnée en juin 1544 (n° 14000). Paris (*sic*), 30 juillet 1545. 30 juillet.

Copie du XVIe siècle. Arch. nat., J. 941, n° 8.

23019. Lettres permettant aux habitants de Triel de se clore de murs. Touques, juillet 1545. Juillet.

Enreg. au Châtelet de Paris, Bannières IV (reg. en déficit), fol. 195. *Bibl. nat.*, nouv. acquisitions franç., ms. 3651, p. 743. (*Mention.*)

23020. Lettres de survivance en faveur d'Étienne, fils de Jourdain Le Comte, élu en l'élection d'Arques. Jumièges, 1er août 1545. 1er août.

Vérifiées par les généraux des finances, le 13 novembre 1545.

Enreg. à la Cour des Aides de Normandie. Arch. de la Seine-Inférieure, Mémoriaux, 2e vol., fol. 536. 1 page 1/2 (s. d. d'enreg.). — *Id.*, 3e vol., fol. 255. 4 pages.

23021. Déclaration de l'hommage d'Innocent de Charpal, valet de chambre du duc d'Orléans, pour le huitième de la seigneurie de Lignol (bailliage de Chaumont, châtellenie de Bar-sur-Aube). Jumièges, 3 août 1545. 3 août.

Expéd. orig. Arch. nat., P. 163², côte 1061.

23022. Lettres de jussion au Parlement de Grenoble, lui enjoignant d'enregistrer l'édit de création 5 août.

de la Chancellerie du Dauphiné. Jumièges, 5 août 1545. 1545.

Enreg. au Parl. de Grenoble, le 4 septembre 1545. Arch. de l'Isère, B. 2334, fol. 301 v°. 1 page 1/2.

23023. Lettres ratifiant la nomination de François de Vimercat à l'abbaye de Coëtmalouen. Arques, 18 août 1545. 18 août.

Enreg. aux Grands jours ou Parlement de Bretagne. Arch. d'Ille-et-Vilaine, B. 1 (anc. B. 224), fol. 260.

23024. Provisions de l'office de receveur et garde du magasin à sel de Caen, en faveur de Jacques Faulcon, sur la résignation faite à son profit par Pierre Debrey. Pont-Remy, 31 août 1545. 31 août.

Vérifiées par les généraux des finances, le 27 décembre suivant.

Enreg. à la Cour des Aides de Normandie, le 26 mai 1546. Arch. de la Seine-Inférieure, Mémoriaux, 3e vol., fol. 8. 1 page.

23025. Lettres de récépissé du collier de l'ordre de Saint-Michel, précédemment donné au feu duc de Lorraine François Ier, et rapporté au roi par Jean de Florainville, seigneur de Fains, de la part de la veuve dudit duc. 1er septembre 1545. 1er septembre.

Copie du XVIe siècle. Anc. Trésor des Chartes de Lorraine, cartulaire Liber omnium. Arch. de Meurthe-et-Moselle, B. 416, fol. 230. 1/3 de page.

23026. Lettres autorisant les habitants de Saint-Arnoult-en-Yvelines à entourer leur ville de murs et fortifications. 2 septembre 1545. 2 septembre.

Arch. de l'hospice de Saint-Arnoult (Seine-et-Oise), A. 5.

23027. Provisions de l'office de greffier du magasin à sel de Rouen, en faveur de Quentin Le Tellier, sur la résignation faite à son profit par Pierre Rageau. Amiens, 18 septembre 1545. 18 septembre.

Vérifiées le 20, par les généraux des finances.

Enreg. à la Cour des Aides de Normandie, le 18 janvier 1546 n. s. Arch. de la Seine-Inférieure, Mémoriaux, 2e vol., fol. 540 v°. 1 page.

23028. Déclaration de foi et hommage d'Ogier du Faultray, maréchal des logis du roi, pour la seigneurie des Forges (paroisse de Saint-Benoît), mouvant de Chinon, par lui acquise d'Adrien de Cadillac, dit de Béarn. Amiens, 20 septembre 1545. — 1545. 20 septembre.

Original. Arch. nat., Chambre des Comptes de Paris, P. 13, n° 4443.

23029. Provisions de l'office de contrôleur de l'élection de Caen, en faveur de Josse Delalande, sur la résignation de Jean Ferey, secrétaire du roi. Saint-Fuscien, 29 septembre 1545. — 29 septembre.

Enreg. à la Cour des Aides de Normandie, le 27 octobre 1545. Arch. de la Seine-Inférieure, Mémoriaux, 2e vol., fol. 533 v°. 1 page.

23030. Déclaration confirmative du droit concédé à l'abbaye du Valasse de prendre annuellement neuf poises de sel sur la prévôté de Leure et d'Harfleur. Saint-Fuscien, 30 septembre 1545. — 30 septembre.

Vérifiées par les généraux des finances, le 2 octobre 1545.

Enreg. le 27 octobre suivant, à la Cour des Aides de Normandie. Arch. de la Seine-Inférieure, Mémoriaux, 2e vol., fol. 531 v°. 2 pages.

23031. Lettres portant établissement de quatre foires annuelles et d'un marché hebdomadaire à Sarcelles, dans la prévôté de Paris. Saint-Fuscien, septembre 1545. — Septembre.

Enreg. au Châtelet de Paris, Bannières IV (reg. en déficit), fol. 193. *Bibl. nat.*, nouv. acquisitions franç., ms. 3651, p. 742. (*Mention.*)

23032. Lettres portant convocation des États de la province de Normandie. Corbie, 4 octobre 1545. — 4 octobre.

Original. Arch. de la ville de Rouen. (Invent. ms. n° 8, aux *Arch. nat.*, F. 89127.)

23033. Lettres portant affranchissement de tailles pour quatre ans, en faveur des habitants du Tréport, et octroi à leur profit de l'impôt dit du quatrième sur les boissons vendues en détail dans leur bourg, lequel était précédemment — 6 octobre.

prélevé sur eux par les maire et échevins d'Eu. Lihons, 6 octobre 1545. 1545.

Vérifiées par les généraux des finances, le 19, et à l'élection d'Arques, le 27 novembre, et le 29 décembre 1545, au bailliage d'Amiens.

Enreg. à la Cour des Aides de Normandie, le 5 février 1546 n. s. Arch. de la Seine-Inférieure, Mémoriaux, 2e vol., fol. 546 v°. 4 pages 1/3.

23034. Lettres d'exemption pour sept ans, en faveur de la communauté des habitants de Villeneuve d'Asti, de la cense annuelle de 105 ducats 3 sous qu'elle doit au roi, à la condition que le montant de ladite cense soit affecté à la réparation des fortifications de la ville. La Fère-sur-Oise, 10 octobre 1545. 10 octobre.

Vérifiées à la Chambre des Comptes de Blois, avec des lettres analogues en faveur des villes de Baldichieri, de Bra, de Castelnuovo d'Asti et de Buttigliera, le 11 février 1546 n. s. Arch. nat., KK. 902, fol. 239 v°. (*Mention.*)

23035. Provisions de l'office de greffier du magasin à sel du Havre, en faveur de Jacques Lenfant jeune, sur la résignation faite à son profit par Jacques Rageau. La Fère-sur-Oise, 10 octobre 1545. 10 octobre.

Enreg. à la Cour des Aides de Normandie, le 17 octobre 1549. Arch. de la Seine-Inférieure, Mémoriaux, 3e vol., fol. 132 v°. 3 pages.

23036. Lettres portant mainmise sur le temporel de l'abbaye de Boscodon, au diocèse d'Embrun, vacante par suite du décès de l'abbé[1]. La Fère-sur-Oise, 12 octobre 1545. 12 octobre.

Enreg. au Parl. de Grenoble. Arch. de l'Isère, B. 2334, fol. 298 v°. 1 page 1/2.

23037. Provisions de l'office de notaire royal à Lyon pour Jean Veysilieu, en remplacement de Claude Billon. La Fère-sur-Oise, 13 octobre 1545. 13 octobre.

Copie du XVIe siècle. Arch. du Rhône, reg. des insinuations de la sénéchaussée, Livre du roi, fol. 94 v°.

(1) La moitié de cet acte est illisible, l'humidité ayant rongé le papier.

23038. Lettres de don à Anne de Pisseleu, duchesse d'Étampes, femme de Jean de Bretagne, duc d'Étampes, chevalier de l'ordre, de la baronnie de Beynes, fief de Carcassonne, en dépendant, etc., confisqués sur le chancelier Poyet. 13 octobre 1545. — 1545. 13 octobre.

Enreg. à la Chambre des Comptes de Paris, anc. mém. 2 N, fol. 68 v°. *Arch. nat.*, PP. 119, p. 11. (*Mention.*)

Bibl. nat., ms. fr. 21405, p. 362. (*Mention.*)

23039. Déclaration de foi et hommage de Françoise Brethe, veuve de René Juvineau, notaire et secrétaire du roi, pour les métairies des Fougerets et de l'Île-Barbe, situées en la paroisse de Limeray, et pour les seigneuries du Châtellier (paroisse Saint-Denis-Hors) et de la Fontenelle, le tout mouvant d'Amboise. Laon, 18 octobre 1545. — 18 octobre.

Original. Arch. nat., Chambre des Comptes de Paris, P. 12, n° 3996.

23040. Provisions de l'office de sergent de la forêt de Saint-Germain-en-Laye, en faveur d'André La Caille, au lieu de Robert Lécusson, décédé. Folembray, 20 octobre 1545. — 20 octobre.

Enreg. aux Eaux et forêts, le 30 octobre 1545. Arch. nat., Z[1e] 1, fol. 60 v°. 1 page.

23041. Mandement aux Parlements de Paris et de Rouen et aux juridictions de leurs ressorts, de mettre soixante prisonniers à la disposition de Pierre de La Gaudelle, seigneur de la Gripière, capitaine de deux galères. Folembray, 28 octobre 1545. — 28 octobre.

Enreg. au Parl. de Rouen. Arch. de la Cour, à Rouen, reg. crim. de 1539-1558, fol. 28. 2 pages.

23042. Lettres de commission aux s[rs] de Bures et Du Prat pour assister, au nom du roi, au chapitre général de la Toison d'Or qui aura lieu à la prochaine fête de saint André. Folembray, 29 octobre 1545. — 29 octobre.

Original. Arch. imp. de Vienne (Autriche), acte non coté.

23043. Mandement aux Parlements de Paris, Bordeaux, Rouen et juridictions de leurs ressorts, de mettre trois cents prisonniers à la disposition du baron de La Garde, capitaine général des galères, pour la chiourme de sa galée *la Royale*. Folembray, 30 octobre 1545. — 1545. 30 octobre.

Enreg. au Parl. de Rouen. Arch. de la Cour, à Rouen, reg. crim. de 1539-1558, fol. 31. 3 pages.

23044. Provisions en faveur de Suzanne de Wignacourt, dame d'Haraucourt, habitant près de Folembray, de l'office de concierge du château que le roi fait construire audit Folembray, aux gages de 200 livres tournois par an, à prendre sur la recette de Coucy. Folembray, 7 novembre 1545. — 7 novembre.

Enreg. à la Chambre des Comptes de Blois, le 13 août 1546. Arch. nat., KK. 902, fol. 259. 1 page.

23045. Provisions de l'office de grand sergent de la forêt de Saint-Germain-en-Laye, en faveur de Jean Lambert, au lieu de Guillaume Vauguyon, décédé. Compiègne, 23 novembre 1545. — 23 novembre.

Enreg. aux Eaux et forêts de France, le 23 décembre 1545. Arch. nat., Z[1e] 1, fol. 67 v°. 1 page 1/2.

23046. Lettres autorisant Claude de Lorraine, duc de Guise, à racheter les portions aliénées des terres d'Argilly, Pontailler, Saint-Jean-de-Losne et Sigy. Novembre 1545. — Novembre.

Anc. arch. de la Chambre des Comptes de Joinville. Arch. nat., KK. 908, fol. 35. (*Mention.*)

23047. Mandement aux Parlements de Paris, Bordeaux, Toulouse et aux juridictions de leurs ressorts, de mettre deux cents prisonniers à la disposition de Claude de Manelli, capitaine de deux galères sur la mer du Ponant. Villers-Cotterets, 10 décembre 1545. — 10 décembre.

Enreg. au Parl. de Rouen. Arch. de la Cour, à Rouen, reg. crim. de 1539-1558, fol. 30 v°. 1 page 2/3.

23048. Lettres d'évocation au Grand conseil d'un procès soutenu par les habitants de Salon de Crau contre les États de Provence. 14 décembre 1545. — 1545. 14 décembre.

Mention dans un arrêt du Grand conseil, en date du 22 juin 1546, par lequel il retient la connaissance dudit procès. Arch. nat., V[5] 1052.

23049. Déclaration de l'hommage de Jacques de Menou pour les seigneuries de Brinon et Burtin, au comté de Blois, lui appartenant à cause de sa femme. 26 décembre 1545. — 26 décembre.

Anc. arch. de la Chambre des Comptes de Blois, lay. B. *Arch. nat.*, P. 1479, fol. 27 v°. (*Mention.*)

23050. Déclaration de foi et hommage de Jean Bonfons, conseiller au Parlement de Rouen, pour la seigneurie de Couronne, mouvant de Rouen. Paris, 27 décembre 1545. — 27 décembre.

Original. Arch. nat., Chambre des Comptes de Paris, P. 265[2], n° 1475.

23051. Provisions de l'office de sergent royal en la sénéchaussée de Lyon pour Étienne Bernard, en remplacement de feu Jean Garnier. Paris, 28 décembre 1545. — 28 décembre.

Copie du XVIe siècle. Arch. du Rhône, reg. des insinuations de la sénéchaussée, Livre du roi, fol. 95.

23052. Mandement au prévôt de Paris d'entériner les lettres de juillet 1545 (n° 23019), accordées aux habitants de Triel, bien qu'il ne soit pas dit dans l'exposé desdites lettres que ce lieu faisait jadis partie du domaine royal. 31 décembre 1545. — 31 décembre.

Enreg. au Châtelet de Paris, Bannières IV (reg. en déficit), fol. 197. *Bibl. nat.*, nouv. acquisitions franç., ms. 3651, p. 743. (*Mention.*)

23053. Lettres permettant aux habitants de Louvres en Parisis de se clore de murs. Paris, décembre 1545. — Décembre.

Enreg. au Châtelet de Paris, Bannières IV (reg. en déficit), fol. 198. *Bibl. nat.*, nouv. acquisitions franç., ms. 3651, p. 743. (*Mention.*)

23054. Don à Philibert de... et à François Robert d'une somme de 40 écus d'or soleil. 1545, 31e année du règne [1]. 1545.

Original. Était en vente chez M. Eug. Charavay, en mars 1891.

1546. — Pâques, le 25 avril.

1546.

23055. Lettres de relief de surannation pour l'enregistrement au Parlement de Rouen des lettres du 11 février 1544 n. s. (n° 13609). Paris, 2 janvier 1545. 2 janvier.

Enreg. au Parl. de Rouen, le 7 septembre 1546. Arch. de la Cour, à Rouen, reg. du Parl. pour août-septembre 1546. 3 pages 1/2.

23056. Mandement au prévôt de Paris de faire contraindre les sujets de la seigneurie de Villiers-le-Bel et dépendances, appartenant au connétable Anne de Montmorency, à venir déclarer les terres qu'ils tiennent et les redevances qu'ils doivent dans ladite seigneurie. Paris, 2 janvier 1545. 2 janvier.

Copie du XVIe siècle. Arch. nat., S. 175, dossier n° 5.

23057. Déclaration de foi et hommage de Bonaventure Gillier, écuyer, en son nom et au nom de ses frères, pour la seigneurie de Marmande, mouvant de Chinon, pour la châtellenie de Faye[-la-Vineuse], mouvant de Saumur, et pour la seigneurie de Grouin (paroisse de Pussigny), mouvant de Châtillon-sur-Indre, provenant de la succession de Joachim Gillier, sr de Puygarreau, et d'Isabeau de Bueil, leurs père et mère. Paris, 2 janvier 1545. 2 janvier.

Original. Arch. nat., Chambre des Comptes de Paris, P. 16, n° 6055.

[1] Cette pièce est mutilée, ce qui ne permet pas de connaître le nom d'un des personnages, la recette sur laquelle cette somme était assignée, ni les dates de lieu, de jour et de mois.

23058. Déclaration de l'hommage de Charles de La Haye, seigneur de Curel, pour la seigneurie de Colombey-les-Deux-Églises (bailliage de Chaumont, châtellenie de Bar-sur-Aube). Paris, 6 janvier 1545. | 1546. 6 janvier.

Exped. orig. Arch. nat., P. 163[1], cote 1060.

23059. Commission aux juges ordonnés sur le fait de la réformation des forêts de Normandie, pour juger en dernier ressort les procès relatifs aux bois et forêts appartenant à l'archevêque de Rouen. Saint-Germain-en-Laye, 14 janvier 1545. | 14 janvier.

Copie collat. du 5 mars 1546 n. s., signée N. de Rogy et J. Baudouyn. Arch. de la Seine-Inférieure, G. 934. 4 pages.

23060. Lettres de réception du serment de fidélité de Louis de Lorraine, évêque de Troyes, pour le temporel de sondit évêché. Saint-Germain-en-Laye, 15 janvier 1545. | 15 janvier.

Exped. orig. Arch. nat., P. 166[2], cote 2604.

23061. Lettres de réception du serment de fidélité du cardinal d'Amboise, archevêque de Rouen, qu'il devait à l'occasion de sa promotion au cardinalat. Saint-Germain-en-Laye, 15 janvier 1545. | 15 janvier.

Original. Arch. nat., Chambre des Comptes de Paris, P. 265[1], n° 1411.

23062. Provisions d'un office d'élu en l'élection d'Évreux, en faveur de Jacques Thioult, au lieu de Nicole Boulland, décédé. Saint-Germain-en-Laye, 17 janvier 1545. | 17 janvier.

Vérifiées par les généraux des finances, le 21 janvier 1546 n. s.

Enreg. le 28, à la Cour des Aides de Normandie. Arch. de la Seine-Inférieure, Mémoriaux, 2e vol., fol. 544.

23063. Mandement au bailli d'Amiens et aux élus d'Arques de faire jouir les habitants du Tréport de l'affranchissement à eux octroyé, le | 22 janvier.

6 octobre 1545 (n° 23033). Saint-Germain-en-Laye, 22 janvier 1545. 1546.

Enreg. à la Cour des Aides de Normandie, le 5 février 1546 n. s. Arch. de la Seine-Inférieure, Mémoriaux, 2° vol., fol. 550 v°, 1 page.

23064. Lettres de relief d'adresse pour l'enregistrement, à la Cour des Aides de Normandie, des lettres du 6 octobre 1545 (n° 23033), en faveur des habitants du Tréport. Saint-Germain-en-Laye, 23 janvier 1545. 23 janvier.

Enreg. le 5 février suivant à ladite Cour. Arch. de la Seine-Inférieure, Mémoriaux, 2° vol., fol. 551, 2/3 de page.

23065. Lettres accordant à Charles III, duc de Lorraine, délai jusqu'à sa majorité pour rendre l'hommage dû au roi pour la seigneurie de Gondrecourt, au bailliage de Chaumont, et la partie du duché de Bar, située en deçà de la Meuse. Saint-Germain-en-Laye, 26 janvier 1545. 26 janvier.

Expéd. orig. Arch. nat., P. 1661, cote 2371.
Copie du XVI° siècle. Anc. Trésor des Chartes de Lorraine, cartulaire Gondrecourt. Arch. de Meurthe-et-Moselle, B. 364, fol. 258 v°, 1 page 1/2.

23066. Mandement au Parlement de Grenoble d'examiner à fond et de terminer les procès pendants par devant lui entre le procureur général et les détenteurs de terres domaniales aliénées. Saint-Germain-en-Laye, 26 janvier 1545. 26 janvier.

Copie du XVI° siècle. Milan, Bibl. Trivulziana, ms. 1568.

23067. Mandement au Grand conseil de donner avis sur la requête de Jean de Villemur, seigneur de Saint-Paul, de Jacques de Villemur, seigneur de Pailhès, et des héritiers de feu Pierre de Voisin, seigneur de Blagnac, tendant à obtenir l'évocation d'un procès par eux soutenu au Parlement de Toulouse contre François Gieulle, seigneur de la Nogarède. 29 janvier 1545. 29 janvier.

Mention dans un arrêt du Grand conseil, en date du 4 juin 1546. Arch. nat., V⁵ 1052.

23068. Lettres ordonnant le département sur les villes closes du bailliage de Caux de la somme taxée pour la solde des gens de guerre. Saint-Germain-en-Laye, 1er février 1545. — 1546. 1er février.

Original. Arch. de la ville du Havre (Seine-Inférieure).

23069. Lettres de relief de surannation pour l'enregistrement de l'exemption du ban et de l'arrière-ban accordée, le 19 mai 1543 (n° 22612), aux gouverneurs et capitaines des villes et châteaux, et aux capitaines et officiers des légions. Saint-Germain-en-Laye, 2 février 1545. — 2 février.

Enreg. au Châtelet de Paris, Bannières IV (reg. en déficit), entre les fol. 210 et 216. Bibl. nat., nouv. acquisitions franç., ms. 3651, p. 746. (Mention.)

23070. Provisions pour Guillaume de Marseille d'un office de clerc auditeur des comptes, en remplacement de Jacques Luillier. 3 février 1545. — 3 février.

Enreg. à la Chambre des Comptes de Paris, anc. mém. 2 N, fol. 93 v°. Arch. nat., PP. 119, p. 15. (Mention.)

Bibl. nat., ms. fr. 21405, p. 362. (Mention.)

23071. Mandement au bailli d'Auxois de procéder à la répartition de la somme de 3,096 livres tournois, montant de la cotisation dudit bailliage pour partie de la somme de 600,000 livres imposée sur tout le royaume, pour la solde de vingt-cinq mille fantassins pendant quatre mois. Saint-Germain-en-Laye, 4 février 1545. — 4 février.

Copie collat. du temps. Arch. commun. d'Avallon (Yonne), EE. 34, n° 18.

23072. Déclaration de foi et hommage de Charles de Bouelles, seigneur de Bernes, pour 100 livres tournois de rente annuelle assise sur la terre de Mouchy-le-Châtel, mouvant de Senlis et appartenant à Jean de Maricourt. Paris, 6 février 1545. — 6 février.

Original. Arch. nat., Chambre des Comptes de Paris, P. 5, n° 1658.

23073. Provisions de l'office de greffier de l'élection de Caudebec en faveur de Jean Filleul, au lieu de Jean François, décédé. Leuville, 14 février 1545. — 1546. 14 février.

Enreg. à la Cour des Aides de Normandie, le 23. Arch. de la Seine-Inférieure, Mémoriaux, 2ᵉ vol., fol. 551 v°.

23074. Commission aux prévôts des maréchaux pour punir des tireurs de « hacquebuttes » en Bourgogne. 21 février 1545. — 21 février.

Anc. arch. de la Chambre des Comptes de Joinville, pièce cotée 325. *Arch. nat.,* KK. 906, fol. 409. (*Mention.*)

23075. Provisions pour Hugues Thibault de l'office de receveur des deniers communs de la ville de Châlons, au lieu de Hugues de Champagne. 22 février 1545. — 22 février.

Enreg. à la Chambre des Comptes de Paris, anc. mém. 2 N, fol. 96 v°. *Arch. nat.,* PP. 119, p. 15. (*Mention.*)

Bibl. nat., ms. fr. 21405, p. 362. (*Mention.*)

23076. Mandement au Grand conseil de donner avis sur la requête de Lazare et d'Étienne Du Puits, tendant à obtenir l'évocation audit Conseil du procès criminel par eux intenté à Isnard et Jean-Baptiste de Glandèves et à leurs complices, pour raison du meurtre de Barthélemy Du Puits, leur frère. 22 février 1545. — 22 février.

Mention dans un arrêt du Grand conseil, en date du 17 août 1546. Arch. nat., V⁵ 1052.

23077. Lettres portant exemption de tailles, en faveur des habitants de Villefranche-sur-Meuse. Février 1545. — Février.

Arch. nat., G¹ 74. (*Mention.*)

23078. Provisions de l'office d'élu en la vicomté de Bayeux, en faveur de Charles Arthur, licencié ès lois, sur la résignation faite à son profit par Raphaël d'Ecrametot. Saint-Germain-en-Laye, 2 mars 1545. — 2 mars.

Vérifiées par les généraux des finances, le 5.

Enreg. à la Cour des Aides de Normandie, le

8 mars 1546 n. s. Arch. de la Seine-Inférieure, Mémoriaux, 2e vol., fol. 553 v°. 1 page 1/2. 1546.

23079. Provisions de la chapelle de Saint-Paul et Sainte-Catherine, fondée en l'abbaye de Maubuisson, sur la présentation de l'abbesse Marie d'Annebaut, en faveur de Jean Le Duc, confesseur des religieuses, au lieu de Claude Le Lasche, décédé. Saint-Germain-en-Laye, 3 mars 1545. 3 mars.

Original. Arch. de Seine-et-Oise, série H, fonds de Maubuisson, 6e carton.

23080. Provisions de l'office de sergent royal de la gruerie de Saint-Germain-en-Laye, en faveur de Noël Fromont, au lieu de Pierre Mouschot, décédé. Saint-Germain-en-Laye, 4 mars 1545. 4 mars.

Enreg. aux Eaux et forêts, le 10 mars 1546 n. s. Arch. nat., Z1e 1, fol. 77 v°. 1 page 1/2.

23081. Provisions de l'office de sergent et garde de la forêt de Rouvray, près Boulogne et Saint-Cloud, en faveur de Jean de Hailly, sur la résignation faite à son profit par Jean de La Salle. Paris, 9 mars 1545. 9 mars.

Enreg. aux Eaux et forêts, le 3 février 1547 n. s. Arch. nat., Z1e 1, fol. 103 v°. 1 page 1/2.

23082. Provisions de l'office de maître de la Chambre des Comptes de Blois, en faveur de Jean Dalesso, au lieu de Jean Grenasie, décédé. Paris, 9 mars 1545. 9 mars.

Réception dudit Dalesso à ladite Chambre, le 1er avril 1546 n. s. Arch. nat., KK. 902, fol. 242. (*Mention.*)

23083. Lettres de jussion à la Chambre des Comptes pour l'entérinement de la déclaration du roi portant que Claude Breton, secrétaire de la chambre et général des finances dans les comtés de Blois et de Soissons, la seigneurie de Coucy et autres terres de la maison d'Orléans, patrimoine de la feue reine Claude, jouira des mêmes droits, pouvoirs et autorité 11 mars.

que son prédécesseur audit office, le s[r] de Villandry, son père. Paris, 11 mars 1545. 1546.

Enreg. à la Chambre des Comptes de Blois. Arch. nat., KK. 902, fol. 283 v°.

23084. Provisions pour Jean Baradat de l'office de receveur des deniers communs des villes de Condom, Mezin et Montréal. 14 mars 1545. 14 mars.

Reçu à la Chambre des Comptes, le 3 juillet 1546, à charge de baill^r caution ès mains du sénéchal d'Agénais, anc. mém. 2 N, fol. 166. *Arch. nat.*, PP. 119, p. 23. (*Mention.*)

Bibl. nat., ms. fr. 21405, p. 363. (*Mention.*)

23085. Lettres accordant aux maire et échevins de Bourges une nouvelle continuation pour huit ans de l'octroi du treizain. Yerres, 23 mars 1545. 23 mars.

Original. Arch. municip. de Bourges, CC. 126.

23086. Déclaration de foi et hommage de Jean Coeffier, secrétaire du roi, pour les maisons, terres et censives appartenant audit Coeffier en la ville, terre et justice de Chaumont en Sologne (auj. Chaumont-sur-Tharonne), mouvant de Beaugency. Fontainebleau, 27 mars 1545. 27 mars.

Original. Arch. nat., Chambre des Comptes de Paris, P. 11, n° 3500.

23087. Provisions de l'office de notaire royal en la sénéchaussée de Lyon pour Michel Rougé, en remplacement de feu Jacques Guiot. Fontainebleau, 28 mars 1545. 28 mars.

Copie du XVIe siècle. Arch. du Rhône, reg. des insinuations de la sénéchaussée, Livre du roi, fol. 95 v°.

23088. Provisions de l'office de notaire royal en la sénéchaussée de Lyon pour Aymar Cabillet, en remplacement de feu Richard Thiebelley. Fontainebleau, 29 mars 1545. 29 mars.

Copie du XVIe siècle. Arch. du Rhône, reg. des insinuations de la sénéchaussée, Livre du roi, fol. 99 v°.

23089. Lettres permettant aux habitants de la Hous- Mars.

saye en Brie de se clore de murs. Paris, mars 1545. — 1546.

Enreg. au Châtelet de Paris, Bannières IV (reg. en déficit), fol. 206. *Bibl. nat.*, nouv. acquisitions franç., ms. 3651, p. 745. (*Mention.*)

23090. Édit portant obligation pour les conseillers clercs du Parlement de Rouen d'être revêtus des ordres sacrés. Mars 1545. — Mars.

Enreg. au Parl. de Rouen, le 7 avril 1546 n. s. Bibl. de Rouen, ms. E. 57, fol. 9 v°. (*Mention.*)

23091. Lettres portant permission aux prévôt des marchands et échevins de Paris, d'engager le domaine de la ville jusqu'à concurrence de 90,000 livres tournois, somme accordée par la ville au roi pour les affaires de la guerre. 1er avril 1545. — 1er avril.

Enreg. à la Chambre des Comptes de Paris, anc. mém. 2 N, fol. 133. *Arch. nat.*, PP. 119, p. 19. (*Mention.*)

Bibl. de Rouen, ms. Leber 5840, t. XIV, fol. 68 v°. (*Mention.*)

23092. Lettres de relief d'adresse pour l'enregistrement au Parlement de Rouen des lettres du 11 février 1544 n. s. (n° 13609). Fontainebleau, 4 avril 1545. — 4 avril.

Enreg. au Parl. de Rouen, le 7 septembre 1546. Arch. de la Cour, à Rouen, reg. du Parl. pour août-septembre 1546. 5 pages.

23093. Lettres déclarant absous de l'accusation portée contre lui par M. de Lorges, René de Château-Chalon, seigneur de la Chattière, précédemment commis à conduire en Écosse un renfort de gens de guerre, sous la charge dudit seigneur de Lorges. Fontainebleau, 5 avril 1545. — 5 avril.

Copie du temps. Bibl. nat., ms. fr. 5503, fol. 215 v°. 2 pages.

23094. Mandement au grand maître des Eaux et forêts de donner à Nicolas de Pommereux, seigneur du Plessis-Brion, après examen de ses titres, — 6 avril.

mainlevée de certains droits d'usage dans la forêt de Laigle. Fontainebleau, 6 avril 1545. 1546.

Copie collat. du XVIIIe siècle. Arch. nat., K. 185, n° 210.

23095. Lettres d'exemption en faveur de Philippe de Chollet, archer de la garde, des droits féodaux dus au roi par suite de l'acquisition faite par ledit de Chollet de la moitié de la seigneurie de Malvaux, au comté de Blois. Fontainebleau, 9 avril 1545. 9 avril.

Vérifiées à la Chambre des Comptes de Blois, le 31 mars 1547 n. s. Arch. nat., KK. 902, fol. 252 v°. (*Mention.*)

23096. Déclaration de foi et hommage fait entre les mains du chancelier de France par Jean Dubois, sommelier de paneterie de la reine, pour la moitié de la métairie de Cosnon, dans la paroisse de Montils, au comté de Blois, à lui appartenant à cause de Gabrielle Chaillou, sa femme. Ferrières, [24 avril] 1545 avant Pâques. 24 avril.

Présentée à la Chambre des Comptes de Blois, le 13 mai 1546. Arch. nat., KK. 902, fol. 243. (*Mention.*)

Arch. nat., P. 1479, fol. 101. (*Mention.*)

23097. Mandement à Pierre Secondat, général des finances en la généralité de Guyenne, de rembourser les personnes qui ont prêté au roi à l'occasion de l'emprunt de 100,000 écus d'or soleil ordonné en 1544, savoir celles qui demeurent au haut et bas pays de Limousin, sur les deniers de la recette générale de Riom, et les autres sur les deniers de la recette générale d'Agen. Fontainebleau, 1er mai 1546. 1er mai.

Copie collat. sur l'original. Arch. de la ville de Rodez, fonds de la Cité, CC. 361.

23098. Provisions de l'office de notaire royal en la sénéchaussée de Lyon, vacant par la résignation de Claude Ravachol, au profit de Claude Mérye. Fontainebleau, 5 mai 1546. 5 mai.

Copie du XVIe siècle. Arch. du Rhône, reg. des

insinuations de la sénéchaussée, Livre du roi, fol. 95 v°. 1546.

23099. Mandement au Grand conseil de donner avis sur la requête de Jean Du Tillet et de ses frères et consorts, tendant à obtenir qu'il soit enjoint au Parlement de Dijon de juger certains procès y pendants, entre eux et Jean Du Barry, seigneur de la Renaudie, Geoffroy Du Barry et leurs consorts, nonobstant les causes de récusation proposées par ledit Du Barry. 5 mai 1546. 5 mai.

Mention dans un arrêt du Grand conseil, en date du 12 mai 1546. Arch. nat., V⁵ 1052.

23100. Mandement au gouverneur de Péronne, Montdidier et Roye, de faire prendre plusieurs habitants du village de Lucheux, accusés d'avoir tué, au village de Sainte-Marguerite en Artois, deux archers du s[r] de Bugnicourt, et d'en avoir fait prisonniers deux autres. Fontainebleau, 8 mai 1546. 8 mai.

Copie du XVIe siècle. Arch. imp. de Vienne (Autriche), Rep. P, a. 71.

23101. Déclaration portant que le titulaire de toute annexe de bénéfice, sise au diocèse de Toulouse, devra décharger l'archevêque de la somme pour laquelle ladite annexe avait été taxée par les commissaires députés par le roi en 1516. Fontainebleau, 10 mai 1546. 10 mai.

Enreg. au Grand conseil, le 5 août 1546. Arch. nat., V⁵ 1052. 2/3 de page.

23102. Lettres adressées au bailli de Caux, exonérant de toutes charges les habitants du Hâvre-de Grâce, en considération des armements de navires qu'ils ont faits pour le roi. Fontainebleau, 15 mai 1546. 15 mai.

Original. Arch. de la ville du Hâvre (Seine-Inférieure).

23103. Déclaration touchant le remboursement des sommes prêtées au roi par les conseillers du Parlement de Rouen. 15 mai 1546. 15 mai.

Bibl. de Rouen, ms. E. 57, fol. 9 v°. (*Mention*, d'après les *arch. du Parl. de Rouen.*)

23104. Provisions de l'office d'élu en l'élection de Bayeux, en faveur de Jean Malherbe, sur la résignation faite à son profit par Jean Du Buisson, et par Charles de Bourgueville, son gendre, pourvu de lettres de survivance. Fontainebleau, 15 mai 1546. 1546. 15 mai.

Vérifiées par les généraux des finances, le 19.

Enreg. à la Cour des Aides de Normandie, le 29 mai 1546. Arch. de la Seine-Inférieure, Mémoriaux, 3e vol., fol. 9 v°. 2 pages.

23105. Déclaration portant que les propriétaires d'écluses sur l'Eure doivent laisser le passage libre aux bateaux et contribuer, chacun pour sa part, aux frais d'entretien de ladite rivière. Fontainebleau, 16 mai 1546. 16 mai.

Original. Arch. d'Eure-et-Loir.

IMP. *Cartulaire de la ville de Louviers*, t. III, p. 83.

23106. Lettres d'anoblissement pour Simon Godart, seigneur de Hardencourt, homme d'armes de la compagnie de M. de la Rochepot. Mai 1546. Mai.

Enreg. à la Chambre des Comptes de Paris, reg. 15, fol. 51.

Bibl. de l'Arsenal, ms. 4903, p. 125. (*Mention.*)

23107. Lettres de relief de surannation pour la vérification, à la Chambre des Comptes de Paris, des lettres de réception de l'hommage d'Anne de Saint-Amadour pour la seigneurie de Meuse, en date du 28 octobre 1541 (n° 22252). Paris (*sic*), 1er juin 1546. 1er juin.

Expéd. orig. Arch. nat., P. 1632, cote 1168.

23108. Provisions de l'office de sergent dangereux de la maîtrise des Eaux et forêts de France au siège de la Conciergerie du Palais, en faveur de Paul Legillon, sur la résignation faite à son profit par Pierre Boutin. Fontaines en Brie, 2 juin 1546. 2 juin.

Enreg. aux Eaux et forêts, le 7 juin 1546. Arch. nat., Z1e 1, fol. 87 v°. 1 page.

23109. Don à François de Marconnay, gentilhomme de la vénerie et l'un des cent gentilshommes 4 juin.

de l'hôtel, des biens confisqués de Pierre Huot des Cases et de Perrette Huot, sa fille. 4 juin 1546. 1546.

Enreg. à la Chambre des Comptes de Paris, anc. mém. 2 N, fol. 154 v°. *Arch. nat.*, PP. 119, p. 21. (*Mention.*)

Bibl. nat., ms. fr. 21405, p. 363. (*Mention.*)

23110. Mandement au Grand conseil de procéder à l'enregistrement de la déclaration du 10 mai 1546 (n° 23101), en faveur de l'archevêque de Toulouse. Villeneuve[-le-Comte], 5 juin 1546. 5 juin.

Enreg. au Grand conseil, le 5 août 1546. Arch. nat., V^5 1052. 1/3 de page.

23111. Provisions de l'office de procureur du roi près la Connétablie de France, en faveur de Pierre Fallaize, au lieu d'Étienne Ferron, décédé. Villeneuve-le-Comte, 6 juin 1546. 6 juin.

Enreg. à la Connétablie, le 21 juin suivant. Arch. nat., Z^{1c} 7, fol. 6. 1 page.

23112. Lettres de réception du serment de fidélité de François de Pisseleu, pour le temporel de l'évêché d'Amiens. Villeneuve-le-Comte, 6 juin 1546. 6 juin.

Expéd. orig. Arch. nat., P. 725², cote 278.

23113. Déclaration portant que les bénéfices tenus au diocèse de Rouen par les docteurs, régents et écoliers de l'Université de Paris et autres non taxés en 1516, devront contribuer au payement du don gratuit, au lieu des hôpitaux et maladreries. Paris, 15 juin 1546. 15 juin.

Original. Arch. de la Seine-Inférieure, G. 5490.

23114. Mandement au Grand conseil de donner avis sur la requête d'Antoine de Vogué, procureur en la sénéchaussée d'Auvergne, et Jean Vallette, tendant à obtenir l'évocation au Conseil privé d'un procès par eux soutenu, au Parlement de Bordeaux, contre Jean de Beaulieu, receveur des amendes audit Parlement. 15 juin 1546. 15 juin.

Mention dans un arrêt du Grand conseil, en date du 23 juin 1546. Arch. nat., V^5 1052.

23115. Déclaration modificative de l'édit sur les étapes de Normandie (n° 14308). Fontainebleau, 26 juin 1546. 1546. 26 juin.

Enreg. au Parl. de Rouen, le 27 août 1546. Arch. de la Cour, à Rouen, reg. du Parl. pour août-septembre 1546. 3 pages 1/2.

23116. Mandement interdisant la chasse dans les forêts dépendant de la baronnie de la Hunaudaye en Bretagne. Fontainebleau, 26 juin 1546. 26 juin.

Enreg. aux Grand jours ou Parlement de Bretagne. Arch. d'Ille-et-Vilaine, B. 1 (anc. B. 224), fol. 206.

23117. Lettres de réception du serment de fidélité de Jacques Spifame, pour le temporel de l'évêché de Nevers. Fontainebleau, 27 juin 1546. 27 juin.

Expéd. orig. Arch. nat., P. 725², cote 279.

23118. Lettres portant concession viagère à Anne Gédoin, veuve de Jean Breton, seigneur de Villandry et de Villesavin, de droits d'usage dans la forêt de Boulogne, au comté de Blois. Fontainebleau, 27 juin 1546. 27 juin.

Vérifiées à la Chambre des Comptes de Blois, le 13 janvier 1547 n. s. Arch. nat., KK. 902, fol. 250 v°. (*Mention.*)

23119. Lettres ordonnant le transfert de Michel Prévost, procureur du roi au bailliage de Vienne, prisonnier. 27 juin 1546. 27 juin.

Mention dans un arrêt du Grand conseil, en date du 13 octobre 1546. Arch. nat., V⁵ 1052.

23120. Lettres portant bail à ferme pour quatre ans à Philippe de Longueval, seigneur d'Haraucourt, maître d'hôtel du roi et son lieutenant à Coucy, des revenus de la seigneurie dudit Coucy, moyennant certaines redevances dont une partie doit être affectée à la construction du château de Folembray. Fontainebleau, 28 juin 1546. 28 juin.

Enreg. à la Chambre des Comptes de Blois, le 13 août suivant. Arch. nat., KK. 902, fol. 248 v°. 2 pages 1/2.

23121. Lettres dispensant Guillaume de Bourgueville, 2 juillet.

avocat du roi à l'élection de Caen, de payer la somme prescrite, lors du remplacement des greniers à sel par des magasins, pour augmentation de gages. Fontainebleau, 2 juillet 1546. 1546.

Enreg. à la Cour des Aides de Normandie, s. d. Arch. de la Seine-Inférieure, Mémoriaux, 3e vol, fol. 12 v°. 1 page 1/2.

23122. Provisions de l'office de sergent royal à Condrieu pour Étienne Chambaud, dit Legotat. Fontainebleau, 3 juillet 1546. 3 juillet.

Copie du XVIe siècle. Arch. du Rhône, reg. des insinuations de la sénéchaussée, Livre du roi, fol. 96 v°.

23123. Déclaration de l'hommage de Philippe de Chollet, archer de la garde, pour la moitié de la seigneurie de Malvaux, acquise par lui de Jacques Lesbay et de sa femme. Fontainebleau, 3 juillet 1546. 3 juillet.

Présentée à la Chambre des Comptes de Blois, le 31 mars 1547 n. s. Arch. nat., KK. 902, fol. 253. (*Mention.*)

Anc. arch. de la Chambre des Comptes de Blois, lay. M. *Arch. nat.,* P. 1479, fol. 234 v°. (*Mention,* sous la date du 13 juillet.)

23124. Mandement au général de la charge d'informer sur la requête de Jean Marchant et Jean Vincent, fermiers du droit de minage en la ville d'Auxerre, tendant à obtenir rabais de ladite ferme. 3 juillet 1546. 3 juillet.

Mention dans un arrêt du Grand conseil, en date du 16 novembre 1546, portant avis contraire audit rabais. Arch. nat., V5 1052.

23125. Mandement à la Cour des Aides de vérifier et entériner, sans restriction, les lettres de privilèges accordées par le roi aux habitants de Montreuil-sous-Bois, en juin 1544 (n° 14000). Fontainebleau, 7 juillet 1546. 7 juillet.

Copie du XVIe siècle. Arch. nat., J. 941, n° 8.

23126. Mandement à Jean Laguette, receveur général des finances extraordinaires et parties casuelles, de payer à Étienne Loyon et Potaire, 8 juillet.

fourriers ordinaires du roi, la somme de 80 écus d'or, prélevée sur les deniers venant [de la vente de l'office de sergent du] bailliage de Vermandois à Reims. Fontainebleau, 8 juillet 1546 (1). — 1546.

Original. Était en vente chez M. Eugène Charavay, en mars 1891.

23127. Déclaration portant que le Grand conseil devra connaître des procès visés dans les lettres d'évocation accordées à Pierre de Mareuil, évêque de Lavaur, le 5 juin 1545 (n° 23003), bien que lesdites lettres ne soient pas adressées audit Conseil. Fontainebleau, 10 juillet 1546. — 10 juillet.

Enreg. au Grand conseil, le 30 août 1546. Arch. nat., V^5 1052. 3/4 de page.

23128. Lettres de jussion au Parlement de Rouen pour l'enregistrement des lettres du 11 février 1544 (n° 13609). Challeau, 11 juillet 1546. — 11 juillet.

Enreg. au Parl. de Rouen, le 7 septembre 1546. Arch. de la Cour à Rouen, reg. du Parl. pour août-septembre 1546. 1 page 1/2.

23129. Don à Livio Crotto, maître d'hôtel ordinaire du roi, de 3444 livres tournois à prendre sur les biens de feu Arnaud de Gaymeur. 16 juillet 1546. — 16 juillet.

Enreg. à la Chambre des Comptes de Paris, anc. mém. 2 N, fol. 167 v°. *Arch. nat.*, PP. 119, p. 23. (*Mention.*)

Bibl. nat., ms. fr. 21405, p. 363. (*Mention.*)

23130. Déclaration de l'hommage rendu par Pierre Rochet, au nom de Macé Pifort, pour la censive de « Plainvillier », au comté de Blois. 27 juillet 1546. — 27 juillet.

Anc. arch. de la Chambre des Comptes de Blois, lay. P. *Arch. nat.*, P. 1479, fol. 281. (*Mention.*)

23131. Lettres d'évocation des procès pendants aux Parlements de Paris et de Dijon, entre Charles de Croy, seigneur de Seinghen, dame Nicole — 31 juillet.

(1) Cette pièce étant mutilée, la partie de cette analyse comprise entre crochets n'est pas très sûre.

de Lénoncourt et autres, touchant les bois dits des Pennetières, sis au finage de Choiseul. Melun, 31 juillet 1546. | 1546.

Original. Bibl. nat., ms. Lorraine 202, anc. layette France II, n° 29.

23132. Déclaration de foi et hommage de Jean Gallois pour le four banal de Chaumont en Sologne, mouvant de Beaugency. Fontainebleau, 1er août 1546. | 1er août.

Original. Arch. nat., Chambre des Comptes de Paris, P. 11, n° 3505.

23133. Provisions de l'office de receveur des amendes de la Cour des Aides de Normandie en faveur d'Olivier Maillard, au lieu de Guillaume Le Sueur, décédé. Fontainebleau, 2 août 1546. | 2 août.

Enreg. à la Cour des Aides de Normandie, le 26 janvier 1547 n. s. Arch. de la Seine-Inférieure, Mémoriaux, 3e vol., fol. 23. 1 page 1/2.

23134. Déclaration de l'hommage de Jean Du Montier, chevalier, seigneur de Saragosse, maître d'hôtel de la reine, pour la seigneurie d'Aillefol (auj. Gérosdot), mouvant du château de Troyes, provenant de la succession d'Aimé de Courcelles, seigneur de Saint-Liébaut (auj. Estissac), et échue audit Jean par suite d'une transaction avec les héritiers dudit Aimé. Fontainebleau, 2 août 1546. | 2 août.

Expéd. orig. Arch. nat., P. 166[1], cote 2138.

23135. Édit fixant les attributions respectives des juridictions ecclésiastique et séculière pour la connaissance du crime d'hérésie. Sancerre, 15 août 1546. | 15 août.

Enreg. au Parl. de Rouen. Arch. de la Cour à Rouen, reg. crim. de 1539-1558, fol. 36. 3 pages 1/2.

23136. Déclaration de foi et hommage d'Adrienne duchesse d'Estouteville, veuve de François de Bourbon, duc d'Estouteville, comte de Saint-Pol, comme tutrice de leurs enfants, | 16 août.

pour la seigneurie de Lucheux, mouvant de Péronne. Sancerre, 16 août 1546. 1546.

Original. Arch. nat., Chambre des Comptes de Paris, P. 15, n° 5596.

23137. Mandement au bailli de Troyes de faire mettre hors la maladrerie des Deux-Eaux (à Bréviandes), près de Troyes, les malades étrangers, cet établissement ayant été fondé par les habitants de Troyes pour y soigner les lépreux natifs de ladite ville seulement. Moulins, 21 août 1546. 21 août.

Original. Arch. départ. de l'Aube, Hôpital Saint-Lazare, lay. 125, cote A. 1.

23138. Commission à Claude Bellièvre, premier président, et à Félix de La Croix, conseiller au Parlement de Grenoble, pour juger le procès criminel engagé entre Julien Taboué, procureur général du roi en Savoie, et le Parlement dudit pays. Sancerre, 24 (*sic*) août 1546. 24 août.

Original. Arch. nat., K. 710, n° 1.

23139. Lettres adressées au duc de Guise, gouverneur et lieutenant général en Bourgogne, portant que le roi a levé, en ce qui concerne le duché de Bourgogne, les défenses faites antérieurement d'exporter et faire sortir du royaume le bétail vif et les vins seulement, l'interdiction étant maintenue pour les blés et autres grains. Paray-le-Monial, 31 août 1546. 31 août.

Original. Arch. du château de Chantilly, K. 57, n° 4.

23140. Lettres de convocation des consuls d'Alais pour les États de Languedoc, qui se tiendront à Montpellier le 25 novembre prochain. Cuisery, 11 septembre 1546. 11 septembre.

Original. Arch. municipales d'Alais (Gard), liasse 3, n° 26.

23141. Don à Jean-François d'Acquaviva, duc d'Atria, gentilhomme de la chambre du roi, de la 11 septembre.

châtellenie, terre et seigneurie de Reugny en Touraine[1]. 11 septembre 1546. 1546.

Enreg. à la Chambre des Comptes de Paris, anc. mém. 2 O, fol. 78 v. *Arch. nat.*, PP. 119, p. 12. (*Mention.*)
Bibl. nat., ms. fr. 21405, p. 368. (*Mention.*)

23142. Déclaration de foi et hommage de Jacques de Lamps, commandeur de l'hôpital de Saint-Antoine « d'Aumosnières », pour la seigneurie de Bussières, mouvant de Sens. Chalon[-sur-Saône], 16 septembre 1546. 16 septembre.

Original. Arch. nat., Chambre des Comptes de *Paris*, P. 14, n° 5158.

23143. Provisions pour Pierre Du Fay de l'office de vicomte et receveur ordinaire de Pont-Authou et Pont-Audemer, en remplacement de Guillaume Testu. 26 septembre 1546. 26 septembre.

Enreg. à la Chambre des Comptes de Paris, anc. mém. 2 O, fol. 85. *Arch. nat.*, PP. 119, p. 12. (*Mention.*)
Bibl. nat., ms. fr. 21405, p. 368. (*Mention.*)

23144. Mandement au Grand conseil de donner avis sur la requête de Jean Deschamps, tendant à obtenir l'évocation d'un procès par lui soutenu au Parlement de Toulouse. 26 septembre 1546. 26 septembre.

Mention dans un arrêt du Grand conseil, en date du 7 octobre 1546. Arch. nat., V⁵ 1052.

23145. Lettres d'anoblissement en faveur de Jean Le Tellier, seigneur de Brieux, conseiller au Grand conseil, maître ordinaire des requêtes de l'hôtel de la reine, fils de Gilles Le Tellier et d'Isabelle de Souchey. Septembre 1546. Septembre.

Enreg. à la Chambre des Comptes de Paris, reg. 15 (en déficit), fol. 98.
Bibl. de l'Arsenal, ms. 4903, p. 125. (*Mention.*)

23146. Mandement aux Chambres des Comptes de 1er octobre.

(1) « De la terre de Brie-Comte-Robert », d'après l'Inventaire, PP. 119.

Savoie et de Piémont d'enjoindre à tous les vassaux desdits pays de déclarer quels fiefs ils tiennent du roi en foi et hommage. Rouvres, 1er octobre 1546. | 1546.

Copie du XVIe siècle. Turin, Arch. di Stato, sezione 3^a (*ancien archivio camerale*), inventarie della seria 1^a, fol. 3.

(Communiqué par M. le baron de Saint-Pierre.)

Arch. de l'Isère, Invent. ms. de la Chambre des Comptes de Grenoble, Pays étrangers, Savoie. (*Mention.*)

23147. Commission à la Chambre des Comptes de Savoie et de Piémont de faire renouveler les terriers. Rouvres, 1er octobre 1546. | 1er octobre.

Arch. de l'Isère, Invent. ms. de la Chambre des Comptes de Grenoble, Pays étrangers, Savoie. (*Mention.*)

23148. Commission au sénéchal de Lyon de vérifier les dégâts causés à la ville de Vienne en Dauphiné par les débordements de la Gère. Fontaine[-lès-Dijon], 5 octobre 1546. | 5 octobre.

Copie du XVIe siècle. Arch. de l'Isère, B. 2971, fol. 733. 5 pages.

23149. Déclaration de foi et hommage de Louis de Rochechouart, panetier ordinaire du roi, écuyer, seigneur de Montpipeau, pour le château de Montpipeau, mouvant du duché d'Orléans, les seigneuries d'Épieds et les fiefs de Saintry et de Villemars, etc., mouvant de Beaugency. Is-sur-Tille, 8 octobre 1546. | 8 octobre.

Original. Arch. nat., Chambre des Comptes de Paris, P. 11, n° 3507.

23150. Provisions de l'office de sergent et maire de Champigny, au comté de Blois, en faveur de Balthazar Marcade. Is-sur-Tille, 9 octobre 1546. | 9 octobre.

Vérifiées à la Chambre des Comptes de Blois, le 8 mai 1547. Arch. nat., KK. 902, fol. 256. (*Mention.*)

23151. Lettres portant exemption de tutelle pour les officiers de la Chambre des Comptes. 11 octobre 1546. | 11 octobre.

Bibl. de Rouen, ms. E. 57, fol. 10. (*Mention.*)

23152. Lettres de sauvegarde accordées à François Mazzei, marchand florentin de Lyon, pour le mettre à l'abri des poursuites de son créancier, Prieur Cambi, autre marchand florentin. 12 octobre 1546. — 1546. 12 octobre.

Original. Florence, Archivio di Stato, Costantini.

23153. Déclaration de l'hommage de Philibert de Choiseul, baron d'Aigremont, pour la seigneurie d'Arnoncourt (bailliage de Chaumont, châtellenie de Montigny-le-Roi), à lui échue par suite du décès de Pierre de Choiseul, son père. Thonnance [-les-Joinville], 29 octobre 1546. — 29 octobre.

Expéd. orig. Arch. nat., P. 163², cote 1171.

23154. Provisions de l'office de greffier de la Cour des Aides de Normandie en faveur de Jean du Moncel le jeune, sur la résignation faite à son profit par Jean Dufour. Marchais, 17 novembre 1546. — 17 novembre.

Enreg. à ladite Cour, le 29. Arch. de la Seine-Inférieure, Mémoriaux, 3ᵉ vol., fol. 16. 2 pages.

23155. Lettres attribuant à M. de Matignon, lieutenant général en Normandie, à l'exclusion du Parlement de Rouen, la connaissance des affaires concernant les galères qui se trouvaient alors au port de Rouen. 17 novembre 1546. — 17 novembre.

Bibl. de Rouen, ms. E. 57, fol. 10. (*Mention*, d'après les *Arch. du Parl. de Rouen*.)

23156. Mandement au Grand conseil de retenir la connaissance des procès évoqués, le 31 juillet précédent (nº 23131), des Parlements de Paris et de Dijon, entre Charles de Croy, comte de Seinghen, et Nicole de Lenoncourt, au sujet des bois des Pennetières, sis au finage de Choiseul. Folembray, 23 novembre 1546. — 23 novembre.

Original. Anc. Trésor des Chartes de Lorraine, lay. France II, nº 29, 2ᵉ pièce. *Bibl. nat.*, ms. Lorraine 202, fol. 179.

23157. Déclaration de foi et hommage d'Honorat de Savoie, comte de Villars, pour la seigneurie de Pressigny, à laquelle est annexée celle de — 25 novembre.

Ferrières-Larçon, mouvant de Chinon. Folembray, 25 novembre 1546. 1546.

Original. Arch. nat., Chambre des Comptes de Paris, P. 13, n° 4446.

23158. Mandement au Grand conseil de donner avis sur la requête d'Antoine, fils de feu Charles de Crussol, en son vivant sénéchal de Beaucaire, tendant à obtenir qu'une commission lui soit ordonnée par le roi pour casser un arrêt donné à la grand'chambre des enquêtes du Parlement de Paris, entre Antoine de Lévis, seigneur de Caylus, et ledit Antoine de Crussol. 1er décembre 1546. 1er décembre.

Mention dans un arrêt du Grand conseil, en date du 3 décembre 1546. Arch. nat., V5 1052.

23159. Mandement au Grand conseil de donner avis sur la requête de Vidal Du Puy, trésorier du comté de Foix, tendant à obtenir que le Parlement de Toulouse soit autorisé à connaître de certains procès par lui soutenus. 11 décembre 1546. 11 décembre.

Mention dans un arrêt du Grand conseil, en date du 20 décembre 1546. Arch. nat., V5 1052.

23160. Provisions de l'office de prévôt des maréchaux aux duché d'Angoulême, comté de Périgord, pays de Saintonge, ville et gouvernement de la Rochelle, en faveur de Philippe Horry (Horric), écuyer, seigneur de la Courade, au lieu de Jacques de Barbezières, décédé. Compiègne, 12 décembre 1546. 12 décembre.

Acte de réception dudit Horry à la Connétablie de France, le 7 janvier suivant. Arch. nat., Z1c 7, fol. 76 v°.

23161. Provisions de l'office de contrôleur du magasin à sel de Rouen en faveur de Jean Ferey, au lieu de Mathurin Dubosc, décédé. Compiègne, 12 décembre 1546. 12 décembre.

Vérifiées par les généraux des finances, le 21 décembre suivant.

Enreg. à la Cour des Aides de Normandie, le 23. Arch. de la Seine-Inférieure, Mémoriaux, 3e vol., fol. 18 v°. 1 page 1/2.

23162. Lettres autorisant Jean Ferey, nommé contrôleur du magasin à sel de Rouen, à se faire remplacer pendant un an, en considération de « l'occupation continuelle qu'il a soubz l'un de noz principaulx comptables au manyement de sa charge, à la suite de nostre personne ». Compiègne, 12 décembre 1546. — 1546. 12 décembre.

Vérifiées le 21, par les généraux des finances. Enreg. le 23, à la Cour des Aides de Normandie. Arch. de la Seine-Inférieure, Mémoriaux, 3e vol., fol. 19. 1 page 1/2.

23163. Lettres de commission pour la levée et répartition en Bretagne d'un subside de 30,000 livres pour l'entretien des gens de guerre. Compiègne, 14 décembre 1546. — 14 décembre.

Enreg. aux Grands jours ou Parlement de Bretagne. Arch. d'Ille-et-Vilaine, B. 1 (anc. B. 224), fol. 299.

23164. Provisions de l'office de greffier du magasin à sel de Caen en faveur de Pierre Ouardel, au lieu d'Olivier Godes, décédé. Compiègne, 19 décembre 1546. — 19 décembre.

Vérifiées par les généraux des finances, le 23 janvier 1547 n. s.
Enreg. à la Cour des Aides de Normandie, le 26 janvier 1547 n. s. Arch. de la Seine-Inférieure, Mémoriaux, 3e vol., fol. 21. 1 page.

23165. Mandement au Grand conseil de donner avis sur la requête de Françoise de Voisins, dame d'Aix et d'Hautefeuille et vicomtesse de Cheylanc, tendant à obtenir l'évocation audit Conseil d'un procès par elle soutenu et sur lequel le Parlement de Bordeaux a donné deux arrêts contradictoires. 19 décembre 1546. — 19 décembre.

Mention dans un arrêt du Grand conseil, en date du 22 décembre 1546. Arch. nat., V5 1052.

23166. Provisions de l'office d'avocat du roi près la Cour des Aides de Normandie en faveur de Baptiste Le Chandellier, licencié ès lois, sur la résignation faite à son profit par Jean Grandin. Compiègne, 24 décembre 1546. — 24 décembre.

Enreg. à la Cour des Aides de Normandie, le

26 janvier 1547 n. s. Arch. de la Seine-Inférieure, Mémoriaux, 3e vol., fol. 22. 1 page. 1546.

23167. Déclaration portant que les indemnités allouées aux propriétaires dont les maisons, situées dans les faubourgs de Paris, ont été démolies en 1544, ne sont pas assignées sur les deniers affectés aux fortifications de ladite ville, et qu'en conséquence les intéressés n'ont pas à s'adresser aux prévôt des marchands et échevins. Compiègne, 27 décembre 1546. 27 décembre.

Enreg. au Châtelet de Paris, Bannières IV (reg. en déficit), fol. 225. *Bibl. nat.*, nouv. acquisitions franç., ms. 3651, p. 748. (*Mention.*)

1547. — Pâques, le 10 avril.

1547

23168. Provisions de l'office de sergent des forêts de Cruye et Fresnes en faveur de Jacques Bachelier, au lieu de Jacques Hottot, décédé. Pierrefonds, 2 janvier 1546. 2 janvier.

Enreg. aux Eaux et forêts, le 28 janvier 1547 n. s. Arch. nat., Z1e 1, fol. 102 v°. 1 page 1/2.

23169. Lettres accordant à Nicolas de Pommereux, seigneur du Plessis-Brion, commissaire ordinaire de l'artillerie, mainlevée de certains droits d'usage dans la forêt de Laigle. Villers-Cotterets, 8 janvier 1546. 8 janvier.

Copie collat. du 18 avril 1747. Arch. nat., K. 185, n° 211.

23170. Mandement au Grand conseil de donner avis sur la requête de François Patault, seigneur de la Voulte, prévôt ordinaire de l'hôtel, tendant à ce qu'il soit défendu à Pierre de Guerres, seigneur de Castelnau, et à Antoine de Lévis, baron de Caylus, de faire poursuite du procès qu'ils lui ont intenté, ailleurs qu'aux requêtes. 8 janvier 1546. 8 janvier.

Mention dans un arrêt du Grand conseil, en date du 15 janvier 1547 n. s. Arch. nat., V5 1052.

23171. Mandement à la Chambre des Comptes de 10 janvier.

Paris de faire payer à Mathieu de Longuejoue, évêque de Soissons, abbé de Royaumont, les arrérages, montant à la somme de 31 livres 2 sous tournois, d'une rente sur le trésor appartenant à ladite abbaye[1]. 10 janvier 1546. 1547.

Arch. de Seine-et-Oise, série H, fonds de Royaumont, inventaire de la mense, dressé en 1763, p. 377. (*Mention.*)

23172. Provisions en faveur de Jacques Viart le jeune, fils de Jacques Viart, de l'office de solliciteur à la Chambre des Comptes de Blois. Villers-Cotterets, 11 janvier 1546. 11 janvier.

Réception dudit Viart à ladite Chambre. Arch. nat., KK. 902, fol. 251 v°. (*Mention.*)

23173. Lettres portant défenses de contraindre les bourgeois de Paris au payement de la taxe pour les pauvres. Villers-Cotterets, 16 janvier 1546. 16 janvier.

Enreg. au Châtelet de Paris, Bannières IV (reg. en déficit), fol. 216. *Bibl. nat.*, nouv. acquisitions franç., ms. 3651, p. 746. (*Mention.*)

23174. Déclaration de foi et hommage de Jeanne Galyot de Genouilhac, vicomtesse d'Uzès, dame de Crussol et d'Assier, pour la seigneurie de la Ferté-Nabert (auj. la Ferté-Saint-Aubin), mouvant du duché d'Orléans. Villers-Cotterets, 16 janvier 1546. 16 janvier.

Original. Arch. nat., Chambre des Comptes de Paris, P. 11, n° 3501.

23175. Déclaration de foi et hommage de Jeanne Galyot de Genouilhac, vicomtesse d'Uzès, dame de Crussol et d'Assier, pour la seigneurie de Montrichard, mouvant de Tours. Villers-Cotterets, 16 janvier 1546. 16 janvier.

Original. Arch. nat., Chambre des Comptes de Paris, P. 13, n° 4445.

(1) «Cette rente a été accordée à l'abbaye de Royaumont pour leur tenir lieu des usages que l'abbaye avait dans les forêts de Cuise.» (Note de l'Inventaire.)

23176. Lettres de don au profit de Barbe d'Annebaut, demoiselle de la marquise de Saluces, de tous les biens, meubles et immeubles, confisqués sur Guillaume « de Biglatoribus, » de la maison de Lucerne, par arrêt du Parlement de Piémont, du 6 juillet 1545, afin que ladite Barbe puisse trouver un mariage plus avantageux, en considération de l'amiral d'Annebaut, de qui elle est parente. Villers-Cotterets, janvier 1546. — 1547. Janvier.

Arch. de l'Isère, invent. des titres du marquisat de Saluces. (*Mention.*)

23177. Lettres accordant la surintendance de la police de Vienne, en Dauphiné, au premier consul de la ville. Janvier 1546. — Janvier.

Arch. de l'Isère, série G, invent. des titres de l'archevêché de Vienne, rédigé en 1774. (*Mention.*)

23178. Lettres ordonnant à François Mazzei, marchand florentin de Lyon, de payer à Prieur Cambi la somme de 98 livres 4 sous. Paris, 3 février 1546. — 3 février.

Original. Florence, Archivio di Stato, Costantini.

23179. Don à Claude d'Annebaut, maréchal et amiral de France, lieutenant général en Normandie en l'absence du dauphin, des château, ville et seigneurie de Compiègne, pour en jouir sa vie durant. 3 février 1546. — 3 février.

Enreg. à la Chambre des Comptes de Paris, anc. mém. 2 N, fol. 217. *Arch. nat.*, PP. 119, p. 29. (*Mention.*)
Bibl. nat., ms. fr. 21405, p. 363. (*Mention.*)

23180. Création et provisions de l'office de sergent de la forêt et gruerie de Livry et Bondy, en faveur de Jacques Le Roy. Saint-Germain-en-Laye, 5 février 1546. — 5 février.

Enreg. aux Eaux et forêts de France, le 26 février 1547 n. s. Arch. nat., Z^{1e} 1, fol. 107. 1 p. 1/2.

23181. Lettres portant assignation d'une somme de 70 livres 15 sous 2 deniers parisis sur la recette générale de Paris, en faveur de Jacque- — 5 février.

line Hurault, veuve de François Robertet, secrétaire des finances. 5 février 1546. | 1547.

Enreg. à la Chambre des Comptes de Paris, anc. mém. 2 N, fol. 201, p. 363. *Arch. nat.*, PP. 119, p. 27. (*Mention.*)
Bibl. nat., ms. fr. 21405, p. 363. (*Mention.*)

23182. Mandement à la Chambre des Comptes de Grenoble de mettre sous la main du roi, dauphin, les biens de feu Guy de La Maladière, trésorier ordinaire des guerres, jusqu'à ce que ses héritiers aient rendu les comptes de son administration. Saint-Germain-en-Laye, 10 février 1546. | 10 février.

Enreg. à la Chambre des Comptes de Grenoble. Arch. de l'Isère, B. 2971, fol. 391 v°. 1 page.

23183. Lettres portant décharge en faveur de Georges d'Armagnac, évêque de Rodez et de Vabres, ancien ambassadeur du roi près la république de Venise, d'une somme de 2,000 écus restant de 10,000 qu'il redevait au roi. 11 février 1546. | 11 février.

Enreg. à la Chambre des Comptes de Paris, anc. mém. 2 N, fol. 227. *Arch. nat.*, PP. 119, p. 41. (*Mention.*)
Bibl. nat., ms. fr. 21405, p. 364. (*Mention.*)

23184. Lettres adressées au bailli de Caux, ordonnant de faire le département sur les villes closes de son bailliage de la cotisation pour la solde des gens de guerre. Saint-Germain-en-Laye, 12 février 1546. | 12 février.

Mandement du lieutenant général du bailliage aux habitants du Hâvre, leur signifiant qu'ils ont à payer 2,400 livres pour leur quote-part de la solde de 25,000 hommes de pied. 16 mars 1546.

Originaux. Arch. de la ville du Hâvre (Seine-Inférieure).

23185. Déclaration de foi et hommage de Claude Robertet, seigneur et baron d'Alluyes et de Cornay, trésorier de France et secrétaire des finances, fait à cause de sa femme, Anne Briçonnet, pour les fiefs de « l'Orbette, Tanqueue, le Viel- | 12 février.

IMPRIMERIE NATIONALE.

Ascensement et le Clos-le-Roi », sis près la ville d'Orléans, et le fief de la Mothe, sis au Val-de-Loire, mouvant d'Orléans. Saint-Germain-en-Laye, 12 février 1546. 1547.

Original. Arch. nat., Chambre des Comptes de Paris, P. 11, n° 3503.

23186. Lettres ordonnant une levée de 600,000 livres tournois sur les villes closes, pour l'entretien de 25,000 hommes de pied. Saint-Germain-en-Laye, 15 février 1546. 15 février.

Copie du XVIIe siècle. Bibl. de la ville de Grenoble, ms. 1429, fol. 14.

23187. Provisions de l'office de procureur général à la Cour des Aides de Normandie en faveur de Jean Arthur, licencié ès lois, au lieu de Jean Frigard, nommé général à ladite Cour. La Muette-[lès-Saint-Germain-en-Laye], 15 février 1546. 15 février.

Enreg. à ladite Cour, le 2 avril 1547 n. s. Arch. de la Seine-Inférieure, Mémoriaux, 3e vol., fol. 41. 1 page.

23188. Provisions d'un office de général à la Cour des Aides de Normandie en faveur de Jean Frigard, procureur général à ladite Cour, au lieu de Jean de Saint-Laurent, décédé. La Muette, 15 février 1546. 15 février.

Enreg. à la Cour des Aides de Normandie, le 28 février 1547 n. s. Arch. de la Seine-Inférieure, Mémoriaux, 3e vol., fol. 30. 1 page 1/2.

23189. Provisions de l'office de gruyer et capitaine des gardes de la forêt de Livry et Bondy en faveur de Clément de Raison, seigneur de Loiselet, sur la résignation faite à son profit par Louis de Lenseigne. Limours, 19 février 1546. 19 février.

Enreg. aux Eaux et forêts de France, le 28 février 1547 n. s. Arch. nat., Z1e 1, fol. 107 v°. 2 pages.

23190. Lettres d'exemption en faveur des habitants de Bra, Villeneuve, Châteauneuf (Castelnuovo d'Asti), Bouteglières (Buttigliera), et Vaudigier (Baldichieri), au comté d'Asti, des cens 27 février.

par eux dus au roi pour le temps passé, ainsi que pour l'année 1547. Rochefort, 27 février 1546. 1547.

Vérifiées à la Chambre des Comptes de Blois, le 31 mars suivant. Arch. nat., KK. 902, fol. 253 v°. (*Mention.*)

23191. Mandement au sénéchal de Baugé de contraindre les habitants de Beaufort-en-Vallée, en Anjou, d'achever les fortifications de leur ville. Rambouillet, 5 mars 1546. 5 mars.

Copie de 1697. Arch. municipales de Beaufort-en-Vallée (Maine-et-Loire).

Imp. par J. Denais, *Revue de l'Anjou*, nouvelle série, t. XIX, année 1889, p. 177.

23192. Lettres de relief de surannation pour l'enregistrement au Grand conseil des lettres, données le 9 mars 1546 n. s. (n° 14822), en faveur de l'Université de Bordeaux. Paris (*sic*), 16 mars 1546. 16 mars.

Enreg. au Grand conseil, le 24 mars 1547 n. s. Arch. nat., V⁵ 1052. 1/3 de page.

23193. Lettres confirmant le privilège d'arrêt accordé aux habitants de la ville de Troyes, pour en jouir comme précédemment. Rambouillet, 17 mars 1546. 17 mars.

Original. Arch. municipales de Troyes (Aube), liasse 2, boîte 7.

23194. Lettres portant permission aux Dominicains de la rue Saint-Jacques de bailler à rente leur clos de vigne, situé entre les portes Saint-Jacques et Saint-Michel, hors les murs et fossés de la ville. Rambouillet, 18 mars 1546. 18 mars.

Arch. nat., S. 4240, inventaire, p. 14. (*Mention.*)

23195. Mandement aux généraux des finances et aux élus de l'élection de Paris d'entériner et exécuter les privilèges et exemptions accordés aux habitants de Montreuil-sous-Bois, par lettres de juin 1544 (n° 14000) et du 20 juin 1545 (n° 14489). Paris (*sic*), 19 mars 1546. 19 mars.

Copie du XVIe siècle. Arch. nat., J. 941, n° 8.

23196. Mandement à la Chambre des Comptes de Blois de déduire 400 livres tournois des sommes dues au roi par Pierre Blanchet, pour la ferme du péage du grand pont de Blois, qu'il a tenue pendant trois années commençant à la Saint-Jean-Baptiste 1540. Rambouillet, 25 mars 1546. 1547. 25 mars.

Vérifié à la Chambre des Comptes de Blois, le 28 avril 1547. Arch. nat., KK. 902, fol. 255. (*Mention.*)

23197. Lettres portant autorisation aux habitants de Chartres, en compensation des dépenses qu'ils ont faites pour rendre l'Eure navigable, de lever certaines aides sur les marchandises transportées sur ladite rivière. 1546, 33e année du règne[1]. 1547.

Pièce sur parchemin, dépourvue de sceau et de signatures, sans indication de lieu, de mois ni de quantième. *Arch. de l'Eure.*

IMP. *Cartul. de la ville de Louviers*, t. III, p. 80.

[1] Entre le 1er janvier et le 31 mars 1547 n. s.

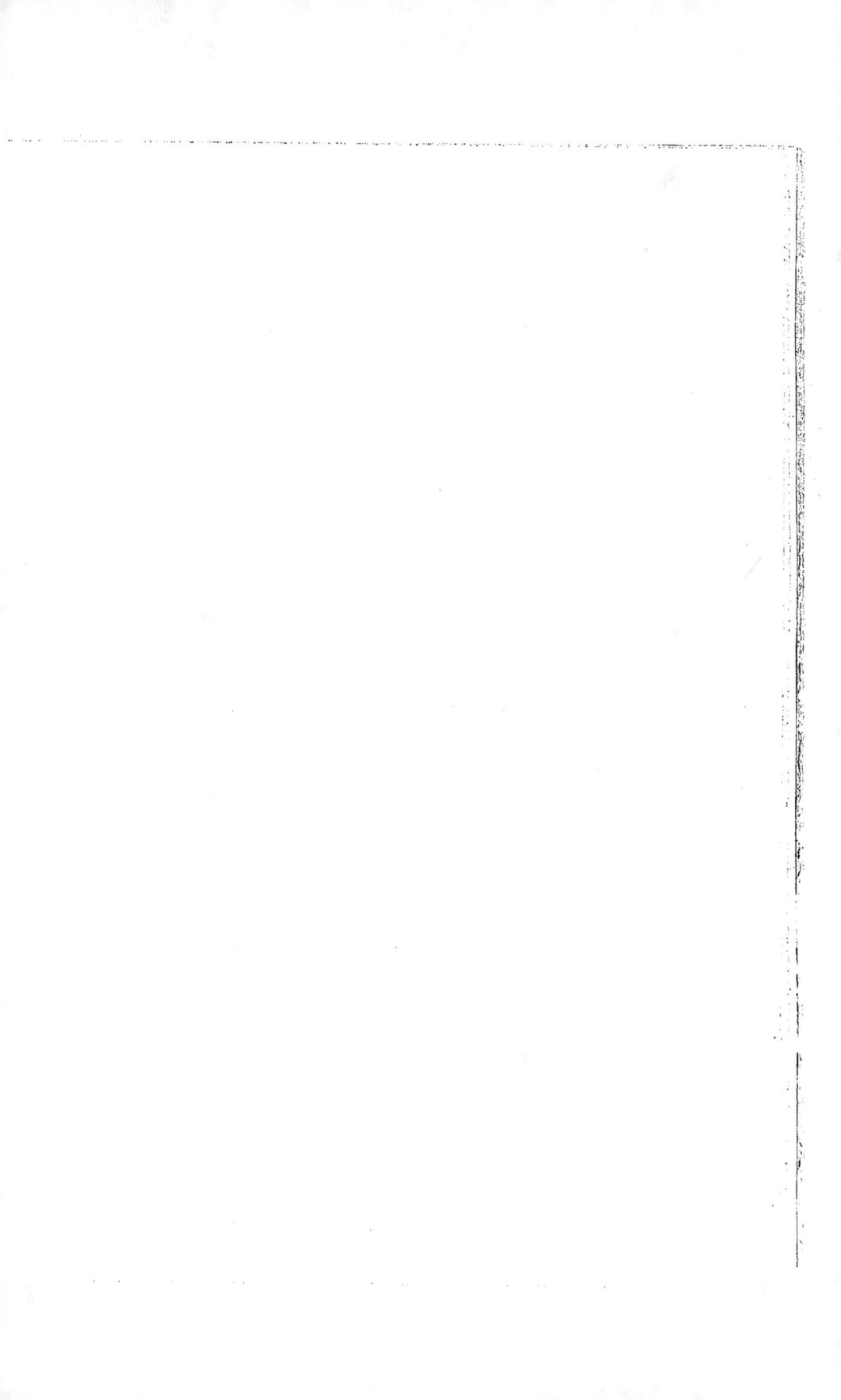

www.ingramcontent.com/pod-product-compliance
Lightning Source LLC
Chambersburg PA
CBHW052009230326
41598CB00078B/2154

* 9 7 8 2 0 1 4 4 9 1 2 5 8 *